JN236651

天皇と東大

大日本帝国の生と死

上

立花隆

文藝春秋

天皇と東大 上

大日本帝国の生と死

目次

であり成功だったといえる。

とはいっても、大学はそれ自体が一つの統一的な目的と意志をもって行動する組織体ではないから、そのことをもって東大を非難するのも当たらないし、東大を賞揚するのも当たらない。官僚が学閥化していったことについて責められるべきは、大学ではなく、むしろ官庁のリクルート体制のほうだろう。そして、ある時期の国家運営の成功と失敗について、責を負うべきは、官僚機構のぼんやりした総体ではなく、国家運営を現実に左右していた、そのときどきの天皇とそれにつらなる一群のトップエリートたち（政、官、軍、それに宮中勢力をふくむ）だろう。

大学というのは所詮は多くの人々（教官と学生）がそこで人生のある時間帯を共有しあいながら相互に刺激しあい衝突しあいつつ互いに切磋琢磨していく回り舞台のごとき場でしかない。

そうはいっても、それがある人の人生にとってクルーシアル（決定的）な時間帯である場合、それがどのような場ですごされ、そのときその場を共有した友人たちからどのような刺激を受けたかが、決定的に重要な意味をもってくる。

そして大学時代というのは、その人の心が人生において最もナイーブな状態にある時期であって、しかも、後々の人生に決定的な影響を及ぼす多くの決断を次々に迫られる時期でもあるから、まさにクルーシアルな時間帯そのものである。

同じようなことが、国家の歴史、あるいは社会の歴史についてもいえると思う。歴史展開においてクルーシアルな時間帯というものがあるのである。

何をいいたいのかというと、日本はあの「帝国の時代」に国の運営を過ち、一時大破局をとげ、ついには大日本帝国そのものを消滅させてしまった。

その結果として日本国は歴史上かつてなかったほどの苦難の日々を歩むことになった。しかし、あのとき起きた日本国運営の大いなる過ちはそもそも何に起因するものだったのか。

この点をめぐっては、いまだに議論が百出してとどまるところを知らない状況といえるが、おそらく時間をさかのぼって、因果関係の網の目を逆にたどっていけば（歴史は因果関係の集積体だ）、国全体がまだ若くナイーブだった時代に下されたクルーシアルな諸決断の中に、大いなる過ちの原型のようなものが見つかるのではないか。これがこの本を書きだした頃の私の推測だった。

子供のときからの最大の疑問

私は一九四〇年生まれで、終戦時五歳。北京在留の日本人一家として、終戦とともに引揚げのための苦難の大旅行を敢行させられた世代である。ほとんどものごころついたはじめのはじめから、日本の大破局のドラマを身をもって体験しなければならなかった世代なのである。

そして敗戦後の時代、日本は一時ドン底まで落ちこんでから、また這いあがってくるという悪戦苦闘をしばらくつづけねばならなかった。その間日本の生活水準はいまの発展途上国の遅れたほうの国のそれと同じような水準で、先進国の生活などというものは夢のまた夢だった。それが私たちの少年時代だった。

そういう世代であったればこそ、私は子供のときから、日本はどうしてこんな国になってしまったのか、なぜこんな大失敗をしてしまったのかを、最大の疑問として生きてきた。

そして、この長大な連載を書きあげることで、近代国家成立の前史から「帝国の時代」の終りまで、すなわち前期現代史と後期現代史のつなぎ目のところ（終戦前後）までを一目で見渡せるようになった。それによって、ようやく、その「どうして」と「なぜ」が見えてきたような気がする。

歴史には終りというものがない。戦争の時代が終ってからの後期現代史だけで、すでに六十年を経過して、時代はもう一度大きな歴史的転換点をまがりつつあるように見える。

日本の政治は、〇五年総選挙における小泉自民党の大勝利をうけて、五十五年体制から〇五年体制への大転換をとげたようである。まだ〇五年体制が歴史に対してどのような意味を持つようになるかは見えてこない。しかし、歴史をふりかえると、日本は大きな曲り角をまわるたびに、大きな過誤を犯してきた。客観情勢の判断ミスあるいは行動のオプションの選択ミスである。

曲り角におけるちょっとした判断ミスあるいは選択ミスが、のちのち、取り返しのつかないほど大きなミスとなって、自分にハネ返ってくるということが歴史にはよくある（個人史においても、国家の歴史においても）。そのような悲劇的事態が二度と起きないようにするためにできることといえば、歴史を学ぶことくらいだろう。

おそらく、日本人はいまこそ近現代史を学び直すべきときなのである。日本の教育制度の驚くべき欠陥のために、現代日本人の大半が、近現代史を知らないままに育ってきてしまっている。

私にしても、いちおう人よりは歴史に通じているつもりだったが、これを書きながら、どれほど自分が近現代史を知らなかったかを思い知らされた。そして、近現代史を知らずに現代を語ることの危うさを思い知らされた。

本書は、私以上に歴史を知らなすぎる世代に対して、もう少し、現代日本の成り立ちを知っておけよというメッセージをこめて書いた本である。

一言でいうなら、現代日本は、大日本帝国の死の上に築かれた国家である。大日本帝国と現代日本の間は、とっくの昔に切れているようで、実はまだ無数の糸でつながっている。大日本帝国の死体はとっくの昔に朽ちはて分解して土に返ってしまったようで、実は、その相当部分が現代日本の肉体の中に養分として再吸収され、再び構成成分となってしまっている。あるいは分解もせずそのまま残っていたりする。あるいはよみがえって今なお生きている部分すらある。歴史はそう簡単に切れないのである。

大日本帝国はなぜ、どのようにして死んだのか。世界指折りだった大帝国がなぜあそこで消滅してしまったのか。その消滅を決定づけたクルーシアルな時間帯はどこにあったのか。そこがわからないと、日本の未来もまた見えてこないだろう。

これからの時代しばらくは、戦後日本の骨格をかたちづくっていたあらゆる制度が、政治経済制度はいうに及ばず、憲法から天皇制にいたるまで、全面的な見直し（あるいは再検討、再定義）が迫られる時代になりそうである。そういう時代であればこそ、いま本当の意味での歴史の再学習が必要なのだと思う。

そのこととも関連するが、ここで、本書のタイトルが、「私の東大論」変じて「天皇と東大」となったことについて一言しておきたい。

タイトルを『天皇と東大』にした理由

日本の近現代史における最大の役者は、なんといっても天皇だった。

その時代時代の個別の生身の天皇がそれだけ大きな役割を果してきたということではない。天皇という観念、あるいは制度としての天皇が中心的な役割を果してきたということである。

日本の近代は、約七百年にもわたってつづいてきた武家政権（鎌倉幕府、室町幕府、徳川幕府）をひっくり返して、天皇中心の国家に戻してしまう、復古的革命としてはじまった。

そして復古的王朝制度としてはじまった維新後の天皇制に欽定憲法というバックボーンを与え、それによって、復古的天皇制を近代的立憲君主制的皇帝制度（天皇制）に打ちかえ、擬似古代王朝国家を一挙に近代国家に脱皮させてしまうという一大政治トリックをやってのけたのが、明治の政治指導者たちだった。

このようにしてつくりあげられた「大日本帝国」に君臨する君主としての天皇は、一時代前のヨーロッパに君臨していた絶対主義的君主に近い性格を持つと同時に、歴史時代以前から日本に君臨していた巫術王としての天皇の性格をあわせもち、また、古代日本において大化の改新という武力革命（明治維新の王政復古はこれに範をとった）によって政治権力を確立した武力王としての天皇の性格もあわせもつ（明治天皇以来天皇の正装は陸海軍全軍を一身で統帥する大元帥服だった）一種独特な存在だった。

天皇はある場合は、近代国家を作りあげることに邁進する開明的な君主の役を演じ、あるときは、文武両官の上に君臨する絶対君主の役割を演じ、またあるときは、まつろわぬ者たちを征伐して、天下を統べたいらげんとする武力王の役割を演じた。

天皇は天皇をあがめたてまつらんとする人々のそのときどきの思いなしが二重三重に投射されるが故に、あまりにも定義しがたい存在である。それ故に天皇は同時にあまりにも多面的な性格を合わせ持たされた日本独特のまかふしぎな政治装置として機能してきた。

その天皇が、ある時期（昭和戦前期）から、ウルトラナショナリストの国粋主義的シンボルとなってしまった。それはその当時、アジア全域に武力国家として膨張し版図を広げようとしていた帝国日本の政治シンボルだった。同時にそれに国粋主義的現人神神話が結びつくことで、天皇は政治と軍事と宗教が一体化した強力無比な神聖シンボルとなっていった。

そしてこの神聖シンボルが日本国の最高価値としてあがめられ、日本人の全生活を律する原理となっていった。それが、天皇機関説問題を契機としてはじまり、日本中がまたたく間にそのとりことされた、「国体」という観念が日本を魔術的に支配した時代に起きたことである。あの価値の大転換時代に、その後の日本の大破局はすべて準備されてしまうのである。

そのような大転換（国体の魔術支配）が起きた主たる舞台は東大だった。その少し前の時期、左側からの天皇制国家攻撃が一世を風靡し、革命の時代の到来が叫ばれた。それも主たる舞台は東大だった。そしてそれに対する反動として、右翼ナショナリストからの左翼攻撃がはじまり、やがて右翼ナショナリストはテロに走っていく。右翼学生運動の中からテロリストが生まれ、そこから時代を動かす大ドラマが展開していく。その舞台になったのも東大だった。

というわけで、この時代の動きをおさえるのにいちばんいい場所は東大だったのである。

「私の東大論」を「天皇と東大」にした最大の理由はここにある。あの時代の日本の歴史の大転換を中心的に動かしたのは、天皇という存在であり、天皇イデオロギー（あるいは反天皇イデオロギー）であり、天皇イデオロギスト（あるいは反天皇イデオロギスト）だったのである。そしてそのような天皇観の相克が最も激しく起きた中心舞台が東大だったのである。

日本の近現代史を書いた本はいろいろあるが、この本の特徴は、そこのところを詳しく描いたところにあると思っている。

天皇（イデオロギー）と、右翼ウルトラナショナリズムを理解することなしには、あの時代の日本の大転換がわかるはずがないと思ったからだ。丸山真男も観念的にはそう考えていたからであろうが、あの名著『現代政治の思想と行動』を「超国家主義の論理と心理」という章からはじめている。しかし私は、あのくだりに著しく不満を持っていた。

あのようなもっともらしい抽象的な言説をならべたてただけでは、あの時代の日本を乗っ取ったといってもいい「超国家主義（ウルトラナショナリズム）の論理と心理」が、リアリティのあるものとしては、なにひとつ見えてこないと思ったからだ。

私は丸山が抽象的な断罪で切り捨てた超国家主義者たちの論理と心理のリアリティを、彼らの頭のヒダの中と心のヒダの中までわけいることによってより深く追求し、あの時代の変化をもっとリアルに知りたいと思った。政治学の、あるいは歴史学の論文のようにではなく、ノンフィクション・レポートとして、あの歴史的大転換期のドラマを描いてみたいと思った。それがこの本になったわけだが、それがどこまでできたかは読者諸氏の読後の評価をまちたい。

学力低下問題と教養論

内容にわたる話はこのあたりでやめておくが、ここでもう一つ付言しておきたいことは、本書は、「私の東大論」をまとめた本といっても、実は、最初の四回分は、この本には収録されていないということである。この本に収録されているのは、五回目以降の分だけである。四回目まではすでに、別の本（『東大生はバカになったか』文藝春秋二〇〇一年十月刊）に収録されているのだ。

なぜそのようになったかをここで簡単に説明しておく。

まず最初の四回分（本書未収録部分）のタイトルをここにかかげておけば、次のようになる。

Ⅰ　文部省が世界最低にした日本の大学
Ⅱ　東大法学部卒は教養がない
Ⅲ　東大法学部は「湯呑み」を量産している
Ⅳ　東大生諸君、これが教養である

『東大生はバカになったか』は、いま文庫本（文春文庫）で簡単に手に入るから、できればそれを入手して読んでいただきたいと思うが、この本を読みつづける上では、最初の四回分はその後の回とそれほど深い関係がない。だから、それを読まないとこの本を読みすすめられないというわけではない。

最初の四回は、この本におさめられた五回目以降と、かなり異質のことが書かれているので、別の本になって当然という流れになっている。具体的にいうと、それは大学論と教養論が中心の本なのである。

別のいい方をするなら、この「私の東大論」という連載は、最初の四回を書くうちに、筆者の頭の中で書くべきと思うこと、ならびに自分が書きたいと思うことがどんどん変化していき、逡巡を重ねたあげく、五回目以降、ある方向性が見出されるようになったので、それまでの四回分と切り離す形にして、全く新しい書き方に切りかえたのである。そして、それから一挙に七十回までを七年がかりで書いたということなのである。そういう経緯があったので、その前者と後者がそれぞれ別の本になったということなのである。

そこのところを、もう少し詳しく述べておけば次のようなことだ。

さらに詳しく述べるなら、四回の中でも、はじめの二回とあとの二回は、またちょっとちがう。内容の質もちがえば、文章の文体そのものがちがう。基本的にはこの連載は全編が文語体だが、最初の二回だけは口語体なのである（『東大生はバカになったか』には、そのままの形で収録されている）。

なぜそのようなおかしなことになってしまったのか、事情を簡単に説明しておく。

実は、この連載がスタートした経緯には、二つの背景事情がからんでいる。

一つは、当時社会的問題になりかけていた、大学における学力低下問題である。

いま一般社会で問題になっている「学力低下問題」といえば、もっぱら初等中等教育における学力低下問題だが、当時は、大学生の学力低下問題のほうがもっと大きな問題になっていた。この問題に最初に火をつけたのは、東大教養学部の松田良一助教授らを中心とする「高等教育フォーラム」の大学教官のグループだった。私はこのグループと親しくしていたので、外部の人間としてはいち早くこの問題が日本国の将来にとってゆゆしき大問題と化すにちがいないということを知る立場にいた。

それは聞けば聞くほど、驚くような話で、学力優秀といわれてきた東大でこのような学力低下問題が起きているとするなら、日本はいったいどうなってしまうのかと心配になってくる話だった。

そこで、『文藝春秋』一九九七年四月号に「知的亡国論」を書いた。日本の社会が大学生の理数系の学力低下問題から知的メルトダウンを起しつつあり、このままいくと日本は亡びると論じた文章である。

これは、その少し前に発足した「文理シナジー学会」の創設記念シンポジウムに招かれて講演した「日本の高等教育の危機」の記録に手を入れたものだったので、しゃべり口調で書いた。

「知的亡国論」は、日本の大学教育が崩壊の淵にあることを知らない一般の人々に大きなショックを与え、反響も大きかった。『文藝春秋』の編集部からその続編のようなものを求められて書きだしたのが、「私の東大論」のそもそものはじまりだった。

内容的にも、「私の東大論」は「知的亡国論」の続編的な部分があって、日本の大学の教育の質がどんどん低下している現状を憂い、東大もその例外ではないことを紹介するものとなった。

そのあたりを書いているときは、私もこの連載がこれほどの大連載（七年がかり七十回）になるとは夢にも思っていなかった。

しかし書きはじめて間もなく、「東大論」というのはさまざまな側面において、とてつもなく大きな問題をはらんだ大テーマたらざるをえないということがわかってきて、構想を大きく改めた。

一つは、すでに述べたような、「知的亡国論」にはじまる大学の学力低下論の流れであり、それに付随して出てくる大学教育の水準低下論の問題だった。それはより広くいえば、現代の学生一般に見られる教養低下論あるいは教養欠如論の問題だった。それが後に『東大生はバカになったか』にまとめられる部分（「知的亡国論」プラス「現代教養論」）となった。

そこには、東大における教養の欠落現象がどのようにしてはじまったのかという歴史的淵源をたどる部分があったのだが、それを調べはじめたあたりから、歴史をたどるのが面白くなって、やめられなくなってしまった。それがこの長大な連載のはじまりになったのである。

東大の歴史から日本国の歴史へ

何がそんなに面白くなったのか。一つには、ナマ資料が即物的に面白かったということがあるが、それ以上に、歴史に対する目が開いてくる面白さがあった。東大の歴史には日本の歴史そのものが埋め込まれているということが、だんだんわかってきたのである。この道をたどれば、この国がどのようにしてできてきたかがわかると思い、さらには、それによって、この国の持つさまざまな欠陥のよってきたるところがわかってくると思ったのである。

実例を一つあげてみよう。

東大型の秀才（いわゆる学校秀才）の頭の特徴は、人から教えられたことを丸暗記的に覚えこみ、それを祖述する（その通りに繰り返す）ことは得意とするが、自分の頭で独自にものを考える、クリエイティブな思考は苦手ということである。

日本の学校教育のシステムは、このタイプの秀才がよい成績をあげるようにできている。上級学校の入試（東大入試もふくめて）も、このタイプの秀才が受かるようにできているから、東大にはこのタイプの秀才がゴロゴロいる。そして、東大を卒業したあとに、そのような秀才が各界にエリートとしてふりまかれていくから、日本では、エリート層全体のクリエイティビティが低い。

東大秀才のこのような欠陥を、明治時代にドイツから招かれて法学部の教官をしていたハインリッヒ・ヴェンティヒが早くも指摘している。

「極めて稀少なる例外を除き、予の検閲したる総ての試験答案に共通なる特質は、出来得る限り、自己の独立の判断を避けんとするの傾向是なり。是等の答案は実際一、二講義筆記の全文を暗記し、往々其儘之を答案に記載したるに過ぎず」(「東大法学部は『湯呑み』を量産している」)

東大秀才は、教師から教えられたことはきちんと覚え、上司からいわれたことはちゃんといわれた通りにすることができるが、自分独自の考えをのべるとか、自分独自の発意でことをどんどん進めていくといったことが、うまくできないのである。

日本の社会のあちこちに、この手の学校秀才の末裔がのさばっていて、小リクツをつけては、クリエイティビティが高い人や、率先行動するリーダーシップ能力が高い人の足を引っぱることに熱中していることはよく知られている通りだ。

これは、東大型の秀才の欠陥が、日本の社会全体のゆがみを作り出している一例である。

こういうことを発見しては、面白がりつつ、東大の歴史と日本の歴史を重ね合わせて見ることに熱中していくうちに、連載の主人公が、次第次第に、東大から日本国そのものに変っていったのである。

そして、天皇の問題で、東大開明派エスタブリッシュメントと明治国家創成期ウルトラナショナリストが正面衝突する場面に出くわした。それが第三章の「初代学長・加藤弘之の変節」と、第四章の「『国体新論』と『天皇機関説』」である。ここまできたところで、天皇と国家の問題が正面に出てきて、この連載の性格が根本的に変ることになった。東大は舞台で、主人公はこの国の歴史になった。それが、『国体新論』の問題と「天皇機関説」の問題が、そっくりそのまま重ね合わせの関係になっていることに気づいたときに起きた転換である。

そういう経緯があるので、このあたり、後に出てくる天皇機関説問題の本論部分(第三十九章〜第四十四章）との間に、若干の重複がある。本にまとめるにあたって、そのあたり整理してしまおうかとも考えたが、これはこれで、後の本論のいいイントロになると思って、敢えて重複部分を削らずに残した。その他にも、若干の重複が残っている部分があるが、完結してから全部通して読んでもらった人たちが、重複は気にならなかったし、記憶喚起のためにも、若干の重複はあったほうがよいとのことだったので、基本的には重複があっても神経質にことこまかに削らない形で原稿の整理を進めた。この点重複を絶対よくないとする神経質な方々のご寛容をお願いしたい。

文官高等試験 大学別合格者数

行政科（明治27〜昭和22）		外交科（明治27〜昭和16）		司法科（昭和9〜昭和15）	
東京大学	5,969	東京大学	471	東京大学	683
京都大学	795	東京商科大学（現一橋大学）	93	中央大学	324
中央大学	444	東京外国語学校（現東京外国語大学）	18	日本大学	162
日本大学	306	早稲田大学	10	京都大学	158
東京商科大学（現一橋大学）	211	京都大学	10	関西大学	74
東北大学	188	九州大学	6	東北大学	72
早稲田大学	182	東北大学	5	明治大学	63
逓信官吏訓練所	173	慶応大学	5	早稲田大学	59
明治大学	144	東亜同文書院	4		
九州大学	137	中央大学	2		
その他省略		その他省略		その他省略	

（村川一郎『日本の官僚』より）

1　東大は勝海舟が作った

吉田茂の「明治百年史」

もうとっくに絶版になっているが、吉田茂『日本を決定した百年』（日本経済新聞社、一九六七年刊）という本がある。これはエンサイクロペディア・ブリタニカが、毎年百科事典への補追として発行している年鑑の一九六七年版に、吉田が巻頭論文として求められて書いた一文に少し手を加えて本にしたものである。なぜこの年、吉田が巻頭論文を書くことを求められたのかというと、この年鑑が出た年（一九六八年）が、明治建国百年にあたっていたからである。

これは、四百字詰め原稿用紙に換算すると、二百枚たらずの文章で、さして内容に厚みがあるというわけではない。しかし、外国人向けに書いたせいもあって、簡にして要を得た記述でありながら意外に情報量が

明治三十三年頃の赤門　©『東京大学百年史』

ペリー提督

初代内閣総理大臣・伊藤博文

勝海舟

多く、近代日本百年史をさっとみるのに悪くない本である。吉田のような人物がこの百年をどう見ていたかを知ること自体がひとつの資料的面白さを持つということもあり、絶版のまま捨て置くには惜しい本だと私は思っている（その後一九九九年に、中公文庫から『日本を決定した百年　附・思出す儘』として復刊された）。

吉田茂が書いた明治百年史などというと、政治家の自画自賛の歴史と思われるかもしれないが、この本の基本的スタンスは、

「私も日本の過去の成績と現在の実力に誇りと自信をもつことにおいては、人後に落ちるものでないが、しかし、明治百年の大半をみずから経験してきたものとして、あまり威張る気にもなれないのである」

というところにあり、百年史のしめくくりにしても、

「ある意味では、現在の日本は日露戦争後の日本と似ている。日露戦争の勝利によって、明治の初めに人びとが目ざしたことがいちおう達成された。現在の日本は、戦争直後に始められた仕事がいちおう成功した状態である。しかし、日露戦争後の日本は新しい目的を探求する代わりに目的を失い、いつの間にか誤った方向へと迷い込んでしまった。日本人が現在、日本が背負うべき責任を回避し、そのすぐれた能力に目的を与えないならば、同じような危険が存在する」

というクールなものである。このくだりなど、〝第二の敗戦〟といわれる今日の日本の事態を三十年も前に見通していたような感じがあり、さすがあれだけの政治家になると、バブルの前から、見るべきところをちゃんと見ていたのだという思いを深くする。

ここで、吉田の本を引きあいに出したのは、こんなことをいうためではない。この本をとっかかりに、東大論を深めるために、まず、近代国家日本の成立に教育が果した役割について考えてみたいと思うからである。

吉田はこの本で、日本の近代化の最も大きな特徴の一つに教育をあげている。

「とくに注目に値するのは、明治政府が教育の普及に力を尽くし人材の育成を図ったことである。明治の指導者たちは、国を豊かにし、強くするのには一般民衆の知識がすすまなくてはならないと考えていた。近代

産業をおこすにはそれを推進する人が必要である。近代軍隊においては将校のみならず、兵士にも高い知的水準が要求される。それに国家統一という見地からみても教育はきわめて重要である。だから、全国に学校をおこし、教育を普及させて、日本を根本から変えていこうというのが彼らの考え方であった」

いま思い返してみると、明治時代の日本は、よくぞあれだけ短時日の間にあれほどのものを作りあげたものだと思うほど、実に見事に（完成度が高いという意味ではない。拙速にしろ、とにかく形あるものを仕上げたという目標達成スピードの評価）近代国家というものを作ってしまっている。その基礎をなしたのが教育である。教育制度を作り、全国民的な教育水準のレベルアップをはかることができたからこそ殖産興業、富国強兵という初期の国作りがみなうまく運びはじめたわけである。

読み書きソロバン・文武両道

吉田のいうように、明治の指導者たちは、教育を何よりも重んじていた。たとえば、岩倉具視《ともみ》は、明治三年に朝議に附した「建国策」の中で、こう述べている。

「天下ニ中小学校ヲ設置シテ大学ニ隷属セシム可キ事
天下ニ不教ノ人民ナカラシムルニハ、府藩県各二三箇所ノ中学校ト数十百箇所ノ小学校ヲ設置セサル可カラス。国家ヲシテ文明ニ導キ、富強ニ赴カシムルコト、人智ノ開進ニ在ルハ勿論ニシテ、天下ノ人民ヲシテ不学ノモノ無カラシムルハ一朝ニシテ成ルヘキモノニ非ス。今ニシテ之ヲ施設セサレハ、悔ユトモ及ハサルモノアラン」

国造りのために、まず必要なこととして、国民皆教育の理想をかかげ（天下ノ人民ヲシテ不学ノモノナカラシムル）、そのための手段として、国家が中心になって初等教育（小学校）、中等教育（中学校）、高等教育（大学）の教育機関を全国にシステム的に配置してしまおうとしたわけである。ここでいう、小学校、中学校、大学がそれぞれいまの小学校、中学校、大学に対応しているわけではないことに注意しておいてもらいたい。そして、この教育システムが大学中心に構想されており、小学校、中学校は、大学に「隷属」するものとして構想されたということにも注目しておいてもらいたい。教育の中心は大学にあり、中学、小学はそれに入る人を育てるためにあったのである（もっともこの場合の大学は、教育機関であると同時に行政機関としての大学を含意していたということについては、第三章を参照）。

木戸孝允《たかよし》も同じように国造りはまず教育からと考えた。

「木戸はかねて世界の富強の国と対峙していくうえでも全国に学校を建て、教育を普及させることが急務であると考え、明治元年（一八六八）十二月早くも意見をまとめ、建言したのである。

かれの見るところ、一国の富強は、とりもなおさず人民の富強であり、外国の学術の修得なくしては、それは達成できないし（来原《くるはら》彦太郎宛書簡、明治六年一二月付）、国民が無知で貧弱であっては真の文明開化をなしとげたとはいえない。国の盛衰は国民の智愚に関係しており（木梨信一宛書簡、明治五年十一月付）、教育の目的は、一、二の傑物を育てることではなく、国民全体の資質や文化を向上させることである。そのためには学校の設立と教育に力をそそがねばならぬ、というものであった」（宮永孝『白い崖の国をたずねて』集英社、一九九七年刊）

しかし、ではこの教育の普及という大事業が、もっぱら政府による上からの統制と指導で実現したのかというと、そうではない。実は、明治の最初期においては、政府に全国的に学校を展開していくだけの資力もエネルギーも人材もなかった。力が足りない政府に代って、全国的な教育普及を実現していったのは、全国の国民レベルのパワーだった。

「地方の地主たちは国民教育の必要を悟り、多額の金を寄付して学校の設立を助けた。徳川時代以来、蓄積された彼らの富と知識と、地方文化に対する責任感とが彼らを動かしたのである。また一般民衆も徳川時代以来、寺子屋に通う習慣があり、教育尊重の気持ちは強かった。こうして国民教育は急速に普及し、明治末年には就学率が九五パーセントをこえた」（吉田茂前掲書。第1図参照）

ここにもあるように、日本の教育水準は、江戸時代から、全国的にかなり高いレベルにあった。それがあ

第1図　明治時代の義務教育の就学率（黒い部分。左側が男子、右側が女子）

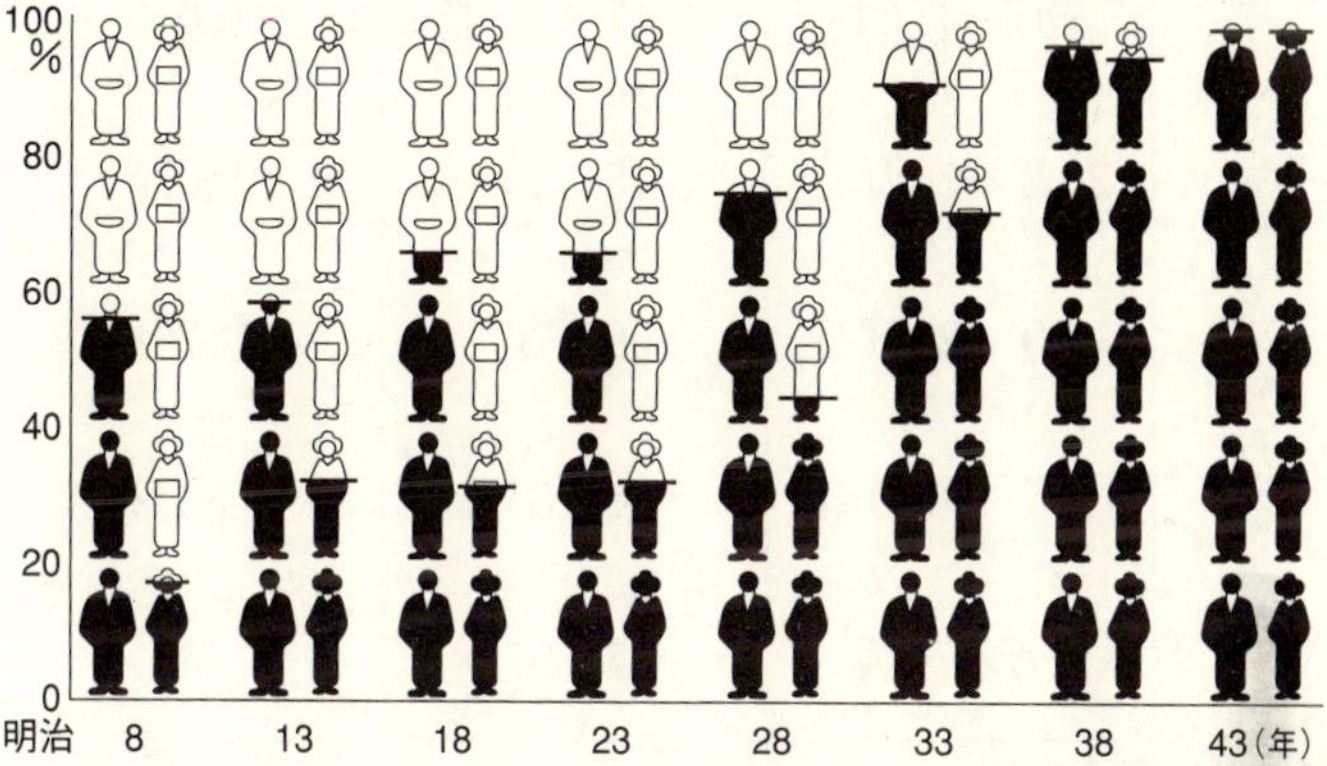

ったからこそ、近代的な教育制度が一挙に普及したのである。当時、寺子屋がどのくらいあり、どのくらいの人が通っていたのか、はっきりしたことはわからないが、幕末の安政から慶応にかけて（一八五四〜一八六八）だけで四千二百校が開設され、全国の寺子屋総数は一万五千に及んでいたという記録が残っている。日本全国の男子の四割、女子の一割は教育を受けていたろうといわれ（江戸の男子だけをとれば、就学率八五パーセントをこえていたという推計もある）、国際的に見ても、文盲率の低さはヨーロッパに遜色ないレベルにあった。

寺子屋よりも水準の高い学校としては、各藩が独自に設けていた藩校があった。藩校は、十九世紀はじめには、ほぼ二つに一つの藩に設けられ、幕末には、第2図（次ページ）に示すように、二万石以上の藩なら八割以上に、二十万石以上の藩であれば百パーセント設けられていた。藩校は、十七世紀から作られはじめたが、ちょっと普及しはじめると藩同士の間に「〇〇藩に遅れをとるな」の競争原理が働き一挙に全国に広まっていった。

藩校のあるところでは、武士の子弟はほぼ全員が八歳ないし十五歳から藩校に通いはじめ、二十歳ないし三十歳くらいまで通うことが求められた。寺子屋で学ぶのは、いわゆる読み書きソロバンであったが、藩校では、文武両道を学び、文はもっぱら四書五経を中心とする漢学を学んだ。徳川時代、

第2図　慶応元年（1865）当時の各藩での学校開設率

50万石以上	7／ 7（藩）	100%
20万―50万石	15／15	100%
5万―20万石	66／76	87%
2万― 5万石	67／81	83%
2万石未満	47／97	48%
全藩通算	202／276（藩）	73%

武士は人口の六、七パーセントしか占めていなかったが、この人たちは基本的にかなり高い教育を受けていたのである。幾つかの藩では、藩校における成績が悪い者には、「官職につかせない」、「家督相続を許可しない」、「給料（世禄）を削減する」などの罰則を科したりしたので、みな相当まじめに勉強したらしい。

明治初期の建国を各方面でになった人々は、基本的に武士階級で、彼らのほとんどは、どこかの藩校で教育を受けた人々だった。

教育を受けたといっても、漢学を勉強したということで、当時の世界の状勢については何ひとつ知らず、西洋の文明と文化についてはほとんど知るところがなかった。明治元年の一八六八年といえば、ヨーロッパでは産業革命がはじまって百年経過しており、ルソーの社会契約論から百年以上たち、ベートーベンの死後四十年、カントの『純粋理性批判』の八十余年後、ダーウィンの『種の起源』の十年後といった年代にあたるが、日本では、最高の教育を受けた人でも、そんなことについては何ひとつ知らなかった。当時の漢学は、儒教の経典、歴史、文学的詩文などを教えるのみだった。

伊藤博文のイギリス密航

伊藤博文は後年、自分たちが若かった頃に受けた教育をふり返って、こう語っている。
「われわれが幼年のときには、諸君が今日、学校で修学しているような学問をしようとしても、学校もなければ教える人もなく、わずかに日本の歴史や支那の歴史や兵書のごときものを読んで、その日を暮しておったのであるが、これすら修めるのになかなか容易ならぬことであった」(『伊藤公直話』一九三六年刊。表記は現代風に改めた)
「我らが幼時にあたって学んだ学問は、わずかに経書や歴史のごときものであって、これに加うるに多少の算術ぐらいを学べば、これをもって足れりとしていたのである。ここに歴史といっても、日本の歴史と漢土の歴史とを除くの外は、他の各民族の歴史を研究することは、もちろん当時においてはできなかったのである」(同前)
そのような研究ができない理由は、情報がないという以上に、攘夷論の故だった。
「予らが幼時にあたって、学問をなすに困難であった有様をお話ししよう。維新前十年ないし十四五年には、国を開いて他国と交際をするかせんかという議論が一定せずして、あるいは鎖国論を主張し、あるいは攘夷論を主張するありさまであった。ときにたまたま開国論を主張する者があっても、その開国論がまた数派にわかれて、ほとんど水火あい容れぬ勢いをなし、党派の分裂を起すようなことになったのである。しかし当初においてはまことに僅々たるものであって、攘夷の議論がほとんど一世を風靡するありさまであった。
かくのごとき時にあたって、欧州の文明を輸入するなどというようなことは、なかなか夢にも思えぬことであった。もし欧州文明を輸入することができなければ、今日行われている社会百科の学が導かるるものでは決してなかったのである。当時においては、洋学を学ぶに際して、翻訳書をたずねても翻訳書はない。あったところがわずかに砲術書か築城書位のもので、それもすこぶる陳腐なるもので最近のものではない。しかもこれを読んで、嚙みくだくことを得る人間が、日本にはきわめてわずかであった。

この時にあたって、ヨーロッパの学問をしようということを思い起した者は、ほとんどわが国にはなかったのである。ただ先見有識の士がこれを研磨して、もって大いに国家を誘導しなければならぬという考えを起したのである。

松代藩の佐久間象山翁のごときもその一人であって、斯道《しどう》の先覚者といってもよかろう」（同前）

この佐久間象山との（間接的な）出会いが、伊藤博文の運命を変えたのである。

伊藤は、よく知られているように、若いときは松下村塾出身の尊王攘夷派の志士であり、文久二年（一八六二）の長州藩志士による品川御殿山のイギリス公使館焼き討ち事件の参加者の一人であった。

長州藩は攘夷論の急先鋒で、その後も外国船砲撃（下関事変）、馬関戦争などの攘夷実践活動を繰り広げるのだが、実はその実践にあたって、西洋の軍事技術に通じた当代一の洋学者である佐久間象山を召しかかえ、砲台を築き、巨砲を鋳造しようとしたことがある。

しかし佐久間は、世界の趨勢と軍事技術の現状を説き、日本がヨーロッパ諸国を相手に攘夷を実践するなどということはとても不可能だということを教え、もし外国と本気で対峙するつもりなら、開国して海軍を興すべしと説いたのである。

それを聞いた、イギリス公使館焼き討ち事件の仲間である井上馨（聞多）は、

「大いに感ずる所あり、その今日までの軽挙妄動の非を悟り、海軍を興して国本を固うするの根本策に思い到った。ここにおいて、井上は同志と共に外国に渡り、海軍を研究せんとの志を起し」（『伊藤公正伝』表記は現代風に改めた）、海外留学しようと、伊藤をさそったのである。

海外留学といっても、当時は幕府から洋行が禁じられていたから、表向きは亡命ということになっていたが、藩主から、帰国後海軍建設にはげむということで、一人二百両の手当金の下付があった。海軍研究のための留学は、攘夷の目的にかなうと考えられたからである。井上は、攘夷の同志に対して、

「君等は内国に在って攘夷を実行するがよい。僕は外国に渡航して海軍を興すことに尽力せん。おのおのそ

天皇と東大　下　目次

装幀　坂田政則

天皇と東大　上

大日本帝国の生と死

はしがき

本書は、一九九八年二月から二〇〇五年八月にかけて、計七十回にわたって『文藝春秋』に連載した「私の東大論」をまとめた本である。とはいうものの、お読みいただければわかるが、その内容は「東大論」というよりは、日本の近現代史そのものである。長い長い鎖国の時代が終ったあと、日本という近代国家がどのようにして作られ、それがどのようにして現代日本（戦後日本）につながることになったかを、「東大という覗き窓」を通して見た本である。いってみれば、これはメーキング・オブ・現代日本というおもむきの本なのである。

やってみてわかったことだが、「東大という覗き窓」は、この目的にピッタリの視点を提供してくれた。東大は、明治新政府が日本を近代国家として一刻も早くたちいくようにするために、西洋文明の摂取と人材育成のために作った大学だから、創成期は、この学校の歴史がそのまま近代日本の歴史に重なる。そして、近代後期（明治時代後半）から現代前期（一九四五年まで）にかけての時代は、日本が「大日本帝国」を名乗っていた「帝国の時代」といっていいが、この間、東大は「帝国大学」（明治三十年からは「東京帝国大学」）を名乗り、帝国日本の人材育成の中心的な役割を担ってきた。

二一ページの図表を見ればすぐにわかるが、戦前期（初期東大時代、帝国大学時代をふくめて）、日本の高級官僚は、行政官も外交官も東大法学部がほとんど一手に供給してきたのである。他大学卒の高級官僚もいるにはいるが、東大卒にくらべればほとんど取るに足りない。

東大はもともと作られた目的が官僚育成のためだったという側面を持つが、その通りの機能を果してきた（工学部は技術官僚を供給してきた）。

従ってある時代の日本の失敗も成功も、その前後の時期に東大が供給してきた人材による国家運営の失敗の志すところに従って国家につくすの外なし。僕は軍備を充実して攘夷の素志を遂げんとするものなれば、その手段は異なるが如きも、その目的は同じからずや」（同前）

といっているが、伊藤も同じ気持だった。

しかし、ヨーロッパにわたったとたん、攘夷の気持はなくなってしまう。

「然るに公等は、初めて倫敦《ロンドン》の地を踏んでより、その富強の光景一として目を駭《おどろ》かさざるものなく、豁然として攘夷の無謀なることを悟ったのである」（同前）

攘夷が無謀なことを悟ったが、実は攘夷はすでにはじまっていた。伊藤、井上らが海外密航留学に出発したのは、文久三年（一八六三）五月十二日だが、実はその二日前に、下関で攘夷の実践（外国船砲撃）がはじまっていたのである。

伊藤たちはそれを知らぬままに、イギリスに着き、その事実を知るのは、翌年になってからだった。知ろうにも彼らには、それを知る手段がなかった。当時すでに欧米では、新聞があり、電信による外国ニュースの素早い報道があったから、下関事変もすでに報じられていたのだが、彼らはほとんど英語ができなかったために、新聞を読むのはもちろん、人からニュースを聞いてもそれを解することすらできなかったのである。

なにしろ、イギリスに行く商船に乗せてもらったものの、船長に何のためにイギリスに行くのかと問われても、何をきかれているのかわからず、かろうじて、井上が海軍研究というつもりで、まちがえてナビゲーション（航海術）といったところ、そうか、航海術の研究に行くのかと誤解され、それなら船中でも航海術の勉強をさせてやろうと水夫の仕事にさんざんこき使われたというエピソードがあるくらいだ。

伊藤・井上を変えた半年間

彼らが攘夷の実践のニュースを知るのは、イギリスについて数カ月を経、英語がある程度わかるようになってからなのである。

「ところが家内の中で新聞を読む者があって、お前は何処だというから、長州だというと、長州というのは下関ではないか、下関では外国船を砲撃した、さすればお前のところだろうという。どんなことが書いてあるかと思って、井上にお前もういっぺんよく読むがいいというと、これはなかなか容易ならぬ事態だ、『パアリヤメント』（英国議会）でもどうしても征伐しなければならぬという議論あるという。そこで熟々考えるに、ヨーロッパの形勢を見ると非常な開け方である。日曜の休みの時などに『キエウガデン』の天文台や『グリンウヰッチ』の大砲製造所や軍艦製造所とかいうような、たいがいロンドンのそういうような大きなものを見せられた。そこでこれはどうもこれ文明の勢であるのに長州などが攘夷を無謀にしようというのはもってのほかだ。思いもよらぬ。これはこのありさまで打ち捨てておくと、取り返しのできぬことが起る。きっと国が亡びるに相違ない。我々はたといここに学問しておって業成るも、自分の生国が亡びて何のためになるか。これは我々の力をもって止め得るや否やはわからぬが、身命を賭けても止める手段をしなければならぬということに、井上〔馨〕と私と二人が決心して、それから直ぐに山尾〔庸三〕と鉄道にいた井上〔勝〕と遠藤〔謹助〕の三人に向って、貴様等三人は残って居って、我々がヨーロッパに学問をしにきた志を継いで、学業をとぐるがよろしいと、固く約束して私と井上は分れた」（大橋乙羽『藤侯實歴』明治三十二年刊。注・以下引用箇所で誤字脱字などはそのまま転記して〝ママ〟とルビをふるのが通例だが、本書では正確なものに直して○をふった）

伊藤、井上は急いで帰国するが、馬関戦争ははじまっており、とても止められなかったが、その講和にやっと間にあって活躍したということはよく知られている史実である。結局、伊藤、井上は留学といっても、現地の滞在はほとんど半年にも満たず、また、初歩的語学以外の学業はほとんど身につけられなかったわけだが、この半年間の体験が、彼らのものの見方を決定的に変え、それがひいては、日本の近代国家作りに大きな影響を及ぼすことになったのである。

伊藤、井上らは、英語力がほとんどないままに留学したわけだが、留学前に語学力を身につけようにもつけられないというのが当時の状況だった。

「予らが洋行したのは今より三十七年以前であるが、その当時は西洋の語学を学ぼうと思っても、師を選ぶことができぬ。また本を選ぶこともできぬ。本はまだ日本にはろくろく輸入していない。字引といったところが、わずかに江戸の蕃書調所《ばんしょしらべしょ》において、堀達之助がこしらえたわずかの書冊があったのみである。この字引も欧州の風俗人情に通ずることがうすいから、誤訳もきわめて多かった。この不完全な字引を携えて洋行したというありさまである」（『伊藤公直話』）

『伊藤博文傳』（昭和十八年刊）には、このとき伊藤が携えていった字引（文久二年『英和対訳袖珍辞書』）が写真版で出ているが、なるほど、これは不完全もいいところである。（写真参照）

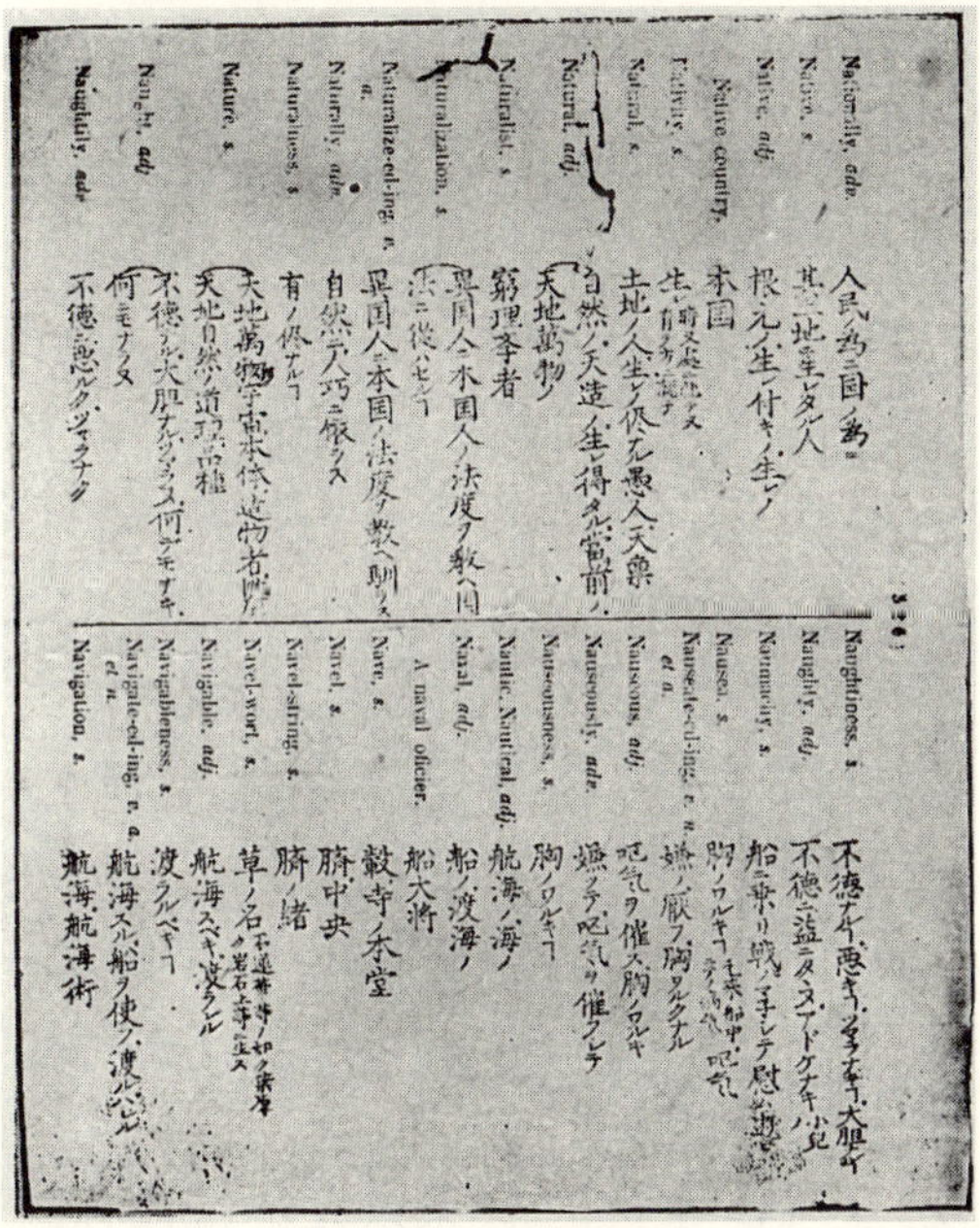

『英和対訳袖珍辞書』

天文学の洋学化

この字引を作った蕃書調所が、東京大学のそもそもの源流なのである。

この東大論の第二回目「東大法学部卒は教養がない」（本書未収録、『東大生はバカになったか』収録）で、東大百二十年の歴史を簡潔に示すとこうなるといって、第3図のごとき図面を示したが、これは実は、東大が毎年作成している「東京大学の概要」という案内パンフレットにのっている大学の沿革を示す図面（第4図）の下部の大きな流れだけを抜きだしたものである。

　この図面はちょっと見ただけではよくわからないほど入りくんでいるから、まず、東京大学が正式に成立する以前の、前史の部分に焦点をあてるために、そこを時間軸に沿ってきちんとならべなおしてみると、第5図（三六ページ）のようになる。

第3図　東京大学の変遷

1877（明治10）年4月
東京大学
⇩
1886（明治19）年3月
帝国大学
⇩
1897（明治30）年6月
東京帝国大学
⇩
1947（昭和22）年10月
東京大学（旧制）
⇩
1949（昭和24）年5月
東京大学（新制）

　要するに、東京大学の源流は、大きくいって二つのものがある。一つは、法学部、文学部、理学部につらなる、大学南校の流れ、もう一つは、医学部につらなる大学東校の流れである。

大学南校の流れのほうは、図を見ればわかるように、淵源は幕府の天文方にまでさかのぼる。

なぜ天文方かというと、江戸時代、組織的に翻訳事業を行っていたところは、天文方しかなかったからである。

　日本の洋学というと、よく医学の流れが言及され、一七七四年に杉田玄白たちが『ターヘル・アナトミア』を翻訳して『解体新書』を出版したことがその出発点とされる。

　医学以外にもう一つの重要な洋学の流れとして、実は天文学の流れがある。この二つの洋学の流れが、東京大学の源流を作っているのである。

　天文学の歴史で、医学の『ターヘル・アナトミア』の翻訳にあたるのが、一八〇三年の高橋至時《よしとき》による『ラランデ暦書』の翻訳『ラランデ暦書管見』である。

　天文学は、古来、天文暦学としてあり、そのいちばん大切な任務は正しい暦を作ることにあった。日本の暦は、平安時代に中国の唐の暦書が輸入され、それがそのまま江戸時代のはじめまで八百年以上もなんら改

第4図　東京大学の沿革

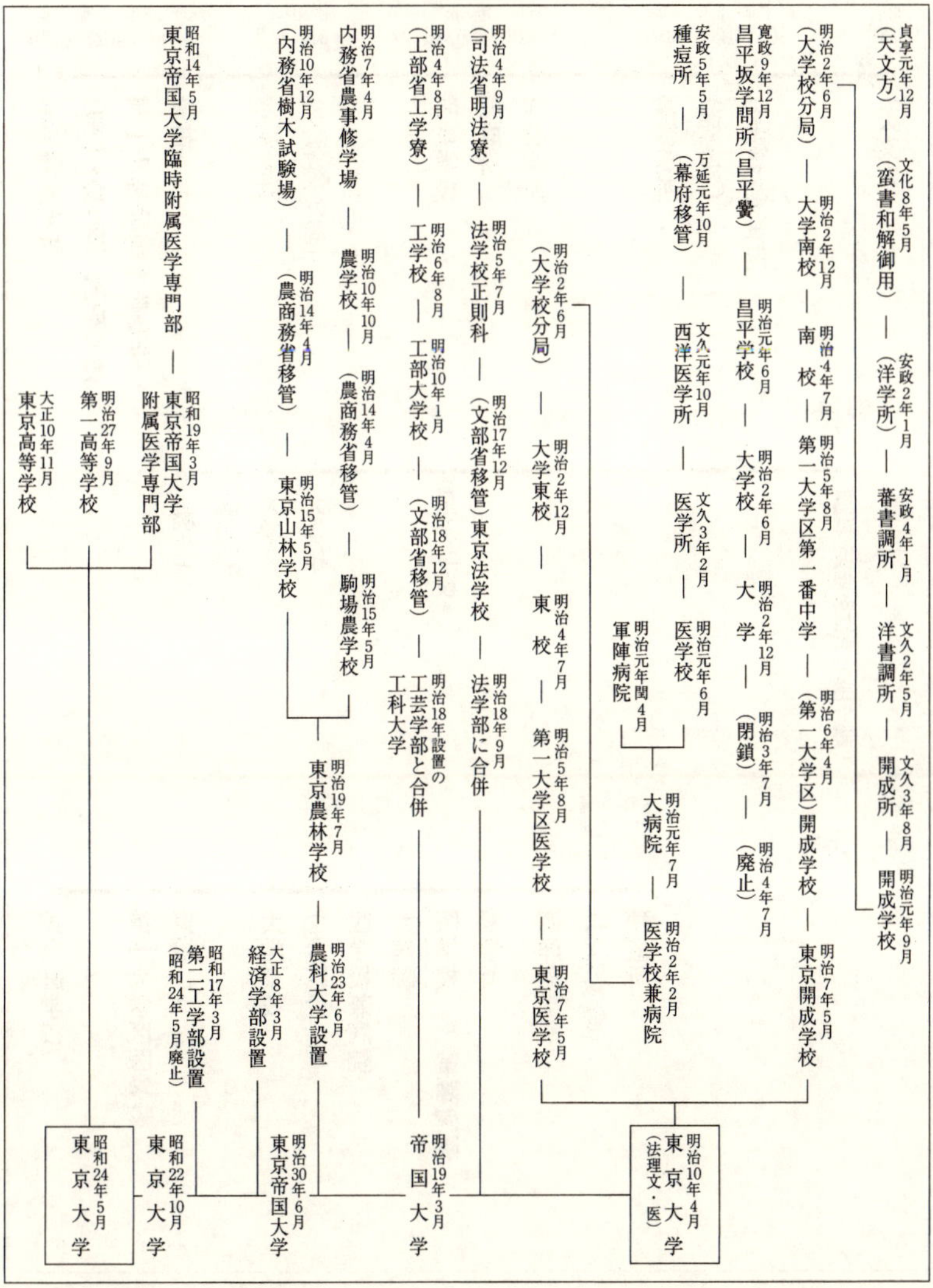
貞享元年12月 (天文方)
文化8年5月 (蛮書和解御用)
安政2年1月 (洋学所)
安政4年1月 蕃書調所
文久2年5月 洋書調所
文久3年8月 開成所
明治元年9月 開成学校
明治2年6月 (大学校分局)
明治2年12月 大学南校
明治4年7月 南校
明治5年8月 第一大学区第一番中学
明治6年4月 (第一大学区)開成学校
明治7年5月 東京開成学校
寛政9年12月 昌平坂学問所(昌平黌)
明治元年6月 昌平学校
明治2年6月 大学校
明治2年12月 大学
明治3年7月 (閉鎖)
明治4年7月 (廃止)
安政5年5月 種痘所
万延元年10月 (幕府移管)
文久元年10月 西洋医学所
文久3年2月 医学所
明治元年6月 医学校
明治元年閏4月 軍陣病院
明治元年7月 大病院
明治2年2月 医学校兼病院
明治2年6月 (大学校分局)
明治2年12月 大学東校
明治4年7月 東校
明治5年8月 第一大学区医学校
明治7年5月 東京医学校
明治10年4月 東京大学 (法理文・医)
明治4年9月 (司法省明法寮)
明治5年7月 法学校正則科
明治17年12月 (文部省移管)東京法学校
明治18年9月 法学部に合併
明治4年8月 (工部省工学寮)
明治6年8月 工学校
明治10年1月 工部大学校
明治18年12月 (文部省移管)
明治18年設置の工芸学部と合併
工科大学
明治19年3月 帝国大学
明治7年4月 内務省農事修学場
明治10年10月 農学校
明治14年4月 (農商務省移管)
明治15年5月 駒場農学校
明治10年12月 (内務省樹木試験場)
明治14年4月 (農商務省移管)
明治15年5月 東京山林学校
明治19年7月 東京農林学校
明治23年6月 農科大学設置
明治30年6月 東京帝国大学
大正8年3月 経済学部設置
昭和17年3月 第二工学部設置 (昭和24年5月廃止)
昭和22年10月 東京大学
昭和14年5月 東京帝国大学臨時附属医学専門部
昭和19年3月 東京帝国大学附属医学専門部
明治27年9月 第一高等学校
大正10年11月 東京高等学校
昭和24年5月 東京大学

第5図　東京大学前史

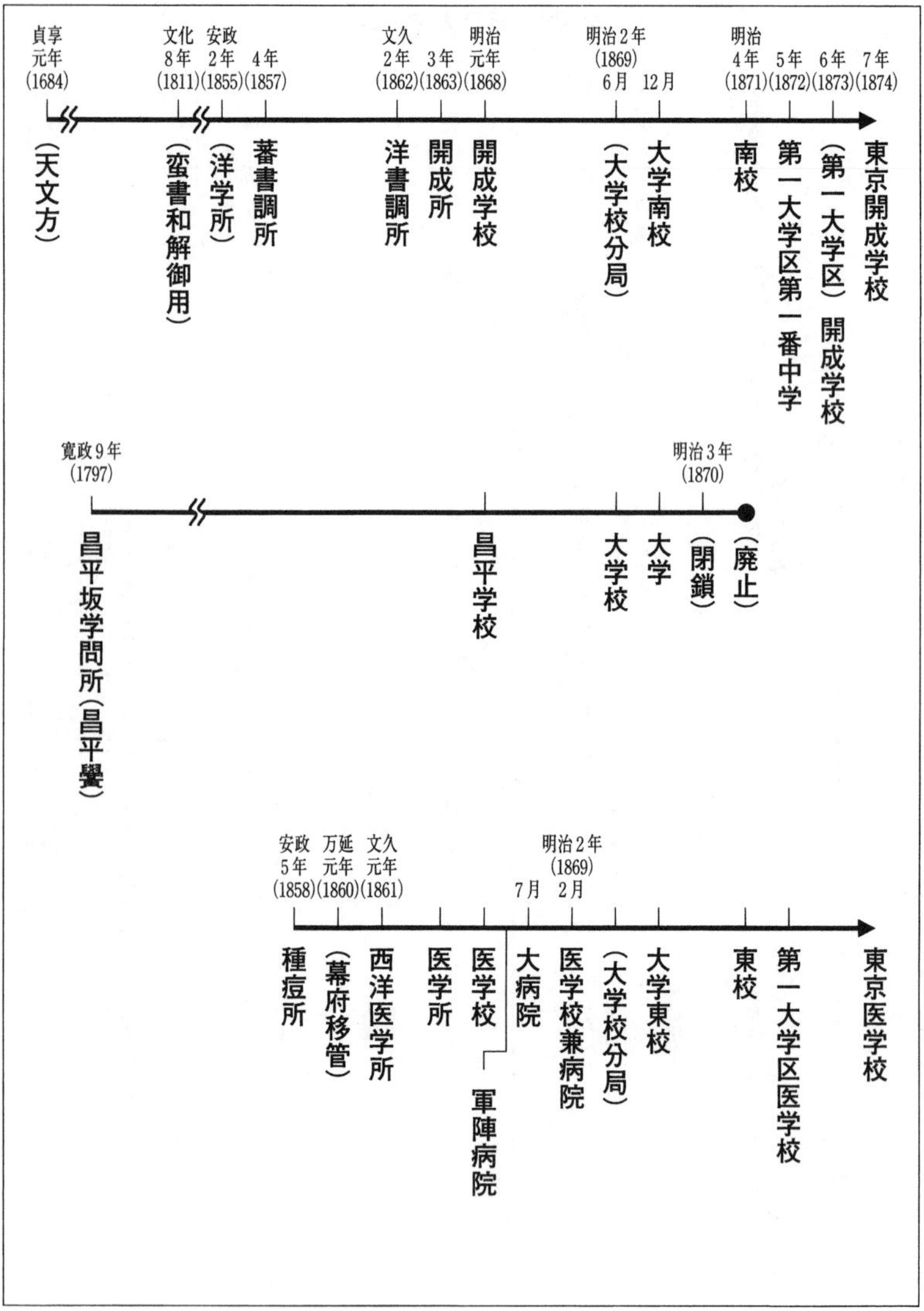

貞享元年(1684)
(天文方)
文化8年(1811)
(蛮書和解御用)
安政2年(1855)
(洋学所)
4年(1857)
蕃書調所
文久2年(1862)
洋書調所
3年(1863)
開成所
明治元年(1868)
開成学校
明治2年(1869)6月
(大学校分局)
12月
大学南校
明治4年(1871)
南校
5年(1872)
第一大学区第一番中学
6年(1873)
(第一大学区)開成学校
7年(1874)
東京開成学校
寛政9年(1797)
昌平坂学問所(昌平黌)
昌平学校
大学校
大学
明治3年(1870)
(閉鎖)
(廃止)
安政5年(1858)
種痘所
万延元年(1860)
(幕府移管)
文久元年(1861)
西洋医学所
医学所
医学校
軍陣病院
7月
大病院
明治2年(1869)2月
医学校兼病院
(大学校分局)
大学東校
東校
第一大学区医学校
東京医学校

めることなく使われつづけたものである（宣明暦《せんみょう》）。

しかし、どんな暦だって、八百年も使いつづけたら、狂う。実際、江戸時代のはじめにおいて、冬至の日付において、二日間の狂いが出ていた。この狂いを何とかしなければならないというので、渋川春海《はるみ》という暦学者が、はじめて日本独自の暦（貞享暦《じょうきょう》）を作った。このとき春海は、中国の暦書を参考にするのだが、当時の中国で最も正しいとされる暦書は、イエズス会の神父らによって、中国に導入された西洋天文学を基盤とするものになっていた。それは天体運動論はもとより、東西に離れた地点間の時差の割り出し方まで含む理論書だった。

はじめ日本の学者たちは、中国経由の西洋天文学の知識を再輸入するだけですませていたが、やがて、それでは日食予報が正しくできないなど現実とのくいちがいが出てきたために、自ら継続的に天象観測をすることをはじめたりした。あるいは中国の最新天文学の知識はヨーロッパからきたものであることを知って、長崎のオランダ通詞経由で、その知識を直接ヨーロッパから求めようとしたりした。

古代から正しい暦を宣布することは政治権力者の権力の証しの一つで、暦が自然の時の流れと狂ったり、予測できない日食が発生したりすることは、権力者にとっても困ったことであるから、鎖国下にあっても、このようなヨーロッパ天文学の知識導入の動きは、幕府公認のものとして行われた。特に八代将軍吉宗は、新知識の導入に熱心で、禁書の制限をゆるめ、中国在留のキリスト教神父の書いたものであろうと、科学技術書に関しては輸入を許したりした。

そのような流れの中で、やがて、『ラランデ暦書』も入ってくるのであるが、これをはじめて手にとったときの驚きを、高橋至時は次のように記している。

「コレヲ一覧スルニ、西洋『フランス』国『パレイス』（パリのこと）ノ地ニテ選述ノ暦書ヲ和蘭人其国語ニ訳セシモノ也。其書近日『フランス』『アンゲリヤ』二国ノ名著ノ諸説ヲ集メ撰ミテ、暦法ノ書トナシタル也。西洋紀元一千七百八十余年ニ彫刻セシモノニテ、其論説ハ、一千七百七十年コロマデノ成説ヲ取レリ。実ニ大奇書ニシテ、精詳ナルコト他ニ比スベキナシ。（中略）其測数ノ精密ナルハ論ナシ」（『ラランデ暦書管見』）

要するにこの本は、十八世紀末の天文学の名著のアンソロジーのようなものだったから、当時の天文学の最新の知識が全部入っていたのである。全五冊もあったが、高橋は、他の仕事を全部なげうち、寝食を忘れてその翻訳に没頭した。

これ以後、日本の天文学は完全に洋学化し、同時代のヨーロッパの知識にあまり遅れをとらないものとなっていくのである。観測器具も相当精密なものが作られ、常時観測が行われるようになった。この時代、伊能忠敬の詳細な日本地図作りが行われるが、彼の地図がなぜあれほど正しかったかというと、精密観測器を持った天文方の人間が同行し、天体観測を常時行っていたからなのである。

それが後にシーボルト事件で、シーボルトに禁制の日本地図を渡したとして死罪に処せられた高橋景保《かげやす》の弟景佑《かげすけ》である。この景保、景佑の兄弟は、『ラランデ暦書管見《かんけん》』の高橋至時の息子である。

この頃から、天文方の仕事は、暦作りだけでなく、測地、地図の編纂などに広がっていく。そして、こちらの方面においても、西洋の知識の輸入が求められ、天文学書だけでなく、外国地理学の翻訳なども行われるようになる。

ペリー来航と洋学所設立

この頃、さまざまの形で、外国との接触がふえはじめていた。露使レザノフ(一八〇四)、フェートン号事件(一八〇八)、ゴローニン事件(一八一一)、米船モリソン号事件(一八三七)などなど、十九世紀に入ると、一八五三年のペリー来航以前にも、外国からの接触が絶えることなくあったのである。

幕府の側でも、外国に関する正しい知識の入手が必要であったから、文化四年(一八〇七)に、高橋景保に蛮書を参考に世界地図を作成することを命じている。さらに文化八年には、天文方に正式に命じて、もう少し組織的に翻訳活動をさせることになり、高橋景保を「蛮書和解御用」に任じている。第4図の東京大学の沿革の最初のところに「文化八年五月　蛮書和解御用」とあるのはそのことなのである。このとき天文方では、民間の洋学者から「蛮書和解御用手伝」の人を集め、地理書、歴史書などをどんどん翻訳していった。その中には、ケンペルの『日本誌』なども含まれている。当時のヨーロッパの代表的な地理書である、Hübnerの Geographie も、『輿地誌略《よち》』のタイトルで訳出されている。やがて、天保年間に入ると、砲術全書などの翻訳も行われている。高橋景保がシーボルト事件で失脚しても、管理者が替っただけで組織は存続し、ますます活発に翻訳活動を繰り広げていった。

特筆さるべきは、文化八年から三十五年がかりでつづけられた、当時のヨーロッパの百科事典、ショメールの百科全書の訳で、『厚生新編』のタイトルで、全百巻が訳出された。「和解御用手伝」の翻訳官の中には、大槻玄沢《げんたく》、宇田川榕庵《ようあん》、湊長安、箕作阮甫《みつくりげんぽ》、杉田成卿《せいけい》などの名前も見え、当時の名のある洋学者たちが総動員されていた観がある。

こういう状況の中で、ペリー来航にいたると、翻訳の仕事がドッとふえた。

幕府では、昌平坂学問所（昌平黌《こう》）の儒官たちが、「異国書翰和解御用」として、外交文書の翻訳等を扱うことになっていた。中国はもとより、中国以外の国が日本に接触を持とうとするときでも、中国語をなかだちにするのが常だったからである。実際、ペリーが持ってきた国書にしても、英語の正文以外にオランダ語訳と中国語訳がついていた。しかし、外交交渉がふえると、中国語を介さない直接のやりとりの必要性が増し、外交交渉以外に、外国の周辺情報の収集の必要性も増してくる。そういうことに関して、昌平黌の儒官たちは全く無能で、現実的な処理能力を持っていたのは、天文方の蛮書和解御用の任にあった人々だった。まず、箕作阮甫、杉田成卿の二人が召し出されて、外交文書の翻訳にあたらされた。

西洋軍事技術の導入がはかられたこともあって、翻訳の需要は急増し、そのための専門機関を創設しようとの動きが出てきた。幾つかの構想があったが、それを単なる翻訳機関とせず、そこを中心として、広く外国事情の情報収集とその研究を行うようにする、集めた情報の学習や語学教育も行い、そこで通弁や翻訳官もどんどん育てていこうという構想が生まれた。これが第5図にある安政二年の「洋学所」である。

洋学所では、「各国の強弱虚実、水陸軍の模様、器械の利鈍」などを調べることとし、砲術学、砲台、城砦の建築法、軍艦の製造法、運用法、航海術、測量術、練兵術などが習得目標としてかかげられた。要するに、外国の黒船に対抗できるだけの能力を身につけようということである。そのためには軍事技術だけでなく、外国の政教、風俗、学術技芸、物産などの一切を学ぶ必要があるとされた。ここまでくれば、ほとんど外国事情に関する総合大学設立の構想みたいなものである。

「洋学所」は、設立準備過程で、「蕃書調所」と名前を変えることになるが、これは、昌平黌の林大学頭から洋学の名前を冠した公的学問機関を作ることに異議が出たためである。彼らからすると、学問の正道はあくまで昌平黌を中心とする漢学にあるというわけなのだ。目の前の現実にぶつかって、あらゆる意味で無能さをさらけ出した儒官たちも、こういうときには、妙に政治力を発揮したのである。

第5図に、昌平黌から明治二年の「大学」にいたって、すぐに〈閉鎖〉、〈廃止〉となる、東大前史の奇妙な一行があるが、これも、こういう学問上の旧勢力の最後のあがきである。

明治維新で王政復古が成ると、古代の太政官制が復活し、弾正台や兵部省などの古代の行政機構も復活するのだが、その一環として、古代の大学校そのものが一時復活されたのである。しかし、どのような内容の大学校とするかをめぐって、京都の皇学所を中心とする復古神道の平田派の国学派と、昌平黌を中心とする漢学派が、激烈なヘゲモニー争いを繰り広げ、共倒れしてしまうのである。本当はヘゲモニー争いで倒れたというよりも、国学者も漢学者も、時代の要請にこたえるような実質のある学問をなんら提供できず、学問に実を求めていた新政府の指導者たちから、そういう大学なら意味がないとしてつぶされたのだといったほうが正しい。

はじめに古代の大学校が復活したときには、その下に二つの分局を置き、そこに、江戸時代からの二つの洋学の流れを分校として吸収しようとした。それが第5図に見る、洋学所—蕃書調所の流れと、種痘所—医学所の流れである。明治新政府は、幕府の機関であった二つの洋学の中枢を丸ごと吸収し、すぐにその人材を活用しようとしたわけだ。新政府にとって重要だったのは、国学者、漢学者たちではなく、洋学者たちだったから、古代復古版の大学校本体などつぶれてさしつかえなかったのである。かくして、大学校の分局、分校であった、南校、東校が新しい高等教育の中心になることになったのである。それが東大の源流なのだ。

勝海舟の大抜擢

さてこの幕末の洋学の中心になった蕃書調所であるが、これを中心になって組織していったのが、誰あろう、実は勝海舟である。勝海舟は、当時小普請組に属していた微禄の下級武士にすぎなかった。それが、なぜそのような大役をになうことになったのかというと、ペリー来航に際して、勝が老中に提出した意見書によってである。

ペリーが来航したとき、これにどう対応すべきか、良策に窮した幕府は、誰でもよいから、いい考えがあったら述べてみよと広く呼びかけた。そこで、大名、旗本から、下級武士、商人、庶民にいたるまで、七百通をこえるさまざまなアイディアを寄せてきた。中には、吉原の遊女屋の主人から、

「なにげなく釣客をよそおって黒船にあがりこみ、酒盛りをしてうちとけたふりをし、すきを見て、火薬庫に火を放ち、マグロ包丁で船員を片はしから斬り捨てよ」

などという案があったことなどが知られている。

その中にあって、勝海舟は、西洋風に兵制を改革し、軍艦を作り、火薬、武器を製造し、兵を西洋風に教練することなど軍事面に広く及ぶ具体的な提案を行っていた。勝はこの十年前から、蘭学を学びはじめ、数年前からは、小さな蘭学塾を開き、蘭学、及び西洋兵術の講義をはじめていたくらいであったから、ある程度の軍事知識をちゃんと持っていたのである。七百余の提案の中に、そのような内容のある提案は幾らもなかったといわれ、勝はこの提案で一躍幕府中枢の注目を浴びるようになるのである。勝の提案の中で注目すべきは、兵を教練するための学校を江戸近郊に作れと述べていたことである。その学校の文庫には、和、漢、蘭の兵学書をすべて集める。そのうちの有益なものは、翻訳して官版として刊行する。生徒には、天文学、地理学、窮理学、兵学、銃学、築城学、器械学などをすべて学ばせるとしていた。

要するに、勝の教練学校の構想は、かなり、洋学所のそれと重なりあうところがあったのである。

この提案書に示された見識がかわれて、勝は、異国応接係に任命されていた川路聖謨《としあきら》、岩瀬忠震《ただなり》ら、幕末の外務官僚にとりたてられて、洋学所改め蕃書調所の設立準備委員のような役目をおおせつかった。蕃書調所をどこにどのようなスケールで作り、どのような人材をどのくらい集め、どれくらいの費用をかけるか、組織の目的をどう設定するか、どういう仕事をどのようにやらせるか等々、要するに蕃書調所のマスタープラン作りの一切を、勝はもう一人の同輩と二人でやってのけたのである。

実学と虚学

マスタープランにゴーサインが出ると、誰を教官とするかの具体的な人選交渉なども、勝が自ら行った。勝は、全国の著名な洋学者をリストアップして、六十九名を推挙した。スタート直後は、箕作阮甫、杉田成卿を教授に、全部で九名の教官しかいなかったが、やがて、人材がどんどん集まるようになり、いま見ても、ホホウと思わせるような人々が顔をそろえている。

たとえば、津田真道《まみち》、寺島宗則、加藤弘之、箕作麟祥、大村益次郎、西周、杉田玄端《げんたん》といった人々で、明治初期の各界の文化の担い手たちが続々という感じである。この中から将来の東大教授も、東大総長（加藤弘之）なども出てくるのである。

こうしてみると、東京大学のいちばんの基礎作りをしたのは、勝海舟であったといえるだろう。

蕃所調所の場所ははじめ九段坂下にあったが、間もなく移転し、明治初期の頃は、開成学校と名前を変え、大学南校時代まで神田、一ツ橋の如水会館のあたり（学士会館の向い側）にあったという。開所当初は、幕臣の子弟から、約千名の入学志願者が出たが、選抜して約二百名弱で出発した。

開所して最初に行われた事業の一つが、伊藤博文が渡英した際に持っていた『英和対訳袖珍辞書』の刊行で、これには、堀達之助のほかに西周《にしあまね》、箕作麟祥《りんしょう》などが編纂に加わっている。

さて、伊藤博文は、前出『伊藤公直話』の中で、江戸時代の学問と明治以後の学問を比較して、一言でこう喝破している。

「今日の学問はすべてみな実学である。昔の学問は十中八九までは虚学である」

「今日諸君が学ぶところは、みなことごとく社会の上において実益をおさむる学問である。これはすなわち文明の学問である」

前に、日本の大学の欠陥は、あまりに実学中心になってしまったことにあるといったが（『東大生はバカになったか』に収録されている部分）、そうなったについては、それ以前の日本の学問が、あまりに実学を無視してきたということがあるのである。

しかし、何をもって虚学と真の実学をわければいいのだろうか。

よるべき基準はただ一つしかない。現実への正しい対応能力である。日食を正しく予測できない天文学はそれだけで落第なのである。会社を倒産させた経営者には、経営学を語る資格はない。それと同じように、バブル経済に浮かれて、日本の国家経営を破綻させた大蔵官僚たちは、虚学しか学ばなかった連中といっていいのである。


（＊追記）二〇〇五年十一月、この本がまさに校了する時になって、東大付属図書館で、「東大黎明期の学生たち」という特別展示が行われ、同図書館が所蔵する東大黎明期（東大開校以前）の珍しい資料の数々（記録、写真資料、当時の教科書など）が展示された。そのうちの貴重な写真の一枚が、「南校時代全職員生徒」の集合写真である。その写真を一目見るだけで、その当時の日本（明治四年七月〜五年八月）がどれほどの未開国であったかがすぐわかる。ほとんど校了後であったが、その写真を二五四ページに無理やり押しこんだ。ここでぜひそのページを繰って見ていただきたい。偉そうな顔をした外国人教師たちがどのような人物だったかについては、本巻六十ページ以下を参照。

2

明治四年、東大医学部は学生の八割を退学させた

天然痘が果たした役割

東大前史の話を続けよう。三六ページの年表の上段、東大の法学部、文学部、理学部につながる「蕃書調所→開成学校→大学南校→東京開成学校」の流れについて前章で語ったが、医学部につながる「種痘所→西洋医学所→大学東校→東京医学校」については、まだ何も語っていなかった。

ここにあるように、一八五八年に、江戸の神田お玉ヶ池（現在の岩本町二丁目近辺）に作られた、通称お玉ヶ池種痘所が東京大学の医学部の源流である。

東京大学百年というとき、東京大学がはじめて設立された明治十年（一八七七）が起点に置かれるから、東京大学百年の記念式典は一九七七年に行われたが、東京大学医学部の起点は、このお玉ヶ池種痘所の開設

レオポルド・ミュルレル　©『東京大学百年史』

緒方洪庵　©毎日新聞社提供

松本良順　©毎日新聞社提供

箕作阮甫　©毎日新聞社提供

明治十二年の頃の東大医学部　©『東京大学百年史』

に置かれているから、医学部創立百年の記念式典はそれより二十年も早い一九五八年に行われている。ということで、医学部の歴史を語るには、この種痘所の歴史からはじめなければならない。

天然痘は、WHO（世界保健機関）の努力で一九八〇年に世界から根絶されてしまい、子供に全員種痘を受けさせるという習慣もなくなってしまったので、いまではその恐しさが忘れられてしまっているが、十九世紀まで、天然痘は世界で最も猛威をふるった疫病だった。ヨーロッパでは、毎年四十万人が死んだといい、日本でも、六世紀以後、何度も大流行が起きており、江戸時代最も多かった死因は天然痘だったといわれる。十一代将軍家斉はやたらに側室に子供を産ませた将軍として知られるが、その子女五十三人全員が天然痘にかかり、うち二人はそれで死亡しているくらいだ。

一七九六年、イギリスのジェンナーが子供に牛痘を接種することで免疫能力を持たせる種痘法を開発し、それ以後先進国では天然痘は急速におさえこまれていくのだが、江戸時代の日本は、まだまだ天然痘が猛威をふるっていた地域だった。

日本でも、長崎のオランダ人医師を通じて、牛痘法なるものがあることは知られていた。日本でも種痘をしようということで、当時バタビア（ジャカルタ）まできていた牛痘の苗（痘苗）を日本にもってきて子供に接種する試みは何度もなされたが、長い船旅で痘苗が効力を失ってしまうためか、なかなかうまくいかなかった。その試みがついに成功をおさめるのは、一八四九年のことである。

痘苗は蘭方医たちのネットワークを通じて、各地に分苗されていき、一八四九年中に、京都、大坂、江戸、福井、佐賀などで、実際に接種が行われている。それが成功をおさめると、蘭方医学に理解がある藩では種痘所が作られ、希望者に広く種痘が行われるようになっていった。しかし江戸では、蘭方医学を敵視する漢方医たちが幕府と組んで強い政治力を持っていたので、なかなか種痘が広まらなかった。それどころか、このころ、蘭学書の翻訳、出版は、漢方医の組織である医学館の検閲を経た上で町奉行の許可を得ねばならないと定められたり、幕府の医官が蘭方医学を学ぶことが禁じられたりするなど、蘭方医学に対する風当りは強かった。

しかし、町医者の蘭方医の手によって、江戸でも、徐々に種痘は広められていき、毎年五百人の子供が種痘を受けるようになっていった。

安政四年（一八五七）、伊東玄朴《げんぼく》、箕作阮甫ら、有力蘭方医たちが集まって、江戸にも種痘所を開設しようという運動が盛りあがった。翌年、これに賛同する蘭方医たち八十二人がお金を出しあって作ったのが、お玉ヶ池種痘所なのである。

ここに出てくる箕作阮甫は、実は、第一章に登場してきた蕃書調所（安政四年成立）の最初の教授に任ぜられた人物と同一である。この時代の洋学者のほとんどは医者でもあったのである。

蕃書調所を作った中心人物の一人が、当時の幕府にあって、外交関係を主としてになっていた勘定奉行の川路聖謨であったということは前に述べたが、お玉ヶ池種痘所でも、彼がからんでくる。種痘所がお玉ヶ池に作られたのは、川路がそこに持っていた下屋敷の一つを提供したからなのである。その背景には、川路と箕作阮甫の間の人間関係もあったが、実は、日本に種痘が入って間もなくのころ、川路の孫が種痘を受け、天然痘にかからずにすんだということがあったからなのである。

漢方医がいくら排撃しても、蘭方医学は、実際の効き目でどんどん勢力を伸張させていった。そして、ついには将軍家の大奥にも入りこんでしまう。

将軍の座にあった家定はかねて病弱であったが、この頃いっそう健康状態が悪化した。大奥には漢方の奥医師たちがいたが、いずれもお手あげの状態になっていたので、幕閣の中から、蘭方医に見せてはどうかという声があがり、大老井伊直弼のお声がかりで、当時江戸蘭方医のナンバーワンと目されていた伊東玄朴が呼ばれた。もちろん、幕府の医官に対する蘭方の禁令は同日付で解除となった。伊東玄朴はただちに正式の奥医師として、三十人扶持で召しかかえられた。伊東は、粗漏なき治療のためには、協力医が必要であるということで、仲間の五名の蘭方医を呼んで、たちまち六名からなる蘭方奥医師団を作ってしまった。ここに、蘭方と漢方の力関係は逆転し、種痘所も官許のものとなり、幕府から種痘奨励のお触れ書きが出るようになった。そして、万延元年（一八六〇）には、種痘所は幕府直轄組織となり、種痘所の医師団には幕府から給与が出ることになり、その相当部分が奥医師としても召しかかえられることになったのである。それとともに、蘭方医学を学ぼうとする若者が、種痘所に集まってきて、ここの仕事を手伝いながら医師たちに教えを受けるようになったので、自然と種痘所は教育機能も持つようになった。そして、医学の教育はまず解剖からというので、幕府から刑死体の払下げを受けて、学生に解剖実習をさせるようなこともはじめた。種痘だけでなく、西洋医学の教育もするのだからということで、種痘所は文久元年（一八六一）に、西洋医学所と名を改めた。

しかし、本格的な医学教育がはじまるのは、文久三年（一八六三）、西洋医学所が医学所となり、松本良順が頭取になってからである。

それ以前は、組織だった医学教育など、日本ではほとんどなかった。それ以前にも、緒方洪庵の適塾（一八三八〜一八六二）など、歴史的に有名な医学塾があったかのように伝えられているが、その実態はというと、医学教育はほとんどなきに等しかった。適塾には、若き日の福沢諭吉が入塾していた（一八五五〜一八五八）ので、『福翁自伝』に、その思い出がかなり詳しく出てくるが、それは学習塾というより、ほとんど梁山泊といったおもむきである。

淀川の船上でアンモニア実験

「夏は真実の裸体《はだか》、褌《ふんどし》も襦袢《じゅばん》もなにもない真裸体《まっぱだか》。もちろん飯を食うときと会読をするときはおのずから遠慮するからなにか一枚ちょいとひっかける。中にも絽《ろ》の羽織を真裸体の上に着てる者が多い。これはよほどおかしな風で、今の人が見たらさぞ笑うだろう。食事のときにはとても座って食うなんということはできた話でない。足も踏み立てられぬ板敷だから、みな上草履《うわぞうり》を穿いて立って食う」（『福翁自伝』）

「塾風は不規則と言わんか不整頓と言わんか、乱暴狼藉《ろうぜき》、まるで物事に無頓着。その無頓着の極は世間で言うように潔不潔、汚ないということを気にとめない。たとえば、塾のことであるからもちろん桶だの丼だの皿などのあろうはずはないけれども、緒方の塾生は学塾の中にいながら七輪もあれば鍋もあって、物を煮て食うようなことを普段やっている。その趣はあたかも手鍋世帯の台所みたようなことを机の周囲《まわり》でやっていた。（中略）シラミは塾中永住の動物で、誰一人もこれを免れることはできない。ちょいと裸体になれば五匹も十匹も捕《と》るに造作はない」（同前）

勉強のほうはどうであったかというと、

「まず初めて塾に入門した者は何も知らぬ。何も知らぬ者にどうして教えるかというと、そのとき江戸で翻《ほん》刻《こく》になっているオランダの文典が二冊ある。一をグランマチカといい、一をセインタキスという。初学の者にはまずそのグランマチカを教え、素読を授けるかたわらに講釈をもして聞かせる。これを一冊読み終わると、セインタキスをまたその通りにして教える。どうやらこうやら二冊の文典が解《げ》せるようになったところで会読をさせる。会読ということは、生徒が十人なら十人、十五人なら十五人に会頭が一人あって、その会読するのを聞いていて、出来不出来によって白玉をつけたり黒玉をつけたりするという趣向で、ソコで文典二冊の素読も済めば講釈も済み会読もできるようになると、それから以上はもっぱら自身自力の研究に任せることにして、会読本の不審は一字半句も他人に質問するを許さず、また質問を試みるような卑劣な者もない。

緒方の塾の蔵書というものは物理書と医書とこの二種類のほかになにもない。ソレモ取り集めてわずか十部に足らず、もとよりオランダから舶来の原書であるが、一種類ただ一部に限ってあるから、文典以上の生徒になればどうしてもその原書を写さなくてはならぬ」（同前）

つまり、きちんとした学問の伝授は何もないのである。物理、化学など、向うの原書を読むことで、ある程度わけはわかるが、実験学習などは、まるでない。

「化学《ケミスト》の道具にせよどこにも揃ったものはありそうにもない。揃うたものどころではない。不完全なものもありはせぬ。けれどもそういう中にいながら、機械のことにせよ、化学のことにせよ、だいたいの道理は知っているから、どうかして実地を試みたいものだというので、原書を見て、その図を写して、似寄りのものをこしらえるということについては、なかなか骨を折りました。（略）ヨジュムを作ってみようではないかと、いろいろ書籍《しょじゃく》を取り調べ、天満《てんま》の八百屋市に行って、昆布、荒布《あらめ》のような海草類を買ってきて、それを炮烙《ほうろく》で煎《い》って、どういうふうにすればできるというので、真黒になってやったけれども、これはとうとうできない。

それから今度は硇砂《どうしゃ》製造の野心を起こして、まず第一の必要は塩酸アンモニアであるが、これももちろん薬屋にある品物でない。そのアンモニアを造るにはどうするかと言えば、骨《こつ》──骨よりもっと世話なしにできるのは鼈甲屋《べっこうや》などに馬爪《ばず》の削りくずがいくらもあってただくれる。肥料にするかせぬかわからぬが、行きさえすればくれるから、それをドッサリもらってきて、徳利に入れて、徳利の外面《そと》に土を塗り、また素焼の大きな瓶《かめ》を買って七輪にして、沢山火を起し、その瓶の中に三本も四本も徳利を入れて、徳利の口には瀬戸物の管をつけて、瓶の外に出すなど、いろいろ趣向して、ドシドシ火をあおぎたてると、管の先からタラタラ液が出てくる。すなわちこれがアンモニアである。

至極うまく取れることは取れるが、ここに難渋はその臭気だ。臭いにも臭くないにもなんとも言いようがない。（略）どうしたかというと、淀川の一番粗末な船を借りて船頭を一人雇うて、その船に例の瓶の七輪を積み込んで、船中で今のとおりの臭い仕事をやるはいいが、やはり煙が立って風が吹くとその煙が陸《おか》のほうへ吹きつけられるので、陸のほうでやかましく言う。やかましく言えば船を動かして、川を上ったり下ったり、川上の天神橋、天満橋から、ズット下の玉江橋辺まで、上下《かみしも》に逃げて回ってやったことがある」（同前）

近代医学教育の始まり

種痘所が西洋医学所と名をあらためたあと、医学教育を本格的にやろうということで、大坂から緒方洪庵が呼び迎えられて、頭取にすえられた。緒方の弟子たちも一緒にやってきたので、福沢が書いているような適塾の教育方式が、そのまま西洋医学所にももちこまれた。要するに、文法書をまず学ばせ、そのあと、輪講（会読）で難解な文章を少しずつ読んでいくという方式である。そのころ西洋医学所に学んだ学生が、その思い出を次のように語っている。

「各自其講義の番が来ると、二三行づゝ文法書の解釈をやり居た。会頭は黙て之を聞いて居て、先づワキから質問をさせる。いよ〳〵分らぬと、討論になるといふ風で、之れに負けた奴は黒点、勝た奴には白点がつくのじやつた。其質問も先づ初めに文章の意味を問ひ、次に性や格をたゞし、それから前置詞だとか、接続詞だとか、間投詞だとか、段々に問ひつめるので、なか〳〵綿密にやつたのじや」（池田謙斎《けんさい》『回顧録』）

要するに医学の講義ではなく、読解の訓練なのである。当時、適塾をはじめとする洋学塾（ほとんどは医者が開いていた）にオランダ語を習いにくる者は、必ずしも医者になろうとして入塾してくるのではなく、オランダ語の読み方を習ったあとは、別の方面に進もうと考えている者だったから、それでよかったのである。しかし、緒方洪庵のあと西洋医学所の頭取を引きついだ松本良順は、そのような教育は誤りであると考えていた。そして、本格的な医学教育をほどこすために、医学を目的としない学生を切るべきだと考えていた。

「緒方洪庵先生の塾にある者には、医師にあらず諸藩の武士にして兵書を読む者多く、いたずらに文法書を会読し、序文凡例の明文を講究するを以て務となし、学者とす。予が督するところの医学校もまた文法を学び難文を解するを以て緊急要事とせり。予が教頭と成るに及んで、兵学家の行為を止め、文法書の講読を禁じたり。しかして専ら究理*、舎密*、薬剤、解剖、生理、病理、療養、内外科、各分課を定めて、午前一回、午後二回、順次その講義をなし、厳に他の書を読むことを禁じたり」（松本良順「蘭疇自伝」）（＊「究理」は物理学。「舎密」は化学）

このような大変革は、学生たちの反撥を招き、反対運動が起きたが、松本は、「この方針に不服の者は退校せよ」と、断固として方針を曲げなかったので、十余名の退学者を出したあと医学所の雰囲気は一変した。これが日本における近代医学教育のはじまりとされている。

ポンペの薫陶

松本良順がこのような方針を貫くことができたのは、彼自身が、そのような近代医学教育をきちんと受けるという珍しい体験の持主だったからだ。松本は、順天堂大学・医院の創設者として知られる佐藤泰然《たいぜん》の次男である。佐藤泰然は、緒方洪庵や高野長英などと世代を同じくする幕末の蘭学者で、順天堂という医院・蘭学塾を開いていたが、次男の順には漢方医学を学ばせ、漢方の大家で将軍の侍医であった松本良甫《りょうほ》のもとに養子にやったので、息子は松本良順になったのである。良順はその後、蘭学塾で数年間学んだあと、幕命を受けて、長崎に留学し、できたばかりの海軍伝習所に入った。海軍伝習所は、ペリーの黒船来航にあわてた幕府が、日本も早く西洋式の船を持ち、その運航技術を身につけた人間を育てなければならないということで、オランダの協力を得て、ペリー来航の二年後、安政二年（一八五五）に作ったものである。船も教官もオランダから導入し、伝習生は幕臣や、各藩選りすぐりの若者たちだった。その中に勝海舟や榎本武揚がいたこと、使われた軍艦の一つが、後にはじめての遣米使節団を乗せることになる咸臨丸であったことなどはよく知られている。

海軍伝習所には、オランダから教官の一人として、海軍二等軍医ポンペが派遣されてきていた。軍には軍医というものが必要だから、その教育をしようというわけである。それまでも、シーボルトはじめオランダの医者は何人も来日したことがあり、彼らを通してそれなりに西洋医学の伝授はなされてきたが、彼らはそもそも教育が主目的で来たわけではなかったから、その伝授も系統だったものではなかった。しかし、ポンペは医学教育そのものを目的としてきたので、その教育も系統だった本格的なもので、その教え方もそれまでの医者が臨床的な現場教育を中心にやっていたのに対して、きちんと準備された一連の講義によって、基礎から臨床まで、医学知識の全てを教えようとするきわめて水準の高いものだった。科目としては、物理学、化学、繃帯学、系統解剖学、組織学、生理学総論及び各論、病理学総論と内科学、薬理学、外科学理論及び外科手術学、眼科学、産科学、法医学、医事政策などがあり、医学以外に、鉱物学や採鉱学の講義まで行った。内容的にも、ヨーロッパの医学校なみの水準で、掛図や図版、模型、実物、実験などをたくさん取り入れ、単なる講壇講義に終らせなかった。講義ノートをきちんと準備し、主要な部分は口述筆記させ、蘭日対訳のノートを作成させた。

このような本格的医学教育は、日本にはいまだかつてなかったもので、これで日本の医学教育は一変したといってよい。海軍伝習所は安政六年（一八五九）に閉鎖されてしまうが、ポンペはその後も残って、長崎に養生所（日本最初の西洋式病院）と医学所を開いて医学教育をつづけ、通算五年日本にいた。その間ポンペの教えを受けた学生は百五十余名に及び、彼らが、新しい日本の医学を切り開いていくことになったのである（後の東大医学部教授もその中から多数出ている）。

ポンペの教え子の筆頭格だったのが松本良順である。松本はポンペが日本にいた五年間、常にその座右にあり、伝習所が医学所となってからは、その頭取となってポンペに協力した。ポンペは帰国するとき、松本にぜひオランダにいっしょにくるようにすすめたが、松本は江戸に戻って江戸に医学校を作り、日本の医学教育を一新するつもりだといって、それを断った。そして、江戸に戻るとき、長崎医学所の主だった生徒二十三名が松本を慕って、そのまま同行してしまったので、近代医学の中心は、松本とともに長崎から江戸にそのまま移ってしまったのである。

松本は、江戸に戻るとすぐに西洋医学所に入り緒方洪庵頭取の下で、「頭取助」という副頭取格になったが、医者としても、医学教育者としても、実力は緒方洪庵のはるかに上で、緒方もそれをよく知っていた。それは「（松本が）拙生の次席にあられそうろうことはいかにも気のどく千万のいたりなり」と緒方が知りあいに書いた手紙が残っていることでも知れる。

緒方の死後、松本が頭取となり医学教育を一新したことは、いわば当然の成り行きだった。松本が講義の中心にしたのは、ポンペの講義録で、これは『朋百《ポンペ》伝習医学七科書』（四十五冊）という写本の形で学外にも広く流布し、全国の蘭方医、医学生たちが争って読む本となった。講義は、松本にもポンペと同じようにできたが、実習はむずかしかった。特に解剖は人体があまり手に入らず、骨格標本もなく、骨らしい骨の標本は松本が長崎から持ってきた頭蓋骨一つという状態だったので、解剖は、犬猫の解剖と、解剖書の学習が中心だった。書籍も原書のオリジナルはあまりなく、あっても二部だったので、学生たちは日夜交代で筆写して学習した。

松本の改革で医学教育は刷新され、学生もふえ、幕末の慶応三年（一八六七）には、頭取の松本以下、教授五名、助教授四名、寄宿生三十余名、通学生三十名という規模になっていた。

幕末、松本は将軍慶喜の侍医に任じられるとともに、海陸軍医総長に任ぜられ、戊辰戦争がはじまると、医学所をあげて戦傷兵の治療にあたった。戊辰戦争が北に波及すると、松本も旧幕側について、会津まで行ってしまったため、戊辰戦争が終ると新政府に逮捕されている。しかし、得がたき人材ということで、すぐに自由の身になり、しばらくは私立の病院を開いて民間にあったが、明治五年（一八七二）には、陸軍の軍医頭になり、翌々年には、初代の陸軍軍医総監となっている。

医学所のほうは、開成所とともに、慶応四年（九月から明治元年）の六月、幕府から新政府に引き渡され、すぐに医療機関として復活した。しかし、医学教育機関として復活するのはもう少し後のことになる。徳川幕府時代から明治新政府時代への移行にともなう社会的混乱の中で、教育機関の体制はガタガタになってしまったからである。

ミュルレルとホフマンの改革

その辺のことはまた先に行って述べることにして、医学教育の復興について述べれば、医学所の後身、大学東校において、本格的な医学教育が復興されるのは、明治四年（一八七一）に、ドイツから招聘された二人の医学教師、ミュルレルとホフマンが着任してからである。

そこにいたる間も一応は、医学校→大学東校で医学教育が続けられてはいたのだが、教育水準は大幅に低の創定者」を引用して、次のように述べている。

「ミュルレル等が着任した時には凡三百人の学生が医学校にいたが、彼等は大きな机に十人乃至十六人宛坐っていた。銘々が皆一ツ宛の火鉢と、煙草や煙管とを持って席に就いていた。其大机には机毎に一人の監督が坐を占めていた。学生は当時ヒルトルやヘンレーの解剖書を繙いていたが、之を解するに通訳の助を借りても尚お困難であった。〔略〕其頃の医学教育は甚無秩序であって、解剖や生理の智識が全く欠乏していながら、すぐ臨牀医学に取り付いたのであった。心臓病の講義を聴いておる学生が、まだ血液循環の理すら会得していなかったのであった。そこでミュルレルとホフマンは各々一週間六時間宛解剖学を通訳で教授した。併し一体に学生の年齢も老いており、素質も良くなかった。仍てミュルレルは明治四年の十二月に文部卿大木喬任《たかとう》の同意を得て、学生中選択して僅かに五十九人だけを残し、他は皆な修学をやめさせた」(仮名づかいは現代風に改めた)

要するに学生の水準が低いので、学業の立つ見込みなしとして、八割の学生の首を切ってしまったのである。教育の水準を保つためには、それくらいのことをしなければならないのである。前にも述べたが(『東大生はバカになったか』)、最近の日本の大学の教育水準は、信じがたいほどに低下している。入試の水準を下げ、進級の水準を下げ、卒業の水準を下げているから、「血液循環の理すら会得しないのに心臓病の講義を聞く」に類したことをしている学生が、現代日本のあらゆる大学のあちこちにゴロゴロいるのである。先だっての大学審議会で大学生にもっと勉強をさせ、勉強をしない学生は落第させるべきだとの答申が出されたが、そんなことは当り前すぎるほど当り前のことであって、日本の大学教育の水準を先進国なみにするためには、東大も含めて、半分くらい落第させるべきなのである。

ミュルレルとホフマンがもうひとつ行った改革は、予科の水準が低すぎるとして、予科の教育水準をあげたことである。当時の医学校は、予科二年本科三年、あわせて五年を修業年限としていた。本格的な医学教育は本科で行い、予科はその準備教育である。しかし、その予科の教育内容があまりに低かったので、ミュルレルとホフマンは、それを知ったとき、「これなら自分たちがわざわざくることはなかった。まず、予科の教師をドイツから派遣して、予科教育をきちんとさせたところで我々がくるようにすればよかった」と慨嘆したほど程度が低かったのである。しかし、考えてみれば、それも無理はなかった。なにしろそれまでの日本には、当時のグローバル・スタンダードの初等教育も中等教育もなく、わずかに寺子屋教育と藩校による漢文教育くらいしかなく、あとは一部の学生が、民間の蘭学塾で、オランダ語の読み方を習ったくらいだったのだから、予科教育の水準は低くて当然だったのである。

この頃医学校に入った学生の思い出によると、試験は「漢文、日本外史、作文、それに身体検査」という簡単なものであった。その程度の知識しかない学生に何を教えるかというと、「洋字。単語。文典。地誌。物理（格物）。化学。算術」というところだった。その水準は、算術の内容を見ればわかるが、「加減乗除。初等分数。比例。開平（平方根）。開立（立方根）。尋常代数学」というところだった。いまの教育でいえば、中学一年生程度というところだろう。

ミュルレルとホフマンは、本当に予科教育のための教師をドイツから三人呼んできたり、大学南校のドイツ人教師の応援を頼んだりして、「代数。幾何。自然科学序論。地理。歴史。理化学。博物学。ドイツ語。ラテン語」などの科目を予科に取り入れた。このあたり、前に述べたことだが、一般教養教育をしっかりやってから専門教育へというヨーロッパの大学教育の伝統に根ざした発想である。

学生はすべて寄宿舎に入れられた。六間に三間の部屋に二人ずつ入れられた。官費生（上級生）には十二円が支給されたというが、当時米一俵の値段が二円だったというから、それだけあれば楽に生活できた。『東京帝国大学法医学教室五十三年史』には、当時の学生生活について、次のような記述がある。

「当時一般で宿料三円という折、寄宿舎は四円五十銭であった。これにホフマンの説で、日本人が脚気にかかるのは食物に関係があるというので、朝食は卵三つと汁、香の物、昼食は百目（注・三百七十五グラム）位の牛肉一皿、夜は魚、牛肉のソップ、野菜といった献立であった。（略）課業始めの合図は盤木を打って知らせる、晡の食事は拍子木を鳴らして知らせたものである。

学生は一切書籍というものはいらぬ、書籍館というのが病院の傍にあって、そこで貸してくれる。それに無月謝であった。床屋も校内にあるし、湯は午後の三時から八時まで沸してあり毎日入れた。文房具、石油（注・ランプの時代だった）のようなものは校門の前の商店町（注・医学校は神田和泉橋にあった）で売っている。寄宿舎に小使が二人居って、これが凡て用を足してくれる。

外出は午後四時から八時まで、大抵日本橋辺か上野を散歩する位であった。官費生は揃の独逸制服、下級生は袴羽織だ。門番の所に木の名札を掛けて出る、此名札を紛失すると一週間の禁足罰となって発表される。（略）生徒の面会時間は午後二時から三時まで、それ以外は許さぬ、親族は監事局の応接所にて、それ以外の人は門の所、女などは凡て門の所で面会させられた。（略）門番の先に監事局があって、生徒監事が三人居り、絶えず巡回して来るのでフシダラの事は出来なかった」（仮名づかいを現代風に改めた）

かなり厳しく学生の生活は律されていたようだが、そうでない一面もかなりあったようだ。というのは、次のような寄宿舎の罰則があったからだ。このような罰則があったということは、それを破る者がかなりいたということだろう。

「第一条　詐りて不快と称し及び無届欠席する者は一週間別室禁錮の事
第二条　夜間窃かに脱して外泊し翌朝講義に帰舎する者は十日間別室禁錮の事。但し翌終日に及ぶ者は二週間禁錮の事
第三条　講席遅刻十分に至る者は三日間禁足、三十分に至る者は五日禁足せしむる事
第四条　酩酊の上他人と口論に及び又は他席に乱入して勉強を妨ぐる者は一週間禁足の事
第五条　縁側及び二階より小便する者は一週間禁足の事
第六条　門限を破る者は五日間禁足の事
第七条　教師講義中高声談笑する者は一日禁足の事」（用字用語を現代風に直した）

かなりきびしいといえば、きびしい規則だが、不勉強、犯則等で成業の見込みなしとして退学になるものがかなりいたという。

「蘭学」の凋落

ここで、外国人教師がなぜドイツ人になったかについて、一言しておこう。江戸時代のほとんどを通じて、洋学といえば蘭学であり、世界について知識を得ようとすればオランダ語の本を読むしかなかったから、知識人たらんとする者、オランダ語を学ぶ重要性に誰も疑問を持たなかった。

しかし、幕末になって、オランダ以外の国との交流がふえるにつれて、オランダに対する評価はどんどん落ちていった。福沢諭吉がその典型であるが、世界で重要な国は、オランダよりむしろ米英であるということで、蘭学から英学に転ずる者が多く、開成学校、大学南校では、英語の修学希望者が圧倒的で、オランダ語をやろうとする者などは、あっという間にいなくなってしまったのである。

蘭学から英学に転向した一人に、後に外務卿になる寺島宗則がいる。寺島は、幕末名が聞こえた蘭学者で、前に述べたように、勝海舟が全国の洋学者を集めて蕃書調所を作りあげようとしたときリストアップされて蕃書調所創設のときから教授手伝になった人物だが、文久元年（一八六一）、幕府が派遣する初の遣欧使節団のメンバーとなって、英、仏、蘭、独、露の各国を見てまわる。そのとき、知人へ送った手紙の中で、次のように述べている（表記を現代風に改めた）。

「この節、欧中巡視の上はじめて知る事あり。かつてオランダへ参り、書を買わんとするに全備せる奇書一本もこれ無し。かつ本国の人といえども、皆仏書独書等を読み、小児といえども仏語独語を学び蘭語を知らざるを恥じず。故に蘭語にて著述する者たまたまありといえども買って見る者なきほどなれば、自然書も減じ、その国外に出れば蘭語を知る者一人もなく実に衰微驚きいり申し候。……その他の*ハブリーキ等も甚小にして見るに堪えず。蘭の諸事を英仏独に比すれば百分の一より下るべし。故に生等帰朝の後は再び初学の者に蘭学を勧むるの意なしと存じおり候。……その上蘭人の性吝《りん》にして胆小、国貧にして物価貴し。生等はじめてその学と人の賤きを知れり」（犬塚孝明『寺島宗則』）（＊オランダ語のfabriek＝工場）

外国をよく知るようになるにつれ、オランダの評価はガタ落ちになり、蘭学は幕末から明治にかけて事実上消滅してしまうのである。医学の世界においてもそれは同じで、ではオランダに代えてどこから医学を学ぶべきかということになったとき、イギリスという者もあったが、圧倒的に多くが、ドイツを主張した。実際、欧米人に、医学で世界一の国はどこかと問うと、ほとんどがドイツと答えたのである。日本の蘭方医たちも、そういえば、自分たちがオランダ語で勉強したほとんどの医学書が、実はドイツ語の原書をオランダ語に訳したものであったことを思い出して、それに納得した。

外国人教師に給与三億円

かくして、ミュルレルとホフマンが呼ばれ、その後さらに多くのドイツ人教師が呼ばれたのだが、これには大変な経済的負担を要した。延べでいうと、医学校時代から東大時代の初期にかけて、医学関係で九人、薬学関係で四人、予科で八人のドイツ人教師をやとっていた。単年度でいうと、毎年十二、三名のドイツ人教師がいたことになる。その給料の総額は一カ年で四万円にもなり、それは医学部予算の経常費の三分の一をこえる額になっていた。それに往復の旅費、居住費、賞与、接待費などを加えると、大変な額になった。給与の四万円だけだとしても、当時の米一俵の価格二円で換算すると、二万俵分になるが、それを現在の米価で換算すると、実に三億円以上になってしまうのである。

結局役立たずに終ったお雇い外国人プロ野球選手に、合わせて三億円以上の支払いをしたことがある球団は幾つもあるが、それにくらべればお雇い外国人大学教師にそれだけ支払った明治政府のほうが、日本文化の水準向上にはるかに意味がある金の使い方をしたといえるかもしれないが、それにしても、払いも払ったりといいたくなるほどの高給の払いぶりである。しかし、これくらい払わないと、文明の最先端にある国から、地球の裏側の文明開化いまだしの国にきて、知的水準最低レベルの学生にものを教えてやろうなどという奇特な教授を見つけることができなかったのだろう。しかし、明治初期の日本において、いちばん必要とされていた高等教育は、医学だったから、どんなに金を払っても、優秀なドイツ人教師がほしかったのである。どれほど医学教育が切実に求められていたかというと、明治十七年（一八八四）末、東大の法学部、理学部、文学部の学生はあわせても百五十三名しかおらず、法学部別課生や文学古典講習科生など、正科以外の学生を合わせても、三百四十一名しかいなかったというのに、この年の医学部生は、本科、別課、製薬学科合わせて七百十六名もいたのである。とにかく圧倒的に医学部生が多かったのである。ほぼ明治十年代を通じて、東大の学生の三分の二ないし半分を占めたのは、医学部生だったのである。外国人教師に大金を払ってでも、医学教育の体制確立を急がなければという気持ちになっていたのだろう。

しかし、良質の教師なら高い給料を払った甲斐もあるというものだが、中にはひどい教師もいた。明治六年（一八七三）に来日したドイツ語・ラテン語教師のフンクの場合は、あまりに勤務状況がひどく、学生もその教授内容に強い不満を持ち、予科の最上級生たちが申し合わせて、医学校当局に、やめさせてくれと申し入れたという事件が起きている。調べてみるとなるほどひどいので、学校から文部省に契約破棄を迫ったという記録が残っている。

「去る十一月以来二カ月間大半を欠課するにいたり、これに加え無断で登校もしないことが少なくなかった。かつ、出校してくる場合でも遅刻はするし、授業時間もいい加減だった。酒を飲んで教室にあらわれ、忿怒と嘲罵のみで授業を終ったことも少なくなかった」（表現は現代風に改めた）

というのだから、ひどい教師もあったものである。

ひどい外国人教師といえば、むしろ、開成学校（大学南校）の側にいた。開成学校は語学教育に力点を置いたため、相当数の外国人教師が必要で、そのために、ただ外国人というだけで、相当怪しげな人間も語学教師として雇っていた。最近の日本の英会話学校にも、白人の外国人というだけで雇われた、まともな英語をろくにしゃべれない教師が沢山いるようだが、それと同じような状況だったようだ。

医学校のミュルレルは回想の中で、

「開成学校の教師中には実に種々の経歴の人があった。例えば商店員、ビール醸造人、薬剤師、百姓、マドロス等等。其他或る時雇い入れた体操の教師は曲馬団の道化役者であった。所が同じサーカスから、一団員が既に永い間開成学校の語学教師であったことなど滑稽であった。（略）ビール醸造者は経済学を教へて居た。又或る教員はエー・ビー・シーも教へ、倫理学も教へ、或る教員は四則と経済学を同時に一級に教へてゐた」と語っているという（重久篤太郎『お雇い外国人⑤教育・宗教』＝鹿島出版会研究所による）

開成学校の質の低い外国人教師の問題は、政府部内でも問題になっており、関係文書の中には、「教授免許の証書もこれ無く、その学力は生徒にも及ばぬ者これあり」とか、契約が切れたら二度と契約更新するつもりがない教師をあげていったら、当時の教師十六名の半数の八名になったというようなひどい話がいろいろある（『東京大学百年史』による）。それなのに、給料だけは高かった。当時アメリカの小学校教師は五十ドル、校長でも二百ドルだというのに、彼らはだいたい二百ドルから三百ドルもらっていた。

いい方の外国人教師で最も有名なのはフルベッキで、もともとアメリカ人宣教師だったが、大変な学識がある人で、幕末の長崎の洋学所、佐賀の藩校で英語、政治、科学、軍事などを教えるうちに、大隈重信、伊藤博文、横井小楠などを教え導くことになり、維新後は新政府に呼ばれて上京し、開成学校の教頭をつとめることになった。こうしてフルベッキは日本の高等教育の基礎を築くとともに、新政府の顧問役となって、教育、行政のあらゆる方面で建言を行うなど、大きな影響力を持つにいたった。

フルベッキの事跡のうちで特に重要なのは、岩倉使節団（一九一ページ写真参照）の派遣を実現したことだろう。明治四年から六年に亙って、岩倉具視以下、木戸孝允、大久保利通、伊藤博文など、まるで新政府の引っ越しかと思われるような指導的メンバーをそろえた総計四十八名の使節団が米欧各国を一年十カ月かけてまわったことはよく知られている。この米欧回覧によって、はじめて新政府の指導者たちは世界の趨勢が見えるようになり、日本がこれからどういう国づくりをすべきかのイメージ作りができたのである。そういう意味において、これは近代国家日本にとって最も大きな歴史的意味を持った旅行だったといってよいが、新政府の指導者たちにこの時期に世界を見ることの意義を力説し、具体的にどこに行って何を見学してくるべきかを助言し、手はずをととのえ、どこに行ったときには、どういう人にどう言うべきかの口上まで考えてやった上で使節団を送りだしたのがフルベッキだったのである。フルベッキはこの旅行をオーガナイズすることで近代日本のグランド・デザインを描いたといってもいいわけである。

フルベッキの場合は、月給が六百ドルで、外国人教師の中でも破格の待遇だった。これは政府では右大臣の俸給と同格だったというが、看板だけの右大臣より、はるかに実質のある仕事をしていたといってよいだろう。

教育以外の面でも、明治新政府は多数の外国人を雇い入れていた。中でも工部省はそれが多く、文部省のお雇い外国人に対する支払いが十九万六千円だったのに対して、ほとんどその三倍の五十八万四千円を費しており、それは工部省予算の三分の一にのぼったという。殖産興業、富国強兵が明治の国家目標であったから、その目的達成のためには金を惜しまず外国人パワーを借りたわけである。それによって、確かに殖産興業の目標は達成したのだが、その過程でどうも日本は忘れてしまったものがあるようだ。

それは金では買えない大事なものがあるということである。お雇い外国人の中で、日本の文化に最もつくした人の一人にかぞえられるのは、東大医学部に内科の主任教授として二十五年間奉職したベルツである。彼は日本を愛し、日本人と結婚までした人だったが、最晩年は日本を批判し、日本人は西洋の科学技術の成果だけを手軽にもぎとろうとするといったという。まるで我々が果物の切り売りをする人ででもあるかのように扱うが、果物を実らせるまでに、我々がまず種子をまき、若木が大きな樹になるまで長い時間をかけて大切に育ててあげたのだということを忘れているといったという(村松貞次郎『日本の近代化とお雇い外国人』=日立製作所による)。

日本の近代化というのは、明治のはじめからこれなのである。何でも金さえ出せば買えると思い、成果だけを買ってきて、それをどうやって産み出したかを学ぼうとしないのだ。自ら種子をまくことや、若木を育てる努力を惜しむから、いつまでたっても自分で新しいものを作りだせないのである。昨今の日本が陥っている苦境も、その根っこにあるのは、これなのだ。

3 初代学長・加藤弘之の変節

国家と一体化した総長

前にも述べたように、最初の東京大学、つまり帝国大学以前の東京大学が設立されたのは、一八七七年（明治十年）である。初代の総理は、開成学校の総理嘱託であった加藤弘之である。

加藤弘之は、開成学校の前身である蕃書調所の教官（教授手伝）の一人で、もと出石《いずし》藩（兵庫県出石郡）出身の蘭学者だった。教官といっても、蕃書調所に入った（万延元年）のは、まだわずか二十五歳のときだった。洋学の世界は人材が払底していたから、それくらい若くても、能力さえあれば、教官になれたのである。教官といっても、蕃書調所の主たる任務は、教育ではなく、文献の翻訳など、西欧文明の吸収そのものだった。

加藤弘之総長

江藤新平

加藤も蕃書調所に入って間もなく、プロシアと日本が国交を結び、プロシア国王から徳川幕府に電信機械が贈呈されることになったが、ついてはその使用法を習わなければならないから、お前行ってこいということで、プロシア公使のところに数日間通わされたりしている。加藤はプロシア語（ドイツ語）ができるわけではなかったが（日本にドイツ語ができる人など一人もいなかった）、かねて、プロシアはヨーロッパでいちばん学術が盛んなところと聞いていた加藤は、とりあえず、オランダ語・ドイツ語対訳会話集を片手に電信技術をこなした上で、これはちょうどいい機会だと思って、ドイツ語を本格的に習得してしまった。オランダ語とドイツ語はよく似ていたから、習得はさして困難ではなく、一年もしないうちに、ドイツ語原書をスラスラ読むようになった。これが日本におけるドイツ学のはじめとなり、後に加藤は、ドイツ皇帝ヴィルヘルム二世からその功によってドイツ帝国一等勲章を授与されている。加藤のドイツ語の力はなかなかあったようで、ブルンチュリ『国法汎論』、ビーデルマン『各国立憲政体起立史』などの大著を翻訳したり、自らドイツ語で著述した『強者の権利の競争』をベルリンの出版社から刊行したりしている。

加藤は、兵法を学ぶために洋学をはじめたのだが、ドイツ語をはじめたあたりから、むしろ、法学、哲学、政治学、倫理学などを専門にするようになり、幕末から明治初期にかけて、啓蒙政治思想家の筆頭にあげられるようになった。

その後、学界においては、東京大学総理、帝国大学総長、帝国学士院長などをつとめ、官僚としては、文部大丞（現在の文部省局長といったところ）、外務大丞などを歴任したあと、元老院議官、貴族院議員、宮中顧問官、枢密顧問官などをつとめている。明治の学界、官界の大御所中の大御所とでもいうべき人で、歴代の東大総長の中でも、これほど国家と一体化していた人は他にないといってよい。

いってみれば、加藤は明治という国家の骨組を作ったファウンディング・ファーザーズの一人といってよい。特に、先に紹介した『国法汎論』は、国家はいかにあるべきか、国家は法的にどのように構成さるべきかを論じた大著で、大正五年三月、加藤没後に出された『国家学会雑誌』（国家学とは、ドイツで発達した学問で、国家がかかわるあらゆる現象を研究の対象とし、政治学、行政学、財政学、経済学などもその中に入る。ドイツ以外の欧米諸国では、むしろポリティカル・サイエンス〈政治学〉が、学問的上位概念になっているがドイツとドイツの影響を強く受けた日本では、国家学が上位概念に置かれ、学会として国家学会があり、その機関誌として、『国家学会雑誌』がある）の加藤弘之追悼号で、穂積陳重《のぶしげ》は、この書を次のように評価している。

「当時此書大ニ行ハレテ、本邦ニ公法及ビ国家学ノ思想ヲ拡ゲルニ於テ顕著ナル効果ヲ生ゼリ。本邦国家学ノ興起、津田真道、西周其他ノ諸先輩ニ負フ所亦タ極メテ多シト雖モ、世人ノ特ニ先生ヲ推シテ国家学ノ開祖ト為ス所以ノモノハ、主トシテ此ノ書アルニ因ル」

啓蒙思想家たち

明治時代、侍講、侍読といって、天皇にいろいろ勉強してもらうための家庭教師役がいた。和漢洋それぞれの立場からの教師役がいたが、加藤は洋学の立場から、天皇に西洋文明を講釈した。自叙伝に次のようにある。

「明治三年から同八年まで、侍読を兼ねて御前進講の栄を得たことであるが、進講は天皇皇后両陛下に奉仕することであった。天皇陛下の方は、一時毎朝のことであったが、毎週二三回のこともあった。皇后陛下の方は毎週一二回程であった。而して天皇陛下へは、欧米の政体、制度、歴史等の概略を進講し、皇后陛下へは歴史、風俗等の事に就いて概略を進講したのである」（『加藤弘之自叙伝』大正四年刊、表記は現代風に改めた。以下同）

明治天皇はわずか十六歳で即位し、その当時の日本人がみなそうであったように、西欧文明国家のありさまなど何も知らなかった。急速にその方面の知識を得ていくのは、このように東大教授レベル（といっても、加藤はそのとき弱冠三十五歳だった）の家庭教師から毎日のように国家学の講義を受けていたからである。このとき加藤がテキストに使ったのが、ブルンチュリの『国法汎論』だった。加藤は講義をしながらその翻訳をすすめ、明治五年にその全訳を出版したが、その版元はなんとできたばかりの文部省だった。『国法汎論』はいわば、国家学の国定教科書のような役割を果したのである。

国家のあり方がよくわからなかったのは、天皇だけではなかった。当時の国家指導者たちがおしなべてそうだった。そこで、明治新政府ができるとすぐに政体律令取調御用掛を置いて、新国家の基礎的あり方の研究にとりかかるのだが、その役に任ぜられたのが、加藤だった。さらには、明治三年に、大臣・参議ら政府高官たちが直接に天皇をかこんで国家のあり方を議論する国法御会議という御前会議が開設されるのだが、加藤は身分が低いにもかかわらず、いわば専門委員として、その会議につらなっている。

それというのも、当時の日本で国家のあり方（政体）について一番詳しいのは加藤だと思われていたからである。

西洋諸国が政治的にどう構成されているかを明治のはじめに一般に説いた書として福沢諭吉の『西洋事情』（慶応二年初編発行。初版十五万部の大ベストセラーとなった）がよく知られているが、実はそれよりも五年も前の文久元年に加藤が書いた『鄰草《となりぐさ》』が、西洋の政治制度について詳しく述べており、これが日本最初の政治体制に関する書となっている。自叙伝に次のようにある。

「余はなお坪井塾に居る頃で二十六歳の時に、初めて『鄰草』と題する小冊子を著述した。是れは西洋各国には議会というものがあって、政府の専制を監督防止する制度が立って居ることを述べたもので、実は当時の幕政を改革する必要があると考えて書いたのであるけれども、それを露骨に述べることができぬゆえ、支那の政治の改革というような意味にして述べたから、それで書名を『鄰草』としたのである。（略）吾邦で立憲政体の事を論じたのは此の書が一番初めである」

このあと、やはり政体論として、明治元年（一八六八）に『立憲政体略』、明治三年（一八七〇）に『真政大意』を出版しているが、このときはすでに幕府は倒れていたから、支那の政治にことよせるなどの細工はせずに、ストレートに政体について論じている。これらの書は、当時の政治青年たちに先を争って読まれ、大きな影響を与えた。これは基本的には、西洋近代の啓蒙思想の影響のもとに、封建時代の絶対主義専制政治から、近代的な立憲政治に移るべきことを説いたもので、加藤は福沢諭吉などとならんでいわゆる明治啓蒙思想家の代表と目されている。

明治新政府の政治体制は、王政復古の大号令とともに、まず、古代王朝の太政官制を復活させるという形をとったが、その実際の組織的実態は、朝令暮改の連続で、慶応三年の総裁・議定・参与の三職制にはじまり、慶応四年三職八局制、同年の七官制、明治二年の二官六省制、明治四年の太政官・三院・八省制などなど、相当の専門家でも細かくは覚えきれないほど、国家体制は転々とした。結局、明治十八年（一八八五）の内閣制度創設（太政官制度廃止）を経て、明治二十二年（一八八九）の帝国憲法発布（立憲君主制成立）にいたるまで、日本の政体は揺れ動いてすっきり定まらなかったのである。

王政復古から憲法発布までの二十一年間は、いわば長い長い過渡期であり、その間、藩閥政府を握る官僚たち、自由民権運動家たち、天皇親政論の旧体制派などなどが、複雑に入り乱れながら政治的角逐を繰り広げていたのだといってよい。

いま歴史をふり返ると、立憲君主制への一筋道しかなかったように見えるかもしれないが、明治のはじめにおいては、そもそもどういう政体がありうるのかさえ皆わかっていなかったのである。そこに、政体のありうる形を示し、各体制の利害得失を示した上で、立憲君主制こそ一番合理的であると主張し、そこに官民ともに導いていくのにいちばんあずかったのは、加藤弘之をはじめとする啓蒙思想家たちだった。

「君主専制は蛮夷の政体」

加藤の政体論は、時期によってその用いている用語がちがうので、紹介するのに若干混乱するが、なるべく今風の表現を用いて三書の内容を簡略化して示せば、次のようなものだ。

基本的に政体には君制と民制がある。君制には、君主専制、君主専治、上下同治（君民同治）とがある。君主専制は、君主が生殺与奪の権を一人で握り、自分のほしいままに臣民を支配する。君主専治は、やはり君主が一人で支配権を握り、臣民に政治参加の機会を与えないが、「ただ習俗おのずから法律となりて、やや君権を限制するところあり」という点が君主専制とちがう。上下同治というのは、「君主万民の上にありてこれを統御すといえども、確乎たる大律を設け、また公会といえるものを置きて王権を殺《そ》ぐものをいう。ヨーロッパ諸国のごときみなこの政体なり」という。要するに憲法と議会を置く立憲君主制のことである。

民政には、貴顕政治（貴族制）と万民共治（共和制）とがある。万民共治はアメリカでやっており、「万民の中にて有徳にして才識万人に勝れ、人望もっとも多き者一人を推し、年期をもって大統領（洋名プレシデント）となし、もって牧民の責に任じ、また公会の二房を設けて、毎年一、二度この公会を会聚せしめて国事を議せし」む。

世界各国の政体は、すべからくこの五つの政体のどれかに属する。しかし、「君主専制、君主専治、貴顕政治等のごときはみないまだ開化文明に向かわざる国の政体なり。なかんずく専制のごときは蛮夷の政体にして、もっとも悪《にく》むべく賤しむべきものなり」といい、結局、「五政体中、公明正大・確然不抜の国憲を制立し、もって真の治安を求むるものは、ひとり上下同治・万民共治の二政体のみ。よってこれを立憲政体と称す」という。

立憲君主制と共和制のどちらがよいかという議論はあまりしていないが、共和制の欠点としては、アメリカに南北戦争が起きたことでわかるように、国家のまとまりが悪く、政治の乱れが起きやすいことをあげている。制度としての公明さからいえば、共和制のほうが上にはちがいないが、共和制をうまく運営できるかどうかは、国民の政治的熟成の度合いによるところがあり、政治的熟成が低い国では、採用してもうまくいかないだろうともいっている。

大事なのは、何よりも、憲法と議会が存在することで、この二つがしっかりしていれば、どちらでもうまくいくともいっている。君主制の欠点は、君主が明君ばかりではなく、しばしば暗君が登場することにある。暗君に姦臣・貪吏が結びつくと、彼らに国が盗まれる。しかし、

「もし公会（議会）の設けあるときは、暗君といえどもつねに下説を聴き、下情に通ずるがゆえに、自然英明に移ることもあり、また姦臣権を窃《ぬす》まんと欲すといえども、公会下民これをゆるさざるがゆえに、決してその志を遂ぐることあたわざるなり。ゆえに公会を設くるは、（略）実に治国の大本というべきなり」という。反対に、「この公会なきときは、たとえいかなる法律ありとも、何の益もなきことなり」とまでいう。上下分権（上下同治）の国には必ず議会があり、そこでは「公会に入りし者はもちろん、たとい公会に加わらざる輩といえども、その政治の善悪公私を論じ、あるいはみずからその説を建白することなども自在にして少しも禁ずることあたわざる政体」となる。そうなると、「もし暴君・姦相等上にありて、朝廷の威を厳にして、公会下民等の説を採用せずして、かえりてこれを苛使せんと欲するときは、公会下民等ただちにその命を矯《た》む。もしその苛使いよいよはなはだしきにいたれば、下民たちまち潰乱を生じて王室朝廷の傾覆を企つることつねに珍しからず。かくのごとく擾乱しばしば起こるときは、朝廷自然下民の説を用いざるをえざるにいたるがゆえに、朝廷その威権をほしいままにすることあたわずして、自然公平の政治に復することまた古今の例少なからず」（以上四つの引用は『鄰草』。表記は現代風に改めた）

暴君が国民を圧迫して苦しめることがはなはだしくなると、民衆の間から叛逆が起り、国家を転覆させよ

うとするまでにいたるから、自然に公平な政治に復元するというのである。

　加藤はこのように、議会というものが、国家の安定装置としていかに有用かを力説してやまなかった。はじめこの議論（『鄰草』）は、幕末の公議政体論の根拠づけとしてたてられたものだったが、やがて、勃興してくる自由民権運動の活動家たちの議会開設を求める運動の根拠づけとなった。

議会開設は時期尚早

　ところが、明治七年（一八七四）、明治六年の政変（征韓論をめぐって西郷以下四参議の下野）で野に下った板垣退助、後藤象二郎《しょうじろう》、副島種臣《そえじまたねおみ》、江藤新平らが、民撰議院設立建白書を政府に出すと、加藤はこれに反対し、反対意見書を四人に直接送るとともに、それを新聞に発表した。議会論者の加藤が、なぜそれに反対したのかというと、まだ日本では、議会を開設するには、時期が早すぎるというのである。なぜなら、日本はまだ「開化未全」の状態にあり、「無智不学の民」が多すぎるというのである。日本はいまようやく文化が開けはじめたところで、士族の中には教育を身につけつつある者もいるが、国民の大層を占める農商の階層はみな昔ながらの状態で、無智不学に甘んじて、知識を身につけようとするつもりもない。士族を含めても、政府の何物たる、政府収税の権利はどこから生ずるか、臣民軍役の義務はどこから生ずるかなど、最も基本的なことすらわからないものが、十の八九だろう。こういう人間を集めて議会を開いても、おそらくは「愚論取るに足らざる物のみならん」という。議会を作るなら、当然まず憲法を作るべしという議論になるが、そういう連中に憲法を作れというのは、「木に縁りて魚を求む」に類することになるだろうというのだ。

　ここで加藤は、ちょうど翻訳している最中であったビーデルマンを引用して、文明が開化した国にしてはじめて適切な制度を、無理に未開の国に導入すると愚論ばかりで役に立たないどころか害を生ずる恐れすらあるといいだした。人民が与えられた自由を適切に用いることができず、自暴自棄的に用いて国家の治安を害する恐れがあるというのだ。

　このような民衆の無智を理由とした議会開設の時期尚早論は、このときはじまったわけではなく、前から各方面にあったから、民撰議院設立建白書も、そのような議論にあらかじめ言及していた。そして、無学無智なる民を学と智に導くためにも、早く議会を開いて、民衆を政治に参加させることこそ最善の道だと説いていた。民撰議院設立建白書は、現在の政治は有司専制主義であると断じ、有司専制から脱け出すには、議会を設けるほかないと主張していた。有司というのは、その任にある官僚の意味で、有司専制というのは、官僚が自分の裁量で好き勝手にやる政治という意味である。いまの行政改革で問題にされている官僚の肥大した権限の縮小問題（規制緩和）というのも、いってみれば、現代版の有司専制主義の問題である。官僚が権限をどんどん肥大させて、好き勝手に国を切りまわしていくという有司専制主義は、実に明治のはじめの官僚機構が生まれて以来の問題なのである。もっといえば、これは日本にはじまった問題ではなく、膨大な官僚機構を持つ全ての国家あるいはすべての巨大組織についていえる問題で、官僚機構そのものが宿命的にかかえている問題なのかもしれない。この問題の根本には、ここで議論されている無学無智と学と智の問題がある。問題が複雑化してくると、どうしても担当官以外わからない問題が多くなって、担当官の裁量にまかされる要素がどんどん増え、有司専制主義への傾きが生まれるのである。しかしこれは無学無智と学智の対立の問題ではなく、むしろ、情報秘匿と情報公開の問題だろう。確かに高級官僚はさまざまの問題について問題点をよく把握しており、何でも知っているかに見えるが、それは官僚機構が本質的に情報収集機構になっており、その上に乗って情報を得ている高級官僚はそう見えるというだけの話である。情報公開の原則が広がり、官僚機構が収集した情報は誰でもゲットできるということになれば、そういう幻想も消えるはずである。

　民撰議院設立建白書は、有司といえどももともと学問有識においてそれほどすぐれた人というわけではなく、不学無識をもって人民を蔑視するというなら、自分たちも蔑視されても仕方がない存在ではないかといい、

「僅々有司ノ専制ト、人民ノ輿論公議ヲ張ルト、其賢愚不肖果シテ如何ゾヤ」

と問うている。

それに対して加藤は、次のように反論している。

「今日要路の有司と雖《いえど》も亦《また》未開の人たるを免れざる固《もと》より論を俟《ま》たず。然《しか》れども僕が知る所聞く所を以て考ふるに、今要路有司の外に学識卓越なる俊傑を求むるも恐らくは数十名に過ぎざる可し。三千万人（立花注・当時の日本の人口）中に於《おい》て僅《わずか》に数十名の俊傑あるも、（略）未だ以て人民の開明を称するに足らず」

現代社会においても、高級官僚と対等に渡りあえる俊傑は、数十名とはいえないまでも、たかだか数百名程度だろう。現代においても、有司専制の壁を掘りくずすのはそう簡単ではない。

この加藤の時期尚早論が出てから、明治の論壇はしばらく、議会開設尚早や否やをめぐって論争がつづいた。特に、加藤と大井憲太郎の間のものが有名で、政治のイロハも知らない無智の者が多すぎるという加藤の議論に対し、大井は、今日の有司も自分が其の職につくまでは政府の何物なるか、税の何物なるかをほとんど知らなかったはずで、その職についてそのことにあたってはじめて学んだわけだから、同じように人民にも議会の議論を通じて社会教育の機会を与えるべきだと主張した。当時、税金をめぐる議論の中で血税という言葉が出て、本当に血液が取られるのだと誤解した人々が暴動を起したというウソのようなホントの話があるが、議会で税金の議論を十分やっていれば、そういう誤解など起りようはずがないではないかなどと説いている。一般人民の議論の水準は低く愚論が多いだろうが、政府がそういう議論にまで耳を傾けた上で決定したということが大切なのであると大井が説くと、加藤は十中八九は愚論になるにきまっているから、そうなると政府は十中八九の議論を捨てたということになって、「人民倍々政府の専制を咎むるにいたらん」と加藤はいう。そして、王政復古の決定にしろ、廃藩置県の決定にしろ、あのときもし議会があって議会で議論を延々とつづけていたら、とてもああは決まらなかったにちがいないと加藤がいうと、大井は、あの時代幕藩体制の中に今よりもっと激しい有司専制があったが、その有司専制を各藩の内部で憂国者たちが打ち破り、公議をもって藩論を決するという変化があったからこそ、明治維新が実現したのではないかと反論するなど、このとき交された議論は、現在の議会制度とその役割を考える上でも実に面白いのだが、ここではその議論にはあまり深入りしないでおく。

文部省は湯島聖堂の一室

むしろここで考えてみたいのは、「政治と学問」の問題である。大学の歴史において、とりわけ東大の歴史において、政治と学問の間で繰り広げられた相互作用は大きな一章とならざるをえない。大学（人）が政治にかかわることで、あるいは政治が大学に干渉することで大問題がひき起されるということが東大の前史の時代から何度も繰り返されてきたのである。

ヨーロッパの伝統的大学においては、大学は政治権力と一定の距離を置き（宗教権力とは必ずしもそうでなかった）、政治と大学はそれぞれ独立の歴史を展開してきたが、日本においては、両者は、はじめから一種独特の癒着関係にあった。そのあたりのことを知っていただくためには、これまで簡単にしかふれてこなかった東大前史の大学本校の部分についてちょっと述べておかなければならない。前掲の前史年表（三六ページ）の中段にある、できてすぐ（閉鎖）（廃止）になる（大学校→大学）というのがそれである。この大学校は、王政復古によって復活させられた古代王制の行政組織の一環としての大学校で、行政組織上、集議院の次、弾正台の上に置かれたかなりハイランクの組織である。長官は「別当」と呼ばれ、その下に、大小監、大小丞などの役人がおり、また、教官として、大中小博士、大中小助教などがいた。

別当の役割としては、大学校ならびに開成学校、医学校を監督すること、国史を監修すること、全国の府藩県の学政を総括することとなっていた。つまり大学校は単なる高等教育機関ではなく、全国の下級教育機関を総括する教育行政機関でもあったのである。大久保利謙は、『日本の大学』で次のように書いている。

「学校たる大学校は官庁たる大学校から独立したものでなく、両者は未分化の状態にあるものとみなければならない。したがって大学別当は、文部大臣であると同時に大学総長であった。（中略）官庁と学校とがともに大学校と同じ名称であることは、元来二者が同一名なのでなく両者は一個の機関で、この一個の機関が行政・学校等二つの機能を持っているのである」

これらの大学の権能のうち、下級学校を監督する行政機関的役割のほうは、この当時まだ小学校、中学校ができていなかったため、名目的なものにとどまっていた。そのうち、小学校、中学校ができる明治五年（一八七二）以前に、大学校のほうが廃止になってしまうから、名目のままに終ってしまうのだが、もともと為政者の側にあったこのようなマインド（官庁と大学の未分化）が、その後も、大学問題、教育行政問題の中に首を出すことになるのである。

大学校はもともと昌平黌のあった場所、つまり、いまも御茶ノ水の駅前にある湯島の聖堂に置かれた。後に述べるように、教育機関としての大学校は明治三年に廃止されてしまうが、大学校の持っていた教育行政機関的役割は、文部省（明治四年設立）としてそのまま残り、大学校の廃止後も、湯島聖堂に置かれた。つまり、文部省の最初の庁舎はここだったのである。

できたばかりの文部省に入った九鬼隆一（後に文部大丞、文部少輔、貴族院議員、枢密顧問官、男爵）は、『教育五十年史』の中で、当時の思い出としてこんなことを書いている。

「すると其後三週間ばかり経《た》ってから予は文部省へ出頭を命ぜられた。文部省といっても湯嶋の聖堂の広い一室で、上は大臣より下は受付に至るまで、一つ室の内にゴタゴタ机を並べて居るのであった。江藤文部大輔の前へ出ると、あまり外国人に烈しく当らぬようにせよとの注意であった。予は之に対して一々申開きをすると、文部大輔も其れならばよろしいと言ってくれたので、意気揚々として帰って来た」

九鬼はこのとき、医学校の後身である大学東校の副長だった。大学東校の教官の主力は外国人だったが、その中にはひどい怠け者がいて大学当局もてあましていたという話は第二章で書いたが、九鬼はそういう怠け者外国人教官のとっちめ役だったのである。それで「外国人にあまり烈しく当らぬように」の江藤の言になるわけだ。面白いから、そのとっちめるくだりを引用してみる。

「さて副長として行って見ると、なるほどやりにくい。（略）殊にドイツの教員たちの我儘は言語道断で、無断欠勤、或は二時間も遅刻するのが珍しくないというありさま、しかも誰一人これを抑える事が出来ない。

そこで予は、その中で一番道楽をして怠けてばかり居ったドクトル・シモンというのをまず取っちめてやろうと思って、六十日の間、その教師の遅刻、早退き、欠勤及びその他種々なる落度を一々手帳に控えて置いて、恰度月給を渡す日になって、ドクトル・シモンを副長室に呼んで、司馬凌海氏を通辞として、六十日間の落度を一つ一つ数えあげた。その上で月俸一ヶ月（三百円）分を罰俸として差引くという事を宣告したが、この時ばかりは余程困ったらしかった。しかし予の言う事が一々もっともなので一言の口返答もなく、黙ってその申渡状に署名した」（以上、表記は現代風に改めた）

皇学派の盛衰

教育機関としての大学校について述べておく。昌平黌はもともと幕府の漢学（朱子学）の殿堂だったが、それが幕府の敗北とともに、明治新政府に引き渡され、それがそのまま大学校に移行したのだった。そこでは昌平黌以来の漢学も引き続き教えられたが、新設の大学校の中心になったのは、天皇とともに京都からやってきた皇学所の国学派の教授たちだった。王政復古を実現したイデオロギー的背景として、国学派と復古神道派が結びついた尊王攘夷思想、神国論、国体論、天皇親政論などを内容とする皇学派の流れがあるわけだが、その流れが京都からやってきて、大学校の主流におさまろうとしたのである。

皇学所は明治維新後早々にできた皇学派の学校で、公家の子弟を集めて、神典、皇史から律令、詩文、卜筮まで教え、「皇道を遵奉し、国体を弁じ名分を正すべきこと」を教えようとしていた。皇学以外の「漢土西洋の学」はあくまで、「皇道の羽翼たること」という考えだった。だから、皇学派が中心になって作った大学校は、「神典国典によりて国体を弁じ、皇道を尊む」ことをもって目的としていた。ただし、ここで用いられている国体の語は、戦時中に超国家主義者たちが彼らのファナティクなイデオロギーを押しつけるために濫用した呪術的記号としての「国体」と同義ではない。大久保利謙は『日本の大学』で、次のように解説している。

「そもそも当時『国体』の語は、公文書その他にしばしば用いられているが、必ずしも今日いうところの『国体』の義とは同一でない。『多くは国風、国情、国の体面、国の名分、国の基礎、国の特性等の意義に用ひられたるものの如し』（『帝室制度史』第一巻）。すなわち右の国体を弁ずとあるも、直ちに今日いう国体学のごときものでなく、結局神典皇典の学で、だいたい当時のいわゆる国学に該当するものと解すべきである」

ここで「今日いうところの」の今日とは、『日本の大学』が最初に刊行された昭和十八年時点、つまり、超国家主義者たちが日本を支配していた時代をさしているということに注意していただきたい。これからも、さまざまの人々が国体を論じる場面が出てくるが、そのとき「国体」の語で何を意味したかは、時代によって、発言者によってみなちがうのだということに気をつけていただきたい。一般的にいえることは、明治時代のはじめは、ファナティカルな天皇崇拝主義の影はきわめて薄く、国体の語は、国のあり方くらいの意味あいのごく一般的な用語として用いられるのがむしろ普通だったということである。明治時代初期の思想的メインストリームは、ヨーロッパの啓蒙主義に近い欧化思想だったのである。それが大きく変っていく最初のきっかけとなったのは、後述するように啓蒙主義のリーダーであった加藤弘之が国体問題で復古主義者たちの攻撃を受けて膝を屈した〝『国体新論』絶版事件〟なのだが、そこを語る前に、もう少し、明治初期の皇学派の盛衰について語っておかなければならない。皇学派は、皇学派のイデオロギーにもとづく政治的大変革（明治維新）が成り、大学校を作って学問のヘゲモニーまで取ったということで、有頂天になりすぎたのか、かなりのごり押しをはじめたのである。

もともと湯島の聖堂は、そこに孔子を学問の神様として祭る孔子廟があるから聖堂といわれているのだが、神国日本で孔子を神様のごとくあがめるのはけしからんということで、皇学派は、それに代えて、日本の神様を学問の神様として祭ろうとした。平田篤胤《あつたね》の説にもとづいて八意思兼神《やごころおもいかねのかみ》と久延毘古神《くえびこのかみ》を学問の神様として選んで、学神祭がとり行われた。『東京大学百年史』によると、当時の学生の一人が次のようにそのありさまを伝えている。

「明治二年七月三日〔八月二日の誤〕、其式を行ひ、八意思兼神を新築大講堂に祭り、朝廷よりは姉小路殿を勅使として遣はされたり。時に平田博士〔銕胤《かねたね》〕は白髪繆々として衣冠を着け、いと悦はしげに之を迎へ、学官一同青絹の長袖を着け、大小丞以上はいかめしく出立ち、供物を三盆に盛り、之を捧ぐるときは皆白紙を以て口を蔽ひ、席上を膝行して相授受する様いと異様に見えたり。学神の大前には荒莚を敷き、上には締縄を引渡せり。此の如くにして古来の漢学校も俄に社務所の如くになり」

というような珍妙な風景が現出した。皇学派はさらに嵩にかかって、

「孔子廟をなくす。漢籍の素読は廃止し、今後は専ら国書を用いることにする。孟子は国体に合わないところがあるから学ぶことを禁ずる」

といった規則を制定しようとした。しかし、もともとここは漢学の中心だったから学生が猛反発して、国学の先生をボイコットするような騒ぎになった。そして、国学派の主張するような大学校規則案は集議院で討議すべしということになったが、集議院に集まった諸藩出身の議員たち（まだ廃藩置県以前で、集議院は各藩の代表が集まって討議する場だった）は、みな儒教の伝統的な教育を受けた連中だったから、反対論が続出し、賛成したのは唐津藩一藩のみで、国学派は全面敗北した。明治維新で、日本は皇学・国学派のイデオロギーで染め上げられてしまったかのようなイメージを持つ人が多いが、ぜんぜんそうではなかったのである。皇学派的国体論は、当時一般には少数派だったのである。

この時代、大学大丞（しばらく後に文部大丞）をしていた加藤弘之は、『教育五十年史』の中に、「学制以前の大学に就て」と題して、次のように書いている（以下、表記は現代風に改めた）。

「孔子の言われたことは余り不都合なことは無いけれども、孟子抔《など》は誠に我国体には大害を惹起す書物であるから、孟子を読ませることは禁じなければいけないというようなことを、丸山という人は頻りに主張する。片方の水本初め漢学者の方は、それに就て弁護するという様に、其喧嘩が甚しかったので、そうして又教授もそれが為めに、毎日静かにやって行くということの出来ぬ程喧嘩が甚しかったのである。（略）先生と学生との間に喧嘩があり、それから一には国学と漢学の間に喧嘩が甚しかったのである。それはどうも別当も

制止することが出来ない。（略）そういう様な有様で（別当の）松平春嶽侯も実に困ってしまった。（略）どうも遂に両方の喧嘩に堪え切れずして、政府は本校だけを閉じてしまわなければならぬということになって、閉じてしまった。松平春嶽、それから大監少監というようなものをば、免職にしてしまった。其時に南校と東校だけは残された。吾輩は頭の無いものになった。其時に太政官直轄という名義で暫く残って居ったのである。本校というものはまるで潰ぶれて、喧嘩の為に潰ぶれてしまったのであります」

江藤・加藤コンビ

つぶれたあとの大学を洋学を中心に再興したのが、加藤弘之なのである。その間の経緯の裏話を加藤は『教育五十年史』に書いているが、それに従うと、次のようになる。明治二年から三年にかけて、諸官省で大きな組織改革が行われたが、文部省だけはケンカでつぶれたあとなので、手がつけられなかった。教育に強い関心を持っていた木戸孝允がこのままではいけないと思って、加藤弘之に、どういう人を文部大臣にあてようかと相談した。加藤は自分の上司になる人を自分が決めることになるのもなんだと逡巡するが、さらに求められたので、そのときたまたま無役であった江藤新平を推薦する。加藤と江藤は、もと法制局制度局で一緒に働いた経験があり、よく知っており、果断家であるところを評価していた。いま文部行政には果断家が必要だと思ったのである。

加藤が推薦すると、その翌日には、江藤が文部大輔になった。木戸もまた果断家だったのである。加藤は早速江藤のもとを訪ね、お前のやりたいようにやればいいが、そのためには、役人を一新してしまえと忠告した。その翌日、加藤は文部大丞に任命された。要するに、江藤と事実上の大臣・局長のコンビになったわけである。

「それから五六日程経って江藤が私にこういう事を話したです、どうも皇学と漢学が喧嘩して大学がつぶれたという訳であるが、学問を国で別けるということは間違った事と思う、学科というものは国別で分けるということは可笑しい、之を一つ打壊すということにしなければいかぬと思うが、どうかと問うた。それで私は固よりそれでなければいかぬ、日本学とか、支那学とか、洋学とか国で学問を別けるよりは、事柄で学科が別らなければならぬことであるから、それは私は疾《と》っくに考えて居るけれども、そんな事を言い出す場合でないので、そんなことを言っても承知する人も何も無いのであるから、気の付いた人もあろうけれども、誰も言い出した人も無い。けれども今の機会で若しそれが潰れればそれは誠に宜いことである。けれどもそれは大分議論が起るであろうと私は言った。併し議論は起っても、そうやるより他に仕様が無いということで、それから江藤が太政官に申し出して、そういう改革をしようということになったと見えて、それも丸で一両日の中に極ってしまった。今日の様なものでない、そうして今度は大学教授というものを言い付けるのにも国別で分課をするということでなく、漢学者皇学者は大抵省いて、おもに洋学者が言い付けられた。僅に数輩以前の皇学者漢学者が這入って居ったけれども、もう其処に至っては、喧嘩も何もする勢いは無いのであった。〔略〕江藤の見る所では国学も漢学も固より大切であるけれども、新しい学問というものを、欧羅巴から取って来なければならぬものであるということが、分って居った。そういう所から国別学科というものを罷めて、何とも言わずに学校というものでやるという基を立てたのである。そういう果断家が出て、そういう事をせぬ時には、後に大木〔喬任〕文部卿が出て来ても、私はなかなか手をつけることはむつかしかったろうと思う。大抵の人では、此国別学科を廃するということは、まだ其時分では出来なかったことであろうと思う。其時分の役人というものは、皆漢学の書生から出た人であるのであるから、やはり漢学というものも、一つの大きな学科に立て、皇学も立てて置くというような事でなければ、とても行われなかったことであろうと思う」

これだけのことをやってのけた江藤新平の文部大輔在任期間は、わずか半月である。わずか半月の間に、江藤、加藤のコンビが、日本の教育を洋学中心のレールの上にのせてしまったのである。これぞ有司専制の典型といってもよいだろう。もし議会があって、そこで今後の教育のあり方をめぐってああでもない、こうでもないの議論をつづけていたら、とてもこうはいかなかったろう。

洋学中心になったのは、大学だけではない。このときちょうど、文部省は、日本全国すみずみまで初等教育の学校を作り、国民総教育をはじめようという学制の準備中だったが、文部省の役人の中からも、皇学派、漢学派がほとんど追いやられ、洋学派中心になっていたために、洋学中心の学制がスムーズにできあがったのである。

明治の指導者たちは、そろって開国論者であり、共通目標は、富国強兵殖産興業によって一刻も早く欧米先進国に追いつくことであった。そのために何より重要なのは、教育であることもわかっていた。たとえば、木戸孝允は、早くも明治元年に、

「一般人民の智識進捗を期し、全国に学校を振興し大に教育をしかせられ候儀、すなわち今日の一大急務と存じたてまつり候」

という教育振興の建言書を提出しているし、伊藤博文も明治二年にこれからの政策提言をした「国是綱目」において、

「今や我皇国数百年継受の旧弊を一新して、天下の耳目を開くべき千載の一機会に当れり。是時に臨み、速に人々をして弘く世界有用の学業を受けしめずんば、終に人々をして耳目無きの木体に陥らしむべし。故に此回新に大学校を設け、旧来の学風を一変せざるべからず。乃ち大学校は東西全京に営し、府藩県より郡村にいたる迄小学校を設け、各大学校の規則を奉し、都城辺僻に論なく、人々をして知識明亮たらしむべし」

として、小学校から大学まで、教育システムを全国的に作れと提言している。岩倉具視も、前にちょっと引いたが明治三年の「建国策」において、

「天下に中小学校を設置して大学に隷属せしむべき事

天下に不教の人民なからしむるには、府藩県各二三箇所の中学校と数十百箇所の小学校を設置せさる可からす。国家をして文明に導き、富強に赴かしむること、人智の開進に在るは勿論にして、天下の人民をして不学のもの無からしむるは一朝にして成るへきものに非す。今にして之を施設せされは、悔ゆとも及はさるものあらん」

とやはり全国的な学校制度の展開を主張している。小学校は明治二年頃から、あちこちで徐々にできつつあったが、明治五年にできた学制においてはじめて全国的なものとなる。全国を八大学区にわけ（後に七学区に改められる）、大学区に大学を一つずつ置き、各大学区を三十二の中学区にわけ、そこに一つずつ中学校を置き、各中学区を二百十の小学区にわけ、そこに一つずつ小学校を置き、合計五万三千七百六十の小学校（八大学区の合計）を全国に作ろうという壮大な計画だった。この学制を交付した太政官布告についていた「被仰出《おおせいだされ》書」*には、

「自今以後一般の人民（華士族農工商及婦女子）、必ず邑《むら》に不学の戸なく家に不学の人なからしめん事を期す。人の父兄たるもの宜しく此意を体認し、其愛育の情を厚くし、其子弟をして必ず学に従事せしめざるべからざるものなり」

とあった。学制を中心になって作っていったのは箕作麟祥、岩佐純《じゅん》ら、大学南校、東校から文部省に出仕していた洋学者たちだった。当時はこのように、大学と政府の間の垣根が低く、大学教官がその身分を保ったままで官僚の仕事をしていたのである。

加藤はこのときすでに文部大丞を辞して、宮内省に出仕して、天皇の侍読（家庭教師）になっていたが、もちろんこの学制作りは加藤が敷いたレールの上の仕事で、実際の仕事をした文部官僚たちも、加藤の同僚や下僚、教え子たちであったわけだ。

（＊当時新しい法制度は、「太政官布告」という形で上から一方的に交付されたが、それには法令の末尾に「仰出候事」という文言が記載され、その法令が、天皇から発せられたものであることを示した）

国体論への痛打

加藤は啓蒙思想家の雄であり、その啓蒙思想をもって、天皇を教育し、日本の教育システムのレールを敷き、満々たる自信をもって、明治八年『国体新論』を発表した。それは、このタイトル通り、日本の国体に

ついての新しい見解だった。それはこれまでの国学者流の国体論に対する真っ向からの批判だった。

簡単に紹介してみよう。まずその総論において、文明が開けていない国では、国土は全部君主の私有物で、国民はすべて君主の僕《しもべ》であるかのごとく考える人が多いが、これほど誤った考えはないという。そういう国では、

「臣僕はひたすら君命これ聴きて、一心これに奉事するをその当然のつとめなりと思い、かつこれらの姿をもってその国体の正しきゆえんとなす。あに野鄙陋劣の風俗といわざるべけんや。

こころみに思うべし。君主も人なり。人民も人なり。けっして異類のものにあらず。(略) かかる野鄙陋劣なる国体の国に生れたる人民こそ、実に不幸の最上というべし」(表記は現代風に改めた。以下同)

加藤は、日本も中国もこのような未開の国だとした。野鄙陋劣の国だとした。

「和漢等開化未全の国々にては、古来いまだかつて国家・君民の真理明らかならざりしがゆえに、かくのごとき野鄙陋劣の国体をもって実に道理に協《かな》わざるものと思いし輩はたえてなきのみならず、かえってこれを是《ぜ》として、ますますこれを養成するにいたりしは、実に歎ずべきことというべし」

このような野鄙陋劣の国体をもってよしとする連中の筆頭にあげられるのが国学者であるとして、加藤は彼らに鋭い攻撃の矢を浴びせた。

「本邦において、国学者流と唱うる輩の論説は、真理に背反することはなはだしく、実に厭うべきもの多し。国学者流の輩、愛国の切なるより、しきりに皇統一系を誇称するは、まことに嘉《よみ》すべしといえども、おしいかな、国家・君民の真理を知らざるがために、ついに天下の国土は悉皆天皇の私有、億兆人民は悉皆天皇の臣僕なりとなし、したがいて種々牽強付会の妄説を唱え、およそ本邦に生まれたる人民はひたすら天皇の御心をもって心となし、天皇の御事とさえあれば、善悪邪正を論ぜず、ただ甘んじて勅命のままに遵従するを真誠の臣道なりと説き、これらの姿をもって、わが国体と目し、もって本邦の万国に卓越するゆえんなりというにいたれり。その見の陋劣なる、その説の野鄙なる、実に笑うべきものというべし」

国学者の国体論では、よく日本の国体のユニークさとして、天皇家の血統がずっと絶えることなくつづい

てきたという点をあげているが、だからといってどうなのだと加藤はいう。天皇も人なり我も人なりという事態がそれで変るわけではないではないか。

「本邦の皇統一系にしてかつて革命なきは、はなはだ賀すべきのみならず、なお天壌とともに無窮に渉らせたまわんことは、我輩もまた切に望むところなりといえども、さればとて、天下国土・億兆人民をもってひとり天皇の私有・臣僕となすがごとき野鄙陋劣の風習をもって、わが国体となすの理はけっしてあるべからず。天皇と人民とはけっして異類のものにあらず。天皇も人なり、人民も人なれば、ただ同一の人類中において尊卑上下の分あるのみ、けっして人畜の懸隔あるにあらず。（略）しかるに国学者流が唱うるところの論説にしたがうときは、君民の間、とうてい人と牛馬に異なるところほとんどまれなるにいたるべし。あに陋見鄙説といわざるべけんや」

だが、天皇を人といいきっていいのか。天孫降臨伝説を信ずるなら、天皇は神の子ではないのか。そういう反論を予期して加藤は、天孫降臨伝説のごときものは世界のいたるところにあり、それをもって王権を根拠づけようとした試みは、昔から沢山あるとした。ギリシアでもペルシアでもゲルマンでも、古代の祭政一致の神政政治（テオクラシー）では、そのような主張をしていたが、その後文明が進歩するにつれて、みなそのような荒唐無稽な説を捨てるようになったという。それに対して、外国の王についてはそういう説がなりたつかもしれないが、日本の天皇は別だ。天皇が本当に天孫の末裔であることは神典（古事記など日本神話の原典を国学者たちはこう呼んでいた）にちゃんと書かれている、神典を信じないのか、と問われたらどうするのか。加藤はこう答える。

「余またあえて神典を疑うにはあらざれども、本居（宣長）・平田（篤胤）等の説にも、およそ神典に挙げられたることはみな神々の御事業ゆえ、実に奇々妙々のことにて、けっして人知をもって思議すべからざるよしなれば、右は神典上のこととして敬《つつし》みて尊信するは可なれども、今日人間界の道理には合わぬことゆえ、国家上のことを論ずるについては、たえて関係せざるこそ可なるべしと余は思うなり。国家は人間界に存するものなれば、いやしくも人間界の道理に合わぬことは、断然取らざるを可とすべし」

本居宣長、平田篤胤を持ち出して逆襲してしまうのだから、なかなかのレトリシャンである。

加藤はまた、プロシアのフリードリヒ二世が、「自分は国家第一等の高官たるにすぎざるのみ」といった例をあげて、君主国といえども、啓蒙された君主はこのようにいうのであって、これをあのフランスの「ルイ十四世が『朕は天神の現出せる者なり』といいし暴言と比較せば、その公私正邪いかんぞや、もとより贅言を要せざるなり」

という。そして、次のように国学者の国体論に痛打を浴びせる。

国体批判ができた時代

「例の国学者流の論に、『わが皇国は畏くも天照大御神の詔勅によりて天孫降臨したまいしより、万世一系の天皇臨御したもう御国なれば、わが邦の臣民たらん者は、つねに天皇を敬戴し、ひたすら天皇の御心をもって心とし、あえて朝命に違背すべからず』という。わが邦の臣民、天皇を敬戴し、朝命を遵奉するはもとより当然の義務なりといえども、天皇の御心をもって心とせよとはなにごとぞや。これすなわち例の卑屈心を吐露したる愚論なり。欧州にてかくのごとき卑屈心ある人民を称して心の奴隷という。吾輩人民もまた、天皇と同じく人類なれば、おのおの一己の心を備え、自由の精神を有するものなり。なんぞこの心、この精神を放擲して、ひたすら天皇の御心をもって心とするの理あらんや。吾輩人民もし自己の心を放擲し、ひたすら天皇の御心をもって心とするにいたらば、あにほとんど牛馬と異なるところあるをえんや。天下の人民悉皆牛馬となるにいたらば、その結局のありさまいかんぞや。人民おのおの自由の精神を備えてこそ、実際上の自由権をも握りうべく、したがいて国家も安寧を得、国力も盛強をいたすべきに、もしわが邦人民この精神を棄て、ひたすら天皇の御心にのみしたがい、したがいて実際上に自由権を失うを甘んずるにいたらば、わが国の独立不羈はほとんど難きことなり。国学者流が卑屈論の弊害、あに浅尠《せんせん》ならんや。このゆえに人民愛国の心ある者は、すべからくこの精神を育成するをつとむべし。もしいやしくもこの精神を非とし、例の卑屈心をもって是とするときは、たとい愛国の情いかに深厚なるも、真に愛国の道を失うがゆえに、好みて国家の衰頽を促すがごとし」

見事な議論である。実際、その後の歴史の展開を見ると、ここにある国学者流の国体論をさらにファナティクにした議論に国民が全部とらわれてしまい、心の自由を失い、心の奴隷となってしまったとき、日本という国は衰頽どころか、事実上滅びたのである。

戦争の時代を知らない若い世代は、これを読んでも、加藤の主張は当り前すぎるほど当り前のことをいっているだけではないかと思うかもしれない。しかし、戦争時代、天皇制批判、国体批判をやるためには命をかける必要があったことを身をもって知る老世代は、このような議論が堂々と展開できた時代が明治時代初期にあったのだと知るとびっくりするだろう。しかし、本当に、そういう時代があったのである。しかも、文部大丞、外務大丞を歴任し、天皇の侍読をつとめ、東京大学総理、帝国大学総長をやり、元老院議官をつとめた男が、こういう議論を堂々と活字にして出版できた時代があったのである。

ここまでは加藤弘之も立派なのだが、明治十四年十一月二十四日、加藤は突然郵便報知新聞に広告を出して、『国体新論』と『真政大意』を自ら絶版に付したことを発表するのである。十年近く前の両著をなぜ今さら絶版にしたかというと、「今日より之を視るに謬見妄説往々少からず、為めに後進に甚だ害ある」を覚えたからだということだった。

加藤弘之にいったい何が起きたのか。

4 『国体新論』と「天皇機関説」

「国体」という言葉の暴力性

前章で、啓蒙思想家の雄といわれた東京大学初代総理の加藤弘之が、明治十四年十一月、突然新聞広告を出して、明治三年発行の自著『真政大意』と、明治八年発行の『国体新論』を絶版に付したということについて触れた。それはファナティクな国学者流、皇学者流の国体論と相いれないところがあったからなのだが、こういう話を若い人にしても全く通じない。

国体という言葉が通じないからである。今の若い人は、ほとんど例外なしに、「国体」とは国民体育大会のことだと思っている。国体にそれ以外の意味があるとは夢にも思っていないのである。十年位前までは、「いまの若い人には国体は国民体育大会」という話は笑い話として語られるだけだったが、いまやそれは笑

美濃部達吉

海江田信義

岡田啓介

い話ではなく、当り前の話となっている。どのあたりから、本来の意味の国体が意味を失ったかといえば、私の世代からだと思う。私の世代とはどういう世代かといえば、一九四〇年生まれで、小学校に入学したときから新制教育を受けた世代で、国定教科書も、教育勅語も全く知らない世代である。私より少し上の世代は、みんな小学校で教育勅語を暗誦させられた体験があるので、冒頭の、

「朕惟《おも》フニ、我カ皇祖皇宗、国ヲ肇《はじ》ムルコト宏遠ニ、徳ヲ樹《た》ツルコト深厚ナリ。我カ臣民、克《よ》ク忠ニ克《よ》ク孝ニ、億兆心ヲ一《いつ》ニシテ、世世厥《そ》ノ美ヲ済《な》セルハ、此レ我カ国体ノ精華《せいか》ニシテ、教育ノ淵源亦《また》実ニ此ニ存ス」

(＊句読点を付し、難読の漢字にルビを付した。以下同)

というくだりから、いやでも「国体」の語を覚えさせられた上、文部省教学局作成『国体の本義』なる冊子(教育勅語の逐条解釈みたいなもの)にもとづいて、その意味を勉強させられたはずである。その冒頭には次のようにある。

「大日本帝国は、万世一系の天皇皇祖の神勅を奉じて永遠にこれを統治し給ふ。これ、我が万古不易の国体である。而してこの大義に基づき、一大家族国家として億兆一心聖旨を奉体して、克く忠孝の美徳を発揮する。これ、我が国体の精華とするところである」

私自身は、こういうものを習ったことがない。学校で習ったことはないが、映画や小説の中のやりとりとか、歴史書の記述の中で、「国体」なる言葉には何度か出会っており、それが戦前、戦争中の日本では特殊な意味をもっていたらしいということはかなり前から知っていた。しかし、正しい定義はずっと知らなかった。だから、三十代半ばのことであったが、同年輩の右翼青年から、「お前は、日本の『国体』が何であるのか知っているのか？」ときつい口調で問いただされて、しかとは答えられず、狼狽したことを覚えている。しかし、今でも私より若い人の大部分は、『国体』とは何であるか知っているのか？」と問われたら、答えられないはずである。私の世代はまだ、その言葉が奇妙な用法を持っていた時代があるということを記憶にとどめているが、それすら知らず、「国体は国民体育大会」としか答えられない人々が、すでに国民のマジョリティになっているのである。

しかし、日本の近代史、現代史の相当部分が、「国体」の一語の持つ暴力性にふりまわされてきた時代であったということは若い人たちにも知っておいてもらう必要がある。

「国体」の暴力性を知ってもらうには、以下に示す二・二六事件（一九三六）を起した青年将校たちの蹶起《けっき》趣意書を読んでもらうとよい。国体の正しい姿をあらわすために、国体破壊の元兇に天誅を下すというのが、彼らの蹶起の理由であり、内大臣斎藤実、大蔵大臣高橋是清、教育総監渡辺錠太郎を殺害し、侍従長鈴木貫太郎、前内大臣牧野伸顕《のぶあき》、総理大臣岡田啓介らを襲撃した理由だった。

この蹶起趣意書、いまの若い人には原文のままではほとんど理解不可能かもしれないが、あえて、この時代の「国体」という一語の持つ重みを知ってもらうために、原文のままかかげておく。

ことこまかに意味をたどるのは大変だろうから、はじめに、何が書かれているのか、ざっと説明しておくので、あとはわかるところだけ拾い読みする程度でよい。この手の文章は読み慣れると、そこに深い意味が盛りこまれているわけではなく、この時代の右翼的通念が記号論的に羅列されているだけというのがわかって、読むのに苦労しなくなるが、慣れないと、チンプンカンプン意味不明の概念の羅列で、読み進めるのに苦労するかもしれない。しかし、そういう概念のひとつひとつにあまりとらわれる必要はない。

要するに、この蹶起趣意書は、まずはじめに、日本の国体を神の国（神洲）ととらえるところからはじめている。天皇の統率の下、この神の国が一体となって発展していけば、ついには、世界中の国が一つ屋根の下によりつどうようにして（八紘一宇）一体となる。そういう未来像までふくめて、日本の国体というわけだ。

この国体は世界で最もすぐれたもので、これから世界に向けて大発展をとげようとしているのに、凶悪不逞の徒（元老、重臣、軍閥、財閥、官僚、政党など）が沢山出てきて、この国体を私利私欲にもとづいて破壊しはじめた。それは怪しからんふるまいだから、こいつらを全部殺して（誅戮）もとの正しい国体に戻すというのである。

「謹んで惟《おもんみ》るに我が神洲たる所以は、万世一神たる　天皇陛下御統帥の下に挙国一体生成化育を遂げ、終に八紘一宇《はちこういちう》を完《まつと》ふするの国体に存す。

此の国体の尊厳秀絶は天祖肇《ちようこく》国神武建国より明治維新を経て益々体制を整へ、今や方《まさ》に万邦に向つて開顕進展を遂ぐべきの秋《とき》なり。然るに頃来《けいらい》遂に不逞凶悪の徒簇出《そうしゆつ》して私心我慾を恣《ほしいまま》にし（略）所謂元老、重臣、軍閥、財閥、官僚、政党等はこの国体破壊の元兇なり。（略）内外真に重大危急今にして国体破壊の不義不臣を誅戮《ちゆうりく》し陵威《りようい》を遮り御維新を阻止し来れる奸賊を芟除《せんじよ》するに非ずして宏謨《こうぼ》を一空せん。（略）茲に同憂同志機を一にして蹶起し奸賊を誅滅して大義を正し国体の擁護開顕に肝脳を竭《つく》し以つて神洲赤子の微衷を献ぜんとす」

要するに、一連の要人殺害はすべては国体のためだったというのである。この蹶起に対して、陸軍大臣は直ちに次のような告示を示して、叛徒に与えた。

「一、蹶起の趣旨に就ては天聴に達せられあり

二、諸子の行動は国体顕現の至情に基くものと認む

三、国体の真姿顕現（弊風を含む）に就ては恐懼《きようく》に堪へず

四、各軍事参議官も一致して右の趣旨に依り邁進することを申合せたり

五、之れ以上は一に大御心に待つ」

陸軍当局も、叛乱軍の蹶起の趣旨をポジティブに受けとめて、国体顕現の方向に向けて邁進するというのである。

二・二六事件の一年前に起きた、そのプロローグともいうべき事件が美濃部達吉《みのべたつきち》貴族院議員・元東京帝国大学法学部教授の天皇機関説事件だった。美濃部の天皇機関説が、日本の国体にもとる学説であるから怪しからんという攻撃が、議会等で浴びせられ、ついにそれが発禁処分となり、美濃部は貴族院議員も辞職せざるを得ない立場に追いこまれたという事件*である。

（*この事件について、詳しくは、第三十九章以下を参照）

軍部と右翼の攻撃目標

天皇機関説とは何かというと、国家の主体はどこにあるのかという問題である。言葉を換えていえば、国家の統治権はどこに属しているのかという問題である。国家の統治権は天皇個人に属していて、天皇はそれを自分の好き勝手にどのようにでも行使してよい権力として持っているのか、それとも、統治権の主体は国家そのものにあり、天皇個人は国家の最高機関としてそれを行使する権能を持つにすぎないのかという問題である。つまり、日本という国はルイ十四世の「朕は国家なり」タイプの専制主義国家か、それとも、国家元首といえども法にもとづいてその統治権を行使しなければならない立憲君主制の国なのかという問題である。

むろん、日本は法制上立憲君主制の国であるから、学界では天皇機関説のほうが正しいとされ、高文試験も、外交官試験もその説に従う記述が正しいとされた。天皇自身も「天皇は国家の最高機関である。機関説でいいではないか」といったという（岡田啓介『回顧録』。ただし岡田は生前このことを口外しなかった）。それくらい、それは国家の中枢で一般に受け入れられていた説なのである。

しかし、東京帝国大学法学部内部には、上杉慎吉、穂積八束《やつか》など、天皇は現人神であり、当然のことながら絶対的な権力を持つという神がかり的な絶対主義的君主主権説をとる学者がいたし、それと結ぶ、右翼政治団体、軍部などの勢力もあった。

それら諸勢力が連合して美濃部を追いつめていったのが、天皇機関説事件である。

その背景には、統帥権問題という、統治権とならぶ天皇の大権の問題がからんでいた。

明治憲法は、第四条で、

「天皇ハ、国ノ元首ニシテ、統治権ヲ総攬シ、此ノ憲法ノ条規ニ依リ之ヲ行フ」

として、行政権には憲法の縛りがかかっていることをはっきりと示していた。それに対応するように、第

五十五条では、

「国務各大臣ハ、天皇ヲ輔弼《ほひつ》シ、其ノ責ニ任ス。

凡テ法律、勅令、其ノ他国務ニ関ル詔勅ハ、国務大臣ノ副署ヲ要ス」

と定めて、天皇が行政権を恣意的に行使することができないようになっていた。天皇は大臣の助言に従って決定する代り、責任は大臣が取るという制度になっていたのである。また立法権についても、第五条で、

「天皇ハ、帝国議会ノ協賛ヲ以テ立法権ヲ行フ」

と定められていて、ここでも天皇の権力には縛りがかけられていた（議会の協賛が必要）。ところが、第十一条では、

「天皇ハ、陸海軍ヲ統帥ス」

とのみなっていて、兵馬の大権については何の縛りもかけられていなかった。軍事的な問題については、天皇は内閣にも議会にもはからずに自由な決定を下すことができる建て前になっていたのである。軍事作戦上の問題については陸軍には参謀本部、海軍には軍令部という機関があって、実際の決定はそれらの機関の参謀たちの上奏（帷幄《いあく》上奏。帷幄は天皇がいるところにかけられるたれ幕）に従っていたが、それによることは憲法に定められた法律的な縛りというわけではなかった。また、軍のかかわる行政問題、つまり軍政的な事項に関しては、陸軍省、海軍省という内閣に属する機関があって、それぞれに大臣がおり、他の行政問題と同様憲法第五十五条に従ってその輔弼を得て天皇が決定することになっていた。しかし、軍部と内閣、議会の間には微妙な問題が幾つもあった。一つは、陸軍大臣、海軍大臣の人事の問題で、それを内閣が自由に決定できるかといったらできなかった。

軍部は気にそまない内閣から大臣を引き揚げることで倒閣をはかることができたし、大臣を入閣させないことで内閣の成立を阻止することができた。

もう一つの問題は、第十二条の、

「天皇ハ、陸海軍ノ編制及常備兵額ヲ定ム」

という編制大権の規定だった。この権限の内容がもうひとつはっきりしなかった。この権限は、行政権、立法権と全く関係なしに天皇が軍部と相談するだけで勝手に行使できるのかという問題である。あるいは逆に、内閣が軍部を外して、内閣の責任において天皇を輔弼する形で決定できるのかという問題である。

これが、大きな政治問題となったのが、一九三〇年のロンドン海軍軍縮条約だった。軍縮問題は、基本的に憲法第十二条の編制大権にかかわる問題である。それを根拠に海軍は絶対反対をとなえたが、政府は、この条約は軍部が独自に決定できる単なる編制問題ではなく、同時に高度な政治判断を要する外交問題であり、財政問題でもあるから、そのすべてを総合的に勘案できる政府マターであるとして、海軍の反対を押し切って調印した。これが統帥権干犯問題として、大きな政治問題になった。このとき統帥権干犯を叫ぶ軍部と右翼に対し、政府の決定に法律論的支柱を与えたのが、美濃部達吉だった。美濃部の論点は幾つかあるが、一つは、統帥権と編制大権はちがうということである。純粋に独立性が与えられている統帥権とは、あくまで軍事作戦上の決定についていうのであって、兵力量の決定のごときは、国務上の決定事項であって、内閣の輔弼に従う決定が当然ということである。もう一つの論点は、軍部が持つ帷幄上奏権の内容問題だった。

美濃部説は、

「帷幄上奏は大元帥陛下に対する上奏であり、これが御裁可を得たとしてもそれは軍の意思が決せられたに止まり、国家の意思が決せられたのではない。それは軍事の専門の見地から見た軍自身の国防計画であって、これを陸軍大臣または海軍大臣に移牒するのは、ただ国家に対する軍の希望を表示するものに外ならぬ。これを国家の意思とし如何なる限度にまで採用すべきかは、なお内治外交財政経済その他政治上の観察点から考慮せられねばならぬもので、しかしこれを考察することは内閣の職責に属する」（大谷敬二郎『天皇の軍隊』図書出版社刊）

というものだった。浜口（雄幸《おさち》）内閣は、結局、この論理でロンドン条約批准国会を乗り切るのだが、美濃部達吉はこのあたりから軍部と右翼の攻撃目標になっていくのである。統帥権干犯をあくまで叫ぶ右翼の政治結社員が、批准が終ったあと浜口首相を東京駅で襲い銃弾を放ったことはよく知られている。右翼の世界では、この失敗に終った首相暗殺事件が高く評価され、このあと統帥権干犯問題（国体破壊問題）に名を借りたテロ事件が次々に起り、ついには二・二六事件にいたるのである。二・二六事件で鈴木貫太郎侍従長が襲われたのも、実は、このロンドン条約の統帥権干犯問題にからんでいる。条約にあくまで反対を叫んでいた海軍の軍令部長加藤寛治は、調印を政府が最終的に決定しようとしていた日、最後の手段として、帷幄上奏によって、天皇に直接反対を訴えようとした。しかし、軍部に帷幄上奏権があるといっても、いつでも天皇の執務室にズカズカ入っていってよいというわけではない。侍従長を通して、日程を調整してもらわなければならないのである。しかし鈴木侍従長は、直ちに上奏を願う加藤軍令部長に対して、今日は日程上どうしても無理だからと上奏を翌日にまわさせた。その間に、浜口首相が全権団に調印を可とする回訓を送ることの裁可を求めて、それが発されてしまうのである。これが鈴木侍従長による統帥権干犯問題とされ、後の襲撃（二・二六事件）の理由になったのである。

天皇を「機関」と呼ぶとは何事だ

美濃部の天皇機関説問題は、一九三五年二月十八日における貴族院本会議での菊池武夫（元陸軍中将）議員による美濃部を「叛逆者」「謀反人」「学匪」呼ばわりしての排撃演説からはじまった。

それに対して、自身貴族院議員でもあった美濃部は、「一身上の弁明」と題する演説を行った。それは、「菊池男爵ハ私ノ著書ヲ以テ、我ガ国体ヲ否認シ、君主主権ヲ否定スルモノノ如クニ論ゼラレテ居リマスガ、ソレコソ実ニ同君ガ私ノ著書ヲ読マレテ居リマセヌカ、又ハ読ンデモソレヲ理解セラレテ居ラナイ明白ナ証拠デアリマス」

にはじまる、わかりやすい法理論の説明となっていたが、問題が広まるにつれ、法理よりは、俗耳に入りやすい議論のほうが主流になっていった。つまり、「天皇を機関と呼ぶとは何事だ。天皇を機関などと呼ぶのは不敬罪にあたる」という議論である。たしかに天皇機関説は、法律を学んだ人間はともかく、一般人にはわかりにくい、誤解を招きやすい面があった。美濃部達吉の息子である美濃部亮吉《りようきち》は、『苦悶するデモクラシー』(文藝春秋新社刊)において、この問題をわかりやすく次のように解説している。

「父は、天皇は国家の機関であると主張する。というのは、国家は団体であり、統治権をもっている、しかし、国家そのものが直接に統治権を行使することはできない、団体がその権利を行使するには、それを代表する機関を通じなければならない、会社にしても、その機関である株主総会なり、重役会なりによって、その権利を行使する、国家の場合も全く同様で、統治権という権利は、その代表機関を通じて初めて行使することができるのだと説明する。そして、天皇もそういう機関の一つであり、『天皇之を統治す』という条文も、天皇は国家の機関の一つとして、国家のためにそれを代表して統治権を行使するのだと解釈する。(略)美濃部学説に対する排撃は、もっぱら天皇を機関と呼ぶのはけしからんという点に集中した。

国家の機関には色々のものがある。議会は勿論国家の機関である。政府も裁判所も国家の機関である。地方自治団体が国家の機関であることも明白である。又、大臣や役人も国家の機関であり、町に立つ巡査も国家の機関である。そこで、美濃部学説の排撃者は、天皇をこういう諸々の機関、ことに巡査等と同列におくのは不敬も甚だしいといって責める」

弁明演説後も、美濃部に対する攻撃は一層激しくなり、美濃部を不敬罪で告発する代議士があらわれたり、民間の右翼が糾合して機関説排撃同盟を結成したり、在郷軍人会が排撃声明を出したり、貴族院、衆議院の有志議員が集まって機関説を攻撃する懇談会を作ったりといった一連の動きが次々に出て、ついには、三月になると、貴族院でも、衆議院でも機関説を排撃する国体明徴決議案が通ってしまうのである。この排撃運動は、岡田啓介内閣打倒運動に発展し、さらに、機関説に立つ重臣たちに対する攻撃にも発展した。四月、陸軍は国体明徴の訓示を全軍に通達。国体を明らかにせよとの国体明徴運動はさらに盛り上がり、八月、政府もそれまで自分たちがよっていた天皇機関説を捨てることを明らかにする、次のような「国体明徴に関する政府声明」を出すにいたった。

「恭《うやうや》しく惟《おもん》みるに、わが国体は、天孫降臨の際下し賜へる御神勅に依り明示せらるゝ所にして、万世一系の天皇は天皇国を統治し給ひ、宝祚の隆は天地と与《とも》に窮なし。（略）若《も》し夫《そ》れ統治権が　天皇に存せずして　天皇は之を行使する為の機関なりと為すが如きは是れ全く万邦無比なる我が国体の本義を愆《あやま》るものなり。

近時憲法学説を繞《めぐ》り国体の本義に関聯《かんれん》して兎《と》角《かく》の論議を見るに至れるは寔《まこと》に遺憾に堪へず。政府は愈々《いよいよ》国体の明徴に力を効《いた》し其の精華を発揚せんことを期す」

しかし、これでは国体の明らかにされ方が十分でないと右翼が騒いだので、二カ月後に政府は次のような第二次声明を出すにいたった。

「曩《さき》に政府は国体の本義に関し所信を披瀝し以て国民の攜《たずさ》ふ所を明にし愈々《いよいよ》其精華を発揚せんことを期したり、抑々《そもそも》我国に於ける統治権の主体が　天皇にましますことは我国体の本義にして帝国臣民の絶対不動の信念なり、（略）然るに漫《みだ》りに外国の事例学説を援《ひ》いて我国体に擬し統治権の主体は　天皇にましまさずして国家なりとし　天皇は国家の機関なりとなすが如き所謂天皇機関説は神聖なる我国体に悖《もと》り其本義を愆《あやま》るの甚しきものにして、厳に之を芟除《せんじょ》せざるべからず」

ここでいう「芟除《せんじょ》」とは、雑草を刈り取るように取りのぞくことをいう。要するに天皇機関説を抹殺するというのである。実際、美濃部の著書は発禁となり、それまで、どこの大学、高校でも教えられていた天皇機関説はどこでも教えられなくなった。この問題を議会で論ずるとき、いつも政府見解を機関説によって出していた法制局長官の金森《かなもり》徳次郎は辞任させられ、文部省は先に紹介したような『国体の本義』を作って全国の学校に配布したのである。美濃部はさらに出版法違反で検事局の取調べを受けたが起訴猶予となった。その日、貴族院議員の辞表を提出したが、その提出にあたって、次のようなコミュニケを発表した。

「……くれぐれも申し上げますが、（公職を辞退したのは）私の学説をひるがえすとか、自分の著書のまちがっていたことを認めるとかいう問題ではなく、ただ貴族院の今日の空気において、私が議員としての職分をつくすことが甚だ困難となったことを深く感じたがためにほかなりません。今後は、自由の天地に立って、一意自分の終生の仕事として学問にのみ精進したいと願っております」

美濃部と加藤とのあまりの違い

これより前、美濃部は各方面から辞職勧告を受け、貴族院議員を辞職すれば検察当局に起訴猶予にさせるというような取引めいた話を受けていた。しかし、美濃部はそのような取引に断固として応じようとしなかった。その間美濃部が何を考えていたか、その心境を記した文章（書簡）を美濃部の死後、息子の亮吉が発見し、それを前掲書に発表している。

「小生公職辞退の儀につきなお熟考を重ねし結果、今日において小生自ら公職を辞することは、自ら自己の罪を認めて過誤を天下に陳謝するの意義を表白致すものに外ならぬことは申すまでもこれなく、自ら学問的生命を放棄し、醜名を死後に残すものにて、小生のたえがたき苦痛と致す所にこれあり候。（略）顧みればこの数年来憲政破壊の風潮ますます盛んと相なり、（略）公然自由主義の撲滅を叫んで怪しまざるが如き、実に憲政破壊の風潮の著しき現れと存じ、小生微力にしてもとよりこの風潮に対抗して、これを逆襲するだけの力あるものにこれなく候えども、憲法の研究を一生の仕事と致す一人として、空しくこの風潮に屈服し、退いて一身の安きをむさぼりてはその本分に反するものと確信致しおり候。及ばぬまでも、憲政擁護のためには一身を犠牲とするとも悔いざるの覚悟を定め候については、折角の御厚情——辞職勧告——に背き候は不本意に候えども、力の及ぶ限り不退転の意気を以て進み度決意致し居り候」

この文章をここに引いたのは他でもない、加藤弘之の身の処し方とのあまりのちがいを強調したいがためである。

美濃部達吉の「天皇機関説」問題と、加藤弘之の『国体新論』問題は、問題の性質がほとんど同じである。加藤が好んで引いていたフリードリヒ二世の「自分は国家第一等の高官たるにすぎざるのみ」ということばは、天皇機関説とほとんど発想が同じである。プロシアは憲法を持たないから、立憲君主制ではなく、形式的には、「君権無限の政体（あるいは君主専治）」であるが、「朕は国家なり」の絶対主義専制政治ではなく、

「つとめて条理によりて自己の権力を限制しもって人民のために謀る」啓蒙専制君主による自己抑制による君権有限の政体であって、立憲政治への過渡期にあるといってよい。こういう国では、「今なお皇帝の大権をもって天神の勅託に出ずるとなすがごとき論」は、もうとっくに影をひそめている。これに対して、日本ではいまだに天照大御神と天孫降臨伝説を持ちだして、それ以来天皇家の血筋が万世一系でつづいてきたことをもって、権力の権威づけをしている国学者流の連中がいるが、こういう連中は野鄙陋劣の国体論者だというのが加藤の主張だった。ここに加藤が口をきわめてののしっている国学者流の主張は、美濃部の天皇機関説を排撃した軍部・右翼連合の主張そのままである。

美濃部はいくら排撃されても、毅然として自己の主張を貫き通そうとした。そして、自分の学説を改め、これまでの自分の主張は誤っていましたなどというのは、自分の学問的生命を放棄し、醜名を死後に残すことだとした。

しかし、加藤弘之がやったことはまさにこれだった。自分の『国体新論』等の著作を、「謬見妄説往々少からず、為めに後進に甚だ害あるを覚え」と述べて、これをことごとく絶版に付しただけでなく、すでに世間に流布してしまった書も数多くあるが、「之を閲読せらるる諸君は、右等の書を以て、決して余が今日の意見に合するものと認めたまはざらんことを希望す」とまでいう新聞広告を出したのである。なぜ加藤弘之ともあろう人が、ここまで自分の恥をさらし、自分の学者生命を否定するようなことをやったのか。その真相が世にあらわれるのは、それからほとんど半世紀もたってからのことだった。とはいうものの、これはあまりに異常な事件であったから、当時からことの次第を詮索する人が多く、その一端は当時の新聞にも出ているのである。

「未曾有の逆賊」加藤

明治十四年十二月一日（加藤が郵便報知新聞に問題の広告を出した一週間後）の朝野新聞は論説で「加藤君

の著書絶版せしを論ず」と題して、次のように書いていた。

「去月十四日ノ絵入《えいり》新聞ニ曰ク、『海江田議官は、此の程新聞条例、出版条例の事に付、建議書を差出されしが、其主意は為政上において厳にすべき事あり、緩にすべき事あり。新聞・出版ニ条例の如きは、厳に失するも緩に失すべからざるなり。既に文部省三等出仕加藤弘之氏の曾《かつ》て著述したる書中に、神官は世の進歩を防遏《ぼうあつ》する云々の語あり。是等は実に我国体に取ても等閑《とうかん》になすべからざる事なり。然《しか》れども政府は断然是が発売を許し、今に何等の沙汰なきは、甚だ解す可らざる事にて、是れも条例の緩なるより起りたる事なれば云々との主意なるよしを、毎日新聞に記せるが、加藤君より二書の絶版を願ひ出されお聞届けになりしは、右の書にやあらんと察せらる』ト」

ここに書かれていることは、半分正しい。海江田議官とあるのは、元老院議官海江田信義のことである。海江田は旧薩摩藩士で、島津久光の側近だった人物で、薩摩藩の中でも旧エスタブリッシュメントに属する。元老院というのは、明治八年（一八七五）に設けられた立法機関で、一八九〇年に正式の国会が開かれるまで過渡的に設けられた立法機関である。議官は選挙で選ばれるわけではなく、天皇によって勅命で選ばれた。初代議官には、勝海舟、後藤象二郎、由利《ゆり》公正《きみまさ》、陸奥《むつ》宗光《むねみつ》などが名前をつらねている。加藤弘之も二度にわたって議官に任命されている。

海江田は元老院議官になって間もなく、「『国体新論』排斥の建言書」を、太政大臣（三条実美《さねとみ》）、左右大臣（有栖川宮、岩倉具視）に提出した。その内容は以下に紹介するように相当に激しいものだが、これは戦後、『明治文化全集』が復刻刊行されたとき、大久保利謙が三条家文書の中から掘り出し、「自由民権篇」の月報ではじめて発表したものである。海江田は、この建言書を書いただけでなく、「加藤を刺殺しかねないいきおいで加藤に膝詰談判をしたので、加藤も大いにあわてて自分で絶版にふした」のだという（大久保利謙『明治文化全集2』解題より）。

さてその建言書であるが、まず、

「閣下、彼ノ新聞雑誌ヲ見ズヤ。其記ス所、政府ヲ讒謗《ざんぼう》スルニ非ズンバ、必ズ君民同治ノ説ナリ。彼ノ輩、常ニ政府ヲ罵詈《ばり》シテ曰ク、寡人政府ナリ、圧制政府ナリト。其大甚《はなはだ》シキモノハ、明治政府ノ命数如何《いかん》ト論ズ」

といい、最近の言論は政府攻撃オンパレードだが、それでいいのかと問う。こういう言論を野放しにしておくと、やがて、過激な議論ほど好んで読まれるようになり、そのうち日本の国体、政体を変更すべしとの議論が出てきて、世の中がそれに動かされることになるにちがいないから、今のうちに不庭《ふてい》（逞）の徒を狩り出して、これを厳罰に処すことが国家の急務だというのである。海江田がこの建言を書いた明治十四年という年は、「明治十四年の政変」と呼ばれる明治時代最大の政変が起きた年で、薩長藩閥支配をよしとしない大隈重信以下の多数の政府高官たちが一斉に下野した直後のことである。ことと次第によっては政権がいつ引っくり返ってもおかしくないという政治危機の状況下にあったということが、海江田の危機意識の底にあるのだが、海江田は不穏当な言論の代表として加藤弘之『国体新論』に狙いを定めた。

「加藤弘之ノ著述セシ国体新論ノ如キ、苟《いやしく》モ生ヲ我神州ニ辱《かたじけの》フスルモノハ切歯《せっし》之ヲ通読スル能ハザルモノナリ。其文中最モ甚《はなはだ》シキモノ一二ヲ摘載スルニ、曰ク、（中略）カ、ル野鄙陋劣ナル国体ノ国ニ生レタル人民コソ実ニ不幸ノ最上ト云フベシ。又曰ク、和漢等ニテ従来ノ国体トスル所斯《か》ク其天理ニ背反シ、人性ニ悖《はい》戻《れい》スル（中略）。又曰ク、君主ト雖モ、其実ハ国家第一等ノ高官ニ過ギザレバ（略）」

等々、『国体新論』の不穏当な部分を抜き書きしてから、こう続ける。

「嗚呼《ああ》是レ何等ノ妄言ゾヤ。試ミニ問フ。弘之既ニ我国体ヲ目シテ天理ニ背反シ、人性ニ悖戻スル野鄙陋劣ノ国体ナリト公言ス。然ラバ我天皇陛下ハ天理ニ背反シ、人性ニ悖戻スル野鄙陋劣ノ天皇陛下ナル乎。我政府ハ天理ニ背反シ人性ニ悖戻スル野鄙陋劣ノ政府ナル乎。我同胞兄弟ハ天理ニ背反シ人性ニ悖戻スル野鄙陋劣ナル国体ノ国ニ生レタル、実ニ最上不幸ノ同胞兄弟ナル乎。若シ然リトセバ、弘之モ亦野鄙陋劣ノ人民ニシテ、人性ニ悖戻スル政府ニ奉職シ、天理ニ背反シタル天皇陛下ノ禄ヲ喰《は》ムモノト云フベキ乎。弘之既ニ人民ハ君主ノ臣僕ニ非ズト公言ス。然ラバ弘之ハ我天皇陛下ノ臣僕ニ非ザル乎。弘之既ニ尊王ノ心過度ナリト公言ス。然ラバ弘之ハ我天皇陛下ヲ軽蔑スル乎。弘之既ニ只管《ひたすら》君主ノ命ヲ聴テ、一心王事ニ勤労スルハ、人民ノ真道ニ非ズト公言ス。然ラバ弘之ハ勅命若シ我意ニ違《たが》フアラバ、奄《たちま》チ反スルヤ。嗚呼弘之ノ如キモノハ、其レ之ヲ何トカ云ハン。（略）我国体ヲ罵詈《ばり》讒謗《ざんぼう》シ、良民ヲ誘導シテ我政府ニ乖離《かいり》セシム。是レ其禄ヲ喰テ而シテ其君ヲ害ス、彼《か》ノ所謂《いわゆる》獅子身中ノ虫ト云フベシ。政府宜シク先《ま》ヅ内《うち》獅子身中ノ虫害ヲ除《のぞ》ヒテ、而《しか》シテ外《そと》不庭ノ徒ヲ駆ルベキニ、却《かえっ》テ之ニ版権ヲ許シテ以テ世ニ公ニス（略）」

海江田は、加藤弘之を「我国開闢《かいびゃく》以降未曾有の逆賊」といい、逆賊といえば、西南の役を起した西郷隆盛がいるが、西郷の心は真っ直ぐだったから許せるが、加藤はそうではないという。

「彼ノ口ヲ民権自由ニ藉《か》リ、陽ニ立憲政体ヲ唱ヘ、陰ニ共和ヲ企図スルモノ、如キハ、則チ然ラズ。恐レ多クモ我帝室ヲ廃シ奉ラント陰謀スル大逆賊ナリ。（略）是レ実ニ余輩臣民ノ誓テ倶《とも》ニ天ヲ戴クベカラザルノ逆賊ナレバ、之ヲ今日ニ駆除スルハ、急務中ノ最大急務ニ非ズシテ何ゾヤ」

許せないやつは「駆除」してしまおうというのだから、これはテロの思想である。

こういう思想の持主に「刺殺しかねまじき勢いで膝詰談判」されたので、加藤弘之は「私が間違ってました。ごめんなさい」といいたくなったのだろう。

『国体新論』の問題は、海江田の建言書が出されると早速政府高官の間で話題になった。

天皇側近であった佐佐木高行の日記によると、この時期、天皇を囲んだ側近連中の食事中に、最近の不穏な政治情勢についての話が出た。岩倉具視が、「自由民権派の中で、政府の弾圧に抗議するために、日本政府の所管から出てしまおうと、国籍離脱の願書を出した者が何人かいると聞くが、これは大変なことだ」、それに対して、司法卿の大木喬任がこういった。「そういうことが起きる背景には、加藤弘之の『国体新論』に対して政府が何の措置も取らなかったということがある。あれが許されるなら、何でも許されるということになったのではないか」。岩倉具視がこう答えた。「あの本については島津久光が左大臣の頃（明治七、八年）、かなり議論があることはあったが、そのときは皆そのことに頓着しなかった。しかし、あの本と、最近神田孝平がやった『神祖は朝鮮人の渡来せし者なり』という演説と、桜井静の『共和政治の建白書』と、この三つを放ったらかしにしておいたら、言論活動は何をやってもいいんだということになってしまうだろう」。佐佐木高行がいった。「たしかに、島津はあの本のことでだいぶ騒いだことがあった。しかし、あの頃は政治的風潮が今とちがっていた。『国体新論』などをとやかくいったりすると、頑固者といわれかねないような雰囲気があった。島津の議論のときもそういう感じで終ったのではないか」。岩倉がいった。「そうだったかもしれない。しかし今は加藤は大学総理で影響力も大きい。このまま捨てておくわけにもいかないだろう」。福岡孝弟《たかちか》がいった。「それじゃどうすればいいんだ」。その後、日記はこう続いている。

「孝悌ノ考ニハ今更責メル訳ニモ参ラズ。同人へ内諭シ、同人ヨリ後悔ヲ表シ、絶版ヲ申立テ候様取計《とりはから》フベシト。一同々意ヲ申述ベタリ」

その後海江田がやってきて、「そんな生ぬるいことではダメだ。加藤は何としても免職にするべきだ」と強硬に主張したが、佐佐木はこう答えた。

「今日政府ニテ絶版セシメ、弘之ヲ退クルヨリモ、自分ヨリ悔悟ヲ天下ニ示シタル方、一般人心ニ関係スルコト最モ大ニテ、政略上最モ妙ナリ」

高官一同はこのプランに同意し、その通りになったわけである。

しかし、政府側はともかく、加藤はこれでよかったのか。先の朝野新聞の論説は、『国体新論』を読んでみたが、どこにも誤りがないではないかといい、

「之ヲ絶版スルヲ要セズ。且ツ毫《いささか》モ滅版スベキノ理由ナキモノナルニ、加藤君ガ狼狽シテ、他人ノ意ヲ迎ヘタル如キハ、卑屈ニ非ズシテ何ゾヤ」

と書いた。そして、十六世紀イギリスの宗教改革者、クランマーが、メアリ女王の治下で旧教の勢力が復活したとき、旧教側が新教を棄てろと迫ったのに対し、断固としてこれを拒否し、ついに火刑に処せられたという故事と、フランスのルイ十四世治下の諸学士が、

「王ノ為メニ利ヲ以テ啖《くら》ハサレ、政治ノ放恣《ほうし》ニシテ国勢ノ将《ま》サニ危カラントスルモ、敢《あえ》テ之レヲ言ハズ、徒《いたず》ラニ王徳ヲ讃賞シテ、圧制ヲ助ケ、譏《そし》リヲ後世ノ史家ニ受ケタリ」

という故事と二つの故事を引き、

「古来各人ノ志操同ジカラザル、斯クノ如シ。噫《ああ》加藤君此ノ二例ヲ一読シテ、抑《そもそ》モ如何ナル感覚ヲ生ズルヤ。我儕ハ世人ト共ニ之ヲ君ニ問ハント欲スル者ナリ」

と、加藤に問いかけた。実際、この加藤の身の処し方と、先に引いた美濃部達吉の書簡にあった、「空しくこの風潮に屈服し、退いて一身の安きをむさぼ」るよりは、「及ばぬまでも、憲政擁護のためには一身を犠牲とするとも悔いざるの覚悟」とでは、あまりにも大きなちがいがあるといわなければならない。

しかも、さらにいえば、このあと加藤は、さらにみっともない生き方を世にさらすようになるのである。『国体新論』を絶版に付した翌年、加藤は『人権新説』なる著作を出し、そこで、彼のそれまでの思想の根幹をなしていた天賦人権説は妄想であったとして、それを全否定するにいたるのである。

学者としての生命を失う

彼は、天賦人権説だけでなく、人間の心理のかかわるあらゆる学問、哲学、政治学、法学などすべてが、妄想から出たものだといいだした。

自然科学の世界においては、二、三百年前に、コペルニクス、ガリレオ、ニュートンなどが出て、それまでの頭の中からひねり出された形而上学的自然学を捨て、もっぱら自然の観察と実験に依拠した実相科学に転換することができた。それからの自然科学の進歩は大変なものがある。それに対して、人間の心理がかかわるような学問においては、それに対応するような方法論的革命がなかったから、相変らず、頭の中の妄想から出発した空理空論に走っている。しかし、近年ダーウィンやラマルクの進化思想が出て、ようやく人文科学が妄想の学から実物の学に発展することができるようになった。

この視点からすると、天賦人権説など妄想の最たるものだという。なぜ妄想かというと、万人に平等に生れながらに与えられた権利などというものが本当にあるのかという「実存」をまず確かめていないからであるという。

「古来未曾有の妄想論者とは誰ぞ。すなわちかの有名なるルウソウ氏〔仏人〕これなり。この人、天性慷慨激烈にして、たまたま仏国王権極盛の世に出でて、その擅制《せんせい》圧抑に遇《あ》いて憤懣《ふんまん》の情に堪えず、ために着実に事理を研究するあたわず。ついにおのれが妄想に誤られて、かの著名なる民約論を著し……」

ルソーの民約論（『社会契約論』）は、まだ絶対主義支配のもとにあった欧米各国で広い支持を得、フランス革命、アメリカの独立運動の基盤になり、日本の自由民権運動のバイブルになったことはよく知られているが、加藤は、フランス革命も全否定する。

「仏国人民はその性もっぱら軽躁なるがゆえに一朝民権の熾盛《しせい》なるを得たるより、ついにこれを濫用して、ほとんど底止するところなきにいたり、人民多数の選挙を得たる共和政府はほしいままに君主を弑《しい》し、貴族・僧徒を屠《ほふ》り、ついに前古無比の暴政を施すこととはなれり。これけだし天賦人権主義の極度に達したる最大結果というべきなり」

欧州ではこの過激な天賦人権主義は最近影をひそめて、人賦人権があるとはいっても、

「多くはこの権利をもって、人民が政権に参与するの権利をもともと包括するものとはなさず、畢竟私事を自由に処分して、あえてみだりに政府もしくは他人の干渉抑圧を受けざるの権利、すなわち実に人類たるにたるの品位を保有するの権利たるにすぎずとなし」

という程度になってしまった。この程度の静穏な天賦人権主義も、妄想であることをまぬがれないというのが加藤の立場である。なぜなら、進化主義の明らかにするところによれば、この世は動植物の世界も、人間の世界も、すべて生存競争と自然淘汰作用によってなりたっているのであり、それは必然的に優勝劣敗の世界とならざるを得ないからだ。

「万物法の一個の大定規たる優勝劣敗の作用は、特に動植物世界に存するのみならず、吾人人類世界にもまた必然生ずるものなるを了知すべし。

吾人人類体質・心性においておのおの優劣の等差ありて、ために優勝劣敗の作用、必然吾人人類世界に生ずるの理、すでに疑《い》いを容るべからずとすれば、かの吾人人類が人々個々生まれながらにして、自由自治・

平等均一の権利を固有せりとなせる天賦人権主義のごときは、実にこの実理と矛盾するものたることは、すでにはなはだ明瞭なるにあらずや。実理と矛盾するものはすなわち妄想と称せざるをえず」

要するに天賦人権説はもとより、それによって立つ自由民権運動など全否定したわけだから、『人権新説』が発表されるやいなや、自由民権論者たちから囂々の駁論が相次いで出た。加藤の『人権新説』は『国体新論』絶版事件を合理化するためにかじりかけの進化論をもとにあまりに促成栽培的にでっちあげたお粗末な書物であったため、植木枝盛《うえきえもり》、馬場辰猪《たつい》、矢野文雄（龍渓）などの論者から、ほとんど滅多打ちの攻撃と嘲弄を受けた。しかし加藤は、それに反撃を返すこともできず、加藤はそれから十年余にわたって一冊の著書も発表することができなかった。その間加藤は、東京大学、帝国大学の総長でありつづけ、明治十五年勲三等、十七年従四位、十九年従三位、二十一年勲二等と位階勲等をもらいつづけ、元老院議官、貴族院議員、宮中顧問官と栄誉を与えられつづけたが、美濃部達吉があれほど大切にした学者としての生命は失ったままで終ってしまった。

5

慶応は東大より偉かった

天皇からの距離による位階制

加藤弘之時代に、東京大学の基本的なレールが敷かれ、その基本的な性格付けもこの間になされたのであるから、この時代をもう少し詳しく見ておこう。

すでに述べたように、東京大学・帝国大学は、国家のために国家有為の人物を育成すべく国家の手によって作られた高等教育機関であり、その長であった加藤は、それにふさわしく、自分が国家有為の人間であったことに最大の誇りを持っていた人物だった。加藤の自叙伝には、「経歴談」（中央公論社『日本の名著　西周・加藤弘之』所収）があるが、そこには、明治七年に左院（太政官内の立法諮問機関）の一等議官に任命されたと記したあと、「当時は二等以下の議官は数名あれども、一等議官はいまだ一人もあらざりしなり」と

福沢諭吉

慶応義塾大学図書館

森有礼

誇らしげに書いている。さらに、生涯に受けた栄誉の数々を記す一節を設け、

「十三年二月に正五位に叙し、十五年十二月に勲三等に叙し、旭日中綬章を賜い、十七年十一月に従四位に叙し……」

と、これまでに受けたすべての位階勲等と官職を列記し、貴族院議員、宮中顧問官にいつなったかなどが得得と並べられている。これは、還暦に際して書かれたものなので、正三位、勲二等までしか記されていないが、その後も、八十一歳まで生きたので、位階勲等をさらに受けつづけ、ついには、勲一等、従二位、枢密顧問官、男爵になり、八十歳の誕生日に際しては、「御紋章附銀盃一組（三個）を賜わった」と、嬉しそうに記している。八十歳の祝賀式では、各方面からの醵金が多く寄せられ、それによって、銅像三個が作られ、立派な装丁の自叙伝と写真帖を作って各界に配布した。

それには、天保七年（一八三六）に但馬の国出石藩（現在の兵庫県出石町）の兵学師範役の家に生まれて以来の来歴が書かれているが、その終りのほうに次のように記している。

「余の如きは本来貧士族から成り上つたのであるけれども、今日は親任官を辱くして居るから、宮中席次に於いては、公侯爵の上に列することが出来るのである。公侯爵といへば、近頃士族から成りあがつた人人もあるけれども、然かも旧大将軍家、旧五摂家が公爵中の重《お》もなるものであり、又旧清華、堂上や、旧国持大名（又国主と云つた）が侯爵中の重もなるものであるといふことを考へて見ると、余等封建時代の老人には、実に奇異なる感が起るのである」（「経歴談」）

このあたり、戦前の官僚制と宮中席次の関係を知らないとよくわからないだろう。天皇制の下においては、すべての臣下（官僚、軍人、有爵者など）は、厳密な位階制によって身分の上下関係が規定されていた。位階制は、軍人、官僚など身分のカテゴリー別にあったが、すべてのカテゴリーをシャッフルしたときの上下関係は最終的に一階から十階に及ぶ宮中席次に収斂していた。つまり、最終的に身分は、天皇からの距離によってランク付けされていたのである。第一階は大勲位、内閣総理大臣、枢密院議長、元帥、大臣、朝鮮総督、陸海軍大将、枢密顧問官、親任官、貴族院議長、衆議院議長、勲一等、功一級、公爵、従一位の順にな

っていた。第二階は、高等官一等、衆貴両院副議長、侯爵、正二位。第三階は、高等官二等、伯爵などとなっていた。

自分は親任官だから、公侯爵の上に位するというのは、こういうことなのである。官僚の世界は、勅任官、奏任官、判任官に厳然とわかれていた。勅任官は天皇が任命する高等官一等、二等の者をいい、奏任官は、行政長官が天皇にその人事を奏請し勅裁を経て任命する高等官三等以下のものだった。ここまでは天皇の官僚だったが、それ以下の官僚は判任官と呼ばれ、これは、行政長官が自分の権限において有資格者の中から自由に任命できるいわば高等官の使用人だった。

給料のランキング

最近、行政改革で官僚制度の問題がマスコミによく取りあげられ、キャリア（かつての上級職公務員。最近は一級職という）とノンキャリ（かつての中級職公務員。最近は二級職という）の身分のあまりのちがいがよく話題にされているが、あのちがいは、かつての勅任官、奏任官、判任官の身分差別がそのまま残っているからなのである。

親任官というのは、勅任官の中で特別に高位の者で、その任命にあたっては、天皇が自ら親署して御璽を捺し、それに内閣総理大臣が副署した官記が与えられ、就任式では勅語も与えられた。具体的には、内閣総理大臣、国務大臣、枢密院正副議長、枢密顧問官、内大臣、宮内大臣、特命全権大使、陸海軍大将、大審院長、検事総長、会計検査院長などがそれにあたった。加藤はこの親任官の一人であったから、公爵より宮中席次は上だったのである。

このような制度は、戦後は残っていないだろうと思われるかもしれないが、実は姿を変えて、ほとんどそのまま残っている。

憲法六条に、天皇は国会の指名にもとづいて内閣総理大臣を任命し、内閣の指名にもとづいて最高裁判所長官を任命することになっているが、この二つはもともと親任官だった。憲法七条に、さらに天皇の国事行為として、その第五項に「国務大臣及び法律の定めるその他の官吏の任免」とあるが、それは具体的には、最高裁判事、高裁長官、検事総長、次長検事、高検検事長、人事院人事官、会計検査院検査官、宮内庁長官、侍従長、特命全権大公使、公正取引委員会委員長をいい、これを認証官と呼んでいるが、それはほぼ親任官と重なりあっている。

このようなランキングは、今でも勲章が与えられるときとか、大きな国事行為的セレモニーにおける席次、宮中晩餐会があるときの席次などに反映している。戦前の宮中席次のように、あらゆるカテゴリーの身分的位階をシャッフルしたときのランキングの統一指標として現代官僚社会で機能しているのは、俸給である。主たる官職について月額俸給を高い順からならべると、別表のようになる。このランクの中で、大学の学長がどこにくるかを見ると面白い。東京大学と京都大学の学長だけが別格で、各官庁の事務次官より上、次長検事や、検査官、人事官とならんでいる。昔の親任官、現在の認証官と同じランクなのだ。北大、東北大、名大、阪大、九大などの旧帝大の学長は、事務次官や警察庁長官にならび、東工大、一橋大、千葉大、金沢大などの学長は警視総監にならび、その他の地方国立大学学長は、各省庁の審議官クラスということになっており、大学の格付けによって給料に明白な格差が付けられているのである。

日本の大学の歪んだ性格

東京大学の総長（学長）は、帝国大学の時代、勅任官だった。帝国大学令では、第五条と第十一条で、職員すべての身分区分が列記されているが、勅任官は総長だけで、教授、助教授と書記官（現在の事務長）が奏任官、あとの書記（事務員）が判任官だった。

総長の職分は、第六条に、

「帝国大学総長ハ文部大臣ノ命ヲ承ケ帝国大学ヲ総轄ス」

主な官職の俸給月額（平成10年4月～）

俸給月額（万円）	大学学長	行政	司法	外交
228.8		内閣総理大臣	最高裁判所長官	
167.0		国務大臣、会計検査院長、人事院総裁	最高裁判所判事、検事総長	
159.9		内閣法制局長官、公正取引委員会委員長、宮内庁長官	東京高等裁判所長官	大使（5号俸）
148.1			上記以外の高等裁判所長官、東京高検検事長	
136.4	東京大学長、京都大学長	検査官、人事官、政務次官、公害等調整委員会委員長	次長検事、上記以外の検事長	
135.4		内閣官房副長官、侍従長		大使（4号俸） 公使（4号俸）
133.6	北海道大学長、東北大学長、筑波大学長、名古屋大学長、大阪大学長、九州大学長	事務次官、会計検査院事務総長		
133.5		国家公安委員会委員、公正取引委員会委員、地方財政審議会会長、証券取引等監視委員会委員長、航空事故調査委員会委員長、式部官長	判事（1号） 検事（1号）	大使（3号俸） 公使（3号俸）
126.0	千葉大学長、東京工業大学長、一橋大学長、新潟大学長、金沢大学長、神戸大学長、岡山大学長、広島大学長、長崎大学長、熊本大学長	警視総監		
117.7	弘前大学長、秋田大学長、山形大学長、群馬大学長、東京医科歯科大学長、信州大学長、岐阜大学長、三重大学長、鳥取大学長、山口大学長、徳島大学長、愛媛大学長、鹿児島大学長、琉球大学長	外局の長官、会計検査院事務総局次長、総理府次長、公正取引委員会事務総長、警察庁次長、財務官、各省庁の審議官、建設技監、工業技術院長、皇太后宮大夫、東宮大夫	判事（2号） 検事（2号）	大使（2号俸） 公使（2号俸）
109.8	上記以外の国立大学学長	国立がんセンター総長	判事（3号） 検事（3号）	
104.1				大使（1号俸） 公使（1号俸）
101.7		内部部局の長		

とあり、以下、

「第一　帝国大学ノ秩序ヲ保持スル事

第二　帝国大学ノ状況ヲ監視シ改良ヲ加フルノ必要アリト認ムル事項ハ案ヲ具ヘテ文部大臣ニ提出スル事」

とあり、要するに、文部大臣の命令に従って、大学の秩序を保持し状況を監視する役目をになっていたのである。

西欧の大学の伝統においては、たとえ国立大学であっても、大学において最も大切にされていたのは、学問の自由（大学の独立、自治）であって、学長たる者は、国家と大学の間で何らかの軋轢、対立が生じるようなことがあれば、大学を代表する者として、教育、学術を担当する行政機構（日本なら文部省）当局者と丁丁発止のやりあいをすべき存在なのである。ところが日本の場合は、学長は文部行政の末端機構そのものとなっており、権力に対して大学を代表する者というより、権力を代表して大学を監視し秩序保持につとめる者となっていたのである。日本の大学の歪んだ性格は、このような国家と大学の間の不適切な関係からきているところが大きい。

ついでにいっておけば、帝国大学令第六条の総長の職務の「第四」は、「法科大学長（現在の法学部長）ノ職務ニ当ル事」となっていて、総長と法学部長は兼任ということになっていた。逆にいえば、法学部長（になれるような人）でなければ、総長になれなかったということで、現在の制度のように、いろんな学部から代る代る総長が出てくるというようなことはなかったのである。このあたりにも、東大の歴史における法学部の特権的性格があらわれている。

実はこの帝国大学令第六条は、文部省内で起草された草案では、

「総長ハ文部大臣ノ指揮ヲ受ケ帝国大学ノ全部ヲ統轄シ主トシテ左ノ事項ニ付文部大臣ノ命令ヲ執行スルコトヲ掌ル」

となっており（『東京大学百年史』による）、指揮、命令、執行と行政的服従関係そのものになっていたの

だから、それからくらべると、少しはましなものになっていたといえるのかもしれない。しかし、法文上はともかく、この帝国大学令を作った文部大臣森有礼（自ら筆をとって法律の条文をどんどんまとめていった）の心の中ではもっともっと烈しい国家中心主義思想がうずまいていた。「抑《ソモソモ》政府カ文部省ヲ設立シテ学制ノ責ニ任セシメ、加之国庫ノ資力ヲ籍《か》リテ諸学校ヲ維持スルモノ畢竟国家ノ為メナリトセハ、学政ノ目的モ亦専ラ国家ノ為メト云フコトニ帰セサル可カラス、例セハ帝国大学ニ於テ教務ヲ挙クル学術ノ為メト国家ノ為メトニ関スルコトアラハ、国家ノ為メノコトヲ最モ先ニシ最モ重セサル可ラサル如シ」（傍点立花）

これは明治二十二年一月二十八日に森が文部省に直轄学校長（帝国大学、分科大学などを含む）を集めて行った訓示である。この訓示の二週間後の帝国憲法発布の日に森はファナティクな国粋主義者に刺殺された。犯人が森を刺殺した理由は、一年ほど前に、森が伊勢神宮に参拝した際、靴を脱がずに昇殿し、ステッキで御帳を揚げて内部をのぞいた（実際にはデマ）ことが、伊勢神宮に対する冒瀆、皇室に対する不敬にあたるというものだった。こういう事件が起りうるという当時の状況が、第四章で述べた、加藤弘之が『国体新論』に対して、国粋主義者から刺殺されかねない勢いで抗議されるや、たちまちそれを絶版に付し、新聞広告を出してその内容を否定したという事件の背景にあるのである。

話を戻すと、森の訓示は、大学は大学（学問）のためにあるのではなく、国家のためにあるのだということを明確にしていた。

「国家ハ命数無限ノ活体ニシテ、命数短期ノ一個人ノ如キモノニ非ス、而テ其隆盛ハ国人全体ノ有スル国家公利的志操ノ発達、其衰頽ハ各人ノ有スル一己私利的欲念ノ増長ニ由ルモノトス、サレハ国制ニ係ル所ノ学問教育ニ職ヲ奉スル者ノ本尊ハ国家ニシテ、国家ヲ本尊トスル心志ノ浅乏ナル者ハ其職員タル資格ヲ有セス」

大学教育にたずさわる者の本尊は国家だというのである。そもそも、国立大学というものは、国家が国費を費して丸がかえで作り維持しているものだが、それはそれが国家のためになると思えばこそそうしているのであって、大学がその期待にこたえ、国家のためにつくすのは当り前のことではないかというのが、森の論理だった。

「抑政府カ文部省ヲ設立シテ学制ノ責ニ任セシメ、加之国庫ノ資力ヲ藉リテ諸学校ヲ維持スルモノ畢竟国家ノ為メナリトセハ、学政ノ目的モ亦専ラ国家ノ為メト云フコトニ帰セサル可カラス、例セハ帝国大学ニ於テ教務ヲ挙クル学術ノ為メト国家ノ為メトニ関スルコトアラハ、国家ノ為メノコトヲ最モ先ニシ最モ重セサル可ラサル如シ、夫レ然リ、諸学校ヲ通シ学政上ニ於テハ生徒其人ノ為メニスルコトニ非スシテ、国家ノ為メニスルコトヲ始終記憶セサル可ラス」

実際問題として、大学の内部にこのような森の発言に反撥する声はなかった。大学人は率先して、自分の目の前に学術のためになすべきことと国家のためになすべきことがあれば、国家のためになすことを優先したのである。

教師なのか、官僚なのか

明治新国家は、あらゆる意味において西欧諸国に追いつくことを最優先の課題として、そのために教育に最大限の力を注いだ。小学校から大学にいたるまですべての階層の学校を一斉にスタートさせ、国民すべてに学校教育を受けさせようとした。ボトムアップで高等教育の水準があがるまで待っていられないので、高等教育は、留学生をどんどん送り出すことと、外国人教師を雇って、外国語でそのまま教育を受けさせる(これを正則といい、高等教育機関における日本語を用いての教育は変則といわれた)ことで、現在の外国における教育水準を保ったまま日本に移植しようとしたのである。明治初期、毎年数十人の留学生が各国に送り出され、そのための費用が、国家総予算の二パーセント、教育予算の八分の一に達したというから、生まれたばかりの国家にとって、留学生送り出しの経費がどれほど大きな負担になっていたかわかるだろう。しかし、明治十年代、二十年代に入ると、これら留学生が続々と帰国してきて、教壇に立ち、お雇い外国人教師

(明治五年で十二カ国、二百十四人の外国人教師がおり、いずれも破格の待遇を受けていた)による教育から、留学帰りあるいは日本の大学卒業者教授による教育に置きかえられていったのである。

教育現場だけでなく、国家行政機構あるいは国家の中で行われつつあった殖産振興のあらゆる場面で同じ事態が進行していった。お雇い外国人の手から、日本人の手に仕事が移っていった。

その過程において、大学教授は、その識見を買われて、政府に続々雇われていった。当時は、政府の役職と大学の教授職を兼務することに何の制限もなかったから、両者を兼務する人が少なからずいたのである。現在でも、政府の役職が審議会の委員など非常勤のものなら兼務している人は沢山いるが、教授でありながら、同時に政府の他の機関の常勤の役職者というのは聞いたことがない。逆も同じで、現役の官僚が大学で非常勤の講師をつとめることはあるが、現役の官僚が常勤の教授というのはあり得ない。ただし、現役の官僚が官僚の身分を保ったまま、文部省に出向し、配置換えという形をとることで国立大学教授になることは可能である(要するにどちらも国家公務員だからこういうことが可能になる)。たとえば、いま〝ミスターYEN〟として有名な大蔵省の財務官、榊原英資は、かつて一時大蔵省から埼玉大学に身分を移して教授をしていた時期があるが、そのとき、こういう法律的なやりくりをしているはずである。(注・この文章が書かれたのは一九九八年十一月)

しかし、明治時代の高級官僚、大学教授は、もっと、堂々と兼職していた。特に、行政機構は法律によって動くから、法学部においては、兼職が常態となっていたし、また、政府の役職を兼ねることが、教授のステータスシンボルにもなっていた。たとえば、吉野作造は、「民主主義鼓吹時代の回顧」の中で、自分の学生時代の思い出を次のように書いている。

「ちょうどそのころ(明治三十四、五年ごろ)から大学の諸教授もわりあいにゆっくりした気分で学生に接するようになったと思う。今から回顧するに、それ以前にあっては政府でも、条約の改正だ、法典の編纂だ、幣制の改革だと新規の仕事に忙殺され、したがって学者の力をかる必要も繁かったので、帝大の教授は陰に陽にたいていそれぞれ政府の仕事を兼ねさせられていたものらしい。今日は閣議がありますからとて講義半途に迎えの腕車に風を切って飛んで行く先生の後ろ姿をうらやましげにながめたこともしばしばある」

授業の途中で出ていってしまうのだから、これこそ、森有礼のいう、学術のことと国家のことが目の前にあれば国家のことを優先する、模範的な教授のあり方を具現した人といえるだろう。しかし、このような生活をしていれば、自然に「帝大の教授と政府との腐れ縁」（吉野作造前掲書）ができてしまうし、「教授の立場が自然政府の弁護者たるの臭味に富みしは疑いなき事実」（同前）になってしまった。

潮木守一は、『京都帝国大学の挑戦』の中で、次のように述べている。

「その当時の東京の法科大学の教授たちは、さまざまな形で行政官庁と結びつき、国政のなかに活躍の場をもっていた。今の時点に立って、彼らが具体的に果たしていた役割を眺めてみると、果たして大学の教師であったのか、それとも行政官であったのか、その識別が困難なケースが少なくない。少なくとも今日的な大学教授という枠組みで彼らを把握したならば、我々は誤りをおかすことになろう。彼らは単に大学教授であったのではなく、むしろ行政官だったのであり、もしかしたら、行政官であることの方に、より多くのアイデンティティをもっていたのではないかとさえ思える。（略）そのことを端的に示すのが、大学教授の行政官兼務という事実である。つまり後の時代の大学教授とは異なって、明治期の東大教授は大学の教師であると同時に、高級官僚としてのポストをも、あわせもっていたのである」

潮木は、その具体的事例として、次のような例をあげている。

「たとえば梅《うめ》謙次郎の場合をとってみると、彼は明治二三年より四三年八月に死亡するまで法科大学教授であったことは事実であるが、それと並行して、二四年には農商務省参事官を兼ね、三〇年一〇月より三一年七月までは、法制局長官兼内閣恩給局長という要職にあった。さらに明治三三年一〇月には文部総務長官（文部次官と同じ）にまでなっている。

また一木《いちき》喜《き》徳郎《とくろう》の場合をみれば、明治二七年に教授となったが、同時に内閣書記官、内務省参事官、農商務省参事官などを兼任し、三五年九月より三九年一月までの三年半は、法制局長官兼内閣恩給局長、さらに四一年七月より四四年九月までは内務次官を兼ねるというぐあいに、次々と高級行政官僚としての途を歩いた」

しかし、このようなことは、法学部にかぎって起きたことではなく、工学部、農学部、理学部などでも、高級官僚を兼務する大学教授の存在は珍しいことではなかった。

福沢諭吉の任官拒否

この時代、大学と国家は、ある部分では一体化していたのである。だから加藤弘之の持っていたようなマインド、つまり国家との一体感が保てるポジションにいることに安心し、誇りも感じるというマインドの持主は、大学のいたるところにいたのである。

そのようなマインドの持主に対して、正面から反撥したのが、福沢諭吉である。福沢は、明治七年に書いた『学問のすゝめ』第四篇「学者の職分を論ず」において、官へ官へと流れる洋学者流の知識人たちを批判した。明治新国家建設の基本方針は、文明開化によって、西洋に追いつくことにあったから、まず何よりも必要とした人材は、洋学知識人であった。明治のはじめ、洋学知識人の多くは、徳川幕府の旧幕臣の中にいた。幕末、開国路線を突っ走っていた幕府は、めぼしい洋学者を片端から集めて、外国奉行の下に置いたり、蕃書調所（開成所）や医学所を作って外国のあらゆる知識を吸収するかたわら、若い人を集めて洋学教育を施したり、海軍伝習所を作って西洋の軍事知識を吸収しようとしたり、あるいは相当の人数の留学生を送り出したりといったことを、ペリー来航以来大あわてでやりだした。ペリー来航から明治維新まで十五年もあり、その間に、それなりの洋学知識人が育ちつつあったのである。そのうち、幕府に最後まで忠誠心を持っていた者（加藤弘之もその一人だが）は、大政奉還後、徳川慶喜のあとをついだ家達について、駿府（静岡）まで引っ込んでしまった。明治新政府は、そういう知識人を次々に探し出しては召しかかえていった。

福沢にも声がかかったが、福沢は断固として断った。

「それからいよいよ王政維新ときまって、大阪に明治政府の仮政府ができて、その仮政府から命令が下った。

御用があるから出て来いと一番はじめに沙汰のあったのが神田孝平と柳河春三と私と三人。ところが柳河春三はドウも大阪に行くのはいやだ、だから命は奉ずるけれども、御用があればドウゾ江戸にいて勤めたいという注文。神田孝平は命に応じて行くという。私は一も二もなく『病気で出られませぬ』と断わり。その後大阪の仮政府は江戸に移って来て、江戸の新政府からまた御用召しでたびたび呼びに来ましたけれども、しじゅう断わるばかり」(『福翁自伝』)

神田孝平も柳河春三《しゅんさん》も新政府の役人になり、神田は後に元老院議官、貴族院議員にまでなっている。福沢がなぜ任官を断ったかというと、福沢は明治新政府を樹立した連中は尊王攘夷派だから、いずれ攘夷の実践などというバカげたことをしでかして日本を滅してしまうだろうと思っていたということもあるが、基本的に彼は以前から政治権力に身を寄せることが嫌いだったのである。だから、任官を断ったのは明治政府に対してだけではない。徳川幕府からも何度も声がかかったが、断り通している。加藤弘之のように、幕府から声がかかれば幕府に仕え、明治新政府から声がかかれば今度はそちらにすぐ仕えるという人物(加藤弘之にかぎらず、そういう洋学者が多かった)とは対極にある人なのである。

狭い洋学者の世界で、加藤と福沢は昔からの知り合いだった。この二人の性格の違いをよくあらわすエピソードが『福翁自伝』の中にある。大政奉還、鳥羽伏見の戦いの後、大阪から船に乗って逃げかえってきた徳川慶喜を迎えた江戸城では、連日、議論が沸騰していた。戦うべきか、戦わざるべきか。戦うとして、どのような戦術を取るべきなのか。

「酔えるがごとく狂するがごとく、人が人の顔を見ればただその話ばかりで、幕府の城内に規律もなければ礼儀もない。平生なれば大広間、溜の間、雁の間、柳の間なんて、大小名のいるところで、なかなかやかましいのが、まるで無住のお寺をみたようになって、ゴロゴロあぐらをかいてどなる者もあれば、ソッと袂から小さいビンを出してブランデーを飲んでる者もあるというような乱脈になり果てたけれども、私は時勢を見る必要がある、城中の外国方に翻訳などの用はないけれども見物半分に毎日のように城中に出ていました」

戦争の最中も授業

ある日、そういう状況の中で、加藤弘之に会う。加藤はなぜか裃《かみしも》を着ている。

「イヤ加藤君、今日はお裃で何事か」

と問うと、今日は何が何でも徳川慶喜と会うのだと息まいている。

「種々さまざまの奇策妙案を献じ悲憤慷慨の気焔を吐く者が多いから、言わずと知れた加藤らもその連中で慶喜さんにお逢いを願う者に違いない。ソコデ私が、

『今度の一件はドウなるだろう、いよいよ戦争になるかならないか、きみたちにはたいていわかるだろうから、ドウゾそれをぼくに知らしてくれたまえ、ぜひ聞きたいものだ』

『ソレを聞いて何にするか』

『何にするッてわかってるではないか、これがいよいよ戦争にきまればぼくは荷物をこしらえて逃げなくてはならぬ、戦争にならぬと言えば落ち付いている。その和戦如何はなかなか容易ならぬたいせつなことであるからドウゾ知らしてもらいたい』

と言うと、加藤は目を丸くして、

『ソンナ気楽なことを言っている時勢ではないぞ、ばかばかしい』

『イヤイヤ気楽などころではない、ぼくは命がけだ。きみたちは戦うとも和睦しようとも勝手にしなさい、ぼくは始まると即刻逃げて行くのだから』

と言ったら、加藤がプリプリおこっていたことがあります」

この問答にあるように、福沢には、戦争に参加する気などまるでない。芝の新銭座に、四百坪の屋敷を買って、自分の英学塾（慶応義塾）の塾生のための塾舎を建てようとした。

みな戦争がはじまるのではないかと思っているところだから江戸から逃げだす人は沢山いても、江戸八百

八町広しといえども、新しく普請をはじめようとする人など一人もいない。大喜びしたのは大工や左官で、メシさえ食わしてくれればと、ほとんどタダ同然の手間賃で仕事をしてくれたという。

塾舎が完成したら、すぐ塾を再開し、官軍が入ってきても塾はいつものように開きつづけ、旧幕派の彰義隊が上野の山にたてこもって戦争をはじめたときも、塾ではいつものように授業をしていた。

「明治元年の五月、上野に大戦争がはじまって、その前後は江戸市中の芝居も寄席も見世物も料理茶屋もみな休んでしまって、八百八町は真の闇、何が何やらわからないほどの混乱なれども、私はその戦争の日も塾の課業をやめない。上野ではどんどん鉄砲を打っている、けれども上野と新銭座とは二里も離れていて、鉄砲玉の飛んでくる気づかいはないというので、ちょうどあのとき私は英書で経済《エコノミー》の講釈をしていました。だいぶ騒々しい容子だが煙でも見えるかというので、生徒らはおもしろがって梯子に登って屋根の上から見物する。なんでも昼から暮過ぎまでの戦争でしたが、こちらに関係がなければこわいこともない。(中略)上野の騒動が済むと奥州の戦争となり、その最中にも生徒は続々入学して来て、塾はますます盛んになりました。顧みて世間を見れば、徳川の学校はもちろん潰れてしまい、その教師さえも行方がわからぬくらい、まして維新政府は学校どころの場合でない、日本国中いやしくも書を読んでいるところはただ慶応義塾ばかりという有様」(『福翁自伝』)

だったという。実際、開成学校など、名のある洋学所はこの大騒動中、みんな閉鎖されていたのである。その後も、明治新政府が、大学南校などの形で洋学教育を復興するまでの間、日本で洋学教育をちゃんとやっているところは、慶応義塾だけだった。このような体験を背景に、福沢は、学問と政治を切り離しておくことの重要性を指摘して、「学問の独立」(一八八三=明治十六年)に次のように書いた。

「ここに一例を挙ぐれば、旧幕府の時代、江戸に開成学校なるものを設立して学生を教育し、その組織ずいぶん盛大なるものにして、あたかも日本国中洋学の中心とも称すべき姿なりしが、一朝幕府の顚覆に際して、生徒教員もたちまち四方に散して行くところを知らず、東征の王師必ずしも開成校を敵としてこれを滅ぼさんとするの意もなかりしことならんといえども、学者の輩がかくも狼狽して一朝にして一大学校を空了して、日本国の洋学が幕府とともに廃滅したるはなんぞや。開成校は幕政府中の学校にして、時の政治に密着したるがゆえなり。語を易えて言えば、開成校は幕府政党に与してその生徒教員もおのずからその党派の人なりしがゆえなり。この輩が学者の本色を忘却して世変に眩惑し、目下の利害を論じて東走西馳に忙わしくし、あるいは勤王と言いまた佐幕と称し、学者の身をもって政治家の事を行なわんとしたるの罪なり。当時もしこの開成校をして、幕府の政権を離れ、政治社外に逍遥して、真実に無偏無党の独立学校ならしめ、その教員等をして真実に豪胆独立の学者ならしめなば、東征の騒乱なんぞ恐るるに足らんや。弾丸雨飛の下にも咿唔の声（書を読む声）を断たずして学問の命脈を持続すべきはずなりしに、学校組織の不完全なると学者輩の無気力なるとにより、ついに然るを得ずして、見るに忍びざるの醜体を呈し、維新の後ようやく文部省の設立に逢うて、かろうじて日本の学問を蘇生せしめ、その際に前後数年を空しゅうしたるは学問の一大不幸なりと断言して可なり」

このくだりは、本当に彰義隊戦争の最中も塾で授業をつづけていた福沢の言であればこその迫力がある。それに対して、一朝幕府の顚覆に際してたちまち四方に散じて開成所をつぶした教員の一人が加藤弘之だったわけだ。そのような連中が、明治新政府からお声がかかると、たちまち尻尾を振ってそちらに走り寄る。そういうマインドを、福沢は『学問のすゝめ』第四篇で痛烈に批判した。

なぜそれを批判するかといえば、福沢が日本について最も心配していたのは、「政府は依然たる専制の政府、人民は依然たる無気無力の愚民のみ」という現状だった。このような現状をつづけていては、「国の独立は一日も保つべからず」ということになるからだ。

人民側に立つ学者がいない

日本の人民には、自立心がない。独立の気概がない。千数百年の専制政治の歴史の中でスピリットがゆがめられ、卑屈不信の気風が骨の髄までしみこんでいる。その結果、心に思っていることを口に出していうことができない。人を欺す、不誠不実、恥を知らないなど、どうしようもない行動様式ができあがっている。独立心がないから何でも、政府を頼みにし、政府に頼ろうとする。しかしそのくせ、政府を欺いて個人的な利益を得ようとする。官を欺いても、いささかも恥とは思わない。

一方、欺されまいとして、官の側が、威嚇して人民を従わせようとすると、偽をもってそれに応じようとする。あるいは、形の上でだけ従っているふりをする。結局、実効あることは何もできない。

問題は何よりも人民のそのようなマインドを改めることにある。そのような問題の所在を指摘し、ではどうすべきなのか、何をどのように改めればよいのかという明確な指針を出して人民を導くことができるのは洋学者しかいない。ところが、その洋学者たちが、みんな政府にくっついてしまった。あくまで野にあって、人民の側に立とうとするものがない。「学者士君子、皆官あるを知って私あるを知らず。政府の上に立つの術を知って、政府の下に居るの道を知らざるの一事なり」「方今の洋学者流は概《おおむ》ね皆官途に就き、私に事をなす者は僅に指を屈するに足らず」という状態だからだ。その結果、「日本にはただ政府ありて未だ国民あらずと言うも可なり」ということになってしまった。

これでは、「人民の気風を一洗して文明を進むる」ことはとてもできない。なぜなら、「蓋《けだ》し一国の文明は、独《ひと》り政府の力をもって進むべきものにあらざるなり」ということがあるからだ。

どのようなシステムも、それに対する外部からの力と内部からの力が均衡していることが必要だ。人体に例をとってみよう。

「これを健康に保たんとするには、飲食なかるべからず、大気光線なかるべからず、寒熱痛痒外より刺衝して内よりこれに応じ、もって一身の働きを調和するなり。今俄にこの外物の刺衝を去り、ただ生力の働くところに任してこれを放頓することあらば、人身の健康は一日も保つべからず」

外からの刺激があり、それに対して内側の力が反応して、全体のバランスが取れること。ここに健康な状態が生まれる。国の政治も同じことで、外からの人民の刺激と、内からの政府の力の発露が反応しあい、バランスを取ることが大事なのだ。

「国もまた然り。政は一国の働きなり。この働きを調和して国の独立を保たんとするには、内に政府の力あり、外に人民の力あり、内外相応じてその力を平均せざるべからず。故に政府はなお生力の如く、人民はなお外物の刺衝の如し。今俄にこの刺衝を去り、ただ政府の働くところに任してこれを放頓することあらば、国の独立は一日も保つべからず」

ところが、現状は、人民の側の力が決定的に不足している。それは、人民の側の無知文盲があまりに大きいからだ。しかし、その問題を解決しようにも、その任にあたるべき洋学者たちがみな政府にくっついて、専制政治をより強くする側にまわっている。これではだめだ。

日本人の欠陥の拡大再生産

その結果、日本の現状はどういうことになっているか。『学問のすゝめ』の第五篇で、福沢は次のようにいっている。

「そもそも我国の人民に気力なきその原因を尋ぬるに、数千百年の古より全国の権柄を政府の一手に握り、武備文学より工業商売に至るまで、人間些末の事務と雖ども政府の関わらざるものなく、人民はただ政府の嗾するところに向かって奔走するのみ。あたかも国は政府の私有にして、人民は国の食客たるが如し」

明治政府は、富国強兵、殖産興業のすべてにわたって、政府中心でやろうとしてきた。その結果、いかにも文明の形は整いつつあるかのように見えるが、その一方で、人民をますます政府まかせの気風に追いやり、自分たちは政府の食客のままでよいかのように思いこませている。

「今日本の有様を見るに、文明の形は進むに似たれども、文明の精神たる人民の気力は日に退歩に赴けり」

「畢竟人民に独立の気力あらざれば、かの文明の形も遂に無用の長物に属するなり」

明治維新以来わずか十年というのに、学校もできた。軍備もととのった。鉄道や電信もできた。石室や鉄橋もできた。しかし、人民はそれを自分たちには関係がないことと思っている。

「然るに、この学校兵備は政府の学校兵備なり、鉄道電信も政府の鉄道電信なり、石室鉄橋も政府の石室鉄橋なり。人民果して何の観をなすべきや。人皆言わん、政府は啻《ただ》に力あるのみならず兼ねてまた智あり、我輩の遠く及ぶところに非ず、政府は雲上に在りて国を司り、我輩は下に居てこれに依頼するのみ、国を患うるは上の任なり、下賤の関わるところに非ずと」

昔の政府は力で人民を支配した。現在の政府は力と智で支配している。しかし、それが人民のレベルとあまりにも隔絶したレベルのものであるだけに、人民は政府との距離感を大きくするばかりだ。

「古の民は政府を視ること鬼の如くし、今の民はこれを視ること神の如くす。古の民は政府を恐れ、今の民は政府を拝む。この勢いに乗じて事の轍を改むることなくば、政府にて一事を起せば文明の形は次第に具わるに似たれども、人民には正しく一段の気力を失い文明の精神は次第に衰うるのみ」

「人民に独立の気力あらざれば文明の形を作るも啻に無用の長物のみならず、却って民心を退縮せしむるの具となるべきなり」

このような事態を招いてしまったのも、本来なら、人民を教え導き、その気力を養うべき洋学者が、その任を果さなかったからだ。

「文明を養い成すべき任に当りたる学者にして、その精神の日に衰うるを傍観してこれを患うる者なきは、実に長大息すべきなり、また痛哭《つうこく》すべきなり」

福沢がこう書いてから百年以上たった今日、日本は百年に数度とない苦難にいま出会っているが、そのよってきたる所を考えてみると、このとき福沢が指摘したような日本と日本人の欠陥が拡大再生産されて、このような事態を招いたのだといえるのではないだろうか。

福沢は、ここに引用したような表現で、加藤弘之タイプの生き方を選んだ洋学者たちを批判し、彼らが独立自尊の心を忘れ、安易に権力にすりよってきた姿勢が、日本人全体の気概を失わせた要因の一つと指摘したのである。明治政府にとりたてられた洋学者たちの中で、これを自分たちへの批判と受けとめた、加藤弘之、森有礼、津田真道、西周らが反論の筆をとった。そのうちの、加藤弘之「福沢先生ノ論ニ答フ」をとっ*

てみよう。加藤は、人民の政府に対する外からの刺激を「外刺」といい、政府の内における統治を「内養」と名付けた。

「先生ノ御論ニテハ、内養外刺相平均セザル可ラザル内ニモ、外刺ヲ以テ殊ニ緊要ト被致候様ニ相見ヘ候。(中略) 愚見ニテハ、内養外刺共ニ肝要ナル内ニモ、当今ノ如キハ内養ハ更ニ肝要ナル可シト思フナリ。就テハ洋学者タル者、其志ス所ニ従テ官務ニ従事スルモ決シテ不可ナルコトハナカル可シ。先生ノ論ハリベラールナリ。リベラール決シテ不可ナルニハアラズ、欧洲各国近今世道ノ上進ヲ裨補スル、最モリベラールノ功ニ在リ。去レドモリベラールノ論甚ダシキニ過ルトキハ国権ハ遂ニ衰弱セザルヲ得ザルニ至ル可ク、国権遂ニ衰弱スレバ国家亦決シテ立ツ可ラズ」

加藤は、自分が反リベラルの国権論者であることを明らかにして、福沢に反論したつもりになっているのである。しかし私にいわせれば、その後の日本国を衰弱させたのは福沢のようなリベラリストではなく、加藤のような独立の気概なき国権追従主義者だったろう。この加藤の文章は明治七年に書かれたもので、『国体新論』の発表以前なのだが、すでにこの中にその後の加藤のたどった道が暗示されているかのようだ。

＊このくだりが『文藝春秋』に載ったのは一九九八年十二月号。バブルが崩壊（九〇年）したあと、コスモ信用組合、兵庫銀行、木津信用組合が経営破綻（九五年）。住専八社の不良債権が八兆円をこえて倒産寸前になり、北海道拓殖銀行が破綻。山一證券が自主廃業に追いこまれ、その余波で銀行が次々に経営危機に追いこまれた（日本長期信用銀行が一時国有化）。日本の金融システム全体が破綻しかねない恐慌寸前状態の時期だった。間もなく、大手行や一部地銀に対して、九八年三月に第一回目の公的資金投入（一兆八一五六億円）、つづいて九九年三月に第二回目の公的資金投入（七兆四五九二億円）が行われた。

6

早大の自立精神、東大の点数主義

東大批判から生まれた早稲田大学

もうちょっとこの時代（おおむね東京大学ができた明治十年から、帝国大学が東京帝国大学になる明治三十年あたりまでと考えていただきたい。加藤弘之の正確な任期とは若干ずれる）にこだわっておきたい。というのは、さまざまな意味において、この時代に東京大学の基本的性格（日本の大学制度の基本的性格といってもよい）ができあがっているからである。東京大学がかかえる問題点も、世の批判を招く点も、その原点はほとんどこの時代にある。

大学が危機の時代を迎えたためか、最近大学論がさかんだが、この時代も、今に劣らず大学論がさかんだった。それというのも、高等教育が東京大学（帝国大学）によって独占された状態がつづき、それが明治新

大隈講堂

大隈重信

渡辺洪基総長　©『東京大学百年史』

小野梓　©毎日新聞社提供

国家の独占的人材供給源になっている現状に対して、これでいいのかという批判の声がどんどん大きくなっていったからである。

具体的な批判として福沢諭吉の見解を前章で紹介したが、慶応とならぶもう一方の私学の雄、早稲田大学にしても、官学（帝国大学）に対する強烈な批判の念から生まれたものである。

早稲田大学は、よく知られているように、明治十五年、東京専門学校としてスタートした。その前年、政権中枢にいた筆頭参議の大隈重信が、自分を支持する政府高官たちを率いて一斉に下野するという、明治政治史上、明治六年の西郷下野に匹敵する一大政変（「明治十四年の政変」）が起きた。

当時の大隈重信は、大久保利通、木戸孝允、西郷隆盛ら明治の元勲たちが亡くなった後、圧倒的な政治権力を握っていた（国家的な人気を集めていた）人物だから、これは西郷下野に勝るとも劣らぬ衝撃を与えた。一緒に退官した連中がまたすごい。犬養毅、尾崎行雄、矢野文雄、小野梓、牛場卓蔵、中上川《なかみがわ》彦次郎、河野敏鎌《とがま》、前島密ら、時の政府を実質的に切りまわしていた若手の優秀な官僚たちが、みな大隈に従ったのである。その背景に何があったのかは、いまだに明らかになっていない部分があり、明治史上最大の謎のひとつになっている。

基本的には、時の政権中枢にいた、伊藤博文、岩倉具視と大隈の間に、当時最大の政治課題であった憲法の発布と国会開設をいついかなる形で行うかという政治日程とその内容をめぐって衝突が起り、権力闘争に敗北した大隈一派が下野したということである。

それは、大隈が下野したその日に、九年後の明治二十三年を期して国会を開設するという詔勅が出されていることでもわかる。大隈は、翌明治十五年に選挙をやり、明治十六年に議院を開設して、一挙に英国流の議院内閣制を樹立してしまえという急進的な意見（憲法はその後、議院で制定委員会を作って考える）を持っていたが、そのような考えは容れられなかった。実際には、大隈下野以後権力を握った伊藤、岩倉の手によって、明治十八年内閣制導入、明治二十二年憲法発布、明治二十三年議院開設（第一回総選挙）というスケジュールで進んでいく。

下野した大隈は、すぐに立憲改進党を作り（明治十五年）、政治運動を開始する。立憲改進党の設立と東京専門学校の設立は軌を一にしており、どちらも、大隈の右腕であった小野梓の精力的な活動によるところが大きい。

小野は、東京専門学校の開校式で、こんな演説をしている（以下『早稲田大学百年史』）。

「一国ノ独立ハ国民ノ独立ニ基ヒシ、国民ノ独立ハ其精神ノ独立ニ根ザス。（謹聴謹聴拍手）而シテ国民精神ノ独立ハ実ニ学問ノ独立ニ由ルモノナレバ、其国ヲ独立セシメント欲セバ、必ラズ先ヅ其民ヲ独立セシメザルヲ得ズ。（大喝采）其民ヲ独立セシメント欲セバ、必ラズ先ヅ其精神ヲ独立セシメザルヲ得ズ。而シテ其精神ヲ独立セシメント欲セバ、必ラズ先ヅ其学問ヲ独立セシメザルヲ得ズ。（大喝采）」

小野は、若者は政治にかかわるべからずとする世の風潮や政府当局者のマインドを批判し、若者はもっと政治にかかわれと挑発した。

「論ズル者、或ハ都鄙政談ノ囂々タルヲ憂ヒ、天下子弟ノ法律、政治ノ学ニ流レテ理学ヲ修メザルヲ咎ムト雖モ、是レ未ダ今日ノ実情ヲ究メザルノ罪ナリ。（略）今余ヲ以テ之ヲ観ルニ、本邦政治ノ改良スベキモノ、法律ノ前進スベキモノ、一ニシテ足ラズ、殆ンド皆ナ之ヲ更始スベキガ如シ。（大喝采）是レ所謂政学（政治学のこと）、法学ニ需用アルモノニシテ、子弟ノ相率ヰテ此二学ニ赴クハ、蓋シ此需用ニ応ゼント欲スルモノナルノミ。（謹聴謹聴拍手喝采）」

東京専門学校では、理学（サイエンス）より、法学、政治に力点を置いている。それは、いまの日本の社会においては、そちらを先にすべきことが求められているからだ、というわけだ。

「本校ノ政治、法律ヲ先ニシ、而シテ理学ニ及ボスモノハ、其意敢テ理学ヲ軽ジテ之ヲ後ニセシモノニアラザルベシ。唯ダ今ノ時ニ当テ政治ヲ改良シ、法律ヲ前進スルニアラザレバ、天下ノ子弟ヲ導テ其歩ヲ理学ノ域ニ進マシムルニ便ナラズ。故ニ先ヅ夫ノ二学ヲ盛ニシ、其得業学生ノ力ニ依テコノ政治ヲ改良シ、コノ法律ヲ前進シ、（謹聴謹聴）以テ大ニ形体ノ学ヲ進ムルノ地歩ヲ為サント欲スルモノナラン。（喝采）」

政治、法律の改良に若者を進ませるためには、自治の精神と活潑の気象を発揚させることが必要だが、これまでの教育はそこをないがしろにするどころか、むしろ、抑圧するようにしてきた。これは、儒教の教えを固守してきたためである。儒教の本国である中国が、儒教をあまりに重んじすぎたために国家が衰微しつつあるが、その二の轍を踏んではならない、と小野は説いた。

「論者間々或ハ少年子弟ノ自治ノ精神ヲ涵養シ、其活潑ノ気象ヲ発揚スルヲ喜ビズ、強テ夫ノ輩ヲ駆テ之ヲ或ル狭隘ナル範囲内ニ入レ、其精神ヲ抑ヘ、其気象ヲ制セント欲スル者アリ。然レドモ是レ国ヲ誤マルノ蠹《ト》虫《チユウ》ナリ。（拍手喝采）諸君ハ夫ノ宋儒ノ学問ガ支那ト我邦ノ元気ヲ遅鈍ニシ、為メニ一国ノ衰弊ヲ致セシヲ知ルナラン。彼レ宋儒ハ人民精神ノ発達ヲ忌デ之ヲ希ハズ、寧ロ之ヲ或ル範囲内ニ入レ、其自主ヲ失ナハシメ、唯ダ少年ノ子弟ヲシテ徒ラニ依頼心ヲ増長セシメ、其極ヤ卑屈自カラ愧ヂズ、終ニ一国ノ衰弊ヲ致シタルニアラズヤ。（大喝采）（略）（謹聴）今ヤ国家事多フシ。宜シク少年ノ子弟ヲシテ益々自治ノ精神ヲ涵養シ、愈々活潑ノ気象ヲ発揚セシムベシ」

この小野の演説は、「舌端火を吐き、口角沫を飛ばし、聞くものをして切歯扼腕せしめ」「学生は勿論来賓中にも手に汗を握つたものが多かつた」という（『早稲田大学百年史』）。

たしかに読んでいて熱気が伝わってくるような雄弁で、なるほど早稲田は政経学部が主流で、弁論部を経て政界に入ることを志す学生が多かったというのもわかるような気がする。

さてこの東京専門学校だが、実はその発足には東京大学が大いにかかわっている。

『早稲田大学百年史』はそこのところをこう記している。

「鷗渡会とは恐らく、本大学関係者以外には全く知られていない、ささやかな学生団体だったに過ぎぬ。すなわち初期東京大学の学生の有志グループの作ったもので、卒業すると間もなく解散したから、実際に存在したのは二年に充たぬ。しかもそれが後の鬱然たる早稲田大学を創立し、発展させ、他に中央大学の創立から関西大学の創立発展にまで波及貢献して行くのだから、若き力の偉大さを讃えずには措けぬ」

早稲田は東大の分家、慶応の弟分

この鷗渡会というのは、当時まだ大隈の下で会計検査院の検査官をしていた小野梓が、たまたま知り合った東京大学文学部の学生高田早苗（後に読売新聞主筆。文部大臣。早大総長）と意気投合し、「君達は大学に於て、政治経済といふ様な当世必要の学問をして居るのであり、自分は又実際政界に身を置いて君達の知らぬ事を多少知つて居るから、……一週一度会合し、互に智識の交換をしよう」ということではじまった会なのである。

その会に参加した高田の友人の中には、後の坪内逍遥もいるが、彼も東京専門学校が設立されるにあたって、その講師としてはせ参じている。だから、『早稲田大学百年史』は次のように書いている。

「早稲田学苑は、東大の分家、慶応の弟分たる血族的関係にあると言ってよいのである。しかし大体において、鷗渡会以下の東大派がより多く東京専門学校の出発に、そして矢野（文雄）を先頭者とする慶応派（犬養、尾崎、箕浦勝人《みのうらかつんど》その他）が政党の結成に重きを置いたことは争われない」

高田グループの他にも、東大からは講師が何人も参加した。これに政府はショックを受けた。そもそも、政府にとって大隈は、かつては筆頭参議だったかもしれないが、いまや野に下って民党を組織し、議会がはじまったら選挙で多数を占め政権を獲得しようと狙っている政敵である。それが高等教育機関を作って、若い有為の人材を集めようとしている。実際、入学する学生は年々増加している。政府はそれをやっきになって妨害しようとした。

「大隈は後年、創立当時の学校に対し政府が非道《ひどう》な迫害を加えたことを回想して、『我輩は政府から追ひ出された位だから、之を今日の語でいふなら危険人物といふ訳であつたらう。そこで政府の眼からは、此学校を目して謀叛人養成所となし、始終探偵がつきまとふて居るといふ始末で、此探偵どもが碌《ろく》な報告をせなかつたに相違ない。そこで政府は密《ひそか》に其意を各地方官に伝へる。それ故、折角地方に此学校に入らうと考へるものがあつても、各地方官から父兄を説得し、父兄が其子弟を引止めるから入学生が甚だ少い』といっている」（中村尚美『大隈重信』吉川弘文館）

妨害が加えられたのは、入学希望者に対してだけではない。教官に対しても妨害が加えられた。これには大隈もほとほと困惑したとみえ、つぎのように述べている。

「すると今度は教員に圧迫が加へられた。最初の中は、官立の大学其他の教授で来て助けて呉れた人達も相応にあつたのだけれども、政府は直に此人達に向つて邪魔をし、彼の大学に往つては足下《そつか》の立身出世の為に宜しくあるまいと言ひ、又往々裁判官にぬくとか、他の学校へ有利な条件で世話をしてやるといふ様なことをして、此学校の講師を奪ひ去る。其他いろいろな手段をとるので、正直な人は勤まらなくなつて次第に足を遠くする。又境遇によつて不本意ながら離れ去る者もある。政府はつひに、判検事並に帝国大学教授にして、私立学校の教授に赴く事を公然厳禁するに至つたから、法科の如きは大打撃をうける。我輩の独力で経営してゐる貧しい経済であるのに、全部専任講師を雇入れなくては講座の持続が困難になつてきた」（同前）

それればかりではない、早稲田を目して反逆の徒の巣窟《そうくつ》のようにみなしていた政府は、都下の警官を学校に入りこませ、教室といわず寄宿舎といわず偵察をつづけて、折があれば学校の統制を混乱させようとはかったという。

東大の外国語偏重教育を笑う

東京専門学校が発足した明治十五年、そちらにはせ参じた卒業生がかなりの数にのぼったため、東京大学ではこの年の法文両学部の新学士十二名のうち官途についたのは二名だけで、あとは大学当局による就職斡旋を拒否するという異常事態が起きた。そのため、加藤総理の学位授与式における式辞は、小野梓の東大批判演説を意識した異例の内容となった。東京専門学校のセールスポイントの一つは、専門教育を日本語でやるというところにあった。東大ではこの時代、正則課程ではすべて英仏独語を用い、入学試験が全く別の

「別課」というワンランク下のクラスでのみ、日本語を使う変則授業を行っていた。

小野は東大におけるこのような外国語偏重教育を笑い、それを日本において学問が独立していない例証としていた。

「我邦学問ノ独立セザル久シ。王仁《ワニ》儒学ヲ伝ヘテヨリ以来、今日ニ至ル迄デ凡ソ二千余年ノ間、未ダ曾テ所謂ル独立ノ学問ナルモノアリテ我ガ子弟ヲ教授セシヲ見ズ。（謹聴）或ハ直ニ漢土ノ文字ヲ学ビ、或ハ直チニ英米ノ学制ニ摸シ、或ハ直ニ仏蘭西ノ学風ニ似セ、今ヤ又独逸ノ学ヲ引テ之ヲ子弟ニ授ケント欲スルノ傾キアリ。（苦笑拍手謹聴）其外国ニ依頼シテ而モ変転自カラ操ル所ナキ、此ノ如シ。顧《おも》フニ是レ学問ヲ独立セシムルノ妙術ナル乎。余ハ断ジテ其然ラザルヲ知ルナリ。（謹聴喝采）（中略）夫ノ外国ノ文書言語ニ依テ我子弟ヲ教授シ、之レニ依ルニアラザレバ高尚ノ学科ヲ教授スルコト能ハザルガ如キ、又是レ学者講学ノ障礙ヲ為スモノニシテ、学問ノ独立ヲ謀ル所以ノ道ニアラザルヲ知ルナリ。（拍手）」

これに対して、加藤は学位授与式でこう述べていた。

「我邦ノ人々ハ、我東京大学ハ果シテ国家ノ為ニ斯クマデ有用ナリヤ否ヤニ疑ヒヲ抱クモノナキニ非ズ。其疑ノ由テ生ズルノ源ヲ尋ヌレバ、畢竟《ひつきよう》東京大学ニ於テハ、常ニ外国ノ学術ノミヲ教授シ我邦ノ学術ニ至リテハ之ヲ度外ニ置クガ如キノ弊アリト信ズルノ致ス所ナリ。斯ル疑惑ヲ抱クモノアルモ、決シテ理ナキニ非ズ。何トナレバ、素ト本学ハ幕政ノコロ蕃書調所ト称シテ、専ラ西洋ノ事情ヲ知ルコトヲ職トスル所ヨリ変遷シ来リテ今日ノ大学ヲ成スニ至リタレバナリ。（中略）然レドモ其基ク所ハ実ニ如此ナリトイヘドモ、今日ノ東京大学ハ決シテ昔日ノ蕃書調所ノ類ニアラズ」

実際、外国のことばかり教えて、日本のことを教えないという批判が前から強かったので、加藤が綜理になってから、日本の古典を教えるための古典講習科が作られたり、数学科で和算などの本朝数学を教えたり、医学科で和漢医学史を教えたり、法学科で日本の法律も教えたりと、さまざまな改善がはかられていた。

「爾後益々我邦ノ事ヲ教ルヲツトメ、傍ラ欧米ノ学術ヲ教ヘ、以テ日本ノ大学タルニ背カザルコトヲ勉メテ懈《おこた》ラザルベシ。我大学ノ目的及現状ノ如何ヲ知ラザルヨリシテ、或ハ本学ヲ以テ甚ダ教授ノ方ヲ誤レルモノトナスアリ。為メニ本学ガ適当ニ受クベキ待遇ヲ世上ニ受ケザルコト茲《ここ》ニ久シ」（『日本近代思想大系』第十巻『学問と知識人』岩波書店）

とまあ、弁解がましい反論を述べるだけで、小野梓演説の迫力に対して、もうひとつ反撃力に乏しかった。明治十四年といえば、例の『国体新論』絶版事件があった年で、この学位授与式があった明治十五年は、『人権新説』を出版したものの民権派の論者たち（その中には立憲改進党の矢野文雄もいた）から、総攻撃をくらいそれにろくな反論もできないでいた時だから、もう一つ加藤に元気がなかったのかもしれない。

第四章で述べたことだが、あの絶版事件のきっかけとなった、海江田（信義）元老院議官による刺し違えんばかりの勢いの膝詰め談判も、大隈下野の直後に起きたことである。大隈下野が権力中枢に与えた衝撃は大きく、権力に対して不穏当な考えを抱く人間は誰でも粛清すべきだという気分が権力上層に広まっていたのである。だから、権力を支える人間を育成すべく作った官学から、大隈の下に走る人間がかくも出たということは、政府に深刻な心理的打撃を与えた。

あの評判の悪い、東京大学卒業生に対する官吏任用試験における優待制度が出てくるのも、実はこのショックからなのである。『東京大学百年史』は次のように書いている。

「大学卒業生の行政官任用を政府首脳が考慮し始めたのは、明治十四年（一八八一）の政変後のことであった。当時小野梓を中心に私的学習会である鷗渡会を結成していた東京大学文学部と法学部の学生は、この政変で下野した大隈重信が翌年四月に立憲改進党を組織すると、これに在学のまま参加して、活発な言論活動を展開した。官立大学から有力な政府反対派が生れたことは政府に多大な衝撃を与えた。当時の東京大学文学部、法学部が、『天下国家』志向の強い学生を抱えながら、工部大学校や司法省法学校と異なって、卒業生を送り込むべき官途を有さず、これが在学生の政党加入の背景となっているとみた政府首脳は、その禍根を除くために、東京大学における政治（学）教育を注意深く統制し、卒業生には官職を保證することを考え始めた」

ここから、東京大学の法学部（帝国大学法科大学）を卒業した者は、試験免除で高等官試補になれるという制度（同じ特権が文科大学生にも与えられたが、文科大学から行政官僚になった者は、初期に文部省に入った者をのぞくとほとんどいなかった）が生まれてくるのである。それは陸軍士官学校の卒業生がすぐに士官候補になれるのと同じことであると説明されたが、それに対して、それでは大学が「官吏養成所」になってしまうではないかという批判があった。しかし、もともと大学側にも政府側にも、大学の官吏養成所化に何の抵抗もなかったから、その方向でことは進行していった。何しろ、この制度の運用を司る文官試験局の長官には帝国大学総長で法科大学長でもある（帝国大学令で、この二つの役職は兼務されることに決っていた）渡辺洪基が任命されていたのである。大学と政府ははじめから一体化していたのである。

第1表と第1図（ともに次見開きページ）を見ていただきたいが、これは、明治九年から大正九年にいたる各分科大学（学部）の卒業生の消長を五年ごとの累計で一覧にしたものである。これを見ると、それぞれの時代で、国家（と社会）がどのような人材を必要としていたかがよくわかる。明治時代のごく初期は医者がいちばん多く求められ、次にエンジニアが多く求められた。明治のはじめ、大量のお雇い外国人エンジニアがいたが、それをできるだけ早く日本人技術者に置き換えねばならないという時代的要請があったのである。それが一段落すると、国家が何よりも必要としたのは行政官僚と法曹だった。どちらも法科大学が人材供給にあたったが、初期は、各地の各級裁判所に法曹を配備して法システムが円滑に働くようにしなければならなかったから、まず、司法官の需要が多かった（第2表、第2図）。しかしそれはすぐに逆転していく。三十年代はじめに再逆転するのは、条約改正問題（領事裁判権の廃止）のために、司法システムのより一層の拡充が必要となったからである。

政府の所掌事務がふえていくに従って、一層多くの行政官が求められたが、法科大学の学生のマインドは司法官のほうにより傾いていた。その状況を変えるべく、政府は当時憲法の起草にあたっていた現職の内閣総理大臣秘書官である金子堅太郎を帝国大学に講師として派遣して、毎週二回、日本行政法を講義せしめた。「金子の講義は廊下まで聴衆が溢れる盛況であったと伝えられるが、彼は講義によって行政実務への興味を喚起しただけでなく、試験を通じて人材を鑑別し、自ら就職の斡旋も行ったのである。法科大学生の進路に

第１表　分科大学別卒業生数(5年間ごとに累計)

分科大学＼期	明治９～13年	14～18	19～23	24～28	29～33	34～38	39～43	明治44～大正４年	大正５～９年	合　計
法科大学	46	78	203	352	555	713	1,385	2,259	3,173	8,764
医科大学	87	128	175	146	145	408	570	704	845	3,208
工科大学	81	188	128	168	482	602	876	897	1,050	4,472
文科大学	8	39	20	64	330	366	539	432	426	2,224
理科大学	46	45	37	50	125	85	158	161	200	907
農科大学	45	58	118	145	97	103	357	550	694	2,167
合　計	313	536	681	925	1,734	2,277	3,885	5,003	6,388	21,742

(注)(１)『東京帝国大学五十年史』(下冊)付表による。ただし、明治９～13年期と、同14～18年期については、東京大学理学部中のちに工科大学に所属した学科は「工科大学」の欄に移して計算した。
(２)法科大学のうち、大正７～９年期には、経済学部の卒業生197名(大正８、９年卒)を含む。また、大正６年には、修業年限の変更に伴って、法科大学は3月と7月の２回にわたり卒業生を出している。

(『東京大学百年史』より)

第２表　法科大学卒業生の進路(明治21～大正６年)(単位・名)

	明治21～25年	26～30年	31～35年	36～40年	41～45年	大正2～6年
外国留学	4	—	2	1	3	—
学生	12	27	72	209	202	249
(学業継続小計)	16	27	74	210	205	249
学校教職員	6	4	9	5	4	5
行政官吏	98	150	135	193	310	185
司法官吏	117	82	174	99	184	194
軍人及軍属	7	3	6	—	—	—
(官吏小計)	222	235	315	292	494	379
弁護士	12	6	23	4	42	84
銀行・会社員等	11	41	100	125	446	744
(民間小計)	23	47	123	129	488	828
兵役・一年志願兵	1	—	6	—	—	—
未定・不詳	25	87	210	248	595	1,418
死亡	1	3	1	—	10	1
合計	294	403	738	884	1,796	2,880

(注)(1)『(東京)帝国大学年報』(明治21～45年)、『文部省年報』(明治42～大正6年)より作成。明治42年以降は後者を基礎に前者で若干の補正をした。
(2)「学生」は、大正２～６年期に分科大学学生を４名含むほかは、すべて大学院学生ないし分科大学研究生であり、それらからは就職しつつ学籍をおくものは除いてある。

(『東京大学百年史』より)

これが強い影響を与えたのは当然といえよう。

金子の出講に続き、法学士の行政官庁への誘引を決定的にしたのは、官吏への無試験任用を定めた文官試験試補及見習規則の制定であった。明治二十一年（一八八八）五月、総長兼法科大学長渡辺洪基《こうき》を長官とする文官試験局は、各省に対してその年に必要とする試補の人数を問い」求められるだけの人数をそろえるようにした（『東京大学百年史』）。総長自ら口入れ稼業に精を出したわけである。その結果、法学士が各省に官僚としてどんどん入っていくことになった。

「さて、法学士の行政官への優先的採用の方針が顕在化した明治二十二年は、法科大学生の側でも進路選択の傾向に後々まで永続する変化が生じた年でもあった。すなわち、政治学科から行政官、法律学科から司法官という当初の就職パターンが崩れ、法律学科の卒業生も積極的に行政官庁に進出し始めた」（同前）

第1図　分科大学別毎年平均卒業生数
（明治19～大正9年）

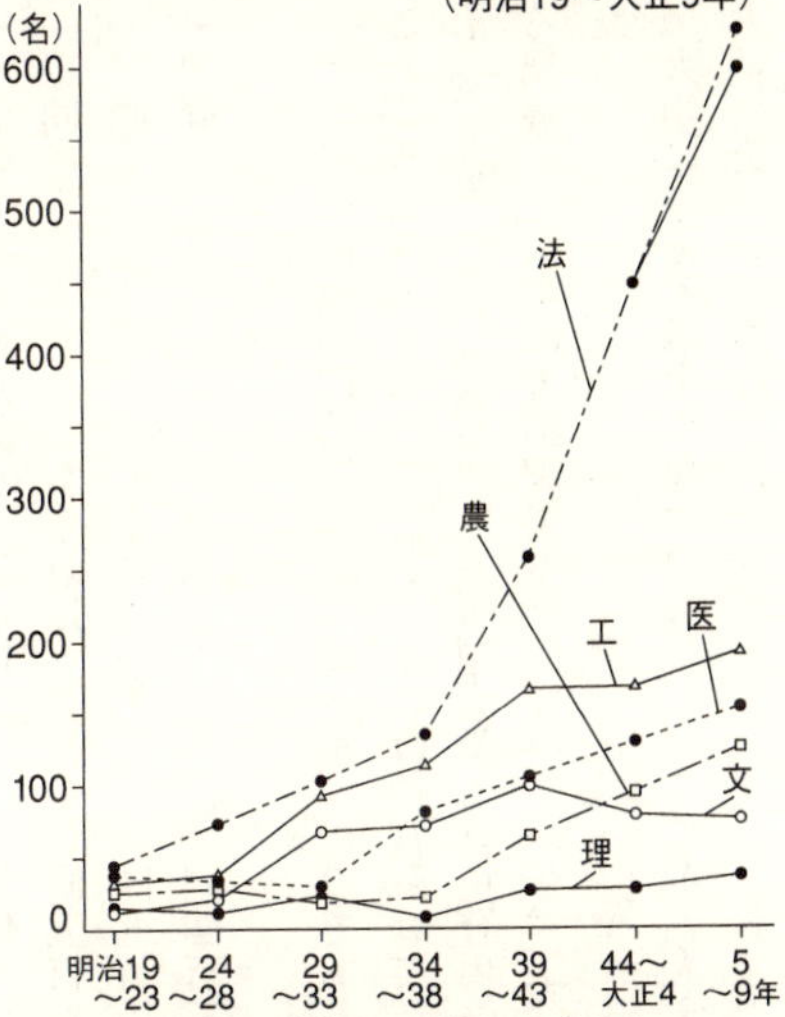

（注）第1表の数字を5で除して求めた。
（『東京大学百年史』より）

第2図　法科大学卒業生の進路分布
（明治21～大正6年）

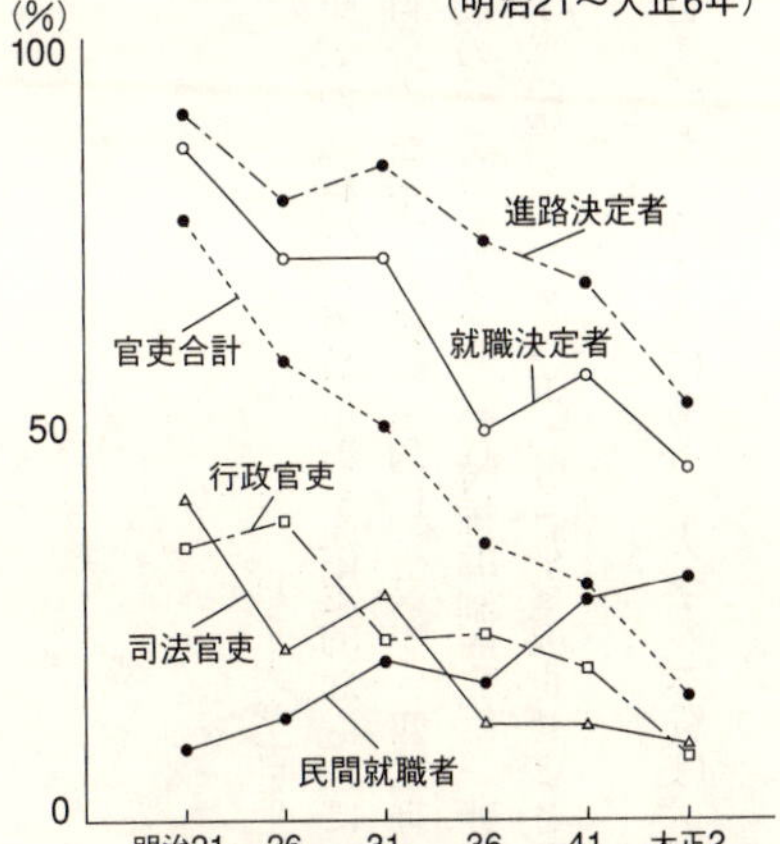

（注）第2表より％を算出して図示。進路決定者は就職決定者と学業継続者の合計。就職決定者は学校教職員、官吏小計、民間小計を合算したもの。
（『東京大学百年史』より）

大学の成績が俸給に直結

この時期、法科大学生たちに、もうひとつのインセンティブが与えられた。

「二十二年七月には、大学卒業生の俸給につき次のような内訓が発せられている。

自今帝国大学卒業者ヲ試補ニ採用スルトキハ左ノ標準ニ依リ其俸給額ヲ定ムヘシ

明治二十二年七月二十五日　　内閣総理大臣　伯爵黒田清隆

文部大臣　子爵榎本武揚殿

試補採用俸給支給標準

一、大学卒業平均点数八十五点以上　年俸六百円

一、同　八十点以上　同五百五拾円

一、同　七十九点以下　同五百円

一、同　七十点以下　同四百五十円」

（『東京大学百年史』）

大学での成績が俸給に直結してしまったのである。これが東大の法科生の点数主義を決定的なものにした。このような状況を痛烈に批判したのは徳富蘇峰である。彼は自分の主宰する雑誌『国民之友』一四二号（明治二十五年一月）の巻頭に、「帝国大学と官吏登用法」なる長文の一文を寄せ、この特権的制度が、「非常なる禍害」を大学にも国家にも与えているから、「大学のためにも、国家のためにも」、これを廃止せよと訴えた。

大学に与える禍害の最大のものは、これが「大学の本質を害す」ということにある。大学の本質は、帝国大学令第一条にあるごとく、

「帝国大学は国家の枢要（本当は須要だが、以下徳富の記述に従う）に応ずる学術技芸を教授し及其蘊奥《うんのう》を攷究するを以て目的とす」

ということにある。しかし、このような特権を設けることで、大学はその本質を忘れ大学をして官吏養成所にしてしまうことになったと徳富はいう。

「大学よりして官に向て、直捷平坦の道路を開き、彼等をして横行闊歩せしむるに至る。即ち此に到りては、堂々たる大学一変して、官吏養成所となるなり。是豈に大学の本質を害するの最も甚しき者に非ずして何ぞや。（中略）所謂国家の枢要に応ずる学術技芸とは、在学三四年、以て一片の卒業証書を握り、是に由りて直に官途を攀《よじのぼ》るを云ふ乎。其の蘊奥を攻究するとは、即ち之を攀るの術を攷究するを云ふ乎。若し果して然らば、胡《なん》ぞ明白に、帝国大学は政府の需用に応ずる官吏を製造し、及び其専売所たるを以て目的とす、と云はざる耶」（傍点等原文表記のまま。「ママ」の修正ではない。以下同じ）

当時の帝国大学の予算は年間三十六万五千百六十二円（いまの貨幣価値に換算して約十七億七千万円）である。これを学生（八百三十七人）一人当りに直すと四百三十四円（換算値約二百十万円）になる。これは官吏の給与に直すとすでに判任官四級俸にあたっていた。

「彼等が国家より優待を蒙むる、亦実に敦しと云ふべし。彼等は其自己の学問を為しつゝあるに、国家より恰も判任官四級俸を給与せられたる者と云はざる可からず」

それも、彼らが本当に学問の道に邁進するというなら、よい。ところが、彼らは、大学を出るや否や、学問の道など簡単に忘れ、あとは官界で出世の道をよじ登ることしか眼中になくなる。

「其の学窓間に在る時に於て、斯の如き優待を蒙り、之に加ふるに卒業後に於ては、官途の門戸彼等が為めに開かる。亦何ぞ彼等が学校を出るや否や、其の講読したる書籍を高閣に束《つか》ね、忽ち書生風を脱し、以て身を官海の濁波に没し、遂に其頭角を露はさずして已むが如きを異《あやし》まんや。今の所謂大学の特権なる者は、却て是れ大学の目的を害し、本質を損する者に非ずして何ぞや」

大学にいる間は、彼らも相当勉強したかもしれない。睡魔に負けないように、膝にキリを突きたてるくらいのことはしたかもしれないが、そのとき彼らの頭の中を去来していたのは、もっぱら早く官職について将来の成功をかち得、安逸な生活をするということではなかったか。そういうことばかり考えている人間から国家が本当に求める大人物が生まれるわけはない。

「僅に学校を卒業すれば、一躍以て高官職に有り附くを得、彼等是に於てか、焉ぞ僥倖躁進の念を発起せざるを得んや。去れば彼等が学窓に在るの間は、只だ之を以て、所謂一夜の草宿と做し、其股を刺し、膝に錐して苦学する時に於てすら、彼等が念々怠るゝ能はざるは、只だ業成り、官に就き、速かに結婚し、速かに世帯を持ち、速かに交際社会に入り、速かに其飽食暖衣、逸居安楽の境界を得んことを望まずんば非ず。是時に方りて彼等に望むに、偉器鉅材たるを以てす、抑も亦難し」

大人物が得られないばかりでなく、このような特権で甘やかされた学生からは、下に威を張り、上に媚びへつらう品性下劣な役人根性の持主ばかり生まれることになる。

「彼等が学校に在りて希望する所斯の如し、その太甚《はなはだ》しきに至りては、未来の官吏を、今日に於て気取り、或は他の官人の前に趨走《すうそう》し、只た便佞《べんねい》是れ事とする如き者なきを必す可からず。事此に到る、特《ひと》り大学の品格を失はしむるのみならず、亦た大学生の品格を失はしむる、実に甚しと云ふべし」

品格もさることながら、大学が独立の気概を失い、政府の下請機関になってしまうことがさらに問題だ。

「大学が、官吏養成所となり、大学生が、官吏の卵となり、大学の目的は、只是れ官吏を造るに在り、生徒の目的は、只是れ官吏となるに在りと云ふが如きに至らば。大学は、事の行掛りよりして、勢ひ行政官の鼻息を窺はざる可からざるに至らん、是実に避く可からざる順序なり。是時に至れば、彼の所謂大学総長の如きも、殆ど大学卒業生の口入れに奔走して、宛も一種の慶庵の老婆（立花注・有名な口入れ屋）を学ばざる可からざるに至らん」

『東京大学百年史』には、「部局史」と名付けられた巻が四巻あり、すべての部局の歴史がそれぞれに載っているのだが、学生の品格について語るなら、そのうちの法学部の歴史が出ている第一巻が面白い。

この巻は、通常の歴史的叙述をせず、これまで部外秘とされていた、教授会決議録をそのまま資料として載せているだけなのだが、これが面白いのである。ここには品格を失った学生の処分例がいろいろ出てくる。それを見ていくと、このころの東大法学部生の品格がよくわかる。徳富はもっとレベルが高い品格についていったのだろうが、レベルの低い品格欠如者が結構いたのである。

不倫、吉原、情交、カンニング

明治三十二年五月の記録に次のような記述がある。

『廿三日午後七時頃吉原引手茶屋婦人某ヲ寄宿舎自修室ニ誘ヒ会談シタル』独法一回生某に対し、評議会が『寄宿舎ノ神聖ヲ汚シ学生ノ本分ニ背キタルノ廉ヲ以テ』諭旨退学を決定したことにつき、『評議会ニ於テ先ツ当教授会ニ謀ラズシテ擅リニ処分ヲ命シタルハ頗ル不都合ノ処置ナリ、今回ハ承認スヘキモ今後ハ必ス斯ル事ナキ様厳重ニ総長へ申立ツ』ることを決定」

従来不品行学生は誰がどのレベルで処分すべきか原則がなかったが、法学部（法科大学）教授会は上（評議会）から勝手な処分をされたといって怒ったのである。しかし、この例が機縁となって、「爾後ハ総長ニ於テ直ニ其処分ヲナシ、必要ト認ル場合ニ限リ学長（立花注・法科大学学長）若クハ教授会ノ意見ヲ諮ルコト」になった。だから以後ほとんどの不品行事件は、教授会にかからないようになったはずである。しかしそれでも、教授会にかけられる事件が次々出てきたのである。目立つものを二、三拾ってみよう。

明治四十年十月、

「独逸法第一回生某、『姦通ノ告訴ヲ受ケ其後原告ニ於テ告訴ヲ取下タレドモ他人ノ妻ト親密ナル書状ノ往復ヲナシ右ノ如キ嫌疑ヲ受クルニ至リタルハ不都合ナル行為ト認メ』退学を命ずることに決定（十一月、本部よりの注意により再議したが同決議の通りと決定）」

当時は姦通罪があったから、不倫は犯罪だったのである。

明治四十一年二月、

「仏蘭西法第一回生某、『酩酊ノ上乱暴シタル廉ヲ以テ警察署ニ於テ科料ニ処セラレタル件ハ学生トシテ不都合ナル次第ニ付』譴責に処することと決定」

明治四十二年十月、

「独逸法第一回生某、『三日間酒楼ニ遊興シタルノミナラズ其非行ヲ蔽ハンガ為メ種々ノ偽ヲ構ヘ罪ヲ他人ニ仮セントセシガ如キ学生トシテ甚不都合ニ付』譴責を命ずることに決定。政治科第二回生某、『父母ノ許諾ヲ得ズ処女ト情交ヲ結ヒ新聞紙上ニ悪名ヲウタハル、等甚不都合ニ付』譴責を命ずることに決定（評議会で六ケ月停学と決定）」

この程度の話はよくあることだったらしく、だいたい譴責ですんでいるが、次のものは、停学、退学になった。

明治四十三年六月、

「政治学科第一回生某、『婦女ニ関係シ素行修ラス学生トシテノ体面ヲ汚ス廉ニヨリ』九月三十日まで停学を命ずることに決定（評議会で諭旨退学と決定）。商業学科第一回生某および独法科第一回生某、『受験中通謀教示ノ疑アリタルニ付』諭旨退学を命ずることに決定（評議会で退学と決定）」

後者の試験における不正行為は、しばしばとはいかぬまでも、教授会で何度もとりあげられ、処分も厳しかった。この例のように退学にまでいたることも珍しくなかった。後述するように、法科大学においては、点数による序列がきわめて重視されていたから、つい不正をしてでも点数をあげたい誘惑にかられる学生が少くなかったのだろう。他にはたとえば、明治三十六年七月の以下のような例もある。

「一日、評議会において、法科大学学生某、通常試験延期願提出の際虚偽の事実を認め、かつ保証人の印鑑を偽造捺印した行為により退学処分。また第二の法科大学学生某、通常試験受験の際試験場内に講義筆記覚書様のものを携帯し、監督員に発見没収された行為により退学処分。さらに第三の法科大学学生某、通常試験の一部として外国人教師より課された論文を作成するに際し、窃《ひそか》に前学年受験生の論文を謄写し自作論文中に加えた行為により譴責処分」

実は、現在の東大においても、試験の不正行為がきわめて多い。入学式で教養学部長がそういう行為は学生として最も恥ずべきことだから絶対にしないようにと新入生に訓示したこともあるくらいだ。東大は入学したあとも、駒場から本郷に進学するときに、点数で進学先を振り分けるから、いいところに進学しようと思うと一点でも余計にほしくなって、つい不正をするのだという。不正をしてでも点数がほしいという学生が東大では昔から珍しくないのである。

他の理由で、退学になった例としては、明治三十六年十二月の、「三日、政治学科第二回生某高利貸付を行い、その結果誣告《ぶこく》および恐喝取財未遂容疑によって拘引されたる件については、某の退学処分申請を決定。また政治学科第三回生某一旦離別した内縁の女性に対し暴行を加え、かつ金銭を要求し拘引された件については、諭旨退学処分申請を決定（八日評議会において前者は上申通り、後者は諭旨退学でなく懲戒退学処分決定）」といった例がある。

要するに犯罪（容疑）レベルまでいけば、まず退学になるわけで、他には、大正二年三月、「政治学科一回生某、『強姦 幷《ならびに》 強姦未遂等不都合ノ行為』ありたるため退学処分」とか、同年七月、「法律学科（独法）四回生某『窃盗幷無銭酒食ノ廉ニヨリ』退学処分」などがあるが、大正四年五月の、「英法一回生某、『某楼ニ於テ遊興シ其費用支払方ニ付数度ノ催促ニ接スルモ言ヲ左右ニ託シテ応セス』遂に強制執行を受けるに至った件」などは譴責ですんでいる。

性的不品行は、先の姦通罪のケースのようなことにならなければ、それほど重い処分を受けないのが普通だったが、明治三十六年十一月、次の二件が退学になっているのは、吉原がらみとなるとまた話が別だったためだろうか。

「十二日、政治学科第一回生某新吉原娼妓を教唆して廃業せしめ、これと同居するにいたりたる件は、証憑《しょうひょう》十分なるを以て諭旨退学処分申請のことに決定。また法律学科第一回生某三〇〇円を投じて新吉原娼妓を落籍せしめたる件についても、同様の処分を申請することに決定（二十四日評議会において決定）」

姦通罪でも娼妓落籍でもないのに退学になった明治四十三年十二月の、「政治学科第三回生某、『有夫ノ婦人ト懇親ヲ結ビ或ハ独身ノ婦人ト同居セル等学生トシテ甚不都合ニ付』退学を命ずることに決定」という例は珍しい。ここに委細は書かれてないのでわからないが、この記述の仕方と退学にまでいたっている点から見て、この男相当ひどい色魔だったのだろう。

脳ミソが腐る思いで丸暗記

ここにあげたような不祥事は、本質的に個人のモラル上の問題にすぎないから、さしたる重大問題ではない。もっと大きな問題は、このように官吏養成所と化した大学が、どのようなマインドを学生間に育て、ひいてはそれら学生が作りあげる官僚の世界がどのようなマインドを持つようになってしまったかである。

『東京大学百年史』は、先の蘇峰の批判について次のように書いている。

「しかし、大学の内部に徳富らの外からの批判に耳を傾ける動きがなかったわけではない。特権廃止論はさすがに生じなかったものの、一部の人士の間では『学生僥倖躁進の風』を憂慮する声が出始めていた。法科卒業生が漸次増加しながら、官庁の試補採用数が低水準に抑えられたことは、大学生相互間での就職競争を激化させ、一方で丸暗記点取り主義を強化するとともに、他方で抜け駆けのための教師や在官者への迎合をも生み出しつつあった。この点は学生自身の中からも批判者が現われた」

学生からの批判として、『百年史』は、当時政治学科の学生であった下岡忠治《しもおかちゅうじ》（後に枢密院書記官長。内務次官）の手記を引用している。

「彼の大学に於て森文部大臣の考にて（先の資料にあるように、これは森文部大臣のときではなく、榎本武揚が文部大臣だったとき）試験の点数によりて八十五点以上は奏任何等、八十点以上は六百円——と云ふが如き点数を標準として官吏に任用したるが如き、実に可笑亦悲む可き事に非ずや。徒らに学生をして官吏的の根性を養ひ、学問を以て一種の商売同様に見做し、全く此貴重の人間を器械同様にするの基実に此弊害に起き、学問の淵叢《えんそう》日本唯一の大学に於て此風あり、随って我国一般の学風に此点数狂を生ぜしむる所以のもの実に故無きに非ざるなり」
下岡は後に文官高等試験を法学士としてはじめて受けることになった人物で、しかもそれを首席で通った人間である。つまりこの苛烈な点数争いを身をもって体験し、しかもそれに勝ち抜いた人物なのである。その下岡が法科大学の教育を次のように批判している。

「智育に於ては矢張従前の如くツメコミ主義盛に行はれて、無暗矢《むやみや》鱈《たら》に暗誦博記を是れつとめ、試験の点数の為めに勉励して脳髄を老腐にし、たとひ徳育につきて教育の方針一定して所謂国家教育を奨励せりと雖も、人物養成の点に至つては少しも注意することなく、卑屈庸劣凡庸の人間のみを作り出すことゝなり、遂には心あるものをして大学は官吏の養成所なりと絶叫せしむるに至る、是誠に歎ず可きの至りならずや」

そして、法科大学の教育の欠陥を次の四点に集約している。

「第一　試験学問即ち席順争ひの……程度の重きこと
第二　月給目宛
第三　学者の品位
第四　教師と生徒間の有様」

東大法学部の点数主義、点数を取るための丸暗記詰め込み主義がどれほどひどいものだったかは、前にも書いたが（『東大生はバカになったか』所収の「東大法学部は『湯呑み』を量産している」参照）、もうひとつ別の資料を潮木守一『京都帝国大学の挑戦』から引いておく。

「彼ら教授の学生を試験するは、学生の実力如何《いかん》を試験するにあらずして、ただ学生が、如何《いか》によく我が所説に盲従せるか、如何に我が所説を暗記するに、忠実なるかを試験するに過ぎざるなり。（略）法科大学の学年試験に際しては、毎年必ず試験場中にて、二、三の卒倒者を出《いだ》すを例とすと。これけだし一学年間、筆受の講録数十頁の大冊を、ただ機械的に暗記して、一語も師説と違わざるが如き答案を作り、以て落第の厄運に遇わざらむことを願うことの切なるがために、精力を費すことの多大なりしによらずむばあらず」（「法科大学と殺人罪」『中央公論』明治三十五年九月号）

このような実態があったのである。

これは誇張ではない。先に引用した、『東京大学百年史』の法学部教授会の記録にも、明治十六年七月の項に、次のような記述がある。

〈前年九月からこの七月に至る一学年間の授業成果をのべた「申報」の中で、穂積陳重《のぶしげ》は特に法学部学生の健康について憂慮の念を表明し、(一)「彼ノ書巻累積ノ中ニ身ヲ埋メテ煩雑ナル事実ニ細密ナル法理ヲ適用シ、或ハ浩瀚《こうかん》ナル法令判決例ヲ暗記スルガ如キ、居常細密ノ論理ト記憶ニ脳漿ヲ費ス」こと、(二)「予備ノ課程頗ル重ク、加之試業厳正ナルガ為メニ学生ハ大学ニ入ル前ニ体質ノ幾分ヲ損ジ」ることに理由を求めつつ、「往々俊秀ノ学生ニシテ半途病ニ斃ルル者特ニ法学部中ニ多シトナス。陳重憂恐ノ至リニ堪ヘズ」と記す〉

先の下岡忠治の手記に、丸暗記につとめすぎて「脳髄を老腐にし」という表現があったが、そういう実態があることを、高名な法学者（民法、商法）である穂積陳重が教授会で認めているのである。穂積陳重には穂積八束という弟がいて、こちらも高名な法学者（憲法）だった。この兄弟は法科大学を代表する教授だが、二人とも点数主義的評価に厳しいことで有名だった。学生が丸暗記型の点数主義に走ったのは、そうさせる教授がいたからであるが、二人はその筆頭格だった。明治三十六年二月二十五日より八月七日まで、「読売新聞」に〝斬馬剣禅〟のペンネームで書かれた評判の連載記事「東西両京の大学」（一九八八年に講談社学術文庫で復刻）は、次のように書いた。

点数中心主義のマインド

「ある教授のごときは試験において自己の学説をもって答えざるものは、いかにその答案の理論に合するも、これに零点を与うるにおいて、寸毫《すんごう》も仮借する所なしという。これ果して真理探究を目的とする大学風の教育というを得べきや」

そして、次のように書いた。

「我が東京大学のごときは、ある科においては日々学生の出席欠席を調査し、ある教師のごときは、遅刻者に向かいて減点をなすべしと威嚇すというがごとき、これ果して大学学生を遇するの途なるか。そのいたずらに講座を増設し、授業時間を倍加して、彼等学生をして常に筆記の暗誦に寧日なからしむるがごとき、これをしも開発教育というを得べきか。口に聴講の自由を説くも、常に試験に次ぐに試験をもってし、いわゆる学生をしてその実力を養うを勉めずして、いたずらに試験に高点を得んことを求めしむるがごとき、これ果して自由討究を奨励するの途なるか。（略）これを要するに今の東京大学のその学生に対するや規則をもって束縛し、権力を用いて干渉し、徹頭徹尾小学校流の方法をもって彼等を教育せんと欲す。彼等は実にすべての学生を同模型に入れて陶冶せんとするものなり。かくの如くんば百千の侏儒は能くその輩出を望むを得べし。身幹雲を抜く底《てい》の巨人の産出は、ついに一人だも希うべからざるなり」

　この連載に怒った東大法学部の教授連中は、読売新聞に抗議を申し込むような騒ぎになる。そして、こんなエピソードとなる。

「しかるに先月中旬、小石川植物園に催されたる、緑会（法科大学懇親会）において、梅謙次郎は立ちて述べて曰く、『頃者《けいしゃ》教授中、自己の学説をもって答えざるものはことごとく落第せしむるものありとの点をもって、東京大学を攻撃するものあり（吾人の所論）。しかれどもこれ実際の事実を知らざるもの。大学教授中決して斯《かか》る暴慢なるもののなきは、吾人の保証する所なり。素より学生が教師の学説を重んぜざるは不可なれども、教師の学説を挙げ、なおその所信のある所をもって答うるにおいて、決して零点を与えらるるの道理なきのみならず、かえって吾人の大いに歓迎する所なり』と。学生歓呼して止まず、ただ独り黙然として傍らに頭を垂れたるものは彼穂積八束なりしという」（『東西両京の大学』）

　この穂積八束は、憲法学者といっても、ゴリゴリの超保守主義者で、天皇絶対主義の立場をつらぬき、美濃部達吉の天皇機関説に対しては攻撃の先頭に立った。神官でもあり、憲法発布の日に、二十九番教室に祭壇を作り、祝詞をあげた（当時彼が法科大学長でもあった）というエピソードでも有名である。

「祝詞を上げて曰く、『掛巻母《かけまくも》、綾仁《あやに》畏岐《かしこき》。我国体はいわゆる血族団体にして、君主は家長権の発達したる権力者なり。すなわち国民の祖先の直系の王統をもって、この大なる家族すなわち国民を統御する権力者と仰ぎたるもの、すなわち我皇室なり。これをもって君主国体と称し得べきものは世界ただ我帝国あるのみ。かの欧州の諸国、名は君主国体なりといえども、実は共和政体にして、君主は世襲の大統領たるに過ぎず。故に我国においては、君主は主権の本体にして、君主はすなわち国家なり。これ実に事実の問題にして、法理の問題にあらず』と。これ実に彼が高天原《たかまがはら》的欽定憲法論の前提なり」（同前）

こういう憲法学者が、自分の主張とちょっとでもちがったら零点といって、自分の学説の丸暗記を強制したのだから、下岡ならずとも、脳ミソが腐っていく気がしただろう。

穂積八束に関しては、もうひとつ面白いエピソードがある。

「もしそれ彼（穂積八束のこと）が当路の顕官に対する態度に至りては、さらに特筆大書すべき奇談あり。法科大学に加藤正治なる助教授あり。彼その洋行前、結婚の披露を某所に催す（場所の名を逸す）。大学教授ことごとくこれに与る。宴半ばにして貴賓来る。貴賓とは誰ぞ、侯爵伊藤博文なり。伊藤すでに座に着く、たまたま室の一隅より伊藤の前に歩を移するものあり。彼まず伊藤の面前数歩の処に歩を止め、跪座《きざ》恭しく一礼を施し、やがて膝をもって歩むこと三歩、また一礼を施す。衆目を側《そば》めてこれを見れば、何ぞ計らんこれ平生傲岸自尊をもって有名なる彼穂積八束が、この陋態《ろうたい》を演じつつありしならんとは。人間の膝行《しっこう》すでに奇なり、いわんや穂積八束の膝行においてをや」（同前）

東大教授も伊藤博文の前に出ると、ほんとにそこまでしたのだろうかと首をかしげたくなるが、穂積八束には、「権力関係絶対服従の学説」なる学説があり、権力関係上、下の者は上の者に絶対的に従わねばならないとしていたから、自らこのような卑屈な態度を取ることも当然といえば当然と見られたという。

下岡忠治は先の手記の中で、次のように書いている。

「若し吾人にして断乎として官吏的の根性点数狂の念慮を抛擲して、専心其学に従はゞ、試験の点数の如き、学校の席順の如き、更に頓着するなきに至らん。是に於てか真学問始めて修むことを得可きなり。（略）而して後吾人の眼中に横はるものは真正の智識を得、真正の学問を極む事を得可し。活眼広く開きて活書已れが長ずる所に従ふ、課業に拘泥せず、古人を友とし真理を目標として自在に渉猟し、自由に進歩す可し」

役人根性、席次主義、点数主義を捨てなければ、本当の学問はできないし、本当の人格形成もできない。卑屈庸劣凡庸の人間にしかなれない。そうわかっていながら、下岡は点数主義を捨てることができなかった。脳ミソが腐る思いがしても、先生の教え通りの答案を書きつづけ、トップの席次を取りつづけたのである。

文官高等試験トップで内務次官にまで上りつめた下岡は、エリート官僚中のエリートといってよい。要するに、かくのごときマインドが日本の官僚機構を作ってきたのである。卑屈凡庸の人間集団が、権力関係絶対服従の原則に従って、上には卑屈に、下には傲慢にという組織原理で作ったものが日本的官僚世界なのである。それは、真理、自由、真の学問、真正の智識といったものとは無縁の権力機構である。

このような点数中心主義のマインドは、現在の官僚機構にもそっくりそのまま受け継がれている。

日本敗戦の元凶

日本の官僚主義のエトスの部分を知るための必読書は、テリー伊藤の二冊の大蔵官僚インタビュー本『お笑い大蔵省極秘情報』と『大蔵官僚の復讐』(どちらも飛鳥新社刊)だが、後者には、いまも官僚社会で脈々と生きつづけている点数主義が赤裸に語られている部分がある。

「**大蔵**　東大法学部の留年率が高いというのは知ってますか？

テリー　ええ。

大蔵　大蔵のキャリアでも、いい成績で国家公務員試験I種に受かるまで1年、2年留年してたという人が多いんですよ。国家公務員試験の点数であとの出世コースの大半が決まっちゃう。それは、同じ東大法学部の学生でも、知ってるやつと知らないやつがいるわけです、実態を。それはどう違うかというと、ゼミの教授で、『君たち、国家公務員試験で何点以上、何番以内じゃないと、大蔵省は局長になれないよ』と教えてくれる人と、教えてくれない人がいるわけです。

テリー ということは、国家公務員試験I種の点数で20年後の運命まで決まっちゃう?

大蔵 もちろん、退職するまでね。よほどヘマしない限り。

テリー 途中でいくら活躍しても、学生時代に受けたI種試験の点数で先が決まっちゃうんですか?

大蔵 そう。だから、30点の幅があるとすると、活躍したら5点分ぐらいはリカバリーできるけど、あとの25点分は絶対リカバリーできないという社会なんです。それを知って辞めるやつが案外いるわけです。最初からわかってるやつは、点が悪かったら、留年してもう一回受けていい点をとるというのもいる。

(略)

テリー 依怙地《いこじ》になって最初のテストの点だけで一生縛りつけるなんて、本当に大蔵省って頭がいいんですか? バカとしか言いようがないなあ。30点高い点数で大蔵省に入った人間のほうが、20年後もレベルが高いと思ってるんですか? 絶対そんなことないですよ。そんな神業みたいな試験問題は出せないでしょう。これじゃ、昔の陸軍と一緒ですね。だから滅びるしかないですよね。帝国陸軍が滅びたように。そんなのいいわけないじゃないですか」

ここでテリー伊藤が語っているように、これに似た強固な点数主義が支配していた組織が帝国陸軍である(海軍も同じ)。陸大の卒業席次(海軍兵学校の卒業席次)が一生ついてまわり、それによって、軍の指揮命令関係も、誰が戦略戦術をたてるかも決った。そのような組織を指導部に持つことによって、日本は戦争に敗北したのである。そしてまた、第二の敗戦といわれる現代日本の惨状も、そのような点数主義のエリート官僚集団の無能によってもたらされたのである。

今こそ何がそのような事態を招いたのか、原点に立ちもどって点検し、脳ミソが腐った卑屈凡庸の人間集団にではなく、活眼が開いたスケールの大きな人間に社会的リーダーシップを取ってもらわないことには日本の未来がない。

7

元落第生・北里柴三郎博士の抵抗

明治十年代という時代

前章で、明治十年代から二十年代にかけての明治国家の歴史と東大の歴史を重ね合わせて語りながら、東大が官吏養成所としての性格を強めていく過程を見ていった。

明治十年代は、まだ明治新政府の基盤がかたまっていない時代で、政府に対抗せんとする民党の力もあなどりがたく、政治的には流動状況にあった。

明治十四年に、十年以内に国会を開設するという詔書が出されると、それまでアナーキーな過激さを秘めていた自由民権運動は、政党を作り、選挙で勝って政権を取ろうという近代的な政治運動に転化していった。一方、政府の側も、明治維新というクーデタによって樹立した政治権力に、合法的な正統性（レジティマシ

北里柴三郎

田中不二麻呂　©毎日新聞社提供

ー）を与えるべく、憲法を作り（明治二十二年発布）、内閣制度を発足させ（明治十八年）、議会を作って（明治二十三年）、法治主義の体裁をとろうとしていた。だからこそ、法学部卒の官僚を早急に大量に育成することが必要だったのである。

この間、東京大学は、帝国大学になり（明治十九年）、法学部卒業生には、無試験で官吏に登用される道が開かれ（明治二十一年）、東大は文字通り、国家の官吏養成機関になってしまったことは、前章で述べた通りである。

それに対して、前章で紹介したように、民党の政府反対派や民間の言論人から、強い批判の声があがったわけだが、権力の側は、そのような批判を一顧だにしなかった。

政府当局者の側から見れば、明治維新以来、国内では、内乱や一揆が続発し（明治七年佐賀の乱。明治九年熊本神風連の乱、秋月の乱、萩の乱。明治十年西南戦争。明治十五年福島事件。明治十七年加波山事件、秩父暴動、名古屋事件。明治十八年大阪事件など）、国際的にも国家の威信をゆるがす事件があいついでおり（征韓論、征台問題、日露国境問題、条約改正問題、江華島事件など）、強力な政権の確立と富国強兵による立国が急がれていた。最優先の政治課題は、あくまで国家の安定的基盤の確立で、大学はその国家目標を達成するための道具（マンパワー供給源）としか考えられていなかった。

それまで単に文明開化を中心的に牽引していく輸入学問の

最高の研究教育機関としか考えられていなかった大学が、国家の基盤作りの最も枢要な機関と位置づけられ、そのようなものとして制度的に確立されていく(明治十九年帝国大学令)背景には、このような状況があったのである。

「私立大学などとんでもない」

制度的確立が望まれていたのは、大学だけではない。国家全体がそうだった。その頂点に憲法制定の問題があった。

政府は、憲法制定の詔書が出されるとすぐに伊藤博文を欧州憲法調査の旅に派遣し、一年半にわたって各国を歴訪させた。伊藤はその大半の時間をプロシア(ドイツ)ですごし、シュタイン、グナイストの講義を聞いて、プロシア型立憲君主制にのっとって、日本の憲法作りをすすめることにしたことはよく知られている。

あまり知られていないことだが、実はこのとき同時に、大学制度もまたプロシア型になってしまったのである。どういうことかというと、法制度を充実させるために、大学の法学部と国家のますますの一体化をはかったということである。

日本の法学者のレベルはまだ低く、憲法を制定することになったといっても、日本にはそれをリードしていくことができる法学者がいなかった。そこで伊藤は、ドイツの高名な法学者、シュタインを日本に招き、日本政府の法律顧問になってもらい、その指導の下に憲法を作っていく考えを持っていた。シュタインが老齢を理由に断ったので、ビスマルクに依頼して代わりをさがしてもらい、ルードルフ(明治十七年~二十年)にきてもらっている。それ以前にドイツから日本にきていた法律顧問にロエスレル(はじめ外務省顧問、のち内閣顧問。明治十一年~二十六年)がいるが、この時期その影響は特に大きく、彼の書いた憲法草案が今に残っているが、なるほど実際に制定された明治憲法との類似は誰の目にも明らかである。ロエスレルは、その後、皇室典範、商法、議院法などの制定にも深く関与し、日本の法制度の確立に大きな影響を及ぼしている。

伊藤は、シュタインを日本に招聘しようとしたとき、その理由を井上毅に次のように書き送っている（『東京大学百年史』による）。

「モナルキッカルプリンシプル（monarchical principle）を主唱する者は、世界に多人数は無之、大概は流行に付和したるデモカラシー主義の学者多く、我国に輸入して寸益も無之候。愈スタイン傭入御許可の上は、政府のアドバイセルにして、学問上のシステムをレホルム為致候事も傍ら為致従事度、人民の精神を直すは、学校本より改正するの外無之候」

〝流行に付和したるデモカラシー主義〟とは、この頃政府と尖鋭に対立していた自由民権主義と同義である。自由民権主義の胎動と対決するためには、大学を「モナルキッカルプリンシプル」（専制君主主義）の国家にふさわしい大学として立て直すことが必要だと考えたわけだ。「モナルキッカルプリンシプル」にふさわしい大学とは何かといえば、国家に奉仕する大学、国家につくす官僚を養成する機関としての大学である。帝国大学はそのような大学として構想されたから、帝国大学令第一条は、帝国大学の目的は「国家の須要に応ずる」ことにありとはっきり明示したのである。大学がそのようなものとしてあるためには、国立の機関としてあることが重要で、私立大学などとんでもないと考えられた。

伊藤がシュタインから受けた講義録が残っているが（伊東巳代治筆記『大博士斯丁氏講義筆記』）、「この講義筆記第十八編に教育行政が説かれている。スタインは教育の重要性を説くとともに、とくに官学主義を強調する。すなわち教育は『邦国ノ公事トナシ、之ヲ治務ノ藩籬中ニ置カサルヲ得ス』『故ニ凡ソ文明ノ国皆ナ公学ノ制アリ、以テ私立庠序ト相対峙ス。（略）今世国ニ事ヘテ官吏トナル者、皆ナ其掌ル所ノ事務ニ関スル特殊ノ材識アルヲ要ス。故ニ仕ヲ求ムル者ハ必ス相当ノ学識資格ヲ備ヘスンハアルヘカラス。政府ノ人ヲ登庸シテ重要ナル職司ニ任スル、亦タ特ニ某ノ学ニ精ナル者ニ就テ之ヲ抜擢スヘシ』と、官僚養成機関として学校の重要性を説いた。（略）

伊藤はかくて、憲法取調とともに、教育問題について深い示教を受けた。森有礼が伊藤と会して大いに教育問題の重要性を説いたのもこの頃である。かくて伊藤の胸中には、立憲政治施行の必須条件として、学制改革の要が深く認識されていたのである。しかしてスタインが彼に説いたところは集権的な官学主義であり、普通教育の要も説いたが、官僚養成機関として大学制度の確立はとくに力説するところであった」（大久保利謙『日本の大学』）

伊藤のシュタインに対する思い入れは強く、前記のような手紙を井上毅宛てに書いたあと、司法卿の山田顕義《あきよし》宛てに、

「若し廟議此師を傭入、大学校を支配せしめ、学問の方嚮《ほうきよう》を定めしなば、実に現今の弊を矯め、将来のため良結果を得ること疑なしと信ず」

と書き、外務卿の井上馨宛てにも、

「此人日本に至り、学校の創立、組織、教育の方法を実地に就て見込を立てしむるを主とし、現政の法度情況に就て政府の顧問たらしめば、只に目下の便益を得る而已ならず、百年の基礎又随て牢固ならん」

とまで書いている。

シュタインは実際には来日しなかったのであるが、日本の大学が、シュタインの影響を受けた人々の手によって、シュタインの思い描いたような大学（官僚養成機関）になっていったことは前章で見た通りである。

英米仏からドイツへの転換

前記ロエスレルは、大学のあり方について多くの助言をしたため、大学当局からも高い評価を受け、帝国大学の第一回卒業式では、総長演説、卒業生答辞、内閣総理大臣祝辞につづいて、政府顧問として祝辞を述べているほどだ。

ロエスレルの助言の一斑は、『大学制度ノ根本問題ニ関スル独逸碩学リョースレル氏意見』という江木千《かず》

之《ゆき》（当時文部省事務官。後に文部大臣）の手になる私家版文書（東京大学総合図書館蔵）の中に残っているが、大学は国家が中心となって運営すべきものであって、私的経営体にまかすべきではないとしていた。

「独逸人ノ見解ニ依レハ大学校ナルモノハ学問ノ培養及教習ニ任スヘキ公共営造物ニシテ法律上ノ所謂公共法人ナリ（略）

学問ハ国々ニ特有ナル成立ヲ遂ケテ一種ノ国性ヲ存スルモノナルニ因リ必スヤ国家行政ノ一事項タラサルヲ得ス、学問ニシテ国家行政ノ一事項タルトキハ即チ前述ノ如キ国務上ノ所要及其他公共的ノ需要ヲ充足スルコトヲ得テ啻《ただ》ニ国家ヲ鞏固《きょうこ》ニスルコトヲ得ルノミナラス亦国民ノ精神界ニ於テ学問ト国家トノ間ニ活潑ナル交通連絡ヲ保持スルコトヲ得ヘキナリ（略）

学問ノ教習ヲ目的トスル営造物（大学校）ハ私人ノ企業トシテ之カ設置ヲ許スヘキモノニアラス」

私立大学など言語道断という考えなのである。

「若シ国家ニシテ学問ノ教習ヲ目的トスル営造物（大学校）ノ設置ヲ私人ノ企業ニ委スルカ如キコトアラン歟《か》、彼ノ公共的ノ需要ト国民ノ精神界トノ為ニ必須ナル営造物ハ復タ確実ニ創立支持セラルルコト能ハサルニ至ルヘク国民ノ学問ノ教習（高等教育）ノ程度ヲ単一的、同等的ニ保持スルコトハ到底不可能ナルノ結果ヲ来スヘシ、又種々ナル私設営造物（私立学館）ハ私人ノ競争上ニ免ルヘカラサル危険ノ方便ニ依リテ相互ニ攻撃毀傷スルコトアルヘシ、又私設営造物（私立学館）ハ或ハ有害ナル意向ヲ以テ設置セラレ或ハ一ノ政党ノ目的ノ為ニ設置セラル、コトアリテ終ニ国民ノ思想界ヲ四分五裂シ及精神界ヲ動揺混乱スルノ作業場タルニ至ルヘク尚ホ之ヲ既往ノ経験ニ徴スレハ私設営造物（私立学館）ハ其教会ノ設置ニ係ルモノヲ除クノ外概ネ惟物主義的並ニ宗教及政権反対的ノ思想ノ培養ニ傾クコトヲ免レサルナリ」（傍点原文のまま）

と、私学は政権反対党派の培養機関ないし、唯物主義思想の宣伝機関になりやすいとして、大学は官学制度を維持すべきことが強く主張されていた。

明治のはじめ、西洋文化の導入は、英米仏の系統を中心になされてきた（法律でも英法、仏法が中心だった）が、この時期、それがドイツからの流れに一斉に切りかわっていく。前に医学部の歴史を語るところで、オランダ医学からドイツ医学への切りかえが明治初期に起きたことを述べたが、同じことが、他の学問領域でも起きたのである。

第1図　東京大学のお雇い外国人教師の変遷
（明治10〜18年）

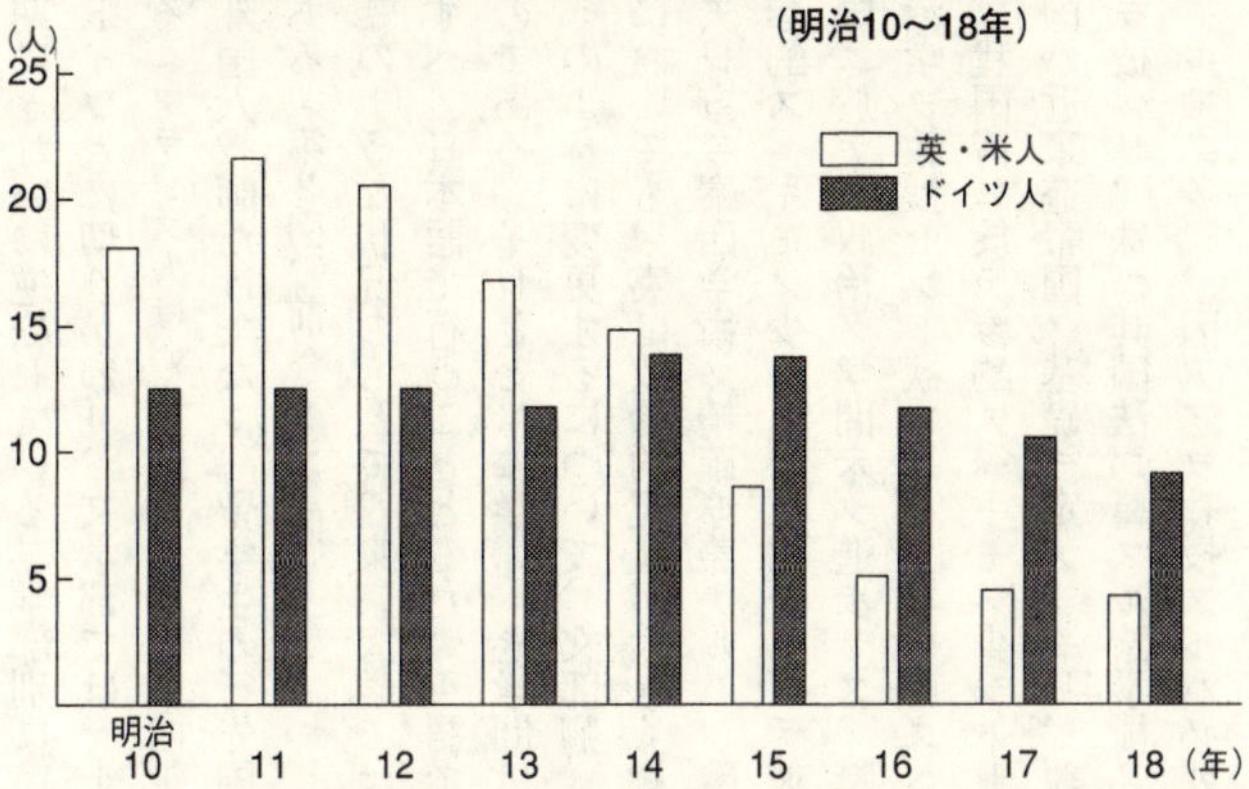

第2図　明治10〜18年　留学生の行先国　（人）

	10年	11年	12年	13年	14年	15年	16年	17年	18年
イギリス			3	1	1	4			1
アメリカ						3			1
ドイツ			2	3	6		4	3	2
フランス			1	1					1
オーストリア			1					1	
オーストリア ドイツ					1				

（『東京大学百年史』より）

一つには、十九世紀ヨーロッパにおいて、ドイツに学問の中心が移り、サイエンスの多くの領域で、学問をやるならドイツという流れが生じたということがあった。また、制度的にドイツの大学がすぐれたものを持っていたので、多くの国がドイツの大学をもって大学のモデルにしようとしていたということがある。それに加えて、法学においては、前述したように民主主義の英仏より、専制主義のドイツのほうが日本の国情に合うということがあった。また、自由民権派の議論は、英仏の政治学に基礎を置くものが多かったが、それに対抗すべき国家の論理はドイツの国家学から導きやすいということもあったのである。

第1図を見るとわかるが、東京大学のお雇い外国人教師を見ると、英米人とドイツ人の割合が、この

時期にきれいに逆転している。学部別にいうと、医学部においては、明治十年以前において、すでに、全員がドイツ人に切りかわり、文学部では、十六年以後英米人ゼロになり、理学部でも十七年以後一人になっている（フランス人はいずれにおいても十四年以後ゼロ）。

外国人教師だけでなく、留学生の行先国を見ても、十六年以後は英米仏はほとんどゼロになってしまうのである（第2図、前ページ参照）。

このような状況のもとで、東京大学では、明治十七年から、英語で行っていた授業はすべてなくし、授業はすべて日本語で行うこととした。英語でやる授業が正則、日本語の授業は変則といわれた時代はここに終るのである。それとともに学ぶべき学問はドイツの学問が中心とされることになった。

そのように変更するについて、文部卿、福岡孝弟《たかちか》から太政大臣に出された上申書に、次のようにあり、ここにおいても、実は政治的配慮が大きく働いていたのだということがわかる。

「夫レ方今泰西学術ノ精確淳美ナルハ、欧州中、大概独逸国ニ過ルモノナキノミナラス、其政法殊ニ我政法ニ参酌スヘキモノ少シトセス、是ヲ以テ彼カ長ヲ採ルヨリ善キハナシ（略）英語ヲ用フル国即チ英吉利及合衆国ニ於テハ政治ノ学問未タ進歩セス、特ニ行政学ノ如キハ其書ヲ見ルコト稀ナリ、故ニ到底英語ヲ用ヒテ政治学ヲ教授セント欲スルモ完全ヲ期スヘカラス（略）蓋《けだ》シ独逸国政治学者ノ講研スル所、深淵該博ニシテ殊ニ我国情ニ於テ参酌スヘキモノ少シトセス、是ヲ以テ独逸学術ヲ採ラサルヲ得ス、又、法学ノ如キモ、独逸国ハ近来益帝国ノ基礎ヲ定メシヨリ、鋭意守成ノ術ヲ図リ法律ノ改革ニ着手シ、新究創見、実ニ法理ノ蘊奥ヲ披ケリ、殊ニ其国法ニ属スル諸学術ノ旺盛ナル、各邦ニ卓絶ス、加之、本邦ノ国法頗ル式ヲ独逸国ニ採ルヘキモノ多シ、因テ之ヲ教授スルハ必要ナリ」（『東京大学百年史』）

大学をこのようにドイツ学中心にし、制度的にもドイツモデルを取り入れることによって、日本の大学は官学中心で官僚養成所的、しかも権威主義的というその基本的性格づけができてしまうのである。それはこの時代にドイツの影響のもとにそうなったのであって、日本の大学がはじめから持っていた性格ではない。

自由教育の精神の圧殺

よく知られているように、ドイツ、フランスは国立大学が中心だが、イギリス、アメリカは国立大学がほとんどなくて、私立大学ないし公立大学が中心である。日本でよく知られているアメリカのハーバード大学、MITも、イギリスのオックスフォード大学、ケンブリッジ大学も私立である。

日本も、イギリス、アメリカに範を取るか、ドイツに範を取るかで、ちがった大学を持っていたはずなのである。そして、明治のはじめ、文部省が中心となって、イギリス、アメリカに範を取ろうとしていた時代もあった。それは田中不二麻呂が文部大輔として、事実上文部大臣の役を果していた時代（明治七年～明治十三年）である。

「田中不二麻呂は当時の文部行政を率いる人物であったが、その教育、学術に関する識見は極めて自由主義的であった。かつて岩倉使節団には文部理事官として随行し、アメリカでは森有禮（当時中弁務使）と交際し、彼から留学中の新島襄《じょう》を紹介され、その新島を伴ってアメリカ本国及びヨーロッパ諸国（プロイセン、フランス、オランダ等及びイギリス）の教育事情調査を行った人物である。（略）

田中はこれらの調査の中で、とくにアメリカの教育制度における教育行政の分権制と教育普及における人民自為の方向を高く評価したとみられる。明治十一年以後、彼は、国民の就学督促と官・公立学校の急速な整備をかかげた『学制』の廃止を目ざすことになる」（『東京大学百年史』）

明治十二年に田中不二麻呂の指導のもとに作られた教育令では、それまでの学制に認められた教育の国家統制的色彩を廃して、教育の自由を大幅に認めたため、後に「自由教育令」といわれた――明治十三年、教育の国家統制を強く求める人々によって、田中は文部大輔の座を追われ、教育令も廃止となり、国家統制主義的改正教育令がそれにとって代り、終戦までそれがつづくことになる。

結局、自由教育が認められたのはほんの短い間だったが、この間、大学についても大幅な自由が認められた。

「大学政策との関わりで重要なのは、右の教育令の案文及び公布された正文において、私人の学校設置が幅広く容認されたことである。

同令は原案の段階から、大学については『大学校ハ法学理学医学文学等ノ専門諸科ヲ授クル所ナリ』という簡単な規程を掲げているだけであったが、他方、学校設置の原則についてはとくに、政府、府県、町村を限らず何人といえどもこれを設けることができるという規程を設けていた。すなわち学校の種類には小・中・大・師範・専門、その他の学校及び幼稚園が含まれる、という規程を受けた上で、『以上掲クル所何ノ学校ヲ論セス各人皆之ヲ設置スルコトヲ得ヘシ』（第八条）という条文を掲げたのである」（同前）

この教育令が元老院会議で審議されたとき、田中不二麻呂と文部省学務課長の辻新次は、元老院議官の質問に答えて、次のように述べている。

「又高等ノ教育ハ固ヨリ人民ノ自為ニ任シ政府ハ之ニ干渉セスシテ只保護誘導スルニ止マルハ素ヨリ然ルヘキノ主義ナルヲ以テ、学区及ヒ校数等ノ定限ハ之ヲ廃セサルヲ得ス」（辻新次。明治十二年五月二十日）

「従前高等ノ学校ハ官立ニ限リシモ、自今ハ何人ヲ論セス之ヲ立ルヲ得ルトナス」（田中不二麻呂。同年六月六日）

「欧洲ニ私立大学ナシト云ハンカ、試ニ見ヨ有名ナル学校ハ皆私立ナリ、英ニ王立学校アリ、是決シテ王ノ独力ニアラスシテ醵金《きよきん》ニ成ルモノナリ、其他エーブ学校ハーラット学校（イエール大学・ハーバード大学か）モ皆私立ナリ、然ルヲ大学ハ官立ノミト云フハ豈誤ルモノナラスヤ」（田中不二麻呂。同年六月十三日）

「本令中ニ官立ノ字ヲ掲クルハ到底不可ナリ、今仮リニ之ヲ掲ケンカ、高等ノ教育ニ対シ政府ハ之ニ関渉セサルヘカラス、夫ノ欧米ト雖モ其学況ヲ見ルニ、独リ普通教育ノミニ関渉スルモ決シテ大学ニテ関渉セサルナリ、蓋シ関渉ハ脅迫ナレハナリ」（辻新次。同年六月十三日）

このような自由教育の精神をこのとき限りで圧殺してしまった日本の教育のその後が、政府の側からの統制と干渉の歴史になったことはよく知られている通りである。

「学問の自由」と「ヒモ付きの予算」

日本の大学は、ドイツモデルを取り入れるにあたって、独特の取り入れ方をしたため、ドイツ以上に国家統制的になった。

一つは、ドイツの大学は輝かしい伝統として学問の自由、大学の自由の伝統を持っていたのに、日本ではそれが弱められた形でしか取り入れられなかったことである。学問の自由とは何かというと、教える自由、教わる自由、研究する自由である。何に対する自由かといえば、国家権力である。大学が学生に何を教えようと、学生が何を教わろうと、教授が何を研究しようと、国はそれに容喙しないということである。それは当然ながら、教授人事の自由を意味する。教授人事は教授会だけが決定権を持つ。誰を教授にしようとそれは大学の自由であり、教授をやめさせる権利も教授会だけが持つということである。教授会の決定に反して、国が特定の人間を教授にすることを拒否しようとしたり、あるいは逆に、特定の教授を教授の座から外そうとしたりすることは許さないということである。

私立大学であれば、もちろん国がそれに口をはさむことができないのは当然のことだが、ドイツの大学は国立大学であり、国の管理の下に置かれていた。しかし、国家は大学に物質的基盤を与え、経済的に支援し法的保護を与えるにとどまり、学問の内容については一切干渉しないという原則がドイツでは確立していた。教育には金がかかる。特に大学における高等教育は研究活動も含むから、一層金がかかる。しかし、金がかかるだけの利益を教育が生みだすべくもないから、教育は、私的な営利企業としては成りたたない。それでも、教育の質と量を確保することは、国の未来の繁栄に直結すると考えられたから、二十世紀に入ると、国立大学主義をとらないイギリス、アメリカでも、さまざまな形で国が大学に積極的に財政援助をするようになった。

産業社会の時代になって、技術開発力と技術的マンパワーの供給力が、一国の国力を左右するようになったからである。特に第一次大戦において軍事面でその傾向が一層明らかになり、技術力、生産力が一国の経済的繁栄どころか、国としての生存そのものさえ左右することが明らかになってくると、各国とも、国が率先して大学を中心とする学術振興に力を注ぐようになった。

イギリスのチェンバレン首相は、伝統的に大学への財政援助をしてこなかった英政府が、大学に国家資金を投入するにあたって、「国家間の大学競争は、建艦競争と同様に重要である」といったと伝えられるが、このセリフがこのような時代の変化をよくとらえている。

大学側は政府からの財政援助を受けるにあたって、政府から大学のあり方に対して干渉を受けることを強く警戒し、干渉されるなら財政援助はいらないとする空気が強かったが、政府は、ドイツと同じように「サポート・バット・ノーコントロール（援助はするが干渉はしない）」の大原則を守ると約束して、資金投入を受け入れてもらった。資金の使途に一切のヒモは付けない。しかし、何に使ったかの監査はするというのが、もう一つの原則である。

学問の自由を守ることと、大学の財政的基盤を確立すること。これが大学にとっていつでも大きな問題だった。日本では、国立大学は、英、米の大学のように、独自の財源を持たず、百パーセント国家資金で運営されており、その資金は文部省の予算として実体化されていた（明治十四年から十八年にかけて、文部省予算の約四〇パーセントが日本で唯一の大学である東京大学の経費だった）。それは議会の審議を経なければならないから、当然その使途をはじめから明確にしなければならなかった。いってみれば、大学が手にする資金は百パーセントヒモ付きの資金で、大学が裁量権をふるえる余地など全くなかったのである。しかし、独自の資金がないことには、行動の自由がなく、ヒモ付き資金だけでは、学問の自由も画に描いた餅のようなものである。

英米の教育事情に詳しかった田中不二麻呂は、教育令を作ったときに、大学に自由を与えるなら、独自財源も作ってやらなければと、大学の予算を特別会計として、使い残しは大蔵省に返納せず（通常の予算はそんなことは絶対にできない）、それを積み立てていって独自の資金とすることを構想したりした（大蔵省の激しい抵抗で、現実にはこの構想は挫折した)。

その後、大学の経費は文部省の予算から年々支出されるのではなく、英米の大学のようにまとまった資金をファンド(基本財産)として、それを運用して得た利息から捻出するようにしてはどうかということで、まとまった資金として、アメリカの国務省にあった下関償金七十八万ドルをそれにあてるという案が出たりした。

下関償金というのは、幕末、長州藩が攘夷の決行だといって、下関海峡で四国連合艦隊を砲撃したことに対する賠償金のことである。計三百万ドルが四国に対して支払われたが、アメリカはその後日米関係が良好になったところから、その償金を返却してもよいと申し出てきていた。ただし、その資金はもっぱら教育目的に使い、日米友好に役立てることなどの条件がついていたので、それならそれを丸々東京大学のファンドにしてはどうかというアイデアが出たのである(これも実際には現実化しなかった)。

その次に出たアイデアは、皇室からの御下賜金という形で、ファンドを作ろうというものだった。イギリスで王室から大学にロイヤルマネーが出ているように、日本でも、帝国大学と名乗るからには、皇室からの資金を得て、国家行政府から離れた独立法人の形にするのがよいのではないかというアイデアだった。政府部内にそういう考えがあり、明治二十二年に作られたと推定されている帝国大学令改正案では、第一条が、「帝国大学ハ皇室ニ属シ文部大臣之ヲ監督シ皇室ヨリ下賜セラル、所ノ保護金及学生ヨリ納ムヘキ授業料其他帝国大学ノ収入ヲ以テ之ヲ維持ス」(傍点立花)

となっており、総裁には「勅命ヲ以テ皇族之ニ任ス」となっていた。ただし、トップのボードである評議会は、文部大臣の監督下に置かれることになっていたから、基本的には文部省のコントロール下に置かれるわけである。

この時期、大学内部からも、「帝国大学独立案私考」と呼ばれる機構改革案が出ていたが、これも、皇室を利用した独立案になっていた。この案は、外山正一(文科大学長)、菊池大麓(理科大学長)、穂積陳重(法科大学教頭)など、分科大学長、評議官クラスの教授六人が名前をつらねたもので、ほとんど大学側の総意といってよい。それはまず、「帝国大学ハ天皇ノ特別保護ノ下ニ法律上一個人ト均ク権利ヲ有シ義務ヲ負担シ」（第一条）、「皇室ノ保護金及授業料其他ノ収入金ヲ以テ維持ス」（第五条）となっていた。そしてトップのボードとして商議会という組織が置かれることになっていた。そのメンバーには枢密院議長、文部大臣、宮内大臣、勅撰議員三名などを入れ、文部省より上位の組織にしてしまおうとはかられていた。要するに、天皇の権威を利用して文部省のコントロールの外に出してしまおうとしていたのである。

大学改革論の隆盛

この時期、民間でも大学改革論がさかんになっていた。当時、論客として知られた朝比奈知泉《ちせん》（「東京新報」主筆）は、「大学の独立を論ず」の中で、大学問題の根幹は、文部大臣の監督権が過大なところにあるのだから、いっそのこと天皇を名誉総長にしてしまい、大学は天皇の下にある独立自治体にしてしまえと論じた。教授は、教授会の推薦によって名誉総長（天皇）がこれを任命する。評議員や分科大学長は、教授が互選によって選ぶ。

「評議員、教頭、分科大学長、事務総長は一切教授の互選を以てし、評議員会議を中心とし事務総長を主任として細大の事務を処断し、苟《いやしく》も大学部内の事業に就きては毫《わずか》も文部大臣若くは内閣の容喙《ようかい》を許さず、奉じて以て命を受くる所は唯《た》だ名誉総長たる天皇陛下あるのみの完全なる独立自治体と為んと欲す。乃ち経費の出づる所に至りては又之を皇室費に仰ぎ、而して宮内官の流用を許さゞる特定科目となし、以て其経常の費用に充てんと欲す」

というのである。

この時期さかんに大学改革案が論じられたのは、近く選挙が行われ、予算が議会で審議されるようになったら、かねてから民党が大学は政府の官僚養成所と非難しているところから、大学の予算削減の方向に進むだろうとの予測からだった。議会の多数派が民党になっても、その影響を受けないようにするためには、大学を政府機構の一角から切り離し、天皇直結の議会に超然たる存在にしてしまえばよいという発想だったのである。

明治二十三年、第一回総選挙が行われると、予想通り民党側が圧倒的多数となった。第一議会では、「民力休養」をスローガンに、予算を削減し、財政規模を縮小せよと叫ぶ民党とそうはさせまいとする政府側が激突した。しかし多数を誇る民党側は予算の一割、約八百万円を削った。削減された中には、帝国大学の経費もあった。年間予算約三十五万円のうち五万円も削られたため、教職員の給与も満足に払えなくなるありさまだった。

困った大学側は、これはいよいよファンドを作る以外ないということで、その支出を国に求めた。この年の大幅予算削減で、約六百万円の剰余金が国庫に生まれることになった。この剰余金をどう使うかについては、国防費に使うべきだとか、治水費に使え、殖産興業に使えなどいろいろ意見はあるが、まだ決っていない。ついてはこれをもって大学の基本財産を作ってくれまいかという請願書を国に提出した。その中で、大学の財政的窮状を次のように書いている。

「欧米各国ノ大学ハ皆多少ノ基本財産アリテ各独立ノ経済ヲナシ唯罕《マ》レニ国庫若クハ其他ノ補助ヲ受クルニ過キスト雖、吾カ帝国大学ハ未タ基本財産ヲ有スルヲ得スシテ、只管国庫ノ支出ヲ仰カサルヲ得サルカ故ニ到底経済上ノ独立ヲ得ル能ハス、大学ニシテ経済上ノ独立ヲ有スル能ハサルトキハ決シテ歳計ノ安固ヲ保ツ能ハサルヲ以テ、随テ教育上ノ方針常ニ変動ヲ免カルヽヲ得サルハ論ヲ俟タサルコトニシテ教育上ノ危険是レヨリ大ナルハ無之候、仍テ小官曩《サキ》ニ東京大学総理タリシ日ニ於テ亜米利加合衆国ヨリ返付セル下ノ関償金ヲ以テ之ヲ大学ノ基本財産ノ一部ニ充テラレンコトヲ懇請シタリシモ故アリテ許可ヲ得サリシカ、其後猶当路有志ノ輩大学ノ基本財産ヲ得ルノ手段ニ就テ種々講究セシ趣ナリシモ何分ニモ巨万金ノコト故一モ其手段ヲ発見スル能ハスシテ遂ニ今日ニ及ヘル次第ニ有之候」

しかし、大学の予算を削れと主張する民党多数の議会の現状では、こんな請願が通るわけはなく、実際握りつぶされて終った。

ただし、かつて田中不二麻呂が構想した大学特別会計制度と、その中で予算の使い残しや独自の収入（授業料や医院収入、動産収入など）を積み立てて、自己資金とすることを可能にする制度は、明治二十三年から実現していた。だから、国庫からの大学基本財産へのしかるべき金額の組み入れが実現していれば、その利息によって大学経営費の相当部分をまかなうという、英米流の大学経営が可能になる法的枠組みができてはいたのである。ただし、明治二十四年において、大学の収入の八割が政府支出金（文部省予算）で、二割が独自収入となっていたが、その大半が授業料、医院収入で、もともとの構想にあった、公債などの動産をもって基本財産を作り、その利息収入を得るという部分は、年にわずか二千八百円で、収入の一パーセントにも満たなかった。

その後も大学は、大学経営の経済的基盤を作るために、基本財産作りを求めつづけた。日清戦争で賠償金が入ることになったときも、その一部を大学基本財産に繰り入れるという案が、閣議にまではのぼったが、実現しなかった。

このような状況は、その後もずっと変らない。今日にいたるもほとんど変らない。独自の財源を持ち、大学として独自の事業展開（もちろん、教育と研究ということだが）をしたいのだが、文部省の許しがなければ何もできないという状況がずっとつづいているのである。現代社会の進展にふさわしいような新しい学科を作り、そのために新しく教授を雇い、新しい教室、研究室を作り、新しく学生を入れようなどと考えても、そんなことは、大学独自の立場では何ひとつできない。何をやるにも金がかかり、それは文部省の予算にしばられているからである。

東大医学部の〝乗っ取り事件〟

いま東京大学の支出と収入のだいたいの内訳は、第3図のようになっている。自己収入は約七百五十億円で、支出総額の二千二百七十億円の三割というところで、これはだいたい明治時代の終りから大正時代のはじめと同じ水準である。自己収入の大半が病院収入と授業料というところも変らない（ただし平成十年と比べると、「民間等との共同研究等収入」は五年間で三倍近くも増えた）。相変らず基本財産はないから、利息収入も事実上ゼロである。これでは、やりたいことを独自にやれるわけがない。

第3図-① 東京大学の平成15年度支出総額

（単位：百万円）

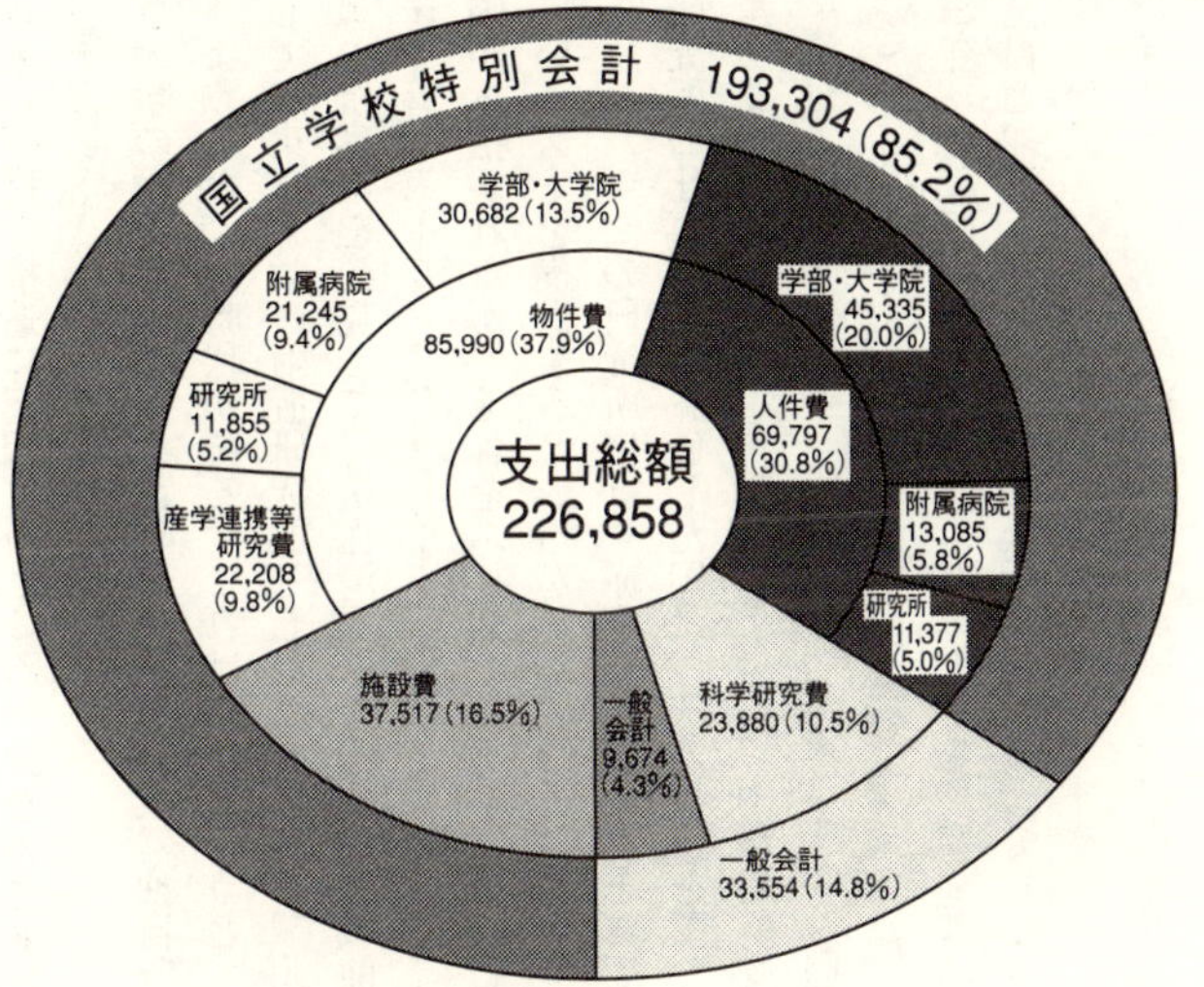

第3図-② 東京大学の自己収入（平成15年度）

（単位：百万円）

授業料および入学検定料	14,880
病院収入	27,833
奨学寄附金	6,576
民間等との共同研究等収入	22,108
その他	3,519
計	74,916

東京大学では、もう何年も前から、千葉県柏市に新しいキャンパスを作り、環境系、バイオ系、情報系、エネルギー系、新材料系、複雑系など新しい大学院研究科を置き、二十一世紀にふさわしい新しい学問領域を切り開いていく拠点にするのだという構想を立ててはいるのだが、現実には、それがさっぱり進んでいない*。それが進まない理由のかなりの部分が、文部省のお許しなしには何もできないという日本の大学の

明治以来の宿痾の構造に起因するところが大なのである。（＊その後、このくだりを書いた七年後に当たる二〇〇六年、柏キャンパスはようやく完成する）

東京大学の歴史の中で、大正時代の中期以後、独自収入がふくらんで、全収入の四割、五割という水準に達するようになった時代がある。これは何かというと、一つは、大正五年に、北里柴三郎の伝染病研究所を吸収して、東京大学の附置研究所としたことである。北里はドイツのコッホのもとに留学し、ジフテリアや破傷風の抗毒素を発見して、抗血清療法を開発し、戦前の日本人でノーベル賞に一番近いところまで行った（共同研究者のベーリングだけがノーベル賞を得た）男である。細菌学者として世界的に高い評価を受け、欧米各国から招かれたが、それをふり切って日本に帰国した。しかし、日本での北里の評価は必ずしも高くなく、いいポストを提供するところがなかったことに腹を立てた福沢諭吉が奔走して、私立の伝染病研究所を立ててやった。この研究所には、赤痢菌の発見者志賀潔などが参加して、国際的にも一流の研究所となった。この研究所の仕事を高く評価した国は、その事業を国として継続してますます発展させることとして、所長は北里のまま、明治三十二年勅令によって、内務省所管の国立伝染病研究所とした（施設、設備は北里研から国に寄付する形をとった）。当時伝染病対策はすべて内務省が所管していた（いまの厚生省は内務省の一部だった）。ここまではすべて北里と国が同意の上でやったことで、移管後も事業は順調に発展した。ところが、大正三年、伝染病研究所が突然（北里も知らないうちに）文部省に移管され、それに怒った北里所長以下研究員全員と、技手、嘱託を含む全所員が辞職してしまうという日本の医学界はじまって以来の大スキャンダルとなった。

その背景はいまひとつはっきりしないところがあるが、東京大学医学部の権威主義が最大の原因というのが定説になっている。

北里も東大医学部の卒業生なのだが、学生時代は、遊びほうけていて成績が悪く、何度も留年したため卒業したときは三十二歳になっていた。成績が悪かったから大学に残ることもできず、内務省衛生局に就職して、そこからドイツに留学した。そのころには、同僚や後輩には、すでに留学をすませて東大教授になっている連中までいたから、北里がちょっとやそっとの業績をあげても、東大医学部の主流の連中は、いつまでたっても、「あの落第生が」、という目でしか見ず、医学界のいいポストを北里に提供しようなどという動きは全くなかったのである。

北里の伝染病研究所は、医学的研究の面で次々に国際水準の業績をあげつづけただけでなく、経営的にも成功していた。各種伝染病の抗血清（特に破傷風、ジフテリア、ハブ毒）、ワクチン（特にコレラ、チフス）の販売が成功していたし、ここで作る結核検査用のツベルクリン、種痘の痘苗もよく売れていた。この種の医薬剤の製造所としては日本で最大の規模を誇っていた。

定説によると、当時の東京帝国大学医科大学長であった青山胤通《たねみち》が、当時の内閣総理大臣大隈重信の主治医をしていた関係で、ああいう公的医学的研究所は本来文部省所管の国立研究所にすべきだと進言して、文部省に移管させたということになっている。別の説もあり、真相はいまだによくわからない。しかし、文部省に移管して間もなく、青山が所長を兼任し、東大から若手の医者をどんどん送り込んで、伝研の業務を維持していったことといい、結果的にはこれは東大医学部による乗っ取りだったといわれても仕方がない。この後身が現在の東大医科学研究所である。

血清、ワクチン、演習林の材木

伝研を辞めた北里は、再び私立の研究所（北里研究所。現在の北里大学）を作るとともに、大正五年、伝研が東大に移管された年に慶応大学が医学部を創設するとその学部長に就任して、慶大医学部を東大医学部とならび称せられるような医学部に育て上げることに心血を注いだ。今日までつづく日本の医学界における東大医学部と慶大医学部のヘゲモニー争いは、この乗っ取り事件の遺恨試合のような側面がある。

東大の手に移った伝研は、血清、ワクチンなどの医薬剤を作りつづけ、これが東大の自己収入の大きな柱となっていった。

第4図　東京帝国大学　経常歳入（大正11～昭和21年）　（単位：千円）

		大正11年	15/昭和元年	昭和5年	昭和9年	昭和12年	昭和15年	昭和18年	昭和21年
政府支出金		3,924	3,609	3,731	3,750	4,147	4,335	7,990	18,885
諸収入（自己収入）		2,186	3,284	3,737	4,344	5,351	7,279	7,540	24,059
おもな内訳（割合）	授業料	353 (16.1%)	659 (20.0%)	856 (22.9%)	928 (21.3%)	881 (16.4%)	866 (11.8%)	852 (11.2%)	2,625 (10.9%)
	病院収入	764 (34.9%)	1,281 (39.0%)	1,494 (39.9%)	1,704 (39.2%)	2,048 (38.2%)	2,559 (35.1%)	2,796 (37.0%)	8,708 (36.1%)
	演習林収入	611 (27.9%)	847 (25.7%)	815 (21.8%)	860 (19.7%)	983 (18.3%)	1,509 (20.7%)	1,210 (16.0%)	2,185 (9.0%)
	痘苗血清類及 予防液代	261 (11.9%)	274 (8.3%)	284 (7.5%)	548 (12.6%)	1,049 (19.6%)	1,794 (24.6%)	1,926 (25.5%)	8,266 (34.3%)

（『東京大学百年史』中の表より抜粋）

大正五年、伝研を東大のものとした年早々、血清・ワクチン代は十五万四千円を越え（おりからの第一次大戦参戦で需要がふえつづけた）、これは授業料・入学料のほとんど六割近くになり、利子収入の十倍以上だった。

それがやがてどんどんふえていく。特に、満州事変、日中戦争と、大陸での戦火が広がるにつれ、爆発的に需要がふえていく。戦地では、破傷風、ガス壊疽などの血清が大量に必要とされ、血清製造用の馬が大量に必要とされた。年間千頭以上の馬が必要とされ、構内の空地に次から次にバラック式の厩舎が建てられ、構内は厩舎で埋めつくされた。それでも足りないので、埼玉県の農家に飼育を依頼したり、福島県（馬の大生産地だった）に出張所を作って、そこで製造をはじめたりした。

第4図を見ればわかるように、血清・ワクチン代はみるみるふえていって、日中戦争がはじまった昭和十二年には、百万円をこえて、授業料を上まわるようになる。戦争末期にはほとんど病院収入とならぶようになった。昭和二十一年にそれまでの四倍以上もの金額にはねあがっているのは、インフレのせいもあるが、戦争が終ると同時に、衛生状態の悪化、海外からの帰国者が持ち帰った病原体によって、各種の伝染病が日本全国で猛烈に流行したためである。

第4図を見てもう一つ気付くのは、演習林収入の巨大さだろう。これは、農学部附属の演習林の木材を伐採して売ることによって得た収入である。

もともと演習林は国内にしかなく、その販売収入もわずかなものだった。たとえば明治四十一年はわずか四万円で、これは授業料収入のほとんど四分の一である。ところが、植民地の拡大によって、演習林は台湾（五万七千町歩）、朝鮮（五万二千町歩）、樺太（二万一千町歩）、海南島（八万町歩）などに広がり、その総面積も二十五万五千町歩と巨大なものになっていった。

その収入も、植民地の演習林をあまり保全に気を使わず伐採していったせいか、どんどん多くなった。大正時代のはじめに授業料を抜くようになり、日中戦争がはじまって血清代に抜かれるまでは病院収入とならんで、東京大学の自己収入の柱となっていた。

戦時下、東京大学は自己収入がふえて五割にも六割にもなり、財政状況が好転したように見えるが、その背景にはこのような事情があったのである。いってみれば戦争と植民地経営から利益をあげていたというだけのことであまり自慢になる話ではない。

実は、初期議会の時代にあった、民党からの帝国大学予算に対する締めつけも、日清戦争あたりからほとんどなくなる。日本の帝国主義化がすすむにつれて、軍事力、経済力などの面で日本の国際競争力を維持し強化していくためには、大学の力がぜひ必要だという認識が生まれてくるからである。東京大学が国家のために奉仕する機関となったときから、戦争と東京大学の縁は深くならざるをえなかったのである。

8
「不敬事件」内村鑑三を脅した一高生

森有礼文部大臣の刺殺事件

明治二十二年（一八八九）二月十一日、帝国憲法が発布されようとしていたまさにその日の朝、式典に参列すべく家（官邸）を出ようとしていた森有礼文部大臣が、暴漢に出刃包丁で刺殺されるという事件が起きた。

理由は、前年の十一月、森が伊勢神宮に参拝した際に不敬があったということだった。犯人の懐中にあった斬奸状によると、「謹テ按スルニ伊勢大廟ハ万世一系天壌ト窮《きわま》リ無キ我皇室ノ本原タル天祖神霊ノ鎮座シ玉フ所ニシテ、実ニ我帝国ノ宗廟ナレバ其神聖尊厳何物カ之《こ》レニ加ヘン、宜《むべ》ナル哉天子尊崇敬事敢テ或ハ懈《おこた》リ玉ハサル事、然ルニ文部大臣森有礼之レニ参詣シ勅禁ヲ犯シテ靴ヲ脱セズ殿ニ昇リ、杖ヲ以テ神簾ヲ掲ケ

内村鑑三

元田永孚　©毎日新聞社提供

其中ヲ窺ヒ、膜拝《ぼはい》セズシテ出ス、是レ其無礼亡状豈啻《あにただ》ニ神明ヲ褻瀆《せっとく》セシノミナランヤ、実ニ又皇室ヲ蔑如セシモノト謂ツベシ」

　ということであった。土足で昇殿し、御帳をステッキで持ち上げて中をのぞくだけで拝礼もしなかったのがけしからんというのである。しかし、事実はそのようなことはなかった。ただ伊勢神宮を参拝した際、かねて森に不快感を抱いていた神官にはめられて、入ってはいけないところに入ろうとして神官に押しとどめられるということがあり、それが歪曲されて右翼的メディアで世に伝わったということであったらしい。

「森は、先の神官の先導で石段を上り白布の御帳前に至った。その時である。神官は突然身を翻すと御門の右側に蹲《うずくま》ってしまった。直ぐ後にいた森は、何等狐疑することなく、そのまま内部に参進しようとしたが、傍に蹲っていた神官に押し止められ、一、二言、言葉を交わしたあと、引き下って神前に向かい直立最敬礼をなし、そのまま退出したのである。側門より内部へは誰でも入れるはずであった。それを知らずに、神官の策謀にはまった森が、御帳をくぐり参入しようとして遮られた。それが、現場に居た木場《こば》〔貞長〕秘書官の語る不敬事件の真相である」（犬塚孝明『森有礼』）

　森はイギリス、アメリカに長く留学し、熱心なキリスト教信者になった過激な欧化主義者（一時は日本語を廃止して国語を英語にしてしまえと唱えたこともあるし、キリスト教を日本社会に積極的に移入して、蓄妾公認など不道徳な日本の風俗習慣を改善すべしとも唱えていた）として知られていたので、保守派、国粋主義者からは、強く嫌われていた。そのため、伊藤博文が森を文部大臣に任命しようとしたとき、保守派の代表的論客であった元《もと》田《だ》永孚《ながざね》（天皇の侍講をつとめていた儒学者。全国の小学校に天皇から直接下付された道徳〈修身〉の教科書『幼学綱要』〈全七冊〉の著者。後に発布される教育勅語の主たる起草者の一人）などにいたっては、天皇に直訴までして、その人事をストップしようとしたくらいだった。森の西洋かぶれを快く思わない人は少くなかったのである。

そのため、犯人の西野文太郎《ぶんたろう》（その場で護衛の警察官に切り殺された）には世間の同情が集まり、遺族に贈る義捐金まで新聞でつのられた。

洋学中心主義にブレーキ

そのような風潮に驚いた帝国大学医学部のドイツ人医師ベルツ（森の個人的知り合いでもあった）は、日誌の中に次のように書いている。

「上野にある西野の墓では、霊場参りさながらの光景が現出している！　特に学生、俳優、芸者が多い。よくない現象だ。要するに、この国はまだ議会制度の時機に達していないことを示している。国民自身が法律を制定すべきこの時に当たり、かれらは暗殺者を賛美するのだ」（菅沼竜太郎訳『ベルツの日記』）

森の死とともに、もっぱら西洋文化を取り入れて文明開化をはかることを最優先にした教育の時代は終る。実はこの十年ほど前から、天皇の周辺では、明治維新以来の洋学中心主義にブレーキがかけられていた。その中心になったのが、先に名前が出た元田永孚だった。元田は熊本の出身で、藩侯の侍読をつとめていた儒者だが、明治四年に、三条実美、大久保利通の推薦で天皇の侍読となった。そのときすでに天皇の侍読だったのは、加藤弘之、西周などの洋学者で、天皇の教育は洋学中心だった。元田は晩年の回想録の中で、当時の天皇の教育を次のように書いている。

「明治五年以後世風ノ移ル所専ラ西洋ノ教育ヲ倣ヒ智識才芸ヲ尚《たっ》トヒテ道徳仁義ヲ固陋ト看做シ洋書翻訳本ヲ読ムヿ《べき》ヲ専務トシテ四書五経ノ漢籍ハ殆ント廃スルノ勢トナリ侍読ノ書モ国書歴史ヲ用ヰルノ外多クハ訳書ノ瑣々タル者ノミ時ニ福羽《ふくば》〔美静《よししず》〕ハ国書ヲ主トシ加藤〔弘之〕ハ洋書ヲ専ラトシ……」

元田は、こういうことではいけない、やはり東洋の君主の帝王学は、四書五経を中心にすべきであると主張して、それを自ら熱心に教えた。明治天皇もその教えを好んだので、元田は天皇の一番の側近になっていった。明治天皇は、即位したときわずか十五歳で、ほとんど少年であったから、初期の政治は、自ら親裁することなく、事実上、大久保、木戸、西郷ら維新のリーダーたちの手にゆだねられていた。

しかし、明治十、十一年に一大転機が訪れる。維新の三傑（木戸、西郷、大久保）の相次ぐ死と、近衛兵が反乱を起した竹橋事件である。元田ら天皇の側近たちは、これを機に天皇が自らの手で政治をするように求めた。帝王学を身につけ年齢的にもそれにふさわしい年の頃になっていた明治天皇は側近の助けを得ながら、そうすることを決意する。

天皇が最初に取り組んだことは、教育の刷新だった。洋学中心をやめ儒教を復興させ、仁義忠孝の念を国民すべての心にしっかり植えつけようとしたのである。明治十二年、元田に命じて、「教学聖旨」という次のような文章を起草させ、これを教育の基本方針とすることを命じた。

「教学ノ要、仁義忠孝ヲ明カニシテ、智識才芸ヲ究メ、以テ人道ヲ尽スハ、我祖訓国典ノ大旨、上下一般ノ教トスル所ナリ。然ルニ輓近《ばんきん》専ラ智識才芸ノミヲ尚《たっ》トヒ、文明開化ノ末ニ馳セ、品行ヲ破リ、風俗ヲ傷《そこな》フ者少ナカラス。然ル所以《ゆえん》ノ者ハ、維新ノ始《はじめ》首トシテ陋習ヲ破リ、知識ヲ世界ニ広ムルノ卓見ヲ以テ、一時西洋ノ所長ヲ取リ、日新ノ効ヲ奏スト雖ドモ、其流弊、仁義忠孝ヲ後ニシ、徒ニ洋風是《これ》競フニ於テハ、将来ノ恐ル、所、終《つい》ニ君臣父子ノ大義ヲ知ラサルニ至ランモ測ル可カラス。是我邦教学ノ本意ニ非サル也」

この文章の背後には、仁義忠孝の心が失われたら、とんでもないことが起るかもしれないという恐怖心のようなものが読みとれるが、それは、竹橋事件の影響だと、『教育勅語成立史研究』（『海後《かいご》宗臣《ときおみ》著作集』第十巻）解説、「総説――教育勅語を繞る考察」の中で土屋忠雄は次のように分析している。
「元田が『教学聖旨』を起草する契機となった一八七八年（明治十一年）の明治天皇の地方巡幸に出発する一週間前に近衛兵が脱走するという建軍以来の一大不祥事件、竹橋事件が突発していた。山県の不安は現実となった。その三箇月前には、大久保利通が暗殺され、維新の三傑といわれた木戸・大久保・西郷はすべて姿を消している。明治政府の危機である。元田永孚・佐佐木高行等の侍補が、明治天皇に親政の実を挙げるよう苦言を呈したのはこの時であった。山県は自ら軍人訓戒を草した。が、おりから自由民権運動は拡大化の一途をたどるごとき様相を見せ始め、その軍への波及、あるいは軍自体が武器をもって政権に迫ること（竹橋事件はその計画を秘めていた）を極度に危惧した。自由民権運動に加わることはもちろん、一切の政治活動に参与することも封じようとした。（略）そうすることによって、国会が開設されても、民権派が軍に干渉し得ないごとくにし、一八八一年（明治十四年）の政変の翌年一月四日、いわゆる『軍人勅諭』を陸海軍人に賜わる措置をとった」

仁義忠孝の心を植えつけるのに大切なのは、何といっても幼少期にあるということで、元田に命じてまず作ったのが、先に述べた『幼学綱要』（明治十五年）だった。これは、孝行、忠節、忍耐、剛勇など二十の徳目を選び、それにふさわしい章句を、四書五経などから選んでかかげ、さらに、その徳目にまつわるエピソードを中国、日本の古典から選んで絵入りでかかげるというスタイルがとられていた。『幼学綱要』の編集に協力を求められた学者は、道徳は世界共通なのだから、欧米のエピソードも取り入れてはどうかと進言したが、元田は道徳は教育の基本だから、日本と中国中心がよいといって、欧米のものは一切取り入れなかった。『幼学綱要』はほとんどそのまま子供用儒学の教科書といってもよかった。このあたりから、文明開化の明治は、国粋主義の明治へと大きく梶を切り替えていくのである。

天皇の神格化

このあたりの変化をよく示すのが、明治十二年に伊藤博文が天皇に提出した「教育議」という文書と、元田永孚が、天皇がそれを読んでそれに強く影響されては困るということで、天皇に教育議を届ける前に、それに勝手に附した「教育議附議」という文書である。

この前後、明治天皇は伊藤博文に、昨今の風俗の乱れ（倫理の乱れ、言論の乱れ）を嘆き、それを矯正するために教育の改良をはかることを命じた。それに対して、伊藤は、昨今の風俗の乱れは必ずしも教育のせいではないから、いたずらに政府が教育に干渉すべきではないと論じた。それが「教育議」である。伊藤はこの乱れの最大の原因は、明治維新という社会制度の大変革そのものにあるとした。

「維新ノ際、古今非常ノ変革ヲ行フテ、風俗ノ変亦《また》之ニ従フ。是《これ》勢ノ已ムヲ得サル者ナリ。何トナレハ、第一、鎖国ノ制ヲ改メテ交際ノ自由ヲ許シ、第二、封建ヲ廃シテ武門ノ紀律ヲ解ク」

封建時代は、「名ニ死スルヲ以テ栄トス。生ヲ計ル者ハ汚トシ、利ヲ言フ者ハ歯セス」という価値観があったが、今は、誰にとっても「生」と「利」が大切という時代になった。それに封建時代は人民に去留、移動の自由がなく、みな生まれた土地で、生まれたときからの人間関係の中で年老い死んでいったが、今は何でも自由になった。こうした封建制がくつがえったことが、風俗の乱れの最大の原因だというのである。

「尽《ことごと》ク鎖国封建ノ旧ヲ改ム。是ニ於テ我人民始メテ意ノ向フ所ニ従ヒ、尋常例格ノ外ニ馳驟《ちしゅう》シ、云為《うんい》自由ナルコトヲ得。然而《しかりしこうして》一時勢ノ激スル所、淳風美俗其中ニ在ル者モ、亦従テ倶《とも》ニ亡ヒタリ。是ヲ一大原因トス」

言論の乱れにしても、主たる原因は同じだという。

「言論ノ敗レニ至テハ、更ニ又諸般ノ原因アリ。今之《これ》ヲ歴挙センニ、新タニ世変ヲ経、兵乱相継キ、人心躁急ニ習フテ静退ニ難シ。而シテ詭言《きげん》行ヒ易ク激論投シ易シ。是其一ナリ。士族ノ産ヲ失フ者、其方嚮《ほうこう》ニ迷ヒ、不平之ニ乗シ、一転シテ政談ノ徒ト為リ、故《こと》サラニ激切ノ説ヲ為シテ以テ相聳動《しょうどう》ス」

結局、最大の原因は世の中が大きく変ったことにあるのであって、教育のせいではない。教育による風俗矯正の効果もあるにはあるだろうが、速効を求めて、いまあわてて教育に手をつけないほうがよい。

「概シテ之ヲ論スルニ、風俗ノ弊ハ、実ニ世変ノ余ニ出ツ。而シテ其勢已ムヲ得サル者アリ。故ニ大局ヲ通観スルトキハ、是ヲ以テ偏《ひとえ》ニ維新以後教育其道ヲ得サルノ致ス所ト為スヘカラス。但《ただし》之ヲ救フ所以ノ者如何ト云ニ至テハ、教育ノ法、尤《もっとも》其緊要ノ一ニ居ルノミ。抑《そもそも》弊端ノ原因ハ、既ニ専ラ教育ノ失ニ非ス。故ニ教育ハ此弊端ヲ療スル為ニ間接ノ薬石タルニ過ギス、以テ永久ニ涵養スヘクシテ、而シテ急施紛更以テ速効ヲ求ムヘカラス」

かといって、封建制のほうが道徳的によかったなどといって、封建制に戻るわけにもいかない。また、古今の道徳律を斟酌《しんしゃく》して、新しい国家公認の道徳律を作りそれを全国民に教えこむなどといったことは、それなりの賢哲が自然に生まれてきてやるのはともかく、政府などがやるべきことではない。

「今或ハ末弊ヲ救フニ急ニシテ、従テ大政ノ前轍ヲ変更シ、更ニ旧時ノ陋習ヲ回護スルカ若《ごと》キコトアラハ、甚《はなはだし》ク宏遠ノ大計ニ非サルナリ。

若《も》シ夫《そ》レ古今ヲ折衷シ、経典ヲ斟酌シ、一ノ国教ヲ建立シテ、以テ世ニ行フカ如キハ、必ス賢哲其人アルヲ待ツ。而シテ政府ノ宜シク管制スヘキ所ニ非サルナリ」

もっともな意見だが、天皇も元田も、これに不満だった。彼らがめざしていたのは、むしろ、「古今を折衷し、経典を斟酌し、一の国教を建立する」ことそのことだったのである。つまり、『幼学綱要』から「教育勅語」に至る道である。元田の「教育議附議」は、そこを明確にしている。

「原議ニ云所ノ、古今ヲ折衷シ、経典ヲ斟酌シ、一ノ国教ヲ建立シテ、以テ世ニ行フカ如キハ、必ス賢哲其人アルヲ待ツト。抑《そもそも》其人アルトハ誰ヲ指シ云歟《いうか》。今聖上陛下、君ト為リ師ト為ルノ御天職ニシテ、内閣亦其人アリ。此時ヲ置テ将《まさ》ニ何《いずれ》ノ時ヲ待タントス。且国教ナル者、亦新タニ建ルニ非ス、祖訓ヲ敬承シテ之ヲ闡明《せんめい》スルニ在ルノミ。（略）本朝瓊々《にに》杵尊《ぎのみこと》以降、欽明天皇以前ニ至リ、其天祖ヲ敬スルノ誠心凝結シ、加フルニ儒教ヲ以テシ、祭政教学一致、仁義忠孝上下ニアラサルハ、歴史上歴々証スヘキヲ見レハ、今日ノ国教、他ナシ、亦其古《いにしえ》ニ復センノ而已《のみ》」

ここに、後の「教育勅語」への道が明確に示されている。国教を作るに賢哲を待つ必要はない。天皇その人が人民の君であり師であることを天職としている人なのだから、天皇以外の賢哲の人を待つ必要などあるわけないではないかというのだ。大変なゴマのすりようもあったものである。要するに、天皇が勅語という形で国教を建てればよいというのである。国教の内容を新しく作る必要もない。天皇の先祖の教えを継承するだけでいいではないかというのだ。瓊々杵尊《ににぎのみこと》以来の天祖を擁し、それに儒教を加えればよいというのである。「教育勅語」が、一言でその内容を要約して、「斯ノ道ハ実ニ我カ皇祖皇宗ノ遺訓ニシテ子孫臣民ノ倶ニ遵守スカキ所」といっているのは、この前半の部分であり、後半の儒教の教えは、仁義忠孝の一語につきる。「教育議附議」において、元田は、伊藤博文は天皇の指示を正しく受けとめていないとして、「是聖旨ノ本義ニシテ、其要ハ仁義忠孝ヲ明カニスルニ在ル而已」といっている通りなのである。要するに天皇を、祭祀の長であると同時に政治の長でもあり、教学の長でもある祭政教学一致の存在にしてしまおうということで、復古主義そのものなのである。

このあたりから、天皇の神格化がはじまる。明治十二年前後にこのような文明開化・欧化主義から天皇中心の復古主義への大転換があったからこそ、前に述べた、欧化主義のチャンピオンの一人であった加藤弘之の『国体新論』絶版事件（明治十四年）も起きたのである。明治八年には、ついこの間まで天皇の侍読であった加藤が、堂々と天皇制を野鄙陋劣の国体といい、天孫降臨などの日本神話は人間界の道理に合わないから国家論の基礎とすべきでないと主張することができたというのに、明治十四年になったら、そのような不敬の言辞を弄するものは殺すといわれて、あわてて絶版にしなければならなくなるのである。そして、明治二十二年の森有礼刺殺という事件に出会ってみると、不敬の故に本当に人が殺されなければならない時代に入ったのだということが本当に実感される。ファナチシズムの到来は驚くほど速かったのである。

しかしこの明治十年代初期にただちに復古主義が勝ちを占めたわけではない。前章で述べたように、文部官僚の中で最もリベラルであった田中不二麻呂が文部大輔となって国家統制色を廃した教育令を作ったのは明治十二年だったし（もっともたった一年で廃止）、明治十八年の内閣制度発足にあたっては、伊藤博文は近代主義者としてすでによく知られていた森有礼を初代の文部大臣にすえることができたのである（この人事についてては、あんな男を文部大臣にして大丈夫かという元田と天皇からの御下問があり、何かあったら自分が責任を取ると伊藤が見得を切って押し通したという裏話もある）。

明治天皇の大学教育への不満

しかし、森の文部行政に対して、元田と天皇は不満をつのらせていった。初等中等教育については、元田が作った『幼学綱要』を宮内省から直接に配布するという文部省頭ごしの異例の教育干渉をしたことで、それなりに満足していたが、高等教育については、不満がいや増しにつのっていたが直接の口出しもできないでいた。その不満が、明治十九年、元田が作成した「聖喩記」という文章によくあらわれている。

これは、明治十九年十月、明治天皇がはじめてその年に改称された帝国大学に行幸して見学したあと、元田を召して高等教育に対する不満を述べたことを、元田が記録したものである。

「朕過日大学ニ臨ス十月廿九日設ル所ノ学科ヲ巡視スルニ、理科化科植物科医科法科等ハ益々其進歩ヲ見ル可シト雖モ、主本トスル所ノ修身ノ学科ニ於テハ見ル所無シ、和漢ノ学科ハ修身ヲ専ラトシ、古典講習科アリト聞クト雖トモ如何ナル所ニ設ケアルヤ過日観ルコト無シ、抑大学ハ日本教育高等ノ学校ニシテ高等ノ人材ヲ成就スヘキ所ナリ然ルニ今ノ学科ニシテ政事治安ノ道ヲ講習シ得ヘキ人材ヲ求メント欲スルモ決シテ得ヘカラス、仮令理化医科等ノ卒業ニテ其人物ヲ成シタルトモ入テ相トナル可キ者ニ非ス、当世復古ノ功臣内閣ニ入テ政ヲ執ルト雖トモ永久ヲ保スヘカラス、之ヲ継クノ相材ヲ育成セサル可カラス、然ルニ今大学ノ教科和漢修身ノ科有ルヤ無キヤモ知ラス」

要するに天皇は、理系の学科にはほとんど関心がなくて、大学に修身はあるのかないのかが、もっぱらの関心事だったのである。理系の学科を卒業して人物をなしても、それはそれぞれ特定のサイエンスの分野で評価される人間になるにすぎない。政府に入って大臣など国家をになう人物（「入りて相となるべき者」）になるわけではない。いまの日本はまだ明治維新の指導者たちによって支えられている。しかし、彼らとて、そう長くは指導者の位置に止まれない。彼らの後継ぎが必要である。しかし、国家の指導者になる者に何より必要なのは、修身の学、仁義忠孝のわきまえである。それが高等教育に欠けているではないかということなのである。

「故ニ朕今徳大寺〔実則《さねつね》〕侍従長ニ命シテ渡辺〔洪基〕総長ニ問ハシメント欲ス、渡辺亦如何ナル考慮ナルヤ、森文部大臣ハ師範学校ノ改正ヨリシテ、三年ヲ待テ地方ノ教育ヲ改良シ大ニ面目ヲ改メント云テ自ラ信スルト雖トモ、中学ハ稍改マルモ大学今見ル所ノ如クナレハ此中ヨリ真成ノ人物ヲ育成スルハ決シテ得難キナリ、汝見ル所如何」

およそ高等教育の何たるか、大学の何たるかをまるで理解していない発言としかいいようがない。前章で、大学の独立を守るために、大学を政府の手から引き離して、天皇の特別保護下に置かれた独立法人にしてしまえという議論が、大学の内部から湧きあがっていたという話を紹介したが、その人々は恐らく天皇の頭の中にある大学のイメージがこの程度のものであるということをまるで知らなかったのだろう。

教育勅語というと、一般には、初等中等教育への指針として与えられたというイメージがもたれているようだが、実はむしろ、ここに書かれているような高等教育への不満がその底流にあったのである。

勅語は、初等中等教育の現場には謄本という形でしか届かなかったが、大学、高校の高等教育機関へは、天皇が自ら親筆ないし親署した勅語が下されている。

帝国大学では、明治二十三年十一月三日の天長節の日に工科大学中庭に教員、学生一同が集って、勅語の奉読式が行われた。官報はそれを次のように報じた。

「総長、去月三十日教育に関し賜いたる勅語を拝読すべきにつき謹んで拝聴すべき旨を述べ、書記官をしてこれを朗読せしめ、次いで天皇陛下の万歳を祝し奉り、畢《おわ》って総長の訓示及び文科大学教授重野安繹《やすつぐ》の演説ありたり」

朗読を書記官にさせたぐらいだから、あまり大袈裟なものではなかったようだ。加藤はこの後御親筆の教育勅語を箱から取り出して、「御覧なさりたい御方があれば、謹んで御覧なさって宜しい」と上にかかげた。

すると後方から、「大変大きな玉璽が見える」とつぶやく声がしたという。
もっとずっと大袈裟だったのが、高等学校（旧制）だった。一高では、はじめ謄本だけがきて、それで奉読式をやったのだが、やがて高等学校には親署したものが下付されるというので、学生一同そろって、わざわざ文部省まで、それを迎えに行ったのである。
「その様子を一高関係の記録からみることにしよう。
親署の勅語
十二月廿五日、我英聖文武なる天皇陛下は畏くも親署の勅語を下し玉ふ、本校の名誉これに若くものあらんや、仝日《どうじつ》早朝、本校生徒及寄宿生一同打揃ひて文部省に赴き之を拝受したり。
当時、第一学期は一二月二四日をもって終了しているから、出迎えは主として寮生によって編成されたようである。『向陵誌』によると、護国旗をかかげて文部省から『親署の勅語』を貰い受けてきて、帰ると『天皇陛下万々歳』、『学校寄宿寮万歳』を唱えたという」（鈴木範久『内村鑑三日録　一八八八―一八九一　一高不敬事件』）
御親筆がきた帝国大学とちがって、高等学校では、御親署が来たというだけで、大騒ぎだったのである。仙台の二高では、次のようだったという。
「仙台の第二高等中学校では、親署の勅語を受けとりに出向いた幹事が、一二月三〇日に仙台駅に到着すると、これを職員および生徒が迎えに出ている。仙台駅に到着するや校長がまず勅語を『拝受』して、これを捧げて出てくる。それを一同が『敬礼』して学校まで持ち帰り、所定の場に置かれたあとで校長以下一同は、もう一度『奉拝』している」（同前）
一高では、勅語が謄本だけだったときは、単純な奉読が行われただけだったが、新たに御親署がきたというので、もう一度奉読式をやり直すことになった。そこで起きたのが、内村鑑三の不敬事件である。

ナンバースクール体制の成立

明治十九年、帝国大学令によって、それまでの東京大学が帝国大学になると、東京大学予備門は第一高等中学校となった。名称は変っても、機能的には前と同じで、要するに大学予備門だった。帝国大学に入学するためには、ここを卒業しなければならなかった。不敬事件が起きた前年の明治二十三年の時点で、本科生三百八十五名、予科生七百三十六名だった。本科は二学年からなり（後に三学年）、予科は三学年からなっていた。毎年の入学者は約三百名だったが、卒業生は二百名にかなり欠けていた（明治二十三年で百八十二名、明治二十四年で百四十九名）。各学年での試験がかなり厳しく、入学しても卒業できないものがかなりいたのである。

戦前の高等教育制度は、さまざまの変遷があったので一口に語ることはむずかしいが、明治二十年代ということでいえば、高校（はじめ高等中学校。のちに高等学校）の本科とは、大学進学のための予備教育（つまり大学予科）で、高校本科を卒業すれば、必ず大学に進学できた。高校の予科は本科に進学するためのコースで、尋常中学校三年級以上に対応するものとされた。だから、現在の制度との対応関係でいえば、旧制高校予科が新制高校、旧制高校本科が大学の前期課程（東大でいえば駒場の教養学部）にほぼあたると考えてよいだろう。明治二十八〜二十九年になると高校の予科はなくなり、高校イコール大学予科となる。その修業年限も三年となる。

次ページ表1に見るように、入学は一部（文系）、二部（理系）、三部（医系）にわかれ、入学試験でとった外国語と入学後の第一外国語によってクラスがわかれ、それぞれに、大学に進学するときどの学科にいけるかが決っていた。

高等学校は、明治十九年には一高と三高（京都）しかなかったが、明治二十年に二高（仙台）、四高（金沢）、五高（熊本）、山口高校などができ、さらに明治三十三年六高（岡山）、明治三十四年七高（鹿児島）、

表1　明治28年の第一高等学校大学予科　募集内容

入学試業外国語	部	分科	本校に於て課すべき第一外国語	毎年募集すべき本校第一年級定員	本校卒業の上進入し得る大学専門学校
英語	一部	法科	独語	60人	法律学科／政治学科
			仏語	40人	
		文科	仏語		仏蘭西文学科
			英語	40人	英文学科
			独語		独逸文学科／哲学科／国文学科／漢学科／国史科／史学科／博言学科
	二部	工科	英語	64人	土木工学科／機械工学科／造船学科／造兵学科／電気工学科 造家学科／応用化学科／火薬学科／採鉱及冶金学科
		理科	英語	32人	数学科／星学科／物理学科／化学科／動物学科／植物学科／地質学科
		農科	英語		農学科／農芸化学科／林学科／獣医学科
独語	一部	法科	独語	20人	法律学科／政治学科
		文科	独語		独逸文学科／哲学科／国文学科／漢学科／国史科／史学科／博言学科
	三部	医科	独語	40人	医学科／薬学科

表2　東京帝国大学 各学部の入学志願者と入学者の状況

	大正8年			同13年			昭和3年			同8年			同13年		
	志願	入学	率(%)	志願	入学	率(%)	志願	入学	率(%)	志願	入学	率(%)	志願	入学	率(%)
法学部	486	477	98.1	979	607	62.0	1,234	710	57.5	1,344	702	52.2	1,485	691	46.5
医学部	245	151	61.6	242	151	62.4	488	158	32.4	561	165	29.4	337	165	49.0
工学部	317	277	87.4	582	311	53.4	682	316	46.3	852	328	38.5	895	345	38.5
文学部	108	86	79.6	719	470	65.4	471	401	85.1	417	398	95.4	305	282	92.5
理学部	103	73	70.9	136	115	84.6	180	113	62.8	195	112	57.4	200	110	55.0
農学部	138	138	100.0	198	196	99.0	306	220	71.9	289	216	74.7	267	221	82.8
経済学部	212	212	100.0	303	262	86.4	624	428	68.6	759	400	52.7	610	361	59.2

（『東京大学百年史』より）

明治四十一年八高（名古屋）ができ、いわゆるナンバースクール体制ができあがることになる。

　高等学校卒業生（すなわち帝国大学入学者）は、明治二十九年まで（すなわち京都帝国大学ができる以前）は五百名以下だったのに、明治三十六年には千名を突破し、東北帝国大学（明治四十年）、九州帝国大学（明治四十三年）ができるころには千二百名をこえ、北海道帝国大学（大正七年）ができるころには千七百名をこえていた。といっても、一高の卒業生は約三百人のままほぼ一定だったから、その相対的地位は低下し、特に大正時代に入って、ナンバースクール以外に、新潟、松本、松山、水戸、山形などに高校が作られていくと、ますますそうなった。昭和四年の時点で、東京帝大生を出身高校でわけると、一高が一位だったが、比率でいうと、一三・五パーセントにしかならず、それにつづいては、八高の六・一パーセント、五・五パーセントの浦和、以下、六高、五高、水戸などがつづいた。

東京帝国大学の入学者は、大正時代はじめで約千二百名、大正十三年に二千名をこえたが、その後はそれほど多くなっていない。高校から入学するとき、定数内であれば無条件で入学が認められたが、定数をオーバーすると選抜試験があった。高校が増設されるにつれて試験は厳しくなっていた。入学志願者の入学率の推移は表2に見る通りである。

「頭の下げ方が足りない」

話を不敬事件のあった明治二十四年頃に戻すと、この頃一高は、現在の東大農学部のキャンパスにあった。当時農学部は農科大学として駒場（現在の教養学部）にあった（その前身は駒場農学校。そのまた前身は、徳川時代将軍家の御狩場だった）。それを昭和十年に敷地交換することによって、農学部は現在の位置に、一高は現在の駒場キャンパスに移ったのである。

内村鑑三は、「ボーイズ・ビー・アンビシャス」のクラーク先生がいた札幌農学校の二期生である。二期生だから、クラーク先生とはすれちがいで直接の面識はない。しかし、クラーク先生の影響を受けて一期生の多くがキリスト教に入信していたため、内村もその影響を間接に受けて、キリスト教に入った。卒業後、アメリカに留学し、ボストン郊外のアマスト大学に学んだ。帰国してから、一高の校長であった木下広次《ひろじ》に見出されて、一高の英語と地理の教員になるとともに、寮の舎監になった。当時の一高は全寮制で、舎監のポジションは高く、校長、教頭に次いで、ナンバー・スリーの座にあった。だから、教育勅語御親署を拝するということになったとき、彼は校長、教頭につづいて、三番目に進まなければならなかった。それで困ったことになったのである。

不敬事件の一般の伝えられ方では、教育勅語を前にして、内村が自分はキリスト教徒であるから、こんなものをおがむわけにはいかないと、公衆の面前で昂然としていい放ち、それを拒絶したかのごとくなっているが、実はそれほど恰好がいいものではなかった。

実際のところ何が起きたのか。まず、官報によると、一高における勅語奉読式は次のように進んだ。

「第一高等中学校ニ於テハ今般御宸署ノ勅語ヲ拝受セルヲ以テ本月九日午前八時倫理講堂ノ中央ニ　天皇皇后両陛下ノ御真影ヲ奉掲シ其前面ノ卓上ニ御宸署ノ勅語ヲ奉置シ其傍ニ忠君愛国ノ誠心ヲ表スル護国旗ヲ立テ教員及生徒一同奉拝シ而後校長代理校長補助久原《くはら》躬弦《みつる》勅語ヲ奉読シ右畢テ教員及生徒五人ツヽ順次ニ御宸署ノ前ニ至リ親シク之ヲ奉拝シテ退場セリ」

ここには五人ずつとあるが、実際には、一人ずつだった。内村が後にアメリカの友人に書いた手紙では、ことは次のように進んだ。

「私は三番目に壇上に上り、おじぎをすることになっており、どうすべきか考える余裕はほとんどありませんでした。そのため、迷ってためらいながら、私のキリスト教的良心にとって無難な方針をとり、六〇人の教授（全員非キリスト教徒で、私以外の二人のキリスト教徒は欠席）と一〇〇〇人をこえる生徒たちが厳粛に列席している前で、私は自分の立場をとり、おじぎをしませんでした！　それは私にとって恐ろしい瞬間でした。というのも私のとった行動の結果をすぐ感知したからです。（略）まず数人の乱暴な生徒たち、ついで教授たちが私を非難しました。国の元首が侮辱され、学校の神聖が汚され、そして内村鑑三のような悪党・売国奴が学校に居つづけるならば、学校全体を破壊した方がよいというのです。事は校外にも知られ、新聞はその反響をとりあげました」

内村はキリスト教の信仰に従って、いついかなるときも偶像をおがんだことがないのかといえば、そんなことはない。世間一般の慣習に従うことにはやぶさかでない人だったから、天皇の御真影に頭をさげるということはいつもしていたし、このときも、それは拒絶していないのである。もともとその程度のことならするつもりで、この儀式に参列していたのである（それすらいやなら、他の信者のように列席しなければすむことだった）。内村の口からことの顚末を直接聞いたことがある弟子たちは、こんなことをこもごも語っている。

「事実は教育勅語に記された御親筆の御名に礼拝することを拒んだだけであつた（先生は御真影に対しては常に敬意を表した。此時以前も此時以後も、先生は御真影のまへには必ずその首をふかく垂れた。この事は私が曽て先生から直接聞いたところである。）（畔上《あぜがみ》賢造）」

「『さて、事件の前日、わたしは校長に確かめて、御真影に敬礼するのである、との返事を得たので、安心して出席したのであった。ところが、全校生・全職員が桜鳴堂に集まって式がはじまると、まず校長が進み出て、正面の壇上に置いてある御親筆に最敬礼をして、向うがわへ退いた。つぎに教頭が進み出て、同じように最敬礼して向うがわへ退いた。つぎは、わたしの番である。わたしは、これは大変なことになった、と思ったが、咄嗟の思案がつかないまま、壇の前に進み出た。そして、この位、あたまを動かした』。――ここで先生は椅子から起き上って進み出て、そのときの動作を実演された。歩み出た先生は、直立されていて、頭部が一センチ位、かすかに前方に、一秒か二秒間、動いただけであった。――（横山喜之）」（前掲『一高不敬事件』）

内村は、公然と拝礼を拒絶したわけではなく、ちょっとだけ頭を下げるには下げたのである。騒ぎが大きくなるのは、頭の下げ方が足りないとして騒ぎだした学生がいたからである。

「『不敬事件』となる口火は、後述するように政治科二年に在学中の学生浦太郎《うらたろう》をはじめとする法律科、政治科の生徒たちによって切られた。彼らは奉読式後、ただちに内村を糾弾する同盟を作り、内村には辞職の勧告をせまり、校長には内村の解職を要求したようである。

生徒のなかには近くの内村の住居に押しかけてくるものもあった。一高の『向陵誌』（一九一三）には、

二十四年には内村鑑三氏の不敬事件あり、全校挙りて立ち、或は其住居を襲ひて瓦石を投げ或は親しく短刀を懐中して、先生を訪れしものもありしといふ。

とある」（同前）

「わが輩が諸君のお相手をしよう！」

「また、予科の生徒で、のちに国語学者になる保科孝一《ほしなこういち》は、次のように回想している。

（略）職員中の内村講師が、クリスチャンであるので、礼拝を断った。その理由は、勅語は偶像であるから、クリスチャンはゴット以外のなにものにも礼拝しないというのである。しかし、いやしくも日本人である以上、たとえクリスチャンであっても、拝礼すべきであると、同僚からも勧告され、生徒からも懇願されたが、どうしても受け入れられない。そこで、五人の生徒総代が本郷弓町の内村講師を訪問し、ひざづめ談判に及んだが、どうしても承知されない。けっきょく講師を辞するということになった。辞職されれば一高とは関係のないことになるから、もうわれわれの手の施しようがない。かような非国民に対しては、もはや敬意を表する必要がないというので、五人の者が玄関の三畳へ、めいめい小便をして帰って来た。これも一高だましいの如実のあらわれである」（同前）

いかに気にくわない相手とはいえ、教師の家に行って玄関に小便をして帰ってきた五人が生徒総代で、それが「一高魂《だましい》」だというのだから恐れいる。こういう連中が入れかわり立ちかわりたずねてきては石を投げたり、大声で悪口を叫んで帰っていく。一方でキリスト教の側で、内村を擁護しようと近くの教会で集会を開いたりしたが、そこにも学生たちが押しかけて集会をぶちこわした。

「不敬事件に付き壱岐坂教会の大騒擾　自由派基督教の神学者丸山通一《みちかず》、三並良《みなみはじめ》の二氏は此問題に関して一昨四日午後六時より壱岐坂教会堂に於て演説会を開きしに例刻に先《さきだ》ツて聴衆堂に充ち何れも静粛に弁士の登壇を待ち居たり中には基督教信徒らしき人々も多く見受けたれども最も多数を占めたるは本問題の忠臣高等中学校の生徒なりしが如し（教授らしき風采の人も二三名交り居たり）最も制服を着したるは六七名に過ぎずして他は概して羽織袴又は兵子帯《へこおび》の儘なりしやがて六時を報じたれば三並氏先《ま》ツ演壇に上りて『基督教と国粋主義』と云へる題にて演説を始めたりしが中頃より『分らぬ』とか『説明が足らぬ』とか『了解し難し』とか云ふ声四方に起り氏は充分に其の説を尽さずして壇を下りたり次に現はれたるは『真理』の記者丸山通一氏にして最初に先づ聴衆の注意を乞ふ要点を列挙し更に羅馬の歴史より説き起して偶像崇拝の妄を弁じ一歩を進めて本問題に入らんとするに及びて場内俄《にはか》に沸騰しノウ〳〵の声は一変して攻撃の声となり再変して冷罵嘲笑となり三変して妨害脅嚇《けふかく》となり終には『擲《な》ぐれ』『殺せ』『国外へ放逐せよ』等の殺気を帯びたる声堂に満ち今にも何か珍事を生ぜんとする気勢なりしかば婦女子老人等の中には狼狽《らうばい》して逃出するのさへあり」

（「読売新聞」明治二十四年二月四日）

面白いエピソードが一つある。この頃内村の住んでいた家の近くに講道館があった。

ある日、こういう連中がいつものように内村宅に押しかけてきて、石を投げたり、家に押し入ろうとしていると、大声で、

「諸君！　わが輩は内村君とは面識はないが、内村君が真の愛国者であることを知っている。今日偶然ここを通りかかったが、もしも諸君が内村君をやっつけるというのなら、よろしい、わが輩が諸君のお相手をしよう！」

と呼ばわる声がした。暴徒はその声の主を見て一斉に退散してしまった。なんとその声の主が、講道館柔道の創始者、嘉納《かのう》治五郎《じごろう》だったからである。

加藤弘之の絶版事件、森有礼の刺殺事件、内村鑑三の不敬事件と見てきて気がつくことは、世の中が予想以上に速いスピードで「不敬」に対して過敏に反応するようになっていったことである。

そういう流れの中で、内村の不敬事件があったと同じ明治二十四年、ことがらの本質において、より深刻な衝突が、天皇問題をはさんで、大学と国粋主義者の間で起きていた。久米邦武事件である。

9

東大国史科の「児島高徳抹殺論」

岩倉使節団の功績

明治四年（一八七一）から六年（一八七三）にかけて、右大臣岩倉具視を特命全権大使とするいわゆる岩倉使節団が、欧米十二カ国百二十都市を訪問してまわった。団員には、木戸孝允、大久保利通という時の政府の二大指導者を含み、以下、伊藤博文、田中光顕《みつあき》、山田顕義、田中不二麻呂、佐佐木高行など、後に政府の要職を占めることになる若手官僚約五十名が随行するという政府をあげての空前の大視察旅行だった。この旅行で政府の要人たちが世界の現状認識を深めたことが、明治新国家の形成に最も大きな影響を与えたことはよく知られている。一行には、正規のメンバーではないが、金子堅太郎（十九歳。以下数え年）、牧野伸顕（十一歳）、団琢磨（十四歳）、中江兆民（二十四歳）、津田梅子（八歳）など、後々まで官民両面で活躍す

久米邦武
©『維新の科学精神』(朝日新聞社)

久米の労作

重野安繹

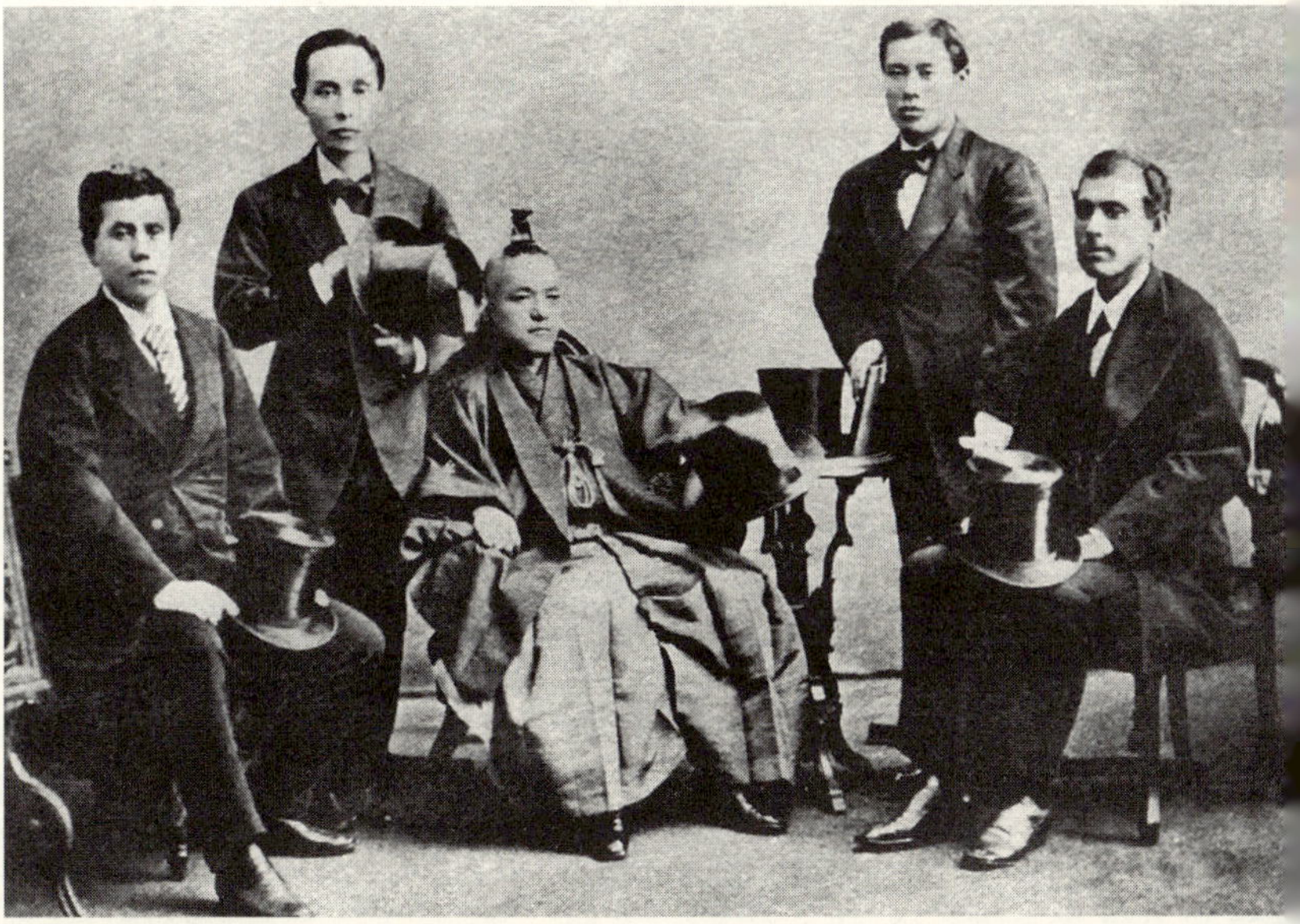

岩倉使節団、左から木戸、山口尚芳、岩倉、伊藤、大久保　©毎日新聞社提供

る人々も留学生として行を共にしていた。

この旅行は、できたばかりの新国家が、これからの国造りの基本を模索するために構想された(不平等条約改正の下交渉という意図もあった)視察旅行で、政治、経済、行政、工業、商業、教育、文化など、近代国家のあらゆる側面を見てまわるものだった。各省から、理事官、視察官が出ており、それぞれ専門的立場からの「理事功程」「視察功程」など計四十一冊の報告書が書かれ、政府部内で施策の参考にされた。それとは別に、この大視察旅行の成果を広く全国民に伝えたいということで、『米欧回覧実記』という一般向けの報告書が明治十一年に出版された。これは、全百巻(五編五冊)で、三百枚をこえる銅版画が入った二千ページをこえる大冊だったが、刷るたびに売り切れ、あっという間に四刷を重ねた(現在は岩波文庫に図版入りで収録されている)。これは一日きざみで全旅程を追ったもので、この大視察旅行のすべてを追体験することができる。これを読むと、明治の指導者たちがどのような目で世界を見ていたかがわかるばかりでなく、そのまま十九世紀後半の西欧近代社会の百科全書的見取図となっており、その資料的価値ははかりしれない。この驚くべき書物を、わずか三年弱で、たった一人で書きあげてしまったのが、外務省の下級官僚(権少外史)の記録係として随行していた久米邦武である。

久米は旧佐賀藩士で、藩校の弘道館では、大隈重信と同窓だった。旧佐賀藩主鍋島直正の近習となり、その推輓によって岩倉使節団の一員に加えられたとき、三十三歳だった。岩倉は久米を可愛がり、どこに行くときも随行させて、見聞するところをすべて筆録させた。『回覧実記』は高い評価を受け、明治天皇から特に五百円の御下賜金が出たという。

日本初の本格的歴史学者

このあとすぐに久米はその能力をかわれて政府の修史館の編修官に任じられた。修史館というのは、明治維新後、国家的歴史の編纂事業をするべく太政官正院に作られた修史局の後身である。史料の収集・編纂とそれをもとに正史を編纂することがその目的とされていた。日本の国家としての正史は、六国史《りっこくし》(奈良・平安時代に編纂された『日本書紀』から『日本三代実録』にいたる六つの官選の歴史書)以後途絶えているというので、はじめは、それ以後の歴史を国家として編纂しようとした。政治体制が王政に復古したのだから、歴史もそこまで復古すべきだというわけだ。政治体制が大きく変ったときは、洋の東西を問わず、新しい為政者は歴史の書き換えをしたがるものだが、このときもそれが起きたわけである。

六国史のあと全部となると、九世紀までさかのぼらねばならないので、あまりに膨大となる。しかし、六国史以後の歴史については、江戸時代に水戸藩が作った『大日本史』があり、これは明治新政府と基本的立場を同じくしている(天皇中心の大義名分論に立ち、その尊王論が明治維新の原動力となった)から、その部分については『大日本史』にまかせ、それ以後、つまり南北朝が終ったあと(『大日本史』は南北朝の終りまでしか描いていない)の歴史をまとめようということになった(しかし、後には、『大日本史』の誤りがたくさん発見されたので、これを厳しく批判することになる)。

修史局以来、この仕事を中心的に推進していたのが、旧薩摩藩士の重野安繹《やすつぐ》だった。彼は中国史の考証学と西洋史の実証主義の影響を強く受け、史料批判と考証に長じていた。日本がはじめて生んだ本格的歴史学者ともいうべき人で、後に、史学会の初代会長に選ばれるなどその学殖は高く評価されていた。

歴史はまず史料集めからだというので、重野をはじめ編修官たちは、最初の数年間、もっぱら日本全国をまわって史料の収集につとめた。時代の変り目で、新政府のおすみつきの史料収集というので、大名をはじめとする武家からも、公家からも、寺社等からも大量の史料の提供を受け、明治二十年ごろまでに集めた史料は軽く十万点をこえ、『大日本史』を書くために水戸藩が何十年もかけて集めた史料の十倍以上となった。

それらの史料を編纂して正史を編むにはさらに数十年を要することは明らかという状勢になって、政府は、これを政府直轄の事業として継続することは困難と判断して、中止することにした。しかし、正史編纂はやめても、史料編纂は意義があると考え、明治二十一年に、これをそのまま帝国大学文科大学に移管した。これが東京大学史料編纂所のはじまりである。

修史局の中核的存在であった重野安繹、久米邦武らは文科大学の教授に選任され、彼らを中心に翌年国史科が創設された（それまで史学科はあっても、そこで講じられていたのは西洋史で、国史科はなかった）。

久米も重野と同じく、史料批判を重んずる実証主義者だったから、これが国史科の初期の学風となった。

彼ら以前の日本史というと、水戸藩の『大日本史』と頼山陽の『日本外史』が代表的なもので、これが歴史を学ぼうとする人が必ず読む基礎文献となっていた。しかし、これらは、重野や久米にいわせれば、いいかげんな史料を誤って引用した間違いだらけの書物（『日本外史』は全般的に、『大日本史』は特に中世について）であった。それを二人は徹底的に批判していった。

たとえば重野は、「世上流布の史伝多く事実を誤るの説」（明治十七年二月の講演）において、『日本外史』の中に出てくるエピソードで、織田信長が武田勝頼親子の首を首実検したとき、さも憎々しげにこれを罵り、さらにはこれを京都に送ってさらし首にしたのに対して、徳川家康は、同じ首を見て、勝頼の死を悲しみ、天は何と無情なことをするものかと嘆き、これを聞いた武田の生き残りの家臣や民衆は皆徳川方になびくようになったという話は、全くのデタラメであるとして、次のように述べている。

頼山陽の記述は、『武徳大成記』という史料を孫引きして書いたものであることが明らかだが、『大成記』は、林家（徳川家御用の儒者）の林信篤が編纂したもので、徳川家の祖先がいかに徳が高い人物であったかをほめたたえることを目的として書かれたものである。徳川家康と対照させるためにしばしば信長を無道残忍の人として描くなど、史実とちがうことが平気で書かれていることでよく知られている。史実の忠実な記録としては、徳川家の股肱の臣であった大久保彦左衛門の『三河物語』があるが、それによると、この首実検のくだりは、

「勝頼御親子の御しるしを、信長の御目にかけければ、信長御覧じて、日本にかくれなき弓取なれ共、運がつきさせ給ひて、かくならせたまふ物かなと被《おおせられ》レ仰けり」

となっている。『大成記』が家康の言としていたことが、信長がいったことになっている。大久保彦左衛門には、事実を曲げて家康をおとしめ、信長をほめたたえる理由など全くないのだから、信長が罵ったなど

ということは、「跡形もなき虚説」であることは明らかという。それに、『大成記』に従うと、同じ首を信長が見たあと家康が見たことになっているが、「すべて首実検は、主将こそ致せ、其首を見せ物の様に、あちらこちらの陣営に持廻る訳はなき筈なり」という。実際、他の史料によって見るに、家康はこのとき駿河のほうにいて、信州の信長の陣にはきていない。また、京都でさらし首にしたというのもウソである。

信長の時代の最も詳しい記録、『信長公記』には、いつ勝頼父子の首が斬られ、いつ首実検が行われたか、時刻と場所と関係者の名前入りで逐一書かれているが、それによると、

「十四日、信長公平谷を打越、伊那郡浪合に御陣取、爰《ここ》にて武田四郎父子之頸、関可平次、桑原助六もたせ参て、被レ懸ニ御目一候。矢部善七郎被ニ仰付一、飯田へ持《もた》せ被レ遣。十五日午刻より、雨つよく降り、其日飯田に御陣を懸《かけ》させられ、四郎父子之頸、飯田に被ニ懸置一、上下見物仕候」

となっている。さらし首にされたのは信州飯田であって、京都でなかったことは疑いようがない。

歴史と物語のからみ合い

ざっとこんな調子で、相手の用いた資料を探りあて、それを分析し批判し、関連資料を突きあわせることで問題点の真偽を見定めていくという、現代なら当り前だが、当時としては画期的な手法で、頼山陽の誤りを徹底的に暴いていったのである。

重野、久米らは、同じような手法を用いて、歴史の権威的存在とされているものや通説とされているものに、容赦ない批判を浴びせていった。彼らの立論は、史料の考証が緻密だったので、簡単には反論を許さず、たまに反論する人がいても、それにまた厳しい再反論を浴びせたので、やがて、相手が尻尾をまいて逃げだすということになった。かくして、重野、久米ら、帝国大学国史科グループはほどなくして歴史学界の学問的主流をなすことになっていった。といっても、仮借なき批判を浴びせられた側はたまったものではない。自分が批判されなくても、自分が信じていた通説や、自分がシンパシーを感じていた権威が批判され、それ

に反論したくてもできない人々は次第に、彼らに反感を持つようになった。久米邦武事件の背景には、そのような感情的わだかまりが底流にある。

とりわけ、彼らの批判が、『太平記』や『大日本史』など、当時の人々に最も親しまれていた歴史書に及ぶと、その反撥は強いものになっていった。

しかし、久米邦武にいわせれば、

「太平記は下賤の人の書綴りたる話し本にて、今にていはば、軍談講釈師が正史実録と唱へて、続き話しを演ると同性質のものなり。殊に政事又は朝廷公方向きの事は、所謂下人《ゲス》の天下扱ひと謂《いう》へき浅墓なる考へを述立たるもの」(「太平記は史学に益なし」)

なのである。しかし、これが世の中では歴史の根幹とも思われていて、とりわけ、水戸の『大日本史』が、これを史料として無批判に相当部分を取り入れてしまったため世に誤りが蔓延することになった。

『大日本史』は、『太平記』だけでなく、多くの物語文学を歴史の資料としてしまっているが、「物語の書は想像の説多く、虚誕半《なかば》に過ぐ」ものだという認識が必要だという。

たとえば、僧俊寛が鬼界島に流された話は『平家物語』にあり、その後、謡曲となったり演劇になったりしているが、同時代の史書とか、薩摩藩に残る史料などにあたってみると(実際に現地で調べる機会があった)、俊寛が鬼界島に流されたという史実はあるが、その他の物語となったような部分については、歴史的根拠が一切なく、頭のなかでこしらえあげた話としか考えられない。

「俊寛ノ存没知ルベカラズ。平家物語ノ説ク所ハ、惟是《ただこれ》京人ノ想像談ニテ、児女子ニ聴シムルニスギズ。凡《およそ》物語ハ盲法師盲女ノ扇拍子又ハ鼓ノ節奏ニテ朗談スルモノニテ、保元平治、平家、曾我物語、及ビ源平盛衰記ノ類、ミナ実事ニ就テ綺語ヲ敷衍シ、中ニ必ズ男女ノ情ヲ錯《まじ》ヘテ、聴者ノ興感ヲ切ニス。是耳聞ヲ主トスルモノニテ、其書ヲ講ジテ事実ヲ討究スレバ、十ノ七八ハ虚構ニ属ス」(「歴史学の進み」『史学会雑誌』明治三十一年七月)

十の七、八は虚構というのは、古記録など他の史料と参照してみると、歴史的事実と認められるものは、十のうち二、三しかないということである。

その点をのぞくと、『太平記』は、

「其学問該博ニテ、文筆雄健、亦大義名分ニ明カナリ。此類ノ著作ニ於テ第一ノ傑作ト称スベシ」

という点を認めるのにやぶさかではないが、「虚構捏造若クハ無用ノ冗談」がはなはだ多く、歴史の傍証のひとつくらいには使えても、これをもって歴史の主史料とすることはできないという。

しかし、これまでの国史においては、『太平記』がひとつのモデルになってしまっていた。

「惟《ただ》其人耳ニ快美ナルヲ以テ、久シク世ニ称賛セラレ、後ノ史伝ヲ筆述スルモノ、争フテ之ヲ倣ヒ、近四五百年ノ史伝ハ、大抵其体裁ヲ襲フ」

日本の歴史学の最大の欠点は、このように歴史と物語がわかちがたくからみ合っているところにある。本当の歴史学を樹立するには、まず「この物語の弊風を脱する」ことが何より必要である。『平家物語』や『太平記』のたぐいで歴史を論じたり、そのたぐいの書物を書くことをもって歴史と考えるような理解から早く脱しなければならない。以上のように考えていた久米は、明治二十四年、『史学会雑誌』に「太平記は史学に益なし」と題する長文の論文（四回分載）を発表した。その前年に、重野がやはり『太平記』を批判して、『太平記』の中で最も有名なエピソードの一つとして知られる「児島高徳」と「桜井駅の別れ」の二つが、史実として本当に存在したかどうか疑わしいという論文を発表し、「児島高徳抹殺論」として評判になった。

太平記は「こしらえ話」ばかり

この二つのエピソードは、戦前の小学校の歴史の教科書にのっていたから、その時代に子供時代をすごした人なら誰でも知っている話なのだが、すでにそれを知る人は少数派になっている（六十代後半）ので、念のために書いておく。

児島高徳というのは、備前の武将で、天皇に対する尊崇の念が篤く、後醍醐天皇が元弘の変で捕えられ、隠岐の島へ流されようとしているとき、護送の一行のあとを追ったが、厳重な警戒で近づくことができない。そこで、途中の宿舎の庭に忍び入り、そこの桜の木の肌を削り、そこに、中国古典にある故事をひいて、

「天勾践《こうせん》を空しうすることなかれ
　時に范蠡《はんれい》なきにしもあらず」

（呉王との戦いに敗れた越王勾践が、忠臣范蠡《はんれい》の助けを得て、二十年後についに呉を滅したように、いずれ後醍醐天皇にも忠臣があらわれて形勢を盛り返すかもしれない）

と書付けた。古典の素養がない警護の者たちは誰一人その意味がわからなかったが、後醍醐天皇だけは、その意味がわかってニッコリしたというエピソードである。

実際、高徳は後に挙兵するが、失敗する。

この児島高徳に関して、『太平記』以外の資料が一切存在しない。従って、その存在を疑えば疑えるのである。

児島高徳なる人物が本当にいたのかどうかは、いまだにはっきりしないが、現在の通説では、全く架空の人物であったとは考えられていない。有力な説は、『太平記』の著者とされる小島法師が、児島高徳その人ではないかという説である。つまり、児島高徳は、戦いに敗れたあと出家して小島法師となり、自分たち南朝派の軌跡を『太平記』として世に遺したということである。

児島高徳が実在していたかどうかはともかく、当時、『太平記』と『大日本史』の記述は史実と考えられており、児島高徳は尊王と忠義心の見本のような人物と考えられていたから、重野安繹の児島高徳抹殺論（本人がそう呼んだわけではなく、重野説に反撥した人たちがそう呼んだ）は、尊王心の篤い人々を憤激させた。

人々を憤激させた点では、「桜井駅の別れ」の否定も同じだった。これは、太平記の主人公の一人である忠臣楠木正成の子別れの場面で、教科書などでもよく絵になっていたから、昔の人ならみんな記憶にある名場面なのである。

一三三六年、楠木正成は、九州から大軍を率いて東上する足利尊氏を兵庫の湊川で迎え撃つことを命ぜられるが、多勢に無勢で、はじめから負け戦覚悟の出陣となる。

その途中、河内国に住んでいた息子正行《まさつら》を摂津の桜井駅に呼びだして別れを告げる。その場面、当時の小学校の歴史教科書に従えば、こうなっている。

「されば、正成、今は是までなりと心をさだめて、摂津の桜井駅に到り、其子正行に告ぐるやう、『吾死して後は、天下は尊氏のものとなるべし。されども、汝命を惜みて敵に降参するが如きこと万々あるべからず、一族のもの、一人にても生きのこらん限りは、必ず忠義の旗をあげよ』と、かたく誡めて、河内の我が家に送り還せり。正行其時年十一なりき。（略）

正行は、河内に帰りし後、父の遺言を忘れずして、常に子供同士遊び戯むるゝにも、自ら大将となりて、尊氏を斬るまねなどせり。かくて、年二十に及びて、忠義の兵をおこし、たび〳〵敵を破りけるが、遂に河内の四條畷に戦ひて討死せり。武勇にして、忠義の心深きこと、此父子の如きは古今に稀なり。誠に我が国民の鑑といふべし」（『帝国小史』〈明治二十六年検定〉巻之二第十六章）

これまた忠義心のお手本のような話で、歴史の教科書にのっていたばかりでなく、宮内省から直々に地方行政長官を通じて全国の小学校に配布された修身用の教科書『幼学綱要』（元田永孚著）の忠義の項には、もっと詳しい形でのっている。小学生に忠義心の何たるかを教えるには最良の教材と考えられたのである。

それが史実として怪しいという指摘は、これまた保守派の人々の憤激をまき起した。

重野安繹が何をもって怪しいとしたのかというと、十一歳という正行の年齢である。他の客観的な史料に従うと、それから三、四年後に、正行は天皇から弁内侍という高位の女官をたまわっている。その女官はどう見てもそのとき二十五、六歳以上と考えられる。それを十四、五歳の少年にたまわるというのは、どう考えてもおかしい。また、同時代の正行の自筆の書状が河内の金剛寺に残っているが、それには「左衛門尉正行」という署名がある。左衛門尉という官位はそれなりに高位のものであるから、十四、五歳の少年に与えられるわけはない。実際、その書状の筆跡を見ても、それは少年の筆跡ではないといったところがその理由である。結局、重野は次のように主張した。

「因テ思フニ、正成陣歿ノ時ハ、正行弱冠左右ニテ（内侍ヨリ長ズルコト二三歳）、父ノ留守シテ本国ニ在城セシ歟。太平記正成ノ戦死ヲ期セシコトヲ、華々敷書《はなばなしくかか》ントテ、子別ノ一段ヲ設ケ、幼少ナラデハ不都合ナルニ因リ、十一歳トナシ、父打死ノ後、子供游《あそび》ニモ、尊氏ヲ逐フ、尊氏ガ首ヲ斬ルナド書シハ、皆例ノ拵《こしらえ》話ナリ」（「史ノ話」『東京学士会院雑誌』明治十九年）

たしかに、これはおかしいといえばおかしな話で、史実として疑わしいとはいえる。しかし、ではこれが、史実が存在しないということの十分な証明になっているかといえば、必ずしもそうはいえないだろう。今でも、その史実はあったともなかったとも結着がついていない。ただ、ここにもあるように、『太平記』には「こしらえ話」が多いということは、いまでは通説となっているし、同時代の人である今川了俊《りょうしゅん》（『難太平記』の著者）にしてからが、「此記は十が八九はつくり事にや」といっているのである。

久米邦武は、さらに激しく「太平記は史学に益なし」の中で、

「嘗て其一二の両巻に就て、誤りなき文句のみを標挙せしに百余句もありしにや」

と極端なことを述べている。正しい部分が、一、二巻で百句ほどもなかったというのである。そして、こういう。

「ひたすら無学の人、凡下の男女に面白からしめんと書綴りたるにより、足利時代より盛んに行はれて、数百年を経たれば、後人は当時の実録と思ふも無理ならねど、夫も学問の心はなくて、只読書を好み、消閑の慰みとなし軍談講釈師の代りに弄《もてあそ》ぶ人のことなり、史学といへばあながち考証することにも非ず、かく久しく行はれたる書なれば少々事実の相違あるとも、亦史学に益もあるべしと思ふ人もあらんが、是も誤りなり」

楠木正成は、中国の諸葛孔明にも比すべき智謀の将といわれ、その赤坂城、千早城の戦いにおいては、さまざまな創意工夫あふれる戦術を繰り広げたことになっている。たとえば、赤坂城では、城まわり全部の塀を二重に作っておいて、外側の塀は縄で釣り上げるような仕掛けになっていたという。寄せ手が攻めてきて

も内側から応戦せず、寄せ手の兵が安心して塀をよじのぼり、それを乗りこえようとしたところで、四方の塀の釣縄《つりなわ》を一度に切ると、塀がバタバタと倒れ、兵たちは皆倒れてしまった。そこに上から大木や大石を投げかけると、千人の寄せ手のうち七百人が死んでしまったという。

その後、今度は寄せ手の側が釣り塀を警戒して、熊手を用意してきて、それを塀に引っかけて塀を引き倒そうとしたところ、今度は城内から、柄《え》の長さが一、二丈（一丈は約三メートル）もある長い杓《ひしゃく》で上から熱湯を注ぎかけると、手足を焼かれて立ち上がれなくなった者、五体を損じて病いの床についた者が二、三百人に及んだ、という『太平記』の記述がある。

これに対して、久米は、このあたりはこしらえ話の典型であるとする。釣り塀など、芝居の道具仕掛けなら可能だろうが、現実の実用としてはとてもできない。長い杓で熱湯などという話もぜんぜん現実味がない。

「内より柄の一二丈長き柄杓に熱湯の湧翻りたるを酌て懸たりける間とあるを理学者に質問して、一丈の柄なれば常人の力にては幾升の湯を持得るべし、二丈となれば幾許を減ずべし、又熱湯を高所より注下すれば其湯の面積は空気中に広がりて、熱を失ふものなれば、何間なれば温湯となり、何間なれば冷水となることを研究したる者あるや」（同前）

実証主義の面目躍如である。

あるいは、第五巻に、護良《もりよし》親王が追手を逃れて、奈良の般若寺に逃げ込み、さらに、迫りくる追手を逃れて、仏殿に入ると、そこに大般若経を入れておく唐櫃が三つあったので、その中に身をちぢこまらせて入り、身体の上に経巻をかぶせてじっとしていたら、入ってきた兵は、上の経巻までは見たが、その下をさぐらなかったので、あやうく難を逃れたという話がのっている。しかし、これも全くありえない話と久米はいう。

「大般若経は六百巻にて、折本も、軸物も、大さは略定りありて、百巻一函に蔵むるが通例なり、人の隠るべき大さに非ず記者因て二百巻の櫃となしたれども、猶丁年の人を容るる大櫃はなさぬものなり、去年の冬比かと覚ゆ、先年川田博士般若寺に至りて、其函を見たり、人の隠るべき大さに非ず」（同前）

淵源は孔子の『春秋』

『大日本史』は、作り話の多い『太平記』を、一級史料として扱い、南北朝時代の歴史をもっぱらこれに頼って書いてしまったため、これもまた誤りの多い史書になってしまった。『大日本史』がなぜそれほど『太平記』を頼りにしてしまったかというと、『大日本史』が南朝正統論に立ち、その立場に立つ史料をもっぱら頼りにしようとしたからであると重野は分析している。

「後世ノ修史家ハ、南北正閏ノ名義先ヅ胸中ニ横ハリ、遂ニ其書ノ実否、事跡ノ真仮ヲ弁ゼズシテ之ヲ取捨スルニ至ル。日本史（立花注・『大日本史』のこと）以下往々此病《このへい》アリ。（略）日本史南北朝ノ処、引用書ヲ択ブニ、兎角北朝ノ記録ヲ用ズシテ、南方贔屓《ひいき》ノ書ヲ取ルハ、返々モ心得ヌ事ナリ。修史家ハ露程モ愛憎ノ心アルベカラズ」（前掲「史ノ話」）

歴史の史料を選ぶのに、イデオロギー的親近性や好悪の感情にとらわれてはならない。それをすると、必ず歴史的判断を誤るという。

「若シ愛憎心アレバ即チ曲筆トナル。（略）引書（立花注・引用史料のこと）ノ如キハ、其実ヲ得ルト否トヲ問ベシ。何方ノ作何人ノ筆ナリトモ、差別ヲ立ベカラズ」（同前）

ただ事実のみを追求し、事実が発見されたら、筆を曲げずに、それをストレートに伝える（直筆する）こと。これこそ、歴史学において最も大切に守らるべき大原則である。この点において、重野も久米も見解を同じくしていた。だからこそこの二人は、事実にあらざることを主張する従来の史書の誤りを執拗に追及せずにはいられなかったのである。そしてそれがやがて筆禍をまねくことになった。

大衆と大衆レベルの歴史家が、歴史に最も持込みやすい誤りが、勧善懲悪のイデオロギーである。歴史においては、結局、善なるものが勝利し、悪は滅んできたという思い込み。あるいは、歴史を書くものは善を勧め、悪を懲らしめるように書かねばならないとする思い込み。この二つの思い込みが歴史における勧善懲悪イデオロギーを形成するが、それは日常生活道徳や社会道徳における勧善懲悪イデオロギーとならんで、日本人の心性の中に深く入りこんでしまっている。日本人の歴史観は基本的にこのイデオロギーによって染め抜かれてしまっている。

その淵源をたどると、孔子の『春秋』に行きつく。『春秋』はもともと春秋時代の魯の国（現在の山東省付近）の紀元前七二二年から四八一年にいたる二百四十二年間の正史だったが、これに孔子が、自己の政治観、歴史観、道徳観にもとづいて筆を入れたため、単なる歴史書というよりは、儒教の政治と歴史における道徳学の教科書のようなもの（経）になった（「四書五経」というとき、五経の一つとして、これが入っている）。

そもそもなぜ孔子が『春秋』を書いたかというと、世に道徳が廃《すた》れ、邪説暴行が幅をきかせている現状を嘆いてのことだった。

「世衰《おとろ》え道微《みちび》にして、邪説暴行有《ま》た作《お》こる。臣にして其《そ》の君を弑《しい》する者之《こ》れあり。子にして其の父を弑《しい》する者之《こ》れあり。孔子懼《おそ》れて春秋を作る」（諸橋轍次『中国古典名言事典』による）

と孟子は書いている。孔子自身は、

「わたしは世の乱臣賊子《ぞくし》に筆誅を加えようとして『春秋』を書いた」（同前）

と、自著について語っている通り、これは勧善懲悪の書なのである。だから、これは、歴史的事実をそのまま記述した歴史書ではなく、いろいろ理屈をこねては、乱臣賊子は悪業の報いによってこれこの通り滅びの道をたどりましたとこじつけていった書物である。「春秋の筆法をもってすれば」という表現があるが、それは、自己の価値観にもとづく主張を貫くため、事実関係が少しくらいねじ曲がっても、強引なこじつけ論理を展開してしまうことをいう。

このような勧善懲悪的イデオロギーから早く脱して、事実を事実として見すえるところから出発しなければ、真の歴史学の確立はないということを力説したのが、久米邦武の「勧懲の旧習を洗ふて歴史を見よ」（『史学会雑誌』第十九号・明治二十四年）だった。

「歴史は其時代に現出《でき》たる事を、実際の通りに記したるが良史なり、記者の意にて拵《こしらへ》直しては歴史の標準にならぬなり、其事実には善悪のあることもあり、なきこともあり、又善悪の分らぬこともある」

歴史学が政治イデオロギーに左右される

この論文は、今から見ると、当り前すぎるほど当り前のことしかいっていないが、それまでの歴史があまりに勧善懲悪のイデオロギーにこりかたまっていたので、これでも斬新な見解だった。それ以前の『春秋』をモデルとする歴史においては、歴史の役割は、そのような悪の所業をつづけているといずれ恐ろしい報いを受けるぞと悪人、乱臣賊子を威すための道具になっていた。江戸時代の思想を支配した朱子学の歴史観は、『春秋』の歴史観の延長上にあり、朱子学の強調する大義名分を乱す者は、『春秋』がいう乱臣賊子とみなされ、勧善懲悪の対象となった。『大日本史』、『太平記』をはじめとする日本の往時の史書はすべて、勧善懲悪のイデオロギーによって貫かれており、そのイデオロギーの背骨が通っていれば、少々の史的事実関係のねじ曲げなど、平気で通っていたのである。

「徳川氏時代は朱子学を主尚せし故に、其比著述の歴史は、大日本史を始め、皆綱目を春秋の遺意《いい》と信じ、乱臣賊子威しに偏執し、勧懲を歴史の主要となしたれば、謬見甚多し」（同前）

そこに、重野や久米のように、ヴァリュー・フリー（価値評価抜き）の立場に立って徹底的な事実の検証と厳密な史料批判からはじめるという西洋史学の基本的な方法論をもちこめば、摩擦が起きるのも当然といえば当然だった。

一般大衆は、芝居や物語に、勧善懲悪のドラマを求め、そこから得られる「喜笑悲泣怒罵の情感」を楽しむように、歴史物語や歴史講談にも、同じものを求めていた。勧善懲悪のドラマが成立すれば、見る（読む）側の者もそこにある種のカタルシスを得ることができるが、あくまでも事実を重視する立場に立つと、そのようなドラマは必ずしも成立しない。見る側は不満を感じるばかりとなるから、勧善懲悪から離れた歴史は、世に教え益するところがないという主張もあらわれた。
それに対して久米は、世の本当の現実に立てば、そもそも一義的な勧善懲悪など成立するはずもないのだと、これまた今となっては当り前の主張をぶつけていた。

「世に善悪といふは、大抵自己の好嫌《すききら》ひを標準にしたること多し、好嫌は愛憎の本なり、愛憎の熱が脳につけば、善も悪に見え、黒も白に見ゆるものなり、歴史の事実は複雑を極めたるに其善悪の容易に判断さるるならば学問に骨は折らぬなり、（略）歴史学に最邪魔になるは愛憎心なり、芝居寄せの勧懲を真にうくれば、歴史に向ひても、其愛憎の熱に因て、義経といへば、忽ち鍬形龍頭の冑に、緋縅の鎧着て、華やかなる大将が心象に現はれ、梶原景時と聞けば、角頭の冑に、黒革縅の憎けなる面目が心象に現はれて、事実の善悪を狂はするなり」（同前）

歴史の問題は、ここに書かれているように、多分に、好悪愛憎の心理とイメージがからんでくる。それも義経が好きか梶原景時が好きかといった程度の問題なら、さしたる問題になるはずもないが、そこにいったん政治的イデオロギーの問題がからんでくると、問題はとたんに深刻化する。

政治イデオロギーがかかわる好悪愛憎は、しばしば男女間の好悪愛憎より作用が激しく、非妥協的で、また粘着力が強いからである。

実は、これまで重野と久米が展開してきた『太平記』批判は、当事者たちはまだ気がついていなかったが、すでに政治イデオロギーの面に立ち入り、一部に激しい反撥を招いていた。前述したように、『太平記』と『大日本史』に対する批判には、明治維新をもたらした尊王思想の根幹をゆるがしかねないところがあったからである。そのため、先に引いた重野の「史ノ話」の中にも、突然、論述のコンテクストを無視して、

「日本史ノ南北朝ヲ書スルヤ、皇統ノ正閏ヲ弁ズルヲ主トス。世人因テ南朝ノ正統タルヲ知リ、楠新諸子（立花注・楠木正成、新田義貞のこと）ノ身家ヲ擲《なげうち》テ勤王セシヲ賞揚シ、是ヨリシテ尊王ノ論起リ、終ニ今日ノ王政復古ニ至リシハ、偏《ひとえ》ニ日本史ノ大功ニシテ、其引書ナル太平記モ与《あずか》リテ力アリト謂ベシ」

とか、

「南正北閏ハ、皇統ノ上自《おのずか》ラ明白ナレバ」

というくだりが飛び出してきたりして、自分たちの主張は、皇統の問題（南朝の正統性の問題）に疑いをさしはさんでいるのではないのだということをさかんに強調していた。

「歴史は儒教の教えを棄てよ」

実はこの時期すでに、重野のもとには相当の反論反撥があり、それは身の危険を感じさせるほどのものだった（大久保利謙「近代史学の前夜——重野安繹の抹殺論——」＝向坂逸郎《さきさかいつろう》編著『嵐のなかの百年』所収）ので、それをあらかじめ予防線を張ったということなのである。

重野のもとに、どのような反論が寄せられていたかは、重野が『史学会雑誌』第六号に書いた「川田博士外史弁誤の説を聞きて」の中にいろいろ出てくる。

たとえば、次のようなものである。

「余リ詮索過ギル時ニハ、忠臣孝子ヲシテ地下ニ泣カシムルニ至ラン」

「歴史ノ事実ヲ正シテ其誤謬ヲ弁ズルハ、忠臣孝子ノ事蹟ヲ消滅シテ、名教（立花注・儒教の教え）ヲ扶《たす》ケ愛国心ヲ厚クスル功用ヲ失フニ至ラン」

「尊氏、清盛ヲ護シテ、名教ヲ害ス」

この最後の論点に対しては、重野は次のように反駁している。「世人ハ尊氏トサヘ云ヘバ百事皆奸悪、清盛ト云ヘバ百事皆暴虐トスルハ権衡ヲ失ヘリ。（略）悪人ニモ善事アリ、善人ニモ不善事アリ、善悪ヲ以テ人ヲ限ルベカラズ。善悪ヲ以テ人ヲ限ルハ、芝居浄瑠璃ノ脚色ナリ。悪人ハ赭面、善人ハ白面、声音笑貌憎ムベク悦ブベク、必《かならず》両端ノ極度ニ達シ、以テ衆人ノ観感ヲ引キ、勧懲ノ用ニ応ズ。歴史モ斯クアルベシトナラバ、稗史野乗（立花注・卑俗な歴史）ヲ採リテ正史実録ヲ棄ツベシ」

このあたりのところは、先に引いた久米の勧善懲悪を排するの論とおもむきを同じくしているが、重野は、史学会の創立総会における、「史学に従事する者は至公至平ならざるべからず」という会長演説の中で、この点をさらに明確にして、歴史学は儒教の教え（名教・明教）を放棄することからはじめなければならないとして、次のように述べた。

「古来ヨリ歴史ト明教トヲ合併スル者アレドモ、歴史ハ明教ヲ棄テ研究スベシ。若シ歴史ニシテ之ヲ合併セシメンニ、大ニ歴史ノ本体ヲ失ス。世間ニ於テ是説ニ反対スルモノアラン。然レドモ、モシ歴史ハ明教ヲ究ムルトセバ、明教ヲ主トスルナリ。仮令《たとい》忠臣義士ト云フモ過《あやま》チナキニアラズ、乱臣賊子トテ善ノ取ルベキアリ。若シ明教上ヨリ之ヲ判定セバ、悪人ハ悪人、善人ハ善人トシテ、其ノ過チヤ又ハ善ナルヲ棄ザル可ラズ。サレバ明教ノ論ニナリテ歴史上公平ノ本義ニ背戻シ、史ノ本体ヲ失フ者ト謂ハザルヲ得ズ。故ニ史学ハ明教ヲ放棄スルヲ主義トシ、総テ公平ヲ以テシテ、憶見妄想ヲ介スベカラズ」

これは、日本の歴史学を長らく害してきた儒教主義（春秋の筆法、勧善懲悪主義、大義名分論）への訣別宣言といえるだろう。史学会は、このような訣別宣言をもって、史学をスタートさせようとしたのである。しかし、現実には、訣別どころか、生まれたばかりの新しい日本史学は、旧来の儒教主義的（プラス皇道主義的）史学に全面屈服してしまうのである。

問題は、久米邦武が『太平記』批判につづけて『史学会雑誌』（二十三号〜二十五号・明治二十四年）に書いた「神道は祭天の古俗」と題する論文をめぐって起きた。この論文は、神道の淵源をたどったもので、神道とは宗教ではなく、ただ天を祭り、災を追い払い、福をもたらすべくお祓いをするというだけの古来の習俗であるという主張である。それは習俗であって宗教ではないから、仏教あるいは他の宗教とならび行われても少しも問題は生じない。事実、日本では昔から敬神と崇仏がならび行われてきた。

史学が扼殺されてしまう

日本人はみなそれぞれの流儀で毎朝身を清めて天に祈るということをする。手を洗い口をすすいで、あるいは柏手《かしわで》を打ち、あるいは合掌し、あるいは拝礼し、あるいは経文をとなえる。立つもあり、ひざまずくもあり、上下四方を拝するもあり、日の出に向かうもあり、仏壇に向かうもある。形はさまざまだが、結局やっていることは、

「実は皆天に禱りて福を求むる所にて、往古の祓禊祭天の遺俗なり」

という。その起源を考えてみれば、原始時代、自然の恵みで生き抜き、ときには自然に翻弄されて苦しんできた未開民族たる祖先が、

「必ず彼《かの》蒼々たる天には此世を主宰する方のまし〳〵て、我々に禍福を降し給ふならんと信じたる観念の中より、神といふ者を想像し出して崇拝をなし、攘災招福を禱り、年々無事に需用の物を収穫すれば、報本の祭をなすことを始たるなり」

という。考えてみると、あらゆる宗教は、このようにして神なる概念を考えだし、それをおがむことによってはじまった。そのおがむ対象は、だいたい天であった。天にいる神であった。

「何国にても神てふものを推究《おしきわ》むれば天なり、天神なり。日本にてカミてふ語は、神・上・長・頭・髪に通用す、皆上に戴く者なり。其神を指定《さしさだ》めて、日本にては天御中主《あめのみなかぬし》といふ。支那にては皇天・上帝といひ、印度にて天堂といひ、真如ともいひ、欧米にてゴッドといふ。皆同義なれども、祭天報本の風俗は各異なるのみ」

　同じ天にいる神をおがみながら、神道が他の宗教とちがうものになったのは、他の宗教は、教義体系や教団などを作り、組織化され制度化された宗教になったのに対し、神道は救主も救済もなく、教義体系もなく、ただ古来の自然崇拝的な習俗のままにとどまったという点だという（だから宗教でなく習俗だという）。

　しかし、他の宗教にしろ、神道にしろ、もともとは、天を祭るところから来ているのだからということで、東洋一般の大昔からの天を祭る風習を比較宗教学的に検討してみると、神道を構成するさまざまの宗教的要素の正体が見えてくる。そのような分析を通じてこの論文には、神道に関する、大胆なコメントが次々に出てくる。

「祭天の大典は新嘗祭なり。新嘗祭は天照大神を祭るにあらず。天を祭る古典なり」

「新嘗祭は東洋の古俗にて、支那にもあり、韓土も皆然り」

「三種の神器の鏡は大神を祠ると思ふも無理ならねど、是も実は天を祭るなり」

「伊勢・三輪両神宮の起りは此の如し。皆天を祭るなり」

「此三器（立花注・三種の神器）は、もと何用になる物なるや、是迄説く者なし。按ずるに、是は祭天の神座を飾る物なるべし」

「総て上古の神社は、皆此の如き原由にて、尽く祭天の堂に外ならず」

「上古の朝廷の有様は、後の伊勢神宮の如きものなりと想像すべし」

「仏教の入りたる後、仏に偏して神に疎なりと思ふは僻《ひが》める説なり。もしまた神道にのみ僻《へき》し、今日まで神道のみにて推来るならば、日本の不幸は実に甚しからん。教典さへ備はらぬ神道の古俗に任せたらば、全国今に蒙昧の野民に止まり、台湾の生蕃と一般ならんのみ」

「世には一生神代巻のみを講じて、言甲斐なくも、国体の神道に創《はじま》りたればとて、いつ迄も其襁褓《むつき》の裏にありて、祭政一致の国に棲息せんと希望する者もあり。此活動世界に、千余百年間長進せざる物は、新陳代謝の機能に催《うなが》されて、秋の木葉と共に揺落《ゆりおと》さるべし」

要するに、神道は、きわめてプリミティブな発展段階にあった原始宗教であり、一つの宗教として自立する以前の宗教的雰囲気を伴う習俗にとどまっていた。そこに高度に発達した仏教が入ってきたが、神道にはそれに宗教として対抗するだけの内容もなく、そうする意志もなかった。かくして神道は、宗教以前の段階でとどまり、それ以上宗教として発展することをやめてしまったから、かえって、その後も他の宗教と融和・共存しつつ長い生命を保つことになったというのがこの論文の基本的な論旨である。

そういわれてみると、なるほどと思われる分析だが、神道の側はこのような分析に怒り狂い、総力をあげて、久米と、その背後にいると目された重野を攻撃した。

攻撃のポイントは、この論文は、皇室と皇室の祖先を侮辱する不敬不忠の論文だということにあった。この主張によって、問題はみるみる政治問題化し、文部省は久米を非職（公務員の身分は残すが、その職務はいっさい取りあげる）としたので、久米は自分から職を辞して、早稲田大学（東京専門学校）に去り（久米は大隈重信と親しい関係にあった）、重野は免職となった。史学会は会長とエース級の学者を失い、東大の国史科は二人の教授を失うことになった。これは日本の大学にはじめて起きた、学問の自由、大学の自治をゆるがす大問題であったにもかかわらず、大学の内部からも外部からも、この二人に救いの手を差しのべようとする動きは全く出なかった。

そして、重野の下にあってそれまで大学に移ってからも修史事業を継続していた史誌編纂掛は廃止になり、代って、純粋に史料のみを扱う史料編纂掛ができたが、そこでは、「世上の物議を招くがごとき論説考証を公にせぬこと。掛中の材料は一切他に漏洩せぬこと」といった厳重な掛員規約が作られた。要するに本格的な歴史研究をする歴史学者はいらない。史料を扱う掛員さえいればいいということである。東大の史料編纂所が、外国の大学によくあるような本格的な歴史研究を目的とするインスティテュートとしての歴史研究所ではなく、史料の蒐集・編纂・出版に特化した史料センターのごときものにしかならなかったのは、このためなのである。

公然たる論説考証ができない歴史学など、本当の歴史学ではない。生まれたばかりの史学は、ここにほとんど扼殺されるがごときうきめを見たといってよい。このような状況は、これ以後一層悪化し、歴史学は天皇制がかかわる問題にいっさいふれられなくなっていくのである。

10
天皇「神格化」への道

異様な国家、日本

いまから考えてみると、久米邦武事件は、大きな歴史の曲り角だった。あのあたりから、国家が学問を支配することがはじまり、日本の歴史学はねじ曲げられ、神話が歴史をおさえこみ、国民は子供のときから神話的国家観を頭に叩きこまれるようになったのである。

最近、北朝鮮という国家の異様な政治体制がさかんに報じられているが、明治時代後半から昭和時代前期（一九四五年以前）までの日本は、あれ以上に異様な国家だった。金正日はほとんど神格化されているとはいえ、まだ「将軍さま」「首領さま」であって、神様ではない。誰も彼を神様とは呼ばないし、礼拝もしない。

明治天皇

後醍醐天皇

しかしかつての日本では、天皇は現人神《あらひとがみ》とされ、神として礼拝されていたのである。国民は、子供のときから、天皇は神の末裔であると教えこまれ、ことあるごとに儀式的礼拝が強制されたから、ほとんどの国民はそう信じ込んでいたのである。だから、あの戦争でも、多くの兵士が天皇陛下万歳を叫びながら天皇のために惜しげもなく命を捧げたのである。イスラム教徒が、ジハード（聖戦）が宣せられると、この戦争でアラーのために戦って死ねば天国に行けると信じて、平気で命を捨てるようなものである。

私自身は、昭和十五年生まれで、戦後に小学校に入学しているから、戦前の教育は何ひとつ知らないが、私のちょっと上の人までは、天皇制下の神話教育、神国教育を身をもって受けてきている。

この仕事のために、昔の歴史教科書を開いてみると、啞然とする。本当に、こんなものを歴史として学んでいたのかと、ほとんど信じられない思いである。

たとえば、私が生まれた年である昭和十五年の『小學國史上巻尋常科用』を開いてみる。まず、「神勅」というものが、ドーンと頭のページにのっている。

「　神《しん》　勅《ちょく》
豊葦原《とよあしはら》の千五百秋《ちいほあき》の瑞穂《みづほ》の国《くに》は、是《こ》れ吾《わ》が子孫《うみのこ》の王《きみ》たるべき地《くに》なり。宜《よろ》しく爾皇孫《いましすめみま》就《ゆ》きて治《しる》せ。さきくませ。宝祚《あまつひつぎ》の隆《さか》えまさんこと、当《まさ》に天壌《あめつち》と窮《きはま》りなかるべし」（旧字の漢字は新字に改めた。以下同じ）

これは『日本書紀』にある言葉で天壌無窮の神勅と呼ばれている。天照大神が、自分の孫である瓊瓊杵尊《ににぎのみこと》を地上に下らせる（天孫降臨）ときに、与えたとされることばで、天と地がきわまりないように、お前の子孫がずっと豊葦原の瑞穂の国（日本のこと）を支配するのだぞという意味である。これが万世一系の天皇の支配権の根拠になっている。天照大神がそう命じたのだからというわけだ。

文書記録上、天皇の支配権の根拠は、『日本書紀』のこの記述にしかない。大日本帝国憲法の第一条「大日本帝国ハ萬世一系ノ天皇之ヲ統治ス」の根拠がこれだということは、憲法を作った伊藤博文が明言している。要するに、天皇制はすべてが、この神話の上に築かれているのである。だから、それをまず、小学校の歴史教科書のはじめにドーンとのせたわけである。

つづく、歴史の第一章は「天照大神《あまてらすおほみかみ》」で、次のような記述ではじまる。

「天皇陛下の御先祖《ごせんぞ》を天照大神と申し上げる。大神は、伊奘諾尊《いざなぎのみこと》・伊奘冉尊《いざなみのみこと》二柱の神が、天下《あめのした》の君《きみ》としてお生みになった限りなくたふとい神であらせられる」

天孫降臨のくだりも、次のように書かれていて、神勅をひいて、これが日本の国体というものだと説明している。

「大神は、いよ〳〵皇孫瓊瓊杵尊をわが国土におくだしにならうとして、尊をお召しになり、

豊葦原の千五百秋の瑞穂の国は、是れ吾が子孫の王たるべき地なり。宜しく爾皇孫就きて治せ。さきくませ。宝祚の隆えまさんこと、当に天壌と窮りなかるべし。

と仰せられた。万世一系の天皇をいたゞき、天地と共に動くことのないわが国体の基《もとゐ》は、実にこゝに定まったのである」

江戸時代、神話は「歴史」ではなかった

昭和十八年にできた国定教科書『初等科國史』になると、歴史の神話化はさらにすすみ、第一章が「神国」となっていて、アマテラス以前のイザナギ、イザナミの国生み神話からはじまっている。

「遠い遠い神代の昔、伊奘諾尊・伊奘冉尊は、山川の眺めも美しい八つの島をお生みになりました。これを大八洲《おほやしま》といひます。島々は、黒潮たぎる大海原に、浮城のやうに並んでゐました。つづいて多くの神々をお生みになりました。最後に、天照大神が、天下《あめのした》の君としてお生まれになり、日本の国の基をおさだめになりました。

大神は、天皇陛下の御先祖に当らせられる、かぎりもなく尊い神であらせられます」

歴史の教科書が、はじめから、このように無批判に神話の上にのっていたわけではない。実は、久米邦武事件以前は、歴史学の現場では、重野安繹や久米邦武につらなる流れの実証主義者たちの力が強かったから、教科書にも、それなりの工夫があって、神話そのままではなかった。

たとえば、明治十五年の『校正日本小史（文部省検定済）』では、神話的部分は、総論として、次のように書かれていた。

「此国開闢ノ事ハ、今ヨリ幾千百年前ニアリシカ、詳ニ其年代ヲ知ルコト能ハズ、年数ノ推シテ知ルベキハ、今ヨリ凡ソ二千五百余年前ヲ限リトス、夫ヨリ前ハ、年代甚ダ悠遠ニシテ測ラレズ、然レドモ今古史ニ載セタル文ニ拠リテ先ヅ其大略ヲ記シ始ムベシ」

こうして、以下は「古史」にのっていることだと断った上で、「神代」の神話部分がつづくが、その終りのところには、次のようにあり、神話と歴史を区別しようとしている。

「然レドモ、此時代ハ、固ヨリ年数ヲ知ラザレバ、事跡ノ詳ナルコト、考フベカラズ、開闢ヨリ此ニ至ルマデヲ、スベテ称シテ神代トイフ」

ここに書かれている年数の問題は重要で、『古事記』『日本書紀』は一応歴史書ということになっていて、年数がいろいろ出てくるが、神代に関しては、それが全くデタラメだから、数字を検討するだけで、歴史部分と神話部分の区別がつき、それがどの程度のリアリティをもっているかもわかる。それは歴史をやる者の常識で、江戸時代からそういうことはわかっていた。たとえば、江戸中後期の合理主義者、山片蟠桃《ばんとう》（一七四八〜一八二一）は、『夢ノ代』に次のように書いている。

「神代ト云モノハ漢土三皇ノ如キトミルベシ。何ゾ始メテ交合シテ国土・山川・草木ヲ生ゼン。何ゾ目ヲ洗ヒ、鼻ヲナデ、ヤス川ニ誓ヒ、迦倶津知《カグツチ》ヲ斬テ、子ヲ生ズルコトノアラン」

漢土三皇とは、中国の伝説上の皇帝、黄帝らをいい、誰も実在の人物とは思っていない。日本の神代もそれと同じで、実在と思ってはいけないといっているのだ。また、記紀にはイザナギ、イザナミの国産みの神話とか、イザナギが目を洗うとアマテラスが生まれ、鼻を洗うとスサノオノミコトが生まれたとあるが、そんなことあるわけないじゃないかといっているのだ。さらに、

「地神五代、数十万歳ノ寿アルベカラズ。葺不合《フキアヘズ》ノ尊八十三万六千四十二歳ニテ崩ズ。其時神武ノ御年四十五歳ナレバ、葺不合ノ尊ノ八十三万五千九百九十八歳ノ時ノ御子ニシテ、神武ハ第四ノ子ナリ。嫡五瀬《イツセ》ノ命トイヘドモ、大抵紀中ニテ考フニ、各別ノ老人トモ思ハザル也。八十三万歳長生ノ神ナラバ、一万歳ノ時ノ子ニテモ八十二万歳ノ御子アルベシ」

地神五代というのは、天照大神から、神武天皇の父である葺不合尊までの五人の神さまのことをいうが、記紀の記述を信じると、こんなむちゃくちゃの話になってしまうのである。だから、山片は、

「小児トイヘドモ豈《あに》コノ年数ヲ信ゼンヤ」

といい切っている。山片ならずとも、神話をそのまま事実と信じることはあまりにもバカげているということは、江戸時代のまっとうな知識人の共通認識だった。新井白石は『古史通』の中で、「神は人なり」といい切っていたし、林羅山は、神武天皇は古代の豪族の一人にすぎないといっていた。

「京都朝廷の神話は、林羅山や新井白石が批判したように、いまは全く荒唐無稽であり、時代の合理主義の

前には一挙に粉砕されざるを得なかったのである。『それ天孫、誠に若し所謂天神の子たらば、何ぞ畿邦に降らしめずして西鄙蕞爾《さいじ》の僻地に来るや、何ぞ早く中州の美国に都せざる……天孫の大已貴《おおなむち》（大国主神のこと）ある神武の長髄彦《ながすねひこ》ある、或は相拒《ふせ》ぎ、或は相戦ふ、是亦怪しむべし、想ふにその大已貴、長髄彦は我邦古昔の酋長にして、神武は代つて立つ者か』（羅山文集神武天皇論）という羅山の説明は、一切の神話に抗弁の余地を残さなかった。（略）神話はここでは古代史として、その宗教的なもの、神秘的なものの一切を失って行った。神話の宗教性がなくなったとすれば、皇室は一個の家名に誇る旧家に過ぎなくなるだろう。幕府の権力は、その盛時において、さらに多くの儒者の天皇＝人間論を横行させた」（奈良本辰也『吉田松陰』）

天皇を神と思っていなかったから、徳川幕府の側（林羅山は幕府おかかえの筆頭儒者だった）では、天皇を管理し（禁中並公家諸法度）、天皇を利用できるだけ利用しようという姿勢を貫くことができたのである。そういう姿勢は、明治維新をになった幕末の志士たちも同じだった。

「また天皇を隠語で『玉』ということが好んで用いられた。『玉を抱く』『玉を奪ふ』。木戸孝允は同志品川弥二郎《やじろう》にこう書翰で書いている。『甘《うま》く玉を我方へ抱き奉り候御儀、千載の大事にて、自然万々一も彼手（幕府—著者註）に奪はれ候ては（略）芝居大崩れと相成』と。天皇を政治の手段化した主体的な精神と、玉を奪われ『賊軍』となれば、芝居大崩れ、万事休すと考える主体性喪失の精神との混合した倒幕派の尊王思想が、倒幕を王政復古という形に結実させたのであった」（遠山茂樹『明治維新と現代』）

明治維新をになった志士たちには、尊王思想が強かったはずという一般的思いこみがあるが、志士たちの天皇観にはずいぶん幅があったのである。もちろんファナティックな天皇主義者も多かった。しかし、革命を成功させるのは、いかなる革命においてもリアリストである。それは天皇を「玉」と呼んで、道具視できるような冷徹な人だったということをこの史料はもの語っている。ちなみに尊王思想の中心になっていた水戸学ですら、神話を丸ごと信じる天皇主義ではなかった。水戸学の中心にあった『大日本史』は、実は神代の部分にはほとんどページをさいていない。そして、こう書くのである。

「上世之事、年代悠遠、神異不測」

「神」になってゆく天皇

一方、神話丸ごとウ呑みの天皇主義者たちもいた。それは、本居宣長、平田篤胤らにつらなる国学者、神道家たちで、彼らは、キリスト教やイスラム教のファンダメンタリストと同じように、神典（記紀など）に書かれていることなら、どんなに荒唐無稽でも、字義通り信じていた。だから、山片蟠桃などからは、「愚というべし」とあっさり切り捨てられている。しかし、彼らの天皇を神様視する尊王思想は、幕末の維新運動に大きな影響力を及ぼし、ファナティックな天皇主義者がかなり出た。しかし、維新が成り、新しい国作りの段階になると天皇主義者たちは急速に力を失っていった。ただ復古をとなえるだけで、新しい国作りのデザインを何も示すことができず、実行力もなかったからである。国作りは洋学派の近代主義者が中心になった。大学作りの過程においても、国学派、漢学派ともにごく初期に消滅して、洋学派の手で大学が作られていったということはすでに述べた。しかし、天皇主義者の影響力がすぐに消えたわけではない。侍従、侍補、侍講、あるいは天皇側近の高官などの形で宮中に大きな勢力を残し、それがやがて天皇を中心に、次第に、まとまりを見せてくる。彼らは天皇をにぎることで政治力をふるおうとした。

一方天皇自身も、践祚したときにはわずか（満）十四歳だったのに、いつの間にか青年天皇となり、政治にめざめ、実質的な政治力を持とうとした。他方、自由民権運動が次第に反政府運動の色彩を強めてくると、それに対抗して、政府は天皇をシンボルとして押し立てることで政治的求心力を保とうとした。いずれの側にとっても、天皇は神格化されたままのほうがいい。

天皇の政治的ポジションが変ってくるにつれ、天皇神話の持つ意味も次第に変っていった。それに応じて、社会の天皇観も変っていった。

憲法制度、教育勅語発布、不敬罪創設、神話教育などなど、天皇にかかわる政治決定が次々になされ、制度としての天皇制ができあがっていく。その一環として、久米邦武事件も起きたのである。

秩序としての天皇制ができ上がっていくにつれ、時代の流れは一変して、天皇について自由に語り、自由に論じることができないようになっていった。

いまから思うと、東京大学総理の加藤弘之が、『国体新論』の中で、

「天下の国土は悉皆天皇の私有、億兆人民は悉皆天皇の臣僕なりとなし、したがいて種々牽強付会の妄説を唱え、およそ本邦に生れたる人民はひたすら天皇の御心をもって心となし、天皇の御事とさえあれば、善悪邪正を論ぜず、ただ甘んじて勅命のままに遵従するを真誠の臣道なりと説き、これらの姿をもって、わが国体と目し、もって本邦の万国に卓越するゆえんなりというにいたれり。その見の陋劣なる、その説の野鄙なる実に笑うべきものというべし」

と書き、

「天皇と人民とはけっして異類のものにあらず。天皇も人なり、人民も人なれば」

と書くことができたことが夢のようである。そのような時代はあっという間に終ってしまう。その後は、急速に、加藤のいう「陋劣、野鄙な」見解が支配的になっていく。そして、「天皇も人なり」などとは、表向き、口が裂けてもいえなくなる。

不敬罪に問われた人びと

状況がはっきり変るのは、加藤の『国体新論』絶版事件の翌明治十五年一月に、不敬罪が施行されてからである。それによって、天皇・皇太子等に不敬の言行を働く者は、五年以下の重禁錮、二百円以下の罰金に処せられることになったのである。同時に大逆罪も設けられ、天皇、三后（太皇太后、皇太后、皇后）、皇太子に危害を加え、又は加えようとした者は死刑に処せられることになった。

不敬罪ができた当座、不敬罪に問われる事例が続出した。その内容を見ると、みなそのころまでは、平気で天皇の神性を否定するようなことを口にしていたのだということがわかる。

たとえば、静岡の地方紙の社主、前島豊郎が政談演説会でしゃべった次のような内容である。

「諸君ヨ（略）、抑モ天子ト云ヘバ、皆有リ難サウニ思ヒ来レドモ、決シテ左様ナルモノニ非ズ。然レバ、ドウユウモノデアルト云ハヾ、即チ大賊ノ第一等ナルモノナリ。（略）元来天子ト云フモノハ、其始メ己レガ意ニ従ハザル者ヲ伐チ倒シ、践《ふ》ミ倒シ、切リ倒シ、而シテ遂ニ此国ヲ我ガ所有物ノ如クセシモノナリ。因テ之ヲ一言ニシテ云ハヾ、大賊ノ第一等ナルモノナリ。（略）抑モ天子ノ成立ト云フモノハ、彼ノ蜂須賀小六ノ成立ト少シモ不二相異一、彼ノ小六ガ衆他ノ財産ヲ掠奪シ、随ツテ又タ衆他ヲ刃殺シ、且ツ其戦勝ノ廉《かど》ヲ以遂ニハ天下ノ大名トカ云フ者ニナリ、今日ニ至ツテモ、如レ此者ノ子孫ガ矢張リ華族トカ云フモノニ成リテ居ル様ナモノナリ」

実はこの演説が行われたのは明治十四年十二月で、不敬罪施行の直前だった（公布は十三年）。司法省は困ったが、施行前でも看過すべきではないということで、讒謗律第二条（いまの名誉毀損罪と同じような法律）で起訴し、裁判で禁獄三年、罰金二百円の刑になった。

讒謗律で不敬の罪を裁くということは、実は前から行われており、たとえば、「東京曙新聞」の明治十三年八月の「国民自尊の精神」と題する社説は、文中に、「彼神武天皇モ亦、其始ハ即チ日向ノ一豪族ノミ」という一節があったというだけで、「最も不敬に渉《わた》る」と、讒謗律に問われ、編集長が禁獄二年、罰金百円に処されている。

不敬罪が正式に施行されたあとのケースでは、たとえば、京都府士族の民権運動家、大庭成章が伊賀国上野でした次のような演説がある。

「余往々に我祖宗と尊崇せる神武帝の塑像又は画像を視るに、いづれも唐冠唐裳を着せり。此に由てこれを視れば、彼神武帝は其元唐土より渡航し来たり、我日本国のひまに乗じて、遂にこれを掠奪し、武力を頼んで、以て我日本人種を征服し、擅《ほしい》まゝに帝位に登りて、統を万世に垂れ、一統連綿帝王の位を専にするの基を開きしものにして、言はゞ我日本の大盗賊なり。故を以て其子孫は則ち国賊の末裔にして、現に今上皇帝の如きも均しく我国の賊といふべし」

大庭はこれで、重禁錮四年、罰金百円の刑に処されたが、

「大庭氏は鉄面皮にも憚かる色なく、斯処刑を受けたるからは、寧《むしろ》我が学事勉励の暇《いとま》を得たるなり、実に此上なき愉快なりと喋々しつゝ甘じて服罪せし」

と当時の新聞にある。不敬の言を弄する者には確信犯が少なくなかったのである。

一方で、高知県土佐国の講談師坂崎斌《さかん》のように、高座でちょっと口をすべらせただけという者も、容赦なく不敬罪に問われている。坂崎は、講談の枕として、「銭（税）を取って高いところにいられるのは、天子さまと私ぐらいなもの」といったところ、監臨（当時大衆演芸に、警察官が監視のために臨席していた）していた警察官から、これは不敬罪だといって取り調べを受けた。坂崎は、今のはただのマクラであって、本気でいったことではない、天子とはいったけれど、それは外国の天子も含めていったことで、ただちに日本の天皇を意味するわけではないなどと抗弁したが、重禁錮三月、罰金二十円に処されている。この程度のことまで不敬罪に問われて投獄されてしまうのだから、天皇のことを口にするときはみんな戦戦恐恐とするようになった。

問題なのは、それが言論人にも及んでいったことである。先の「東京曙新聞」の例に見るように、正当な言論活動の範囲としか考えられないようなもの（これなど、名誉毀損的表現は何もなく、ただ歴史的事実関係を述べただけで、それも林羅山の見解と同じで、この間まで知識人の常識的な見解だったものである）にまで及ぶようになって、天皇制の問題に関して、言論機関でおおっぴらに論を張る者がいなくなってしまったことである。

明治十年代、国会開設や憲法制定が話題になりはじめると、当然のことながら、新しい国作りの中で君主（天皇）をどのように位置づけるかが、最大の論点にならざるを得なかった。そこで、官民ともに活発な天皇論（君主論、帝王論）がまき起り、新聞などは論説で他紙と大論争をするようなことが行われた。明治時代の最大の論壇は新聞の論説だったから、そこにはなかなかの筆者が登場して、いま読んでも実に面白い論争が展開されている（『日本近代思想大系2　天皇と華族』（岩波書店）に生のままかなり収録されている）。

不敬罪制定の前とはいっても、新聞紙発行条目（明治六年）というものがあって、「国体を誹り国律を議し及び外法を主張宣説して国法の妨害を生ぜしむるを禁ず」とあったし、讒謗律の適用もあったから、百パーセント自由な言論とはいえないが、相当に自由な天皇論が交されていたのである。しかし、当時の最も自由な言論人の一人、植木枝盛も、次のようなものは個人のメモ（「無天雑録」）にとどめ、生前発表することはなかったところを見ると、このあたりが当時の言論の限界だったのだろう。

「日本ノ国学者輩ハ湯ガ桀《けつ》ヲ放《お》キ、武王ガ紂《ちゅう》ヲ伐チテ自ラ代ハリシ等ノ事ヲ以テ、賊ノ如ク見做《みな》シ、之ヲ誹《そし》レドモ、神武天皇ノ日向ヨリ起リテ日本全区ヲ奪掠シタルハ、賊ト云ヘバ賊ナリ、暴ト云ヘバ暴ナリ。（略）明治十四年二月二十六日記」

「日本ノ天子ガ皇統連綿トシテ今日ニ至ルコトヲ得タルハ、古来天子ハ余リ正面ニ出ルコトナク、有レドモ無キガ如キ程ノ有様ナリシガ故ナリ。藤原氏ヤ北条氏ヤ足利氏ヤ源氏ヤ平氏ヤ織田氏ヤ豊臣氏ヤ徳川氏ヤ、或ハ天下ヲ私シ王室ヲ軽侮シタルノ不礼ハ悪《にく》ムベキガ如クナレドモ、細《こまか》ニ之ヲ考フレバ、斯クアリテコソ王室ハ安全ニ保タレタルモノナレ。幕府ト云ヘル唇ガ正面ニ立ツコトナケレバ、歯タル王室ハ疾クニ亡ビシヤモ測ラレザリシナリ。（明治十四年）極月尽日《ごくげつじんじつ》記」

「誰か日本に進歩党ありと謂ふ乎。日本人民は悉《ことごと》く保守党なり。或者は少しく民権自由を唱ふるに相違なけれども、左りとて其儕輩《さいはい》さへも皇統連綿の国体を保守せんとするに非らずや。是れ正しく保守党なり、進歩党にあらず。〔明治二十三年〕九月二日」

ここで言及しておきたいのは、明治十六年に起きたもう一つの不敬事件である。この事件は、言論界の問題であると同時に、歴史学の問題として、大きな意味を持っていた。

「新潟日日新聞」が、民間の民権家が寄せてきた投稿を掲載したところ、その中の次のくだりが不敬罪に問われた。

「我ガ朝三十二代崇峻《すしゅん》帝ノ御宇ニ当テヤ、蘇我馬子擅《ほしい》マヽニ政権ヲ握リ、王室ノ尊栄ヲ保ツニアラズ、唯己レ一種族ノ栄利ヲ謀ラント欲スルニアルノミ。而シテ其甚キニ至テハ東漢駒《やまとのあやのこま》ノ手ヲ籍《か》テ主上ヲ弑《しい》シ奉リ、又従テ之ヲ殺シ、更ニ孱弱《せんじやく》無智ノ婦女子ヲ立テ政権ヲ壟断スルガ如キハ、悪ミテモ尚余リアル事ドモナリ」

これは、日本最初の女帝であり、聖徳太子を摂政としてとりたてた天皇として有名な推古天皇について述べた部分で、推古天皇をさして「孱弱無智」（ひ弱で無智）と述べた部分が、不敬罪に問われたのである。古代最大の豪族蘇我馬子が、自分の意のままにならぬ崇峻天皇を暗殺して、蘇我一族出身の娘である敏達《びだつ》天皇の未亡人を、御し易しとみて女性の天皇にしてしまったことについて述べたくだりだ。

『日本書紀』のひどい天皇

これに対して、「横浜毎日新聞」は、「不敬罪適用の範囲を問う」という論説を六回連続で社説欄にのせた。その論点は、推古天皇が本当に孱弱無智であったかどうかではなく、とっくの昔に歴史上の人物になっている天皇を批判してはならないのかというところにあった。もしそうであるなら、歴史を書くことなどいっさい成り立たなくなってしまうではないかということだった。考えてみればその通りであって、過去の天皇を悪くいってはならないということになったら、万世一系の天皇が支配してきた国にあっては、過去の支配者をすべてほめたたえる以外、歴史の記述のしようがなくなるのである。

しかし、歴史をたどると、善い天皇ばかりでなく、悪い天皇、変な天皇、道徳的に正しくない天皇などいろいろいた。その悪いところを悪いと書いて批判することはできないのか。だいたい日本の正史として認められた『日本書紀』が悪い天皇の悪いところをちゃんと書いて批判しているではないかと、「横浜毎日新聞」は主張していた。『神皇正統記《じんのうしょうとうき》』『愚管抄』『皇朝史略』『国史略』など一流の史書がみなそうしているではないか。天皇に関して悪いことを書いたら不敬になるというのでは、過去の一流の史書をみな火に投じなければならなくなるではないか。

正論である。歴史は事実をストレートに書いてそれを忌憚なく評するところにはじめて成立する。実際、歴史をみれば、おかしな天皇、ひどい天皇がいろいろいたのである。

その代表格が、五世紀末の二十五代天皇、武烈《ぶれつ》天皇である。『日本書紀』は、この天皇のことを、

「頻に諸悪《もろもろのあしきこと》を造《し》たまふ。一も善を修めたまはず。凡そ諸の酷刑《からきのり》、親《みづか》ら覧《みそな》はさずといふこと無し。国の内の居人《おほみたから》、咸《ことごとく》に皆震ひ怖《お》づ」

とはっきり書いている。いいことをひとつもしなかったというのだからすさまじい。

実際、その記述を読むと、

「二年の秋九月に、孕める婦の腹を刳《さ》きて、其の胎を観す。三年の冬十月に、人の指甲《なまつめ》を解《ぬ》きて、暑預《いも》を掘らしむ」

「四年の夏四月に、人の頭の髪を抜きて、樹の巓《すゑ》に昇らしむ。樹の本を斮《き》り倒して、昇れる者を落し死すを快とす」

「五年の夏六月に、人をして塘《いけ》の槭《ひ》に伏せ入らしむ。外に流れ出づるを、三刃の矛を持ちて、刺し殺すことを快とす」

「七年の春二月に、人をして樹に昇らしめて、弓を以て射墜して咲《わら》ふ」

残酷であるばかりか、猥褻でもあった。

「八年の春三月に、女をして躶形《ひたはだ》にして、平板の上に坐ゑて、馬を牽《ひ》きて前に就《いた》して遊牝《つるび》せしむ。女の不浄《ほとところ》を観るときに、沾湿《うる》へる者は殺す。湿はざる者をば没《から》めて官婢《つかさやつこ》とす。此を以て楽とす」

そして享楽主義者でもあった。

「食美くして天下《あめのした》の飢を忘る。大きに侏儒《ひきひと》・倡優《わざをぎ》を進めて、爛漫《みだりがは》しき楽を為し、奇偉ある戯を設けて、靡靡《たは》しき声を縦にす。日夜常に宮人と、酒に沈湎《おぼ》れて、錦繡を以て席とす」

どこまでが真実の史実か知らないが（仁徳天皇がいかにいい天皇であったかを強調するために、わざと悪い天皇として描いたという説がある）、それにしてもひどい天皇もいたものである。

明治時代初期の歴史教科書は、平気で武烈天皇の悪事を書いていた。中には残虐行為のさし絵までいれていたものまであった。

ところが、明治十四年の教科書の記述から、悪いことはいっさい書かず、天皇のいいところばかり強調するようになる。仁徳天皇が山の上から国を見たところ、民のかまどから煙があがらないのを見て、しばらく税をおさめなくてよいようにしたなどという話が必ず教科書にのるようになったのはこの時期からである。それはこの年に小学校教則綱領なるものができて、そこにどの教科は何年に何を教えるべきかが、きちんと決められたからである。要するに、現代用語でいえば、カリキュラム、指導要領の策定が行われたのである。

その背景に、実は明治天皇の直接の教育内容への干渉があったことを、『日本教科書大系』（講談社）の「総解説」が明らかにしている。

前に、明治十二年に、天皇が、「教学の要は仁義忠孝を明きらかにする」という内容の「教学聖旨」（勅語）を出し、それがやがて教育勅語に実を結んでいくという話を書いたが、このとき天皇は「小学条目二件」という小学校の教育内容に関する具体的な指針を出していた。文章の形で残っているものには、「古今ノ忠臣義士、孝子節婦ノ画像写真ヲ掲ゲ、（略）忠孝ノ大義ヲ第一ニ脳髄ニ感覚セシメンコトヲ要ス」など一般的なことが書かれているだけだが、実は、文部省の係官を宮中によんで、何を教えるべきか（教則綱領に何をもりこむべきか）、具体的な内容の議論を相当詳しく直接に（侍従長を間にたててだが）やったというのである。

「このように特に歴史科の内容を改めるようにとの御下問があったので、江木（千之《かずゆき》）は文部卿にも伝えて恐懼したとのことである。それで文部省の御用掛をしていた漢学者那珂通高や国史学者の小中村清矩《きよのり》の両学者と種々協議を重ね天皇の旨にかなうように修正し、重ねて御手元へ差出したるところ今度は非常に満足されてそれでよろしいとの御沙汰があったのでこれを公布されたとのことである」（『日本教科書大系』近代編第二〇巻）

この教則綱領によって、建国神話を教えること、武烈天皇の悪業など悪いことは削り、仁徳天皇の民のかまどの話などを加えること、戦争（乱や役）の話をなるべく削り平時の話をふやすこと、南北朝の乱を南北朝の両立として教えることなどが決まっていくのだが、この綱領は明治天皇が自ら監修して決めたようなものだったのである。

「必ず神代を加えて日本歴史の発端とする歴史教材観はこの小学校教則綱領以後確定されることとなった。神代を歴史の初めとする教材編成の方針は明治天皇の聖旨によって決定したのであった」（同前）

天皇神格化は天皇自身のヘゲモニーで行われたのである。

もう一つ付言しておかねばならないのは、この明治十四年の教則綱領によって、それまで小学校で教えられていた万国史（西洋史と中国史）の授業が廃止となったことである。

「外国歴史等の如きは小学教則中全く之を削除し本邦歴史を教授するの要旨を知らしめ尊王愛国の志気を養成せしむ」と定められ、天皇に忠誠をはげむ人間であれば、国際性なんて全く欠如していても問題ではないとされたのである。その後の日本を特徴づける完全内向き型人間作りの基本レールはこのときに敷かれたのである。

南北朝正閏問題

その後、歴史教育をさらにゆがんだものにする動きが、明治四十四年に起きた。これにまた東京大学の国史科と史料編纂所がからんでいる。南北朝正閏問題というのがそれである。

正閏問題というのは、南北朝時代、京都にあって、足利幕府を作った足利尊氏が擁した北朝の天皇が正統なのか、それとも吉野に逃げた後醍醐天皇の系統（南朝）が正統なのかという、権力の正統性の問題である。

昔からこれは両論あり、現在でも両論ある。問題を難しくしているのは、血統の問題と、三種の神器の問題である。問題のはじまりは、足利尊氏が室町幕府を創建するとともに、後醍醐天皇を幽閉して、自分が支持する光明院《こうみよう》への譲位を迫ったとき、後醍醐天皇がいったんはそれを承諾して三種の神器を引き渡したことにある。光明天皇がそれによって践祚したあとになって、後醍醐天皇は吉野に逃走し、実はあの三種の神器はニセ物で、ホン物はここにあり、本当の天皇は今も自分だといいだした。そのため、天皇が二人いることになってしまったのである。ボクシングやプロレスのチャンピオンベルトが複数あって、それぞれのベルトの所有者が、自分こそ本当のチャンピオンと主張するのと同じようなことだ。その状態がそれから、約五十年間もつづき、その間、二人の天皇が、京都と吉野に存在することになったのが南北朝時代である。結局、一三九二年に、南朝の後《ご》亀山《かめやま》天皇が北朝の後《ご》小《こ》松《まつ》天皇に天皇の位をゆずることで、両者合体するのだが、二つに分かれていた間はどちらが正統なのかというのが、正閏問題である。

血統からいくと、その後の皇位は北朝の子孫に伝えられ、現在の天皇家も北朝の末裔だから、南朝が正しいとなると、いまの天皇はニセ物ということになる（実際、ときどき自分こそ南朝の末裔の本当の天皇で、今の天皇はニセ物と主張する人が出てきたりする）。

もう一つこの問題を複雑にしているのは、一般には、南朝正統論者のほうがずっと多いということである。楠木正成、新田義貞など、『太平記』の大衆的ヒーローたちはみな南朝の忠臣である。南朝正統論に立った水戸学の影響などで、幕府の勤王派の志士たちはほとんど南朝派だった。だから、明治新政府の人間には南朝派が多かったし、なにより明治天皇自身がそうだった。だから、歴史の教則綱領でも、南朝の忠臣たちの忠義の行動を忠誠心のモデルとするように指示していた。しかし、正閏論が明治天皇自身の正統性の問題につながることを恐れて、宮内省はこの問題には、沈黙を守っていた。南朝が正しいとも北朝が正しいとも、決して公式見解は表明しなかった。それくらいこれは微妙な問題を含んでいたのである。

この問題に対して、東京大学の歴史学者たちはどういう立場に立っていたかというと、前章で紹介した重野安繹の「児島高徳抹殺論」や、久米邦武の「太平記は史学に益なし」「勧懲の旧習を洗ふて歴史を見よ」などを見てもわかるように、南朝派に好意的ではなかった。

それというのも、南朝派が頼りとする史料には信頼性が乏しいいいかげんなものが多かったからである。そして、南朝派の立論が、あまりに大義名分論などのイデオロギッシュな正義論の上に組み立てられていて、歴史の基本である固い史実の上に組み立てられていないということがあった。

歴史は事実の上にという基本的立場に立てば、何よりも重要なのは、あの時代南朝と北朝と、二人の天皇がならび立っていたという事実そのものであって、どちらがより正統かという議論は、二義的な重要性しかないということで、東京大学の歴史家たちは両論併記の立場をとっていた。

文部省の教科書は彼らが執筆することが多かったから、文部省の教科書も両論併記で書かれていた。

たとえば、明治二十一年の『小學校用日本歴史』では、

「是ニ於テ世人吉野ヲ称シテ南朝ト云ヒ、京師ヲ北朝ト云フ。南朝ハ北畠親房《ちかふさ》、其子顕家《あきいえ》、新田義貞、其弟脇屋義助、楠木正成ノ子正行等之ヲ奉ジ、天下三分ノ一之ニ属ス。北朝ハ京師ニアリ足利尊氏已下諸国ノ武士概ネ之ニ属シ、天下三分ノ二ヲ有セリ。（略）南朝ハ大覚寺ノ流ニテ、後醍醐天皇ヨリ、後村上《ごむらかみ》、後亀山天皇ニ伝ヘ、北朝ハ持明院ノ流ニテ、光明、崇光《すこう》、後光厳《ごこうごん》、後円融《ごえんゆう》、後小松ノ数帝ニ伝ヘ、凡ソ五十余年間、南北ノ戦乱常ニ絶ユルコトナカリキ」

と客観主義に徹した記述になっていた。

明治三十六年の『小學日本暦史』では、

「これより、同時に二天皇あり。吉野の朝廷を南朝といひ、京都の朝廷を北朝といふ。かくて、宮方、武家方の争は、つひに両皇統の御争の如くなれり。（略）これより後、南北両朝あひ争ふこと、五十余年の久しきに及べり」

とこれまた客観主義だった。これが、はじめての国定教科書で、東京大学国史科教授の三上参次が編集にあたり、実際の執筆には、教え子の喜田《きた》貞吉（文部省編輯官）があたっていた。

極悪人ではなくなった足利尊氏

しかし、この第三者的な記述が世の多数を占める南朝派の怒りをかった。明治四十四年一月の「読売新聞」が社説欄で、

「もし両朝の対立をしも許さば、国家の既に分裂したること、灼然火を見るよりも明かに、天下の失態之よ

り大なるは莫かるべし。何ぞ文部省側の主張の如く一時の変態として之を看過するを得んや」と書いた。何をそんなに怒っているのか、いまの人にはわかりにくいかもしれないが、当時の常識的な見解（南朝派的見解）では足利尊氏は忠義心のかけらもない謀反人で、極悪人なのだから、南朝と北朝を同格に並列させるのはとんでもない不道徳だということである。

この社説に刺激された代議士の藤沢幾造（無所属）が、この問題を国会で取りあげるといって、「（一）文部省は神器を以て皇統に関係なしとするや（二）文部省は南北両朝の御争を以て皇統の御争となすや（三）文部省は南朝の士正成以下を以て忠臣に非ずとなすや（四）文部省は尊氏を以て忠臣となすや（五）文部省の編纂に係る小学校用日本歴史は順逆正邪を誤らしめ、皇室の尊厳を傷け奉り、教育の根底を破壊するの憂なきや」

という内容の質問主意書を内閣に提出した。この通告に、内閣は大あわてした。当時の桂内閣は政権基盤がゆらいでいるところで、こういう大衆受けのする質問をされて、それにうまく答えられないと、たちまちそれが政治問題化して、内閣がつぶれかねない心配があったからである。

桂内閣は藤沢を籠絡して質問を取り下げさせようとして工作を開始したが、それがうまくいきすぎて、スキャンダルをまねいてしまった。当時の新聞報道（「東京朝日」）によると、質問予定の前日、次のような場面が他人に目撃されてしまうのである。

「（夜の十時頃。神楽坂の料理店で）氏は五体萎えたるがごとく乱酔し、口中よりは盛んに異臭ある酒気を吐き、その語る処もしどろに、『俺は今日、桂から大歓迎を受けたよ。桂が俺を擁して接吻までした。偉い御馳走になった。俺は桂の車で廻ってここへ来た。ナアに俺はもう明日、天の窟戸に閉じ籠るのだから』というがごときことを述ぶるより、某氏は今更のごとく氏がこの半狂乱の体《てい》と深き決意より発せる自暴自棄の語気とに驚き（略）、既に外部の圧迫いかんともすべからざるを透見せしものならんと、某氏はいっそう深く氏の胸中を憐れみ、約一時間ばかりにして退座せり。十一時過ぎに至りて藤沢氏は更に松本と称する男とともに、芸妓屋いな蔦の抱え芸妓いなほを擁して同地の待合もみじに赴き、松本と別れて一人同家にて夜を明かせるが、昨朝に至り午前五時頃ひとまず同家を出で、電車にて旅宿森田館に帰り、シャツ一枚を着換えて再びもみじに引き返し、午前十時半、二人曳きの腕車にて議会に臨めるなり。しかして同夜、氏がなおすえよしにある時、座に出でし或る者は、氏が千円束の紙幣を所持するを瞥見せりといえり」

翌日の国会で、藤沢は、文部大臣が責任をもってあの教科書を廃棄し問題を善処すると約束してくれたから、これ以上質問する必要がないといって、質問を取りやめてしまった。

よくわからない結末だが、実際、問題は〝善処〟されてしまう。教科書は廃棄して書き直され、執筆者の喜田貞吉は休職にされた。

「この時より南北朝両立の教材は教科書から全く除かれ、それまで北朝の天皇として立てられてきた天皇は院となり、歴代から除かれ、この後の天皇歴代の系譜が改められたのである。(略)『南北朝』という課名は除かれて『吉野の朝廷』となり、その内容は全く書き改められたのである。『尊氏は賊名を避けんがために、豊仁《とよひと》親王を擁立して天皇と称せり。これを光明院という。』『これより世に吉野の朝廷を南朝といひ、尊氏が擅《ほしいまま》に京都に立てたるを北朝という。』」

さらに、教師の指導用教科書に次のような記載がのることになった。

「本課に於ては建武中興の業挫折し、姦猾なる尊氏が勢に乗じ皇族を擁して其の私を成し、朝廷吉野に移るの已むを得ざるに至りし事情を知らしむると共に、北畠・新田・楠木・名和・菊池等諸氏が何れも勤王の赤誠を致し父子兄弟相継ぎて其の節を変ぜず一意王政の興復に努めし事蹟を説き、児童をして是等忠臣の人となりを敬慕せしめ忠君の精神を涵養せんことを要す」(『日本教科書大系』近代編第二〇巻)

東大史料編纂所の怒りと苦衷

さらに時間がたって昭和時代になると(『初等科國史』)、次のような、もはや歴史の教科書とはいえないような感情的な記述になってしまうのである。

「建武のまつりごとが始つて、二年しかたたないうちに、大変なことが起りました。足利尊氏がよくない武士をみかたにつけて、朝廷にそむきたてまつつたのです。尊氏は、かねがね、征夷大将軍になつて天下の武士に命令したいと、望んでゐました。北条氏をうら切つて、朝廷に降つたのは、さうした下心があつたからです。なんといふ不とどきな心がけでせう。しかも、六波羅を落したてがらで、正成や義貞さへはるかに及ばないほど恩賞をたまはりながら、今、朝廷にそむきたてまつつて、国をみださうとするのですから、まつたく無道とも何とも、いひやうがありません」

政府は、明治四十四年三月に、政府決定で、南朝が正統と決定するというおどろくべきことをしてのけた。歴史上の問題を政府が政治的に決定してしまったのである。

大学も政府決定に従うことになり、東京大学国史科の「南北朝時代史」の講義は「吉野時代史」とあらためさせられた。史料編纂所で刊行中だった『大日本史料』の南北朝時代篇も、それまでの両朝並立の形式を改めることが求められた。しかし、史料編纂所は、それはできないと拒否して、前と同じ形式で出しつづけた。そうすることにした理由が大学当局に提出した「答弁書」に残っているが、それを読むと、政治にまきこまれ、おしつぶされそうになった歴史学者たちの怒りと苦衷が目に浮かぶようである。

「史料ナルモノハ、当時ノ材料ヲ排列シ、当時ノ情態ヲ露呈スルヲ以テ目的トシ、其間ニ些ノ私見ヲ加フルヲ容サズ、故ニ南北朝時代ノ如キハ、両朝ノ材料ヲ排列シ来レバ、両朝並立ノ事実ハ歴々トシテ掩フベカラズ、従ヒテ綱文ニモ目録ニモ、南朝北朝ノ名称ヲ用ヒテ、並立的ニ材料ヲ取扱フハ、当然ノ事ナリ、然ルニ、孰レカノ一方ヲ主トスルトキハ、全然史料タルノ本質ヲ失フベシ」

他の案もいろいろ検討したが、

「以上ノ諸案ハ、互ニ長短得失アリト雖ドモ、之ヲ要スルニ、南朝ノ正統タルコトヲ表ハサンガ為メニ、姑息ナル方法ヲ用ヒテ、目前ヲ糊塗スルノ嫌アルヲ免レズ、然ル所以ノモノハ、大義名分ノ筆法ヲ以テ材料本位ノ史料ト調和セシメント欲スレバナリ、コノ両者ハ、根本ニ於テ其性質ヲ異ニセルヲ以テ、到底相調和スルヲ得ズ、然ルニ、強ヒテ之ヲ調和セシメンガ為メニ、大義名分本位ニモアラズ、材料本位ニモアラザル、一種曖昧ナル史料ヲ編纂スルハ、小官等ノ窃カニ取ラザル所ナリ、（略）因リテ南北朝ノ史料ハ、現在ノ形式ヲ以テ進行スルヨリ外ナシト思惟ス、（略）小官等ハ、何分ニモ、学問上ノ自信ヲ棄テ、、目前ヲ弥縫スル能ハズ」（『東京大学百年史』。傍点、原文のまま）

結局、史料の編纂などというものは、何十年もの時間をかけてゆっくり丹念にやっていかねばならない仕事であって、時勢が変わったからといってバタバタ急がねばならないという仕事でもない。そこで南北朝時代の史料については、しばらく編纂を中断ということにしてしまった。そのうち、戦争がはじまり、戦局がきびしくなってくると、何十年がかりの史料編纂などという仕事に十分人員をさけなくなった。さらにそのうち、空襲による史料焼失の危険が目前に迫ってきたので、地方に貴重な史料を疎開させるという大仕事がはじまった。それに熱中するうち、戦争が終わり、南北朝どちらが正統な天皇家の血統かなどという問題に誰も気をつかわなくなった。大日本史料は当然、昔通り両論併記の形式に戻った。

大日本史料は今も延々と編纂がつづけられており、すでに発行されたものだけで三百六十六冊をかぞえ、各冊五百ページ、全部積み重ねると二十メートルを楽にこえるという、世界でも稀な史料集となっている。毎回の発行部数が少ないので、新版の全冊そろいはどこにもない。古書店でそろえると（それもめったにないが）ほぼ一千万円近いという。

11

日露開戦を煽った七博士

戸水事件のはじまり

明治三十六年（一九〇三年）六月二十一日、東京日日新聞は、社説で次のように書いた。

「東京帝国大学法科大学教授戸《と》水《みず》寛人《ひろんど》外五、六氏は、外交問題に関して熱心なる運動を始め、一面、政府当局者に向かって建議書を提出し、一面、会合、奔走すこぶる努め、近日公開演説を催して、大いに国論を喚起せんとするの計画中なりと聞く。これら諸氏は、今日を以って露国と開戦すべき好時機なりと做《みな》し、もしこの機会を逸せば、また露と戦うの日なしと云うにあり。しかして市井乱を好むの徒、皆諸氏の説に雷同して、その言動を喜ぶもののごとし」

これがやがて、戸水教授の休職処分、東京帝国大学総長の辞職、それに憤った、東京帝国大学全教授、助

金井延

戸水寛人

寺尾亨

富井政章

©このページ全て毎日新聞社提供

中村進午

中国における列強の勢力圏〔『詳説世界史』山川出版社〕

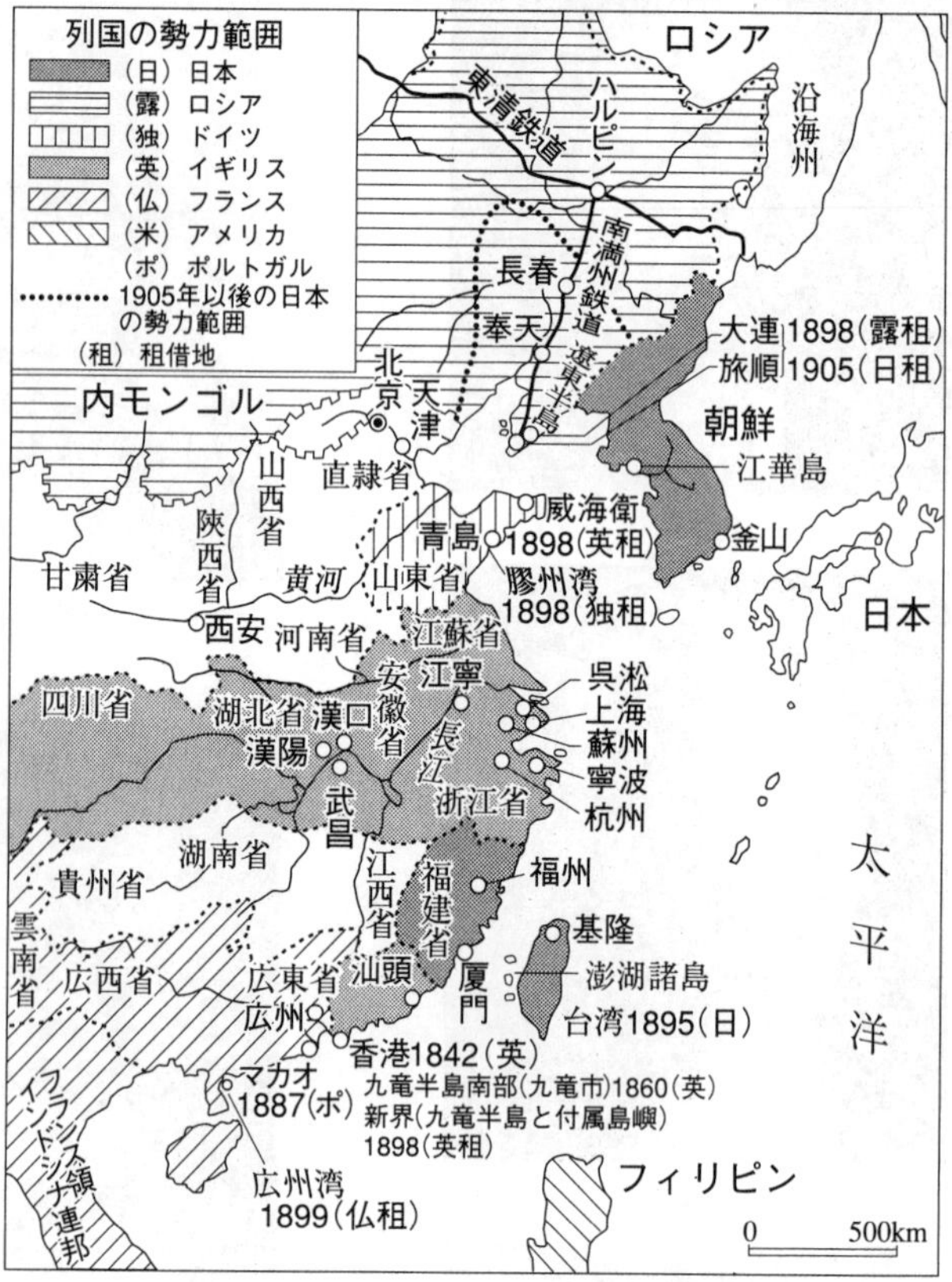

教授百九十余名の辞職を含みとする抗議書提出、それを受けての文部大臣の辞職にまでいたる、戸水事件あるいは七博士事件のはじまりである。大学と政府が正面から衝突して、大学側が百パーセント近い勝利をおさめた唯一の事件である。

　この事件、問題が入りくんでいるので、背景事情から説明しておこう。

　といっても、背景を詳しくやりだしたらきりがないので、要点だけおさえておく。

　時代は、日清戦争（明治二十七、二十八年。一八九四、九五年）から日露戦争（明治三十七、三十八年。一九〇四、〇五年）の間の十年間である。それまでアジアで圧倒的な国力を誇っていた清国が日本との戦争に敗れると、戦争の帰趨をまわりでウォッチしていた露、仏、独、英が、ハゲタカのように清国におどりかかって、利権の分割をはじめた。

十九世紀後半は、帝国主義による世界分割の時代で、アフリカ、旧オスマントルコ領（バルカン、東欧、北アフリカ、中東）、太平洋、カリブ海などで起きていた利権分捕り合戦が中国でもはじまったわけである。日清戦争で日本が清国から遼東半島（旅順、大連）を獲得すると、露、仏、独三国がそれに異議を唱えて還付させた三国干渉はそのはしりといってよい。あれは、帝国主義列強の一角に食いこんできた新参者（日本）が、倒れた獲物のおいしいところにむしゃぶりついているところに古参者たちが集まってきて、威嚇して獲物を取り上げたようなものである。

古参者たちは、一斉に、租借地、開港場、鉄道敷設権、鉱山採掘権などの形で、中国各地で利権を獲得し、自己の勢力圏を拡大していった。右図に見るように、アッという間に列強諸国が、利権を獲得することによって、勢力圏という形で、中国大陸を分割してしまったのである（領土分割ではない）。

イギリスは、上海、南京から、長江沿岸一帯を勢力下におさめ、フランスはインドシナから雲南省、広西省などに勢力をのばし、ドイツは膠州湾から山東省に勢力をのばし、ロシアは、日本が返還した旅順、大連を租借した上、シベリア鉄道に連結する形で東清鉄道、南満州鉄道を作り、満州全体を自己の勢力下においた。ロシアはさらに日本が自分の勢力圏とみなしていた朝鮮に勢力を伸ばそうとして、日本の利害とまっこうからぶつかることになった。

七博士、総理に直談判

一九〇〇年、義和団事件（中国の民族主義的宗教的拳法集団が、外国勢力排撃を叫んで起こした暴動）が起きると、各国は自国民を守るため、兵を中国に入れ、義和団と衝突した（北清事変）。清国政府は当初、外国軍と義和団の衝突を傍観するだけだったが、途中から、外国軍の侵入を侵略とみなし、義和団に代って正規兵を繰り出して外国軍と正面衝突した。しかし、日本軍を主力とする八カ国連合軍に敵することはできず、たちまち一敗地にまみれた。

敗北した清は、一九〇一年講和条約を結び、賠償金四億五千万両を三十九年賦で支払うことになり、その担保として、関税、塩税、常関（国内輸送交通税）が外国の管理の下に置かれることになった。事実上、国家破産状態になったわけである。この十年後には辛亥《しんがい》革命が起り、清は滅亡する。

ロシアは、義和団事件がはじまると、東清鉄道を保護するためとして、満州全土に兵を入れ、事実上満州を占領した。義和団事件が終っても、ロシアは兵をひかず、兵力を背景に清国にさまざまな要求をのませようとしたので、各国の反発をまねいた。ロシアに対して特に警戒心が強かったイギリス（世界のあちこちで、ロシアの南下政策と衝突を起していた）と日本の間で、一九〇二年に日英同盟が成立した。これがロシアに対する圧力となり、その四カ月後に、ロシアは満州から撤兵し、清国に満州を返還するという条約に調印した。撤兵は三回にわけ、一年半かけて行われることになった。一九〇二年十月に第一回の撤兵は行われたが、一九〇三年四月に予定された第二回撤兵は行われなかった。これ以前から、日本ではロシア脅威論が強かったが、このあたりから、一挙にロシア討つべしの開戦論に変っていく。

七博士建白もその流れの中にある。

七博士というのは、次の七名で、カッコの中が当時の年齢（みな若いところに注目）と肩書と専門分野などのプロフィールであるが、ほとんどが、現役の法科大学教授である。

戸水寛人（四十一歳。法科大学教授。ローマ法及び民法）。寺尾亨《とおる》（四十四歳。法科大学教授。国際法及び国際私法。外務省参事官を兼任）。金井延《のぶる》（三十八歳。法科大学教授。経済学。社会政策論。国家が労使関係に介入すべきことを主張）。富井政章《まさあきら》（四十四歳。法科大学教授。民法。フランス法学論。明治民法の起草者の一人）。小野塚喜平次《きへいじ》（三十二歳。法科大学教授。政治学講座の最初の専任担当者。吉野作造、南原繁、蠟山政道らの師。後に東京帝国大学総長＝昭和三〜九年）。高橋作衛（三十五歳。法科大学教授。国際法。帝国大学にくる前は海軍大学校教授。その間に起きた日清戦争では、旗艦松島に国際法顧問として乗りこみ、清国軍への降伏勧告文を起草したりした）。中村進午（三十二歳。法科大学卒。国際法。学習院高等科教授。戸水事件によって学習院を罷免された後は、東京商大、海軍大学校、早大などで教鞭をとった)。

この七人が、時の総理、桂太郎を訪ねて、建白したのである。ここ数年来の極東における外交策は失敗ばかりで、今また対露政策において誤りを犯そうとしている、しかし、ここで再び誤りを犯すと、国家存亡の危機にさらされるから、重大決意をもってことにのぞめという主張だった。

勝算あるうちに開戦を

何をもって過去の誤りというのかといえば、一つは三国干渉で遼東を還付するとき、何も条件をつけないでそうしてしまったことである。あのときせめて、これを還付する代り、別の国に租借させないということを条件にするべきであった。そうであれば、旅順、大連がロシアの手に渡るようなことはなかったであろう。

第二に、ドイツが膠州湾に手をのばしてきたとき、そういうことは正義にもとる行為だから許されないと断固としていうべきだった。ドイツは極東にろくに海軍力を持たないくせにあのような理不尽な要求をしてきたのだから、日本が断固としてそういえば、手を引いただろう。そういわなかったばかりに、ドイツはあのような勝手なふるまいをし、それを見たロシアがそれならこちらもと、旅順、大連の租借を申し入れたりしたのだ。

「当時若シ独逸ニシテ手ヲ膠州湾ニ下ス能ハスンハ露国モ亦タ容易ニ旅順大連ノ租借ヲ要求スルコト能ハサリシヤ明カナリ然ルニ我邦逡巡為ス所ナク遂ニ彼等ヲシテ其欲望ヲ逞フスルヲ得セシメタルハ実ニ浩嘆ノ至リニ堪ヘス機ヲ逸スルノ結果亦大ナラスヤ」(戸水寛人『回顧録』。以下特別の注記なき引用は同じ)

第三に、北清事変の収拾の仕方も誤っていた。出兵した各国が、どのようなスケジュールで、どのように撤兵するか、きちんと取り決めを交した上で撤兵を開始していれば、ロシアだけがいつまでも満州から兵を引かないといった事態が生じることを避けられたろう。

「北清事件ノ後諸国ノ兵ヲ撤スルニ際シ詳細ニ満州ノ撤兵ニ関スル規定ヲ立テナハ以テ今日露国ヲシテ撤兵

ニ躊躇セシムルノ余地ヲ存セシメサリシナラン是レ亦外交ノ機ヲ逸シタルモノト謂ハサルヘカラス」

いままた、ロシアが取り決めに反して、第二次撤兵をしようとしない。これを黙って見過ごしていたら、これまた外交の機を失し、これまでと同じ誤りを重ねることになるだろう。

「今ヤ第二撤兵ノ期既ニ過キ而シテ露国ハ尚ホ其実ヲ挙ケス此ノ時ニ当リ空シク歳月ヲ経過シテ条約ノ不履行ヲ不問ニ附シ以テ千載ノ好機ヲ逸スレハ切ニ恐ル其責終ニ諸公ニ帰センコトヲ噫我邦ハ既ニ一度遼東ノ還附ニ好機ヲ逸シ再ヒ膠州湾事件ニ之ヲ逸シ又三度之レヲ北清事件ニ逸ス豈更ニ此ノ覆轍《ふくてつ》ヲ踏ンテ失策ヲ重ヌヘケンヤ」

今度機会を失したら、日本も、清国も、韓国も、再起不能となるだろう。だから今やわれわれは最後の機会に直面しているのだ。

「今日ノ機会ヲ逸スレハ遂ニ日清韓ヲシテ再ヒ頭ヲ上クルノ機無カラシムルニ至ルヘキコト是レナリ今日ハ実ニ是レ千載一時ノ機会ニシテ而カモ最後ノ機会タルコトヲ自覚セサル可カラス此ノ機ヲ失ヒ以テ万世ノ患ヲ遺スコトアラハ現時ノ国民ハ何ヲ以テカ其ノ祖宗ニ答ヘ又何ヲ以テカ後世子孫ニ対スルコトヲ得ン」

なぜ今を最後の機会というかといえば、今ならまだ、両国が戦端を開いた場合、日本に勝算があるが、その勝算は日一日と失われていくからだ。

「今ヤ露国ハ次第ニ勢力ヲ満州ニ扶殖シ鉄道ノ貫通ト城壁砲台ノ建設トニヨリ漸ク基礎ヲ堅クシ殊ニ海上ニ於テハ盛ニ艦隊ノ勢力ヲ集注シ海ニ陸ニ其ノ強勢ヲ加ヘテ以テ我ガ国ヲ威圧セントスルコト最近報告ノ証明スル所ナリ故ニ一日ヲ遷延スレハ一日ノ危急ヲ加フ然レドモ独リ喜ブ刻下尚ホ我ガ軍力ハ彼ト比較シテ些少ノ勝算アルコトヲ然レドモ此ノ好望ヲ継続スルコトヲ得ヘキハ僅ニ一歳内外ヲ出デザルベシ」

このまま満州をロシアの手にゆだねてしまったらどうなるか。いずれは、朝鮮がロシアの手におち、日本の防衛は危くなるだろう。

「彼レ地歩ヲ満州ニ占ムレバ次ニ朝鮮ニ臨ムコト火ヲ睹《み》ルガ如ク朝鮮已ニ其ノ勢力ニ服スレバ次ニ臨マントスル所問ハズシテ明カナリ故ニ曰ク今日満州問題ヲ解決セザレバ朝鮮空シカルベク朝鮮空シケレバ日本ノ防

御ハ得テ望ムベカラズ」

ロシアが撤兵を守るかどうかは、日本にとって危急存亡の問題なのだから、最後の決心をもってこれを要求すべきだ。

「此ノ不履行ニヨリ危急存亡ノ大関係ヲ有スル邦国ハ最後ノ決心ヲ以テ之レヲ要求スルノ権利アリ切ニ望ムラクハ諸公幸ニ鋭意此ノ撤兵ヲ要求センコトヲ（略）切ニ望ムラクハ縦令《たとい》露国政治家タルモノ甘言ヲ以テ我ヲ誘フコトアルモ満韓交換又ハ之ニ類似ノ姑息策ニ出テス根底的ニ満洲還附ノ問題ヲ解決シ最後ノ決心ヲ以テ極東ノ平和ヲ永久ニ保持スルノ大計画ヲ策セラレンコトヲ」

ざっとこんな内容の建白書である。

一同はこの写しを何通か作り、一通は戸水が桂首相のところに届け、もう一通は、小野塚が元老の山県有朋のところに届けた。さらに手分けして、松方正義（元老）、小村寿太郎（外相）、山本権兵衛（海相）、寺内正毅《まさたけ》（陸相）などのところにも送り付けた。

要するに、当時の日本の最高国家指導者たちに軒なみ読んでもらったのである。

世論は動きはじめた

帝国大学法科大学の教授たちがこのような建白書を連名で作り、それを政府関係者に送りつけるなどということは、いまだかつてなかったことで（後述するように、少し前にほぼ同じメンバーによる六博士建議があったが一般には知られていなかった）、それが世に与えた衝撃はきわめて大きかった。

いまでも東大法学部の教授たちの社会的地位は高く、もし現在の東大法学部の教授たちが同じことをしたらそれはそれで大きなインパクトを社会に与えるだろうが、当時の法科大学教授の社会的地位は、今よりははるかに高かった。だいたい東大法学部の教授は、いま五十二名もいるが、明治時代前半は十名前後しかいなかった。教授の数が二十人をこえたのは、この建白書が出された明治三十六年がはじめて（二十二名）である。そのうちの六名が連署した（七博士の一人は学習院）のだから、意味ははるかに大きい。しかも、この時代、前にも書いたが、大学と政府は、今では想像もつかぬほど緊密な関係にあった。たとえば、前法科大学学長であった梅謙次郎は、民法、商法の起草者の一人であり、一時は法制局長官を兼務し、さらには内閣恩給局長まで兼務したりしていた。

建白書七博士の一人であった金井延は一時大蔵省参事官を兼務していたし、寺尾亨は、外務省参事官を兼務していた。逆に政府の側からも、法科大学の講師に沢山入っていた。司法省参事官、法制局参事官、外務省参事官、大蔵省参事官といった高官が講師になることは珍しくなかった。中には大蔵省主税局長が講師になり、後に大蔵次官になってもそのまま講師をつづけていたという例もある。

大学と政府があまりに近くなると、両者の間に組織上の混同が起きてしまうことすらある。ちょうどこのころ、外国留学中の法科大学助教授を、外務省の要請を受けた文部大臣が大学当局の頭ごしに勝手に呼び戻してしまうという事件が起きている。

『東京大学百年史』の法学部史には、明治三十七年の教授会の記録として、こんなことが記されている。

「明治三十七年（一九〇四年）一月十四日、学長より今般外務大臣から文部大臣に対して、時局問題に関する必要上留学中の立《たち》〔作太郎《さくたろう》〕助教授（国際公法）を至急召還するよう依頼あり、これを承けて文部大臣が直接立教授に対し帰朝を命ずる電報を打った件について報告あり。これについて教授会は文部大臣が総長および学長にも協議せず、このような措置をとったことに対して強い遺憾の意を表す。またこれと関連して先の授業料増額の際にも文部省が一方的措置をとったことに対して、同様の強い遺憾の意を表す」

これは日露戦争がはじまる直前のこと（開戦は二月十日）である。おそらく戦争の法的手続きに関して、外務省としても、国際法学者にどうしても知恵を借りたいことがあったのであろう。結局、この件は、教授会としても、立助教授の帰朝を認め、これを教授に任じた上で、直ちに休職を命じ、外務省の仕事を自由にさせることになった。ちなみに立教授も後に戸水教授らのグループに参加している。

このような地位にある法科大学の教授たちが、このような建白書を書いたということは、政府に大きな衝撃を与えたが、広く国民各層に与えた影響は、さらに大なるものがあった。日露開戦に向けて世論が作られていく上で、七博士建白は、最も大きな影響を与えたものの一つであったといってよい。

この七博士建白には、その前段がある。七博士建白は明治三十六年だが、その三年前、明治三十三年、義和団事件が起きていた頃に、時の首相山県有朋に、法科大学教授ら六博士が、満州問題に関して、建議書を提出するという事件が起きていた。六博士とは、法科大学の富井政章、戸水寛人、金井延、寺尾亨、東京高等商業学校教授松崎蔵之助、中村進午の六人で、七博士と五人までメンバーが重なる。

この動きについて語るには、まず近衛篤麿について語らなければならない。

近衛篤麿は、あの近衛文麿の父である。五摂家の筆頭として、華族制度がはじまるとともに、公爵に叙せられ、貴族院議長、学習院院長などをつとめた。天皇に直結した家柄から、ナショナリスティックな意識が強く、一貫して、ナショナリズム政治運動のパトロンとして活動をつづけた。外務省の機密費を引き出して作った東亜同文会は、中国大陸におけるアジア主義的政治・文化活動の活動拠点になった。一九〇〇年に東亜同文会を母体に結成された国民同盟会は、青年政治家、ジャーナリスト、学者などから超党派的にナショナリストを集め、そこには頭山満など玄洋社系の人々も集結していた。

その政治的スローガンは、「支那保全・朝鮮扶掖」で、対露強硬政策の立場に立ち、いわゆる対外硬派の代表格として積極的に国民運動を展開した。明治三十五年以後、これは対露同志会に発展的に解消した。

実は、六博士建議、七博士建白は、この近衛篤麿の働きかけではじまったもので、以上のような対外硬派の政治的国民運動の一環として展開されたものだったといってよい。

象牙の塔をとび出した学者達

その間の事情を、戸水事件当時、帝国大学総長で、後にそのために辞職せざるをえなくなった山川健次郎の伝記『男爵　山川先生伝』は、次のように記している。

「此時に当り我が憂国の士頭山満・神鞭知常《こうむちともつね》・陸《くが》実等の諸氏は国民同盟会を組織し、公爵近衛篤麿氏（霞山公）これを主宰してゐた。明治三十三年露国の満洲占領に憤激した識者の裡に、最高学府たる東京帝国大学よりは法科大学教授戸水寛人博士が真先に奮起し、友人法科大学教授寺尾亨博士・東京高等商業学校教授中村進午博士と屢と会合して征露の輿論を喚起しようと謀つたのである。時に近衛公は露国の挙動に関して有識者と協議を遂げやうと計画し、是年九月九日富士見軒に於て会談を開いたが、集るもの近衛公を始め、法科大学教授富井政章・同戸水寛人・同金井延・同寺尾亨・東京高等商業学校教授松崎蔵之助・同中村進午の諸博士及び法学士小川平吉氏・柏原文太郎氏等であつた」

ことは近衛からの一方的な働きかけではじまったのではない。まず戸水の内心悶々たる思いがあった。その辺のところを、戸水は『回顧録』の中で次のように書いている。

「明治三十三年ニ至リ義和団ノ騒乱起リ北京在留ノ外国臣民ハ団匪ノ包囲攻撃ヲ蒙リ其生命旦夕《たんせき》ニ迫リタレバ列国ノ軍隊ハ之ヲ救フニ急ニシテ又他ヲ顧ミルニ遑《いとま》アラザリキ此ノ時ニ当リ露人ハ恣ニ兵ヲ満州ニ入レ忽《たちまち》ニシテ之ヲ占領シタルヲ以テ余ハ友人寺尾博士及ヒ中村博士等ト会スル毎ニ談之ニ及ビ共ニ慨然トシテ征露ノ輿論ヲ喚起スルノ志有リ当時憂国ノ士頭山満氏神鞭知常氏陸実氏等国民同盟会ヲ組織シ故近衛公之カ魁首《かいしゅ》タリシヲ以テ吾輩大ニ望ヲ公ニ属シタリ偶《たまた》マ公ヨリ書翰ノ来ルアリ披《ひら》イテ之ヲ見レバ曰ク九月九日午後五時富士見軒ニ来レ露国ノ挙動ニ関シテ相共ニ談セント余ハ欣喜雀躍シテ同処ニ行キシニ来リ会スルモノハ故近衛公ノ外ニ富井政章、井上哲次郎、金井延、寺尾亨、松崎蔵之助、中村進午ノ諸博士及ヒ法学士小川平吉氏早稲田出身ノ柏原文太郎氏ナリ」

この席上、時の首相山県有朋に建議書を提出しようということになった。

その建議書の骨子は次のようなものだった。いま義和団事件で、各国が出兵しているが、その動向を見ていると、どうもドイツの大兵の動かし方や、ロシアの満州における行動には不穏当なものが感じられる。このどさくさにまぎれて、どこかの国が少しでも土地の領有をはかろうとしたら、列国の勢力均衡が破れて、たちまち中国大陸の分割がはじまるだろう。かつて日本は、日清戦争終結時に三国の忠言をいれて遼東半島を還付したが、今度は日本があのときの三国の立場に立ってそんなことは許されないというべきだ。

「モシ名義ノ何タルヲ問ハズ土地ノ領有ヲ敢テスル如キモノアラバ其結果忽チ列国均勢談ト為リ延テ支那分割論ト為リ東洋ノ平和ハ容易ニ恢復スヘカラサルニ至ラン帝国将来ノ安危今ヤ一ニ外交当局者ノ技倆ニ繋ル」「帝国ハ曾テ東洋平和ノ為メニ三国ノ忠言ヲ容レテ遼東ノ占領ヲ中止シタリ今若シ支那大陸ノ壌地ヲ割取セントスルノ国アラハ帝国亦同一ノ忠言ヲ与ヘ列国環視ノ中ニ於テ断然之ヲ抗拒スルハ至当ノ事ナリトス」

今回の義和団事件では、日本が一番多くの兵を派遣し、各国の置かれた苦境を救ったのだから、日本が主張すべきことを主張すれば、各国とも日本の主張に耳を傾けてくれるだろう。

「今回ノ変乱ニ際シ帝国カ最多ノ軍隊ヲ送リ最着ノ戦功ヲ立テ以テ北京ノ危難ヲ救援シタルハ実ニ東亜ノ現状ヲ維持シ世界ト共ニ永ク平和ノ慶ニ頼ラント欲シタルニ因ル列国亦此意ヲ諒《りょう》トシ事変ノ収結ニ関シテハ理当ニ帝国ノ主張ヲ重視スベシ好機逸スヘカラズ帝国雄飛ノ端ヲ啓《ひら》クハ洵《まこと》ニ今日ニアリ」

この建議書をたずさえて六人が山県のところを訪問すると、山県は六人の意見によく耳を傾けてくれた。そしてこんなこともいった。

「山県侯曰ク日露戦争ハ到底避ク可ラズ然レトモ余ハ今之ヲ決行スル能ハズ他日日本ハ之ヲ決行スルノ好機有ラン且ツ今ヤ内閣将サニ更迭セントス余ハ貴意ノ在ル所ヲ後継者ニ語ルベシト」

この建議書の一件は、ただちに世に知られるところとはならなかったが、国民同盟会のほうで、これを利用して、国民世論を高めようということで、このとき六人が山県の前で述べたような意見を筆記採録したものを、「北清事変に際して、今後の日本がとるべき方策について、諸大家が考える対外意見発表」という形のパンフレットにして世の中に発表することになった。これが世の中を大いに刺激した。前出『男爵　山川先生伝』はこう述べている。

「六博士の峻烈なる対外硬の意見は大阪朝日新聞を始め、他の大新聞にも掲載せられ、大いに世人の注意を惹いた。従来大学教授の如き学者は所謂学窓に閉籠つて学問真理の研究に没頭し、世事を外にしてひたすら学究的であったのに、今やこれらの教授が忽然として象牙の塔を出でて積極的に対露強硬政策を主張し、大に国民の対外思想を喚起し始めた為に、こゝに世人は始めてこの最高指導者達の真意を知るに至つた。かくて六博士の忌憚なき対外意見発表は国民の対外硬論を鼓吹し、今や日露必戦論へと導く有力な指針となつたのである」

この談話筆記の形をとった対外意見発表の中で、戸水は激しい対露開戦論を述べていた。

「一方に於ては露西亜は土地を侵掠したいと云ふ希望を有つて居るし、他の一方に於ては日本人の感情も露西亜人が害して居るし、又露西亜人の感情を日本人が害して居る、斯う云ふ時代に於て寧ろ同盟論などゝ云ふことは止したが宜からうと思ふ、露西亜人は日本人と早晩戦争があると思つて居る、日本人もさう思つて居るです、だから今日の日本人はマア露西亜と戦争は免かるべからざるものとして一時の計画を立てるより外なからうと思ひます、戦争をするに就ては向ふの都合の好い時に戦争をしますか、日本人の都合の好い時に戦争をしますかと云ふに、それは無論日本人の都合の好い時に戦争するより外なからうと思ふ、私の考では今日が最も日本人の為に戦争するに都合の好い時でありますが」

なぜいま戦争するのに都合がいいのかというと、今なら日本が勝てるからだ。

第一に、国際環境がよい。三国干渉のときのように、強固な露独仏の三国同盟がつづいていたら勝ち目はないが、最近ドイツが膠州湾だけでなく山東省、江蘇省全体に食指を伸ばそうとしていることに対して、イギリスが不快感を持ち反ドイツになっている。イギリスが厳正中立を守ってくれるなら、日本に勝ち目がある。軍備においても、安全においても、日本のほうがロシアより有利だ。

「無論日本の方が戦争に勝つのです、若しも日本人が露西亜人と戦争したならば必ず独逸は露西亜人に加担するでせう、仏蘭西人のことは能くは分らぬけれども或は又露西亜人に加担するかも知れない、だから日本人が戦争の決心をする時には先づ此三国を相手にして戦争をすると考へなければならぬです、それに就てはどうしても日本人が英吉利人と亜米利加人の同情を得ると云ふことが必要です、（略）此二箇国が厳正中立を守ることにしたならば日本人が三国を相手にしても訳なしに戦争が出来る、若しも英吉利が厳正中立を守つて来たならば独逸人にしても仏蘭西人にしてもさう沢山の軍艦を欧羅巴から日本に送る訳にいかぬです、（略）金が無いから戦争が出来ぬと言つて居る人も随分あるやうですけれども、日本では中々金は沢山あるです、三種基金と称して居るのがマア五千万円ある、其内今度の支那騒動に就て幾らか使つた其額はしつかりした事は知りませんけれども概算七百万円位でありませう、さうすれば四千三百万円たけは残つて居る勘定である、（略）貧乏で戦争が出来ぬなど丶云ふことはないこと丶思ひます、此前の日清戦争の時に歳計剰余と称して居つた金額が僅か二千万円しか無かつた、ソレですら財政に差支ないとして日本人が支那と戦争して居る、其金額と今日日本の政府が左右し得べき金額と比較して見ると今日のは昔日の五倍余になつて居る、（略）そんなに沢山金があるのに貧乏で戦争が出来ぬと云ふことはない戦争もかなり長引くに相違ないけれどもソレだけあつたらば沢山だらうと思ふ、（略）今日本には金が無いから戦争をすれば困難を生ずるなど丶云ふ論をするのは株屋と結托して居る奴等でありませう、そんな奴はどこ迄もいぢめてやらなければならぬと思ふです、（略）ソコで今から数年遅れて戦争をしたならばどうかと云ふ議論も出るかと思ふが数年遅れては駄目であります、若しも数年遅れると云ふと旅順の防備がなか〳〵盛んになる、（略）今日であるならば露西亜は始末に行かぬ程財政困難で其上旅順の防備は全からずしてドックも完備して居らぬし、あの辺の石炭の供給も余り沢山は無い、金は日本には有余つて居ると云ふ戦争するに最も好い時です、此機会に乗じて戦争した方が宜いと思ふのであります、反対論者などは何を論拠として言つて居るか殆ど私には分り兼ねるのです、殊に軍備拡張が足らぬからなどと云ふ議論は余程無責任な議論と考へて居る、是まで軍備を拡張したのは何の為に拡張したのでありませう、戦争しない為に飾物の為に軍備を拡張したのでありますか、（略）それから戦争した後にどうしたら宜からうと云ふことになる、是は余程戦争の結果にも依る事であるし、今からハツキリしたことを言ふのは六ケ敷いことであるが、若し出来るならば私は満州を取つたら宜からうと思ふ」

「侵略シナイノガ非常ナ不道徳」

これが本当に帝国大学法科大学教授の述べたことか、といいたくなるほど、驚くべき杜撰な議論である。ほとんど床屋の政談である。昔も今も、ナショナリズムはならず者の最後のより所といわれるように、ナショナリスティックな議論には杜撰な議論が多い。しかしそれが俗耳に入りやすい形で展開されるから、大衆からは妙にもてはやされる。戸水の議論はまさにその典型で、杜撰なのにもてはやされ、本人はそれに酔ったのか、とめどなくセンセーショナルかつ過激な言辞を弄するようになっていった。『男爵　山川先生伝』は、次のように書いている。

「さて象牙の塔を出でて挺身世論の啓発につとめられた諸博士は、爾来有ゆる機会を利用して輿論の喚起に努むるに至つた。殊に翌明治三十四年に入つて、露国は我国の東亜に於ける地位を無視し、その暴状益々甚しく、止まる所を知らざる有様であつたのに反して、我が政府当局が徒らに事勿れ主義に終始して姑息の手段に甘んぜんとするや、近衛公を初め国民同盟会の有志や諸博士等は憤然として輿論の喚起にいきり起ち、新聞に雑誌に夫々の意見を盛んに発表し出した。特に戸水寛人博士は独自の諤々たる議論を矢継早に国民に喚びかけて、輿論喚起の急先鋒として立つたのである」

戸水の議論のエスカレーションぶりをちょっとのぞいてみると、次のようなものがあげられる。明治三十四年三月、東亜同文会主催の演説会では、「領土拡張論」を語っている。

「ドウモ私ノ考デハ日本ハ段々人口モ殖エテ来ル年ニ五十万人モ殖エルトイフコトデアルカラ、都合ノ好イ処へ殖民サセルカ然ラザレバ領土ヲ拡張スルヨリ外ハナカラウト思ヒマス、（略）大決心ヲ以テ領土拡張ニ従事シナカツタ国民ハ是マデ大概亡ビテ居ル、（略）愚図々々シテ居ルト日本ノヤウナ国ハ亡ボサレルニ相違ナイ、迚《とて》モ愚図々々シテ居ラレナイ、日本ノ隣リノ朝鮮ヲ見ルト是ハ可哀想ナモノデ独立ヲ失ツテ居ル、現実ニ失ツテ居ルト云ツテ宜イ位デアル、日本モマア膨脹シナイト云フト困難デアルコトデアルナラバ隣リノ朝鮮ノヤウナ所ガアツタナラバ取ルヨリ外ハナイト思ヒマス、迚モアレヲ取ラナケレバ露西亜ガ取ラウトスルニ相違ナイソレカラ朝鮮ヲ取ルニ就テハ満州モ多少日本ノ手ニ入レヌト面倒ダラウト思フノデゴザイマス、サウスルト露西亜ト日本トハ利害ガ反対シテ居ル、（略）此ノ有様デ進ンデ往ケバ日本ト露西亜トハドウシテモ大戦争ヲヤラナケレバナラナイニ極ツテ居ル、（略）若モ日本ト露西亜ノ戦争ハ迚モ避ケラレナイモノデアルナラバ、今戦争スル方ガ宜イカ悪イカト云フコトヲ考ヘテ見ナケレバナラナイ、（略）英吉利ガ日本ノ助ケヲスルマデ日本ハ露西亜ニ手ヲ出スコトガ出来ナイト云ツテハ、迚モ戦争スル機会、ガナイ、ドウシテモ日本ノ独力デヤルヨリ外ハナイ、日本ノ独力デヤルトスレバ今日ガ最モ都合ノ宜イ時デアツテ、モウ四五年後レタラ余程困ルコトデアル、此際戦争ガ出来ナケレバ詰リ日本ガ亡ビルト覚悟スルヨリ外ハナイ、（略）日本ハ此儘ノ領土ヲ保ツテ居ルコトナラバ詰リ亡ビルヨリ外ハナイ、其点ヲ考ヘテ見ルト我々ガ大ニ力ヲ尽シテ日本ノ人心ヲモウ少シ戦争ノ方ニ向ケテ領土ヲ拡メルヨリ外ナイト思ヒマス、成ルベクナラバ世界ヲ悉ク併呑シタイト思ヒマス（略）戦争ヲ布告スルノハ雑作ナイ話デアル、近日露西亜ガ満州ヲ取リカ、ツテ居ルノハ東洋ノ平和ヲ害スルト言ヘバソレデ宜シイ、（略）口実ハ沢山アルノデ決シテ口実ニ疑懼《ぎく》スルコトハ少シモ要ラナイカラ、此際断然戦争ヲヤツテ宜シイト思ヒマス、私ノ言フ事ハ是レタケデアリマス」

（傍点、原文のまま）

できれば「世界をことごとく併呑したい」というのだからなんともすごい話である。同じく明治三十四年三月に『倫理界』という雑誌に発表した「侵略主義と道徳」という論文では、次のように書いている。

「私ハ元来侵略主義ヲ唱ヘテ居ルモノデアリマス領土拡張主義ヲ唱ヘテ居ルモノデアリマス敵国撲滅策ヲ唱ヘテ居ルモノデアリマス併ナガラソレガ道徳ニ反スルト云ハレテハ大ニ困ルノデ此処ニ其反セザル所以ヲ少シク述ベヤウト思フノデアリマス（略）此頃ハ武器ト交通機関トノ二ツノ改良ノ為メニ小サナ国ガ独立ヲ維持スルト云フコトハムヅカシクナツテ来テ居ル亜米利加ヤ露西亜ヤ英吉利ガ既ニアンナ大キナモノニナツテサウシテ交通機関ガ非常ニ盛ンニナツタナラバ其上ニ武器モ改良セラレタナラバ日本ノ様ナ所ハ枕ヲ高クシテ眠ルト云フ訳ニハ行カヌ日本モ大ニ侵略主義ヲ取ラナケレバ遂ニ亡ビルデアラウト思フ／日本ノ人口ノ殖

増ノ点カラ考ヘテ見テモ領土ノ拡張ト云フコトハ必要デアラウト思フ（略）領土拡張ヲシナカツタラバ余ッタ人口ヲ植付ケル所モナシ甚ダシキニ至ツテハ二十世紀以後ノ大勢ニ適スルコトガ出来ナクテ亡ビルデアラウト思フ若シモ亡ビルトスレバ是即チ祖先ノ守ツテ居ツタ所ノ国ヲ失フノデアル即チ祖先ニ対シテ不孝デアル若シモ亡ビルトスレバ日本ニ君臨セラレテ居ル所ノ　皇室ガ領土ヲ失ハレルノデアル坐視シテソレヲ待ツノハ是ハ　皇室ニ対シテ不忠デアル詰リ私ノ考デハ今日ニアツテハ侵略主義領土拡張主義敵国撲滅策是等ハ皆必要ナノデアツテ之ヲ行ハナケレバ祖先ニ対シ不孝デアル　皇室ニ対シ不忠デアルト思フノデアル一口ニ言ヘバ不道徳デアルト思フノデアル尋常一般ノ道徳家ニ質スト云フト他国ヲ占領スルナド、云フコトハ余程不道徳ノ様ニ考ヘテ居リマスケレドモ私カラ言ヒマスト他国ヲ侵略シナイノガ非常ナ不道徳——不道徳ノ骨頂ダト思フノデアリマス」

侵略主義、領土拡張主義、敵国撲滅策こそ道徳であるという、このような考えがやがて日本の国策の基本理念（少くとも密教的部分において）になっていくのである。

時代の寵児となった帝大教授

戸水は、明治三十四年四月に早稲田大学で、「北清事件ニ付テ」と題して、次のような演説をしている。これには聴衆の反応も記録されているが、ブーイングはなく、もっぱら拍手喝采である。このようなセンセーショナルな議論が、いかに大衆の人気を博していたかがわかるだろう。

「日本ハ如何ナル状態デアルカト云フト面積ハ極ク少ナイ而シテ人口ハ段々殖ヘテ往ク外ヘ殖民シヤウトスレバ叱ラレテ帰ツテ来ル自分ノ面積ハ段々足リナクナツテ来ル此儘デ往ツタナラバ日本ハ他日必ラズ亡ビルノ外ハナイ我日本ガ是カラ盛ンニナラウト云フ事デアルナラバドウシテモ外ヲ取ラナケレバナラヌト思フ外ノ領土ヲ取ルノニ戦争ナシニ取ル事ガ出来マセウカ島一ツ取ルノデモ戦争ヲシナケレバ取レナイト思フ隣リノ朝鮮ハ誠ニ小サナ国デ今ヤ亡ビ掛ツテ居ルノデアル（略）亡ビル事ハ好マヌケレドモ遺憾乍ラ朝鮮ハ亡ビ

ルト思フサウスルト其朝鮮ハ露西亜ニ取ラレテ仕舞カ日本ノ手ニ収メルカト云フガ問題デアル露西亜人ハ必ラズ朝鮮ヲ欲シイト言フデアリマセウ併乍ラ日本人ハ我同人種タル朝鮮人ガ露西亜ノ為ニ圧倒サレルト云フ事ヲ非常ニ遺憾ニ思フデス必ズ諸君モ遺憾ニ思ツテ御出ナサラウ、サウ云フ事デアルナラバ矢張リ朝鮮ハ日本人ノ手ニ収メルヨリ仕方ガナイ敢テ朝鮮ヲ以テ日本ノ属国ニシヤウト主張スル訳デハアリマセヌケレドモ日本ノ一部分ニシテヤリタイト思フノデアリマス（大喝采）所ガアノ朝鮮ト云フ所ハ中々厄介ナ国デ大陸続キ丁度一跨キ川ヲ跨グト向フニ満州ト云フモノガアル此満州カラ朝鮮ヲ攻メルノハ誠ニ容易デアリマス朝鮮カラ向ウヲ攻メルヨリハ、向ウノ方カラ朝鮮ヲ攻メル方ガ容易デアルサウスルト朝鮮ダケ取ツテ居ツタ所デ守ルニ困難デアルカラ序デニ満州モ取ツタ方ガ宜カラウト思フ（大喝采）（略）ドウシテモアノ満州ハ日本ノ手ニ収メナケレバナラヌ夫レヲ取ルニハ何時ガ尤モ好イ機会デアルカト云フト今日ガ尤モ好イ機会デアラウト思フ今日ハ北清ニ戦争ガアリ満州ハ非常ニ乱レテ居ル此時ニ乗ジテ戦争ヲシナケレバスル時ハ滅多ニナイデス（拍手大喝采）斯ウ云フ議論ヲスルト大言壮語スルト言フ人モアリマセウケレトモ之ハ決シテ大言壮語デハナイ極ク適切ナ議論ヲシテ居ル積リデアル若シ大言壮語ヲセシムルナラバ夫レハ世界併呑策ヲ試ミル満州位ヰ何デモアリマセン日本ノ独立ヲ維持スル為メニハ満州ヲ取ツテ置カナケレバナラヌト云フ適切ナ話ヲスルノデアリマス（略）決シテ戦争ニ負ケル気遣ヒナシ斯クシテ此満州ヤ朝鮮ヲ我手ニ収メル事ガ出来ル然ルニ其戦争ヲシナイト云フハ余程愚ナ話ダ」

日清戦争から日露戦争にかけて、日本は急速に帝国主義化していったといわれるが、こういう演説を帝国大学法科大学の教授が行い、それに満場の聴衆が聞きいって拍手喝采を送るというところに、そのマインドの変化がよくあらわれている。

明治三十六年になると、戸水は「満州問題」において堂々と帝国主義を標榜するようになっていた。

「帝国主義ノ実行ハ是マデ諸国ノ大政治家ノ既ニ企テタコトデアル、即チ露西亜人モ久シクソレヲ企テツヽ居ツタ、英吉利人モソレヲ実行シテ居ツタ、米国人スラモソレヲ実行シテ居リ、独逸人モ近頃ニ至ツテ益〻ソレヲ実行スルコトニナツタ是等ノ国ノ政治家ハ世界ノ大勢ヲ洞察シテ居ルカラ、何レモ帝国主義ノ実行ニ従事シテ居ルノデアル、ソレ故ニ私ハ日本ノ為ニモ帝国主義ノ実行ヲ計ツテ宜カラウト思フ、又日本ノ国内ノ事情カラ打算シテ見テモ、帝国主義ノ実行ハ必要ニナル（略）日本ノ人口ガ現在ノ人口ノ倍ニナルニハ沢山ノ歳月ハ要ラヌ。尚更ニ進ンデ行ツテ一億ニモ達スルト云フコトモ、左程長キ歳月ハ要ラナイト思フ。トコロデ、此増加スルトコロノ人民ハ何ウ云フ所ニ居住シテ宜イカ、日本ノ領土ニ拠ツテ行クト云フコトハ到底出来ヌカラ、矢張リ他国ノ領土ニ行カナケレバナラヌト思フ。（略）ソレ故ニ私ハ日本人ガ亜細亜大陸ニ向ツテ進ンデ行クコトヲ希望スルノデアル。若シモ大陸中最モ移住ニ適当ノ場所ハト言ヘバ、ソレハ無論朝鮮デアルケレドモ、朝鮮ガ日本ノ領土ナラザル以上ハ、サウ沢山ノ日本人ガ這入ツテ行ク訳ニハ往カヌ。先ヅ一千万カ一千五百万モ這入ルト其以上ハ困難デアラウト思フ、アレガ日本ノ領土トナツテ、日本人ノ手デ万事ノ事ヲ経営スルコトガ出来ルトシテモ、余リ沢山ノ人口ハ這入ルコトハ出来ナイ、然レバ日本ノ国力ノ発達ヲ計ル場合ニハ、朝鮮内地ニ注目スルノデハ足ラヌ。矢張満州ニ注目シテ置クト云フコトガ最モ必要デアル。（略）要スルニ日本人ノ注目スル場所ハ朝鮮ト満州トデ、此一方ニ日本人ヲ沢山移住セシムルノハ必要デアルガ、サウスルト露西亜トノ衝突ガ免カレナイ。（略）ソレ故ニ私ハ何処マデモ戦争論ヲ主張スルノデアリマス」

ここまでくれば、日本の帝国主義への道はイデオロギー的には完成していたというべきだろう。生存圏《レーベンスラウム》という言葉を使わないのがちがうだけで、ナチスの帝国主義論と実質的には同じである。このイデオロギーの先は、日露戦争を経て、韓国併合、満州国建設をステップに、大日本帝国の拡張とそれを支える大東亜共栄圏作りに邁進していく日本人の時代がはじまるのである。このような大きな時代変化の先導役を、戸水以下の帝大法科大学の教授連中がになったのである。

後に満州事変から満州建国にいたる課程で日本人がみな同意していた、「満州は日本の生命線」論はこの延長の上にある。

言論弾圧の予感

明治三十五年、日英同盟が締結され、それをにらんで、ロシアが満州撤兵条約に調印したところから、日本の危機感も一時はやわらいだ。しかし、三十六年になって、ロシアが第二次撤兵の期限を守らなかったところから、再び、ロシア問題が大きくクローズアップされ、近衛篤麿とそのグループは対露強硬論を盛りあげていく。その流れの中で、七博士建白が出てくるのである。それを、『男爵　山川先生伝』は次のように解説している。

「此時に方り近衛公を中心とする志士は、一方政府を動かして対露強硬策を採らしめ、他方国民に当時の情勢を知らしめて、大に輿論を沸騰せしめることゝなつた。これより先、近衛公・松浦厚《まつらあつし》伯・渡辺国武子等は相議つて集会所を芝区南佐久間町の寓居に設け、之を称して南佐荘と云つた。南佐とは蓋し南佐久間町の名に依つたのである。予ねて近衛公等とその志を同じうしてゐた寺尾亨・戸水寛人・金井延・高橋作衛・中村進午の諸博士及び蔵原惟昶《これとう》氏・文学士渡辺千春氏・法学士山川端夫《ただお》氏等は屢ゝ此処に来会して時事を談じ、諤々の議論を闘はしてをつた。一日近衛公は戸水・中村両博士に向つて先年六博士が満洲問題に関し当局者に建議した例に倣つて、今回亦建議しては如何と諮る所があつたので、両博士も固より予ねて期してゐたことゝて大いに力を得、同志を語らつて、三十六年五月三十一日南佐荘に会談することになつた」

このとき集ったのが、先の七博士なのである。七人は、三年前の六博士建議にならって、議論を重ねた上で、まず桂首相を訪問して、その意見を開陳した。

「越えて六月一日時の桂総理大臣を訪問し、露国に対する当局の態度・満韓交換論・日露即時開戦論等を提げて首相に肉迫したが、首相は却つて戸水博士が教授として為すべからざる墻《かきね》を越えたとて之を戒むる所があつた。而してこの桂首相の言葉の裡には、当局の大学教授に対する言論弾圧の伏線が既に秘められてゐたのである。尋《つ》いで七博士等は外務大臣官邸に小村外相を訪うたけれども面会するを得なかつた。是に於て博士達は、急遽建議書の起草に着手することゝなり、富井博士の意見によつて高橋博士にその起稿を託した。高橋博士の草稿成るや、相会して之を議し、多少の修正を加へて十数通の建議書を作成（略）、その大要は、日露開戦は必至の運命たるべきを説きて、即時開戦説を極力主張したものであつた。初め博士等は建議書提出の事実を世間に公にすることを欲しなかつたけれども、何時の間にか普く知れ亙り、往々にして同志を目して所謂『七博士』の称を用ひるものがあるに至つた」

広く知れわたったきっかけは、はじめに引用した、東京日日新聞の社説である。

この社説は、七博士の建議を支持するものではなく、逆に厳しく批判するものだった。たとえば、次のようなくだりがある。

「諸氏は開戦の理由として、満洲に於ける露国の行動を云為すれども、つとに国際法を解する諸氏の言としては、はなはだ遺憾の点なきあたわず。（略）露国が満洲占領によって被るべき損害は、与国共通の問題なり。清国未だこれを咎めざるに、我好んで喧嘩を買い、与国未だ最後の手段を講ぜざるに、我ひとりこれを以って開戦の理由となすがごときは、無策もまたはなはだし。人道滅して彝倫《いりん》序すべからざるの戦国時代に在りても、なおかつ義戦あるものは、兵法にいわゆる兵名なくんば利なきの理を知ればなり。しかも今日、牽強附会の理由を以って師を起さんと欲す、蛮民の議論としては或いは恕すべきも、これを公法学者の口より聞くに至りては、実に沙汰の限りと謂わざるべからず」

要するに、きちんとした開戦理由もない名分なき戦争をやろうというのは「蛮民の議論」で、公法学者たるもののいうことではないだろうといっているわけだ。

その他、「今日戦えば勝ち、数年後戦えば勝算なし」ということの根拠、日本の財政上、経済上から見た戦争能力の問題、戦端を開いたあといかに終戦にもっていくかの問題など、七博士の開戦論の不備をついて、次のように論じた。

「諸氏はいかにしてこの多額の軍資を給し、この長日月を支え、かつ戦い勝たばいかに露を処分し、戦い敗るればいかに我を処せんとするか。満韓の領土は義としてこれを奪うことあたわず、西露の首都は到底攻めて城下の盟をなさしむることあたわずとせば、諸氏が千言万語は、ついに架空の妄想に帰せざるを得ざるなり。およそ学者に尚《たっと》ぶ所は、冷静、理数を尽して事実と相違わざるにあり。諸氏請う、三たび省せよ」

政府のリークに七博士憤激

実は、七博士が桂首相を訪ねて建議書を置いてきたとき、両者の間で、「一切を厳秘に附す」という約束ができていた。だから、しばらくは建議書の内容が表に出ることはなかった。ところが、この東京日日新聞の社説は、明らかに建議書を読んだ上で、その内容を引用しながら批判を加えていた。これは明らかに政府筋のリークによるものだった。これに憤慨した七博士側は、自分たちの手で建議書の内容を全文公開した。それを各紙が一斉に報道したので、問題は社会的事件になった。『男爵　山川先生伝』は次のように述べている。

「この姑息にして信義を守らざる政府の処置に憤激した博士側では、今迄強ひて差控へて居た建議書の内容を公表するに決し、之を幾らか論文体に改作して、六月二十四日に至り一斉に発表するに至つた。是に於て政府側の作戦は全然反対の結果となり、却つて建議書公表の機会を与ふることゝなつたのである。乃ち六月二十四日建議書の覚書を都下数種の新聞に掲載するや、忽ち全国に広まり各地の新聞も争つて之を転載したので、世評囂々として予期以上の反響を与へた。時恰も露国は満洲第二撤兵の時期を経過すること既に二箇月半に及べるに、毫も撤兵の実を示さゞるのみならず、益々戦備を修めて満洲を永遠に占領せんとする形勢であつた際とて、太く我が国民の神経を尖鋭ならしめ、否応なしに国民を挙げて七博士の建議書を歓迎する結果となり、之より以後は満洲・朝鮮を如何にすべきかの問題が益々世人の話題に上るに至つたのである」

こうして七博士の開戦論が世論をリードし、世は滔々と日露開戦に向けて流れていくのである。

戸水は十一月二十日の『外交時報』に、「内閣の優柔不断」と題して、勝ちほこるようにこう書いていた。

「我国ニ於テハ日露開戦論益々其気焰ヲ高メ、是迄平穏ノ議論ヲ唱ヘシ新聞雑誌モ現今ニ在リテハ悉ク開戦論ヲ主張スルニ至リタリ」

「南校時代全職員生徒」 ©東京大学附属図書館

12 戸水寛人教授の「日露戦争継続論」

〝バイカル博士〟の異名

一九〇四年（明治三十七年）二月十日、「露国に対する宣戦の詔勅」が発せられ、日露戦争がはじまった。開戦論をとなえつづけ、政府を叱咤激励してきた東京帝国大学法科大学教授、戸水寛人はこれに大感激した。『続回顧録』（以下、引用は特別の注釈がないときは戸水の回顧録正篇、続篇による）にそのときの感激を次のように記している。

「此ノ詔勅ヲ拝読シ感激淋漓《りんり》啻《ただ》ナラス実ニ手ノ舞ヒ足ノ踏ムヲ知ラサリキ」

実際の戦闘はその二日前よりはじまっていたが、戸水はその報を受けて、次のような「征露意見」と題する談話を電報新聞に発表していた。

占領後の奉天

小村寿太郎

児玉源太郎

前列左から安達、落合、小村、高平
ポーツマス講和会議
©毎日新聞社提供

「征露ノ壮挙タル我歴史アッテ以来ノ大事業ナリ我国民タル者須ラク非常ノ決心ヲ以テ当ラザルベカラズ（略）宜シク此際ヲ利用シ非常ノ奮発ヲ以テ我民族膨脹ノ基礎ヲ確立スベシ」

早くもこの談話の中で、戸水は戦線をどこまで広げるべきかを論じ、バイカル湖まで行くべしと主張していた。他の論者は、ハルビンあたりを、日本軍進出の最終地点と予測していたが、戸水は、それでは、ロシアはとても降伏しないだろうという。

「余ハ如何ナル事情アルモ『バイカル』湖ノ南岸迄躊躇ナク進撃セザルベカラザルヲ確信ス（略）余ガ『バイカル』湖迄占領スベキヲ主張スル所以ハソモ〳〵故アリ『バイカル』ハ南北ニ細長キ湖ナリ」

南岸は狭隘の地形だから、ここを押えればロシアの大軍が来ても守ることができる。ここを取ってバイカル以東の地を占領してしまえば、

「其時コソ露国モ真正ニ和ヲ請フニ至ラン」

というのだ。では、講和条約となったとき、どのような条件を付すべきか。多くの論者は、カラフト割譲くらいしか考えていないようだが、戸水はそれでは不満という。

「余ハ民族膨脹ノ基礎ヲ確立スル上ニ於テ大陸ニ新天地ヲ得ントスル者、断シテ樺太ノ獲得ヲ以テ満足スル能ハザルナリ余ハ天然ノ境界線タル『エニセー』河以東ヲ得ント欲ス若シ之ヲ得ザル時ハ少クトモ『レナ』河以東ヲ我新領土トナサン」

地図を見ていただくとわかるが、エニセー河以東などといったら、あの広大なロシアのほとんど半分を取ってしまうということである。ここまでいったら、誇大妄想狂というしかない。このような主張をしたことをもって、戸水には〝バイカル博士〟の異名がつく。前に述べたが、このような誇大妄想にとらわれていたのは、戸水だけではなかった。戸水たちにあおられて、同時代の日本人の多くが、どんどん妄想をふくらませ、戸水のような発想に大喝采を送っていたのである。

この時代、後の太平洋戦争の時代とちがって、大っぴらに、反戦、非戦を叫ぶことができた。内村鑑三、堺利彦、幸徳秋水《こうとくしゅうすい》らが「萬朝報」で、非戦論の論陣を張ったことはよく知られている。開戦の四カ月前にな

って社主の黒岩涙香《るいこう》が主戦論に転じたため、三人とも社を去った。別れにあたって黒岩涙香は、次のような論説を書いた。

「内村、幸徳、堺の三氏、非戦論を唱えて朝報社を去る。朝報は戦いを好むの主義なるか。（略）一言にして答うれば、否という外はあらず。朝報は戦いを好むものにあらざるなり。（略）世に対露同志会というものあり、盛んに帝国主義を唱えて、露を伐つべしと絶叫す。吾人はこれと同じきにあらざるなり」

同じ頃、山口孤剣《こけん》は「破帝国主義論」で、三国干渉問題から説きおこして次のように書いている。

「然るに対外硬の徒は、聖上の大御心に反き、臥薪嘗胆とか言ふ奇怪なる文字を叫んで以て之れに報ゆるところあらんことを期す（略）彼等は遼東半島を分捕らざるが残念なる也、還附せるが口惜しき也（略）彼等動もすれば即ち言ふ、満韓に於ける我国の権利は侵害せられたり、我国民は此の権利の侵害に対し、干戈に訴へて力争せざる可からずと、権利とは何ぞ、満韓交換乎、遼東半島掠奪乎、問ふ権利なるものを与り聞かん、迷へる哉国民、漫りに国旗の光栄を喜ぶを休めよ、版図の膨脹を希ふこと勿れ、我国は決して世界を侵略するの権利を有せざる也、万邦を統一するの権利を有せざる也」

この時代には、まだ少数ながら、こういうことを堂々と主張できる人がいた。しかし、やがて、八紘一宇のスローガンのもとに、日本は天皇の下に万邦を統一する聖なる使命を帯びた国家であるというファナティズムに国全体が支配されるようになる。

そのような時代への転換点が、この日露戦争の時代なのである。そして、その転換に大きくあずかったのが、東京帝国大学の教授たちだったのである。

開戦論で世論を引っぱってきた東大七博士グループは、戦争がはじまると、この戦争をどのように結着させるかの議論に転じた。どのような状況になれば、戦争を終結させ、どのような条件の講和に応じるかという議論である。七博士グループは、戸水らの主張がどんどん過激になっていくにつれて、穏健派の小野塚喜平次、高橋作衛などは脱落していったが、新たに法科大学から岡田朝太郎、立作太郎などが参加し、文科大学から建部《たけべ》遯吾《とんご》などが参加し、他大学からの参加者もあったので、全体の勢力はかえって増していた。メンバーの入れかえはあったものの、主要メンバーは変らなかったため、新聞などでは、相変らず〝東大七博士〟と呼ばれていた。といっても、彼らが常に一致した行動をとり、同一声明文に署名するようなことをしていたわけではない。そのときどきで、行動ごとに参加する者、しない者にわかれた。一貫して、最も過激な言辞を吐き、過激な行動をしたのが戸水寛人だったから、戸水は〝東大七博士〟の代名詞となっていった。

勝利のヌカ喜び

といって、戸水の言動だけで、当時の東京帝国大学法科大学の知的水準を判断してしまうのも誤りである。戸水はたしかに時代の寵児となっていったが、東大には、戸水を批判する学者もいた。たとえば、七博士建白書の草稿の筆者でありながら、しばらくして、戸水批判者となる高橋作衛である。高橋は次のように戸水を批判した。

「所謂対外硬派ト称スル論者ノ中ニハ満州問題ノ論拠ヲ日本国民ノ増殖並ニ日本領土ノ狭小ニ執リ国運発展ノ必要ニ基キテ之ヲ解決セント欲スル者アリ然レドモ此論拠ハ極メテ薄弱ナリト謂ハザル可ラズ若シ日本国民ノ増殖並ニ日本ノ領土狭小ナルガ故ニ満州ノ地ヲ略シテ国運発展ノ基ヲ開カント欲スルナラバ何故ニ露国ガ其領土ヲ拡張シテ国運ヲ発展スルコトヲ否認シ得ベキヤ論者ノ言フ所ハ暴ヲ以テ暴ニ代ルニ外ナラザル者ナリ斯ル薄弱ナル論拠ヲ執リテ此問題ヲ解決セント欲スルハ学理上ニ於テモ亦常識ノ上ヨリ論スルモ極メテ浅薄ナリト謂ハザルベカラズ」（『国家学会雑誌』第十九巻）

戸水の名前をあげていないが、批判の対象が戸水であることは明らかだった。

浅薄な議論と批判されて怒った戸水は、『外交時報』で、「満州問題討究ノ見地」と題して、次のような反論を試みた。

「余ガ日本国民ノ増殖及ビ日本領土ノ狭小ヲ論拠トシテ開戦論ヲ主張シタルハ国際法上ノ見地ニ基イテ之ヲ論ジタルニ非ズ単ニ国際法上ノ見地ヨリ之ヲ論ズレバ日本国民ノ増殖及ビ日本領土ノ狭小ヲ論拠トシテ戦争

ヲ開始ス可キ理由無キコトハ誰カ之ヲ知ラザランヤ（略）今日戦争ノ宣言ニ於テ誰カ此ノ如キ理由ヲ記入スルコトヲ夢想スルモノ有ランヤ余ガ日本国民ノ増殖及ビ日本領土ノ狭小ヲ論拠トシテ開戦論ヲ主張シタルハ純然タル政治論ニ外ナラズ政治ノ当局者ハ常ニ国力ノ発展ニ注目セザル可ラズ国力ノ発展ヲ計ランガ為メニハ時ト場合トニヨリテハ国際法ヲモ蹂躪スルノ覚悟無カル可ラズ而カモ列国ノ非難ヲ排除センガ為メニ外面上ハ国際法ニ遵ヒタルモノノ如ク装フヲ要ス日本ノ内閣ガ日本国民ノ増殖ト日本領土ノ狭小ヲ患ヒテ満州略取ヲ決行セント欲スルナラバ国際法学者ヲ頤使シテ戦争ヲ為スニ適当ナル口実ヲ設クルコト誠ニ容易ノ業ノミ然ラバ則チ政治論ト国際法上ノ議論トハ自ラ別物ナリ」

要するに、自分の発言は、政治家の立場からの発言で、政治家は、戦争をするときはどんなウソをついたっていいんだということである。開戦理由でホンネをいう必要はないし、国際法を蹂躪したっていいという。国際法を守るかどうかは見せかけの問題だし、開戦理由などというのは単なる口実でよいというわけだ。

これが帝国大学法科大学の教授のいうことなのだから恐れいる。そもそも高橋が問題にしたのは、開戦理由として何というべきかという口実の問題ではなく、開戦理由のホンネの部分がおかしいではないかということなのだから、これが反論になっていないことは明らかだが、戸水はこの後も議論をどんどんエスカレートさせていった。

日露戦争は、開戦初期、日本軍が海でも陸でも連戦連勝の勢いで進んだ。ここで戦局の推移を述べている余裕はないが、大局だけ述べておけば、よく知られているように、中盤戦は旅順の攻略にかなり手間どって苦戦したものの、終盤戦は奉天大会戦と日本海海戦で、日本軍有利のまま終戦となった。

日露戦争は結局、約一年半、五百余日で終結し、ポーツマス講和会議に持ちこまれた。日本軍は奉天大会戦で戦力を使いはたし、兵力も弾薬も補給がつづかず、継戦能力を失っていた。奉天で勝つには勝ったが、死傷者は奉天会戦だけで七万人に達し、将校の数も決定的に不足していた。敗走するロシア軍を目の前にしても、それに追い討ちをかけることすらできなかった。戸水がいくらバイカル湖まで行けと叱咤しても、そんな余裕はとてもなかったのである。

戦力の限界を悟った児玉源太郎総参謀長は、奉天会戦の後、東京に戻って、あとは講和しかないことを政府要人に説いてまわっている。

ロシア軍は主力をヨーロッパに置いており、奉天の次の決戦になるべき、ハルビンにその兵力を続々送り込んでいた。奉天会戦ではロシア側は三十二万人を動員し、死傷者九万人を出していたが、ハルビン戦には百万人を動員すると豪語していた。日本はそれに対抗する手段を持っていなかった。ロシアと日本では国力にちがいがありすぎた。兵器、弾薬の生産力も限界だったし、戦費ももう使い果たしていた。これ以上戦いつづけたら、日本はますます不利になるというのが日本の指導部の共通認識だった。

日本の政治指導部も軍の指導部も、最初からロシアに完全な勝利をおさめることができるとは思っておらず、どこかで講和に持ちこまざるをえないと考えていた。はじめからアメリカのルーズベルト大統領の仲介をあてにして、ハーバード大学でルーズベルトと同窓であった金子堅太郎を開戦早々からワシントンに送りこんで裏工作をすすめていた。ルーズベルトも、平和の仲介者という役まわりに関心を示し、奉天会戦のあとに、その役を引き受ける意志があることを金子に伝え、金子は喜んでこれを外相の小村寿太郎に打電している。

日本海海戦の三日後の五月三十一日に、日本政府からルーズベルト大統領に講和仲介を依頼する文書が送られ、それを受けて、ルーズベルト大統領が六月九日に両国に正式の招請状を出すという運びになるのだが、このような裏の事情を国民は何も知らなかった。軍事力が限界にきていたことも、国力が限界にきていたことも知らない。国民はただ、旅順、奉天、日本海海戦と、勝利、勝利の連続に酔いしれて、勝った勝ったと喜び、講和になれば、当然のことながら、賠償金も取れる、土地も取れると皮算用をしていた。ポーツマス会議でそれがヌカ喜びに終ったことを知ったとき、日比谷焼き打ち事件などの形で怒りが爆発した。

そのもとになったのは、何よりも現実離れした皮算用そのものにあったのだが、それを煽る役割を果したのが、戸水ら七博士グループのふりまくバイカル湖まで取るべしの議論だった。

「満州を永久占領せよ」

旅順要塞の第一回総攻撃もまだはじまらない一九〇四年六月の段階で、七博士グループの中村進午は、『外交時報』に発表した「満洲善後策」、「満洲善後策ヲ弁ズ」で、満州を永久占領すべきだという主張を展開していた。

もともと日露戦争は、義和団事件での自国民保護に名をかりて、ロシアが満州に武力進出し、満州を事実上の占領状態に置いたのがけしからん(朝鮮における日本の権益をおびやかす)ということではじまった戦争である。これは日本のものでも、ロシアのものでもない本来清国の主権に属する満州という土地をめぐっての争いなのである。ロシアが日本を侵略した結果として発動された自衛の戦争というわけではなかった。

要するにロシアの行動は正義にもとり、世界(東亜)の平和と秩序を乱す行為だから、日本がこれをこらしめるということである。冷戦時代のアメリカが、世界のあちこちに出かけていっては熱い戦争を起こすときに使ったのと同じ論理である。最近の事例にたとえれば、旧ユーゴのコソボ問題や、ボスニア・ヘルツェゴビナ問題で、NATO軍や国連軍がセルビアをこらしめるときに使った論理と同じである。中村進午は次のように書いていた。

日本はいずれこの戦争に勝ち、満州からロシアの手を引かせることができるだろう。しかしそのとき、満州をどうすればよいのか。清国のものだったからというので、清国に返還すればそれですむのか。もともと、この問題は、清国が統治能力を失ったことにすべてが起因している。清国の統治能力が復元したわけでもないのに、満州を清国に返還したら、また一層の混乱が起り、ロシアはそれに乗じて再び侵略の手を伸ばしてくるだろう。

「今日ノ清国ハ果シテ能ク満洲ヲ処理シ統治シ平和ナラシムルノ実力ヲ具フルカ、清国其微弱ノ力ヲ以テ自ラ再ビ満洲ヲ経営スルコトヲ得ズ、盗賊四方ニ起リ、兇徒切リニ輩出セバ何人カ能ク清国ノ為メニ満洲ヲ平穏ナラシムルモノナルゾ、露国タルモノ再ビ機ヲ見テ満洲ヲ侵略シ、戦争以前ノ状態ヲ復シテ或ハ城砦ヲ築キ鉄道ヲ敷設シ軍兵ヲ配シ暴悪ヲ其地ニ逞《たくまし》フセンコト十目ノ視ル所ナリ」

そうなったら、もう一度ロシアと戦争しなければならないことになる。では、日本が満州を清国に返さないで自分のものにしてしまったらどうかというと、その名目が立たない。それは清国の主権を侵すことになる。

「収メテ之ヲ我ガ掌中ニ帰セシムベシト云フハ事甚ダ易キニ似タリト雖モ名ノ正シカラサルヲ如何セン」

名目も立ち日本の不利益にもならない方策はないだろうか。「満州の永久占領」という手があると中村はいう。清国の主権は主権として認めるが、占領という形で、行政権は日本が行使するという形にすればいいではないかというのである。

「満洲ハ依然トシテ清国ノ主権ノ下ニ立ツコトヲ妨ケズ而シテ我敢テ其全部ヲ租借スルノ要ヲ見ズ只我国ヲシテ永ク彼地ヲ占領セシメ彼地ノ行政政治ヲ行ハシムルニ在リ更ニ委シク云ハバ清国ノ領地ニ我レノ主権ヲ行使スベシト云フナリ清国之ニ依リテ安カルベク満洲之レニ依リテ平カナルベク世界各国之レガ為メニ静穏ナルコトヲ得ベケンシカモ之レガ為メニ毫末ダモ清国ノ主権ヲ害スルコトナキナリ」

永久占領しておいて、清国の主権を害することなしの主張もないだろうと思うが、中村にいわせれば、この方式は、世界のあちこちですでに行われている。たとえば、一八七七年の露土戦争は、オスマントルコ領内のボスニア・ヘルツェゴビナがトルコに叛旗をひるがえし、汎スラブ主義の立場からそれをロシアが支援したことに端を発しているが、翌年のベルリン条約で、同地方がトルコ主権下にあることは認めながら、その地方の政治行政権はすべてオーストリアに与えるという処分をした。同地方をトルコに戻しても、ロシアに併呑させても、列国の勢力均衡が乱れるし、同地方に混乱が生じるという理由だった。満州も同じだ。清国に戻しても、ロシアに併呑を許しても、国内外で混乱が生じるばかりだから、日本が占領して、仁義の政治を布くのがいちばんというのである。

このような永久占領という手法は、イギリスがキプロス島を取ったときも使ったし、スーダンを取ったときにも使った。スーダンはもともとエジプトの支配下にあったが、イギリスとエジプトの間で結ばれたスーダンに関する条約の中で、イギリスはエジプトの主権は認めるものの、スーダンにおける軍事上内政上の最高権力は、スーダン総督にゆだねられるとし、そのスーダン総督はイギリス政府の同意によってエジプト国王が任免するという形になっていた。スーダン総督は、スーダンにある各種財産の所有権、使用権、移転権を持ち、支配に必要な法律、命令、規則のいっさいを、総督布告という形で、制定も、変更も、廃止もできることになっていた。要するに、エジプト国王の支配権を名目的には残しながら、実質権力はすべてイギリス指名の総督がにぎってしまうわけだ。大英帝国がその支配を全世界に広めていった(一時七つの海を支配)背景には、かくのごとく巧みに名を棄てて実を取る政治システムを考案したということがあったのである。これと同じことを日本も満州でやればよいではないかというのが、中村の所論だった。中村の所論はいいかえれば、日本はイギリスに範をとった大帝国主義国家になるべしということだったといっていい。時代の流れはだんだんそちらの方向に向いていった。

前章で述べたように、この時期、七博士グループら、対外硬派の文化人たちが芝の南佐荘に集って政談を交わしあっていた。議論の流れは、どんどん戸水流の過激なものになっていった。戸水の『続回顧録』には次のようにある。

「渡辺子爵、松浦、蔵原、寺尾、陸、中村、立、山川、塩川ノ諸氏余ヲ幷セテ十人之ニ出席セリ此ノ日寺尾氏戦争ノ終局ヲ論シテ曰ク日本ハ宜シク兵ヲ『バイカル』湖ノ辺マデ進ム可シト衆皆異議ヲ唱ヘズ夫レ『バイカル』湖以東ヲ割取ス可シトハ余ノ持論ナリシニ此ニ於テ寺尾氏モ亦之ト同論ヲ吐キ同志大抵之ニ同意セシハ蓋シ世人ノ知ラサル所ナラン」

バイカル博士は戸水だけではなくなってしまったのである。こういう観点から七博士グループは、伊藤博文に会って意見を具申しようとしたり、小村寿太郎に建議しようとしたりしたが、いずれも、多忙を理由に会見を断られている。日本の苦境をよく知る伊藤や小村は、戸水流の稚拙で過激な意見に辟易していたのかもしれない。

旅順総攻撃が展開されていた九月末、戸水らは帝国大学内で時局学術演説会を催した。この演説会で戸水は、「亜細亜東部ノ覇権」と題して、次のように語った。

「今ヤ日本ハ露西亜ト干戈ヲ交ユ而シテ戦ヘバ必ズ勝チ攻ムレバ必ズ取ル最後ノ勝利日本ニ帰ス可キハ疑ヲ容レズ此ノ日露戦争ハ二十世紀ノ活劇ノ序幕ナリ（略）日本ノ為メニ計ルニ大陸ニ割拠シテ支那ト土壌ヲ接スルヲ以テ上策ト為ス露骨ニ之ヲ言ハ、名義上満州ヲ支那ニ還附スルモ事実上満州ヲ以テ日本ノ領土ト為ス可シコハ日露戦争ノ局ヲ結ブニ当リテ為ス可キ重要ノ事件ナリ此ノ如キ事ヲ為シテコソ日露戦争ヲ起シタルノ甲斐アルナレ（略）若シ満州ヲ以テ事実上日本ノ領土ト為サバ他日支那内地ニ騒乱有ルニ際シテ日本ハ満州ノ駐屯軍ヲ以テ直ニ支那ヲ蹂躪スルコトヲ得可キナリ（略）今ヤ支那ノ国家ハ破レツ、アリ（略）然ラバ日本人ハ止ムヲ得サルノ場合ニハ支那ヲ蹂躪スルノ準備ヲ今ヨリ為シ置クコト必要ナリ」

後に満州事変から満州全土占領へ、満州駐屯軍（関東軍）の北支進出へ、そして、支那内地の騒乱（北支事変）を利用しての支那全土の蹂躙へという、昭和時代に次々に起きていった事態は、この演説で戸水が予言したことがそのまま実現したに等しいといっていいだろう。

戸水の過激な演説をさらにつづける。

「日本ハ今回ノ日露戦争ヲ機会トシテ満州ニ割拠ス可シ名義上之ヲ支那ニ還附スルモ事実上之ヲ占領ス可シ（略）支那ガ事実上満州ヲ露西亜ノ為メニ取ラレタルコトハ世界ノ倶《とも》ニ瞻《み》ル所ナリ今日本人ガ数十万ノ兵ヲ発シ血ヲ流シ財ヲ費シテ満州ヲ占領ス誰カ無代償ニ之ヲ支那ニ還附スルモノゾ（略）貴重ナル日本人ノ血ヲ流シ剰《あまつ》サヘ巨額ノ財ヲ費シテ占領シタルノ満州ハ幾年ヲ経ルモ依然之ヲ占領ス可キナリ／亜細亜東部ニ覇タラント欲セバ事実上満州ヲ占領セサル可ラズ之ニ割拠スル者ハ支那ヲ取ルコトヲ得可シ（略）今回ノ日露戦争ニ於テ日本ハ唯『バイカル』以東ノ土地ヲ併呑スルノミニテ可ナリ然レトモ此次ノ戦争ニハ旗ヲ『ウラル』ニ立テ馬ヲ『ヴオルガ』ニ飲《みず》カフ可シ而シテ其之ヲ為スニハ先ツ遠征ノ根拠地ヲ満州ニ置ク可キナリ加之日本ガ朝鮮ヲ以テ領土ト為スニモ満州ヲ併セテ占領スルヲ得策トス（略）事実上満州ヲ占領スルトキハ支那ヲ制スルニモ便利ナリ西比利亜ヲ取ルニモ便利ナリ露西亜ヲ征スルニモ便利ナリ朝鮮ヲ領有スルニモ便利

ナリ之ヲ蜘蛛ノ巣ニ譬フレバ満州ハ其中心ノ地ナリ蜘蛛ノ掌握スル網ノ中枢ナリ亜細亜東部ニ覇タラント欲セバ必ズ満州ニ割拠セサル可ラズ日露戦争ハ幸ニシテ起レリ此ノ機会ニ乗シテ日本ハ満州ヲ以テ事実上自己ノ領土ト為サヾル可ラズ（略）従来日本人ノ為セシ計画ハ其規模頗ル小ニシテ取ルニ足ラズ今回ノ日露戦争ヲ機会トシテ宜シク大規模ノ計画ヲ立テ、国力ノ発展ヲ遂行ス可シ国力ノ発展ノ為メニハ戦争モ必要ナリ古来戦争ヲ好マザル人民ハ亡ビタリ日本ハ亡国ヲ以テ手本トス可ラズ五年ヤ十年ニ一度位ハ必ズ戦争ニ従事シテ可ナリ」

いやはや、戸水はこの時期大変なグランド・デザインを描いていたものである。満州を占領し、そこを起点として、覇権を周辺諸国家に次々に広げていこうというのである。

バイカル博士は、ついにバイカルに止どまらず、満州を中心に東アジア全体を支配し、さらにはシベリア全体を征服し、ウラル、ボルガにまでいたることを主張するようになったのである。地図を見ればわかるが、ウラル、ボルガにまでいたるということは、ほとんどモスクワ近郊にまでいたるということである。これはほとんど誇大妄想といっていいグランド・デザインである。

戸水は「亜細亜東部ノ覇権」の速記録を印刷して知人に配るとともに、これを十月二十日の『外交時報』にのせてもらった。

大きな反響が海外からきた。清国では、皇族の倫貝子がこれを読んで憤激し、全国民に読ませようと、直ちに漢訳して十万冊を印刷頒布した。ロシアでは、「ジュルナル・ド・サン・ペテルブルグ」紙が、これが日本が考えている日露戦争後の世界構図だとして、論文の詳細を報道した。

外交時報に戸水論文が出て間もなく、大隈重信が早稲田で「東亜細亜ニ於ケル日本ノ勢力」と題する演説をして、やはり日露戦争後の満州処分について語り、戸水の議論をこう叱った。

「此（清国）ヲドウスルカト云フニ少年客気ノ人ハ侵略論ヲ唱ヘルサウデアル、サウ云フ人達ノ議論ハドウカト云フト（略）所謂権謀術数、春秋ニ義戦ナシ、何デモ強イ者ガ勝ツ、日本ガ強クナツタカラ隣国ヲ侵略シテ引奪ツテ仕舞フト云フ、之ハ実ニ驚キ入ツタ訳デアル、抑モ国際的道義ガ成立タヌト云フコトハ大ナル間違デアル（略）二十世紀ノ今日ニ於テハ最早『マキヤベリー』ノ権謀術数ハ許サヌ、又人ノ国ヲ侵略スレバ必ラズ其復讐トシテ自分ガ又他カラ侵略サレルコトガ起ル、古ヘヨリ武力ヲ以テ人ノ国ヲ侵略シタト云フ国ノ結果ハ何時モ宜イコトハナイ、露西亜ガ無暗ニ侵略ヲスル、此侵略ニ日本ハ反対ヲシタ（略）戦ヲナスヤ否ヤ直グニ彼ノ侵略ヲ真似テ自分ガ侵略スルト言フハ何事ゾ、覇者モ尚ホ此ノ如キコトハ為サヌ、況ンヤ王者ヲヤ、実ニ人間ノ欲望ハ驚クベキモノデアル（略）決シテ此度ノ戦ノ目的ハ地ヲ略シ民ヲ奪フト云フ如キ覇者ノ目的デハナイ（略）」

大隈はこの演説を漢訳して、一万冊印刷し、中国各地で配った。その直後、大隈が戸水に会うと、戸水は、自分の演説は清国側が漢訳印刷して配り、しかも部数は十万部だと自慢した。

戸水の「戦争継続論」

しばらくして、戸水は時の東京帝国大学総長の山川健次郎によばれて、最近の満州占領論に関して、注意を受けた。

「総長曰ク中村進午氏ノ論文ニシテ満洲占領ニ関スルモノ（即チ満洲善後策ヲ指ス）大ニ支那人ノ感情ヲ害シ外交上不便ヲ蒙ムルコト少カラズト聞ク貴君ノ『亜細亜東部ノ覇権』亦必ス然ラン今後此ノ如キ論文ヲ公ニスルコト勿レ是文部大臣ヨリ総長ヲ経由シテ貴君ニ対スルノ訓言ナリ文部大臣ヨリ此訓言ヲ伝ヘラレタレトモ其実ハ内閣一同ノ希望ナラント」

政府当局者は、日露開戦前から、七博士のような批判に対して、過敏に反応するようになっていた。実は七博士建白のときも、文部大臣から山川総長を通して、これと似たような注意処分を行ったことがある。ところが、七博士ら（前述したように七博士のメンバーは一部入れ替えになっていた）が政府批判の舌鋒をゆるめず、所論は過激の度を加えていたので再度の注意処分となったのである。

「殊に七博士の急先鋒であつた戸水教授は終始侃《かん》々諤《がく》々の議論を吐いて輿論に訴へ、新聞に雑誌に政府を鞭《べん》撻《たつ》叱正してゐたが、遂に明治三十八年六月日露講和の機運熟するや、博士は戦争を尚継続すべしと説き、露領の進撃を痛論して再び政府の忌諱《きき》に触れ、遂に同年八月休職処分に処せられることゝなつた」(『男爵　山川先生伝』)

戸水は、戦争二年目になって、和平論が内外から出はじめると、こんなところで戦争をやめるな、もっと続けろと、「戦争継続」を強く叫ぶようになる。ロシアを徹底的に打倒せよ！　侵略せよ！　と臆面もなく叫びつづけた。発言の幾つかを、『続回顧録』から拾ってみる。旅順陥落直後に「日本」に書いた「平和説ヲ排ス」では次のように述べていた。

旅順陥落で日露両国間で平和条約を結ぶべしという議論が出ていたが、「(略) 我日本ヨリ立論スレバ今日急ギ露西亜ト和睦スルモ少モ利益ナシ (略) 日本人ハ列国ノ仲裁ナドヲ意ニ介スル勿レ、我ハ須ラク大ニ我ガ戦術ヲ治メテ露軍ヲ攻撃スルニ勉ムベシ、(略) 沙河ノ第二戦ニ於テ勝ヲ制スルトセバ次テ鉄嶺ヲ取リ『ハルピン』ヲ陥レ又浦塩ヲ我ガ掌中ニ入レ益々軍ヲ進メテ然ル後露西亜ノ屈伏ヲ俟テ平和条約ヲ結ブハ得策ナリ、斯クテ満洲全体ハ事実上日本ノ掌握ニ帰シ……」

このあとしばらくして、日本の有力者（蜂須賀〔茂韶《もちあき》〕侯、林有造、竹内綱など）を集めてなした「世界ノ大勢ト日露戦争ノ結末」と題する演説では、次のように語った（この演説は後に小冊子にして全国に配られた)。

「此ノ如ク諸国カ侵略ヲ事トシ領土拡張ニ熱中スル以上ハ日本モ黙ツテ居ル訳ニハイカヌ矢張リ領土拡張ニ熱中セザル以上ニハ必ズ日本国ヲ隆盛ニスルコトハ出来ナイ、悪クスルトイフト滅ビルカモ知レヌノデアル、ダカラ日本ノ政略トシテ何処マデモ領土拡張ニ従事スルトイフコトハシナケレバナラヌ (略) 日本人ハ露西亜ト戦フタ以上ニハ何処マデモヤツ付ケラレル丈ケヤツ付ケテ仕舞ノガ宜イト思フ、即チ露西亜人ガ再ビ戈ヲ執ツテ日本人ニ抵抗出来ナイ位ニヤツ付ケルガ宜カラウト思フソレヲスルニハ少シ軍費ガ要ツテモ構ハナイ、又時ガ長ク掛カツテモ構ハナイデ充分ニ日本ノ領土ヲ拡張シ得ラレル所マデ戦争ヲ続ケタラ宜カラウト思ツテ居ル」

同じ時期に『外交時報』に書いた「戦争ノ継続」では、こう述べていた。

「速カニ平和条約ヲ結ブモ、我日本ニ何ノ益カ有ル忠勇ナル軍隊ハ既ニ旅順ヲ取リタルモ未ダ奉天ヲ取リタルニ非ズ未ダ哈爾賓《はるびん》ヲ衝キタルニ非ズ未ダ貝加爾《ばいかる》ニ到リタルニ非ズ今日戦争ヲ止メテ何ノ益カ有ル今日戦争ヲ止ムレバ遼東半島ハ我掌中ニ帰ス可ク満洲ノ南部モ亦世界ニ向テ開放セラル、ナラン然レドモ数年ナラズシテ日露戦争ハ再始セラル、コトヲ覚悟セザル可ラズ」

過剰な期待と現実の落差

奉天大会戦のあと、静岡県の教育会でした演説「二十世紀ノ趨勢ヲ論ジテ教育ノ方針ニ及ブ」では、こんなことを述べていた。

「斯ノ如キ次第ダカラ日本ニ於テハ小サイコトバカリ考ヘテ居ツテハイケナイノデス、世界ノ競争場裡ニ立ツテ世界ヲ併呑スル位ノ考デナケレバナラヌ、侵略主義モ行ハナケレバナラヌト思フノデアル（略）我輩ノ考デハ日本ノ富ヲ増進スルニハ方々ノ国ヲ侵略シテ行カナケレバナラヌト思フノデアリマス／ソレカラ今度ノ日露戦争ニ於テ日本ハ大ニ勝ツタノデアルカラ此序《このついで》ニ満洲ナドハ固《もと》ヨリ日本ノ領土トシテ宜《よろし》イ、支那ニ還附スルトイフノハ名義上デ名義ハ還附ニシテ置イテ実ハ日本ニ取ラナケレバナラヌノデス、サウシテ日本ガ自カラ農業モ遣レバ漁業モヤル裁判モ亦サウデアル（略）立法モ何モ支那ニハ余リ頓着セズ日本人ガ満洲ニ適当ナ法律ヲ作ツタガ宜イ、サウシテ満洲ヲ支那ニ還ストイツテモ其実ハ日本ニ取ツテ仕舞フノデアル、アンナ所ヘ法理ヲ担ギ出ス人モアルガ兎ニ角日本ノ権力デ押ヘテ仕舞ヘバ日本ガ勝ツタノデアルカラ勝テバ官軍デ何デモヤレル、ソレカラ西比利亜モサウデアル、矢張リ『バイカル』以東ハ早ク取ツテ仕舞ハネバ損デアル（略）ソレモ取ツテ置カナケレバ他日取ルノハ不便デアルカラ此際遣《このさいおく》ルノガ適当デアリマス、日本人ガ口ヲ開クト早ク和睦ニナレバ宜イ、平和ニ早クナラナケレバ困ルト云ツテ居ルガ早ク平和ニナツテハ『バイガル』以東ガ取ラレヌデハアリマセヌカ（略）此際大ニ侵略主義ヲ遣ツタラ宜カラウト思フノデアリマス、且又只今申シマシタ通リ満洲ノ地勢ハ非常ニ便利デアル、満洲ヲ取レバ朝鮮ヲ治メルニモ至ツテ易イノデアリマス（略）満洲ハ支那ノ直隷省ノ隣デアルカラ支那人ガ愚図々々云ヘバ直隷省モ取ル、直隷省ヲ取レバ支那ハ瓦解シテ仕舞ヒ都合好クバ直隷ニ入レタ兵ヲ以テ支那全体併呑スル形勢ニナッテ来ル（略）要スルニ日本人ハ成ルタケ侵略主義ヲ取ツタラ宜カラウ、即チ領土ヲ拡張シタラ宜カラウト思フノデアリマス、ダカラ教育ノ方針ヲ論ズルニ就テモ此点ニ着目シナケレバナラヌ、是ガ何処マデモ諸君ニ御話シナケレバナラヌ点デアツテ、日本人ハ今後大ニ侵略主義ヲ取ラナケレバナラヌ国民ノ膨脹ヲ図ラナケレバナラヌトイフコトハ、小学校ノ時代カラ児供ノ脳髄ニ注込《そそぎこ》ンデ置カナケレバナラヌ、ソレヲ忘レテ貫ツテハ困ル」

県下の初等教育の先生方を集めて、日本人は小学生のうちから脳髄に侵略主義を叩き込むべしと教えているのである。小学校の先生方もそれを聞いて大喜びして終るのである。

「要スルニ斯ノ如キ趨勢デアルカラ唯今申シタヤウナ方針ヲ採ツテ教育制度ヲ改良シタイト云フ趣旨デゴザイマスカラ永ク御記臆アランコトヲ望ムノデゴザイマス（拍手大喝采）」

きたるべき軍国主義教育への道は、このあたりからはっきり始まっているのである。

このような発言と並行して、戸水はさかんに、戦争をやめるとしたら、いかなる条件のもとに講和に応ずるべきかの議論を繰り広げていたことは前に述べた通りである。それらの議論は翻訳の形で、フランス、アメリカ、ドイツなどに紹介されていった（ロシア、清国にも紹介されていたことは前記した通り）。特に海外でよく引用されたのは、「帝国戦捷後の要求条件」（『太陽』明治三十七年七月号）という論文で、ここでは講和条件が箇条書きの形でわかりやすく示されており、これがあたかも日本政府の腹案であるかのごとく受けとられた。その条件を項目だけで示すと、次のようなものである。

一、東清鉄道（後の南満州鉄道）の譲渡。

二、満州の還付。

三、旅順、大連の租借権の譲渡。

四、樺太の還付（カラフトはもともと日本のものという見解に立つ）とその安全性確保のために沿海州（シベリアの太平洋に面する部分）の割譲。
五、バイカル以東のシベリアの全面的割譲。
六、賠償金少くとも十億ルーブル。
これはあまりにも過大な要求で、後の講和条約で、日本政府が実際に出す要求はもっとずっと小さなものである。

ポーツマス会議の時点で、ロシア側は（特に本国の政権中枢部は）そもそも戦争に完全に負けたと思っていなかった（まだ継戦能力があると思っていた）から、「賠償金は一文も出さない。土地は一カケラたりとも割譲しない」を基本主張にしていた。

ポーツマスでは結局、第二項、第三項は日本側要求通りとなったが、東清鉄道はハルビン・旅順間の支線部分だけ譲渡。土地は樺太の南半分だけ譲渡。賠償金は一銭もなしという線でまとまる。

日本政府の指導部は、もともとそんなものだろうと思っていた（一時は樺太全島放棄もやむなしの判断に傾いていた）。だから、戸水のような運動家に、早くからあれも取るべしこれも取るべしという議論を国民の間にふりまかれると困ると思っていた。実際、そのような言動であおられた過剰期待と現実の落差があまりに大きくなったために、講和条約が成ったとたん、日比谷焼き打ちのような暴動が起きたのである。そういうことが起きることを危惧していたからこそ、暴れ馬戸水をおさえるように、文部大臣が山川総長に働きかけたわけである。

しかし、戸水は、山川の働きかけに反撥した。

先の山川との会見で、戸水はこう返答した。

「余答ヘテ曰ク余ガ東亜ノ事ヲ論スルハ私利ヲ計ランカ為メニ非ズ又徒ラニ内閣大臣ヲ困シマシメンガ為メニ非ズ実ニ国家ノ利益ヲ計ランガ為メナリ国家ノ利益ヲ計ランガ為メニ満韓ノ事ヲ論ズルヲ廃スル能ハズ（略）マサカ内閣ハ余ニ満韓ノ事ヲ論スル勿レト言フニ非ザルナラン」

自分の言論を禁ずるということなのかと迫ったわけである。そこまでいくと、ことは、言論の自由、学問の自由の問題になってしまうから、山川としても、戸水に満韓問題を一切論じるなとはいえない。せめて、外交の妨害にならない程度に止どめてくれという。すると戸水は、外交の妨害になるという基準はあるのかと問う。山川としては答えようがないから、それは君の良識にもとづいて判断してくれと述べて、その場はあいまいなままに終った。戸水は、これで発言の自由は確保されたと思ったから、その後も過激な発言をつづけていくことになった。

和平を急ぐ陸軍首脳

前記したように、奉天大会戦のあと、和平論が内外でもちあがった（国民は知らなかったが、陸軍の首脳部はすでに和平に動いていた）。

「この現状に、児玉源太郎総参謀長は焦った。（略）戦況とにらみ併せて、講和にもちこむという方針は初めから決まっており、奉天陥落がその時期であったのに、陥落後二週間経っても政府は何ともいってこない。政府は一体何をぐずぐずしているのだ。

児玉は三月二十八日、東京に姿を現した。政府要人の間を説いてまわるためであった。日本の陸戦力はもう限界にきている、相当の補充がない限りハルピン決戦に臨めない。（略）一刻も早く和平交渉を進めてくれ、陸軍はもうやれるだけやった、あとは外交で何とかしてくれ。もはや、日本の存亡は外交にかかっている、と児玉は力説した。（略）政府もそれはよく承知していたが、相次ぐ陸軍の勝利が素晴らしかったため、少々楽観視する傾向があったのである。が、児玉に迫られて、すぐに動いた」（ウッドハウス暎子『日露戦争を演出した男モリソン』）

日露戦争がこのような苦しい戦争であったことは、国民に全く知らされなかった。日露戦争中はもとより日露戦争の後も、ずっと知らされなかった。日露戦争の裏側がはじめて世に知られるようになるのは、なんと今次大戦に敗北して、軍事上の秘密とされていたことが次々と明るみに出てきたことによってなのである。

日本人は、歴史の真実というものを、今次大戦の終わりまで、何ひとつ知らないできたということなのだ。それは歴史全般についていえることだが、とりわけ日露戦争の本当の戦局推移についていうなら、谷寿夫大佐による陸軍大学専攻科（きわめて少数の将来の将帥、軍参謀長要員候補者のみが選抜された）における秘密講義（外部には一切語ることが禁じられ、受講中もフル筆記は許さず備忘録のみ許された）が、『機密日露戦史』（原書房）という形で公刊された一九六六年以後になって明るみに出た次第なのである。このとき同時に、陸軍省が宮内省に「明治天皇御伝記史料」ということで提出していた『明治軍事史』も公刊されたが、その中に含まれていたさまざまの原史料が明らかにしたことも驚きだった。

たとえば、奉天大会戦に勝利した後、戸水のみならず、国民各層から次はハルビンだの声が上がっていたが、奉天占領のすぐ後に、長岡外史参謀次長はハルビン戦は兵力上も兵站《へいたん》上もとても実行不可能だから遂行しないという次のような作戦方針案を首相、陸相の下に提出して同意を得ている。

「満洲軍は鉄岑（奉天のすぐ近く）附近を超えて前進すへからす之れ兵站事務の困難と兵力の分散を防かん為にして敵に苦痛を与ふるよりも我の受くる困難多大なれはなり（略）開原を得るも長春を占むるも敵は何等の打撃を感せす我に於ては労多くして利無し之れ土地其物か敵の所有に非れはなり」（陸軍省編『明治軍事史』）

兵器弾薬がどれほど欠乏していたか。兵站能力がどれほど破綻していたか。作戦指導がどれほど誤っていたか。兵も将もどれほど質が低下していたかが『機密日露戦史』に詳細に語られている。

ハルビンに行くことすら無理なのだから、戸水のとなえるバイカル攻略論などというもの、ただの無知な夢想家の考えるナンセンスとしかいいようがない。

ポーツマスの講和会議で、日本が後退に次ぐ後退、妥協に次ぐ妥協をして、賠償もいらない、土地もいらないの講和条約を結ばざるをえなかったのは、日本の現状がそうせざるをえないところまで追い込まれていたということなのである。

戸水寛人教授の「日露戦争継続論」

戸水は日本がそんな苦境にあるとは夢にも知らなかったから、相変らず、強気一辺倒で押しまくっていた。

日本海海戦の直前には、また七博士グループで申し合せて、「戦局持久ニ関スル決議」をし、それを新聞発表したりしていた。

最近、講和論が出ているが、それはとんでもない話で、ここは絶対に持久せよという主張である。新聞発表に合わせての談話で、戸水は相も変らずこんなことを語っていた。

「日本ガ持久ノ策サヘ執レバ、其ノ間ニ東部西比利亜ヲ征服スルコトガ出来ルノミナラズ満洲ヲ挙ゲテ日本ノ権力下ニ立タシメアルコトヲ得ル」

日本が持久戦なぞしたくてもできないところに追い込まれているということには、ぜんぜん気がついていないのである。

この七博士の持久戦決議が出た四日後（五月二十七日）に日本海海戦があり、その三日後には、和平への動きが公式にはじまった。六月十日の東京朝日新聞が「露国乞和」とスクープした。

日本は、ルーズベルトに仲介を依頼するにあたって、絶対に日本から依頼したということは表に出さないでくれという条件をつけていた。日本人は誰も、日本からそんなことを依頼していようとは夢にも思っていなかったから、「露国乞和」にちがいないと思いこんだのである。しかし、ルーズベルトにしても、そんなことをいっていたわけではない。ルーズベルトは、日露両国が戦争をつづけていることは文明世界全体のためによくないから、両者でじっくり話し合って戦争をやめてはどうかといっただけである。というのはあくまで公式コメントで、実際にはルーズベルトは米軍部の情報機関を通じて金子よりはるかに的確に戦況をつかんでいた。奉天以北に進撃したら日本は兵站能力の破綻によってナポレオンのモスクワ遠征と同じ目に遭うこと必定だから、ここで講和する以外ないと金子に強く示唆した。金子がそれを東京に報告すると、児玉もその通りだというので、金子がルーズベルトの情報能力に舌を巻いたという話が『機密日露戦史』にはのっている。

戸水、総長、政府、それぞれの覚悟

そんなことは知らない七博士らは、何をもって講和条件の最小限度とするかを話しあい、これを新聞発表した。それは次のようなものだった。

「一償金　参拾億円
一土地
（一）樺太「カムチヤツカ」ノミナラズ沿海州全部ノ割譲
（二）遼東半島ニ於テ露国ノ有セル権利ヲ譲与セシムルコト
（三）満洲ニ関シテハ日清両国ノ決定スル所ニ任スベシ
一物
（一）東清鉄道及ビ其敷地ノ譲与
（二）新嘉坡《シンガポール》以東ニ在ル露国逃竄《とうざん》軍艦其他軍用船ノ譲与
（三）満洲ニ在ル露政府ノ鉱山其他ノ建設物」

おおむね、戸水がこれまで主張してきたような内容だが、賠償金額などはだいぶふえている。

この内容を発表しようとしたとき、再び山川総長が接触してきて、自重をうながした。

「即ち六月十三日、戸水・建部・寺尾・岡田・金井等の諸教授は総長室に出頭を命ぜられ、山川総長より外交上有害と認むる言動を止むべきことを諭されたのであつた。この時戸水教授は『言論の故を以て職を免ぜられることあるも、余は之を悔いず、此の如き一身上の事柄は之を眼中に置きたるに非ず、若し職を免ぜられる如きことあらば、乞ふ適当の人を挙げて教授と為せ、』とまで痛論したが、総長は之に答へられるやう、『教授が大学を去る、これ大学の不利益にあらずして何ぞや、余は尚此外に不利益の点を想像するも、今之を述べる時機に非ず』と、而も其の容貌態度は毅然として犯すべからず、何事か深く心に決せられる所あるものの如くであつたといふ」（『男爵　山川先生伝』）

山川総長の働きかけにもかかわらず、戸水らは、その行動を曲げず、「講和最小条件」は発表された。それに対して、文部省から文部大臣名で、公式の内訓命令が発せられた。

「東京帝国大学総長

官吏タル者ハ、政治問題ニ関スル言動ヲ慎ムベキハ言ヲ待タズ、殊ニ今日ノ時局ニ関スル大学教授ノ言動ハ、国際上・戦局上影響スル所尠カラザルヲ以テ、一層之ヲ慎マザルベカラズ、故ニ之ニ関シテハ十分戒告ヲナスベキ旨、曩《さき》ニ注意スル所アリタリ、然ルニ近来其学職員ニシテ、時局ニ関シ不謹慎ノ言動ヲナス者往々ニシテ之レ有ルヲ聞クハ、甚ダ遺憾トスル所ナリ、貴官ハ宜シク此意ヲ体シ、不都合之レ無キ様此際厳ニ訓戒ヲ加ヘラルベシ、

明治三十八年六月十四日

文部大臣　久保田　譲」

七博士らを訓戒せよというのである。これを受けて山川がしたことは、この命令書をそのままコンニャク版で写して各教授に配布することだった。間もなくこれが新聞に報道されたがその記事には次のようにあった。

「其筋ニテハ博士連ガ南佐荘ニ会シテ媾和条件ヲ決議シタルヲ以テ不穏ノ挙動ト為シ夫夫所属長官ヲシテ詰責セシムルコトヽ為シタル趣ニテ其結果外務省ハ寺尾亨氏ノ参事官ヲ免ジ高橋作衛、中村進午二氏ノ嘱託ヲ解クコトヽ為シ大学ハ山川総長部下教授を監督シ得ザル責ヲ引テ辞表ヲ捧呈セントシ学習院ニテハ菊池院長ガ中村氏ヲ取調タル由」

戸水の免官

寺尾、高橋、中村の三人は、外務省の役人も兼ねていたので、そちらのほうを免職になったのである。しかし、戸水のところには、直接のおとがめはなかった。戸水はクビになればなったでいいと考えていたから、

このような動きにひるむことなく、『外交時報』に、「媾和ノ時機果シテ到リタルヤ」という論文を発表して、次のように書いた。

「夫レ日本ハ戦勝国ナリ露国ハ戦敗国ナリ戦勝国鞠躬如トシテ只管米国ノ勧誘ニ応スルノ態度ヲ示シ戦敗国ハ頑然トシテ驕傲ノ色有リ是実ニ千歳ノ奇観ト謂ハサル可ラズ（略）戦敗国タル露国ノ政府驕傲ノ態度ヲ示スノ奇観継続スル間ハ媾和談判ノ調和ニ帰スルコト到底望ム可キニ非ズ而シテ露国ヲシテ其驕傲ノ態度ヲ抛棄セシムルニハ強鋭ナル日本ノ陸軍ヲ以テ更ニ幾層ノ大打撃ヲ露国ノ陸軍ニ加ヘザル可ラズ箇言スレバ今日最モ必要ナルモノハ戦争ノ継続是ナリ全権委員ノ口舌ノ如キハ殆ンド何等ノ用ヲ為サズ」

この論文において、戸水は、この講和会議は誰の発案ではじまったものかを問い、次のように書いた。

「一、列国ハ日露ノ媾和ヲ企図シ米国ハ事実上列国ニ代ハリテ日露両国ニ媾和ヲ勧誘シタルカ

二、全ク米国大統領ノ発意ニテ日露両国ニ勧告ヲ為シタルカ

三、露国和ヲ乞ハント欲スルモ露国ノ体面ヲ汚サンコトヲ恐レ竊カニ米国大統領ニ依頼シ媾和ノ勧誘ヲ為サシメタルカ

四、日本政府ヨリ米国大統領ニ依頼シ媾和ノ勧誘ヲ為サシメタルカ」

第一ならば列国が自己の利害でやっていることだから、ロシアといっしょになってつぶしてしまおうという、第二の場合ならルーズベルトに感謝することは必要だが、これも理由を説明してつぶせばよいという。第三の場合なら、ロシアが誠心誠意和を乞うようになるまで、相手にしなくてよいという。第四の場合は（真実はこれだったのだが）、日本が責任をとって話がまとまる方向にもっていかなくてはならないが、戸水はそんなことはありえないといって、次のような結論を導いていた。

「何レニモセヨ媾和ノ時機果シテ到リタルヤ否ヤハ余ノ大ニ疑フ所ナリ日本国民タルモノハ媾和ノ声ヲ聞イテ熙々《きき》トシテ楽シマンヨリハ寧ロ戦争ヲ継続スルノ覚悟ヲ為シテ可ナリ」

この論文が出たところで、今度は文部省が直接正面に出て（それまでのように山川総長を介すことなく）、戸水の首を切った。文部省が直接大学教授の首を切るということは、これまで一度も前例がない。異例中の

異例のことだった。

「之に対して総長は言を尽してその処置の不条理なる所以を論じ、若し斯の如き処分が決行せらるれば、必ずや大学内に騒動を惹起せんと忠言せられた」（『男爵　山川先生伝』）

これをきっかけに、山川が予想した通り、大学には前例がない騒動がもち上った。

13 戸水事件と美濃部達吉

戸水博士休職の理由

明治三十八年八月二十五日、文部省は戸水寛人・法科大学教授を休職処分に付した。

八月九日にはじまったポーツマス講和会議はまだつづいており、講和条件をめぐって、日露間で激論が交わされている最中のことだった。

政府は、講和に反対し、戦争継続を叫ぶ戸水らの言動に業をにやしていたのだろう。八月二十六日の東京朝日新聞は、こう解説していた。

「今回戸水博士が休職となりし表面の理由は兎も角も其の実は講和問題に関する事云ふ迄もなく、元来彼の七博士諸氏は開戦前真先きに開戦論を主張して既に政府の忌諱に触れたるに、講和問題の起るや、又々天下

久保田譲　©毎日新聞社提供

小野塚喜平次　©『東京大学百年史』

に先つて、最も強硬の条件を発表して世論を喚起せしより、愈々当局者の疾視する所となり、(中略)政府部内特に元老の立腹一方ならず(中略)取敢へず其の内の最硬派なる戸水博士を処分して他を威圧するに決し、偖《さ》てこそ今回の休職沙汰を見るに至りしものにて、特に其の近因となりしは、去る七月の外交時報に『講和の時機果して到れるや』と題して掲げたる同氏の論文に基くものゝよしなる」

この論文は、前掲したように、講和反対、戦争の継続を強く叫ぶものだった。この時期、戸水は同様の主張をあちこちでしていた。『外交時報』(明治三十八年六月十日号)にのせた「戦争ノ継続」では、

「我国ノ志士ハ断乎トシテ平和論ヲ排斥スルヲ要ス我国民ハ奮励一番輿論ノ力ヲ以テ是等短見者流ヲ政治界以外ニ葬ムルヲ要ス」

と叫んでいた。

六月十五日の法律新聞では、「媾和ニ関シ敢テ輿論ニ訴フ」で、基本的に講和に反対だが、ロシア側がことごとくこちらの主張を呑むならば戦争を終りにしてやってもよい、として、遼東半島の獲得、東清鉄道の獲得、満州の行政権獲得、バイカル以東の地の割譲の四条件をならべ、さらに賠償として少くも戦費の分は

つぐなわせるべしとして、

「ドンナニ最少額ヲ示シテモ三十億ヲ下ツテハイカヌ」

と主張した。普仏戦争でフランスが取った償金は邦貨換算二十億円だが、あの戦争は決戦になったセダンの戦いでも、両軍合わせて二十四万人にすぎなかった。しかるに、日露戦争では、奉天会戦だけでも、敵方の死傷がそれくらいあった(これは全くのデタラメで、死傷者ロシア軍九万人。日本軍七万人だったが、戸水はかまわず、次のように続けている)。

「之ニ依テ考ヘルモ軍費ガドノ位要タカト云フコトハ推シ測カラル、ノテドンナニ計算シテモ少クモ三十億ヲ下ツテハ損失ヲ償フコトガ出来ヌ。／以上ノ条件ニシテ露国ノ容レサルニ於テハ我ハ唯ダ戦争継続ノ一アルノミ」

つい十年前の日清戦争では、講和条約で遼東半島を割譲させ(後に三国干渉で還付)、台湾と澎湖諸島を割譲させ、賠償金三億円(後に遼東還付の代償としてさらに四千五百万円を得、合わせて三億四千五百万円となった)を得ていたので、日本人は、戦争に勝てば当然、土地を割譲させ、巨額の賠償金が手に入るものと思っていた。日清戦争前、日本の財政規模は、年八千万円前後だったから、実に平時の国家財政の四年分以上を賠償金で得たことになるのである。もちろん、戦争には巨額の戦費がかかったが、その費用は二億余円にすぎなかったから、日清戦争は、経済的に十分すぎるほど引きあったのである。しかも、戦闘による戦死者はわずか一千四百人(病死者は一万人以上いた)にすぎなかった。

それに対して日露戦争では、出征軍人総数九十四万人のうち戦死者八万一千人、戦傷病者三十一万八千人をかぞえた。戦費は、十七億円をこえ、うち約七億円は外国債で、約四億三千五百万円が国内債でまかなわれた。

多大の人的損害と、多大な費用をかけて得られた勝利なのだから、それにふさわしい戦利品(土地と賠償金)があって当然と、当時の日本人はみな思っていた。戸水だけが欲張っていたわけではない。

だから、ポーツマス条約の結果が、賠償金はゼロで、土地は樺太の南半分だけということになったとき、全国で国民の怒りが爆発し、日比谷焼き打ち事件などの暴動となったのである。

「屈辱モ屈辱、大屈辱ダ」

明治政府の高官らは、日本はすでに戦争継続能力を失っており、ここでどうしても講和に持ちこまなければならないのはむしろ日本のほうだということを自覚していた。一方で、講和条約に多くを期待できないが、講和条約にかける国民の期待が大きいことも知っていた。現実に講和が結ばれ、得られる戦果が乏しかったら、国民の失意と憤懣が大きいだろうということは容易に予測できた。

明治三十八年七月八日、小村寿太郎が全権委員に選ばれて渡米するとき、沿道は見送りの市民で埋まり、日の丸とバンザイの声であふれんばかりだったが、小村は見送りの桂首相に「帰ってくるときはまるで正反対でしょう」といい、その場にいた元老井上馨は「きみは実に気の毒な境遇に立った。いままでの名誉も今度でくつがえるかもしれない」といい、もう一人の元老伊藤博文も、「きみの帰朝のときは、他人はどうあろうとも、吾輩だけは必ず出迎えにいく」といった。

高官らはみな講和会議の結果の予測がついていたのである。

しかし、何も知らずに、皮算用にうつつを抜かしていた一般国民（戸水を含む）は、ポーツマス講和会議の結末を信ぜられぬ思いで聞き、それはたちまち、怒りに変った。

講和成立のニュースが届いた日（九月五日）、「大阪毎日新聞」はこう書いた。

「ああ弔すべしこの講和（略）これ豈に我が帝国に取りては死せる講和にあらずや。アア死体的講和、宜しくまさに弔旗を掲げ、喪服を着けてこれを迎うべし」

「萬朝報」もまたこう書いた。

「弔旗を以ってせよ　武功によりて内外に宣揚したる帝国の光栄を、残りなく抹殺したるは我が全権なり。戦勝国の顔に泥を塗りたるは、我が全権なり。世界的舞台の上に見苦しき戸惑いをなして、赤恥を曝したるは我が全権なり。

我が国民は断じて彼の帰朝を迎うるなかれ、これを迎うるには弔旗を以ってせよ。彼の帰朝の日は、市民いっさい閉戸して顔を彼に背けよ」

同日の東京朝日は、不平不満の投書が殺到したとして、その大特集をした。

「実にヒドイじゃないか。平和条件は始め聞いた時には、まさかと思って馬鹿にして居たが、やはり本当だ（略）昨年以来コンナ大騒ぎをやって、二十億の金を遣い、十万の死傷を出した結果が、この通りだ。馬鹿馬鹿しい。国民は吾が当局者に向かって、損害賠償を要求して可なりだ（春帆老人）」

「我等同村の有志は一同申し合わせ、今後戦争の相起り候うとも、兵役の召集、国債の募集にも、いっさい応ぜざる決議いたし候（神奈川某村民）」

「何だ馬鹿馬鹿しい、樺太が半分になった上に、償金が一文も取れネーというじゃネーか。己《おい》ら昨晩号外を見てから腹が立って、忌々しくって、夜の目も合わなかった（中略）アンナ事なら、己らア稼ぎ人の伜を二人まで戦争に遣って、殺してしまうんじゃネーンだ。糞ッ。アレほど譲るくらいなら、樺太なんざア、まるで貰わネー方がよほど気が利いて居らア。還しっちまえ還しっちまえ（熊公）」

翌日の新聞にも怒りの投書がならんだ。

「なんたるザマぞ、なんたる失態ぞ。世界無比の戦捷国をして、世界無比の大屈辱を受けしむ。元老、国を売り、閣臣、君を辱かしむ。これを国家の大罪人と謂わずんば、天下豈に大罪人なるものあらんや（痛憤生）」（九月二日報知新聞）

もちろん、戸水も悲憤慷慨し、あちこちの新聞雑誌に談話を出したり、文章を書いたりしていた。

「国旗ノ上ニ黒イ布ヲ附ケタ位デハイケナイ全然黒布ニシテ、小村ガ帰ル時コレヲ軒頭ニ掲ゲルガ宜シイ」（九月三日二六新聞）

「講和条件ニ就テノ意見ヲト云フノデスカ、テンデオ話ニナリマセンネ、十万ノ血ヲ流シ六万ノ同胞ヲ殺シ二十億ノ大散財ヲナシテ、ソレデ講和ノ結果ガアンナ始末トハ（略）是レデ我々日本人ノ立ツ瀬ガアリマスカ、開戦当初ノ目的ヲ達シタト云ヘマスカ、吾輩ハ日本国民タル以上老幼男女ヲ問ハズ、誰レ一人トシテ憤慨セヌモノハナカラウト思フ、償金ハ一文半銭モ取レズ（略）屈辱モ屈辱、大屈辱ダ、マルデ箸ニモ棒ニモカ、ラン程ノ大恥辱大屈辱ダ（略）兵力デ取ツタ樺太ヲ、オ情ケデ半分タケヲ貰ツテ満足スル様ナラ何ゼ幾万ノ兵ヲ出シテ之ヲ取ツタノダ、（略）兵力デ取ツタモノヲ談判デ返ストハ何ウ考ヘテモ理屈ノ附ケ様ガナイ、アレモ是レモ余リニ馬鹿ラシクツテ腹ガ立ツバカリダ」（「媾和条件ト日露ノ将来」『商家の友』明治三十八年九月十日）

無政府状態におちいる東京

日露戦争前に、ロシア討つべしの世論をあおった対露同志会などの対外強硬派は、今度は講和問題同志連合会を作り、講和が煮つまる前から各地で講和反対運動を展開した。講和が現実のもの（失意落胆させるもの）になるとともに、その運動は一挙に拡大し、条約破棄、戦争継続が各地の大会で決議されたりした。それがついに暴動にまで発展したのが、日比谷焼き打ち事件である。

ポーツマス条約が締結される予定の九月五日、講和問題同志連合会はそれに反対する国民大会を日比谷公園において開こうとした。警察はその指導者を事前検束した上、日比谷公園の各門を丸太で閉鎖し、警官隊をならべて、入園禁止にした。そこに弔旗を手にした大群衆が陸続と集まり、警官隊と衝突して園内に押し入った。国民大会を実力で開催し、講和条約破棄を決議した。その流れが各方面で暴徒化した。公園の近くにあった内務大臣官邸が焼き打ちされたあと、都内の警察署、交番が次々に焼き打ちにあった。

九月七日の東京朝日は次のように書いている。

「内相官邸焼き討ちの余憤迸《ほとばし》りて、血性男児の意気ますます昂進し、万歳万歳、露探撲滅を叫びつつ、日比谷正門を左側へ折れて勧業銀行前、すなわち日比谷公園幸門の巡査派出所に押し寄するや、無能警察吏、汝等は頭なき総監のため忠実を尽くさんとするか、大馬鹿巡査、汝等は屍山血河という事を知るまじ、勇士戦場の働きはかくのごとしと喚き叫ぶや否や、ドヤドヤと派出所を囲繞《いにょう》するかと見る間に、バリバリガラと鉄拳を打ち揮いて破壊したる刹那、洋灯《ランプ》壊れてパッと燃え出し、火光天に冲し、一炬に灰燼となりたるより、屈辱講和を弔いたり」

焼き打ちはあちこちに飛び火して夜中までつづいた。電車、民家、キリスト教会（戦争反対だった）なども多数焼かれた。新聞社の中で唯一講和賛成の立場をとった国民新聞社も五千人の暴徒に襲われて、社屋の一部を破壊された。

焼き打ち又は破壊された交番は三百六十四に及び、それは東京市内の交番の八割にも達していた。五日、六日、市内はほとんど無政府状態だった。

六日、緊急勅令をもって、東京市と府下五郡に戒厳令が布告され、軍隊が治安出動した。

調印直後、小村寿太郎は、この条約はぜひとも実行されなければならないから、国民の反対がいかに強くとも、場合によっては戒厳令を布いてでもやってもらいたいと、桂首相に伝言したというが、実際、調印直後に戒厳令の発動になってしまったわけである。戒厳令は十一月二十九日まで布かれたままだった。

その間に、ポーツマス条約は、枢密院（条約の審議権を持っていた）の議を終え（十月四日）、天皇の署名を得る（十月十四日）ことによって、批准され法的効力を発揮していった。

戒厳令とともに出された緊急勅令二百六号によって、講和反対の言論は取り締まられ、不都合な言論をなす新聞雑誌には発行停止を命ずることができることになった。実際、過激な反対論をぶっていた東京朝日は九月九日から十五日間の発行停止にあった。

結局、戒厳令と、過激言論取締りの中で、講和問題はようやくおさまっていった。神戸、横浜などで、焼き打ち事件が起きたり、金沢、佐賀をのぞく全国の県庁所在地で講和反対の大会が開かれ反対が決議されるなどしたが、次第に沈静化していった。

その間戸水は、憤激のあまり、政府打倒を叫ぶにいたっていた。条約は調印がなされてしまうと、次のプロセスは批准交換である。聡明な天皇が自分の意志でそれを破棄してくれれば問題ないが、あの元老、閣臣らが君側にあって誤った考えを吹きこんでいるかぎりそのようなことは望みがたい。

「サレバ此際国民ノナスベキ事ハ只一途アルノミダ、即チ激憤シテ現今ノ政府ヲ倒セバ足ル、今日トナッテハ決シテ他ニ方法ハナイ、コレアルノミ（略）政府ヲ倒シテ批准交換ヲ拒ミサヘスレバ今日ノ危急ヲ救フコトガ出来ル、（略）唯一ニシテ『ベスト』ノ策ハコレアルノミダ」（「媾和条件ト日露ノ将来」）

ここまでいくと、ほとんど二・二六事件を起した青年将校なみの論理といえるだろうが、戸水に従って、政府顚覆をはかろうとまで考える人はあまりいなかったらしく、戸水もこの線に沿った主張は、このあとしなくなる。

戸水の休職処分問題

この間に、事件は思いがけない展開をたどっていった。戸水の休職処分問題である。戸水自身は、休職をあまり気にしていなかった。

「吾輩ハ休職サレテモ何モ不平ハナイ、却テ名誉ニ思フ所デアル、実ハ懲戒裁判ニ附セラルカト窃ニ心待チシタ所デアツタノニ、文官分限令デ休職ヲ命ゼラレタノハ甚ダ以テ意外デアツタ」（同前）

というくらいで、休職を幸い、報知新聞の客員論説委員になって好きなことを書いたり、各地を講演旅行するなど元気いっぱいだった。

しかし、大学の教授たちは、戸水以上に衝撃を受けていた。このような処分は、大学の教官人事は教授会によってのみなされるという、大学自治の原則に対する真っ向からの挑戦だった。しかも、その休職処分の法的根拠が、ここにあるように、「文官分限令」に置かれていたのもおかしなことだった。

文官分限令は、第十一条で、「官庁事務の都合により、必要なるときにのみ休職を命ずることができる」と定めており、戸水はこの条項の適用を受けて休職が命ぜられたことになっていた。しかし、戸水のような大学教官の場合、官庁事務の都合とは何か。大学が学生の教育をする上での都合上ということならわかる。

その教官が担当していた科目が教育上必要なくなったとか、その教官以外の者のほうが教えるのに適任とわかったというならよいが、戸水はローマ法の教授で、ローマ法を教える者は彼以外いなかったから、それにあてはまらないことは明らかだった。そして、今回のようなケース（教官の大学の教壇外での言論活動が政府にとって不都合）には、官庁事務の都合という理屈はあてはまらないというのが、帝国大学法科大学の教授たちの一致した（従って、日本の法学界で最も権威ある）見解だった。

しかも、今回のようなケース（大学教官の身分上の問題）においては、本来適用さるべきは、（諸官庁の事務官一般の身分について規定した）文官分限令ではなく、帝国大学の教職員について規定した特別法の「帝国大学官制」のはずだが、その第二条には、総長の職務権限として「総長ハ高等官ノ進退ニ関シテハ文部大臣ニ具状シ、判任官ニ関シテハ之ヲ専行ス」とある。教授は高等官であるから、文部大臣といえども、総長の具状を待ってこれを決するのが筋で、大臣のほうからいきなりトップダウンで、どの教授をどうしろと決めることはできないというのが、これまた法科大学教授会の一致した見解だった。

戸水処分の場合、久保田文部大臣が処分を発する前日に、山川総長を呼んで、こうしてもらいたいと述べ、山川は抗議したが、その通り受け入れてしまったという経緯がある。これは、そのような命令を発した文部大臣も誤りなら、それを受け入れた山川総長も誤りというのが、法科大学教授会の見解だった。

法科大学教授陣の決起行動

教授たちは、ただちに、行動した。この事件を学問の自由への挑戦と重く受けとめた憲法学教授、美濃部達吉の呼びかけで、教授会有志（小野塚喜平次、高野岩三郎、上杉慎吉、中田薫、山崎覚次郎ら）が公法研究室に集まり、政府当局へ抗議文を提出することと、『国家学会雑誌』で、この問題を取りあげ、学問の自由を擁護する論文を各人が寄稿することを申し合わせた。有志は山川総長にも処分不当を訴え抗議した。

文部省には、教授会を代表して梅謙次郎、金井延、土方寧《やすし》の三教授が抗議におもむき、処分の撤回を申し入れた。

九月十九日には、法科大学の教授、助教授二十一名が連署した抗議書が文部省に提出された。またこの日、戸水以外にローマ法を講義できる適当なものがいないことを理由として、休職中の戸水をローマ法講師に嘱託するよう総長に求め、総長にこれを承諾させている。戸水もこれを認めたので、戸水はこの時点で、事実上、復職したも同然となった。

『国家学会雑誌』というのは、法学、政治学、経済学などを合わせた学会「国家学会」の機関誌で、この時期、美濃部が編集主任だった。美濃部は次の号（明治三十八年十月号）を一冊丸ごと戸水問題の特集にあててしまうという前代未聞のことをしてのけた。

そこには、法学部の教授十五名全員がこの問題に関して一文を書いており、実に壮観である。巻頭、美濃部は次のように書いていた。

「戸水教授ガ休職ノ命ヲ受ケタルハ名ハ官庁事務ノ都合ニ依ルト称スト雖モ実ハ其ノ言論ノ罪ニ由ルナリ、然レトモ罪アルノ故ヲ以テ名ヲ官庁ノ事務ニ仮リテ其ノ職ヲ奪フハ法ノ濫用ナリ」

適用すべからざる法を適用するのは、法の濫用というわけだ。戸水の行為になんらかの罪となるべき事実があったのなら、その罪を問題にして、懲戒令にもとづく処分をすべきであって、文官分限令などもち出すのは、そもそも誤りというわけだ。次に、戸水の言論活動のどこが問題だったのか。

「彼カ言論ハ果シテ罪アリトイフヲ得ルカ、果シテ教授ノ任ニ負《そむ》クモノトイフヲ得ルカ、教授ノ言論ハ宜《よろ》シク自由ナル可シ、権力ヲ以テ之ヲ牽束スルハ妄ナリ、彼カ言論ハ或ハ誤レルモノアル可シ、其ノ誤レルモノアラバ亦言論ヲ以テ其ノ誤レルヲ証スヘキノミ、其ノ偶々自己ノ政策ニ反スルカ為ニ即チ以テ其ノ口ヲ箝《かん》セントス、是レ権力ノ濫用ナリ」

このあと、各教授が、さまざまの見地から思い思いの議論を展開しているが、学問の自由論、言論の自由論が、主たる議論の立て方である。たとえば、金井延は、「学者ノ言論ニ圧迫ヲ加フルノ不可ナルヲ説ク」として、欧米諸国（ロシアを除く）では、学者の言論は一切自由にし、それにいかなる意味でも制限を加えないことが慣行、あるいは法律による保証になっているという。

「甚シキニ至リテハ、共和国ノ大学教授ニシテロヲ極メテ君主政体ノ真善美ヲ唱道スルモノアル（仏国ニ其ノ実例アリ）モ一切ノ干渉ヲ蒙《こう》ムラズ、為政者ハ此ノ極端ナル言説ノ主張ヲスラ放任シ敢ヘテ顧ミザルノ宏量ヲ示セリ」

　日本の場合、そこまで極端な言論の自由を与えず、天皇制反対などの言論はある程度制限してよいだろうが、ある言説が気にくわないからといって、これを権力的に圧迫するのは、立憲政治の基本に反するという。

「惟《おも》フニ学者ノ言論ニシテ皇室ノ尊厳ヲ汚瀆シ政体ヲ変壊シ若クハ明ニ朝憲ヲ紊乱スルモノハ之ヲ別問題トシ、其以外ノモノハ所説ノ可否如何ニ拘ハラス、之ヲ討議反駁スルハ可ナレドモ、苟クモ威力ヲ用ヒテ之ニ圧迫ヲ加ヘムトスルハ立憲政治ノ精神ニ違反ス」

　学問の自由をそれだけ広く認めるのも、それによってはじめて学問技芸が発達し、文明も進歩するからだ。その実例としてドイツの例をひくと、

「伯林大学ノ教授ヴィルヒヨーハビスマルクノ在世中徹頭徹尾其ノ政治意見ニ反対シ、事々物々ニ就キ殆ト之レト論争セザルハナク、此翁ノ政策為メニ往々妨害ヲ蒙ムレリ、然レドモヴィルヒヨー教授ノ学界ニ於ケル地位ハ為メニ寸毫ノ動揺ヲ見ズ、伯林大学ハ依テ以テ一層其ノ重キヲ加ヘ」

　ビスマルクもまた、ヴィルヒョーが学界で成功することを喜んでいた。ところが日本の場合は、政治家が狭量で、自分の意見に反対する者を見るときは、仇敵を見るがごとき心情になって、少しも寛容の心がない。こういう心の狭さが日本の学芸の進歩を遅らせているひとつの原因である。

「学問ノ独立ハ実ニ神聖ナリ、苟シクモ之ヲ侵スハ猶ホ始皇ノ書ヲ焚《や》ケルガゴトシ、学者ノ言論ハ之ヲ其ノ自由ニ放任セザルベカラズ、苟クモ之ヲ拘束スルハ猶ホ儒ヲ坑ニスルガゴトシ」

　久保田文部大臣のやった戸水処分は、秦の始皇帝のやった焚書坑儒と同じだといっているわけである。

　寺尾亨は、「学説ト政論」で、学者の政治を論ずることの可否を論じた。学者が政治を論じる場合、二つのケースがある。ひとつは現実政治における政権争奪戦に参画して、故意に一方の側に与するような議論を

する場合だが、これは政府の官吏の一員として穏当でなく、学者としても不似合な行為といえるだろう。しかし、多くの学者が、自分の専攻する学問のフィールドとして、現実政治の場をかかえており、学問をする以上政治への論及がさけられない場合がある。経済学者は国家の経済政策を論じなければならないし、特に財政学などといったら、政府の経済運営そのものが対象だ。法律学においても、公法はすべて一国の政治にかかわることだし、私法も立法論になると国家の政策の問題になる。憲法学、国際法学、外交史、政治学など、すべて国家と政治のあり方そのものが論議の対象である。そういった学者に政治を論じるなというのは、学問をやめろというに等しい。

「若シ如上ノ学者ニシテ其専攻スル所ニ付キ、政治ニ論及スルヲ得ストセハ、学者ハ単ニ学問ノ歴史ヲ研究スルニ止リ、古人ノ学説、古今ノ実例ヲ知ルヲ以テ足レリトシ、学術ヲ時事ニ応用シ世ニ裨益《ひえき》ヲ与フルモノニ非サルヘシ果シテ斯ノ如キモノナリトセハ学問其物モ元来無用ノ長物ナルヘク、之ヲ学フ学者ハ素ヨリ全ク世ニ不用ナルヘシ」

秦の始皇帝は、そういう現実に役立たない学問ばかりしている儒者を〝腐儒〟とののしり、坑に埋めたが、今は、現実政治のあり方を論ずるものの口が権力者によって封じられようとしている。

大学教授といえども官吏なのだから、官吏の分をわきまえて政治を論ずるべきではないという意見もあるが、官吏には属僚と閣臣の別がある。属僚は長官に従属してアゴで使われるべき立場だから、政治を論ずべきではないだろうが、閣臣は政治の渦中にいる人間だから、政治を論じないわけにはいかない。では大学教授はどうか。

「而シテ大学教授ハ何人モ之ヲ属僚ナリト云フモノアラサルヘシ、従テ何人モ大学教授ニ政論ノ自由ナシト云フモノアラサルヘシ唯其文部省ニ属シ文部大臣ノ配下ニ在ルカ如キハ単ニ職務上ノ管督ヲ受クルニ止リ、敢テ思想ノ自由ヲ拘束セラルヘキニ非サルナリ」

大学教授は文部大臣の属僚ではないのだから、戸水処分のごときはとんでもないという。

岡田朝太郎は「分限令ノ解釈ト教授ノ言論」において、分限令のどこからも戸水処分のごときが許されないことを精密な法律論で論じた上、次のように述べた。

「夫レ大学ハ学術ノ蘊奥ヲ極ムベキ最高ノ学府ニシテ、之ニ教鞭ヲ取ル教授ノ言論ハ新聞紙条例又ハ出版法等ニ禁止スル所ノ外、漫ニ権力又ハ情実ヲ以テ之ヲ牽制スベキニ在ラス、学術ノ進歩ハ不羈《ふき》独立ノ言論ノ闘争ヲ一大条件トシテ一国ノ開発ハ学術進歩ノ賜ナリ」

ところが政府は、大学教授が政府の方針に賛成の立場から論を立てるときは何もいわないのに、反対の立場に立つと、とたんに職権をふるってこれをおさえこもうとする。

「政府タルモノ大学教授ノ言論ヲシテ自己ノ所信ニ隷属セシメント欲スルカ職権ヲ以テ文権ヲ蹂躪セント欲スルカ」

大学教授の政治論も、あまりに過激にわたり、現実政治・外交などに影響するところが著しいときは、おさえられても仕方がないのではないかという議論もある。しかし、それはとんでもない、という。

「然レドモ静ニ思ヘ、何ヲカ過激ナル政治論ト云ヒ、何ガ故ニ内治外交ニ影響スル言論ヲ慎マザル可ラザルカ、政府ノ某施設ノ失当ナルヲ鳴ラシ明ニ之ヲ言フト否トニ論ナク、其廃棄ノ必要ヲ説ク程過激ナル政論アルコトナシ之ヲ禁スト云ハヾ政府反対ノ言論ヲ禁スト云フト何等ノ差別カアル、而モ内治ニモ外交ニモ何等影響スル所ナキ言論ノミヲ許スト云フニ至リテハ、一文半銭ノ価値ナキ愚論ノミ之ヲ為スヲ許スト云フニ均シ」

現実政治に影響を及ぼさないような議論は一文半銭の価値もない愚論だというわけだ。

大正デモクラシーの先駆者

小野塚喜平次は、前に述べたように、七博士グループの最初のメンバーの一人だったが、後にそのグループから外れた人である。小野塚は、帝国大学最初の政治学講座の専任教授であり、吉野作造、南原繁、蠟山政道、河合栄治郎、高木八尺ら、次の世代の政治学者のほとんどを育てた人である。戸水事件当時は欧州留学から帰国したばかりの少壮教授にすぎなかったが、後、昭和三年から九年まで東大総長となり、京大滝川事件、東大左傾教授辞職事件などの時代を切り抜けなければならなかった人である。政治理論としては、「衆民政」（デモクラシー）を高く評価し、「早晩我国をして他の文明諸国と等しく衆民政の外衣を纏ふに至らしむるならん」（『現代政治の諸研究』）といい、いわゆる大正デモクラシーの先駆者となった人物である。小野塚は、帝国大学（法科大学）時代、浜口雄幸と首席を争い、卒業するときは時の首相伊藤博文から自分の秘書官にならないかと渡辺洪基（当時の帝国大学総長）経由で強い働きかけを受けたが、それを固辞して大学院に進んだ。日露戦争の旅順口閉塞作戦で戦死した広瀬武夫中佐の無二の親友で、小野塚のドイツ留学時代、広瀬もロシアに留学していて、二人はペテルスブルグで会って意見を交したりしている。そのとき小野塚は、広瀬の話から「結局、日露衝突は早晩来るであろう、われわれはその覚悟で奮励せねばならぬ」と考えたという。そういうことが、留学から帰って早々に七博士の一員となり戸水らと行動をともにした背景にあったのである。しかし、満州を取れ、シベリアを取れとむきだしの帝国主義を臆面もなく主張する戸水に、もともとデモクラシーに共感するところがある小野塚がついていけるはずもなく、ほどなくして七博士のメンバーから外れたのである。

小野塚も、『国家学会雑誌』特別号に「学問ノ独立ト学者ノ責任」という長文の論説を発表しているが、そこでは、文部大臣の処分を「不法ニシテ且不当」と明白に批判したものの、戸水に対しては、

「予ハ必スシモ君ノ意見ニ敬服シ君ノ行動ヲ賞讃スル者ニアラズ、否曩キニ日露開戦前一時行動ヲ共ニセル時ノ如キ、君ト予トハ同志者中ノ両極端ナリキ」

とその立場がもともとちがっていたことを明確にし、さらに、

「一言ニシテ之ヲ覆ヘバ政府由来失策ニ富ムト雖モ、同教授ノ言論モ亦悉ク首肯シ得サルナリ」

と、戸水の言説に賛成できないところがあることをはっきりさせていた。しかし、ここは戸水の言説を一々批判する場ではないからとそれ以上の議論を避け、自分がここで論じたいのは、むしろ、政治権力が学問をおさえこむことの非であるとして、次のように述べた。

「予ノ闘ハント欲スル所ハ反対ノ思潮是ナリ、学者ヲ待ツニ属僚ヲ以テスルノ傾向是ナリ、大学ヲ以テ政府ノ手足ト為スノ謬見《びゅうけん》是ナリ、最独立的最箇人的ナル可キ学者ノ言論ヲ駆テ一定ノ模型中ニ陶冶シ去ラント欲スルノ迷想是ナリ」

このような迷妄は、正しい国家と学術の関係を知らない旧式政治家の頭から出てくる、という。

「旧式政治家今尚ホ専政ノ迷夢中ニ彷徨シ、国家ト政府トノ別ヲモ弁セス、学術ト国家トノ関係ヲモ知ラズ、一時ノ政略的便宜ノ為ニ漫ニ政権ヲ以テ文教ヲ左右セント欲スルガ如シ。（略）文部大臣今回ノ処分タルヤ、今尚ホ官人社会ニ残存スル是等ノ旧式思想ト連携スル所ナクンバ非ズ」

このような旧式思想の奔流のごとき噴出を放ったらかしにしておいたらどうなるか。

「仮ニ反対思潮ノ奔騰ニ任セ、大学教授言論ノ自由カ妄ニ政府当局者ノ掣肘《せいちゅう》ヲ蒙リ学者之ヲ甘受シテ敢テ争ハズ、学生見テ以テ怪ム可シト為サズ、世人亦之ヲ以テ常軌ト為スニ至ランカ、其結果果シテ如何ナル可キゾ、学術研究ノ拘束、学者性格ノ堕落、学生ノ教授ニ対スル尊信ノ減退、世人ノ大学ニ対スル軽侮冷笑、是等ハ早晩発生シ来ル可キ悲惨ナル運命ナリ」

それはひいては、国家の衰微を招くことになるだろう。なぜなら、

「学者ノ眼中固ヨリ大臣ナク又政府アルナシ、只ダ真理アルノミ、（略）学者ノ此独立的態度ハ実ニ学術進歩ノ必要条件ニシテ且ツ国家ノ永遠的発達上亦欠ク可ラサル所タリ」

というのが、国家と学術の本来の関係だからである。

そして、このような学問の本来の立場を守るために、学者は今こそ起ち上がって、奮闘し、力をつくして争わなければならない。学問の歴史は、坦々たる大道を闊歩してきたのではない。何度も時の政治権力者からの抑圧があり、それをはねのける闘いが必要だった。その闘いは自然科学の世界でも、社会科学の世界でも必要だった。その過程で、幾多の犠牲者も出た。そのような闘いを経て、今日の学問がある。そして、その闘いは、他の誰にもまかせることができず、学者自身が展開しなければならないものである。

「是等ノ抑圧干渉ガ漸次減少セルノ原因ニ遡《さかのぼ》ラハ、是ヲ全然政府ノ覚醒ト人民ノ進歩トニ帰シ難クシテ、

学者自身ノ奮闘亦与リテ大ニ力アリキ、碩学イエリング曰ク、権利ノ目的ハ平和ニアリ之ヲ達スルノ方法ハ奮闘ニアリト。／学者ノ権利ハ学者自ラ擁護シ発達セシメサル可ラス、是実ニ学者ガ学生ニ対シ地位ニ対シ学術ニ対シ邦家ニ対シ社会ニ対シテ負フ所ノ責任ナリ」

このような観点からするなら、

「戸水教授休職事件ハ法文解釈問題ニ止ラスシテ根本的主義問題タリ、同教授ノ身上ニ関スル箇人的問題タルト同時ニ又大学教授各自ノ頭上ノ大問題ナリ、単ニ同僚タル同君ニ対スル友誼問題ニ非スシテ直接ニ大学教授各自ノ利害問題タリ、豈只利害問題タルノミナランヤ、更ニ又各自ノ良心問題タリ、吾人ハ自衛ノ為メ将タ又良心満足ノ為メ此問題ヲ力争セサル可ラサルナリ」

正論である。小野塚の所論だけでなく、『国家学会雑誌』のこの号にのっている論文はみな正論である。しかし、それだけに、いま読み返してみると、感慨が深いものがある。

この戸水事件のときは、大学が一丸となって、権力をはね返すことに成功するのに、それから間もなく、学問の自由などかけらもなくなってしまうという「悲惨ナル運命」が大学におそいかかってくるからである。それに対して大学の内部から抵抗する人がいなくなってしまうからである。

美濃部の政府批判

それは大正九年（一九二〇）の森戸事件あたりにはじまり、昭和十年（一九三五）の美濃部達吉・天皇機関説問題で頂点に達するわけだが、そのドラマの役者が、このあたりでほぼ出そろっているのである。

森戸事件のときの東大総長は、この戸水事件の総長と同じ（二度目）山川健次郎である。天皇機関説問題は、小野塚が総長をやめた次の年に起るが、小野塚は、東大総長をやめた後貴族院議員となっており、美濃部が貴族院で一身上の弁明をしたとき、その場にいた。

「貴族院では、壇上で行われる演説には、一切拍手をしないのを原則としていた。しかし、父の演説に対しては、少数ではあるが拍手が起った。新聞も古今未曾有の出来事だといって報道した。拍手をしたのは九人だったとも三、四人だったともいわれている。元の東大総長小野塚喜平次先生、伊沢多喜男氏、京都大学法学部名誉教授織田萬《よろず》先生、物理学者の田《た》中館《なかだて》愛橘《あいきつ》博士等が拍手をしたということである。小野塚先生は、この時父の演説に拍手を送ったというので、右翼団体ににらまれ、一時は護衛までつく騒ぎだったという」（美濃部亮吉『苦悶するデモクラシー』）

「貴族院において美濃部の弁明演説が終ったとき、同院には珍らしく、ここかしこに疎らな拍手が起った。その一人が小野塚であったことは、いうまでもあるまい。彼はそれによって、同僚に対する心からの激励と賛意を表したのであった。それはまた、時局と時弊に対し彼のなし得た抗議の表現でもあった。松本烝治（元東大法学部の同僚で、後に満鉄理事に転出、副総裁となり、後に商工大臣に任ぜらる）も拍手した一人であったが、右翼からの非難と攻撃はひとり小野塚の上に及び、彼も美濃部と同じく学匪・国賊をもって呼ばれるに至った。けだし、自由の牙城を守った前東大総長に対する追撃でもあった」（南原繁・蠟山政道・矢部貞治『小野塚喜平次　人と業績』）

ところで、戸水によれば（『続回顧録』）美濃部が政府当局者の不興をいたくかったのは、この『国家学会雑誌』の特集号がきっかけであったという（天皇機関説問題がもちあがるのはずっと後の話だ）。

「嗚呼諸氏ガ堂々トシテ文部大臣ノ処置ヲ攻撃スル亦壮ナリト謂フ可キナリ文部大臣並ニ他ノ内閣員ハ国家学会雑誌ヲ見テ必ズ局々然トシテ驚駭ノ色ヲ顕ハシタルナラン（略）兎ニ角国家学会雑誌ハ大ニ天下ノ耳目ヲ引キタリ如何トナレバ是マデノ慣行ニ照ラスニ国家学会雑誌ハ殆ンド未ダ嘗テ政府ノ処置ヲ非難シタルコトアラザルニ今回ニ限リテ有力ノ教授筆ヲ揃ヘテ政府ヲ攻撃ス平常此ノ雑誌ノ性質ヲ知ルモノ焉《いずくん》ゾ之ヲ見テ意外ノ感無キヲ得ンヤ／且ツ余ノ聞ク所ヲ以テスレバ国家学会雑誌ノ編輯主任ハ名義ノミナラズ事実ニ於テモ亦美濃部教授ナリ美濃部教授温厚ニシテ篤実故ヲ以テ同輩間頗《すこぶ》ル人望アリ（略）然ルニ氏ハ国家学会雑誌ヲ編輯スルニ当テ徹頭徹尾政府ヲ攻撃スルノ論文ヲ以テ其紙面ヲ埋ム如何ナル人物モ之ヲ見テ痛快ノ感ニ打タレタリト云フ／国家学会雑誌ノ紙面此ノ如キ有様ナルヲ以テ政府ハ大ニ美濃部氏ヲ嫌悪シ何等カノ方法

ヲ以テ同氏ヲ困シマシメント欲シ懲戒委員ノ議ニ付ス可シトノ議論モ閣議ニ上リタリト云フ」

美濃部は『国家学会雑誌』を単に編集しただけでなく、「権力ノ濫用ト之ニ対スル反抗」という論文をのせ、これにかなり激しいことを書いていた。おそらく政府当局者の不興はこの論文からくるところも大きかったろう。

美濃部もまた、戸水とは政治的見解がちがい、その議論に賛成するものでないことをはっきりさせていた。

「余輩ハ敢テ戸水氏ノ言動ヲ弁護セントスルモノニ非ラズ、況ンヤ其ノ主張ノ内容ニ同意セントスルモノニ非ラズ、媾和条件ノ如キハ両交戦国ノ軍力、財力、列国ノ関係等極メテ微妙ニシテ且ツ最モ複雑ナル各種ノ状態ヲ観察シテ後決セラルヘキモノナリ、余輩ハ戸水氏ノ主張カ果シテ能ク正確ニシテ遺漏ナキ材料ノ基礎ノ上ニ築カレタルヤ否ヤヲ知ラズ」

美濃部の政府批判の要点は、権力の濫用という一点にあった。立憲政治は民意の尊重を基礎とする政治である。民意のあるところは自由にこれを発表させる機会を与えるというのが立憲政治の根本である。従って、民意の発表を権力的に抑圧するのは、すべて権力の濫用ということができる。戸水の言論封殺もその一例だが、それ以上に、ポーツマス条約に反対して、立ち上がった民衆の声の抑圧のほうがもっとひどいじゃないかと美濃部はいう。

「日露戦役ノ終局カ不幸ニシテ此ノ如キ権力ノ濫用ノ数個ノ実際ヲ見タルハ余輩ノ甚タ遺憾トスル所ナリ、政府ハ其ノ外交ニ対スル民意ノ反抗ヲ抑圧センカ為ニ集会ヲ禁止シ、言論ヲ制限シ、新聞紙ノ発行停止ヲ復活シ、遂ニ輦轂《れんこく》ノ下《もと》ヲシテ平和ノ日ニ於テ戒厳令ノ下ニ立タシムルニ至ラシメタリ」

集会禁止、新聞の発行停止、戒厳令、これらはみな戸水処分と同根の発想から出た権力の濫用だというのである。国民に対して用いてはならない権力を用いたことだという。

そして、このような権力の濫用をつづける政府に対しては、必ず民衆の側からの反抗が起きるということを忘れるなといい、反抗の実例として、フランス革命、アメリカの独立戦争、英国民がジョン王に武装して立ち上がり、力ずくでマグナカルタに署名させた例などをあげた上で、こういっている。

「近ク東京市ニ於テ去月五日以後ノ騒擾ヲ来シタル亦権力ノ濫用ニ対スル反抗之ヲ致シタルナリ」

日比谷焼き打ち事件以来の全国に広がった騒擾事件は、フランス革命的政治異変につながりかねない事件だという評価なのだ。あれは違法な暴力行為だったから、警察と軍隊による武力鎮圧ですんだが、もし、民衆の側が、違法過激な手段を用いず、穏当だが強力な手段を用いたらどうなるか。婉曲な表現ながら、政府は引っくり返るかもしれないと警告した。

「其手段ニ於テモヨシヤ法律上ノ正当ナル手段ト云フ能ハサル迄モ尚違法ナリトハ云フ能ハサル穏和ニシテ有力ナル手段ヲ取ルニ至ラバ国政ノ円満ナル進行ハ全ク望ムヘカラサルニ至ル可キナリ」

これを読んだ当局者が、美濃部を危険人物と考えだしても不思議ではない。

14

元白虎隊総長・山川健次郎の奔走

山川総長の引責辞任

明治三十八年十二月二日、休職処分に付されていた戸水寛人《とみずひろんど》教授は、ローマ法講座の嘱託講師という形をとって、法科大学の教壇に復帰した。ところが、その辞令が出たのと同じ十二月二日をもって、山川健次郎総長の辞任が、依願免本官という扱いで発令された。実は、山川総長は、戸水の休職処分が行われた八月二十五日の一週間後の八月三十一日に、文部省に辞表を提出していたのである。その辞表を受理し、本人の依願により免職するという形だった。辞表が提出された当時は、ことの重大化を恐れた文部省が、辞表の受領を拒み、慰留につとめていた。

「先生の辞表は既に主管大臣の手許まで提出せられた。文相を初め内閣諸公の驚愕は想像に余りある所であ

桂太郎

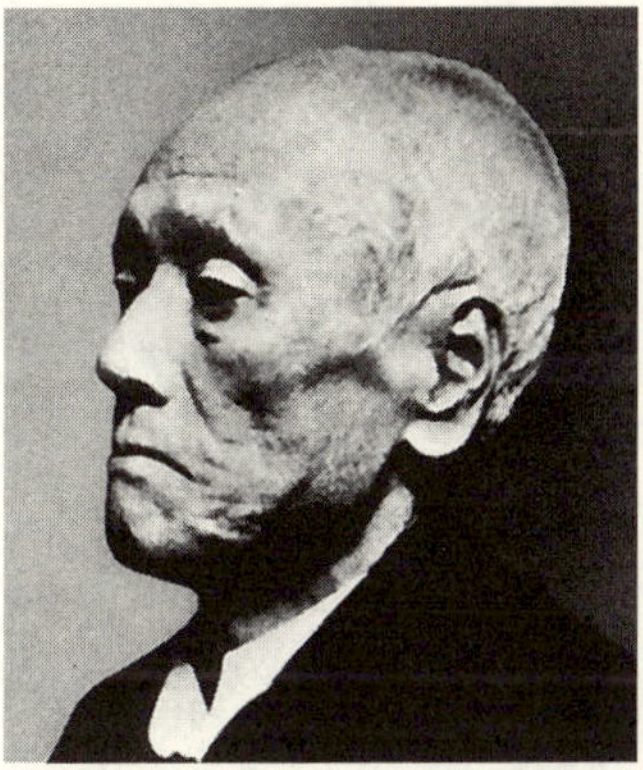

山川建次郎総長　©『東京大学百年史』

松井直吉総長　©『東京大学百年史』

浜尾新総長　©『東京大学百年史』

穂積八束

った。何となれば当時ポーツマス媾和談判に対する世論沸騰し、之を指導せる大学教授団は、更に戸水博士の休職問題を捉へて敢然政府に肉迫して居た矢先であったことゝて、この上若し総長辞職のことが判明すれば、正に大学を中心とする一大紛擾が勃発し、延いて内閣の運命にも拘はるべきことは、火を睹るよりも明かなことであるからである。依て久保田文相を初め桂首相迄も出馬して、ひそかに先生の慰留説得に努めたのであったが、固より先生は確乎たる道義的信念を以て千慮万思の上に決心せられたもので、その出所進退を苟《いやしく》もするものでなかったから、断乎として初志を翻されず、遂に十二月二日に至り総長の辞表発令を見るに至ったのであった」(『男爵　山川先生伝』)

なぜ十二月二日になって急に辞表を受理することになったのか。ひとつは、ポーツマス条約が十月十四日に批准され、それに対する反発が起きないことを確認した上で、十一月二十九日には、戒厳令も解除されるなどして、もはや山川の辞表を受理しても、騒ぎにはなるまいという判断があったのだろう。そしてこの間、もう一つの裏の事情が進行していた。日露戦争を戦った桂内閣は、戦争遂行のために、政友会との間に、戦後の政権譲渡を条件に戦争中の政治的支援を獲得するという密約を交していた。戦争が終り、講和条約も結ばれた今、その約束の履行を迫られていたのである。内閣交代を前にして、懸案の事項は早急に片づけなければならなかった。――実際、この大学問題が片づくと、それを待っていたかのように、桂内閣は総辞職した(十二月二十一日)。後述するように、桂内閣は、久保田文部大臣の首と引きかえに事態の収拾をはかったのだが、そういう手段がとれたのも、政権交代の密約を早く果さなければならないという事情があったからである。どうせ、すべての大臣の首を切らねばならなかったのだから、文部大臣の首を少し早めに切ることなぞ何でもなかっただろう。しかし、事態が決着のほうに向けて動きだすまで二転三転する。

山川総長は、辞表を提出しても、そのことを誰にも話していなかったから、辞表受理のニュースは、ほとんどの大学人を青天の霹靂のごとく打ち、たちまち学内は大混乱におちいった。山川辞任は、戸水処分とは比較にならない重大問題と受け止められた。戸水処分は、法科大学では、大学の自治、学問の自由の侵害だと皆いきまいていたが、法科大学の外ではそれほどの大問題とは受けとめられていなかった。文科大学の教授に支援者が一、二出たものの、全学的動きは皆無だった。しかし、山川総長辞任は、たちまち全学の問題になった。十二月四日、このニュースが新聞で伝えられると、すぐさま全学の教授総会が開かれた。教授会は本来各分科大学ごとに開催されるものであって、全学教授総会などというものは、大学の規程上も存在しないのだが、誰いうともなく、全教授が集まって協議しようということになり、自然発生的に開催されたのである。全学の教授、助教授百九十余名のほぼ全員が山上御殿と呼ばれる集会所（旧加賀藩の御殿。後の山上会議所。現在の山上会館）に参集した。理学部の動物学教授箕作佳吉《みつくりかきち》を座長に、まず、法科大学の教授らから、ことの経緯の報告を受けた。

ニュースをいち早く知り、いち早く行動していたのは、法科大学の教授たちだった。文部省では、山川総長の辞表を受理すると同時に、その後任として、松井直吉《なおきち》・農科大学学長を総長に選び、すぐに辞令を発令していた（総長の任免は文部大臣に裁量権があった）。

わずか十二日間で去った新総長

しかし、十二月三日、山川前総長から松井新総長に事務の引継が終るとすぐに、法科大学の穂積陳重、金井延両教授は新総長に辞表を提出した。同じ十二月三日、法科大学の学長である穂積八束教授は、辞表を文部大臣に提出した。翌十二月四日には、この問題の契機となった七博士の寺尾亨、建部遯吾、高橋作衛、岡田朝太郎らがやはり辞表を松井総長に提出。翌五日には、小野塚喜平次、休職中の戸水寛人なども辞表を提出し、ここに法科大学の教授陣はほとんど全滅状態になった。

十二月四日、教授総会は、こういった報告を聞いた上で、何をなすべきかを話し合った結果、松井総長に辞職を勧告すること、首相ならびに文部大臣に抗議書を提出することを決めた。さらに、各分科大学学長がそろって文部大臣に辞職を勧告しようということになり、それでも目的を達成できなければ、教授全員が辞職しようということになった。

東京朝日によると、その席上に、松井新総長も姿をあらわし、議論はさらに紛糾したという。

「加うるに山川博士の後任となりたる松井農学博士は、その声望相及ばず、これに対する不服の念もあるもののごとく、各教授連は相視て瞠然《どうぜん》、一昨四日午後に至りて期せずして大学に集まり、種々の詮議に及びたるが、その席に新総長も来たり合わせて、物議かえって沸騰し、夜に入りてもまた文科、医科、工科等の各教授連皆相集まり、ついに各自進退の論に及びたる向きあり」

学内のこのような空気を身をもって知って、これではとても総長の職を全うできないと思ったのだろう、松井は翌五日朝、文部大臣のもとをたずねて辞表を提出した。後任の総長の人選がすぐにできるわけもなく、その辞表が受理されるのは、それから十日ばかりたってのことになったが、松井直吉は、総長在任わずか十二日間（辞表提出までわずか三日間）という不滅の記録を残して、次の総長浜尾新《あらた》にその座をゆずることになった。

十二月五日、都下の各新聞は号外を出して、帝国大学の動揺を大きく伝えた。

松井総長辞任の報がすぐ学内に伝わったわけではないから、五日以後も、学内の騒ぎはますます激しくなった。

まず、文部大臣への抗議書が、高橋作衛（法）、梅謙次郎（法）、三上参次（文）の三教授によって書き上げられた。それは全文二千字に及ぶ長文のものだったが、

「サレバ山川前総長ノ免官事件ハ、単純ナル一官吏ノ免官問題ニ非ズシテ、其根底ニ於テ重大ナル国家的世界的ノ問題ヲ包含ス、即チ大学ノ独立、学問ノ自由是レナリ、（略）行政官府ノ不法若クハ不当ナル行為ニヨリテ漫ニ進退　黜陟《ちゅっちょく》セラル、ガ如キコトアラバ、何ヲ以テカ大学ノ威厳ヲ維持スルヲ得ン、又何ヲ以テカ学問ノ自由ヲ擁護スルヲ得ン」（『男爵　山川先生伝』）

と、ことの本質を、学問の自由、大学の独立の問題ととらえ、久保田文部大臣に次のように迫っていた。

「閣下ヲシテ、学問蹂躙ノ汚名ヲ蒙ラシムルコトモ亦小官等ノ大ニ遺憾トスル所ナリ、是ヲ以テ閣下ニ対シテ猛然反省セラレンコトヲ切望（ス）」（同前）

総理大臣に対しては、文部大臣にくだんの抗議書を渡したことを報告し、善後策を講じることを求めた。

「謹ンデ内閣総理大臣桂伯爵閣下ニ白ス、頃者《けいしや》東京帝国大学総長理学博士山川健次郎ハ其ノ本官ヲ免ゼラレタリ、（略）事態重大ニシテ、大学ノ独立ト学問ノ自由トニ関スルモノアリ、其ノ責文部大臣ニ在ルハ言ヲ待タズ、（略）故ニ別紙ノ覚書ヲ文部大臣ニ呈シタルコトヲ謹ンデ閣下ニ報告ス、且ツ夫レ此事タル、国家的並ニ世界的ノ大問題ニシテ、処置宜シキヲ得ザル時ハ、汚名ヲ海外ニ表白スルニ至ルベキヲ以テ、慎重ニ且ツ敏速ニ善後ノ策ヲ講ゼラレンコトヲ希望ス」（同前）

十二月六日と七日の二日間で、東京帝国大学の全教授、助教授がこれらの文書に署名した。その間も、教授の辞表提出が、理科大学、医科大学などでつづき、文科大学にいたっては、教授全員の辞任を決議し、実際、十五人（その中には井上哲次郎、上田萬年、白鳥庫吉《くらきち》などの有名教授も入っていた）が辞表を提出した。

文相辞職、「天皇陛下に申し訳ない」

一方、問題は京都帝国大学にも飛び火した。これは東京帝国大学だけの問題ではないということで、法科大学の学長以下、全教授がたもとをつらねて一斉総辞職しようということになり、本当に辞表を書いて、それを京都帝国大学総長木下広次の下に提出したのである。東京帝国大学では、七日、教授会の代表者が一団となって文部大臣を訪問し、先の抗議書を提出した。

要するに、久保田に責任を取って辞めろと要求したわけだが、久保田に辞める気はなく、なんとか事態を収拾しようと、関係者の間を走りまわった。しかし、大学の教授連中は、久保田の引責辞任と山川前総長の復職を絶対の条件としてゆずらなかった。

「大学の騒擾愈ゝ高まるや、久保田文相は驚愕為す所を知らず、屢ゝ桂首相を訪問して密議を凝し、以て解決の途を発見せんとしたけれども、結局第三者の仲介に頼る外その途なきに至つた。而して一方また桂首相も問題の容易ならざるに反省する所あり、六日朝法科大学学長穂積八束博士に会見を申込み、教授連の慰留を依頼したのである。一方大学教授連は先づ山川前総長・戸水教授の復職、文部大臣の引責辞職及び大学の独立と言論の自由保証の三条を固守して下らず、若し右の中一項の叶へざるものあらんか、総辞職をも断行せんとの気勢を示して政府に肉迫したのであつた」(同前)

政府としては、こんなところで大学側の要求に屈しては、政府の沽券にかかわると思ったのか、久保田の首をさし出してもいいが、それは、強硬派の教授たち十数名の首と引きかえだといいだした。すでに強硬派の教授たちは辞表を(総長または文部省の下に)提出していたから、それを受理するという形にするだけで、いつでも首を切れる状態になっていたのである。しかし、大学側はそんな脅しには一向にひるまない。三条件は決してゆずれないと、政府側の要求を一蹴した。政府側も万策つき果て、久保田を辞職させることにしたが、あくまで引責辞任という形式にはすまいと頑張った。では何が理由かというと、このような騒ぎをひき起して天皇陛下に申し訳ないというのが理由だった。大学と学問に対して申し訳ないというのではないのである。

十二月九日、各分科大学の代表十二名が、首相官邸に桂首相を訪問し、先に引用したような文書を出して、久保田文相の引責辞任を求めた。それに対して、桂は、久保田なら昨日すでに辞表を任命権者の天皇に提出しており、それを天皇が聴きとどけるかどうかは自分の関知するところではないといった。明治憲法下においては、形式論理はたしかにその通りなのである。この会見の模様を国民新聞はこう伝えていた。

「桂総理は委員を延見し、委員に告げて曰く。久保田文部大臣は昨八日を以って辞表を提出したり。文相の辞表提出は今回の事件の是非、当否に関したるものにあらずして、その理由は単に、かかる紛擾を学問至高の府たる大学に於いて生じたるは、陛下に対し奉り恐懼措くあたわずというにあり。文相の辞表は聴許せらるべきや否やは、もとより自分に於いて明言するあたわざるも、兎に角文相はかかる理由にて辞表を提出したり」

代表委員たちはこの結果を大学に持ち帰ると、再び山上御殿で教授総会が開かれた。この日、学生もまた動いた。法科大学の学生たちが集って委員十六名を選挙によって選出し、学生も今後事態の動きに即応して、適宜、共同行動をとることを申し合わせた。他の分科大学の学生にも、同じような組織を作って、共同行動をすることを呼びかけた。このような学生の組織的行動は前代未聞のことで、これは学生運動のはしりといってもよいだろう。

教授総会に話を戻すと、意見は二つにわかれた。一つは、文部大臣の首もとったことだし、大学の地位もこれで大いに向上したのだから、このあたりで鉾をおさめてもいいのではないかという意見。もう一つは、もともと今回の一件は大学の独立、学問の自由が侵されたことが問題なのであって、問題のそもそものはじまりである山川、戸水の復職が成らないかぎり、鉾をおさめるべきではないという意見だった。二つの案で採決をとったところ、後者の強硬案が圧倒的多数を占めた。前者の妥協案に賛成したものは、百余名の出席者のうちわずか十名にも満たなかったという。

白虎隊の生き残り、山川前総長

さてここで話がこんぐらかってくるのであるが、この山川前総長の復職を求める運動は、実は山川の意志とは無関係におこなわれていた。誰も山川の意志を確認していなかったのである。ところが、本人は本気でやめたくて辞表を提出したのであって、それが受理されたことに何の不満も持っていなかったのである。復職運動をする教授たちは、山川前総長を犠牲者と考えていたが、本人には、そういう意識は全くなかったのである。

直接のきっかけは、戸水を休職処分するにあたって、法文の解釈を誤り、総長としてなすべからざることをしてしまったということにあったが、実は、総長になった日から、自分は総長に不適切な人間であるとずっと思っていたのだという(戸水寛人『続回顧録』)。

山川は、余人に例を見ないほど自己に厳しい人だったのである。だから、この間、元大学総理加藤弘之、元総長菊池大麓、元総長浜尾新などの長老たちが陰で桂首相の意を受けて、山川復職を含みとする調停案作りをしていたが、山川はそれを頑として受けつけなかったのである。

山川がこれほど自己に厳しく、これほど頑固一徹であったのは、山川が会津白虎隊の数少ない生き残りの一人であったことと無縁ではあるまい。

山川は会津藩の家老の家の出で、戊辰戦争のとき、十五歳（以下数え年）だった。サムライの子であるから、当然、十五歳から十七歳の少年をもって構成された白虎隊の一員となった。

しかし、山川は十五歳になったばかりで、かつ蒲柳の質であったため、重い銃を持って戦場を駆けまわるのは困難という理由をもって、入隊後間もなく除隊させられてしまった。学問がよくできる子供は軍に入れるよりも、むしろ学問を通じて藩のためにつくさせるほうが得策という藩の方針があったのである。同じ理由で白虎隊から外された少年が山川以外にもあり、山川が唯一の例というわけではなかった。除隊後は、藩命によってフランス学の稽古をさせられた。しかし、血気にはやる少年の身であってみれば、このような扱いは屈辱以外の何ものでもなかった。死を覚悟して入隊しながら、実戦に入る直前に、白虎隊を除隊させられたことは、山川の心に生涯のトラウマとなって残った。年をとってからも、白虎隊のことが話題になると、山川は顔色が変り、声音が変ったという。白虎隊で割腹自殺をとげた十九人のうち、十八人までが、山川の藩校の日新館における同窓生だった。山川にとっては、自分は死に損い者であるという意識が一生抜けなかったと思われる。

その意識があればこそ山川は一層勉学にはげんだ。フランス語は教師に人を得ず、単語を幾つか覚えた程度で終ったが、猪苗代、新潟、佐渡、東京などを転々としながら、苦学に苦学を重ね、漢学、国学、洋学を学んでいった。

会津藩は、佐幕方の雄藩（二十三万石）として、幕末、京都守護職をつとめ、薩長の討幕運動に武力で対抗した最大の勢力であった。維新後は、東北二十五藩の奥羽列藩同盟の中核として戊辰戦争を戦った明治新政府最大の宿敵であったから、戊辰戦争後は徹底的にいじめ抜かれた。不毛の地に追いやられ、石高は三万石に減額されて、名前も斗南藩と変えさせられた。家臣の大半はちりぢりになり、ほとんど流浪の民同然となるが、それでも、藩士の子弟の教育怠るべからずと、東京の芝増上寺に宿坊の一つを借りて、学生五十人が寄宿しながら学ぶ斗南藩学という学校を開いた。山川もそこの学生になるが、斗南藩にはほとんど金がなく、学生に与えられたのは、一日二合の南京米だけで、副食物は胡麻塩しかなく、下駄は五十人に五足しかないという窮乏状態だった。

このような苦境で学びつづけているとき、山川は会津藩の子弟の中でたった一人だけ海外留学を命ぜられた。北海道開拓次官の黒田清隆が、北海道開拓にあたるべき人材育成のため、留学生を海外に送ろうと考え、ほとんどを薩摩と長州から選んだのだが、戊辰戦争中（黒田は政府軍の参謀だった）奥羽諸藩の中で最も男らしく闘った会津藩と庄内藩から一人ずつ選抜して加えることにしたのである。その一名に選ばれたのが山川だった（ちなみに、山川の妹捨松も、同じ明治四年、岩倉遣米使節団に随行した女子留学生の一員に津田梅子とともに選ばれている。山川捨松は後に大山巌陸軍大将と結婚して大山捨松となる）。山川は明治五年、十九歳のときにアメリカに渡り、イエール大学のシェフィールド・サイエンティフィク・スクール（理科大学）に学び、土木工学、数学、物理学などを修めて学士号を取得して帰国した。実は、卒業の一年半前に、明治政府は、海外に派遣した留学生の成績がかんばしくないというので、一斉に学資を打切り、帰国命令を発した。帰国命令は山川のもとにも届いたが、山川はあくまで学業を全うしたいと、帰国を拒否し、現地で学資を出してくれるパトロンを見つけ、卒業まで自力でがんばり通した。こういう人生を送ってきた人なので、ちょっとやそっとの苦境には一向にくじけなかった。

明治八年二十二歳で帰国すると、そのまま東京大学の前身である東京開成学校の教授補となった。明治十年、同校が東京大学になると、山川もそのまま東京大学理学部教授補（助教授）となった。明治十二年、教授に昇格し、日本人ではじめての（それまでは外国人のみ）物理学教授となった。数学・物理学・工学・化学各科の学生に物理理論全般を教え、実験を指導し、光学、熱学、音響学については特論指導をしたというから、一人で理学部の物理系を背負っていたようなものである。

明治二十六年、理科大学学長になり、同三十四年に東京帝国大学総長となってここにいたったわけである。

戸水事件が起きたとき、まだ五十二歳、決して引退するような年ではなかったが、山川はとにかく大学から身を引く決意を固めていた。

山川がこの時点で心配していたことは、自分の身の処し方ではなく、下手をすると大学がつぶれることだってありうるという情勢の読みだった。大学側も政府側も、意地の突っぱりあいをつづけていると、どちらもより強硬な策をとるべしとする側に意見が傾き、事態はどんどんエスカレートして収拾不可能な地点にいたってしまうかもしれない。そこで問題になるのが、後任の総長人事である。次期総長は、この事態を収拾できる人物でなければならない。

人格者・浜尾新の登場

山川が白羽の矢を立てたのは、山川の三代前の総長であった浜尾新である。浜尾は、学者ではなく、教授歴もない、純粋な文部官僚だった。こういう人が総長になることはきわめて珍しい。帝国大学初代総長の渡辺洪基も、前東京府知事という妙な経歴を持つ官僚で、大学人から違和感をもって受けとめられたが、浜尾の場合は、誰も違和感を持たなかった。浜尾は事務方とはいえ、東京大学の前身の大学南校、開成学校の時代から東京大学に勤め、その一生をほとんど東京大学とともに歩んだような人物だったからだ。東京大学のできあがっていく過程のほとんどすべてに、浜尾は内側あるいは外側（文部省）からかかわってきた。東京大学の内も外も知りつくし、教授たちにとっては身内同然の存在だったのである。

東京大学に、小さな銅像はいろいろあるが、等身大以上の巨大な銅像は、浜尾のものしかない。それは安田講堂と三四郎池の間のいやでも目立つ場所にあるのだが、恐らく浜尾新が何者であるかを知る人は、今の東大生、東大教授にほとんどいないはずである。私自身も、この連載を書くために資料を調べはじめるまでは、銅像を見ても何だこいつはといぶかしく思うだけだった。

浜尾新は、大学南校の監事という文部省の下僚から出発して、山川がアメリカから帰国して、東京開成学校につとめはじめたときには、東京開成学校の校長補として、事務官のトップになっていた。山川とはその時以来の古いつき合いで、お互いに深く信頼しあう仲だった。浜尾は東京大学と文部省の間を行ったりきたりしながら、東京大学では事務官トップの副総理をつとめたあと、東京帝国大学総長に登りつめ（明治二十六年）、文部省では学務局長を経て、ついには文部大臣にまでいたった（明治三十年。文部省生え抜きの官僚で大臣になった最初の例）という人物である。

山川に事態収拾を依頼された浜尾は、結局それを引受けて、二度目の総長をつとめるのだが、すでに文部大臣までつとめていたので、特に親任官の待遇となった。大臣、陸海軍大将、枢密顧問官などと同格の待遇となったのである。

総長職は一回目が四年十一カ月、二回目が六年九カ月、通算すると十一年八カ月に及ぶ。これより長いのがやはり二回にわたって総長になった山川健次郎で、一回目が四年七カ月、二回目が七年五カ月で通算すると十一年十一カ月になる。この二人以外、二度にわたって総長になった人も、十年以上の長きにわたって総長をつとめた人もいない。

浜尾は東京帝国大学総長でいる間に、枢密顧問官を兼任することになり、そのあと枢密院副議長を経て、枢密院議長にまでなっている（大正十三年）。大学人で枢密院議長になったのは、浜尾の他には穂積陳重（大正十四年）しかいない。

今井登志喜は、「大学教育の功労者としての浜尾新先生」（『教育』第三巻第九号、昭和十年）の中で、浜尾は福沢諭吉のようなすぐれた教育者でもなく、森有礼のような敏腕な教育行政家でもなく、加藤弘之のように学者としての業績があるわけでもなかったが、とにかく、人格者として万人の尊敬を集めていたといっている。

「先生は温良寛大な人であつた。先生は嘗て怒つた顔を見せた事がなかつたとは昵近者のひとしく云ふ所である。先生に触れるものは何人もその慈愛に満ちた温容に云ふ可からざる暖かみを感じた。（略）先生は極めて辛抱強く粘り強い人であつた。先生は一度決した事は飽く迄もそれに執着した。先生は無比の説服力をもつて居た。相手は先生の議論に負けなくても、先生の比類のない根気に閉口した。先生は激昂しなくて何処迄も粘つた。相手が服従する迄何時間でも何回でも推して行つた。南校時代の貢進生も後の教授等も大臣連も皆この粘り強さに降参したのである」

浜尾のこういう側面は、多くの人が異口同音に認めるところだった。明治四十三年四月号の『中央公論』に「浜尾総長と菊池総長」という、東京帝国大学と京都帝国大学の総長をならべて比較するちょっと面白い人物評論がのっているが、それに登場する証言者たちが、浜尾についてあげるのも、まさにこの点である。たとえば、

「浜尾といふ人は心の広い人だ。誰でも容れる。人が浜尾を怒らすといふ事が余程の困難だ。随分無礼なことをするものがあつてもなか〳〵怒らない。其人を諄々として説く。其点は実に卓絶して居る。浜尾には長所はいくらもあるが、其点が最も勝れて居る。心の広い事では恐らく日本の第一流であらう」（草莽《そうもう》の人）

「（大学南校で独仏学部の廃止問題がもちあがった頃）いろ〳〵難問題を提出して浜尾男（男は男爵の意味）を困らした。然し浜尾男は如何なることを申し出ても一遍も憤つた事はなく、諄々として仏と独とを廃止するの止むを得ない事情を述べる。もう何時間でも懇々説諭された。今から考へて見れば、実に親切な人と思ふ。これは独り吾輩のみぢやない、同男に世話を焼かした人はなか〳〵少くない。今日五十歳前後の人で、当時高い教育を受けた人で、恐らく浜尾男の世話にならなかつた人は殆どないといつてもよからうと思ふ」（寺田勇吉）

「浜尾総長はどこから見てもなか〳〵職務に忠実なる能吏といふべきであらうと思はれる。（略）且つ度量が極めて宏い人である、随分世話になつた人で迷惑をかけたやうな事もあり、又場合によつては随分侮辱に類したやうな事をしたものもないではない。然しながらさういふ人に対しても浜尾総長は殆んどさういふ事を忘れたのか、（略）本当に其人の為めに計るので、一旦浜尾総長に対して何だか面白からぬ感情を抱いた者でも、終には全く心服して了ふといふ有様である」（尚左学人）

浜尾は東大を二度救った

このような浜尾の資質がいかんなく発揮されたのが明治二十三年に起きた東京農林学校の合併問題だった。それまで農商務省の下に所属していた同校を、帝国大学の中に入れて、農科大学（後の農学部）にしようというのが文部省のプランで、それを推進していたのが、当時学務局長だった浜尾だった。ところが、これに対して、帝国大学の内部から猛反対がもちあがり、前代未聞の大騒動となった。農林学校は程度が低い学校だから、そんなものを合併したら帝国大学のレベルが下がるというのである。そして、大学の最高決定機関である評議会の評議員（基本的に各分科大学から代表一名が出ていた）が全員辞表を提出するということになってしまった。

「大学の評議会は、事前に諮詢されなかつた事、農林学校は学科の程度が低い事、それが特別の予科を有し高等中学校の卒業生を収容する他の分科大学と同等に取扱へない事、欧米先進国の大学に農科のない事等を理由として、其増設に猛烈に反対し、各評議員は全部辞表を提出するに至つた。之は実に帝国大学の歴史中稀に見る大紛擾と云ふ可きものであつた」（今井登志喜　前掲論文）

これを浜尾は、持ちまえの粘り強さと説得力で、評議員のところを一人一人まわり、ついに辞表を全部撤回させてしまったのである。

評議員全員の辞表提出と教授全員の辞表提出では話のスケールがちがうが、基本的なシチュエーションにおいて、この事件と山川辞任事件はよく似ている。それをうまく解決した浜尾の才腕は、大学関係者のよく記憶するところであったから、山川ならずとも、ここはもう一度浜尾を引っぱりだして、事態収拾をお願いする以外ないと考えた人が多かった。

「是より先法科大学教授穂積陳重・同八束の両博士は桂首相の招致によつて事件の解決策を依頼せらるるや、同法科の教授岡野敬次郎・富井政章等の諸博士と謀つて早くも教授間に重望ある元総長浜尾新氏を総長に推さんと計画し、種々奔走する所があつた。当時浜尾氏を起たしめてこの難局に当らせようと考へた人は決して二・三ではなかつた。殊に我が山川先生は十一月文相より辞職許可の内諾を与へられた際、直ちに予て昵近な浜尾氏を訪問し、善後策を協議されたのであるが、その折、切にその出廬を慫慂せられたといふことである。また前総長菊池大麓氏は大学騒動勃発するや、倉惶として桂首相を訪ひ、浜尾新氏を総長とすることの得策なるを説き、更に之を各教授に勧説されたといふ」(『男爵　山川先生伝』)

桂首相も、浜尾に次期総長を依頼して事をおさめてもらう以外にないと考えるようになり、浜尾も自分が出る以外ないと考えたが、問題は、どういう形で決着をつけるかだった。政府側としては、文部大臣の首を一方的に差し出す形で終ったのでは面子が立たないと感じ、教授のうちの何人かの首を切り相討ちの形にして決着をつけたいと考えていた。その際、美濃部の編集した『国家学会雑誌』特集号に対する怒りが政府上層部に強く、美濃部だけは是非とも処分すべしの声があったという。(戸水『続回顧録』)

しかし、浜尾は、大学側からこれ以上の犠牲者を出しては、ことが悪化するばかりで、収拾は絶対に不可能と考えていたので、総長就任の条件として、大学側から一人も犠牲者を出さないという条件をつけた。

「当時政府は大学に臨むに、所謂喧嘩両成敗の策を以てし、山川総長の外に言論の自由を死守せんとする博士連八・九名を処分して、以て久保田文相の引責と相殺せんとの意向を有してゐた。然るに浜尾氏は、辞表を提出せる諸教授の留任、並に或る程度の大学の独立を認容するに非ざれば、断じて就任し難き旨を主張し、桂首相が正使としてこの交渉に当らしめた農商務大臣清浦奎吾《きようらけいご》氏に対しても、大学側への制裁を条件とする以上、到底総長の任に就くことを肯じ難しと強硬に主張したので、流石の内閣も遂に我を折り、右の条件を認めて浜尾氏に出廬を悃願するに至つた」(『男爵　山川先生伝』)

政府側はこれでおさまっても、問題は、強硬派の教授たちだった。山川の復職なるまでは絶対辞表を引っこめないと主張する教授たちが主張をまげてくれないことには、事態は収拾の道へ向かわない。

そこは山川の出番だった。山川自身に、復職の意志が全くないことを山川自身が説得することが一番の早道と、強硬派の多い法科大学の教授会に山川自身が出かけていって、次のような演説をぶった。

「諸君にして若し辞表を撤回せざれば、他の諸分科大学の教授も亦之を対岸の火災視すること能はざるべきが故に、今後如何なる騒動を生ずるやも測り知るべからず、而して其結果延いては帝国大学は或は閉鎖せらるゝの不幸を見るやも知れず、之が為めにはまた内閣も瓦解するやも測り難し、諸君或は内閣の瓦解は意とするに足らずと言はるるならん、然れども大学の閉鎖は敢て之を意とするに足らずと言はるゝことなかるべし、若し大学にして閉鎖せらるゝ如きことあらば、是実に国家の不面目なり、(略)余の辞職の故を以て学界の大不祥事を生じ、これを契機として日本の文明が退歩するやうなことあらば、余は何の顔あつて天下の人に見えんや、諸君願くば余の微意を察し、辞表を撤回せられよ、また聞く所によれば、諸君は余の復職を要望せらるゝとの事なるも、一身の都合上現内閣は勿論、仮令如何なる内閣にても当分就職の意思は断じてなし」(同前)

細かくいうと、このあともまだゴタゴタがつづくことはつづくのだが、基本的には、山川、浜尾の奔走によって、このあたりから事態は急速に収束に向っていく。結果的にいうと、戸水は復職し、辞表を出した教授たちはそれを撤回したということである。そして、山川はことば通り辞職して大学に戻らなかった。

帝国大学は政府の奴隷か

しかし、これで本当に一件落着としてよかったのかというと、疑問は残る。問題の本質が学問の自由、大学の独立にあったというなら、それがこの事件を通じて確立されたといえるのかといえば、そうはいえないからである、

この点を鋭くついたのが、「時事新報」の「学問の独立こそ肝要」(十二月九日)と題する論説と、「大学の独立、自由を期待」(十二月十三日)と題する論説の二つの論説だった。

「時事新報」は、福沢諭吉によって明治十五年に創刊された、不偏不党をかかげる新聞である。創刊当初は福沢が筆をふるったものの、この時代はすでに福沢没して(明治三十四年)久しい。しかし、論調の基本はか

つての福沢と同じで、官尊民卑の風潮を批判し、民が自立することを求めていた。高等教育においても、官僚養成機関たる帝国大学が中心になるべきではなく、自立した私立大学が中心になるべきだとしていた。

だから、今回の事件についても、

「大学の独立、学問の自由論もあるがごとしといえども、事の性質は官界と名づくる一部の小波瀾」

と、醒めた見方をしていた。つまり、帝国大学も官僚の養成所だから、これは官界というコップの中の嵐にすぎないと見ていたのである。事の本質は、日本の大学のそのようなあり方そのものにあるとしていた。

「本来大学のごとき学問の研究、学者の養成を目的とするものは、全く政権の外に独立せしめ、政府の干渉を絶たざるべからず」

というのが本来の大学のあり方なのに、日本では政府と大学が一体化し、お互いに相手を自分の一部と見なしている。

「時の政府の当局者はかつてこの辺の考えなきのみか、大学を自家の機関となし、学者を製造して、以って自家の用に供せんとするの方針を執りたるもののごとし。すなわち世間に大学を目して官吏養成所となしたるも、自らその理由あることにして、当時大学の総長、教授のごとき平素の言論までも官臭を帯びたるは勿論、法律、政治の学科を修めたる卒業生は、十中の八九政府に仕えて政府の用を勤め、いやしくも大学の卒業生にして政府反対の地位に立ちたるものは、僅々指を屈するに過ぎずと云う。当局者の心算、算し得て当れりと云わざるを得ず」

こういう風土は今の東大にも形を変えて残っているが、それを異常と思う大学人は東大には少ない。それに対して、つまり政府当局者は、「大学は政府の属隷」にすぎないと見ているから、今回の事件も、奴隷の反乱でしかないというわけだ。本来の学者の眼からすると、政府当局者など無知無識の俗吏にすぎないが、それが権力を笠に着て、大学人の言動で気にくわないことがあれば、すぐに人事権をふりまわして、首を切り、それを当然のことと思う。

このあたりに今回の事件の最大の背景があるが、それに不平をとなえる大学人の側もおかしい。大学が帝国大学であるかぎり、それは官制上、政府に隷属しているのだから、命令に従わざるをえない。どうしてもそれがいやなら、大学全体が官界の外に出るべきではないか。

「官紀の上に於いて長官の命令には服従せざるを得ず。これに対して不平なるは不平なるものの無理にして、果して不平ならんには自からその職を罷めて、官界の外に独立するの外あるべからず」

そうしたほうが大学にとっても政府にとっても、よいことだ。

「本来政府は一時の政府にして、学問は永世の学問なり。一時の政府の便宜のために永世の学問を利用せんとして、大学を政府に隷属せしめたるはそもそもの失策」

なのである。ここに問題の根源があるのだから、ここを変えないかぎり、今後も同種の事件は必ず起ると予言した。

「政府と大学の関係が現在のごとくなる限り、学俗両間の衝突は今後とも免れざるものと覚悟せざるべからず」（以上九日付論説）

実際、この予言は的中し、政府と大学の衝突はこのあと何度も起るのである。そして、大学の団結力の前に政府が敗北したのはこのときだけで、あとは大学側が敗北に次ぐ敗北を重ねていくのである。

経済的独立なくして学の独立なし

「時事新報」十三日付の論説は、このような事件を二度と起させないためには、大学を政治権力の外に独立させる以外にないとして、その方策を論じた。

大学の独立を語るとき、ともすれば、理念、精神の面から論じられがちで、制度面から語るときも、人事権は誰がどの限度において持つべきか、政府の監督権はどの程度認められるべきかといった点についてしか語られないが、それより本当に大切なのは、経済面の独立であるという。経済的独立なしには真の独立はかちえられないからである。

経済的に独立させるには、私立にしてしまうのがいちばんよい。大学問題の諸悪の根源は、法科大学が官僚養成所になっていることにある。日本がまだ未開の国であった頃は、急いで官僚を養成するために、官立の法科大学を持つ必要もあったろうが、今は私立大学で充分官僚を育てられるのだから、まず、法科大学（法学部）を廃止してしまうのがよい。

問題なのは、医科、理科、工科である。それらの研究には金がかかりすぎ、とても私立ではまかなえない。外国の私立大学が依拠している民間の寄付はどうかというと、日本の国全体がもっと富んでくれば別だが、現状ではとても民間にそれだけの経済的余裕がない。

ではどうすればいいかということで、次のような提案をしている。まず政府が大学に相当の金額を基本資産として交付してやる。大学はその利子をもって運営していけばよい。この基本資産は現金で交付しなくてもよい。大学基金公債という公債を発行すればよい。どれくらい必要かというと、当時東京大学の経常費が年間七十三万円、京都大学が五十六万円だから、基本資産が二千万円もあれば充分その利子でまかなえるだろうという。そして、次のように政府にすすめた。

「大学が永く政府の属隷たるに甘んぜざるは、今回の事件に徴しても明白なれば、これを独立せしむるこそ、単に学問のためのみならずして、政府のためにも得策なれ。二千万円と云えば大金なるに似たれども、二万噸《トン》の戦闘艦一隻の価に過ぎず、学問発達のためには敢えて吝むに足らざるなり」

また、大学人に対しては、次のようにすすめた。

「大学の学者輩の云々する大学の独立、学問の自由とはいかなる意味なるや。依然官設大学として経費を政府に仰ぎ、またその身はやはり官籍に列して官等、勲位を有難く頂戴しながら、ひとり言論のみを自由にせんとするがごとき考えならんには、それまでなれども、真実大学の独立を望み、政府の属隷たるを止めんとするの目的なりとせば、すべからく前述の趣意に従い、その方針に向かって大いに運動すべきのみ」

大学の内部にも、この事件を機に大学の独立を果すべしとして、さまざまの案を出すものがいた。十二月十三日の「東京朝日新聞」は次のように伝えている。

「帝国大学教授連は久保田文相及び桂首相へ覚書を提出したる後、大学独立問題に就き、再三協議する所ありたるも、独立を維持するには尠からぬ資金を要することゝて、未だ確乎たる成案なき由なるが、其の方法は概して左の如くなるべしと。

一、大学の文部省管轄なることは旧の如くし、只学長以下教授、助教授其の他の職員の言動に関して、政府は何等の干渉をなすことなく、所謂学問の独立と神聖とを保たしめ、大学内部は全く共和政治となすこと。

一、大学の経費は年々の予算に於て文部省より支給するも、大学其の者は一個の法人となして独立せしむること。

一、普通唱へらるゝ所の独立にして、一定の基本財産を有し、其の利益金によりて維持する独立の法人を組織すること」

ここで述べられていることの第一項は、戦後の民主改革によって基本的には実現したが、経済的自立のほうは、その時も実現せず、結局、文部省の予算を通じての大学支配が今日までつづいてきたわけである。昨今、大学の独立行政法人化がさかんに議論されているが、その内容は、ここで述べられている第二項に近い。しかし、久しく官吏（教育職特別公務員）たる身分に安住することに慣れきってしまった国立大学の大学人たちと、既得権を失うことを恐れる文部省とが手を組んで、独立行政法人化に反対する運動をさかんに展開していることはよく知られている通りである。独立行政法人化は、明治以来の大学人たちが悲願としてきた大学の独立をかちとる最大のチャンスであるというようなポジティブな受けとめ方をする者が大学内部にきわめて少い（いることはいる）のは残念なことである。

追記しておくと、平成十六年四月から、国立大学は独立行政法人となったが、ここに予測した通り、大学の経済的自立は果たされず、大学の経費は文科省（文部省が文部科学省となった）の予算から年々支給され、それを通して、文科省の大学支配は相変わらずつづいているし、大学人の意識上の精神の独立も果たされていない。

15
山川健次郎と超能力者・千里眼事件

総長にカムバック

明治三十八年（一九〇五年）、山川健次郎総長は、留任を求める全学の声を、「いかなる内閣の下においても、当分の間、官職につくつもりはない」と振り切り、東京帝国大学を去っていった。その言葉通り、五年半は官職につかなかったが、明治四十四年、九州帝国大学が設立されると、その総長となり、その二年後、大正二年（一九一三年）には、東京帝国大学総長としてカムバックすることになった。さらに、翌大正三年には、京都帝国大学総長を併任することとなり、一人で三帝国大学の総長を歴任するという、大学人として前代未聞にして絶後のキャリアを積むことになる。二度目の東京帝国大学総長時代は大正九年まで、七年五カ月に及んだ。この間に東京帝国大学は

藤原咲平

菊池大麓総長　©『東京大学百年史』

幸徳秋水

大幅に拡充され（明治三十年から大正七年までに、講座数が百二九から二百六になり、教授、助教授が百三十一名から二百六十一名になった。学生も千九百二十七名から四千四百四十名になった）、組織や制度の上でも大きな改革が加えられ、ほぼこの時期に、戦前期の東京大学の原型ができあがった。そして、この時代に京都大学沢柳事件（大正二年）、東京大学森戸事件（大正九年）などが起き、大学自治の危機の時代がはじまるのである。山川は、戸水事件に次いで、これらの事件の渦中の人となるわけで、日本の大学の歴史を語る上で、最も欠かせない人物である。

というわけで、この人物の人となりをもう少し見ておくために、第一次東京帝国大学総長退官後の〝閑散時代〟について語っておく。〝閑散時代〟というのは、このころ、東京日日新聞に、「閑散小録」というコラムを持って、教育、政治、社会などさまざまの問題をとりあげて論評を書いていたからである。といって、全く、教育、学問の世界から縁が切れていたわけではない。文部省の高等教育会議議員、中学校・師範学校の教員免許学力試験委員、尋常中学校教科書調査委員会の委員など、さまざまの委員職を引き受けていた。その中で面白い意見もいろいろ述べている。

高等教育会議では、中等教育における漢文は、生徒に過重な負担をかけているのに、実用性に乏しい科目だから廃止してしまったほうがいいと提案したり、英語教育にしても、卒業しても、新聞も読めず、話もできない、手紙もろくに書けないという現状では、やっている意味がないから、改善できないなら、これも廃止すべきだと主張した。日本の英語教育は昔から、役立たずだったのである。アメリカ留学が長い山川には、それが我慢ならなかったのであって、英語が無用と考えていたわけではない。漢文にしても本人は大変な漢籍の素養があり、あるとき井上哲次郎と話していて、井上も読んだことがない漢籍の引用をすらすらやってのけたので、井上も脱帽したという話があるくらいだ。

教科書調査委員をしているとき、前述した南北朝正閏問題が起きた。南朝北朝どちらが正統かという問題である。それまで両論並記の形をとっていた教科書の内容がけしからんと議会で問題化し、文部省は教科書の書き直しを約束させられた。できあがった改訂版の教科書が教科書調査委員会に提出されたとき、山川はその内容に異をとなえた。

「在来の教科書の改訂に着手するに当り、起草委員の大多数が何と思つたか北朝の事実を滅茶々々に抹殺して改訂書を作成し、之を委員総会に上せたのであつた。総会席上之を手にせられた先生は大に驚き、直に起つて例の侃々諤々の論調を以て、『南朝を正統とする為に北朝の史実を抹殺する必要がどこにあらう、史実は史実なり、抹殺し得べきものにあらず、斯く斯くの形式に於て北朝の史実をも併せ記載すべし』とて、論鋒頗る鋭かつた」(『男爵　山川先生伝』)

議論は数日にわたってつづき、賛否の議論が激しくつづいたが、ついに、この会議の議長をしていた、元東京帝国大学総長の加藤弘之が、自分も山川の意見に賛成だと述べたため、ようやく、北朝の史実も史実として残されることになったのだという。

といって、山川が忠君愛国、皇室尊崇の念に欠けていたというわけではない。後に述べるように、その点にかけては、山川は人の二倍も、三倍も強いものを持っていた。

山川式理想教育、九州に実現す

しかし、山川が何よりもこだわりを持ったのは、理非曲直で、筋が通らないこと、不正なこと、不合理なことは、絶対に許そうとしなかった。筋を通すためには、いかなる権威にも平気でくってかかり、多くのエピソードを残している。

一方、情誼に厚い人でもあった。閑散時代、山川がいちばん身をつくしたのは、九州戸畑の地に、明治専門学校(現在の九州工業大学)というわが国はじめての私立実業専門学校を作り、それを経営することだった。これは、炭鉱王安川敬一郎の意気に感じてしたことである。慶応義塾の卒業生であった安川は炭鉱を三つも所有し(後の安川電機、九州製鋼、黒崎窯業などの設立者でもある)、日露戦争で得た巨万の富の一部を教育のために投げだして国に報じようとした。そのために三顧の礼をつくして浪人中の山川を引っぱりだしたのである。山川も日本の教育機関の貧弱、特に理工系教育の貧弱を嘆いていたところであったから、その話にのった。安川は金は出しても口は出さないに徹し、建設設備費八十万円、維持費の基本金として三百三十万円合わせて四百十万円（当時〈明治四十年〉一円五十六銭であった白米の価格〈十キログラム当たり〉は、現在約五千円であるから、米価で換算すると、およそ百三十一億円ということになろうか）を出資し、さらに、キャンパス用地として八万坪の土地を提供して、その一切を山川にゆだねた。設立する学校の内容（採鉱、冶金、機械の三学科）も、その経営も、一切を山川にゆだねたのである。

山川はその意気に感じて、東京帝国大学の教授たちを動員して、これに協力した。学校の建築、設備の基本設計にあたったのは、建築界の長老辰野金吾教授で、校長になったのは、帝国大学採鉱冶金学科の教授であった的場中《まとばなか》であり、教授はほとんど帝国大学卒業の若手俊秀が送りこまれた。教授陣においても、設備においても、官立の専門学校をはるかに凌駕する学校ができ、設立初期は、山川が総裁として自ら学校に泊りこんで学生の訓育にあたった。

山川の教育方針は、徹底した質実剛健、忠君愛国、武士道精神にもとづくものだった。また、国民皆兵主義をとなえていた山川は、陸軍中尉の指導の下、学生に徹底的な軍事教育をほどこした。

学校は全寮制で、寮生は起床喇叭で起きると、冷水浴、冷水摩擦、兵式体操をしてから、味噌汁に麦飯の朝食をとり、剣道の稽古をさせられた。軍事訓練は、操銃、行軍、演習、野営などを含む本格的なもので、当時はどこの学校でもやっていなかった。山川の国民皆兵思想は、淵源をたどれば戊辰戦争時代の会津藩の体験にまでさかのぼるもので、軍事力が弱いと、亡国の民の辛酸をなめることになるから、常に軍事強化をはからなければならないという強い信念にもとづくもので、スイスのように、全国民が軍事訓練を受くべしと考えていた。だから、後に東京帝国大学総長に復帰したときも、志を同じくする教授たち（上杉慎吉、吉野作造、松本烝治など）とはかり、近衛第二連隊の協力を得て、学生有志を集めて定期的に軍事訓練をはじめたりしている。

学生に対しては、機会をとらえてよく訓示訓話をしたが、

「先生の講話を通じて窺はれる思想は、総てこれ国家主義・忠君愛国思想の迸りであつて、いかに簡単な話であつても、結末はこの報国思想に結びつけられるものであつた」（同前）
という。
このような思想の持主であったからといって、忠君愛国にこり固まった天皇主義者というわけでもなかった。

山川は幸徳に似たる危険人物

山川の九州帝国大学総長時代、明治天皇が九州で行われる陸軍大演習に臨むために列車で九州行幸したとき、門司駅構内で、御召列車が脱線するという事故が起きた。翌日、門司駅構内主任の駅員が、責任をとって投身自殺をとげるという事件が起きた。たちまち世の同情が駅員に集まり、九州の国粋主義団体玄洋社が音頭をとって、駅員の責任感を顕彰して記念碑を建てようという運動がはじまった。

それに対して、山川は福岡日日新聞に長文の談話を発表して、そのような運動を批判した。

「私は、（略）士たるものは自殺して申訳をなすべき場合があることを認めるものですが、然し今回の門司駅員の行為に対しては賛成しません。固より死者の心事に対しては同情すべきでありますが、彼の事件が果して生命を捨てんならん程の重大なことであつたでせうか。（略）彼の行為を賞讃し、或は碑を建てゝ表彰する等云ふやうな事に至つては、どうあつても同意する訳には行かないのです。（徳川時代に将軍家の鷹狩用の〝お鷹〟が異常に大切にされたという話を例に出して）『お鷹』に遇ふては万民皆之に道を譲るの勢でした。其頃旗本士の久世三四郎であつたかと思ひますが、『お鷹が何だ、我はお人だ、お鷹とお人と何方が大切だ』と云つたと云ふ事がありますが、鳳車（天皇の乗った列車）の遅滞は固より恐懼の事ではあるが、其申訳の為として陛下の赤子たる大切な『お人』を殺すといふことは、果して陛下の叡慮《えいりよ》に叶つた事であつたかどうか。

近来往々世間に聞く所ですが、学校などで火災の時、御真影を救はうとして生命を捨てる校長などがある様ですが、御真影はむろん大切に相違ないが、然し折角相当の教育を受けて国民の訓育に従事してゐる教師の生命と孰《いづ》れであらうか。御真影も大切ですが、お人は猶大切です。（略）門司駅員の行為を賞讃し奨励するといふことは、取も直さず自殺を奨励することになるから、大に考へ物だと思ひます。責任を負うて中訳の為に死んだと云へば、成程今日責任の自覚の薄い世の中には、幾分か人心に益する所もあるには違ひないけれども、其結果として自殺の濫用を奨励するやうな事になつたら何うでせう。経済といふことは啻《ただ》に金銭ばかりでは無い。人間の生命も少し経済的に使用して、出来得る限り国家の為に尽して死ぬと云ふことにしたいと思ふのです」

この意見が発表されると、国粋主義者が多い九州では、たちまち山川総長の意見を非難攻撃する声が言論界に満ち、山川総長は幸徳秋水にも似た（大逆事件はこの前年だった）危険思想の持主であるとして、その排斥運動をはじめる者まで出る始末だった。特に怒り狂った玄洋社は、有志を上京させて中央政界に働きかけ、これを政治問題化した。貴族院でも、衆議院でも、働きかけを受けた議員が立って、山川総長を非難し、文部省に戒飭《かいちょく》処分せよと迫ったりした。

この一件は半年ほどでうやむやになるのだが、この一件のために、山川が東京帝国大学総長に再任するのが一年遅れている。玄洋社の働きかけを受けた元老の一人が、そういう思想の持主は困ると、山川の再任に反対したからである。

千里眼への科学的アプローチ

山川の第二次総長時代についてはまたあとで語ることにして、閑散時代のもう一つの有名なエピソードである千里眼事件について述べておこう。

明治四十三年から四十四年にかけて、千里眼なるものが世を騒がせた。いままでいう超能力の透視術である。

まずあらわれたのは、熊本の御船千鶴子（二十五歳）という女性だった。密封した封筒に名刺を入れて渡すと、それを上から手でさすったり、封筒を額にあててしばらく思念をこらしたりしているうちに、その内容をあてるといわれた。そのうち病気の診断や治療までするようになり、地元ではかなり前から評判になっていた。

中央に知られるようになった最初のきっかけは、前京都帝国大学総長の木下広次《ひろじ》が知人の紹介で京都の自宅で会い、別人の名刺を封筒に入れて渡したところ、確かに当てたということからだった。彼女の能力はますます評判になり、これに強い関心を寄せたのが、京都帝国大学医科大学の精神病学主任の今村新吉博士と、東京帝国大学文科大学助教授で変態心理学（異常心理学）を研究していた福来友吉《ふくらいともきち》博士だった。二人はそれぞれ何度か熊本を訪れ、何度も彼女の能力を試した結果、その能力は疑えないということになった。

そこで福来、今村は、彼女を東京に呼び、公開実験を行うことになった。実験は明治四十三年九月十四日と十七日の二日にわたって行われ、多くの学者が立ち会った。

山川は立ち会いの学者の一人で、実験方法を考案するのに重要な役割を果した。立ち会った学者の面々は、十四日は山川の他に、大沢謙二（医）、片山国嘉《くにか》（医）、呉秀三（医）、田中館愛橘（物理）、井上哲次郎（哲学）など、東京帝国大学を代表する著名な教授達八博士で、十七日はさらに増えて、十三博士となっていた。

これだけ多くの学者の関心を集めたのも、この時代、このような超常現象がまともな学問の研究対象になると考えられていたからである。事情は欧米においても同じだった。

十九世紀には、ヨーロッパでも、超常現象が広く信じられ、それを真面目に研究しようとする人たちが沢山いた。そのような研究者の団体として有名なのが、一八八二年にイギリスで設立された英国心霊研究協会（ＳＰＲ）である。心霊研究というと、日本語ではすでに名前からして怪しげなものに聞こえるが、原語のサイキカル・リサーチにはそれほど怪しげなイメージはない。サイキカル（psychical）は、フィジカル（physical＝物理的、物質的、肉体的）の対語で、「霊魂の、心霊の、心霊現象の」といった意味もあるが、本来、もっと広く、「精神の、精神的、心理的、心的」といったことを意味し、物理法則だけでは説明できないと考えられる超常現象、人間の精神や心がかかわることによってひき起されると考えられる常ならぬ現象を広く研究しようというのがサイキカル・リサーチである。日本で心霊研究者というと、科学の対極にあるようなおかしな主張をしている人たちをさすが、イギリスのSPRには、相当数の著名な科学者がはじめから多数入っており、研究の方法論としても、科学的な方法論がはじめからとられていた。

SPRに参加した科学者の中には、陰極線の研究と電子の発見でノーベル物理学賞をとったJ・J・トムソン、気体密度の研究などでノーベル物理学賞をとったJ・W・レイリー、アルゴンなど不活性ガスの発見でノーベル化学賞をとったW・ラムゼー、王立天文学会会長だったJ・C・アダムズ（海王星の存在と位置を予言し、後にその通り発見された）など、イギリスを代表するそうそうたる科学者たちが顔をそろえていた。ちなみに、放射能の研究とラジウムの発見で二つのノーベル賞をとったフランスのキュリー夫人もSPRの名誉会員として名前をつらねていた。

それだけ多くの科学者が参加していたのも、二十世紀はじめのこの時代、X線の発見、放射能の発見、液体ヘリウムの超電導現象の発見など、それまでの科学の常識に反する事実が次々に発見され、無線電信の実用化など、それまでできるはずがないと思われていた技術の開発がなされたりする時代だったから、常識に反する超常現象の研究の中から、新しい重大な科学的発見が生まれるかもしれないと考えられていたからなのである。そして、医学の世界においても、催眠術の研究がなされたり、精神病、精神神経症の研究から、人間精神の不思議な側面に科学的研究のメスが入り、精神分析学が発達したりするといった展開があり、超常現象も真面目な研究対象になりうるというのが、精神医学や心理学の世界では当り前の考え方になっていた。この公開実験に多くの学者が参加したのも、不思議ではなかった。

山川は、イエール大学に留学中、学生の中に一人の透視能力者があらわれて、あるとき学生仲間で種々の実験をしてみたところ、何の仕掛けもなく、たしかに透視能力があることがたしかめられたという経験をもっていた。物理的に説明できない不思議な現象だが、現象それ自体は確かにあったのだから、いずれ、これを学問的に研究してみたいものだと思っていたので、実験に立ち会いを求められたとき、喜んで参加した。

山川はまた物理学者として日本ではじめてX線の実験をした男でもあったから、何らかの未知の力によって通常見えるはずがないものが見えてしまうこともあるのだと考えており、そんなことはあるはずがないとハナから否定してかかるのはもう一つの偏見だと、科学者として開いたマインドを持っていた。しかし、これまでの福来の実験は、必ずしも信用していなかった。そして、このような超常現象の研究では、まず、本当に説明しがたい不思議な現象が事実として存在するかどうか、事実の確認が何より大切だとした。

そして、

「第二段の研究には物理学者よりは或は生理学者・心理学者・哲学者等が適任かと被レ存候場合も可レ有レ之候へ共、第一段事実の有無を判定するは心理学者の壟断して研究すべきものに無レ之、寧ろ物理学者が最も適当かと拙生は確信罷在《まかりあり》候」（傍点、原文のまま）

といって、自ら実験設計にあたった。御船千鶴子にのめりこんでいた福来の判断に対する不信の念が明らかにあったのである。山川の考えた方法はこうだった。名刺一枚に法律書からランダムに抜いた三文字を記したものを二十枚作る。これをそれぞれ一つの鉛管に入れ、それをハンマーで平たく打ちつぶした上、両端をハンダで密封する。X線や放射能の使用による透視ができないようにした上、盗み見しようと思っても絶対に開封できないようにしたのである。この中からどれでも一つを選んで透視してみろというわけだ。九月十六日付の東京朝日は実験結果をこう伝えている。

「千鶴子はこれを持って静かな人のいない二階の一室に屏風を立て廻して、その中に静坐した。かくて山川、大沢の両博士は一同を代表し二人だけ二階へ上りてこれを監視することとなり、階下の諸博士はいずれも鳴りを鎮めてその結果いかんと待っていた。やや少時《しばらく》すると、千鶴子は屏風の中から出で『判りました』という。山川、大沢の両博士とともに二階から下りる。一同首を鳩《あつ》めて千鶴子の透覚した字を見ると、『盗丸射』と書いてある。直ちに透覚物を取ってその端を鋸《のこぎり》で切り開き、中の紙片を取り出して見ると、果たせるかな『盗丸射』と書いてある。いずれもその的中せるに驚かざるはなく、喫驚《びっくり》していると、突然山川博士が『どうも不思議』といい出した。山川博士は、『私の提供した透覚物の中には盗丸射と書いたのはなかったはずだが』といいつつポケットから覚えのために記して置いた紙片を取り出して見たが、盗丸射などと書いたのは愚か、似たのさえない。今まで驚いていた諸博士はいずれも呆れて了《しま》った」

これは実は、福来が前日山川から実験のやり方、鉛管の形と寸法を詳しく聞き出し、練習のためにと同形のものを作り、千鶴子に与えていたものがなぜか入りまじったということだった。つまり「盗丸射」の紙片は、福来が書いたものだったのである。

これでは実験成功とはいえないということで、次に山川が作ったものだけで実験しようとした。しかしこれは一枚も透視することができなかった。

それで再実験となったのが、十七日の実験である。今回山川が用意したのは、任意の文字を記した紙片十枚をそれぞれ紺引水引の紙で包み、それを二重の西洋封筒に入れ、その封じ目を赤色の封蠟ペーパーで閉じたものだった。しかし、千鶴子は、慣れないものだから精神集中できないとかで、どの一枚も透視することができなかった。しからば、慣れた道具でやってみようということになり、福来との実験でよく使われる錫の茶壺を用いた。七人の博士が思い思いの漢字三文字を記した名刺七枚をまぜあわせた中から一枚を抜いて茶壺に入れ、それを封印した。

それをかかえた千鶴子は、精神集中するために、十分あまり別室で一人になった上、「わかりました」といって出てくると、「道徳天」という文字を透視したと告げた。茶壺の封印を開いて中を見ると、たしかに「道徳天」の文字を記した紙があり、それは七博士の一人が書いたものだった。それでは、山川が作ってきた封筒の中身にもう一度挑戦してほしいということになったが、千鶴子は疲労困憊している上胃が痛いといって、それ以上の実験継続を断った。

結局、山川が用意したものは何ひとつ透視できなかったが、若干の成功らしきものはあったわけで、この結果をポジティブに取る人も、ネガティブに取る人も両様いたようである。山川はまだ透視能力があったともなかったとも断定せず、熊本を自ら訪問してさらに実験しようと準備していた。しかし、それを果せないうちに、三カ月後、千鶴子が服毒自殺（理由不明。精神に異常をきたしていたともいわれる）をとげてしまう

立花隆の本

出版案内

定価は税込価格です

2004.10

思索紀行——ぼくはこんな旅をしてきた

古代遺跡をくまなくめぐり、無人島で人生を振り返り、ブルゴーニュで超高級ワインを飲みつくし、中東でパレスチナ問題の本質に迫る…。40年に渡る壮大な「旅と思索」の軌跡を一挙大公開！　■書籍情報社　1680円

シベリア鎮魂歌——香月泰男の世界

「シベリア・シリーズ」で知られる戦後最大の画家・香月泰男。シベリアにその足跡を追い、著者10年の構想を経て完成した香月研究の決定版。

■文藝春秋　2800円

イラク戦争・日本の運命・小泉の運命

自衛隊派兵、言論統制、経済不況、憲法九条……。「歴史を見る眼」で「いま」を分析すると、この国の運命が見えてくる。斬新な視点で論じた立花版「現代日本論」。

■講談社　1575円

「言論の自由」vs.「●●●」

言論弾圧の時代は、いかにして始まるのか。「週刊文春」版禁止事件を俎上にのせ、東京地裁・高裁の論理矛盾を木っ端微塵に粉砕する。「まさに類例のない書物」(福田…也氏)と絶賛された〝言論の教科書〟。■文藝春秋　1300

宇宙からの帰還

宇宙とは、神とは、人間とは――。宇宙飛行士たちの衝撃的な体験を徹底的取材と卓越したインタビューによって鮮やかに描く。　■中央公論新社　1478円／文庫760円

アポロ13号　奇跡の生還（翻訳）

暗黒の彼方を漂う3人の宇宙飛行士は、いかにして奇跡の生還をなしとげたか。　■新潮社　1890円／文庫540円

宇宙よ（上下）

日本人初の宇宙飛行士・秋山豊寛への超ロングインタビュー。　■文藝春秋　1835円／文庫（上）500円（下）489円

宇宙を語る【立花隆対話篇】

人はなぜ宇宙をめざすのか。宇宙体験は人類にどのような意識変化をもたらすか。　■書籍情報社　1680円

アメリカジャーナリズム報告

ジャーナリズムはどうあるべきなのか。日本のジャーナリズムの欠陥を鋭くえぐったジャーナリズム論の古典的名著。　■文春文庫　480円

アメリカ性革命報告

「本書はアメリカの性革命のみならず、アメリカそのものについて書かれた、最も貴重な、最もすぐれた一冊である」（常磐新平）。　■文春文庫　470円

解読「地獄の黙示録」

世界文学に匹敵するコッポラ監督「地獄の黙示録」特別完全版を、文学、文化人類学、ベトナム戦争史等、全角度から徹底解説。映画を深く読むためのチャレンジングな本！　■文藝春秋　1050円／文庫510円

無限の相のもとに

思考実験を極限まで追求した孤高の文学者、埴谷雄高。東京・吉祥寺の埴谷邸を訪ね、12時間に渡って交した対話の全記録。存在論と認識論。　■平凡社　1785円

人体再生

医学に革命が起きた。欠損した肉体が再生する。よく考えるとそれは不思議ではない。生命は再生復元能力を持っている。いずれ脳神経ですら再生する。

■中央公論新社　2310円／文庫900円

立花隆・100億年の旅　2310円／文庫630円

宇宙・地球・生命・脳　2310円／文庫672円

その原理を求めて――100億年の旅 II

脳とビッグバン　2100円／文庫672円

生命の謎・宇宙の謎――100億年の旅 III

いま科学技術の最先端の研究現場では、どのような研究が行われているのか。宇宙論、人工知能、生命科学、ビッグバン理論、脳の高次機能他、あらゆる知のフロンティアを訪ね、レポートする。　■朝日新聞社

電脳進化論 ギガ・テラ・ペタ

スーパーコンピュータの想像を絶する能力の全貌。人類はいまや「マン・マシン・コンピュータ系」として新たな進化を開始した。　■朝日新聞社　2039円／文庫735円

サイエンス・ナウ

素粒子、宇宙、バイオ……現代科学技術の最先端の現場を訪ねる。　■朝日新聞社　2548円／文庫740円

インターネット探検　■講談社　1529円

インターネットは グローバルブレイン　■講談社　1995円

日々、恐るべきスピードで巨大化していく情報の怪物、インターネット。インターネットは世界をどう変えるか。

「田中真紀子」研究

日本の政治はなぜかくもダメになったのか？　その鍵は田中角栄にある。角栄と角栄以後の驚くべき政治・人間ドラマをあらゆる角度から描きつつ、真紀子のトラウマをえぐる。

■文藝春秋　1500円

巨悪vs言論

田中、岸、児玉、中曾根、竹下、金丸……。日本の政治をダメにした巨悪たちと対決して20年。一歩も譲らず、巨悪を断罪し、糾弾しつづけた著者不屈の言論活動全記録。

■文藝春秋　3000円／文庫(上)670円(下)770円

田中角栄研究全記録

■講談社文庫（上下)730円

田中角栄新金脈研究

■朝日文庫　540円

ロッキード裁判とその時代

■朝日文庫1・2・3巻各887円／4巻 1121円

ロッキード裁判批判を斬る

■朝日文庫　1・2巻744円／3巻 866円

日本ジャーナリズム史上、輝く金字塔とされる「田中角栄研究」4部作。田中の奇怪で悪どい錬金術に追及のメスを入れ、ロッキード裁判の全貌を詳細に記録。最高権力者田中角栄が、政権の座を追われ、投獄され、死にもの狂いの反撃を行い、敗れさるまでを描いた大河ドキュメント。

日本共産党の研究（全3巻）

日本における共産主義運動とは何であったのか。その栄光と挫折の真相を、歴史の闇の中から、丹念な資料収集と新証言で掘り起こす。

■講談社文庫　1巻730円　2巻620円　3巻650円

中核VS.革マル（上下）

血で血を洗う内ゲバはなぜつづくのか。日本の新左翼を代表する2大党派が繰り広げる激烈な抗争を理論と実践の両面から詳述する。　■講談社文庫　(上下)各520円

東大生はバカになったか
知的亡国論＋現代教養論

大学の時代は終わった。大学に行っても、現代社会が要請する教養を身につけることはできない。では何が現代の真の教養か。ユービキタス大学での自己教育のすすめ。

■文藝春秋　1800円／文庫570円

脳を鍛える　東大講義　人間の現在①

伝説の東大講義がついに本に！　今何をどう学ぶべきか。若者よ、脳を鍛えよ！　現代の知を全方位的に攻略。21世紀の「学問のすすめ」。　■新潮社　1680円／文庫700円

を究める

脳を知ることは、「人間とは何か」を知ることである。分子生物学、遺伝子工学など、脳研究の最先端をレポートする。

■朝日新聞社　2310円／文庫609円

はこんな本を読んできた

実践的読書論。書斎・書庫論、書評、読書日記など、厖大な本との関わり方を通して、そのノウハウを探る。

■文藝春秋　1529円／文庫540円

読んだ面白い本・ダメな本
くの大量読書術・驚異の速読術

代人に何より必要なのは、大量情報摂取術だ。そのため須基本テクが大量読書術であり速読術だ。著者の体験くる納得の読書論、読書術。この本1冊で300冊分とい密な読書案内。　■文藝春秋　1800円／文庫660円

ソフトウェア

インプットとアウトプットはいかに行うべきか。取方、本の読み方、文章の書き方等、実践的情報処理識。　■講談社現代新書　714円

http://www.ttbooks.com

臨死体験（上下）

人は生と死の境で何を見るのか。それは死後の世界の存在証明なのか、それともすべては脳内現象なのか。世界の臨死体験者、研究者を徹底取材。人間にとって最大の謎である「死」の本質に迫る。取材、執筆に5年を費やした大作。

■文藝春秋　（上下）各1850円／文庫（上下）各670円

証言・臨死体験

23人の体験者に徹底インタビュー。体験者の描いたカラー図版多数収録。　■文藝春秋　1773円／文庫500円

バーバラ・ハリスの臨死体験（翻訳）

■講談社　2100円
／α文庫　1029円

生、死、神秘体験【立花隆対話篇】

生命とは何か、死とは何か、そして臨死体験とは……。「生と死」及び「人間存在」に関する考察を10人の碩学と語る。

■書籍情報社　1680円

立花隆のすべて

徹底ロングインタビュー「ぼくはこんな風に生きてきた」。幻の「たちばなしんぶん」。立花隆を読む。週刊誌・月刊誌特集記事多数収録。■文藝春秋　1850円／文庫（上）500円（下）540円

立花隆の同時代ノート　1785円
同時代を撃つ（全3巻）

文庫　1巻550円　2巻530円　3巻571円

この歴史の大転換期をどう読めばいいのか。政治、経済、科学、文化、あらゆる領域にわたってニュースの深層をえぐり、本質をつかみ出し、我らが同時代を明快に分析し批判する。93年から97までの発言を集成した『同時代ノート』と、同じく87年から89年までを各1冊にまとめた『同時代を撃つ』。

■講談社

「旧石器発掘ねつ造」事件を追う

立花隆サイエンスレポート―なになにそれは?①

あの事件はなぜ起きたのか? あの事件の持つ意味は? 旧石器を知らずして人類史は語れない。自分で石器を作るところからはじめた本格レポート。考古学者との座談会、寄稿を得て、旧石器問題全面追及。 ■朝日新聞社 987円

サイエンス・ミレニアム

人間と生命は、どこへ向かおうとしているのか。シーア・コルボーンをはじめ、最先端の科学者たち6人と地球文明の未来について語る。 ■中央公論新社 1470円/文庫620円

マザーネイチャーズ・トーク

こんなに自然は面白い――河合雅雄、日高敏隆、松井孝典、多田富雄、河合隼雄、古谷雅樹、服部勉との対話が織りなす知的曼陀羅。 ■新潮社 2205円/文庫580円

精神と物質 利根川博士との対話

分子生物学はどこまで生命の神秘を明らかにしたか。ノーベル賞受賞者・利根川博士との20時間対話。

■文藝春秋 1800円/文庫540円

サル学の現在

サル学が、人間学に衝撃を与える。ヒトのヒトたる所以は、どこにあるのか。人間性とは何なのか。

■平凡社 3262円 ■文春文庫 (上下)各632円

脳 死 毎日出版文化賞受賞 1890円/文庫979円

脳死再論 1680円/文庫740円

脳死臨調批判 1575円/文庫720円

脳死は本当に人の死なのか。人の生とは、死とは、何なのか。脳死問題の本質はどこにあるのか。緻密な論理で、無責任な脳死論を完膚なきまでに粉砕。現代社会における「批判」のあり方を示した渾身の3部作。 ■中央公論新社

21世紀 知の挑戦

21世紀はどう展開するのか。バイオ革命はどこまで進むのか。
発する知の時代がはじめて見えてくる。フューチャー・ショックに
する知的準備をはじめろ。■文藝春秋 1500円/文庫48

◇東京大学教養学部・立花ゼミ共同作品◇

新世紀デジタル講義

IT時代に誰でも身につけておくべき基本的な情報学の
東大先端研の教授陣がくり広げる多彩な講義を立花
たちが受講しながら本にした。■新潮社 1680円/

◇東京大学教養学部・立花ゼミ共同作品◇

二十歳のころ

二十歳前後の生き方が、その後の人生を決
本人の他、赤川次郎、坂本龍一など、68人
ビュー。

◇東京大学教養学部・立花ゼミ共同作品◇

環境ホルモン入門

化学物質の真の怖さとは何か。最新の
図表をもとに、その驚異と問題点をわ

青春漂流

自分の人生を大胆な選択に賭け
議にみんな落ちこぼれだった。
どう振り切ったのか。

文明の逆説

我々の文明はいま総体と
どこに向かおうとしてい
現代社会の病理と危機

エコロジー的思

現代文明の危機を
必要だと早くも20年
術」が再刊。

脳
脳
ぼく
ぼくが
そしてぼ
現
の
から
う濃
「知」の
情報の
材の仕
法を満
立花隆の本の世界」

という思いがけない展開があり、透視能力が本当にあるのかないのかわからぬうちにことは終ってしまったのである。

東大物理学教室、透視術を暴く

山川がすぐに熊本に行けなかったのは、この間もう一人の、千鶴子以上といわれる超能力者が出現して、その調査に忙しかったからである。

もう一人の超能力者は、四国の丸亀区裁判所判事長尾与吉の妻、長尾郁子だった。郁子は、透視ができるだけでなく、念写ができるというふれこみだった。念ずるだけで、写真乾板に文字などを焼きつけることができるというのである。郁子の能力についても、福来博士の実験が先行していたが、山川はそれを信用せず、独自の実験にとりかかった。

この実験経過は複雑なので、簡単にいうと、山川は、これが不正手段によるものとすれば、次の四つの方法のいずれかによるものだろうと見当をつけた。

「一、驚くべき短時間の内に実験物の用器を開きて、その実験物を掏り変えること。

二、用器の外部よりラジューム作用により、包装せる乾板に予めその目的の文字を焼き付くること。

三、実験の際に於いて実験物を持つ者が、ラジューム作用にて予め文字を焼き付け置くこと。

四、乾板を包める包装物のまま盗み去ること」(「時事新報」明治四十四年一月十日)

そして、そのいずれの方法を用いても、すぐわかるような仕掛けをほどこした実験装置を作った。

「一、実験物を容れたる革鞄の錠前をカラチン硫塩にて燻《くゆら》し、革鞄の内部の両端には口金と同じ色の小さき紙を貼り付け置くこと。

二、ラジューム作用の有無を知るために、ボール函の底に鉛の十字架を正しく置き、その上にマンガニムセンとともに包める乾板を置き、ボール函に蓋を施し、その上に四十五度の角度にて鉛の十字架を置き、それを更に函に収め、その函の底へ四十五度の鉛の十字架を置き、その蓋の上には鉛の十字架を置き（どの段階でどの角度からラジューム線をあてても、その痕跡が乾板の上に残ってしまう）、……」（同前）

などといったもので、詳細はとても述べつくせないほど複雑だが、要するにいかなる手品師もこれらの仕掛けをくぐって不正を働けないし、不正をしようと思ったら、その痕跡を残してしまうというものだった。この装置は、東京帝国大学物理学教室の若手研究者と学生たちが知恵をしぼって作りあげたものだった（その中には、後の物理学教授が沢山入っており、後に中央気象台長になり、お天気博士の異名をとるようになる藤原咲平も入っていた）。

しかし、学生たちは仕掛けに熱中するあまり、かんじんの乾板を入れ忘れる（お互いに別の人間が入れたものとばかり思っていた）という失態を演じ、それを郁子が激しくとがめ立て、実験は中止になるという後味の悪い終り方をした。しかし仕掛けは見事に働き、あまりにも歴然と、何者かが装置の箱を開き、乾板を探し求めて中をひっかきまわしたあとが残っていた。

長尾家では、念写をしてもらいたいと思う人間は、必ず乾板を事前に持参して、一定時間、玄関脇の準備室に放置しておかなければならない定めになっていた。その間に何者かがその部屋に忍び入って小細工を行っていたわけである。

同様に、透視をしてもらいたい場合も、透視してもらいたい文字を、準備室の指定の机の上で書くことが求められ、あらかじめ書いたものを封筒に入れて封印してもってくるようなことは許されなかった。

そこで透視の場合、山川は指定の机の上ではなく、部屋の片隅に立って、身をもって障壁となし、できるだけ外部から見られないようにして（なぜか部屋の一方の戸板に節穴でない小さな穴が開いていた）字を書いた。すると郁子は透視ができず、

「この字は外套の中か或は部屋の片隅で書かれたらしく、疑惑の暗雲が真黒に塞つて如何しても実験物が現はれない」（『男爵　山川先生伝』）

といった。書き直しを要求されたので、また同じようにすると、今度も郁子は透視ができなかった。

さらに半日時間を置いてから、再度の実験が試みられた。

「先生は例の部屋で先づ『十心乍』の三字を片袖で半分蔽ひながら認められた。然し透視の結果は十は適中したが心は灬と判じ、乍は八又は八であらうとのことであつた。次に判紙を竪にして、成るべく太字で『上光気』の三字を書かれたが、これは悉く適中したのであつた」（同前、傍点、原文のまま）

何者かが準備室をのぞき見し、それを郁子に伝えているのにちがいなかった。なぜか透視実験中の郁子は、途中でうがいをすると称して廊下にいったん出て、しばらくすると戻ってくるということが必ずあった。その間にのぞき見をしていた者が情報を伝えていると考えられた。

透視においても、郁子に本当の能力がないのは明らかだったが、相手は裁判所判事の夫人という社会的身分がある相手である。山川はあからさまにその疑念を暴露するのも酷と思ったのか、長尾判事を自分の泊る旅館に呼んで、しばらく語りあうと、長尾はもうこのような実験は二度とやらないといったので、以後すべての実験を中止することになった。

そして、熊本の千鶴子が自殺して一カ月ばかりしたころ、郁子もまたインフルエンザが肺炎に転じて、あっという間に急逝してしまった。

後年、山川は、郁子のことを問われて、

「あれは透視でも何でもない。一種の術をやっていたにすぎない」

と語ったという。

山川は長尾判事との約束があったのか、それ以上、郁子をおとしめるようなことを自ら積極的に語らなかったが、実験に参加した若手研究者らは、東京に戻ってから新聞記者を集めて、実験の経過を説明し、郁子の透視も念写もいかに信用できないものであるかを詳細に論じ、その内容を小冊子にまとめて刊行した。

京大教授陣の〝俗吏〟総長追放

さて、山川が大正二年に、九州帝国大学総長から東京帝国大学総長に再任されたときの事情に戻る。そもそものきっかけは、明治三十八年の戸水事件による山川辞任のあとを受けて総長になった浜尾新が、明治四十年に枢密顧問官に任ぜられたことだった。枢密顧問官は、原則、他の行政官吏と兼務が許されないという内規があった。浜尾の後任を急いでさがさねばならないことになったのである。浜尾はもともと、自分の総長職は、山川のやり残したことを引きついでいるだけという気持だったから、自分のあとは、山川に総長職を戻すのが筋と考えていた。しかし、文部省はその考えにすんなりのってくれなかった。戸水事件のしこり（文部大臣が辞職させられた）が残っていたからか、山川を九州帝国大学総長にすえる案がすでに固まっていたからかわからぬが、とにかく山川案は通らない。仕方がないので、浜尾総長のまましばらくつないだり、総長代理職を置くなどの弥縫策をとったあとで、やっぱり衆目の見るところ、山川以外に適任者なしということで、山川再任に決まるのが、大正二年である。山川が再任したあとの東京帝国大学については、またあとで述べることにして、ここで先に述べておきたいのは、京都帝国大学のことである。

京都帝国大学では、教授人事、総長人事をめぐるごたごたが明治四十年代はじめからつづき、ついに総長不在になるという異常事態が大正三年に起きた。山川が京都帝国大学総長も兼ねなければならなくなるのはそのときのことである。このあたりのことが、後の大学問題の伏線になっているので、それを先にまとめて述べておきたい。

明治四十年、文部省の元総務長官（一時的役職名。別の時代の次官にあたる）であった岡田良平が京都帝国大学の総長に任命された。文部官僚のお手盛人事である。法制度上、大学総長は、文部大臣（当時牧野伸顕。次官は沢柳政太郎。沢柳と岡田は大学でも文部省でも友人関係にあった）に一方的な任命権があったから、そういう勝手なことができたのである。

しかしこの人事に、京都大学の教授陣が猛反発して、岡田は在任わずか十カ月で辞職のやむなきに至った。岡田はこのとき、小松原英太郎文相にとりたてられて、京大総長のまま文部次官を兼務していた（当時はそういうことが可能だった）。岡田はその後文部大臣を二度やっているから、この辞職は全くマイナス点になっていない。末川博は、『朝日ジャーナル』の座談会「大学の自治」（昭和三十七年九月〜十一月。昭和三十八年に同名の書物として朝日新聞社から刊行）の中で、岡田総長時代を次のように語っている。

「どうも統轄がきかなかった、と聞いておるんです。総長としての統轄力というか、威信というか、そういうものがなかったように聞いています。これはまあ、伝説みたいな話ですけれども、あるとき岡田総長が医学部の教室へはいっていったら、講義をしとった教授から『だれだ、そこへはいって来たのは？　出ていけッ』といわれた（笑）という話がある」

こんなエピソードもある。

「卒業生の謝恩会か送別会が祇園の中村楼であったときに、そこへ総長岡田良平さんがやって来て、卒業する学生に贈る言葉をのべた。日本の学生は在学中はよく学問をし読書をするが、卒業すると書物から離れてしまう。ヨーロッパやアメリカでは卒業後にむしろ読書し研究する。諸君もよろしく読書せよ、というようなことを、厳格な態度で言った。すると、その総長のあいさつが終ったとたんに勝本勘三郎という刑法の先生が立上がって、我輩の意見はちがう、我輩も卒業式で同じような忠告を受けて、そのとおりに努力したばっかりに、今日は俗吏の下風に立つ運命になった、諸君、読書は考えものだ（笑）」（同前）

俗吏というのは、もちろん、岡田総長のことである。教授連中は、文部官僚総長をバカにしていたのである。

岡村教授の「家族制度全否定論」

明治四十四年には、岡村司教授の譴責事件というのが起きた。民法の教授であった岡村が岐阜県教育総会で、知事、小学校教員を前にして「親族と家族」と題する講演を行ったが、その内容が不穏当だとして、文部当局から譴責処分をくらったのである。

処分理由は、

「政府当局者に対し過激に渉る言辞を用いたるは、官吏の職務上の義務に違背せる不都合の行為に付き、文官懲戒令により譴責に処す」(「時事新報」明治四十四年七月十九日)

ということだった。この岡村教授も、岡田総長時代、総長が授業を参観しようとして教室にやってきたのに対して、退場を求めたということがあった。処分はその意趣返しというわけでもあるまいが(処分当時岡田が次官)、具体的に過激に渉る言辞とは何だったのか、ここには書いていないが、以下のようなことだったらしい。

「文部省は六日、小松原文相以下一時間にわたって密議して、もし岡村博士が、平田東助《とうすけ》とかいう馬鹿者とか、小松原とかいう気違いとか云い、又家族制度を非難攻撃して、平田内相、小松原文相の訓示を根底から破壊したと報道されていることが事実なら、帝国大学教授として場所柄をも顧みず不謹慎だから何分の処分に出なければならず、至急取調べることになった(東朝)」(向坂逸郎編著『嵐のなかの百年』)

内務大臣や文部大臣をこのように罵倒したのがけしからんというのだが、実はことの真相はもう少しちがったところにあったということが、磯野誠一が掘り出した(実は大久保利謙が見つけて磯野に教えた)、当時の小松原文部大臣から桂首相にあてた、次のような書簡を見るとわかる。

「昨日菊池総長に面会して岡村教授懲戒の件について相談。(略)菊池氏は極端な懲戒罰にならないのを望んでいるが、その理由はもし懲戒免官となると、政府当局を罵倒した不謹慎の言語によつて懲罰されたとは思わないで、彼の家族主義、祖先崇拝を批評した思想、つまり学問上の批評に対して厳重処分されたものと考えるであろうし、それがため遂に家族主義、祖先崇拝に向つて論鋒を向けて攻撃するようになり、それと同時に新聞も政府攻撃の好材料を得て、書きたてることになり　それでは政府のため得策とは云えず、また家族主義のためにもまことに遺憾だから懲戒免官のような過酷な処分のないように希望するというのであっ

て……」（同前）

つまり、本当は、家族主義、祖先崇拝に対する攻撃がこわかったということである。岡村処分理由の「過激に渉る言辞」の本当の意味は、そこにあったのである。岡村は、日本の法学者では珍しいほど徹底的なリベラリストで、日本の家族制度など、根本的に誤っていると昔から公言している人だった。頼んだほうは、そういう人とは全く知らず、単に京都帝大教授の肩書だけで、小学校教員たちに、家族制度についてありがたい話をしてくれるだろうと思っていたのかもしれないが、岡村がやったのは、家族制度全否定論だった。

「過日地方官会議の際内務大臣の為したる訓示の一に『其家を重んぜよ、門閥を重んぜよ』とあり其意味は即ち家と門閥を重んぜよ祖先を崇めよと云ふ事になる、八公熊公が矢鱈《やたら》に門閥を担いで居る、（略）日本の民法には家が認てあるが西洋には無い。家は人間の雨宿りで比麽《こんな》ものを法律で認むる必要はない家族制度も不必要で西洋の如く個人主義で結構なり、日本の法律には私生児といふものを認めて居るが生れた子供に何の罪あつて私生児の名を被せるか、（略）生んだ親に制裁を加へずして生れた子供に罪を被せるとは間違ひも亦甚だし、要するに日本の民法は根抵より間違つて居る云々」（「東京朝日新聞」明治四十四年六月六日）

教員らといっしょに聴講していた県知事（当時は内務省官僚）は、その内容にびっくり仰天し、

「新聞社には講演については書かないように、小学校長には講演をきかなかったことにしてくれと頼みこみ、他方警察は博士を社会主義者で、家族制度を破壊しようとするものとして、大騒ぎになった」（向坂逸郎編著『嵐のなかの百年』）

という。なぜそれほどの大騒ぎになったのか、戦前における家族制度の持つ意味あいの大きさを知らない者にはよくわからないだろう。家族制度というのは、一般には、戸主が財産権をすべてにぎり、家族の居所指定権を持ち、婚姻養子縁組などに関する決定権を持つといった家長制度とか、長子単独相続の家督相続制度といった法制度面に力点を置いて解説がなされているが、そこに本質があったのではない。

家というのは、日本の国体である天皇制の根幹をなすイデオロギーだったのである。日本という国は、天皇を家長とする家族国家であると考えられていた。忠孝一本というスローガンがあったが、天皇制と家族制

度は、家族制度を支える親孝行という道徳原理と、天皇への忠義心とが一体化して、体制を支える基本原理となっていたのである。

そのあたりは、戦前、文部省が全国に配布して全国民に読ませた『国体の本義』に詳しく解説されている。

「抑ゝ我が国は皇室を宗家とし奉り、天皇を古今に亙る中心と仰ぐ君民一体の一大家族国家である」

「孝は、直接には親に対するものであるが、更に天皇に対し奉る関係に於て、忠のなかに成り立つ。我が国民の生活の基本は、西洋の如く個人でもなければ夫婦でもない。それは家である。（略）我が国体に則とつて家長の下に渾然融合したものが、即ち我が国の家である」

「我が国は一大家族国家であつて、皇室は臣民の宗家にましまし、国家生活の中心であらせられる。臣民は祖先に対する敬慕の情を以て、宗家たる皇室を崇敬し奉り、天皇は臣民を赤子として愛しみ給ふのである」

「まことに忠孝一本は、我が国体の精華であつて、国民道徳の要諦である」

家族制度否定論は、国家の根幹をなすイデオロギーを否定するものだったから、そのような論をたてるだけで、社会主義者と目されたのである。岡村はかねてから、「我が国の家族制度は昔の遺風で、今は何の意味もない」と公言する人であったから、警察にかねてから目をつけられており、この日の講演でも、新聞（東京朝日）によると次のようなくだりがあったとされている。

「警察は自分を社会主義者と認め幸徳一派の名簿の末尾に岡村司の名を載せ居れりとかにて間断なく自分の言行に就ては注意を払ふと聞く斯《かく》自分が其筋の注意人物となりし所以は予が常に社会主義の研究を為す為めならんも元来社会主義には幸徳一派の如き社会主義もあり又秩序的社会の改良を目的とするもあり、社会主義とさへ云へば絶対に否認するは間違なり、寧ろ後者の如きは奨励すべきものなり」

岡村は後に、こんなことはいったことがないといっているから、あるいはこれは警察が岡村のイメージを悪くするために、新聞にリークしたガセネタかもしれない。

ここで幸徳一派といっているのは、大逆事件の幸徳秋水のことである。

大逆事件で幸徳秋水ら十二名が死刑になったのは、この年のことである。大逆事件に政府当局者は驚愕し、それから一挙に、反国家的言動、天皇制への批判的言動、社会主義を支持する言動などに対する取締りがきびしくなった。前に述べた南北朝正閏問題が政治問題化したのも、大逆事件がきっかけといわれる。北朝正統論者は、昔から沢山いたのに、突然北朝正統論者が全否定されるようになったのは、幸徳秋水が大逆事件の法廷で、裁判長に向って、明治天皇は、後南朝の天皇を殺害し、三種の神器を奪取した者の子孫ではないか、と述べたということがウワサとして広まった（大逆事件は秘密裁判だったから審理内容は報道されなかった）ためであるというのだ。

家族制度を破壊しようとする言動に政府が神経質になったのも、このような流れにおいてなのである。

「政府と一戦！」京大の野党的体質

時代の流れがこうなってくると、京都帝国大学に対する風当りが強くなってくる。もともと国家と一体化していた東京帝国大学には、国家のあり方を公然と批判する教授はほとんどいなかったが、もともと野党的体質を持っていた京都帝国大学法科大学には、平然と国家を批判する教授連中が少なからずいたからである。そこで、

「『（京都帝国大学法科大学は）自然文部省より危険視せられつつあっ』たが、当局も『さすがに教授の言論に対しては軽卒の処置を取らな』かったが、『助教授以下に対しては厳格なる態度を以て之に臨み、過般（四十三年）も法科経済学助教授河田《かわた》嗣《し》郎《ろう》氏が『婦人問題』を著すや文部当局は我が家族制度を破壊するの虞あるものとして同書を絶版せんことを求め、河田氏をして已むなく其の要求に服せざるを得ざるに至らしめ、又同助教授河上肇氏等の言論につきても種々なる方法を以て陰に陽に圧迫を加えんとしつつあっ』たので、教授の中には以前から、『文部省の措置に対して、不平の念を抱くものも少からずあっ』たのであった（大毎四四・六・一五）」（向坂逸郎編著『嵐のなかの百年』）

京都帝国大学では、後に沢柳事件、滝川事件などの形で文部省との大衝突事件が次々に火を噴いていくの

だが、そうなる空気は、すでにこのころから醸成されていたのである。

岡村教授譴責事件は、そのような空気を一層あおるもので、教授や学生の中には、これ以上ことが深刻化するようだったら（たとえば懲戒免職など）博士と進退をともにして、政府と一戦まじえざるべからずととなえる向きもあったという。そのような気持を持っていた教授の一人が、「大阪毎日新聞」（明治四十四年七月十九日）にこんなことを語っていた。

「かくのごとき問題にて大学教授を譴責するとか処分するとか云うことは、露西亜《ロシア》以外に少なくも文明国に先例ありし事を聞かず。日本の言論圧迫は、ようやく露西亜に近づかんとするの傾向あり。しかれども人心の抑え難きは東西古今皆しかり、（略）しかして政府者これを悟らず、依然として自己の言う所はすべて国民の欲する所、これに批評を試みるものは、故意に国民の帰嚮《きこう》を破壊せんとするいわゆる危険思想なりと独断して、批評者を弾圧し、迫害せんとするに至る。弾圧にしていよいよ強からんか、反動もいよいよ激しからざるを得ず。露国の無政府主義者の陰険にして過激なるは、畢竟露国政府自から駆りてここに至らしめたるものなり」（『明治ニュース事典』）

この新聞記事がまた、政府当局者にショックを与えた。それが次に引用する小松原文部大臣から桂首相にあてられた書簡（七月二十日付）にあらわれている。ショックを受けたのは、政府当局者だけでなく、岡田良平のあとをうけて京都帝国大学総長になっていた菊池大麓（元東京帝国大学総長・元文部大臣）もだった。山川健次郎とちがって、肚ができていない菊池は、この記事に狼狽して、辞表まで提出してしまうのである。次のような小松原書簡がある。

「昨日菊池総長が来訪し、穏便の御処置であれば大学改良上に、大いに便宜を得る旨申しおいたにもかかわらず、教授中に別紙新聞切抜（前出大毎七・一九）のような不都合な言議をする者があり、総長として首相、文相に対しまことに相すまぬ面目ないことと痛く恐縮し辞表を自分まで差出し、総理大臣閣下には拙官からよろしく申上げてくれるようとのこと、（略）今辞表を提出するには及ばないと申したが、ともかく首相に対して相すまないにつき、首相に申上げ且つ辞表を差出してくれとのことで、（略）一応辞表と申出の趣は自分から首相に差出し、申上げるが、辞表はその後返し戻すと申しおいた」（向坂逸郎編著『嵐のなかの百年』）

自分のほうが文部大臣として大先輩（六代前）なのに、この卑屈な態度は何だといいたくなるほど、菊池の態度は情けない。たかが匿名の一教授が新聞記者に問われて政府批判の言を吐いたというだけのことではないか。どう考えても、それが大学総長の辞表提出の理由になるとは思えない。

大学で何かことが起きたときに、総長にどのような人物が座っているかで、事態の展開がぜんぜんちがったものになるということがこれでわかるだろう。

16
沢柳・京大総長の七教授クビ切り事件

二人の能吏

前章で述べたように、山川健次郎は大正二年五月、九州帝国大学総長から東京帝国大学総長に再び任ぜられることになったが、実はこのとき動いたのは、山川だけではなかった。京都帝国大学でも、東北帝国大学でも総長が替り、世に「四帝大総長総更迭」といわれる、帝国大学の歴史はじまって以来の（といっても、九州帝国大学はできてまだ三年目、東北帝国大学にしてもできてまだ六年にしかなっていなかったが）、大人事異動の一環だったのである。——当時、帝国大学総長の人事権は文部大臣（奥田義人《よしひと》）にあったから、大臣の一存で、四人の総長を一挙に更迭するなどということができたのである。このとき、東北帝国大学総長から京都帝国大学総長に転じたのが、沢柳政太郎《まさたろう》だった。

沢柳政太郎　©3点とも毎日新聞社提供

岡田良平

奥田義人

沢柳は帝国大学文科大学哲学科の卒業生で、貧しい家の出であったため、在学中から文部省の給費生となり、給費生の義務として卒業後文部省に奉職した。文部官僚としては、指折りの能吏で、普通学務局長（後の初等・中等局長）をつとめたあと、明治三十九年文部次官（文部大臣牧野伸顕）となり、貴族院議員を経て、明治四十四年できたばかりの東北帝国大学の初代総長になった。文部次官になったのが、わずか四十二歳のときということで、その能吏ぶりがうかがえよう。能吏だっただけでなく、教育学、心理学、哲学など各方面で、四十代前半までに十冊をこえる著書をものするなど、相当のインテリでもあったから、沢柳にしてみれば、そこらの大学教授より自分のほうがはるかに知的レベルが上と思っていたかもしれない。

沢柳は高等教育に早くから一家言を持ち、教育の現場においても、東北帝大総長になる前に一高、二高の校長をつとめ、東京高等商業学校（一橋大学）でも校長（事務取扱）をつとめるなどして、いずれもそれなりの成功をおさめていたから、教育者、教育行政者として満々たる自信を持っていた。東北帝大では、日本ではじめて女子に大学入学を許すなど画期的なこともやっていた。

「四総長総更迭」をやってのけた奥田義人は、これまた能吏の評判高い人物だった。文部次官の他に、拓殖務次官、農商務次官、法制局長官、宮中顧問官などを歴任した上、明治四十五年からは、私立の中央大学の学長をつとめていた。しかも東京帝国大学法科大学で、相続法の講師をつとめるなどもしていた。文部行政も高等教育機関も官民の両側から知る人物で、久々の実力派文部大臣として世評が高かった。

当時、高等教育機関をめぐって、さまざまの問題がもちあがっており、学制改革が強く叫ばれていた。奥田はそれを自分の手で実現しようと、学制改革のための調査機関として、教育調査会を作り、その総裁に、超大臣級の人物として、樺山資紀《かばやますけのり》海軍大将（初代台湾総督、海相、内相、文相などを歴任）をかつぎ出し、自分はその下に副総裁として入って実権を握るなどした。

具体的に、学制改革の対象となっていた問題は、私立大学を正式の大学に昇格させるかどうか（慶応、早稲田など、すでに大学を名乗っていた私立大学も、法制上は専門学校にすぎず、帝国大学が持つようなさまざまの特権を持っていなかった）、商科大学、工科大学などの単科大学を認めるかどうか、高等学校の基本的性格づけをどうするか（高等学校はもともと専門学校にするべく作られたのに、ほとんど大学予科となっていた）など、多岐にわたっていた。それらの問題がすべて片づくためには、大正七年、原敬内閣時代の大学令制定まで待たなければならないが、基本的な問題点は、だいたい、この奥田文相時代の教育調査会で出ているのである。

時代は日本資本主義の急速な勃興成長期であり、急成長する企業が人材を求め、高等教育に対する需要がふくれ上がっていた。高等教育システムがそれに対応できず、抜本的組み直しが求められていたのである。高等教育の大衆化（当時なりの）による学生の学力低下が問題にされるなど、現代の高等教育事情とよく似た状況もあった。

七人の教授のクビ切り

沢柳は、実は、奥田義人が文部次官だった時代に、普通学務局長としてつかえ、当時懸案だった初等・中等教育の制度改革に腕をふるったという関係があり、京都帝国大学に総長として送りこまれたのも、奥田の高等教育機関における学制改革の尖兵たらしめんという思いがあったと考えられる。

もとより沢柳はただの兵隊ではない。彼自身、もともと大学制度の改革の必要性を痛感し、自ら改革の腕をふるわんとして京都に乗りこんでいったのである。

沢柳の子息、沢柳礼次郎の『吾父沢柳政太郎』によると、当時沢柳が書き残したメモには、次のような記述があるという。

「大学の改善は目下帝国の急務なり／我国学問の程度尚極めて低し／我国の富強の基礎を固くする為にも大学の大改新を要す／一流の学者なきは単に他国に対する面目を保つ所以にあらざるのみならず国民の指導者なき点に於て一大欠陥なり／故に大学の改善を図るは目下の急務なり」

ではいかにして改善を図るかといえば、当時話題になっていた、単科大学私立大学などにはいずれも否定的だった。

「単科大学の如きは何等の効なきのみならず却つて大学の品位価値を損するものなり／現に私立大学と称するものは其実質大学たるの資格価値あるものなし」

大学は総合大学が基本で、帝国大学がその中心となるが、その質を向上させることが肝要で、そのためには、もっと経費をかけ、教官の待遇をよくすることが必要である。しかし、そのためには、教官の側からもそれに応えるだけのものがなければならない。

「研究的設備をなすことを以て教授には研究の業績を要求すること／教授の任命は研究の成績の重きを置くことを明確にすること」

大学教官の研究業績が十分にあがっていないのではないかと感じていたのである。こういう考えをもって京都にやってきた沢柳は、早速に行動を開始し、就任早々、一挙に七人（後に一名が加わって八名になる）の教授のクビを切ってしまったのである。それがもとで起きた紛糾が沢柳事件である。紛糾は半年あまりにわたってつづき、結局、沢柳は就任後一年もしないうちに、辞職の止むなきに至る。

先にやはり文部次官（総務局長官）だった岡田良平が京都帝国大学に二代目総長として天下ったものの、学内から総スカンを受けて在職一年にも満たないうちに辞職のやむなきにいたったことがあるという話を書いたが、その二の舞いとなったわけである。ちなみに、岡田を京都帝国大学に天下らせたときの次官が、沢柳である。沢柳にしてみれば、岡田追い出しのリベンジをはかるつもりだったのかもしれないが、その思惑は外れて、返り討ちに会ってしまったわけである。

これは当時の社会的大事件となり、その経過は東西の新聞各紙が逐一報道するところとなった。たとえば、大阪毎日（大正二年七月二十一日）は第一報を次のように報じていた。

「沢柳政太郎氏の京大総長新任当時より一部学会の消息通は、早くも京大教授の間に一大淘汰を断行するの内命を帯びるにあらずやと噂されたるが、噂はついに事実となり、七教授の馘首《かくしゅ》を見るに至れり。大学当事者側がこれを以って行政整理もしくは老朽淘汰の意味にあらず、実際病気のため職に堪えざるもの、または他に計画せる事業のために教職を去らんことを希望するもの、或いは後進者のためにその進路を開くべく、奮って勇退の挙に出でたるものなりと説明せるは、単に学者を送るの辞令に過ぎず」クビにした教授には、お前は無能だからクビと宣告したわけではない。病気などやむをえざる理由があったり、後進に道を開くため自ら勇退するという形がとられたのである。中には本当に病気だった教授もいたが、実は大半の教授は、総長から数時間にわたる膝詰め談判を受け、詰め腹を切らされる形で勇退したのである。

一人一人の教授を取り上げると、なぜ辞めさせられたのか、よくわからないケースも多い。たとえば、文科大学の谷本富《とめり》教授の場合は、乃木（希典《まれすけ》）大将の殉死を批判して、「古い考えで、バカなこっちゃ」といって物議をかもしていたからとも、教育学の世界で、沢柳が傾倒していたペスタロッチの教育論と正反対の主張をしていたからとも、いわれる。

勇退教授は、理工科大学から多く出て、文科大学と医科大学からも出たが、法科大学からは一人も出なかった（当時京都帝国大学は以上の四分科大学から成っていた）。

――ちなみに、これと直接の関係は何もないことだが、七人の勇退が発表されたのと同じ教授会で、法科大学助教授河上肇、文科大学助教授西田幾多郎の教授昇格がそれぞれ決定されている。

法科教授陣「学問の独立を守れ」

七人のクビに対して、京都帝大各分科大学の教授たちは、多大の同情を寄せたものの、折から、日本の社会全体に行財政改革の嵐が吹きまくっており、それが大学に及ぶことは必至とされていた状況の中で（今の日本と同じように、文部省も予算の大幅削減と人員整理が迫られていた。しかし、大学当局からは、七教授勇退は行政整理とは無関係であると説明された）、自分に累が及ばなかったことを幸いとする人が大部分だった。しかし、一人も犠牲者を出さなかった法科大学の教授会が奮然として立ち上がり、この処置に異をとなえた。

大学教授の任免は、教授会の議を経た上でなされるべきであって、今回のように総長の一存でそれがなされては、学問の独立と自由が保てなくなるという主張である。教授の任免は、今後必ず教授会の同意を経た上でなすという原則を確立すべしとの決議が教授会でなされ、その決議をひっさげて仁保《にお》亀松法科大学長が沢柳総長に会いにいったが、総長はそれに同意することを拒否した。

そのときの文書のやりとりが今でも残っているが、教授会側が総長に突きつけた「意見書」という文書で、教授の任免について教授会の同意を求める理由としてあげたのは、要約すると、おおむね次のような諸点だった。

一、学問の進歩は、学者が一意専心その学問研究に従事することによってなされるが、総長によっていつでも随意にクビを切られることがあるというような不安定な身分では、とても一意専心できない。有為の青年が学問の世界に入ってくることも少くなるだろう。

二、学問の進歩は学問の独立と不可分である。学問の独立のためには、学問が常に「官権の干渉と俗論の圧迫」の外にあることを必要とするが、教授の任免が教授会の外にあるということになると、教授会は官権の干渉、俗論の圧迫などに対して戦えなくなる。

三、その人物が教授とするに足るだけの学識と研究心を持つ人物であるかどうかは、同じ専門家の教授にしてはじめて判定できることであって、ろくに知識もない総長が表面的な事実とか、世間の風評などによって教授の価値を判断するようになっては、学問の水準を保てない。

四、総長と教授は均しく大学を構成する機関であって、協力しあって大学の共同利益を図らなければならないのに、片方が職権に名を藉りて片方のクビを随意に切れるということになると、利害関係を異にする、政府の代表者対政府の雇用者という関係になってしまって、とても協力しあう関係に立てなくなる。

五、これまでも、教授の任命は、教授会において候補者を厳しく選考し、そこで決定した者を総長に推薦するという形になっており、それが確立された慣行となっている。どのような人物が次の教授として適当でかつ必要であるかがいちばんよくわかっているのは教授会であるから、これがベストの方法である。教授の罷免に関しても、総長は当然教授会の意見を重んずるべきである。

六、総長が教授の進退を専断できるということになると、教授の学生に対する権威は地に落ち、社会の学問に対する敬意も失われるだろう。学問の権威を保つ上でも、このようなことは好ましくない。

第五項に、新しい教授を選ぶのは教授会マターであることが慣行上の不文律となっているとあるが、これは事実問題としてその通りで、京都帝国大学の成立以前、東京にしか帝国大学がない時代からそうだった。教授の任免権は法制上文部大臣にあったが、それが教授会の意志を離れて行使されることはなかった。だから戸水事件があれほどの大問題になったのである。戸水事件以後、教授の人事権は大学側にあることをはっきりさせようという動きがあり、その流れとして、総長も教授の選挙によって選ぶべきだとする考えが、東京でも京都でも出てきていた。京都では、法科大学の学長（今の法学部長）を教授会において教授の互選で選ぶことがすでに慣行として成立していた。そういう流れの中で、天下り総長が教授のクビを勝手に切ったのだから騒動になるはずである。

「天皇大権論」対「学問の自由論」

しかし法制度上は、帝国大学総長の人事権はあくまで文部大臣にあり、だからこそ、戸水事件の山川健次郎辞任のあとただちに松井直吉が総長に任命され、教授たちから総スカンを受けてわずか十二日間で辞任するという事件も起きたのだし、京都帝国大学では、岡田良平につづいて、沢柳政太郎と、次官級の文部官僚が次々に天下ってくるということも起きたのである。あるいは、「四帝大総長総更迭」というような今では考えられないような乱暴な人事ができたのである。文部大臣の人事権は法制上は、総長はもとより、教授にも及んでいたから、実は、沢柳がやったことは違法ではない。京都帝国大学において、法科大学長を教授が選挙で選んでいたということのほうがむしろ異例なのである。しかし、この異例な慣行が成立するには大きな犠牲があったということを、後の滝川事件の主役となる滝川幸辰《ゆきとき》が、戦後になって書いた回想録『激流』の中で明らかにしている。

「京都大学が、はじめて教授会による人事を行ったのは、明治四十年（一九〇七年）である。

当時、法科大学長・織田萬教授に辞職の意志があり、教授会は後任の学長を教授会で互選する態度をとった。政府はこの教授会の措置をもって、天皇の任命大権をおかすものであると強く反対したが、木下広次総長は法科大学教授会のやり方に賛成し、当選した井上密教授を法科大学長として文部大臣に具状し、ついに互選学長を実現させた。

大学の自治を念願としていた木下総長にとっては当然の行動であるが、大権侵犯というレッテルをはられた総長には、口に出せないなやみがあったと思う。二か月たって総長の退官ということになった。政府に反対して選挙学長を具状した責任を負うたことが辞職の原因である。この事実はあまり世間に伝わっていない。

木下総長の辞職は病気のためときいていたが、私が戦後、京大総長に任命されて、古い記録を調査する機会をえたとき、木下初代総長の辞職の真の原因を知ることができた。

学長（立花注・現在の学部長にあたる）の互選制は京大法学部によってはじめて行われ、現在では、どこの大学でもこの制度を採用しているが、このために京大は総長を犠牲にしたことを、世間はあまり知らない」

「大権侵犯」というのは、明治憲法下においては、大学教授は勅任官たる高等官で、その任命権は天皇にあったからである。天皇の任命大権行使は、文部大臣の輔弼によってそのいうがままに行われることになっていたから、文部大臣が事実上の大権行使者なのであって、文部大臣以外の者がその決定を左右することは大権侵犯になるという理屈である。大学総長にできることは、その大権をどのように使うのが適当かを、文部大臣に「具状する」（意見を述べる）ことだけであるのに、具状内容を教授会決定にもとづかせるということは大権侵犯になるという、かなり迂遠な理屈である。しかし、そのような迂遠な理屈ですら、「大権侵犯」に結びつくということになると、この時代には大学総長のクビを奪うだけの力を持っていたのである。

大権侵犯というレッテルが守っていたものが何であったのか、現実に即していうと、大権に名を借りた文部大臣の恣意的な決定の絶対性である。要するに、昭和時代になって、軍部が「統帥権干犯」を叫ぶことで、自分たちの勝手な意志を絶対化することに成功し、それをどこまでも押し通していったのと同じ力学がそこに働いていたのである。

要するに、問題の本質は、誰が何を決定できるか、どちらの決定が上位なのかという権力関係にあった。一般に権力関係が最も赤裸にあらわれるのは、人事的決定においてである。なかんずく罷免権の行使においてである。

京都帝国大学vs.文部省の権力関係において、文部省は形式上の権力上位関係に立ちながら実質上は大学側に押しまくられてきた。文部省の最高官僚を総長として送り込みながら、恥をかかされ追い出された。法科大学長の決定手続問題では、教授間の選挙で決定などという勝手をすると大権侵犯になるぞと警告したのに、大学側に押し切られた。その上、今度は、総長も選挙で決定しようなどといい出している。ここらで誰が本当の権力者かガツンと見せつけておかないと、大学と文部省の権力関係は逆転してしまう。そこで、教授のクビ切り一挙七人断行という過激な手段でそれを見せつけたというのが、ありていにいってしまうと、この事件の背景に横たわる本質的構図ではないだろうか。

もちろん、表面的には、クビ切りにいたる理由の正当性、妥当性の問題があり、教授罷免の手続き問題として、教授会の同意が必要とされるべきか否かをめぐっての法理上の争いがあるにはあったが、それは表面的な見かけ上の争いであって、ことの本質は、権力関係にある。

文部省のロジックの基盤にあるのは、天皇大権論であり、大学側の論理の基盤にあるのは、アカデミック・フリーダム（学問の自由）論である。天皇大権はどこまでアカデミック・フリーダムをおさえつけることができるか、アカデミック・フリーダムはどこまで天皇大権に抵抗できるか、この主題による変奏曲が演奏者を変えつつ何度も繰返されたのが、戦前の大学の自治問題の歴史と総括できるだろうが、その最初の本格的対決が沢柳事件であったということができる。

次は「東京大学の大淘汰を行わん」

先に紹介した教授側から沢柳総長に突きつけられた意見書は、アカデミック・フリーダム論からする「教授の人事権は教授に」という論である。現在なら、文部省官僚ですら、これを「もっとも至極です」と受け入れるであろうし、制度上もその通りになっているが、沢柳はこれを断固として受け入れなかった。

沢柳が教授会側に戻した「答弁書」によると、その論拠の第一は、現行の法制度上、文部省側の任免権の行使に、教授会の同意は必要としないということになっている、ということにあった。学制を根本的に変更するというなら話は別だが、そうでない以上、現行法制にのっとらざるを得ず、現行法制下で、教授会の同意なしには人事権の行使ができないようにするなどというのは、「不穏当」であるということにあった。穏やかな表現になっているが、要するに、それは大権侵犯になるということである。

ひるがえって、では、学制そのものを変えて、教授会の同意を得るというように法制度を変更する必要があるかといえば、その必要性もなければ、変更による利益も期待できないという。

そして、教授会意見書にあげられたような六項目の理由では、教授会の同意がどうしても必要だという十分な理由にならないとした。六項目のうちで重要なのは、学問の自由を守るために、官権の干渉、俗論の圧迫から学者の身分を守ることが必要だということだろうが、自分が総長でいる限りそんなことは起らないとして、こう述べていた。

「学問上ノ言議ハ時ノ為政者ノ主義ニ反スルモ亦時流ノ喜ハサル所トナルモ為メニ其地位ヲ動スカ如キコト断シテアルヘカラス余不肖ナリト雖之ヲ現職ニ承クル以上官権ノ干渉俗論ノ圧迫ニヨリ教授ノ異動ヲ見ルカ如キコト断シテコレナキヲ誓フ」

こういうことは個人が保障してもどうなるものでもないのであって、必要なのは、制度的保障である。現実問題として、これ以後の大学の自治問題では、官権の干渉、俗論の圧迫によって大学を追われる学者が続出することは後に見る通りである。

このあたりは沢柳の立論が弱いところだが、つづいて、大学教授の中にも欠陥教授が少なからずいて、その質的水準を保つためには、一定の整理が必要だとする論においては、いかにも、もっともな議論が展開されている。

沢柳があげるのは、次のような例である。精神上身体上の故障によって研究心が衰え努力もしなくなり、学術上の進歩についていけなくなった者。学問上の業績はあっても、品性行動において大学教授にふさわしくない者。こういう者が少なからずいるが、それが、教授会の身分保障の壁に守られて、やめさせられないでいたら、そのほうが、むしろ問題ではないか。

「大学教授ノ信望権威ハ制度上其地位ノ保障アルニヨリテ保持セラルルモノニアラスシテ能ク第一流ノ学者タル実ニ存スト思惟ス若シ研究ヲ粗漫ニスルモノアルモ地位ノ保障アリテ之ヲ如何トモスル能ハサルカ如キコトアランカ却ツテ大学教授ノ権威信望ハ地ニ墜チン」

これは沢柳がいう通りであって、大学教授の中に欠陥教授が少なからずいるということは、隠れもない事実であったから、実は、沢柳の帝大教授大量クビ切りに対して秘かに喝采を送る人が少なからずいたのである。次の東京朝日（大正二年八月九日）の論説などはその典型だろう。

「かねて噂ありたるごとく、京都大学の教授八名はいよいよ免官となれり。（略）吾人は大体に於いて大学教授の淘汰を賛成するものなり。従来大学教授は政府に於いてその地位を確保し、ほとんど終身官のごとくなれり。法令の明文よりこれを見れば、文部大臣はこれを自由に罷免するの権力を有せりといえども、慣例上この権力を用いたる場合少なく、（略）政府がかくのごとく大学教授の地位を確保する結果として、教授の間にはその地位に適せざる者少なからず。或いは老朽して、その頭脳はもはや日進の学説を講究するに堪えざる者あり。或いはその年歯はなお壮んなるも、学事に熱心ならざる者あり。その人格劣等にして、学者の品格を具備せざる者あり。勲位顕栄を目的として、藩閥の元老に媚び、曲学阿世の誇りを招ける者あり。その講義の陳腐にして、聴くに堪えざる者あり。数年同一の講義を繰り返して恥じざる者あり。これがために久しき以前より大学教授に対する非難の声は、都鄙に喧伝し、帝国大学の威信を毀損したる者少なからざるなり。しかしてこの非難は、京都大学に対してよりも、東京大学に対する方かえって多大なりしなり。（略）斧鉞《ふえつ》を京都大学に加えたる以上は、更に一歩を進めて、東京大学の大淘汰を行わんことは、吾人が国民と共に切望する所なり。（略）東京大学教授に不適任の人多きは、多年世間に公認せらるる所、文相にして今日これを断行せんには、天下の民心必ずこれを快とすべし」

現在の大学においては、大学教授の身分は簡単には失われない制度が確立している（少くも国立大学においては。罷免は教授会と評議会の議を経る必要がある）。その壁に守られてここに記されているような、頭脳老朽、人格劣等、曲学阿世、講義陳腐の教授たちがものすごい数でふえており（いまや大学教授と名がつく人種は数万人の規模でいるから、それに比例して欠陥教授の数も多くなっている）、それが今日の大学改革問題の大きな問題点になっている。

沢柳の答弁書に話を戻すと、その最後のところで、沢柳は、

「大学教授ノ退職ヲ決スルニ其同僚ノ集団タル教授会ノ議ニ依ルハ何レノ国ニモ見サル所ニシテ不穏当ノ感ヲ禁スル能ハス」

としていたが、これは、沢柳の勇み足だった。欧米においては、正教授の身分は終身職になっているところが多く、政府や総長が勝手に首を切れるようにはなっていないのである。終身職ではないフランスにおいても、教授の身分を奪おうと思ったら、教授会どころか、その一段上の評議会の議決を経なければならないことになっていた。

そういう点を詳述して、教授会側は総長に「弁駁書」を突きつけ、さらに、このような理不尽な総長はやめさせてもらおうと、文部大臣に、法科大学教授助教授一同の名で上申書を提出したりした。

総長と教授会の間で、文書の交換、膝詰め談判などが何度も繰り返された後で、事態が大きく動いたのは、翌大正三年一月十三日のことである。両者、妥協点を見出そうと議論をつづけてきたが、どうしてもかんじんのところで意見の相違が残り、そのうち、最重要のポイントに関して、言った言わないの争いになり、つ

いには、教授会がこんな総長の下では教授をつづけられないと総辞職を決議してしまうのである。

教授自治論は総長無用論なり

最後まで折り合いがつかなかったのは、教授の任免に教授会の同意が必要かどうか、教授会の決議があった場合、それに総長は拘束されるかどうか（決議通り文部大臣に具状しなければならないかどうか）である。

一月十二日夕方の時点で、あくまで教授会決議の拘束力を主張する教授側に対して、沢柳は、現行法制度の下では、教授会意見に同意することは不穏当と考えるが、文部大臣が現行制度の下でも不穏当にあらずと裁可すれば同意するから、まずは文部大臣の裁決を求めようというところまで妥協した。

教授会側は文部大臣裁決に持ち込まれては不利と考えたのか、さらに議論をつづけ、ついに十二日深夜にいたって、

「総長と教授会とは互いに相信頼し共同一致、京都帝国大学の発展に尽力せんことを期す。従って教授の任免に就きても以上の方針に遵由すること」（大阪毎日新聞大正三年一月十六日）

という覚書を交すということで意見が一致した。しかし、最後の「以上の方針に遵由する」とは、具体的にどのような意味なのか煮詰められておらず、玉虫色のままに残されていた。翌十三日朝になって、教授会側が、最後のセンテンスを、

「従って教授の任免は教授会の同意を経べしとの意見に合意す」

と書きかえられないかと、もう一度話をふり出しにもどしてきた。それに対して沢柳は、それはできないと断り、さらに数時間の折衝の後、

「総長と教授会とは互いに相信頼し共同一致、京都帝国大学の発展に尽力せんことを期す。従って教授の任免に関する教授会の意見を尊重するは論を俟たず」

という文面で合意した。しかし、この最後の部分が、依然として玉虫色になっていた。この合意文書を新

聞記者に発表するにあたって、教授会側は、これは教授会の同意を経るというのと同義であると発表した。しかし沢柳はあくまで自分が合意したのは、「尊重する」というところまでであって、その結果として教授会決議の通りになるということは期待可能かもしれないが、それが直ちに同意を経ると同義にはならないと教授会側に注意をうながした。その後、交渉の席上では、あの文面を同義と解してよいといった、いわないの争いとなり、ついには、教授会側がキレて、こんな二枚舌の総長の下にはいられないと総辞職を決議してしまったのである。

「要するに議論の中心は、法科側にては総長が『尊重云々』の意義につき、自ら教授会の同意を経べき旨なりと明言したるに拘わらず、掌を翻して、さる明言をなしたることなしと否認するがごときは法科教授を愚弄するものにして、かかる誠意なき総長の許には一日も教鞭を執るべきにあらずとするものにして、また一方総長側にては『尊重云々』の解釈は勝手なれど、自分は断じて教授会の同意を経るの意義なることを明言せしことなしというに在り。いかに納まるべきかは逆睹すべからざるも、法科側の憤慨はほとんど極点に達し、某教授のごときは、もはや今日となりては問題の解決は第二次となれり、吾々はまず沢柳その人の人格につきて疑いなきあたわずと激昂せり」(同前)

それに対して、沢柳のほうでも逆ギレして、教授会側の主張する教授自治論はナンセンスといいだし、「時事新報」(大正三年一月十六日)にこんな談話を発表している。

「もとより余は教授の意見に対して全然賛成するあたわず。およそ教授のいわゆる自治論は、言うべくして行うべからざるものにして、教授の免黜《めんちゅつ》をなすに当り、同僚を集めたる分科大学の教授会に於いて、同僚教授の学力の欠乏または品性を云々して、公然これを決議せんとするがごときは、到底事実上行うべからざる所にして、また万事教授会の意見によりて決せらるるに於いては、大学総長は虚器を擁する偶像たるに至るべきを以って、かくのごときは総長無用論なりと言わざるべからず」

総長が教授会の言う通り動かなければならないなら、総長なんてただの人形と同じになってしまうから、そんなものいらないではないかというわけだ。

法科閉鎖の危機に総長ついに屈服

法科教授会総辞職は、おどしではなかった。本当に十四日中に十七名全員の辞表を取りまとめ、事務当局に提出してしまった。十五日には、全学の教授を集めてことのてん末を報告するとともに、これで大学を離れるのだからと告別の式まで催した。

授業は全部なくなり、法科大学はこのままつぶれてしまうかもしれないというので、学生大会が開かれ、善後策が話し合われた。とりあえず、十名の学生委員が選出され、上京して文部省に事態の収拾を訴えるとともに、万一、法科大学が閉鎖されたときには、東京帝国大学の法科大学に吸収してもらおうと、その交渉を行うことになった（交渉したが東京帝国大学には断られた）。ちなみに、後の滝川事件の主役となる滝川幸辰はじめ、同事件にまき込まれて京大を去ることになる宮本英雄、森口繁治《しげはる》、田村徳治、恒藤恭《つねとうきょう》ら諸教授はいずれもこのときの学生だった。

沢柳総長も、教授会代表もすぐに上京して、文部大臣に訴えかけることになった。教授会側は、はじめ代表三名が上京しただけだったが、文部大臣から、全員の意見を聞きたいといわれて、残り十四名も全員上京し、それから一月末まで話し合いがつづけられることになった。

とにかく、とんでもない大騒動になったわけで、東京帝国大学から、穂積陳重《のぶしげ》、富井政章《まさあきら》、二人の法学界大御所が出て、調停にあたることになった。二人が関係者をまわり、教授会と、沢柳総長、奥田文部大臣の間の合意点を探った結果とりまとめた合意文書は、

「教授の任免については、総長が職権の運用上教授会と協定するは差しつかえなく、かつ妥当なり」

というものだった。一読よくわからない文章だが、ともかくこれで、教授会の同意なしには、文部当局（総長）が教授の任免を勝手に行うことはないという原則が確立され、大学自治の基礎（人事権の確立）がここに築かれることになったのである。これ以後、さまざまの大学自治問題が起きて、大学を追われる人が出

るが、実はその大部分は、教授会の意向を無視して力ずくで追われたわけではなく、教授会の決定を経て（あるいは本人がそれを予期して自発的にやめるという形で）大学を追われているのである。

滝川幸辰は沢柳事件を次のように総括している。

「沢柳総長は四月二十八日に依願免官になり、医科大学教授荒木寅三郎氏が総長事務取扱を命ぜられた。世間は法科大学が勝って総長が負けたと批評したが、誰が勝ったのでも負けたのでもない。現行制度の解釈について法科大学の見解が正しく、大学の自治が確立されたまでのことである。

沢柳事件において法科大学教授のとった態度は堂々たるもので、学問の独立、大学の自治の歴史に特筆される価値がある」（『激流』）

ここに出てくる、沢柳総長が辞めたあとをついだ荒木寅三郎の選出が、日本の大学における、最初の総長公選となった。

朝日ジャーナル編『大学の自治』には次のようにある。

「**宮沢**（俊義《としよし》）『差支ナク且ツ妥当ナリ』でおさまったあと、沢柳氏が総長をやめたんですね。そうして『沢柳氏退任後京大ニ於テハ後任総長難ニ陥リ約十ケ月間山川東大総長ノ兼任ヲ見タリ其ノ間ニ某氏ガ推薦セラレタルモ京大ハ之レヲ拒絶シタル事例アリ』。（略）

我妻（栄《さかえ》）『某氏』が拒絶されたもんだから、総長公選ということになって……。

末川（博）そう、それで大正四年六月に医科大学長の荒木寅三郎さんが総長になった。

我妻　最初の公選だね。

宮沢（略）その結果、『斯ル事情ニ依リ総長選挙ノ実施ハ京大ガ東大ニ先ンズルコト四年ナルモ、東大ノ内部ニ於テハ既ニ久シキ以前ヨリ此ノ意見ガ存シ研究ガ継続セラレ居リ此ノ方針ニ従ヒ東大側ガ京大ヲ援助シタルモノナルコト推知スルニ難カラズ』」

東大でも、その四年後の大正八年に新しい大学令にもとづいて総長公選が行われ、山川総長が最初の公選総長となる。新しい大学令では、学部長も選挙で選ばれることになり、教授の任免についても教授会の議を経ることになり、沢柳事件で問題にされたようなことはすべて制度の中に取り入れられた。基本的にはこのあたりから、大学の管理制度は、今日に近い形になっていくのである。

敵すら賞賛する不言実行の人

そうしてみると、沢柳は、まるで場ちがいなところに飛び出してピエロ役を演じたアナクロそのものの人物のように見えるかもしれないが、決してそうではなかったと滝川は『激流』の中で次のように述べている。

「沢柳総長の態度も堂々たるものであった。さきにあげたとおり、佐々木惣一先生が二十年後に起った私の事件が終ったのち、沢柳事件を回想された『秋の感懐』のなかで、沢柳総長の人柄のりっぱなこと、鋭い論理をそなえている人であることを、口をきわめて賞賛されていることから考えると、沢柳総長には、私たち学生の知らないえらいところが、教授側、とくに教授側の理論的指導者であったと想像される年少教授・佐々木惣一先生の脳裏に強い印象をきざみつけたのであろう。

『沢柳さんはえらかった』ということばを、私は佐々木先生から『耳にタコができる』ということわざどおり、いくたびかきいた」

ここに述べられている、佐々木惣一の「秋の感懐」の文章は、次のくだりをさしている。

「かの事件を通じてみた沢柳博士は、私にえらいと思わせました。私どもが職を賭してまで争った意見を固辞して譲らなかった博士を、私がえらいと思ったのは、なぜでしょうか。ほかでもありません。公事を処するにあたって自己の確信によって動き、その結果についていさぎよく責任を負い、かつ、進んでこれを天下に明らかにすることをはばからない人、と私は考えたのです。博士を、その意見においてみたのではなく、その公人としての態度においてみたのです。私は、博士を、その味方であることによって知ったのではなく、その敵であることによって知ったのです」

この沢柳という人は、相当の変り者的人格者で、敵からすら尊敬を集めずにはおかないようなところがあったのである。学生時代から熱烈な仏教帰依者となり、仏教の戒律たる十善戒、「不殺生戒」「不偸盗戒」「不邪婬戒」「不妄語戒」「不綺語戒」「不悪口戒」「不両舌戒」「不貪欲戒」「不瞋恚戒」「不邪見戒」を固く守れと人に説いただけでなく、

「自ら十善の実行家たらんと一個の修業僧の如く自己を鞭し自己を戒し、身を粉にして修業したのであつた。元来彼の道徳観は、寸善と雖も尚為さざるべからず、寸悪と雖も尚犯すべからずといふ土台の上に立つて、而も道徳の聖諦第一義は所謂不言実行、口に之を謂ふにあらず、身に自ら行ふにあるとした」(『吾父沢柳政太郎』)という。

しかもその守り方は驚くほど徹底したもので、不殺生戒を守るために、ノミを捕えると、わざわざ縁側に行ってそれを放してやったという。弟が寄席に落語を聞きに行ったときくと、エリを正して弟の前に座り、落語などというものは、綺語の中でも最も醜劣なものであり、そういうものを聞くことは「不綺語戒」を犯すことになるから以後聞いてはならぬと懇々と叱り、母親が女中にものをいうときにウソをついたことに気がつくと、「ウソは絶対に悪いことです」と、母親に向って一時間もお説教をしたという。そういう人だから、京都帝大でクビを切った七人の教授にしても、彼にしてみれば、どうしても許せないことがあったのかもしれない。

京都帝大総長を退官して以後の沢柳は、民間の教育家となり、今日の成城学園を作ることなどに身を捧げた。

17 東大経済は一橋にかなわない

日本の大学が変化した時代

山川健次郎総長が、九州帝国大学を経て、再び東京帝国大学に総長として戻ってきた第二次総長時代に、東大は大きく変貌した。東大だけでなく、日本の大学全体が大きく変った。

東大は、旧制時代の大半、帝国大学としてあった。はじめは唯一の帝国大学として、明治三十年に京都帝国大学ができてからは、東京帝国大学としてあった。その東京帝国大学時代も、大正八年を境にして前期と後期にわけることができる。この年を境に高等教育制度全体が大きく変り、大学のあり方が激変したのである。

大正七年、大学令というものができて(施行は八年)、帝国大学以外の大学がはじめて公式に認知された。

フェノロサ
©3点とも毎日新聞社提供

田尻稲次郎

松崎蔵之助

第1表　分科大学・学部別卒業生数（5年間ごとに累計）〔『東京大学百年史』〕（単位・名）

合　計	農科大学	理科大学	文科大学	工科大学	医科大学		法科大学	分科大学／期
313	45	46	8	81	87		46	明治9～13年
536	58	45	39	188	128		78	14～18
681	118	37	20	128	175		203	19～23
925	145	50	64	168	146		352	24～28
1,734	97	125	330	482	145		555	29～33
2,277	103	85	366	602	408		713	34～38
3,885	357	158	539	876	570		1,385	39～43
5,003	550	161	432	897	704		2,259	明治44～大正4年
6,388	694	200	426	1,050	845		3,173	大正5～9年
合　計	農学部	理学部	文学部	工学部	医学部	経済学部	法学部	学部／期
6,818	575	365	478	1,184	726	951	2,539	大正10～14年
9,334	892	473	1,375	1,444	726	1,438	2,986	大正15～昭和5年
10,210	984	523	1,686	1,570	781	1,677	2,989	昭和6～10
10,349	997	486	1,561	1,608	830	1,790	3,077	11～15
12,205	854	704	1,337	3,122	981	1,772	3,435	16～20
12,429	1,201	658	1,223	3,458	745	1,919	3,225	21～25

それ以前から、早稲田大学、慶応義塾大学など、私立の大学があったではないかと思われるかもしれないが、それら私立大学は法制度上、正式の大学ではなく、大学の名を呼称として用いることが許された専門学校でしかなかったのである。それが正式に大学として認められると同時に、それぞれの分野で大学と同等の水準の高等教育をほどこしていると認められる官立の専門学校も大学を名乗ることが許されることになった。それで東京商科大学（現一橋大学）、東京工業大学など単科大学が一斉に生まれることになったのである。

同時に、高等学校も、大学の予科として拡充され、一高（東京）、二高（仙台）、三高（京都）、四高（金沢）、五高（熊本）、六高（岡山）、七高（鹿児島）、八高（名古屋）のナンバースクール以外に、新潟、松本、山口、松山、水戸、山形、弘前、松江、浦和などに高校が、新設されていった。

また東京帝国大学は、それまで法科大学、文科大学、工科大学、理科大学などの分科大学にわかれていたが、すべて、一つの大学の学部という形をとることになった。

学生数も大きく増えた。卒業生の五年ごとの累計数でいくと、明治十九年の帝国大学のスタートのころは五百名余、東京帝国大学となった明治三十年ごろは約千七百名、明治の終りごろは約四千名。大正八年ごろには約六千名となっていた（前ページ第1表参照）。

なぜこれほど急に学生数が増えていったのかというと、日露戦争を経て、日本の資本主義が急激な成長期を迎えたからである。財閥などの民間企業が、官僚と同水準の人材を求めて、帝国大学など高等教育機関の卒業生を積極的に採用するようになった。特に第一次大戦の時代（一九一四〜一九一八年。大正三〜七年）、日本が未曾有の戦争景気に沸いたあたりから、人材はますます払底し、高等教育機関は拡充に拡充を重ねなければならないようになった。これが、大正八年の大学制度大改革の最大の背景である。

三菱、住友が帝大生を青田買い

大正八年四月、東大に経済学部が生まれたのも、このような時代背景をふまえてのことだが、『東京大学経済学部五十年史』の名誉教授座談会には、こんなくだりがある。

「**脇村**（義太《よした》郎《ろう》）　第一次世界大戦が大正七年十一月に休戦になりましたが、その直前に米騒動がありまして、寺内内閣が間もなくつぶれて原内閣ができて、中橋徳五郎さんが文部大臣になって、高等教育あるいは大学教育の拡張ということを一つの政策に掲げた。それを大正七年に掲げたと思うが、それを掲げるということは、第一次大戦の好景気で卒業生に対する需要が非常にふえておったという状態がもとであったのでしょうね。

安藤（良雄）（総合司会）（略）いわば高等教育の大衆化が一挙に進められた時期でしょうが、これも大正デモクラシーを反映した一面ではないかと思われます。

ところでそれまでは財閥系企業を含めて民間企業が帝国大学から人材の供給を受けるということは積極的

でなく、むしろ慶応義塾や東京高商（一橋）あたりがもっとも有力な実業界幹部候補生の養成機関であったと思われたのですが、このころから帝国大学からも民間企業に卒業生が入るようになったというような時代的背景があると思いますが、ひとつそのあたりから……。

大内（兵衛《ひょうえ》）それについていろいろなことを思い出しますが、実業界が東大から人物をとるということになったのは三菱と住友です。それより前は慶応とかいったところからでした。

三菱がとるようになったのは、意識的に毎年三人とか四人、あるいは二人とかとるようになった。住友もそうです。（略）みんなが官僚になった時分に民間に行ったのが山室宗文《やまむろそうぶん》です。僕らが学生の時代に、それが注目をひいて、山室宗文というような非常な秀才が三菱に行くようになったということになって、それからだんだん住友にも三菱にも行くようになったのです。

脇村　それは日露戦争の直後からです。山室宗文が三菱に、住友が川田順とか、これは明治四十一年で、日露戦争後の経済発展期に東大から人をとるということを両財閥が考えはじめたのでしょう。それが、第一次大戦当時事業が膨張する。とくに貿易関係が非常に大きくなったときに大学から大量にとるということで、一年ぐらい前に予約して、あとの学費は会社から出すというふうなことで、それから新興の商社が大量に募集を始めて、卒業生の引っこ抜き、取り合いが始まったんでしょうね。

それだけ需要があるならば大学を拡張せざるをえないし、大学を拡張するには、高等学校の拡張も当然やっていかなければならないということになってきて、（略）水戸高等学校など新しい高等学校がいくつかできたのです」

この大学大改革の時代に総長だった山川は、率先して、東京帝国大学をどんどん変革していき、戦前期の東大の原型を作ったということができる。

山川の事績は、総長公選制の実現など、一口に述べられないほど多いが、まず、分科大学に分かれていた大学を一つに統合し、名実ともに、東京帝国大学を一つの総合大学（ユニバーシティ）にしたことがあげられる。それとともに、学部別の講座制を確立した。講座というカリキュラム的な単位は明治時代からあった

第2表　分科大学・学部別講座数増加一覧（明治26年を基準として以降増加数を記した）〔『東京大学百年史』〕

	明治26年9月制定	大正8年2月制定	大正8〜12年	大正13〜昭和3年	昭和4〜8年	昭和9〜13年	昭和14〜18年	昭和19〜20年	累計
法科大学・法学部	22	7	4	1	0	0	1	0	35
医科大学・医学部	23	10	0	2	1	2	1	2	41
工科大学・工学部	21	18	19	0	0	3	8	15	84
文科大学・文学部	20	9	10	2	0	2	0	0	43
理科大学・理学部	17	12	11	1	0	0	3	3	47
農科大学・農学部	20	14	7	1	1	0	3	3	49
経済学部		13	3	1	1	1	1	0	20
計	123	83	54	8	3	8	17	23	319

が、それを大学組織の構造的な単位とし、人事のポストも財政資金も講座単位で配分されるようにして、講座主任教授の権力が圧倒的に強いものになるように制度化されたのは、このときからである。いわゆる講座制の弊害もこのような講座の独立王国化から生まれたが、反面それは、講座を外部の干渉から守ることによって、学問の自由を守ることにも役立ったという側面もある。講座もどんどん増やされた。特に、工業振興が日本の国防上も産業政策上もトップランクの目標だったから、工学部の講座が大拡張された。明治二十六年の時点では、工科大学の講座は二十一しかなかったのに、大正八年の時点で三十九にふえていることからもそれがわかるだろう。

各学部の講座が戦前期どのように増えていったかを一覧として示したのが第2表だが、これを見ても、工学部の講座が他を圧して増えていったことがわかるだろう。その多くが、軍事がらみだった。造兵学五講座、火薬学四講座、化学兵器学一講座はもちろん軍事技術そのものだが、船舶工学五講座、航空学五講座も、事実上、軍事技術そのものであり、海軍大学、陸軍大学からの学生も受け入れていた。

理化学研究所の設立、航空研究所の設立など、この他にも、山川総長の尽力によってできたものはいろいろあるが、やはり特筆すべきなのは、経済学部の設立だろう。戦前、新しい学部ができたのは、これっきりなのである。

この新しい学部で、大学の自治と学問の自由にかかわる問題が次々に起きていった。

経済学は文学部で学んだ

まず大正九年、できたばかりの経済学の研究誌、『経済学研究』に森戸辰男助教授が書いた「クロポトキンの社会思想の研究」という論文が新聞紙法によって「朝憲紊乱《ちようけんびんらん》」の罪に問われ、同誌の編集責任者だった大内兵衛助教授も同罪に問われるという森戸事件が起きた。

昭和三年（一九二八）には、大森義太郎助教授が左傾教授として辞職に追いこまれ、昭和五年には山田盛《もり》太郎《たろう》助教授が同じ目にあった。昭和十二年には、矢内原《やないはら》忠雄教授が反国家的発言をしたというのでやはり大学を追われた。

昭和十三年には、三名の教授、助教授（大内兵衛、有沢広巳、脇村義太郎）が治安維持法違反容疑で逮捕されるという、教授グループ事件があった。

同じ昭和十三年には、河合栄治郎教授の『ファッシズム批判』などの著書が内務省から発禁処分をうけ、河合教授は休職処分となった。

これら一連の事件によって、戦前の大学からは自由が圧殺されていく。

そのあたりのことをこれから述べていこうと思うので、まず、その舞台となった東京大学の経済学部がどのようにして生まれたのか、その歴史的背景を少し語っておきたい。

経済学部独立以前、経済学は、法学部（法科大学）で教えられていた。もっとさかのぼれば、文学部の中で教えられていた。

明治十年に、はじめて東京大学ができたとき、文学部に第一科と第二科があった。第一科は「史学哲学及政治学科」であり、第二科は「和漢文学科」だった。明治十二年に学科組織の改編があり、第一科は、史学をやめて「哲学政治学及理財学科」となり、理財学にはカッコ書きで「ポリチカルエコノミー」と付されていた。これが日本で行われた最初の経済学の授業である。

こう書くと、政治学や経済学は文学部の片すみに仮住まいしていたかのように聞こえるかもしれないが、そうではなくて逆である。文学部の本流が政治学、経済学の側にあったのである。明治十三年から十八年にかけて、文学部卒業生は合計四十七名いたが、うち「和漢文学科」卒業はわずか二名、「哲学科」卒業が三名、「哲学及政治学」専攻が四名、「理財学及哲学」専攻が三名、「政治学及理財学」専攻が三十五名で、当時の文学部の実態は、むしろいまの政治経済学部のようなものだったのである。

「ポリチカルエコノミー」を教えたのは、アメリカ人のフェノロサである。あの日本美術の父といわれるフェノロサその人なのである。フェノロサのもともとのバックグラウンドは哲学で（ハーバード大学で哲学を専攻）、明治十一年二十五歳のときに来日、すぐに東大で、哲学も、政治学も、理財学も教えた。当時このような学問を一人で教えられる教師はフェノロサしかいなかったのである。明治十四年、これに田尻稲次郎《いなじろう》大蔵少書記官が講師として加わった。

田尻は、明治四年薩摩藩の貢進生として米国に留学。九年間滞在し、エール大学で財政経済を専攻して明治十二年に帰国。すぐ大蔵省に入り、大隈重信、松方正義両大蔵卿に重用された。国債・銀行・主税局長などを歴任したあと、明治二十五年には大蔵次官になっている。

大蔵次官を何度か務めたあと、会計検査院長もやるなど、日本の財政をすみからすみまで知りつくした人である。

帰国早々東大で教えはじめたわけだが、当時、日本人で財政学を講ずるだけの知識を持つ人は彼くらいしかいなかったのである。アメリカ仕込みの財政学なので、明治二十年までは、英語で講義した（当時大学の授業は基本的に英語だったということもある）。

田尻は、貴族院議員や東京市長になったりもしたが、終生、公務のかたわら教鞭をとりつづけた（明治二十年以後は断続的に）。

この田尻稲次郎という人が大人物だったらしい。

大内兵衛は、明治四十二年に熊本の五高から法科大学の経済学科に進学した。経済学科の二回生（経済学科はその前年の明治四十一年にできたばかりだった）ということになるが、『経済学五十年』（東京大学出版会）の中で、「だれの講義が面白かったですか」と問われて、まっ先に田尻の名前をあげている。

「田尻稲次郎先生。ぼくには、この先生は、たしかに面白かった。大学の講義は朝八時にはじまったが、田尻先生は八時十分前に必ず教室に現われた。あの時分、大学の前には電車がなかったのであるから、田尻先生も歩いて来たのである。（略）先生は、当時すでに大蔵次官を辞めて会計検査院長をしておられたが、鶴の脚で作ったステッキ、それでなければ、カンジンヨリでゆわえた古い古いコウモリがさを、つかないで手にさげて、テクテクと歩いて来た。小石川の金富町から三キロぐらいを歩いて来た。服はつめえりのカーキ色の、これも古い古い兵隊服であった。冬になると、それが学習院の生徒の制服に替る。これは、お子さんが学習院の学生であったので、そのお古をちょうだいして着ていたのである」

服装にかくも無頓着で、いつも着たきりスズメだったので、「キタナリ先生」のアダ名がついたが、自分でもそれを喜び、後にそれをもじって、「北雷」と号するようになった。

「それで、朝八時十分前にはちゃんと教室に入って待っている。八時になって始業の鐘がなって、一人でも学生が入ってくると、すぐ講義をはじめる。先生の著書に『財政と金融』というのがある。大きな本で、上下各千ページぐらいあるだろう。それを一週一時間の講義で、一年間に全部やってしまうのである。講義といっても、ほかの先生のように気どってはやらない。お話であった。トツトツと、しゃべっていく。今年の予算はどうだとか、この点は去年はどうだったとか、数年前はどうだったとか、予算の編成ではどういう点が問題になるとか、そういう話である。自分が十数年大蔵省の中枢におり、さらに後に会計検査院長だったんだから、そんなことはみんな知っている。そういう実例によって、しかし、なかなか系統的に話すのだから、面白くないはずがない。先生のこの『財政と金融』は毎年版を重ね、当時は三十五版ぐらいであった。（略）この本の中には、いわゆる財政問題なるものは全部論ぜられていた。そして、金融の問題も全部論ぜられていた。講義としては『応用財政論』という名がつけられていたが、全くその名に値する名講義であった。（略）彼は大学者ではなかったかも知らないが、たしかに最高の行政官的学者であった。（略）大蔵省の伝統、今日の官僚精神、その秀才主義、大蔵省風はこの人によって作られたといわれた。若槻礼次郎、橋本圭三郎、市来《いちき》乙彦《おとひこ》、浜口雄幸などはその高弟である」

「経済学とはこんなものか」

この人と比較すると、当時の経済学科の主任であった金井延《のぶる》などは、ボロクソである。

「――そのうちで（入学した当時の経済学科の授業の中で）一番面白かった学科は……。

面白いのは一つもなかったといっていい。なかんずく、当時天下に盛名をうたわれ、日本経済学の最高権威と自他ともに許していた金井延先生、この人の経済学は面白くなかった。全くつまらない講義であった。いまの大学にもずい分つまらない講義をしている人はいるだろうが、金井さんぐらいつまらないのは、あまりあるまい。それでも、この先生はとても有名であったから、何となく偉い人だろうと、われわれは思っていた。その先生の経済学がこんなにつまらぬのだから、経済学とはこんなものかと、まどいつづけ、また、わからぬところが大切なのかとも思っていた。そう思いながら、一生けんめい講義を聞き、筆記をし、試験を受けたのであるが、やっぱり何が何やら少しもわからなかった。金井先生にはその後社会政策の講義、工業政策の講義も聞いたが、それらも少しも面白くなかった。（略）例えば先生は講義で、欲望とは何ぞやとか、財貨とは何ぞやとか、無形財貨は財貨なりやとか、そんなことを毎時間エンエンとして続けた。（略）こういうことを一週四時間、二年続けてやったのである。全く面白くなかった。講義は本より少し詳しいところもあり、本を略したところもあるが、何しろ時々ダジャレがまじっていて、試験にはそのダジャレが出るというのであるから、本のテキストがあっても、そのダジャレの講義を聞いていないと落第するといわれていたので、誰もがノートをとったのである。せっかく期待をもって入ったのに、期待ははずれてぼくはガッカリした。当時の東大の講義とは大体どれもそんなものであったのだが、それでも、天下、等しくそれを仰ぐというような光景であった」

前に、「東大法学部は『湯呑み』を量産している」(『東大生はバカになったか』所収)の中で、大内兵衛のこのダジャレのくだりを、東大法学部の伝統的授業がいかにお粗末なものであったかの例証として引用した。

実は、東大経済学部誕生の背景には、このような授業への反発があったということは、後に述べる。

もう少し、経済学部が誕生するまでのいきさつについて述べておくと、はじめ文学部の講座として誕生した「政治学及理財学」は、明治十八年に丸ごと法学部に移行して法政学部(翌年法科大学となる)「政治学科」となった。経済学は政治学の中に入ってしまったのである。以後、明治四十一年に法科大学に「経済学科」が生まれるまで、経済学は政治学科の学科課程として存在していたにすぎない。といっても、内容はいろいろあり、時代によって少し内容がちがうが、経済学、経済史、理財学、統計学、貨幣論、銀行論などが教えられ、明治二十六年に講座制が施行されたとき、法科大学二十二講座のうち、四講座は経済学関係だった(講座は教授の椅子と考えてよい。授業の科目はそれよりはるかに多かった)。

明治四十一年、法科大学の中に政治学科とは別に経済学科が独立して設けられ、さらに、翌明治四十二年には、商業学科が設けられ、大正初年には、経済学関連九講座、商業学関連三講座になり、経済学関係者の間には、法科大学から独立したいという気運が盛りあがりはじめた。

しかし、経済学科にそれだけの実力があったのかというと疑問である。第一、人材が不足していた。日本の学問はみな、はじめは外国人教師によって教えられ、やがてその卒業生の中で優秀な者が外国に留学し、帰朝後、助教授、教授にとりたてられ、外国人教師を置きかえていく。経済学の場合、このような教授職の自家培養がうまく機能しなかったのである。

文学部時代は、学生の数が少なすぎ、優秀な人材が出なかった。文学部時代の卒業生から教授になったのは金井延と和田垣謙三だが、金井は先に紹介したような人物で、学問的にも、日本の歴史学派の代表的学者とされたが、水準が低かった。

「ドイツの歴史学派というのは、ドイツの歴史をやった上でできた学派であった。(略)それが日本に入ってくるとき、かんたんな教科書にのってきた。イデオロギーの公式だけが入ってきた。日本の学者は日本の歴史の勉強はしなかった。そこで、歴史なき歴史学派が日本にでき上がった。それが、私たちが習った経済学であった」（大内兵衛　前掲書）

「財政学」「農政学」の驚くべき内容

文学部卒業生の次の世代に、政治学科卒業生の世代が来る。その最初の代表格が、明治三十一年に教授になって財政学を担当した松崎蔵之助である。明治三十年代の経済学は金井＝松崎時代であったといわれる（ちなみに、金井も松崎も、戸水寛人とともに日露戦争を煽った博士グループである）。これまた大内兵衛にかかると、とんでもないダメ教師であった。

「――松崎（蔵之助）さんの財政学は……。

これはまた別の意味で驚くべきものであった。この先生も怠けものであった。だいたい車に乗ってくるんですが、その車が来ずに、無届欠席となることが多かった。実に腹が立った。松崎は金井の次の時代を代表する学者で、『最新財政学』という本がある。（略）漢文口調で何かむつかしいことらしいが実はつまらぬことを筆記させられた。むつかしくいえば偉そうにみえると彼は思っていた。『容易でない』財政学であった。多分エーエベルヒか何かの焼き直しであったろう。そういう講義を毎週二回、一回に二時間、それを二年間もやられた。いまの人より二倍も三倍も財政学をやったわけだが、何もわからずにすんだ。松崎蔵之助は、こういうつまらぬ先生であったけれども、一時は日本の経済学界を代表していた。金井時代に次ぐ松崎時代というのがあった。多分、明治三十五、六年から四十年ごろまでで、日露戦争は彼を経済学財界のボスとした。（略）そして彼は桂（太郎）総理大臣にも近より、東洋拓殖会社の創立に参画して自らその初代総裁となろうとしたようなこともあった。すなわち、彼は相当な野心家でもあったが、人間としてはあまり上等な部類の男ではなかった。そのことは、ぼくが卒業してからある理由があって彼と交渉を持ったときに十分に実見した。しかし、その話はここではしないことにしよう。（略）彼は年をとるほどだんだんと堕落して、

言行ともに下劣となった。そして早発性痴呆症で狂死した。五十幾歳であった」(同前)

大内には、他の学者をボロクソにけなして喜ぶようなあまりいい趣味とはいえない妙な性格があったが、それにしても、大内にかかると、東大経済学部はかくもひどいダメ教授のオンパレードということになる。ここで大内が語ることをさしひかえていた話が、大内の『私の履歴書』(河出書房)を読むと、はっきり出てくる。

「だが松崎という先生はひどい人で、訪ねていっても玄関で待たせる。手土産をもっていかないと機嫌よく会ってくれない。だが僕はそうするのがいやだから、何ももたずにいくと、さっぱり何にも教えてくれない。結局二、三回通った。するとしまいに向うからいいだして

『大学教授になる気はないか』

『なりたい』

『それなら俺が斡旋しよう』

そういいながら、いつまでたってもそれ以上の返事がない。結局わかったのは、松崎の親戚筋にあたる信州のある殿様の娘を僕がもらえば、大学教授にしてやろうということだった。しまいに僕に御馳走をして、その娘の写真もみせてくれた。どういう娘さんかと聞いたら、教育は小学校だけしかでていないというだけで、それ以上は何も分らぬ」

こんな話にいや気がさして、大内は大学に残ることをあきらめ、大蔵省に入った。大蔵省では、若槻礼次郎、高橋是清、勝田主計《しょうだかずえ》などの大蔵大臣につかえ、金輸出禁止の実施など、財政政策中枢の仕事に参画した上で、大正八年、経済学部がスタートするときに、助教授として大学に戻り、財政学を担当するようになった。

もう少し、経済学部独立以前の経済学の教育水準の話をしておくと、松崎とならぶ、第二世代の代表格が矢作《やはぎ》栄蔵だった。

「——矢作さんはどんな講義をしていたのですか。

実に驚くべき講義であった。最初に農業の尊ぶべきゆえんが説かれた。農業は健康なる人間を作るとか、農民は兵隊として最も適当であるとかいう学説であった。極めて素朴な農本主義である。しばらくそういう話が続くと、突如として『ロードベルッスの地代論』というのが出てきた。それが二、三回も続いたが、内容は少しもわからなかった。その次に不動産銀行の話というのがあった。これもわからなかった。だいたい矢作という先生は定刻より三十分遅れてくるのが普通で、それが時には四十分くらいになった。そういうときは学生が逃げ出した。その逃げ出す学生を先生がひっつかまえて『教室へ入れ』といって連れこんだ。先生は六尺豊かな柔道の大家であったから、学生の首の根っこをつかまえて教室に押しこんだりした。それでも逃げる学生があった。それをまた先生が追っかけた。そうして学生を教室に押しこんだ上で、今日は今まで私は何をしていたとか、帝国農会でこういうことをしゃべってきたとかいう話をして、それで講義がおしまいになることが多かった。ぼくらの習った『農政学』とはこういうものである」（大内兵衛『経済学五十年』）

東大経済への低い評価

この次の世代の上野道輔は、東大も商業学科を置こうということになったとき、商業学を教えられる先生が誰もいないというので、急遽、教授養成のためにヨーロッパに派遣された経済学科卒業生の中の銀時計組だったが、ろくに勉強もしないうちに帰ってきて、そのまま人材不足のため助教授になってしまう。前出『経済学部五十年史』の名誉教授座談会によると、こうである。

「**安藤**　商業学科の場合は、一橋が一方にあるのに対して、東大の商業学科はそれに対する特色が考えられたんでしょうか。

大内　それは出そうとしたけれども、何も出なかったね。

脇村　それは僕がインタープリーテートしますと、渡辺（銕蔵）さんが早くドイツへ留学していて、ドイツでたまたま第一次大戦前後のドイツの経営学の生れてくるところをみて帰ってきた。あるいは勉強はしなかったかもしれないが、とにかくみて帰ってきて、自分がドイツ的な経営学を始めようとなさった。それから上野先生も会計学の研究にドイツへ行くべきだというふうに考えたが、不幸にしてドイツへ行けなかった。イギリスへ行ったんですが、イギリスであまりイギリスの会計学の勉強をせずに、ドイツ語の本を買って、田舎に行って読んでいた。一つはイギリスにろくな会計学の本がないということと、いま一つは僕は上野先生にいろいろ個人的にお話し、質問して聞いたが、なかなか講義が耳でわからないというので、結局本を読むということにして、田舎に行ってテニスかたがたドイツのものを読んだらシェアーの著書にぶつかってドイツ的会計学を勉強した。それを日本に帰って、日本で講義するときにもう一回勉強した。（略）

安藤　東大の場合は、はじめから実学的なものよりもアカデミックというか、そういう方向に進んだのでしょうか。（略）

脇村　つくった人は高等商業の少し程度が高いものということを考えたかもしれないが、スタッフに選ばれた先生方ははじめからそんなことを考えないで、何か学問的なものはないかということで探したら、ドイツにあったということで、渡辺さんはドイツから直輸入するし、上野先生はイギリスで勉強してドイツへ行かずにドイツの学問をもって帰られる」

イギリスに留学に行って、英語がわからないので、ドイツ語の本を読んで帰ってきただけで助教授になってしまうというのだから、ひどい話である。しかし、当時の東大では、その程度でも学問だと思われていたのである。しかし、そんなことでは、実務能力が身につかないのは当然のことである。学生に実用的なことを何ひとつ教えられなかった。

「**大内**　そこのところの矛盾がいままで続いていると思いますけれども。東大の商業学科では、学問としてやろうという人が多かったですね。またやらないと教授らしくない、大学にならないということが根本的にあった。それでね、そんなことはどうでもいい、実用向きのほんとうに役立つものをつくろうという覚悟のあったものは、一人もわれわれの時代にはなかったですね。それが非常に不幸だった。不幸というかできなかった。発達しなかったのです。

脇村　私は大正の終りから教授会に顔を出したけれども、教授会でいつも議論になるのは、商業学科で教えるのは実際に間に合わないことばかりで、もう少し間に合うことを教えろということが、教授会の大勢だった。経済学科の先生方、とくに長老の先生方のご要求は学課担当を決めるときに、『どうもまずい、もう少し実際に役立つことをやれ』と。（略）いつもことあるごとに商業学科の先生方はいじめられた。

鈴木（竹雄）　それはどうなんですか。私が教わったときは技術的な科目が多かったけれども、そのときの一橋の科目構成、ビジョンにはそれと対照的なものがあったんですか。

脇村　一橋のほうはさきに申し上げたように、高等商業学校から商科大学になったときは、高邁なものを教えなければいけないといって、左右田《そうだ》哲学とかいったものをやり出したでしょう。こっちのほうは上野先生がドイツ的会計学、ドイツ的経営学を持ち込まれたが、『いったいドイツ的会計学では、帳簿がつけられないじゃないか』（笑）。帳簿のつけられない会計学でどうするか。早くいえばそういうことです。（略）簿記理論ではなく簿記そのものをやれ、帳簿をつけられなくちゃしょうがないという……」

商業学科を作っても、とにかく人材不足で、実用的なことを何も教えられなかったのである。実用的な商業学を徹底して教える東京高商（一橋）との力の差は圧倒的だった。

「**佐々木**（道雄）　ほんとうのことをいうと、私はいいたくないけれども、私が商業学科に入ったときは粗末で、なんでも間に合わせの課程をつくって、それに合う先生を集めた。渡辺先生が帰ってこられてこれは別ですが、それ以外の先生は、外人が多くて、一週十三時間ぐらい、多かったですね、キューザック、プライス……。

脇村　まじめに勉強すれば、外国語は上達したはずだけれども、学生はぜんぜん勉強しないから……。

佐々木　英語がわかるということと、ものが書けるということですね。それは一般に評判だった。商業学科のよくできる人はね。

脇村　それは商業英語でも、英作文、商業通信を書かせるから、まじめに勉強すれば相当英文を書けるはずだけれども、ぜんぜんそういうものができないで卒業した人もいる。

安藤　一橋は高商時代、明治時代以来、外国語に重点をおいていたんですね。

脇村　神田乃武《ないぶ》さんが中心で、英語は進んでいましたね。（略）領事官というか、外交官になる人のためのコースが早くからあった。それでとくに外国語をさかんにしたんだろうと思う」

簿記、会計、商業英語、商業実務、すべてにおいて東大の商業学科は一橋に負けていた。そもそも東大の商業学科は、準備らしい準備がなにもないままにはじめたのである。

『東京大学百年史』の部局史「経済学部」では、こう述べている。

「商業学科はこのような経緯で早産された未熟児であったから（立花注・これについては後述）、これを哺育する関係者の努力は大変であった。発足当初は講座も専任の教官もなく、明治四十四、五年になって『保険学』一講座、『商業学』三講座が認められてからも当分空席とせざるを得ない状態であったから、当面、東京高商で教鞭をとっていたブロックホイス（Edward J. Blockhuys 1860–1931）や、ややおくれてベルリネル（Siegfried Berliner 1884–1961）、カヒューザック（Arthar F. Cahusac）に教師を嘱託したり、同じく東京高商の下野直太郎（一八六六—一九三九）など非常勤講師に多くを依存して授業を行ない、その間、渡辺銕蔵（一八八五—一九八〇）・森荘三郎《しょうざぶろう》（一八八七—一九六五）・上野道輔（一八八八—一九六二）など、政治学科・経済学科の優秀な学生を卒業後直ちに欧米に留学させて経営学・保険学・会計学を研究させ、帰朝とともに助教授に任命して講座を担任させることになる。

準備不足の開設であったから、学生の集りも悪く、入学者数は明治四十二年に二二名、以後順次、一〇名、一一名、一三名と低迷して、大正二年には僅か一名となり、廃止説もきかれる有様だった」

東京高商から教師を引き抜いてきても成りたたない講座がいくつもあったというのだから、準備不足、人材不足もきわまれりというところである。学生のほうでもそのような力不足をいち早くかぎつけていたから、受験生が定員（五十名）を全く満たさないどころか、わずか一名というところまでいってしまったのである。

その後、次第に受験生も増えて（大正三年から、定員割れの場合は、学力試験免除ということになった効果が大きい）、定員割れなどという事態は引き起さないですむようになった。とはいえ、その後も、ビジネスマンとしての実務能力を育てるという意味においては、いまにいたるも、東大経済学部の力が、一橋大学のそれよりはるかに低く評価されていることは、『ダイヤモンド』などが例年行っている一流企業人事部長アンケート調査による大学別卒業生の実力評価ランキングなどを見ればすぐにわかることである。

さて、なぜ東大の商業学科がそのような準備不足のままスタートしたのかというと、文部省が強くそれを求めたからなのである。『東京大学百年史』では、このような状況をさして「瓢簞から駒」とまでいっている。

「経済学科の創設に引き続いて、翌四十二年六月には商業学科が設置された。けれども商業学科の場合は、経済学科と違って、内部が充実して学科の新設が求められたとはいい難い。当時の法科大学には商業学の講座も専任教官も存在せず、商業学を学ぼうとする学生や専門の図書も極めて少ないのが実状であった。商業学科の設置は東京高等商業学校の大学昇格問題に絡んでにわかに登場し、当時の本学にとっては『瓢簞から駒』の出来事であった」

高商乗っ取りの企み

問題の背景には、東京高商が大学昇格を求めて、経済界の支援を得て（経済界には高商の卒業生が沢山いた）前から政官界に強く働きかけていたのに、文部省がそれに反対していたという事情があった。文部省は帝国大学と一体化していたから、帝国大学中心主義で、帝国大学以外の大学は必要ないと考えていた（だから私立大学を法制上正式の大学とすることもなかなか認めようとしなかった）。

東京高商は、実用商業技術教育の面ではとっくに定評があったが、大学昇格を悲願としていたため、さらに高度な経済学教育を実践しようと、幾つかの専攻科を設けていた。そして、実務だけでなく、学問としての経済学でも、東大の経済学科より、高商系（東京以外にも、神戸、小樽、長崎に高商があった）のほうが上という世評ができつつあった。

それが面白くない文部省は、東大に商業学科を作り、そこに高商の専攻科を吸収してしまおうと考えたのである。

いわば東大による高商乗っ取りみたいなものだが、文部省は本気でそれを強行しようとした。そして、その手はじめとして、東大の財政学の教授であった松崎蔵之助を東京高商の校長として送りこんだのである（任命権は文部省にあった）。しかし、松崎蔵之助の前記したような性格もあって、この人事は高商側から猛反発をくらった。なんでこんな男を校長にしなければならないのかと、学生も教授もこれに抗議して大量に退学してしまうという、大騒動に発展したのである（申酉《しんゆう》事件）。

『経済学部五十年史』によると、こうである。

「**大内**　とくに松崎校長に対する反感はひどくあって、そして一橋の事件があった。

いまの一橋（神田）のあそこのキャンパスは非常に立派でしたよ。門を入ると両側に松がいっぱいあって、その松の木の下で帽子を焼いて反抗して、みんな退学したんです。あの退学した連中はあとずいぶんえらくなった。そういう人はみんな帰らなかったんですよ、いっぺん退学したから。それで学校のほうはやめたわけです。関さんはあそこをやめて大阪市の助役になった。滝本さんは台湾銀行の理事になったが、非常によくできる人でした。

脇村　福田〔徳三〕さんが松崎さんをなぐったとかなんとかいうのでしょう。

大内　そうそう……」

ここに固有名詞が出てくる人々は、みんな東京高商の有名教授だった人たちである。心ある人はこうして高商から退学するなどし、東大から勧誘されても行かない人がほとんどだった。先に『東京大学百年史』が名前をあげていた高商から東大の商業学科に行った教師たちというのは、外国人教師と、高商でも孤立していた人々だけだった。結局、大騒動の果てに高商の専攻科をつぶすことはできず、東大に商業学科を作ってはみたものの人材不足でろくなものができないということになったわけである。しかし、この事件が契機となって、東大経済学部独立の最初の流れが生まれることになる。その流れは、この時期に、経済学科のほうに入ってきた経済学担当の外国人教師、ドイツ人のハインリッヒ・ヴェンティヒによって作られた。この時期文部省は東大の経済学科、商業学科の水準を上げるために、外国人教師を増員し給料も潤沢に出していた（日本人教授の五倍程度）。『経済学部五十年史』の座談会で、大内はヴェンティヒの功績を強調する。

「**大内**　経済学科をやらなくちゃいけないということ、商科でなくて経済学科で、それを法科のなかに入れては駄目で、どうしても経済学科は独立のスクールでなくては駄目だということを主張したのがヴェンティヒです。

これはどうしても記録にとどめておいてもらいたいが、ヴェンティヒが『東京帝国大学ニ於ケル経済学教授法改良意見』というのを中橋文部大臣に秘密に出したが、それはドイツ文はヴェンティヒが書いたが、日本文は高野〔岩三郎〕先生が書かれたのです。

ヴェンティヒに僕らは習ったが、ヴェンティヒはしょっちゅうそれを言っていました。『日本の経済学は暗記ばかりしていて、ちっともお前たちは勉強しない。暗記以外のことはなんにもしないじゃないか。法律学とは違うのだから、経済学というものは暗記したって駄目だ』と僕はしょっちゅう叱られた。僕はとにかく一年生から四年生まで四年習った。（略）ヴェンティヒは、あとでプロシアの文部大臣になった人だが、たいへんな政治家で、たいへんな才能のある人で、それが十何ページか二〇ページぐらいの意見書を出している。それは、いま言ったような法律と同じに経済学をやっては駄目だ、それだからして、研究室があって、材料を集めない経済学というものは無意味だ、暗記する日本の経済学は駄目だということを書き、それを文部大臣にいったのです」

「**安藤**　ヴェンティヒは記録でみますと、東大の経済学部に研究室をつくること、もう一つはゼミナールの制度を採用するということ、これらについて先鞭をつけた人だということですが……。

大内　それはもう実に熱心で、ヴェンティヒの政府に対する勢力もたいしたもので、米（こめ）の政策でも、みんなヴェンティヒに政府が聞くくらい、日本政府に対して信用がありました。だから、ヴェンティヒの経済学部独立および研究室設置に関する発議は非常に有力なものでした。

安藤　日本では、ほかの学問の分野に比べて経済学はどこの大学でもゼミナールがいまでも盛んですが……。

大内　それはヴェンティヒが自分で率先してやったばかりでなしに、高野先生を自分の弟子みたいに使ったわけです。全部そういうことをやれやれといってやらした」

経済学部を独立させよ

大内はヴェンティヒのゼミナールに四年間出たが、そこで学んだことが、大学で学んだことでいちばん大きいことだという。

「それからヴェンチッヒ先生、経済学を僕は四年間習ったけれども、全部の先生に習ったよりは、ヴェンチッヒに教えられた方が多いでしょう。ヴェンチッヒは、そのころまだ三十幾歳であるが、すでにハレム大学のオルデントリッヘル・プロフェッソルで、とにかくドイツでは一流の学者だったですから。もちろん通訳なしの英語の講義で、ほとんど学生にはわからない。それだからその演習に出たものは四、五人で、しかもそれは実に厳格なものでした」(『私の履歴書』)

具体的な授業の内容を、『経済学五十年』の中で、次のように書いている。

「ヴェンチヒにはミルを習った。これもつらい訓練であった。一日に二十五ページぐらい読まされた。そして必ず予習をしなくてはならなかった。教室へ入ると、長いパラグラフについて、何が書いてあるかをいきなり聞かれるのであった。そしてそのときは必ず自分の名前をいわねばならなかった。それで、だんだん学生の数が減ってしまった。というのは、答えができないと、ひどくいじめられたからであり、答えができると、さらにそれについての批評を要求され、二十分も三十分も立たされ、グングンといじめられるからである。その上彼はずいぶん口きたなく悪口をいった。『お前の説明はなっておらん』とか、『そんなバカなことをミルはいわない』とか、『要点は一字に帰する、それをいってみろ』とか。もっとも白鳥とか熊本とか秀才はそれに立派に答え得たが、ぼくらはずいぶん冷汗をかいた。しかし、その冷汗のおかげで本当の経済学を初めて習ったような気がした」

実はこのヴェンティヒの意見書は、拙著『東大生はバカになったか』（「東大法学部は『湯呑み』を量産している」）の中の、東大法学部の丸暗記中心型の教え方がいかにナンセンスなものであったかを強調するところですでに部分的に引用している（本書「はしがき」にも一部おさめられている）。ヴェンティヒは、法学部のような授業をつづけている限り、学生は真の経済学的能力（現実の経済問題に直面したときの応用能力）を身につけることができないことを強調し、経済学部は一刻も早く、法学部から離れて自立し、独自の教育をはじめろと主張したのである。

18 大逆事件と森戸辰男

東大経済学部「建学の理念」

前述した、東大に経済学部が作られるきっかけになったのは、ドイツから経済学を教えるために来ていた外国人教師ヴェンティヒの意見書だったという話は、『東京大学百年史』の部局史「経済学部」にも、次のように述べられている。

「『経済学部独立』の理念的な拠り所となったのは、ヴェンティヒ教師が明治四十三年十月に文部大臣に提出し、広く学内外に配布した『東京帝国大学ニ於ケル経済学教授法改良意見』と題する長文の意見書であった。ヴェンティヒ教師は教育行政についても高い見識をもち、帰国後プロイセンの文部大臣に任命されることにもなるが、この『改良意見』も各方面に大きな波紋を投げかけたものであった。(略)『改良意見』は直

高野岩三郎

森戸辰男

接には東京帝国大学における経済学教授法の問題点を指摘し、その改善策を建議したものであったが、経済学教育の特徴を法律学との対比において浮彫りし、その独自性を強調する点で、事実上法科大学からの経済学部の『独立宣言』であり、『建学の理念』を述べたものにほかならない」

ここで、経済学部の「建学の理念」とまで評価されているヴェンティヒの「東京帝国大学ニ於ケル経済学教授法改良意見」を見ておく。長文だから、要旨だけ紹介しておく。

ヴェンティヒは、まず、法科大学の教育の最大の欠陥が、教壇からの講義ノート読み上げ方式にあることを指摘する。しかもそれが、講義ノート一辺倒方式（前に述べたように、本一冊分を一字一句もゆるがせにせず読み上げて筆記させる）、もしくは指定教科書中心主義で、試験もそれに準拠してなされるため、学生の勉学の努力は、もっぱら講義筆記と教科書を丸暗記することに費やされている。そして、試験になると、暗記していることを答案用紙の上にはき出すだけで、自分の頭で考えたことを書こうとしない。自分の頭で考えたことを書かざるをえないような問題を出したところ、自分の頭で独自に考える能力をもっている学生は五パーセント程度しかいないことが判明した。こんなことでは、主体的な判断能力などまったく養うことができない。法律学の場合は、まず、法律条文の内容、意味解釈をしっかり覚えなければならないから、ある程度はこのような教授法でよいかもしれない。しかし、経済学の場合は、これでは全くダメだ。なぜなら、経済学は学問としてまだ完全にできあがった学問ではない。暗記することによって得られる知識はたかが知れている。暗記より大切なのは、主体的な判断力を養うことである。そもそも経済学の対象である経済の実態そのものが驚くほど急激に変っていく。わずか数年間で、ある対象領域の実態が完全に一変してしまうということも珍しくない。社会に出て、そういう経済の現実を前にしたときに、学校時代の教科書や講義筆記から得た知識だけで対応できるものはほとんどないといってよい。大学教育で与えるべきは、そのような現実経済の中で困難に直面したときに、それを自分の力で切り抜けていく難題対応能力である。難題に直面したときに、どうすればいいのかを考えていく方法論である。そういう力を養うことができるのは、理論丸暗記型の勉強ではなく、ゼミナール形式によるケースワークである。

東大でも、若干のゼミナール形式の教授が行われているが、現実に何が行われているかというと、大部分は外国経済学者の著作の会読、輪読にすぎない。

そういうことでは、本当のゼミナールにならない。学生に具体的な課題を与え、資料や参考書を縦横に利用して、自分なりの論文、草案、意見書などをまとめさせるのがよい。そういうゼミナールをやるために必要なのは、なによりも、資料や参考書を充分に集めて、学生がいつでも利用できるようにした図書室である。また、資料、参考書をどう利用したらいいかを教える専任の指導者、職員が必須である。

独立の立役者、高野岩三郎

ヴェンティヒはこの意見書を文部大臣に提出しただけでなく、私費で印刷して、学内外に広く配布した。この意見書が刺激となって、法科大学では、それまでの経済統計研究室を大きく拡充して、ヴェンティヒのいうような機能を持たせることにした。

その主任となったのが、統計学を担当していた高野岩三郎教授とヴェンティヒ自身だった。この経済統計研究室が、やがて、経済学部そのものになるのである。その経済学部独立を中心になって推進していったのも、高野教授だった。

「新しく独立をした経済学部というのは全く高野岩三郎によって組織されたといってよい。もちろん、その頭には金井延先生が立っていたが、御病身であり、厚く高野先生を信頼しておられた。また矢作先生は多策な政治家であったが、その政治力は親友高野岩三郎をサポートするために使われた。その他の山崎〔覚次郎〕、河津〔暹《せん》〕、松岡〔均平《きんぺい》〕の諸先生はみなそう積極的ではなかった。すなわち東京帝国大学経済学部の独立も、その独立後の新組織も、こういう事情から事実上高野先生の実行力によるところが多かったというにすぎない。そこで経済学部独立の功罪の全部ではなくとも七、八分は高野先生一人に帰してよい。（略）ぼくは一生、高野先生について歩いた男であるから、いつでも先生をほめるので君たちは笑うかもしれないが、笑いたければ笑ってもよい。先生はいくらほめても、ほめすぎることのない偉い人だった。『一国一人を以ておこる』。高野先生は一国を興す人であった」（大内兵衛『経済学五十年』）

高野は明治二十八年（一八九五）に法科大学の政治学科を卒業し、ミュンヘン大学に留学したあと、明治三十六年から統計学を担当する法科大学教授となっていた。

明治二十八年卒の同期生には、政治学の小野塚喜平次（後の東京帝国大学総長）、経済学科で同僚となる矢作栄蔵の他に、浜口雄幸、幣原喜重郎《しではらきじゅうろう》、下岡忠治、勝田主計などの人材がキラ星のごとくそろっていた。

高野の三つちがいの兄房太郎《ふさたろう》は、十代で父を失ったために、働いて家計を支えるべく渡米し、全米各地を転々としながら労働と勉学にはげんで、毎月十ドル前後を送金してきた。岩三郎が大学にいけたのも、その資金のおかげだった。房太郎はアメリカで働くうちに、アメリカ労働総同盟（ＡＦＬ）会長、ゴンパースの知遇を得て、明治二十九年（一八九六年。岩三郎卒業の翌年）、日本に労働運動を起すべく、ＡＦＬの日本オルグの肩書きも得て（この事実は、死後ずっとたってからわかった）、日本に帰国した。日本には、労働組合の概念などまだ全く知られていなかった。房太郎はアメリカの労働組合運動を紹介するパンフレットを作り、日本でも組合を作ることを広く呼びかけた。翌明治三十年夏には、労働組合期成会を作り、その年の暮には、日本最初の労働組合である鉄工組合の結成に成功している。弟の岩三郎がこれに協力したことはいうまでもない。岩三郎は後に経済学者として労働運動、労働政策に深くかかわっていくようになるが、それはこの兄の影響を強く受けたためである。

「高野岩三郎が兄の生涯とその事業によって如何に強く影響されたかは、想像するに難くはない。少年時代のことは措くとしても、在米の兄が日本の新聞に書きおくるアメリカの社会と労働にかんする記事は、一高生、東大生としての弟を熱心な愛読者として持ったことは確かである。兄の送ってよこす学資で東大を卒えたその翌年、この尊敬する兄は労働組合の創設という至難の事業を志して帰国した。兄は弟の世話役をしている社会政策学会に参加して講演をすれば、弟は鉄工組合の発会式で兄と同じ演壇に立った。兄が労働問題の啓蒙家、労働組合運動の実践家とすれば、弟は社会問題、労働問題の研究者として若い情熱を燃やすのであった。しかし、彼が東大留学生として第一回渡欧の旅に立ったその翌年、一九〇〇年に治安警察法は兄を国外に追い、彼が帰朝したその翌年、敬愛する兄は異郷で死んだ」（大島清『高野岩三郎伝』）

房太郎が大きな影響を与えたのは片山潜である。片山潜もアメリカで働きながら学んでいた若者で、房太郎と同じころアメリカから帰国したが、アメリカでは、神学の勉強をし（イエール大学神学部卒）、日本に帰ったらキリスト教の布教につとめようと考えていたのに、房太郎と知り合ったことで労働運動にひき入れられてしまうのである。そして、よく知られるように片山は社会主義運動指導者として国際的に活躍するようになり、ついにはコミンテルン執行委員としてモスクワで生涯を送るという数奇な運命をたどることになる。

高野のはじめた組合結成運動は日本でアッという間に広がり、最初に組織された鉄工組合はスタート時点で、千名余であったのに、二年もしないうちに五万名をもってかぞえられるようになった。その組合には砲兵工廠の鉄工が多数入っていたことが当局を驚愕させた。その他、印刷工、鉄道機関士、船大工、家具職人、料理人などの組合まで作り（七名以上集ったら組合を作れと指導していた）、そのあまりの急激な勢力伸張ぶりを恐れた当局は、法律でこのような動きをおさえこんでしまおうと、明治三十三年には治安警察法を作り、それによって一切の労働運動を禁圧しようとした（この法で警察官は、賃銀や労働時間について演説したり扇動したりする一切の行為を禁止することができた）。

「エンゲル文庫」の誕生

治安警察法の公布以後、労働争議は警察の干渉でたちまち鎮圧されるようになり、燎原の火のごとく燃え広がろうとしていた労働組合結成運動はたちまちしぼんでしまった。失意の房太郎は日本を出て中国に渡り、四年後に青島で病死した。

その頃、大学では、社会問題や経済政策に関心を持つ、学生や教授たちが集って、社会政策の勉強会をはじめていた。国際的にも、経済学は古典的な経済理論より、社会がかかわる経済問題にもっと関心を移すべしとする社会政策学派がドイツを中心に勃興しつつあったが、その流れが日本にも生まれ明治二十九年には社会政策学会が正式に発足した。後に東大経済学部の中心となる高野岩三郎、矢作栄蔵、金井延、山崎覚次郎などみなそこに顔をそろえていた。

明治三十二年、統計学を学ぶために留学することを命ぜられた高野岩三郎が留学先にミュンヘン大学を選んだのは、そこがブレンターノなど、社会政策学派の有名教授たちが顔をそろえる大学だったからだ。

高野はここで四年間、あらゆる社会政策の基礎となる統計学をみっちり学んだ。

ミュンヘン留学中の明治三十三年（一九〇〇）、高野は後の経済学部独立にも大きなかかわりを持つ、ある役割を果す。「エンゲル文庫」の買入れである。

「彼の渡欧前、指導教授の松崎蔵之助より、ヨーロッパで著名な統計学者の文庫が売物に出たら大学に通知してほしいと依頼をうけていた。ところがミュンヘン到着後まもなく、エルンスト・エンゲル――『エンゲルの法則』で著名なあの統計学者の所蔵本が一括してライプチッヒのグスターフ・フォック書店から売りに出されていることを知った。彼はこれを松崎に通知し、大学からは折返し、ぜひそれを買い入れたいとの返事が来た。高野は書店と交渉をはじめたが、なかなかまとまらぬ。しかし菊池大麓総長も何とかこの話をまとめたいと心配したこともあって、ついに買入れと決まり、代金が高野のもとにとどけられた。三月二八日、高野はミュンヘンを発ってライプチッヒにおもむいた。翌月七日、ついに書店との交渉がまとまった。エンゲル文庫全部、数千部におよぶドイツ大学ドクトル論文集、ドイツ帝国議会の議事録およびプロシア王国両院議事録等、送料保険料をふくめ一万四千マルクの買物であった。（略）

これらの図書は東大法科大学に送られ、これを機縁に大学内に経済統計研究室が新設された。後の話になるが、帰朝した高野はその研究室の主任となって、エンゲル文庫を中心に図書の整備充実に骨を折り、ついにこれは国内有数の経済学、統計学の文庫にまで発展した」（『高野岩三郎伝』）

先に話に出た経済統計研究室は、このような沿革のもとに作られた研究室なのである。

このエンゲル文庫の上に、図書室の資料はさらに広く収集され充実していった。田尻稲次郎元教授の寄付で作られた田尻文庫、台湾総督児玉源太郎の寄付で作られた植民政策関係の児玉文庫など多数の書が加わり、震災直前には、約四万冊と、世界でも有数の経済書コレクションとなった。職員も、和書係が三名、洋書係が二名置かれるようになった。

高野は帰国するとすぐに（明治三十六年）、このエンゲル文庫を学生にもどんどん使わせてゼミナールをはじめた。そういう環境で育ったのが、森戸辰男や大内兵衛の世代である。森戸は明治四十三年に一高から法科大学経済学科に進学したが、経済学科はまだできて三年目で、進学者はあまりなく、特に一高からの進学者は少く、森戸以外にはいなかったという。森戸は入るとすぐに高野のゼミに入り、大正三年（一九一四）に卒業すると、すぐに助手になり、二年後の大正五年には助教授となった。

森戸は『経済学部五十年史』の「対談　森戸辰男先生　経済学部独立の前後」（聞きて・安藤良雄）の中で、高野ゼミのことをこう語っている。

「高野先生が日本人ではいちばん、（略）東京大学ではいちばんはじめに経済学部でセミナーを始めた。当時ヴェンティヒさんがドイツから来て、彼も入ってすぐにセミナーを始めました。これはプロセミナーといいましたが、私もそれに参加しましてね。そこでヴェンティヒさんは私に労働者の家計というのを割り当てられました。そこで総同盟の会長の鈴木文治《ぶんじ》君から十数人の組合員に紹介してもらって、労働者の生活状態を調べて、報告したのでした。（略）そのときにエンゲルというドイツの統計学者のあの生計調査の結果がのっておりまして、それを参考にしながら、報告を書いたんです。そうしたらえらいほめてくれまして、ほうびにビュッヒャーの本をもらったりしたことを覚えております。それで、エンゲルに関心をもつようになりまして、それが縁になって私がのちにエンゲルを翻訳するようになりました。偶然ですけれども、あとでおそらく話が出てくる経済統計研究室にはエンゲル文庫がありまして、それの整理をする仕事に私は参加しました。セミナーとエンゲルと統計研究室に、実は学生のときに私が結びつけられるということになりました」

殉職した名物小使い

森戸はさらに、助手時代のことをこう語っている。

「**森戸**　はじめは、経済統計研究室の助手で、主な仕事はエンゲルの蔵書を整理するということが任務でした。それが卒業して研究室に残った、大正三年からのことです。

安藤　いまお話の経済統計研究室は、先生が学生のときにすでにあったのでしょうか。

森戸　ありました。文学部の赤レンガの建物の東の端でして、ここには田尻文庫や、エンゲル文庫などがありました。そういう点では非常に思い出の深いところです。櫛田民蔵君も、ちょうど私と一緒に助手になりまして、やがて権田《ごんだ》保之助《やすのすけ》、細川嘉六《かろく》君が助手にはならなかったけれども、出入りしていました。それから永峯というおもしろい小使さんがいて、愉快な雰囲気で整理をしたり、いろいろな雑談もしたんですが……」

この永峯という小使いさんが、名物小使いで、この時代の思い出になると、誰の話にも登場してくる。この小使いさんが、関東大震災のときに英雄的な活躍をして、この図書室の貴重図書を救うという有名なエピソードがある。関東大震災というと、大正十二年（一九二三）で、経済学部が発足してから四年目の話になるが、ことのついでに、その話をしておこう。しかし、その話をする前に、経済学部が発足してから、図書室の収蔵図書はさらに充実していたという話をしておかなければならない。

『東京大学百年史』の部局史「経済学部」はそのあたりをこう記している。

「独立後の図書蒐集活動としては、矢作教授、舞出《まいで》〔長五郎〕、大内、糸井〔靖之〕助教授らが、ドイツ各地で文献蒐集を行なったことが記録されている。だがこの時代に加わった図書のなかで、特筆すべきは、アダム・スミス旧蔵書一三一部三〇三冊である。スミス（Adam Smith 1723–90）が生前に蔵したものの一割にも及ぶこれらの書物は、新渡戸教授が大正九年七月にロンドンの古書肆（Dulau & Co.）で入手し、同年十二月二十一日付で経済学部に寄贈したものである。新渡戸教授は入手直後の七月二十三日付にて、『今日実際上の御参考にはならずとも経済学者の宝物とも申すべきものと被存候に付右を新設経済学部へ寄贈致度候、（中略）愈々日本の持物と相成り又帝大の一の誇とも相成候事は甚だ愉快に存候』と山崎学部長に書き送っている」

このアダム・スミス旧蔵書（アダム・スミス文庫）を、永峯小使いが救ったのである。

大内兵衛は、『経済学五十年』の中で、そのエピソードを詳しく語っている。

「（まず、エンゲル文庫、児玉文庫、田尻文庫などの由来を詳しく語って）そんなことで、日本の経済学の文庫としては、独立当時東大のそれは相当立派で、一橋のそれ、慶応のそれと、おそらくは三大経済学文庫であっただろう。それがほとんど全部焼けたのである。ただ、幸いなことには、『アダム・スミス文庫』だけは、助かった。これは世界でも有数のスミス文庫で、今日、この文庫はイギリス、アメリカの専門家にも知られている貴重な文庫である。この文庫が、どうして震災をまぬがれたかについては、どうしてもぼくが語りつぎたい話がある。それを一席やらせてくれないか。

――どうぞ、お願いします。

経済学部独立のときは、研究室は文科の旧館にあった。その二階の廊下は広くてケヤキのユカの立派なものであった。ここには大きい角火鉢があって、永峰という小使がそれの番をしていた。大きな赤銅《あかがね》のヤカンにいつでも湯がたぎっていた。永峰は六十ぐらいの片目のおじいさんだったが、江戸っ児で威勢がよかった。われわれ青年助教授、助手は、中食はこの火鉢のそばで（立花注・三九三ページの図で食卓とあるところ）、十三銭の天神山（大学前の弁当屋）の弁当を食った。そして永峰の武勇伝を楽しむのが例であった。永峰は若いときはヤクザで相当なバクチウチであった。そのころ、国際連盟事務局の副総長になったため東大を休職になっていた新渡戸先生がロンドンに行った。そこで古本屋のカタログを見て、スミスの所有していた相当多量の本が売りに出ていることを知った。それで逸早くその古本屋にかけつけて、それを買い取って東大に寄贈された。それをうけとった高野先生はそれを大切にして、小さな本箱に『貴重書』（ほかにもスミスの初版とかマルサスの初版とかいろいろあった）と書いて置いてあった。それが、いま世界的に有名なあのスミス文庫で、先生はそれを度々自慢していた。そして先生は永峰にも、いざというときは、何よりもこの『貴重書』を出せと命じてあった。それから数年後に、あの大地震だ。地震のあった日、あのとき、永峰は火のない角火鉢のところにいた。皆がドヤドヤと研究室の階段を下りた。自分も皆について下りた。はじめは文科の本館は安全であって、もちろん類焼するなど、たれも考えていなかったが、そのうち、それにも火がうつった。黒煙が濛々とそれをつつんだ。そのとき永峰の頭には『貴重書』の書棚がうかんだ。そして彼は敢然として二階にとびあがり、その貴重書棚の本をかかえて出た。そしてそれを何度も何度もくり返した。そして何百冊かの本は焼失をまぬがれた。スミス文庫もその一つであったのである。そしてそれを運び出した彼は、それから連夜焼け落ちる大学園の煙の中に立ちつづけてこの書物を守った。まさに老僕の忠義美談じゃないか。地震後間もなくこの老雄は死んだ。しかし大学がこの何万円にも価する文庫を救った人に与え得る死亡賜金は官庁の例によってわずか百円そこそこであった。私は同志を誘って少しばかりの香典を作り、彼の貧しくもさみしい仏前にささげた」

震災で失われた貴重書の数々

もちろん、これらの図書を救出できたのは多数の人の協力があったからで、『東京大学百年史』の部局史「経済学部」は、

「研究室の蔵書は、アダム・スミス文庫の全部、エンゲル文庫と田尻文庫の一部等が、永峰小使ほかの職員、本学部学生その他の人々の努力で搬出され、奇跡的に救われた」

として、その救出にあたった八名の職員、二名の学生の名前を記すほか、

「本富士署警察官、第一高等学校生徒、正門前の魚屋店員、その他姓不詳の有志が図書の投下搬出に協力した」

と書いている。これらの人々の活動によって、スミス文庫が丸々救われたのをはじめ、エンゲル文庫の一部約一千冊（もともと一万四千冊あった）などが救出されたが、四万冊の蔵書のほとんどは、灰燼に帰した。

図書は研究者にとって何よりの必需品であるから、直ちに、ヨーロッパ各地に留学中の助教授、助手などが動員され、日本からも教授が派遣されて、大量の図書買付けがなされた。大正十二年から昭和二年までに、洋書約四万冊、和書一万数千冊が購入され、ほぼ、震災前の規模に戻った。昭和二年に竣工した経済学部の新研究室には、七層の書庫を設け、二十万冊収容可能にした。しかしそれでも、戦後昭和二十年代の終りになるといっぱいになり、毎年のように増加をつづける書物を収容しきれなくて、廊下や階段まで書庫代りにするようになった。

昭和四十年には、ついに現在の位置（赤門を入ったところ。それ以前は銀杏並木の法文経共通の建物にあった）に新館を作って引越し、新館の建物の相当部分を丸々書庫にあてるという構造にした。しかしそれでも、昭和五十年代はじめに三十万冊をこえ、その後も毎年学部予算の少くも三分の一が図書購入にあてられるので、毎年一万冊以上蔵書がふえるという状況がつづき、いまや六十一万冊の蔵書数を誇っている。その中に、

大震災を切り抜けたアダム・スミス文庫、エンゲル文庫が含まれていることはいうまでもない。

ちなみに、東大では各学部・研究科・研究所などの部局がそれぞれの蔵書を分散管理し、広く利用されるものだけが、総合図書館と教養学部図書館に集められるという体制になっているが、各部局の図書が合計して六百五十一万冊、総合図書館百十二万冊で計七百六十三万冊に及んでいる。

総合図書館の前身、帝国大学附属図書館も、震災前約七十六万冊の蔵書（部局分散分を含み、本館のみは約二十万冊）を持っていたが、そのほとんどを焼失した。しかし震災後世界各国から寄付金、寄贈図書がよせられ、急速に復興した。国内外からの寄贈図書は初年度だけで二十六万冊に及び、大量買付けなどを加え、震災後二年間で五十五万冊の蔵書を取りもどした。再建された図書館の建物自体も、アメリカのロックフェラー家の寄付になるもので、震災前の図書館よりはるかに立派な建物である。

しかし、図書というのは、蔵書数が回復すればそれでいいというものではない。エンゲル文庫の一万数千冊のように失われた貴重書は戻ってこない。総合図書館には、エンゲル文庫などよりはるかに貴重なものが沢山あった。政府から引継いだ徳川幕府の公文書などが大量にあったのである。『東京大学百年史』の部局史「附属図書館」の項には、震災で失われた貴重書として次のようなものがあげられている。

「内務省ヨリ引継ノ郡村誌類（凡六千四百冊）同上寺社奉行記録（凡千百冊）内閣ヨリ引継ノ評定所記録（凡九千百冊）外務省ヨリ引継ノ釜山文書（凡千百冊）文部省ヨリ引継ノ史談会納付ノ幕末史材料（凡二千五百冊）大蔵省ヨリ引継ノ旧幕諸藩調達金証書写書類（凡千二百冊）及社寺領書類（凡二千七百通）等ハ特別ノ集書ニシテ重要ナルモノニ属ス又蔵書中稀覯及貴重書ヲ以テ目スヘキモノ少カラス殊ニ其大部ノモノヲ挙クレハ宮内省下付ノ欽定古今図書集成（旧楓山文庫本九千九百九十五冊）同省貸付ノ西蔵文一切経（凡三百五十冊）蒙古文一切経（百六冊）等ナリ」

ちなみに、赤門そばの史料編纂掛（現史料編纂所）には、もっともっと貴重な史料が山のようにあったが、こちらは大正五年に鉄骨煉瓦造り三階建の耐火書庫（今でもある）が作られ、その中におさめられていたので焼失をまぬがれた。

経済統計研究室

(佐々木道雄名誉教授による)
〔『東京大学経済学部五十年史』〕

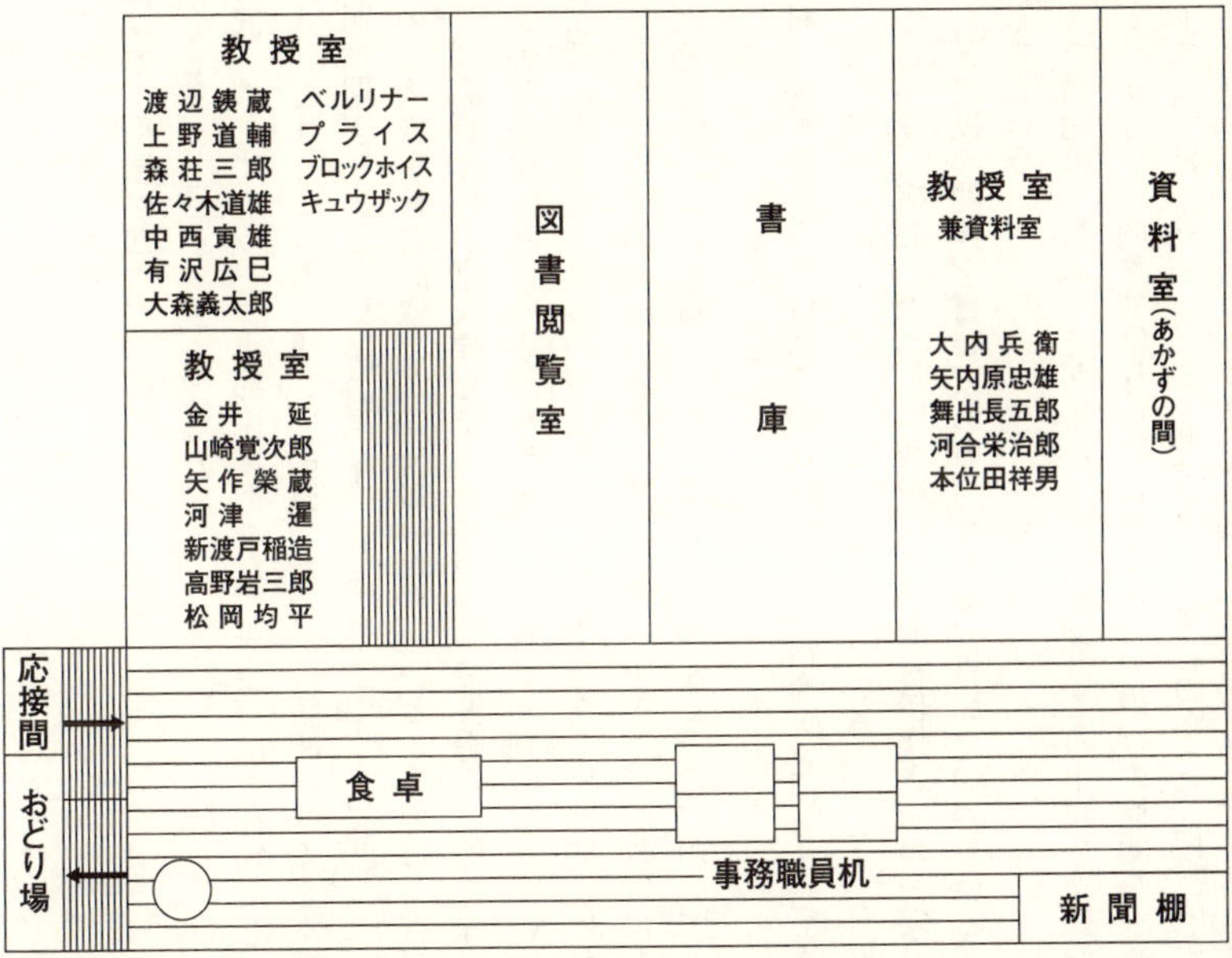

東大経済学部の「あかずの間」

経済学部の経済統計研究室には、門外不出の貴重な資料があったが、これも焼失した。当時の研究室は上図のようになっていたが、この一番奥の「あかずの間」というところにあった資料である。『経済学部五十年史』名誉教授座談会で、こう語られている。

「**脇村**　あがったすぐ左側は大先生の部屋でその次が中先生の部屋で、左側に図書室があって、つまり経済学部の経済統計研究室の図書室が階段をあがって左側にあった(立花注・ここで大先生といわれているのは、金井延、山崎覚次郎などのことで、外国人教師や渡辺鉄蔵などが中先生になる。大内兵衛などはまだ駆け出しだった時代である)。

(略)

有沢　僕の入れられた室にエンゲルの蔵書があった。

脇村　『田尻文庫』の書物と一般図書と

あって、ゼミナールをやる学生はそこまで入ることができた。私はその部屋に二年、三年の間、一日に一ぺんは入っていました。

佐々木　部屋が四つぐらいあった。（略）

（図を見て）こういう具合だった。

有沢　ここにもう一つ小部屋があった。先生方はご存知でしょう。『あかずの間』があった。暗いところで、入ってすぐこっちに小さい部屋があった。新聞がたくさん積んであってそのなかにあったのは、大逆事件（明治四十三年）関係の資料です。だから『あかずの間』で、そこまで行ってはいかんといわれていた。

大内　大逆事件の記録をとっておいたらいいというのは、吉野（作造）先生と高野先生の希望によるものでした。高野先生が座談会をやろうというので沖野岩三郎を呼んで、何回か話を聞いた。沖野岩三郎はそのころ『煉瓦の雨』という小説を書いて、それが評判になっていた。沖野はいろいろなことを知っているというので呼んだんでしょうね。それで、僕らも出席して聞いたけれども、それを公けにすることは、沖野も困るというので、吉野先生、牧野（英一）先生もやっぱり公けにしないほうがいいだろうということだった。これは相当膨大な話の量だった。それがちゃんとそこにおいてあった。それは他人にみられては困るということであった。

脇村　沖野という人は新宮の牧師です。『宿命』という小説を書いて、それが『朝日新聞』の懸賞小説に当選して、彼は一躍有名になった。『宿命』というのはだいたい大逆事件を裏からみた話です。（略）『煉瓦の雨』という『宿命』のさらに基礎になる西村伊作さんの一家の事情と、死刑になった幸徳秋水の副首相格の大石誠之助《せいのすけ》の関連を書いてある。それで、裏面を知っているから東大の先生方が呼んで、ヒヤリングなさったんでしょう」

　ここで話題の『宿命』であるが、朝日新聞はこの小説を当選作に選んだはいいが、これを発表していいものかどうか迷い、内務省警保局に持ちこんで、内々の検閲を求めた。その結果どうなったか、『日本の名著』シリーズ（中央公論社）の「幸徳秋水」の解説の中で、神崎清が当時の朝日新聞記者の報告の手紙を引いてこう暴露している。
「例の『宿命』、警保局において検閲済みと相成り候えども、その結果は、遺憾ながら全面掲載不能の宣言を受け申し候。その理由とする所は、『宿命』の背景を為しているところのものがいけぬということに帰着いたし候。『宿命』中しばしば用いられる『例の事件』とは、あきらかに大逆事件をさし、作中の人物中にも、幸徳・大石その他その事件に関連ある人物を想像せしむるものあり。〈なお風俗壊乱のおそれある箇所も二ヵ所あり〉この際、世人をして例の事件についての記憶を新たにせしむるはいかがかと思うというにあり」

結局、この小説は大幅な改作をほどこしてから発表されたので、本当のところ、この作者がどの程度のことを知っており、東大教授らのヒアリングに応じて、どの程度のことをしゃべったのか、その記録が全て焼失してしまったために、今となっては知りようがない。しかし、新しく生まれた経済学部の一室に「あかずの間」を作ってずっと保存しつづけるだけの価値があったのだから相当の内容だったのだろう。

ここにこんな話を持ちだしたのは、森戸辰男が『経済学研究』に「クロポトキンの社会思想の研究」を書いて森戸事件を引きおこすにいたったそもそもの発端は大逆事件にあり、このヒアリングには、森戸もまた参加しており、それがクロポトキンについて書いてみたいという気持を強めたという事情があるからである。

大逆事件が起きたのは明治四十三年（一九一〇）で、我々から見れば大昔のことだが、当時の人にとっては、ついこの間起きた、まだ記憶も生々しいできごとだった。明治四十三年といえば、法科大学の中に経済学科ができて三年目、ヴェンティヒの「経済学教授法改良意見書」が出て、経済学部独立の胎動がはじまった年でもある。先に述べたように、森戸はこの年、一高から経済学科に進学している。

翌明治四十四年一月十八日に、大逆事件の判決が下り（審理はわずか二十日間行われただけ）、その六日後には幸徳秋水以下十一名に死刑が執行された（管野スガ子は翌日執行）。

この事件が世に与えた影響は大きく、明治三十年代に公然とはじまっていた社会主義運動（社会主義をかかげるはじめての政党、社会民主党結成が明治三十四年。ただし即日結社禁止。安部磯雄、片山潜などとともに創立発起人になっていたのが幸徳秋水）は火の消えたようになった。政治運動の「冬の時代」がしばらくつづくのである。

徳富蘆花の大胆な講演

森戸は、『思想の遍歴（上）―クロポトキン事件前後』（春秋社）で、大逆事件の頃をこう語っている。

「被告の幸徳一派の人たちは、半数は死刑、半数は無期懲役となりました。これは、当時、朝野を震撼させた大事件でありまして、私の心にも非常に深く残っています。

私は当時高等学校（一高）の生徒で弁論部に属していたのですが（立花注・事件発覚時は一高生。判決時は帝国大学生。以下の話は一高弁論部OBとしての活動）、当時の委員の河上丈太郎君や河合栄治郎君などと一緒に徳富蘆花さんを粕谷の寓居に訪ねて演説をお願いしたのです。徳富さんは、ロシアに行き、トルストイ翁をヤースナヤ・ポリヤーナに訪問して、帰国されてまだ日の浅いころでした。無理にお願いして、とうとう一高における演説を承諾してもらいました。『ところで、どういう題目でお話していただけるのでしょうか』とたずねると、蘆花さんは、演題は『謀叛論』にすると言われました。実は、その数日前に、幸徳事件の判決があって、半数死刑、半数無期懲役となった時でした。国をあげてのこの大問題について講演しようというのでしたので、私たちは、はっと思い、これはたいしたことになった、と内心では心配しておりました。

それより数年前に、この同じ蘆花さんは、やはり一高の弁論部で『勝利の悲哀』という講演をされています。ちょうど日露戦争の直後のことで、蘆花さんはここでも警世の演説をしました。ナポレオンがロシア軍に大勝して、モスクワに入城するまではよかったのですが、その直後、大敗けをして、やっとの思いで故国にたどりつくという憂目をみたのです。蘆花さんはこの有名な史実を語って、人間は『戦争の勝利に酔ってはならない』という警告を発しました。それは、戦勝に酔っている当時の政府や軍部に対する痛切な忠告だったわけです。まさにこの蘆花さんが、折しも幸徳事件のショックのなまなましい時機をえらび、しかも『謀叛論』という深刻なテーマで話をしてくださるというのですから、私たちとしては、大いに感激しかつ期待をかけました。と同時に、その社会的影響を考慮して、少なからず憂慮もしていた、というのがいつわらぬ心情でした。

当日の講演は大成功でした。会場はぎっしり満員でした。その講演の要旨は、かいつまんで言えば、こういうのでした。『ものの判断というものは、時によって移り変わるものである。現在はたとえば「逆徒」と呼ばれようとも、新しい時代になれば、別の判断が下されるということがあり得る。したがって、幸徳氏らの事件についても、私たちは冷静に考えなければならない。思想は時代と深い関係がある。若い人びとはつねに新しいものを求めて、たえず「謀叛」しなければならない。自分の家は世田谷の粕谷にあるが、前に松陰神社がある。吉田松陰は、徳川幕府により逆臣として死刑に処せられた。しかし現代では、まさに神として祀られているではないか。そのように世の中は変わるものである。そしてそれにつれて正義とか忠誠とかも、その基準と内容が変わっていくものである。云々』

この講演はたいへんな感銘を満堂の聴衆に与え、私どももひどく感激しました。何せ、幸徳事件の判決の下った数日後のことではあり、しかも講演の内容が、この事件に直接に言及し、ある意味でそれを根本的に批判するという姿勢を含んでいるものでしたから、われわれの印象が強烈だったのは当然です」

この演説の記録が残っているが、それはなかなかのものである。

「僕は知らぬ。舌は縛られる、筆は折られる、手も足も出ぬ苦しまぎれに死物狂いになって、天皇陛下と無理心中を企てたのか、否か。僕は知らぬ。(略) 彼等は乱臣賊子の名を受けてもただの賊ではない、志人である。ただの賊でも死刑はいけぬ。いわんや彼等は有為の志士である。自由、平等の新天新地を夢み、身を献げて人類のために尽くさんとする志士である。その行為はたとえ狂に近いとも、その志は憐れむべきではないか。(略) 諸君、幸徳君等は時の政府に謀叛人と見做されて殺された。が、謀叛を恐れてはならぬ。謀叛人を恐れてはならぬ。自ら謀叛人となるを恐れてはならぬ。新しいものは常に謀叛である。『身を殺して魂を殺すあたわざる者を恐るるなかれ』肉体の死は何でもない。恐るべきは霊魂の死である。人が教えられたる信条のままに執着し、いわせらるるごとくいい、なせらるるごとくふるまい、型から鋳出した人形のごとく形式的に生活の安を偸《ぬす》んで、いっさいの自立自信、自化自発を失う時、すなわちこれ霊魂の死である。我等は生きねばならぬ。生きるために謀叛しなければならぬ」(『ニュースで追う明治日本発掘』河出書房新社)

大逆事件を公然と論じる者の一人としていなかった時代であることを考えると、相当に大胆な発言である。当時の集会がすべてそうであったように、会場には警察官もきて耳をそばだてていた。当時の新聞(毎日電報)には次のようにある。

「蘆花氏が説きたる句々すこぶる穏やかならざるものあり。臨場せる警視庁及び春木町署の刑事等数名、耳をそばだててこれを聴き、傍聴の職員等も心安からずひやひやしつつ、同校風の将来につき変化の来たりはせずやと気遣えるも、生徒にはさまでの印象を与うるに至らず、午後五時解散したり」(同前)

当日、会場にいなかった新渡戸稲造校長は、この演説の内容を聞くと、翌日全校生徒を集めて、次のような訓戒を与えた。

「今更徳冨君の演説についてどうこうはいわぬ。初めから招待しなければ良かったと悔ゆるばかりであるが、この失態はもう文部省及び上院議員二、三氏の耳にも聞こえたという事であれば、或いは責任問題を引き起こすかも知れんが、その際は自分が全責任を負うから、生徒諸君は安心してよろしい。たとい徳富君の演説が悪いとしても、わが一高には護国旗というものがあって、忠君愛国を標榜している。生徒諸君はよろしくこの辺を考えて、決して危険なる思想に陥る事なきを期して貰いたい」(同前)

新渡戸は文部省に進退伺を出したが、進退問題にまではいたらなかったという。

森戸はなぜ無政府主義に接近したか

そういう時代だったのである。無政府主義とかクロポトキンといえば、すぐに大逆事件に結びつけられることを恐れて身を引く時代に、森戸は反対に、無政府主義へ関心を深めていった。

「このようなことがあって、無政府主義というものが私の心に深く残るようになりました。そして無政府主義者はなぜあのような行動をとらねばならなかったのか。また無政府主義に対して、なぜあのようなひどい弾圧が加えられねばならないのか。こうした疑問が私の心の底にわだかまりつづけることになったのであります。

その後、私は一高、東大を卒業して、すぐ法科大学助手、やがて助教授として、いわゆる社会問題に関心をもち、それを研究する一学徒となりました。そのころ社会問題を専門に研究する学者・研究者のグループに『日本社会政策学会』というのがあって、この集会で『幸徳事件』を独自の立場からもう一度考え直し、調べ直してみようではないか、という議論が出てきました。そして幸徳事件の裁判に直接間接に関係され、または深い関心を持たれた牧野英一先生、吉野作造先生、それに高野岩三郎先生、さらに事件の被告人となった人たちと交友関係のあった牧師の沖野岩三郎さん、こういった人たちが集まって研究会を開いたことがありました。私自身もこの研究会につらなっていろいろの議論を聞きながら、かつて高等学校時代に印象づけられた徳冨蘆花の『謀叛論』の感動をよびおこしたものでした。

ちょうどこのころから、大杉栄氏一派のアナルコ・サンジカリズムの運動がはなばなしく世間に登場してきました。こうしてクロポトキンの名が一躍、表面に出てきたわけです。そもそも幸徳氏の思想的拠りどころは、クロポトキンです。クロポトキンの『パンの略取』を翻訳したのも幸徳です。この幸徳、大杉栄、それからアナルコ・サンジカリズム運動、こうしたいくつかの要因をつうじて、私はクロポトキンに非常に強い関心と興味を抱くようになりました」(『思想の遍歴(上)』)

ここで、森戸辰男の人物像を、大内兵衛の『経済学五十年』によって、紹介しておく。

「森戸君はぼくより一級下だったが、一高以来の秀才であり雄弁家であった。しかし、ぼくは五高であり、大学のクラスもちがっていたから、本来はそう親しい間柄ではなかったが、高野先生の同門としてその演習に参加したり、同人会で一緒に議論をしているうちに、いつの間にか親しくなったのである。ぼくは長いこと役人をしていたが、森戸君ははじめから学問に志していたので、学問の上では彼は及びもつかぬ深さと広さをもっていた。とくに森戸君はクリスト教や哲学の素養を十分にもっていた。その上に英語もドイツ語も上手であった。森戸君の『労働者問題』（ブレンターノ）と『全労働収益権史論』（アントン・メンガー）は名訳として高く評価されていた。また、大正七年の社会政策学会の報告『日本の婦人労働問題』は名リポートとしてたたえられていた。当時の学界の新人中では、慶応の小泉〔信三〕、東大の森戸が相ならんでホープであった。それぞれ福田〔徳三〕・高野〔岩三郎〕の秘蔵ッ子といわれた」

先の森戸の話にあったように、森戸は大正三年に卒業すると、すぐに助手として研究室に残った。

法科大学の助手というのは（今の法学部でもそうだが）、教授のおめがねにかなったトップクラスの学生を、将来の教授候補ということで残すのである。

『経済学部五十年史』の名誉教授座談会でいうと、こういうことだ。

「**脇村**　うちの助手は僕にいわせれば、すでに一国一城の主だった。教授、助教授に付属した助手ではないんですよ。かたちはそうなっているけれども。（略）

佐々木　私を助手にとる前提としては、お前を将来助教授にしてやるという約束でした。はじめから助教授候補生として、二年前から決まっていた。（略）

脇村　学生から助手になるときに、そういうふうな先物を買ったんですね。（略）二年間助手をさせる。そして二年の間に論文を二つ書け。一つは助手になってちょっと勉強したのを出せ。もう一年たったころ就職論文を書いて、それがパスすれば助教授にしてやろう。パスしなければだめだ。だいたいそういう慣行」

先の森戸の話にあったように、この頃経済学科にはもう一人助手がいた。櫛田民蔵である。櫛田は早くに亡くなったため（昭和九年）、戦後世代には、婦人運動家の櫛田ふきのご主人だった人といったほうが早いかもしれないが、日本のマルクス経済学の開拓者で、「河上肇とならぶ最高峰の一人」（『國史大辭典』）とまで評価される人である。

この人がまた、初期経済学部の役者の一人なので、また大内兵衛の筆で、人物紹介をしておく。

「櫛田君はぼくより三つ上だ。そして大学は一年早く、すなわち明治四十四年に卒業した。しかし東大ではなく京大だ。もともと櫛田君は外国語学校でドイツ語をやり、そこで権田保之助君に社会主義を吹きこまれた。外語を卒業した彼は、天下に師を求めて、河上肇をそれだと思い定めた。そして京都へいってその門下となった。(略)河上さんはとくに彼の才を愛し、彼にアルバイトを与えて彼の学資を助けた。(略)そんな関係もあって、櫛田君は卒業して上京するとき河上さんの紹介状をもらって、福田徳三と高野岩三郎のところにワラジをぬいだ。(略)高野さんは『そういうわけか。そんなら、しばらく東大の経済学研究室の手伝いをしろ』ということになった。これはまだ経済学部独立の前、八年も前のことだ。そこで、櫛田君は三十円の月給をもらってそこの図書整理の係となった。そして東大で高野先生の演習に出るようになった。(略)引きつづき高野先生の助手として研究室の書物を整理し、『国家学会雑誌』の編集に当たった。そのうちに、森戸君、土方君が大学を出たので、三人は仕事を共同にすることになった。これが、東大経済学部独立の下準備の時代であった。

ぼくがはじめて櫛田君を知ったのはこの時代である。ぼくは大蔵省の役人でありながら、ときどき大学の研究室に顔を出していたからである。また、同時に、カーネギー平和財団の仕事をしたからである。当時、櫛田君は、いつでもよごれた汚ない洋服を着て、黒いよごれた顔をしていた。そして警戒心の強い犬みたように、物をいわぬ人であった。しかし、何かよく勉強をしている人だという感じをぼくに与えた。彼は当時すでに社会主義に興味をもっていた。後年彼は当時を回想して『何しろ土方、森戸両君は東大の嫡子、ぼくは京大の落武者。地位がまるで違っていた。ぼくは人足、雇われ人足。研究室の本の運搬をやっていたのだ』といった」(『経済学五十年』)

〝レーニン村〟唯一のマルクス主義者

櫛田のこの発言は、東大法学部（経済学部）の助手人事の背景にある慣行を知れば、その意味がわかるだろう。

櫛田はこのあと、大阪朝日に入って、論説を書くようになった。

「櫛田君は、そのうちに大阪朝日をやめた。これは、自分が社会主義的になるにつれて、ブルジョア新聞の限界をはみ出ることを、自ら恐れたからであった。そこで、彼はまたぶらりと河上さんを訪ねた。河上さんは、それならば、しばらく同志社の教授になれといった」（同前）

同志社大ではあっという間に経済学部長にまでなるが、保守派のボスとケンカをした。

「そのケンカを種にして彼の首を切った。彼はそのことを総長に報告した上で、さっさと自分も辞表を出して、後もふり向かずに東京に出てきた。彼が同志社にいたのはわずかに一年余、事を処理したのはほんの数週間であった。

彼は再び浪人の身として東大研究室に現われた。高野先生は、『君はまたそういうことをやったか。とにかく、この研究所でしばらく本を読んでおれ』といった。たぶん大正七年である。そこで櫛田君は専修大学で経済学、社会政策を講じて衣食の資を得るようになった。ぼくがアメリカから帰ってきて、しばしば東大とくに同人会*に行くようになったのはこのときであるが、このとき櫛田君はすでに同人会のメンバーとして有力であった。権田君も、このころはこの会に加わっていた。櫛田君はこのとき、すでに、ほぼマルクス主義に立っていた。（略）このとき、われわれの仲間は法学部の教授、助教授らから〝レーニン村〟という愛称（警戒称）を得ていたが、そのうちで、ほんとうのマルクス主義者といっていいのは唯一人、彼だけであった」（同前）（＊高野岩三郎の周辺にいた左翼的学徒の勉強会）

「四、五年の間実に勉強し、同人会などで徹底的に議論をしている中に、マルクス主義になっていった。彼がそのころ一番研究したのは『共産党宣言』それから『資本論』でしょう。彼がそうなるに従って、森戸君が影響され、僕らも多少それに影響されて、何となくそういう雰囲気に同人会がなってきた。その中でつねに先頭を切っていたのは、もちろん彼だ」（大内兵衛『私の履歴書』）

森戸事件が起きた頃の経済学部はこういう雰囲気だったのである。森戸のクロポトキンの論文がのった発足したばかりの経済学部の研究誌、『経済学研究』の創刊号には、実は、櫛田が訳したマルクスの「共産党宣言」が同時にのっていた。この号にはクロポトキンとマルクスを一挙に紹介するねらいがあったのである。しかし、櫛田の翻訳は「宣言」を注意深く抜粋して無害なものに変えてあったので、当局が直接問題にできるような内容はなかった。

19
大正デモクラシーの旗手・吉野作造

森戸事件の概要

大正九年（一九二〇）、できたばかりの経済学部は、理論雑誌『経済学研究』を発行した。この雑誌を出すことは、経済学部を作った人々の悲願だった。東大における経済学の遅れは、なによりも、そのような理論研究誌がないというところにあらわれていたからである。

『東京大学経済学部五十年史』名誉教授座談会にこうある。

「**大内**（兵衛）　京都大学は、いま脇村〔義太郎〕さんがおっしゃったように、東大よりもはるかに経済学は進んでいた。偉かったという点は、『経済論叢』という雑誌が出ていて、それが月刊だった。東大にはそういうものは何もなかった。『国家学会雑誌』があるだけでそれにたまに経済学の論文が載ったけれども、

東大新人会の機関誌

吉野作造

経済学部の雑誌はなにもなかった。（略）それからさっきの神戸高商の『国家経済雑誌』、それから『三田学会雑誌』があって、日本の経済学の学術雑誌は、三つ鼎立していたけれども、東大には何もなかった。それほど貧弱でした」

ここにあるように、経済学部の独立以前、経済学の論文は、法学部で出す『国家学会雑誌』にのるだけだった。国家学とは、ドイツで発達した国家に関する学問で、政治学、行政学、公法学、政治思想史などを含んでいたが、経済学も、国家学の一部と考えられていたのである。

「**大内**　『国家学会雑誌』というのは、政治および経済学の機関雑誌だった。そして、『法学協会雑誌』と相対立していた。『法学協会雑誌』はいつでも黒字だが、『国家学会雑誌』はいまだかつて黒字になったことがない。何年も続いて赤字ばかりだった。そして経済学部が独立したときに、森戸君、高野先生だのが、大正六、七年ぐらいから編集していたが、あんなもの捨てちゃおうといって捨てたのです。それで『経済学研究』というのをわれわれ独立して出した。（略）『お前たちはけしからん』といって、えらい法科の先生から怒られたことがある。

安藤（良雄）　そういったことのなかには、経済学を国家学というわくから解放して、社会科学としての経済学を目指そうというふうな風潮があったとみてよろしいでしょうか。

大内　そうでしょうね。やっぱり国家学会というのはおかしい」

森戸論文が、『経済学研究』の第一号にのった背景には、経済学部が独立するからには、学としての経済学も独立しなければならないという思いがあった。そのあたりを、森戸辰男は、『思想の遍歴（上）』の中で、次のように書いている。

「せっかく新しい学部が独立したのだから、この機会に、大学に新風を吹きこむことが必要ではないか、経済学部はこの際、古い東京帝国大学のよどんだ伝統をあえて破るべきではないか、というのが私たちの考え方でした。

（略）その当時、法律・政治・経済関係の代表的な機関誌に『国家学会雑誌』というのがありましたが、その名からもわかるように、経済学や社会問題等のいわゆる社会科学がドイツ流の『国家学』の名称で一括されていたのです。私たちは、新しい時代にはこれらの学問は国家学でなく社会科学の形でとりまとめていくべきではないか、と思いました。そして新しい経済学部の機関誌が出るのだから、われわれ若い者は、新しい社会科学の立場から、大学全体に新風を送りこむような新鮮な論文を執筆しよう、というのが編集者の意図でもありました。

偶然かもしれないけれども、当時、新しい社会的な思想運動のうちで注目される一つの柱が無政府主義、あるいはアナルコ・サンジカリズムであり、もう一つの柱がボリシェヴィズム——共産主義を名乗ったのはその後のことです——であったのです。私が『クロポトキンの社会思想の研究』を書き、櫛田民蔵君が『共産党宣言』の一節の翻訳を載せました。こういう形で当時の社会運動の二大潮流に呼応することになり、図らずも経済学部機関誌『経済学研究』創刊号に精彩を添えることになったのでした」

前章で述べたように、櫛田民蔵の「共産党宣言」の翻訳のほうは、問題になるような部分をのぞいてあったので、何も問題は起きなかった。

堺・幸徳版「共産党宣言」の中身

そもそも、共産党宣言の翻訳はこれが最初ではなかった。明治三十六年に堺利彦、幸徳秋水らが作った「平民新聞」が、翌明治三十七年十一月、創刊一周年を迎えるにあたって、一号丸々つぶして、「共産党宣言」を翻訳して掲載したのである。翻訳にあたったのは、堺利彦と幸徳秋水だった。翻訳は四章のうち、一、二、四章で、空想的社会主義など、社会主義の思想の歴史を述べた第三章は、重要性が少いということでぬけていた。

櫛田民蔵の翻訳は、実はこの第三章のみで、あの有名な、

「共産主義者は、これまでのすべての社会秩序を暴力的にくつがえしてのみ自分の目的が達成できることを、公然と宣言する。支配階級は共産主義革命の前に戦慄せよ」(第四章)

などの煽動的部分はいっさい入っていなかった。

平民新聞の翻訳に話を戻すと、これは新聞紙条例で社会秩序壊乱の罪に問われて、ただちに発売停止となり、堺、幸徳は起訴された。

当時平民新聞は一号平均四千部発行されており、何か危いものがのるときには、当局への届け出を遅らせ(定期購読者への発送を先にする)、発売禁止、停止の実害を防いできたが、このときは事前に情報がもれていて、平民新聞がまだ印刷している間に、各郵便局に平民新聞の送達差し止めの通達が出され、各売りさばき店に対しても、差押さえの手配がなされていたので、市中に出まわったものはほとんどなかったといわれる。

この一件は裁判になり、堺らは有罪判決を受けたが、その判決に次のようにあった。

「蓋し古の文書は如何に其記載事項が不穏の文字なりとするも、……単に歴史上の事実とし又は学術研究の資料として新聞雑誌に掲載するは、……社会の秩序を壊乱する記事という能わざるのみならず、むしろ正当

なる行為というべし。しかれどもその文中の理想を以て現代の者の意見と一致するものとし、またはその趣旨の実行をはからんとする記事なる時は、……自ら編述したる文書と同様の責を負わざるべからず」

裁判官は、この判決の前段を、後段の結論を導くためのレトリックとして書いたつもりだったのかもしれないが、堺はこの判決前段部分を奇貨として、翌明治三十九年、純粋学術雑誌として『社会主義研究』なる雑誌を刊行して、その第一号に、「共産党宣言」全訳（平民新聞では欠けていた第三章も補った）を掲載してしまった。しかも、その序文として、堺は、その判決文を引用した上で、

「故に、吾人はいまここに『単に歴史上の事実』として、また学術研究の資料として法律の認許の下にこの一文を本誌に掲ぐ」

と書いていた。これでは、当局も文句のつけようがなかったのか、『社会主義研究』は発禁にならなかった。「共産党宣言」は一八四八年、日本でいえば江戸時代（嘉永元年）の書物であるから、たしかにこれは「古《いにしえ》の文書」であり、現代的評価を付け加えなければ、刊行しても「歴史上の事実」「学術研究資料」として罪とはみとめられなかったのである。その程度の言論の自由は当時の日本にもあったのである。同誌はその後も刊行をつづけ、第四号にはエンゲルスの『空想から科学へ』を全訳掲載した他、サン＝シモン、フーリエ、プルードン、オーウェンなどの初期社会主義文献を次々に紹介していったが、資金がつづかなかったのか、五号で休刊となって終った。

大正デモクラシー最後の一幕

戦前は「共産党宣言」など国禁の書で、翻訳を刊行することも読むことも持つことも許されていなかったと思っている人が多いかもしれないが、決してそうではない。社会主義、共産主義の弾圧の仕方には、時代によって微妙なちがいがあり、新聞紙条例（法）、出版条例（法）などの弾圧法規も何度も改正になっているので、許されることと許されないことの一線が時代によって少しずつちがう（成文法上のちがいと運用上

のちがいがある)。

重要な一線の引かれ方は、まず、社会主義への言及が学術上の研究としてなされているのか、それとも現実的な政治主張・政治宣伝としてなされているのかというところにある。さらに、具体的な政治行動の呼びかけをしているのかどうかというところにある。

主張の内容として、最も大きな一線は、君主制(天皇制)の廃止を唱えているかどうかというところにあった。あるいは、私有財産の廃止、貴族制度の廃止など、社会の基本システムの変革を唱えているかどうかも大きなかかわりがあった。

治安維持法以前は、そのあたりは、「政体変壊」「朝憲紊乱《びんらん》」など、ある程度あいまいな表現が用いられていたが、治安維持法になると、

「国体ヲ変革シ又ハ私有財産制度ヲ否認スルコトヲ目的トシテ結社ヲ組織シ又ハ情ヲ知リテ之ニ加入シタル者ハ十年以下ノ懲役又ハ禁錮ニ処ス」(第一条一項)

と、その成立要件を明確にした。そしてこの定義の中でちょっとあいまいな「国体」の語は、大審院判決によって、「万世一系ノ天皇君臨シ統治権ヲ総攬シ給フコト」と、天皇制に他ならないことが明確にされた。

三・一五事件(一九二八。共産党大検挙。検挙者千六百五十八名。起訴四百八十三名)のとき、治安維持法の条文では、共産党員でない者を処罰することができないことがわかったので、議会を通さずに、緊急勅令という形で、治安維持法の改正を行った(一九二八)。罰則に「死刑又ハ無期」を加えた上、「結社ノ目的遂行ノ為ニスル行為」という新しい条項を加え、共産党に加入していなくても、共産党のために行動した者はシンパであろうと何であろうと全部ひっくくり、二年以上の自由刑を科すことができるようにした。この改正以後は、「共産党宣言」は文字通りの国禁の書となり、それを翻訳して刊行することも、販売、頒布することも治安維持法にひっかかることになった。

しかし、森戸事件が起きた頃はまだ、学術研究か政治行動か、国体変革(朝憲紊乱)の主張か否かの一線をこえないかぎり、学問の自由、言論の自由は一応保たれているものと考えられていた(明治憲法において

も二十九条で〝法律ノ範囲内ニ於テ〟という条件つきながら、〝言論著作印行集会及結社ノ自由〟は認められていた)。

森戸の論文執筆はそう考えての行動であったのであり、森戸論文が摘発されたあと、一斉に学生や文化人の間で盛りあがった森戸支援の動きにしてもそう考えての支援である。当局の取締にしても、それほど強圧的なものではなかった。森戸論文を載せた『経済学研究』は、発売禁止処分になったわけでもなければ、没収されたわけでもなかった。筆者の森戸も、発行人の大内兵衛も身柄を拘束されたわけでもなければ、免職処分になったわけでもない。

そして、起訴理由は、新聞紙法四十二条(「皇室ノ尊厳ヲ冒瀆シ政体ヲ変改シ又ハ朝憲ヲ紊乱セムトスルノ事項ヲ新聞紙ニ掲載シタルトキハ発行人、編輯人、印刷人ヲ二年以下ノ禁錮及三百円以下ノ罰金ニ処ス」)違反となっていたが、一審判決は、これでは有罪にしなかった。朝憲紊乱にはあたらないとしたのである。しかし、同法四十一条(「安寧秩序ヲ紊シ又ハ風俗ヲ害スル事項ヲ新聞紙ニ掲載シタルトキハ発行人、編輯人ヲ六月以下ノ禁錮又ハ二百円以下ノ罰金ニ処ス」)には違反するとして、禁錮二月を宣告したのである。

結局、この判決は三カ月後の控訴審でひっくり返り、やはり四十二条違反の朝憲紊乱にあたるとして森戸に有罪判決が下り、禁錮三月に処せられるのであるが、この裁判過程そのものは、さして理不尽のものではなかった。

法廷には、花井卓蔵、原嘉道《よしみち》、布施辰治、星島二郎《にろう》、片山哲、今村力三郎など当代一流の弁護士たちが弁護人としてならび、特別弁護人として、佐々木惣一、吉野作造、安部磯雄、三宅雪嶺、高野岩三郎など、これまた当代一流の学者、言論人がならんで、激しい言論戦を繰り広げたし、法廷外でも、これらの人々によって、演説会、講演会などの形で、森戸支援の声があげられた。

結果において森戸は下獄しなければならなかったのであるから、敗北といえば敗北だが、これはなすところなく終った完敗型の敗北ではなく、いいところまでいった善戦惜敗型の敗北である。今からふり返ってみると、森戸事件は、ファシズムの時代の最初の一幕というよりは、大正デモクラシーの時代の最後の輝ける一幕であったように見える。

この事件は、さまざまの意味において、日本という国の大きな歴史的転換点を示しているのである。

そのあたりをわかっていただくために、この時代の歴史的背景を少し概括しておきたい。

大インフレと米騒動

先に述べたように、日露戦争と第一次大戦（一九一四〜一八）によって、日本の経済は飛躍的に伸び、日本は政治的にも経済的にも世界の列強の一角にかぞえられるようになった。

この間の経済の躍進ぶりを、戦前の国富統計によって示してみると、次のようになる（国富は公私にわたる国民全体の資産の統計額。戦前は公式の国民所得計算がないので、合計八回行われた国富調査が、国力の推移のいちばんいい指標になる。ただし、調査主体が、日本銀行、国勢院、内閣統計局と移り変ったので、内容的に若干の不整合がある。四捨五入して億円単位にしてある。現在の貨幣価値で考えるには、公的換算値はないが目安として明治時代は五千倍、大正・昭和時代は二千倍してみるとよい）。

一九〇五（明治三八）	二二六億円
一九一〇（明治四三）	二九四億円
一九一三（大正二）	三二〇億円
一九一七（大正六）	四五七億円
一九一九（大正八）	八六一億円
一九二四（大正十三）	一、〇二三億円
一九三〇（昭和五）	一、一〇二億円
一九三五（昭和十）	一、二四三億円

戦争を契機として、驚くほど日本経済が伸びたことがわかるだろう。

それにともなって、日本の社会も大きな変貌をとげた。民間企業が大きな経済力を身につけて、大学卒業生をどしどし採用するようになったことや、労働争議が頻発し、労働組合運動がはじまったことなどは前に述べた。

戦争景気は、第一次大戦でヨーロッパ諸国が戦争に熱中している間に、日本が世界の輸出市場をどんどん奪っていくことで起きた。その間に、大変な勢いで日本の外貨は蓄積していった。日本の金準備は、大戦開始の時点で二億一千八百万円にすぎなかったのに、大戦が終った後には(一九二〇)、十二億四千七百万円にもなっていた。戦前の金本位制の下では、金準備がふえることは、そのまま通貨の発行高増大につながった。

その結果、大インフレが起き、物価は騰貴し、労働者の実質賃金はどんどん落ちていった(戦争開始前を一〇〇とすると、戦争終結時には、六八〈労働者〉から五四〈俸給生活者〉に落ちていた)。

これが労働争議が頻発した最大の原因である。小作争議も頻発したし、他の原因も加わって(シベリア出兵。米商人の買占め)、特に米価が値上りした(三倍近く上った)。そのため大正七年(一九一八)には、ついに米騒動が起きた。

七月末に富山県で女房一揆として自然発生的にはじまった米騒動は、間もなく全国に広がり、あちこちで米屋の打ちこわし、米の掠奪がはじまった。やがて、米穀取引所、酒店、質店、派出所、知事官舎、警察署などまで襲われるようになった。騒動は九月はじめまで、約四十日間にわたってつづき、全国で百万人をこえる人々が参加した。警察力だけでは鎮圧できず、百数十カ所で軍隊が出動した(動員兵力は十万人をこえた)。検挙者は二万五千人に及び、死刑になったもの二名、無期懲役になったものは十二名をかぞえた。これは明治維新以来、日本で起きた最大の暴動で、ロシア革命(一九一七)、ドイツ革命(一九一八)の記憶もまだ生々しかったところから、政府高官たちは、事態に驚愕するばかりで、適切な対応策を何もとれず、ひたすら警察と軍隊の力で抑圧しようとした(時の首相、寺内正毅は陸軍大将だった)。

「白虹《はっこう》事件」朝日新聞の変節

新聞は全紙をあげて、寺内内閣の責任を追及したが、内閣は逆に、騒動を広げた責任は新聞報道にありとして、八月十四日から、米騒動関連の記事掲載を一切禁止した。ここにいたって、新聞と内閣は全面衝突、新聞は記者大会を開いて倒閣運動に走った。八月十七日以後、大阪、東京、横浜、金沢、福岡などで新聞各社の代表が会合して、「内閣の引責辞職」を求める決議がなされた。八月二十五日に、大阪で八十六社の代表が集って関西記者大会が開かれ、再び、政府の責任が追及された。その模様を報道した大阪朝日の記事の中に、「白虹日を貫けり」の一語が入っていたところから、思いがけない事件が持ちあがった。「白虹日を貫く」とは、中国古典の「戦国策」に出てくることばで、白い虹が太陽にかかることを意味し、兵乱が起きて君主に危害が加えられる（革命が起きる）予兆とされていた。問題のくだりは、次の部分である。

「各社代表者の演説が始まった。大阪毎日の高石真五郎氏、大阪時事の上杉弥一郎氏、名古屋新聞の小林橘《きっ》川《せん》氏を始め、代わり代わり壇に立つ。十数名の口を開く所、舌の動く所、内閣の暴政を罵らざるはない。舌端火を発する熱弁は、彼等をしてついに気死せしめずんばやまざるの概を示した。

終わって食堂の開かれたるは一時に近い頃であった。

食卓に就いた来会者の人々は肉の味、酒の香に落ちつくことが出来なかった。金甌無欠の誇りを持った我が大日本帝国は、今や恐ろしい最後の裁判《さばき》の日に近づいているのではなかろうか。『白虹日を貫けり』と昔の人が呟いた不吉な兆《しらせ》が、黙々として肉叉《フォーク》を動かしている人々の頭に雷《いなずま》のように閃く」（現代風に改めた）

そのころ、政府と最も先鋭に対立していたのが大阪朝日新聞である。主筆の鳥居《とりい》素《そ》川《せん》（編集局長）以下、長谷川如是《にょぜ》閑《かん》（社会部長）、大山郁夫、丸山幹治（政治学者丸山真男、ジャーナリスト丸山邦男の父）など錚々たるメンバーをそろえた論説陣が筆鋒するどく政府を追及しつづけたので、政府の反撥もすさまじく、寺内内閣になってから、なにかと理由をつけては、十三回も発売禁止処分にしていた。

政府は、「白虹日を貫けり」の表現を見逃さず、これは、皇室の尊厳を冒瀆し、朝憲紊乱にあたるとして、執筆記者と編集発行人をすかさず起訴してきた。担当検事は、この場合、新聞紙法の規定によれば、新聞の発行禁止も命令することができると脅しにかかり、それがいやなら主筆以下の編集幹部を引責辞任させ、政府批判の論調を転換することを求めた。

これに対して、大阪朝日は、はじめ抵抗の姿勢を見せたが、初公判の三日後、社長の村山龍平が、事件に怒った黒龍会系の右翼の壮士の一団に襲われて負傷すると、一転してヘナヘナとなってしまった。

その暴漢襲撃の場面、朝日自身の報道によると、

「本社長村山龍平氏は正午、大阪ホテルに至り協議を終え、午後二時半、自用車に乗り帰社の途に就きしに、中之島公園豊国神社南側鳥居前まで来たりし時、公園内より出でたる一人の壮士風の男、矢庭に俥夫佐野久次郎を突き倒したり。その時なお数名の壮士風の男、前同様公園内より現われ、その内一人は麻縄の細きものを取り出し、村山社長の右の手首に捲きつけ、背部にかけ、俥より強く引き下ろさんとし、他の数名は携えたる洋杖《ステツキ》にて左右の脚部を打ちたり。この間に佐野俥夫は淀屋橋北詰巡査派出所に駆けつけ、右の趣きを訴えたるが、壮士等は俥夫の姿が見えぬより驚き、旗、『檄文、皇国青年会』と記したる印刷物二、三百枚、麻縄、洋杖等を現場に打ち捨てたるまま、鳥居を潜り北方へ逃走せり。社長は右等の証拠品をことごとく拾い集め、徒歩にて帰社したるが、脚部の打撲傷は極めて軽微なり」

と、あたかも、そう大したできごとではなかったかのように書いているが、裁判で事件の詳細が明らかになってみると、それは大したことがないどころではなかった。予審決定書によると、犯人たち七名は最初から「社長村山龍平に鉄拳制裁を加え、かつ同人を縛して、その自由を奪い、以て生き曝しになすべく共謀し」、その通り実行したもので、

「豊国神社前を通過する後、被告人一同躍り出で、その車前に立ち塞がり、被告弘寿は待てと声を掛けて梶棒を捉え、携え行きたる洋杖にて車夫久治郎の右足を殴り、他の被告等の補助を得て車上の龍平を引き摺り下ろし、洋杖にてその左右両足を殴り、被告竹三は携え居りし麻縄を以って龍平の右手首を縛し、その手を

後ろへ廻して引き上げ、その麻縄の余分を同人の身体に捲き附け、（略）しかる後、逆賊村山龍平に天誅を与う。身を捨てて仁をなすこそ武士の踏むべき道と思うなりけり。東京皇国青年会天誅組。

と書き、持ち行き居りし白布の旗の二枚の内、その一枚を龍平の頸部に括り附け、他の一枚を同神社鳥居前の提灯台に釣り下げ、その附近に檄文を撒布し逃走したるもの」

であって、自力で立ち上って、ビラを集めて徒歩で帰るなぞできようはずもなかった。助けられるまで、天誅の檄文を首にくくりつけられたまま、ここには正確な記述がないが、そこにあった燈籠にしばりつけられたのである。「提灯台」とあるのは、燈籠のことである。そしてこれは昼日中のこと（午後二時四十分ごろ）であったので、すべては衆人環視の中で行われた暴行事件で、文字通り生き恥を曝したのである。

これで朝日新聞は本当にヘナヘナになり、社長は引責辞任。鳥居素川、長谷川如是閑は引責退任となった。論説の大山郁夫、丸山幹治はこれに怒って退社した。社友として論説を寄せていた河上肇、佐々木惣一なども社を去った。また、三十余人の社員がやはり鳥居と行を共にして社を去った。鳥居、長谷川、大山、丸山は雑誌『我等』を発刊して、『改造』『中央公論』などと競い、大正デモクラシー論壇の一角をになった。丸山はその後、読売新聞の論説委員を経て後に毎日新聞の論説委員となり、戦前から戦後にかけ「余録」欄を二十五年にわたって書きつづけた。

政府批判派を追放した朝日の社内は、かねてから鳥居素川と対立関係にあった保守派の西村天囚《てんしゅう》（なんと後に宮内省に入り、「国民精神作興の詔書」を起草した人）の天下となった。西村は自ら筆を執って、長文のお詫びと反省の一文を一面全面に社説として掲載した。その中で、

「近年の言論すこぶる穏健を欠くものありしを自覚し、また偏頗の傾向ありしを自知せり。かくのごとき傾向を生ぜしは、実に我が社の信条に反するものなり。外間に於ける少数者の疑惑、誤解もまた豈にこれがためなるなからんか。我が社の君国に対する思想は終始渝《かわ》らず、必ずしも弁を費すの要なきを知るといえども、紙面の傾向にして既に本来の信条と相反するものあるを自覚せる以上は、指導宜しきを失うの過ちを自認せ

ざるべからず」

と書き、朝日のこれまでの報道が大いに偏っていて、穏健を欠いたことが社長襲撃事件をもたらしたのだとして、誤っていたのは我々のほうだと主張した。そしてこれからの朝日新聞の姿勢をはっきりさせるとして、「朝日新聞編集綱領」を決め、それを公表した。その第一項は次のようなものである。

「一、上下《しょうか》一心の大誓を遵奉して、立憲政治の完美を裨益し、以って天壌無窮の皇基を護り、国家の安泰、国民の幸福を図る事」

「上下一心の大誓」とは、明治天皇の五箇条の御誓文のことで、朝日新聞では、この御誓文を社内に貼り出して、これを社の根本方針とすることを明言した。

「中にも上下一心の四字は、君民一体の我が国に於いて、人々の造次も忘るべからざる所となす。これ綱領の章首に冠するに、この四字を以ってして、終始服膺せんとする所以なり。上下一心、立憲政治の妙用を尽し、その完美を期すべきは、日本民族の本務にして、皇基の天壌と窮まりなく、国平らかに民安からんことを禱るは、我が社第一の主旨なり」

それまでの朝日新聞は、大正デモクラシーの先頭に立ち、黒龍会指導者内田良平などからは、朝日新聞は社会主義の傾きがあり、「その論調公平を失し誹謗を事とし、時々危険思想を鼓吹して社会を蠹毒《とどく》するの虞《おそ》れある」(予審決定書)

と目されて、それが鉄拳制裁の理由になっていたのだが、これ以後の朝日新聞は、その頃のおもかげはみじんもなくなり、君民一体上下一心、皇基を護る新聞になってしまうのである。

朝日新聞が、戦争中、国策積極協力の新聞となってしまい、戦後丸坊主ざんげして戦争中の言論活動を自ら全否定することになる原点はこのあたりにある。また、右翼はこの社長襲撃によって朝日の論調を一変させたことを大戦果とし、これに味をしめたのか、その後今日にいたるまで、何かというと朝日攻撃をするようになる。

この事件に対し、右翼陣営に一矢報いたのが、大正デモクラシーの輝ける旗手であった、吉野作造である。

天皇制とデモクラシーの調和

吉野は、明治三十七年(一九〇四)法科大学政治学科を首席で卒業し、明治四十二年法科大学助教授に任ぜられ、翌年から三年間欧米に留学した。大正二年(一九一三)に帰国すると、すぐに『中央公論』主幹の滝田樗陰《ちょいん》の訪問を受けた。滝田は当代で最も著名な編集者で、文壇でも、論壇でも、『中央公論』が新人の最大の登竜門とされており、文学青年も、政治青年も、みな滝田の人力車の音が玄関先に聞こえる日を夢みていたといわれる時代である。

滝田のすすめによって書いた「学術上より観たる日米問題」(『中央公論』大正三年一月号)が高く評価され、それから吉野は、ほとんど毎号のように、『中央公論』に書くことになる。吉野の書くものであれば、滝田はどんな長いものでものせ、時には、『中央公論』の紙数の二割をさいてしまうこともあった。この時代の吉野は『中央公論』とともにあったといってよく、『中央公論』が吉野とともにあったといってもよい。

特に著名なのは、大正五年(一九一六)一月号にのった「憲政の本義を説いて其有終の美を済すの途を論ず」という、百ページにもわたる長大な論文である。これは、従来、天皇制の日本において、人民主権のデモクラシーを唱えることは、国体に反する危険思想とみなされていたのに対し、巧みなレトリックをもって、天皇制とデモクラシーは決して矛盾しないどころか、明治憲法の精神を本質的に実現しようと思ったら、むしろ、デモクラシーによらざるを得ないということを説いて、天皇制とデモクラシーを調和させ、大正デモクラシーの基礎理論となった論文である。

どのようなレトリックで天皇制とデモクラシーを調和させたかというと、デモクラシーを一つの概念としてとらえず、実はこれは二つの面を持つ複合概念であるとして、一つの面は捨てるが他の面を拾うことによってである。具体的にいうと、国家権力の所在がどこにあるかという権力論としてのデモクラシーは人民主権説であり、これは確かに天皇に国家主権が帰属するとする日本の憲法の立場とは全くあいいれない危険思想であるとする。しかし、デモクラシーには、もう一つの面、政治のあり方としてのデモクラシーがあるという。どのような目的をもって政治を行うのかといえば、民衆の利福のためであるべきであり、政策決定はどのようになされなければならないのかといえば、民衆の意向にそう形でなされるべきであるという意味においてのデモクラシーである。この意味でのデモクラシーは天皇制とも調和する。歴史的天皇主権の政治も民衆の利福のためになされてきたのだし、民衆の意向にそう形でなされてきたのだ。そしてもちろんこれからもそうであるべきなのだから、天皇制はデモクラシーと矛盾しないのである。そして、こちらの意味のデモクラシーのためには、現実政治にもっと議会中心主義的要素を入れていったほうがいいと主張した。そして、デモクラシーのこの二つの面を区別するために、後者の意味のデモクラシーの訳語は、民本主義とするのがよいとした。従来の民主主義という訳語は権力所在論としての人民主権論であるとの誤解を招きやすいからである。

そしてまた、民本主義としてのデモクラシーをよりよく実現するためには、普通選挙の実現と下院中心の議会主義、議院内閣制などを実現していくべきだとして、それまで社会主義者でもなければ主張しないような大胆な主張を展開したのである。

吉野の民本主義は、大逆事件以後、冬の時代として閉塞状態にあった社会思潮に明るい灯をともし、その上に大正デモクラシーの花が開いていった。

その吉野が、大阪朝日の「白虹事件」に敢然として立って、村山に暴行を加えた壮士の所属する右翼団体浪人会に批判の矢を放った。

『中央公論』大正七年十一月号に、「言論自由の社会的圧迫を排す」を書き、そこで、言論の自由を圧迫するものには、国家権力の側からの圧迫と、社会的な圧迫の二つの圧迫があり、自分はこれまで主として前者と闘ってきたが、近時、日本の社会においては、後者のタイプの圧迫が大きくあらわれてきたことに危機感を抱くとして、次のように論じた。

「近時我国言論界の暗礁とも目すべき国体擁護の旗印の下に、第二種の言論圧迫が初まりつゝあるのを観て、先に寺内内閣の圧迫政策に反対の声を挙げたと同じ意味に於て、再び又此処に反対を絶叫せざるを得ざるを遺憾とするものである。

事は大阪朝日新聞に関係する。同新聞の最近の論調が国体を冒瀆し、朝憲を紊乱するものとなし、浪人会と称する一団が起つて盛んに攻撃の矢を放つて居る。（略）各新聞では余りの馬鹿気た事として黙殺して居るのではあるまいかと思ふが、此頃東京市中に於ても所謂浪人会の朝日新聞攻撃の演説会が開かれて居る。試に之を傍聴するに、言辞甚だ不穏を極め、極端なる暴力的制裁の続行を暗示するにあらずやと思はるゝ節もあつた。（略）教養ある紳士が斯の如き極端なる形で、自由なる言論の発表を圧迫するのは、兎に角大正の今日の一大不祥事である」

これを読んで怒った浪人会の代表者たちが吉野のもとを訪れ、いいかげんなことを書くなと抗議した。吉野は、自分の書いたことがちがうというなら、立会演説会を開いて、お互いのいいたいことを存分にぶつけあい、聞く人にどちらの主張が正しいか判定してもらおうではないかと提案した。浪人会側もそれを受けてたち、立会演説会が開かれることになった。会場は神田神保町の大きな貸集会場、南明《なんめい》倶楽部（後の映画館南明座）に決した。日時は十一月二十三日、午後六時。これを新聞各紙が書きたてたため、この立会演説会は、大変な騒ぎになった。

右翼団体・浪人会との公開対決

田中惣五郎『吉野作造』（未来社）によって、この日の展開をながめてみる。

「午後の東京帝大三十二番教室では、法科緑会弁論部を中心とした臨時総会がひらかれ、五六百名の学生は昂奮のうずまきの中にいた。吉野はこの弁論部の部長であり、そして東大学生基督教青年会の理事長でもあった。悲憤慷慨する学生がつぎつぎと演壇に立ち、ついで緊急動議が提案された。

『諸君！　然り行動である。我々のなすべきことは、南明倶楽部に押しかけることである。この会場に燃ゆる、何物をも焼きつくす熱を以て、浪人会一派の暴虐を焼きつくすことである。……浪人会一派は、吉野先生を葬ればデモクラシーは死滅するものとの錯覚を以て、夜となく昼となく吉野先生の身辺に迫つて、卑劣な行動を続けてゐるのだ。我々は、今ぞ、彼等反動者流の何たるかを知らせてやらなければならない。一吉野の背後に無数のデモクラットのあることを見せてやる時が来たのだ（拍手、歓声）

諸君！　見給へ！　昨日までデモクラシーの提灯持ちをした諸新聞と学者達は今何をして居るか。先日の大阪朝日新聞破壊運動以来、浪人会一派の脅迫に会つて縮み上つてしまつたのだ。彼等は一夜にして変節したのだ。我々の吉野先生のみは四面楚歌反動の嵐の中に敢然と戦つてゐる。（略）……浪人会対吉野先生の戦ひは、自由の学府が軍国主義の馬蹄に蹂躙されるか、民衆の手によつて擁護されるかの決戦だ。軍国主義を謳歌する者は去つて浪人会に附け！　だが、大学の文化的使命に忠実ならんとする学徒は、この時こそ、吉野先生と共に戦へ！　諸君！　もういふことはない。行動だ。身を以て当ることだ。一人残らず、南明倶楽部へ行かう。浪人会を葬れ！　吉野先生を守れ！』」

押しかけたのは、緑会の学生だけではなかった。早稲田、法政、明治、日大、一高などでも、学生が申し合わせて大勢やってきた。また、友愛会（労働運動初期の労働組合的組織。後の総同盟）を組織した鈴木文治《ぶんじ》は、吉野とは同郷の後輩であり、大学でも後輩、東大学生基督教青年会（ＹＭＣＡ）でも後輩という関係だったため、知りあいの労働運動活動家を多数動員した。東大ＹＭＣＡ（吉野が理事長だった）では、吉野の身辺を守ろうということで、柔道四、五段の猛者を大将に、体力のある学生を集めて南明倶楽部に早い時間に行って、講壇の真下の席を占拠した。――ちなみに、この時代東大ＹＭＣＡは大きな役割を果している。森戸辰男や片山哲も会員であり、後に東大新人会を作る赤松克麿《かつまろ》も会員であり、その縁で新人会草創期のメンバーの中には少なからぬＹＭＣＡ会員がいた。

以上のようなさまざまの人々が立会演説会に押しかけた。

「さらに新聞によって知った一般の人々。これらのすべての人の波が南明倶楽部へおしよせる吉野のファンであった。（略）午後六時の開会というのに、四時、五時ごろから集った群集の波は、厳戒する警官隊と小ぜりあいをしている。自動車を見た群集は大きくゆれて、一斉に『吉野博士万歳』『デモクラシー万歳』とさけびあげた。つぎの瞬間。演説会場の内部からもこれにこたえた。定刻ごろはすでに入場しきれない場外の群集は二千を越え、警官の垣を入口へおしつめて行く。鈴木文治はその巨大な躰軀《たいく》を会場の内外にはしらせて、連絡掛として場外の人々に場内の実況を報告する」(同前)

浪人会の側も、もちろん仲間を動員していたのだが、数において、吉野側の動員数が圧倒的だった。討論は、浪人会側四人に対し、吉野は一人だった。

「当時多くの演説会では浪人会の国権的な演説は聴衆を熱狂せしめていた。しかし今夜の会場の空気は一変している。四対一の論戦ということも吉野に有利であったろう。絶叫する浪人会の人々の声よりは、淡々として熱をおびる吉野の説得の声が拍手をよびたてる。浪人会側の司会者はたまりかねて『只今新しい情報がはひりました。昨日早稲田大学の赤化学生たちがひそかに会合して、この演説会に一千名の学生を動員して吉野氏を応援するといふ申合せをしたとのことであります。御参考までに御報告いたします。』こうした中間報告が四度までつづいたが、聴衆はかえって浪人会側の焦燥に嘲笑をあびせた。吉野の論鋒はいよいよ冴えてくる。

『私は浪人会一派の諸君が暴力を以て思想を圧迫せんとする態度を非難するのである。大阪朝日新聞や村山龍平氏の思想の内容が如何なるものであるかはしばらく論外である。如何なる思想にせよ、暴力を以て圧迫することは絶対に排斥せねばならない。思想に当るに暴力を以てすることは絶対に排斥せねばならない。思想に当るに暴力を以てすることは、それ自体に於て既に暴行者が思想的敗北者たることを裏書きするのである。それもしかゝる暴力を以て、或種の思想に対する制裁の意味に於て是認せんとするならば、問題はまた異つた内容をもつて来る。立憲治下の我国に於ては、国民の制裁をなす権限は天皇陛下にある。この陛下の赤子に対して個人が勝手に制裁を加へることが是認せられるならば、これこそ却つて乱臣賊子ではないか。国体を破壊する者は、浪人会一派の諸君の行動ではないか』」(同前)

見事なレトリックで、これには浪人会もギャフンとなった。

「勝敗の大勢は決した。しかもあせりだした浪人会側の聴衆は、浪人会の演説を『ノー』と反ばくする聴衆の一人に鉄拳を加えるや、吉野はとっさに、今の暴行こそいけないというのだ。あれが諸君のやり方である。数万語の演説よりもいまの一事が諸君の本体をしめしている。これによって本日の立会演説の、いずれの側が正しいかが証明されたのだ。ときめつけたとき、聴衆は万雷の拍手でわき立った。浪人会側の四人の弁士は、かくして吉野によってくみふせられてしまったのである。（略）

会場からでてきた吉野は、たちまち群集の手で胴上げされてしまった。絶叫と歓声のうずまきの中で胴上げがつづいた。鈴木、麻生〔久〕らがこれをとりかえそうとする。かろうじて警官の力で電車にとび乗った」（同前）

これは、今でこそ、大正デモクラシー時代の最も輝かしい一ページとして記憶されているできごとだが、当時は、先の吉野論文にあったように、デモクラシーがデモクラシーとして認識されていたわけではない。日本の社会は、デモクラシーのはるか以前の状態にあり、まだデモクラシーの啓蒙が必要とされていた時代だった。

「社会」という言葉すら使えず

国際的には時代はすでに、ロシア革命（立会演説会の一年前）、ドイツ革命（ドイツ皇帝も、オーストリア皇帝も退位してまだ一ヵ月になっていなかった）の時代になっており、時代を動かす思潮はデモクラシーから社会主義、共産主義に移ろうとしているのに、日本はまだデモクラシー以前のところにいた。

しかし、日本でも、政治は動いていた。米騒動でついに寺内内閣はひっくり返り（大阪朝日の村山社長襲撃の一週間前に辞表提出）、日本初の政党内閣である、爵位を持たない平民宰相の原敬内閣が成立した（襲撃の翌日）。しかし原敬が平民であり政党人であったからといって、デモクラチックな男では全くなかった。原の主たるキャリアは外務省、農商務省の官僚としてであり、西園寺（公望《きんもち》）内閣（一次、二次）でも、山本

(権兵衛)内閣でも内務大臣(警察のトップ)を歴任した。原は根っからの「統治する側」の人間なのである。寺内内閣からのペンディング事項であった、「白虹事件」の処理(首相兼司法大臣として担当大臣だった)にあたっても、検察首脳が、朝日は編集幹部をいれかえ、編集方針を大転換して恭順の意を表しているのだから、発行禁止処分まで求める必要はあるまいと進言したのに対して、

「政府として只紙上の告白を見たるのみにては足れりとせず、重大なる事件なるにより社長を呼出して其真意を慥《たし》かむるを適当なり」(『原敬日記』)

として、上野(理一)社長を呼びだして、真意をただした。すると、上野は

「方針を一変し、其一変したる方針は自分等老年なれば万一の後にも相違せざる様に定款等にも明記すべく随って向後決して如此過失を再びせざる事、又今回寛大なる判決に付ては体刑に付ては社命に従ふ限にあらずと主張する者あるも慰撫して服罪せしめ、決して控訴をなさゞる事、要するに去一日の紙上に於て発表したる精神は飽まで貫徹すべき旨陳述したり……」

ということなので、朝日を許すことにしたと『原敬日記』にある(以上、『朝日新聞社史　大正・昭和戦前編』による)。

デモクラシーが正しく機能するためには、報道機関による絶えざる権力監視機能が過不足なく働きつづけることが絶対の必要条件だが、報道と権力の間がこのような一方的な頭ペコペコ関係になってしまったら、その後報道機関側の権力監視機能が十分に働くことは期待しがたい。

このあたりにも、当時の日本がデモクラシーのはるか以前のところにあったことが読みとれる。

デモクラシー以前は、大学も同じだった。森戸辰男はそのころの大学における社会科学研究についてこう書いている。

「ところで、社会問題の研究のなかでは、何といっても社会主義の研究が一番大切だと思いました。東京大学は日本の最高学府であることを誇りとしておりました。そのうえ、大学であるからには、当然学問の自由は認められているはずであったのです。ところが実際には社会科学の研究に関するかぎり、少しも自由では

なかったのです。『社会主義』の研究などは、いわば全くタブーで、講義のテーマとしても、公式には社会主義という言葉は許されず、やっと『社会政策』で間に合わせるというような状態でした。同様に『民主主義』という言葉も禁句でした。政治学担当の主任教授小野塚喜平次先生は『衆民政』、政治史担当の吉野作造先生は『民本主義』という辞句を使われました。民主主義という言葉すら最高学府を誇る大学で公けには使われなかったほどですから、まして社会主義という言葉が禁句であったなどは当然かもしれません」(『思想の遍歴(上)』)

冬の時代の名ごりで、当時は「社会主義」どころか、「社会」という言葉すら使うことがはばかられていたから、こんな珍妙なことも起きていた。

「そのころですが、内務省内に『社会政策』というか、『社会政策』を立案実施する部局を新設しようという議がもちあがりました。その名称は『社会課』または『社会局』とするのが当然なのですが、社会という言葉そのものが鬼門であるうえに、治安警察の総元締である内務省が『社会課』などと言い出したら、どういうことになるか。これが大問題になったあげくのはてに『地方課』という妙な名称に落ち着いたと聞いています。こんな笑話めいたエピソードがあったくらいです。一方で現実にさまざまの社会運動や政治運動が急激に発展しつつある反面、まだまだこのような保守的・反動的な雰囲気が、大学や官庁に色濃くただよっていたという有様でした」(同前)

しかし、一方では、現実社会のほうがどんどん先に動いていくという一面もあった。

「しかし、国外ではロシア革命にひきつづいてドイツ革命が起こりました。国内では米騒動にひきつづいて普選運動が起こり、労働運動・農民運動が展開していき、そしてこの流れは当然学生の間にも及んで、東大の新人会、早稲田の民人同盟、暁民会、建設者同盟などの学生運動がはでやかに発足しました。このような自由と解放にむかって進む激動の時代ですから、少なくとも大学ともあろうところが、社会の実際の進歩と変化から数歩も立ち遅れているような状況は望ましくない、いや大いに嘆かわしいというのが、私たち若い社会問題研究者に共通の考えでした」(同前)

「天下青年の起つべき日は来た」

ここに出てくる、さまざまの学生運動団体が生まれるのに、大きくあずかったのが、先の吉野の立会演説会だった。吉野支持者たちが各学園でできるだけ多くの学生を参加させるべく活動し、それなりの動員に成功し、演説会場では、右翼を圧倒し、大勝利をおさめたという経験が学生たちを興奮させた。さらに活動を継続し、日本のデモクラシーを一層進展させようということで、さまざまの団体が生まれていったのである。

その代表格が、東大新人会だった。新人会は、日本のすべての学生運動の歴史的淵源となり、後には、急速に左傾化して、地下に潜った共産党と結びつき、その人的供給源となっていくのだが、できた当時は、吉野のまわりに磁石にひかれるごとく集った学生たちのデモクラチックな啓蒙運動体だった。

新人会は、立会演説会のあと二週間もしないうちに結成されたのだが、赤松克麿が起草したその綱領は次のようなもので、あまりに漠然としたものだった。

「一、吾徒《わがと》は世界の文化的大勢たる人類解放の新気運に協調し之れが促進に努む。

一、吾徒は現代日本の合理的改造運動に従ふ」

後にイデオロギッシュになり、先鋭化していく新人会からは想像もできないような内容だが、新人会が発行した機関誌『デモクラシー』の表紙は、ルソー、トルストイ、マルクス、クロポトキン、リンカーン、ザメンホフ、ローザ・ルクセンブルクなどだったというから、思想的には、ごった煮状態だったのである。

吉野のまわりに集った学生たちには、弁論部の学生あり（吉野が部長）、普通選挙研究会（吉野が指導）の学生あり、YMCA（吉野が理事長）の学生あり、弁論部OBで労働運動に入ったものあり（吉野と鈴木文治の関係が背景にあった）とさまざまで、人的構成の面でもさまざまだったが、政治改革の熱だけはあふれんばかりに持っていた。

『デモクラシー』の発刊の辞には次のようにあった。

「是の黎明期に際して誰が現代日本改造の局に当るべきか。（略）我々は既に支配階級に絶望した。然るとき改造の主動者たるべき者は純真なる良心と聡明なる理智と熱烈なる気魄とを有する青年自身でなければならぬ。青年の血液は無垢であり、青年の立場は公平であり、青年の理想は高邁である。天下青年の起つべき日は将に来たではないか」

森戸事件が起きた時代は、このような時代だったのである。

20 〝右翼イデオローグ〟上杉慎吉教授と大物元老

〝聴講者年々五六百〟の人気教授

森戸事件には、結成されたばかりの新人会が少なからぬ関係をもっていた。そこでもう少し新人会について書いておく。

そもそも、森戸事件の発端は、学生の右翼団体、興国同志会が、『経済学研究』にのった森戸のクロポトキン思想紹介論文はけしからんと内務省に対して働きかけたことにあるのだが、この団体の成立にも、新人会が関係していた。右翼が新人会に対抗すべく作った組織が興国同志会なのである。森戸は『思想の遍歴(上)』で、興国同志会についてこう書いている。

「森戸事件の挑発者が当時の東大内の右翼学生であったということは、注目しておいてよい一つの特徴です。

上杉慎吉

上杉著『日の本』

天野辰夫　©毎日新聞社提供

山県有明

私の論文『クロポトキンの社会思想の研究』が掲載された『経済学研究』（創刊号）大正九年一月号が発行されたのは、前年一二月二二日でしたが、東大内の右翼学生団体、興国同志会はただちにこの森戸論文に対して公然と非難の声をあげ、同論文は『学術の研究に非ず、純然たる無政府主義の宣伝』であり、このような『危険なる思想を掲載せる雑誌』を店頭に放置しているのは、まさしく当局の怠慢ではないか、と内務省に迫り、この森戸を海外留学生（大正九年一月一〇日、日本出発予定）に決定している文部省、東大当局の態度を攻撃しました」

早速、文部省の書記官が山川健次郎総長のもとにとんできて、善後策を講ずるよう求めた。内務省が発売禁止に向けて動きだしているから、その前に、大学側が自主的に何か手を打てというわけである。『男爵山川先生伝』は次のように記している。

「先生は大正八年十二月二十七日、文部省松浦〔鎮次郎《しずじろう》〕専門学務局長の代理として書記官窪田治輔氏の来訪を受け、『経済学研究』第一号が内務省に於て発売禁止の内議ある由を聞かれ、早速関係教授たる経済学部の金井延・山崎覚次郎・矢作栄蔵の諸氏を召致してその善後策を講ぜられ、取敢へず未発売の雑誌を回収せしめることにし、更に翌二十八日には発行書店たる有斐閣をして既に配給した分をも出来る限り回収する手段を講ぜしめられた」

たかが右翼の学生団体が騒いだくらいで、なぜそんなにあわてふためいたのかと思われるかもしれないが、この興国同志会という団体、ただの学生団体ではなかった。その背後に、法学部憲法学の教授、上杉慎吉がいたからである。上杉は、当代の右翼イデオローグとして、最も大きな影響力を持っていた人である。彼の息のかかった学生が動いているとなると、そう簡単にその動きを無視できなかったのである。彼らは行動力を持ち、上杉の各界への影響力を利用して、現実に、官界、政界、言論界を動かす力を持っていたからである。

まず、上杉慎吉なる人物を紹介しておく。

上杉は明治十一年（一八七八）福井県の生まれで、四高《しこう》を経て、東京帝国大学法科大学に入学、成績抜群で首席特待生となる。伝説的な秀才で、後に、大蔵大臣、日銀総裁などを歴任する結城豊太郎は、上杉没後に編まれた追想録『上杉先生を憶《おも》ふ』（七生社）に、こんなことを書いている。

「私は学生時代に之こそ天才だなと思ふ人に二度出遇つた。其の一人は高等学校時代の友で惜しくも夭逝した科学者であり、そして今一人が大学の同窓上杉なのである。私の同窓には仲々頭の良い人が多かつたが、殊に上杉は抜群であつた。試験の折りなど途方も無く早い時間に靴音がするからハテナと思つて見ると、逸早く答案を認めた上杉がサッサと教室を出て行くのである。而も其の上杉の成績は、鐘の鳴る迄で机に噛り付いてゐる我々より格段に優秀な有様で、感心すると云ふよりは寧ろ呆るる程の秀才振りだつた」

上杉は、明治三十六年政治科を卒業するとすぐに、助教授に任ぜられるという、ほとんど前代未聞の大抜擢を受けた。はじめ行政法を担当したが、丸三年に及ぶ留学（ハイデルベルクで、公法学の大家ゲオルク・エリネーク教授の家に寄宿）から戻ると、憲法講座の担任となり（明治四十三年）、それから病を得て昭和四年に五十二歳で死ぬまで二十年間、その座にあった。

その間政治学や社会学の講座をあわせ持ったりしたこともあるというから、相当に幅の広い学殖の持主だったわけだ。また憲法については、長い間文官高等試験の委員をつとめたし、陸軍大学、海軍大学の教授も併任して憲法学を講じ、皇族に対しても憲法を進講するなどしていたことでわかるように、上杉憲法学は国家公認の憲法学となっていたのである。

その影響力たるや恐るべきものがあった。同僚だった筧克彦《かけいかつひこ》教授（行政法）は、前記追想録に次のように書いている。

「教授が東京帝国大学に講ずるや、聴講者年々約五六百。教授また陸軍大学及海軍大学に教官として多くの年を経、将官佐官にして教を受けたる者挙げて数ふべからず。加ふるに毎年高等試験委員を命ぜられ、勅奏任の行政官にして教授の憲法学説に親まざる者殆んど悉無といふべし。其他著書により教授に学びたる者、講演により導かれたる者に至つては、元より其の数を知らざるなり。教授の憲法論の一世を蓋へること斯くの如し。（略）

教授の実行精神は単に学説の鼓吹を以て満足せず、親《みずか》ら之を実生活に施行せんと試む。諸種会合、団体を起し、合縦連横、各般の運動に干与し、悪戦苦闘遂に病を獲たりといふ。近くは東京帝国大学生を集め七生《しちせい》社《しゃ》を組織し、自ら其盟主となり、修養に、破邪に、顕正にこれ努め、七生報国を誓ふ」

この終りの部分にあるように、上杉は学者であるにとどまらず、政治的アクティビストでもあった。現実政治を動かすために、政治家、官僚、軍人などと組んでさまざまに動く策謀家であると同時に、志を同じくする者を糾合して、政治的活動体を作ろうとするオルガナイザーでもあった。

前者は、政治の裏面での動きであったため、必ずしもいまだに明らかでない部分が多々ある。後者は表舞台の活動だから一般によく知られているが、なかでも有名なのが、大正二年の桐花《とうか》学会、大正八年の興国同志会、大正十四年の七生社の設立である。

第一次天皇機関説論争

まず、桐花学会について述べておこう。大正二年、憲政擁護運動が時の桂内閣を倒した。日本の政治史上はじめて、在野の政治運動が内閣を倒すにいたったいわゆる大正政変で、これが大正デモクラシーのはじめとされる。このとき、政友会の尾崎行雄が、当時の桂内閣は、宮中から詔勅を次々に引き出すことで政治的苦境を逃れようとしているとして、

「彼等は玉座を以て胸壁となし、詔勅を以て弾丸に代えて政敵を倒さんとするものではないか」

という有名な弾劾演説とともに内閣不信任案を上程した（これをもって尾崎は後々まで『憲政の神様』とたたえられた）。

この弾劾演説が不敬だというのが上杉の主張で、時のジャーナリズムが、もっぱら尾崎の演説をもてはやすのは、日本の国体がわかっていないからだと主張した。

『中央公論』がこの問題を特集し、識者に「桂首相の聖詔濫奏（立花注・やたらに詔勅をたまわりたいと奏上

することをこう表現した）は立憲行為たるや、非立憲行為たるや」を問い、その答えをならべるというアンケート形式の記事を作ったときに、上杉はこう答えている。

「桂公の聖詔濫奏は非立憲なるや否やと云ふお問の意が分らぬ。第一に非立憲とは如何なる意か、憲法違反と云ふのか、又は唯だ不都合であると云ふのか。次に聖詔濫奏とは何か。仮りにも上御一人の御思召に対して斯様の不遜なる語を発すべき筋合のものでない。先頃衆議院に於て多数の議員より勅語は何人が之を奏請したりやとの質問が出でたが、か丶る無遠慮なる事を申して上を恐れざる心持を有するに至るとは誠に嘆息に堪えざることである」（「我憲法と政局」『中央公論』大正二年三月号。傍点原文のまま、以下同）

上杉は、希代の天皇中心主義者、天皇の権力絶対主義者であったから、このようなアンケートは、問題のたて方そのものがまちがっているというのである。天皇がいついかなる理由によって、いかなる勅語を下そうと、それは天皇の絶対的自由に属することだから、臣下がそれに口をはさんだり、その経緯に関して疑問を持つなど、してはならないことだというのである。

「お尋ねの尾崎某の演説速記を見れば誠に不遜なる放言を為したるものと思ふ。事柄の是非は兎に角上を恐る丶心あるならば同じ事を申すにも謹慎なる云様があるべきものと思ふ。其れにつけても世論の之に対して大に起らざるは如何なることであらうか。煽動に雷同して暴挙を敢てする軽卒者は多けれども真面目なる憂国者の少きは前途を思へば誠に憂慮に堪えぬ」

上杉にいわせれば、けしからんのは、桂首相より、尾崎のほうで、世論は、尾崎を支持して盛りあがるべきでなく、尾崎に囂々の非難を浴びせて盛り上がるべきなのである。そうならないのは、世の人々が日本の国体というものを基本的に理解していないからで、まずこの点をただす必要があるということで作ったのが、桐花学会である。桐花学会は、上杉を発起人兼幹事として、江木《えぎ》千之《かずゆき》（後の文部大臣）、筧克彦（東京帝大法科大学）、杉浦重剛《じゅうごう》、大島健一参謀次長（後に陸軍大臣。ナチス時代の駐ドイツ大使・大島浩の父）など保守系の著名人士二十五名を会員に設立された。会則によると、

「本会の目的は吾が世界無比の国体を明徴にし、忠君愛国の国民性を涵養せんとする」

というもので、昭和十年の天皇機関説問題以後に国をあげてはじまる国体明徴運動と趣旨は同じである。だが、国体とは何か。上杉の主張に従えば、日本の国体は、帝国憲法第一条の

「大日本帝国ハ万世一系ノ天皇之ヲ統治ス」

にすべてつきる。主権はただ天皇のみにある。美濃部達吉の天皇機関説のごときは、ただのナンセンスである。上杉に美濃部の天皇機関説を批判して書いた「国体に関する異説」(『太陽』大正元年八月号)という論文があるが、そこには次のようにある。

「大日本帝国は万世一系の天皇之を統治す、天皇は統治者にして被統治者は臣民たり、主権は独り天皇に属し、臣民は之に服従す、主客の分義確定して紊《みだ》ることなし。臣民統治することなし、天皇服従することなし、之を予が帝国国体の解説と為す、簡単明瞭なり」

現代人はこの国体論に違和感があるかもしれない。戦前の日本が天皇制の国だったとしても、天皇は専制君主ではなく立憲君主だったではないか。日本には憲法があり、議会もあった。天皇の統治も、憲法に従って行われ、議会の協賛によって行われたのではないのか。だとしたら、天皇の権力はオールマイティではなく、法と議会の制限のもとにあったのではないか。

明治憲法の下にあっても、天皇の権力はこのように理解されていたと考えるかもしれないが、必ずしもそうではない。美濃部の天皇機関説、あるいは、吉野作造の民本主義など、自由主義的な傾きを持つ所説の持主はそう考えていたが、伝統的な国家公認の学説はそうではなかった。

帝国大学の憲法講座を最初に持ったのは、前にも出てきた穂積八束《ほづみやつか》(伊藤博文の前に出たら、四つんばいになって膝で歩いたというエピソードの持主)で、上杉は穂積八束(穂積姓の法学者は他にもいるので、以下、八束)にかわいがられた一番弟子という関係にあるが、八束の時代から、天皇絶対権力者説が、帝国大学の憲法講座が教える憲法学説だった。

美濃部は上杉の前から帝国大学の教授だったが(美濃部は明治三十五年から。上杉は大正元年から)、持っていたのは行政法の講座であって、憲法の講座ではない。

美濃部の天皇機関説が大ぴらに出てくるのは、明治四十四年、文部省の委嘱を受けて中等学校教員のための憲法講義を行い、翌年それが『憲法講話』として公刊されてからである。

上杉はそれを見て、このような日本の国の国体に関する異説が教育職にある者の間で正統な説としてまかりとおることになっては大変だからということで書いたのが前出の「国体に関する異説」である。これに対して、美濃部のほうでも、『太陽』の次々号で反論を書き、それにまた上杉が再反論するなど、しばらく論争がつづいた。他のメディア、他の論者もこの論争に加わり、「美濃部説は全教育家を誤らせるもの」(国民新聞)「上杉憲法論は中世的と鎌田〔栄吉〕慶応塾長」(二六新聞) などとののしり合って、大論争になった。これが、第一次天皇機関説論争である。この論争は、昭和十年に貴族院を舞台に起きたいわゆる天皇機関説問題のはるか以前、二十年以上も前に起きていた。

吉野、美濃部への敵愾心

このときは、美濃部説が学界、官界で広く受け入れられ、大正九年(一九二〇)からは、東大の憲法は二講座になり、憲法第一講座は上杉が持ちつづけたが、美濃部が講ずる憲法第二講座が新たに開かれ、異例の競争講座制となった。また美濃部は文官高等試験委員にもなり、この間、美濃部説もまた国家公認の学説となるのである。

天皇機関説問題以後は上杉説とその亜流が、再び国家公認の憲法学説として唯一のものになり、国体明徴がもっぱらに叫ばれるようになるのだが、それは、大正二年に上杉が桐花学会でとっくに叫んでいたのと同じ主張だった。

しかし、上杉が生きて活躍していた時代は、そのまま大正デモクラシーの時代(通常大正デモクラシーの終りは、昭和七年の五・一五事件とされる。上杉が亡くなったのは昭和四年)であり、上杉のような思想は、一般社会からは必ずしも受け入れてもらえない時代だった。上杉はどちらかというと、同時代が自分の思いとは反対の方向にどんどん動いていくのを失意と焦燥をもって見ていたのである（憲法が二講座制になったことは上杉にとって屈辱以外の何ものでもなかった）。それだけに、吉野作造や美濃部達吉のような大正デモクラシーの旗手的存在に対しては、強い敵愾心を持っていた。前章で紹介した、吉野の民本主義の原点となった「憲政の本義を説いて其有終の美を済すの途を論ず」が、『中央公論』の大正五年一月号に掲載されると、すかさず同誌の三月号に、「我が憲政の根本義＝議院中心の憲政論を排す」を書いて、吉野の所説に反駁した。

その冒頭、こう述べている。

「我が立憲政体は、天皇親政を基礎とするものであつて、議院中心の政体即ち議院政治又は政党政治又は政党を基礎とする内閣政治たる可《べか》らざる事は、私の年来主張する所であつて、如何なる点より観ても我が憲法の精神は議院政治を排斥するものなる事は明かであると信ずるに拘《かかわ》らず、今尚深く研究せずして雷同附和し、議院政治を以て憲政有終の美を済す所以であると為すものゝ少からぬは誠に慨嘆すべきことである。世間の滔々たる者は止むを得ずとするも有力なる学者にして尚之を主張するものゝあるは、頗《すこぶ》る遺憾であると云はねばならぬ」

この最後のくだりの「有力なる学者」とは、もちろん吉野作造のことである。

上杉の憲法論によれば、ここにあるように、日本の憲法は議会政治を排斥するものであるから、議会政治をよしとする主張そのものが誤っている。なぜ議会政治が排斥されるのかというと、日本の憲法はあくまで天皇中心主義であり、天皇を唯一の主権者と認めているからである。

イギリスのような（それは戦後の日本のようなということでもあるが）、議会の多数を握った政党が内閣を自由に組織し、大臣の任免権も行政権も握って一国を支配するというような制度が日本でも実現したりしたら、天皇制は有名無実になってしまう。

「議院中心の政治組織と云ふのは即ち英国に於て行はれて居るが如き議院政治又は政党政治又は内閣政治を云ふのである。かゝる政治を行ひて議会又は議会に於ける政党が政治の中心となり、内閣大臣は多数政党の領袖を以て組織し、天皇は大臣を任免するの自由なく、政党は立法行政の権力を掩有《えんゆう》して政権を掌握する事になれば、即ち天皇は虚器を擁し何事をもなし能はざる事になるのである。議院中心の政治と云ふのは即ち天皇親政を排斥するの政治である。（略）我国に於て、我が立憲政体の運用は議会中心でなければならぬといふのは、天皇の親政を非なりとするの主義である。然らば我が立憲政体は果して議院中心を以て其主義とするものであらうか、私は断じて然らずと信ずる」（上杉前掲論文）

ここから、上杉は国体と政体とを区別して論じる。国体という言葉は、現代においてはほとんど使われないから、なかなか理解がむずかしいが、要するに国体とは、国家権力の根源の所在がどこにあるかという意味での国家の根本的なあり方のことで、政体とは政治権力のあり方、すなわち政府の形態ということである。そう聞くと、国体と政体はどこがちがうのかと疑問を持つかもしれないが、それも当然、実は、西洋語には、国体にピタリとあてはまる言葉はない。国体と政体は区別されていない。教育勅語の英訳では、これに fundamental character（国家の根本的性格）の語をあてたというが、そうなると、権力の所在といった意味は抜けてくる。むしろ日本の国体はドイツ語の staatsform（国家の政治的形式）の意味で用いられる。しかし、ドイツで staatsform は、日本語の政体と同じ意味で用いられている。

国体という言葉は、もともとは、国から、国ぶりといった意味から、国家の体制（政体）の意味にいたるまで幅広く用いられてきたが、ある時期から、天皇制そのもの（といっても政治的権力機構としての天皇制ではなく、ときどきの政治権力のあり方がいかに変ろうとも、その上位に伝統的宗教的権威としての天皇が連綿として存在しつづけ、それが世俗権力の権威を認証するという形で政治権力に正統性《レジティマシー》を与えるというメカニズム）を意味するようになる。

それははじめ、二百数十年間つづいた徳川幕府を引っくり返す政治革命を合理化しようとする理論づけのためにさかんに使われるようになった。徳川幕府が世俗権力を一手ににぎり、日本全国を専制的に支配するという政治システム（政体）は、本来の日本の国体をゆがめたシステムだったから、大政奉還と王政復古によって、それを本来の形に戻す正義のレボリューションが明治維新となったという理屈づけである。

明治国家は、しばらく天皇親政という形をとり、国体と政体の間に乖離がないシステムをとっていたが、明治十八年の内閣制度発足、明治二十二年の憲法発布、翌年の帝国議会開設によって、国体と政体の間に次第に乖離が生じ、政治制度の運用の問題としても、政治思想としても、政治のあり方はどうあるべきか、それをこれからどう変えていくべきかの議論がさかんになったというのが、この大正デモクラシーの時代なのである。

その中にあって、天皇制に手をつけずとも、実質において、できるかぎり議会中心の政治制度に近づけていこうというのが、吉野の民本主義である。それは現実の政治運動としては、憲政擁護運動や普通選挙獲得運動に結びついていった。さらにその外側には、社会主義や共産主義を奉ずる一派まであらわれ、現実の社会状況としても、米騒動が起こり、労働組合運動や農民組合運動がはじまり、労働争議、小作争議が激化し社会は大きく変動しようとしているという予感がみなぎっていたのがこの時代である。そういう状況の中で吉野の指導下に生まれたのが、先に述べた新人会である。そこに集まった学生たちは、やがて労働運動や、普選運動に飛びこんでいった。あるいはまた、朝鮮人・中国人の民族運動との連携にのりだしていった（初期新人会のリーダー宮崎龍介は孫文の友人で中国革命の支援者として有名な宮崎滔天《とうてん》の息子で、中国の民族運動家とつき合いがあった）。

時の元勲山県公への接近

そういう左傾化していく時代の流れに危機感を持ち、保守派のイデオローグとして敢然と立ち、論争に次ぐ論争を重ねていったのが上杉である。危機感は、政官界にも、軍の内部にもあったから、上杉はそういう人々と次第に連携を深めていく。先に紹介した追想録（『上杉先生を憶ふ』）には、軍人や政官界の人も思い出を寄せていて、そのちょっとしたくだりに、上杉の思いがけない手広い活動がうかがえて面白い。

たとえば、大正八年当時憲兵司令官であった石光《いしみつ》真臣《まおみ》陸軍中将は、

「予は常に博士を思想上の師友として其交りを深ふするに至り、予が憲兵司令官在職中思想問題の調査上及解決上博士の援助に負ふ所頗る多かつた」

といい、第一師団長時代も、いろいろ尽力してもらったが、特に、

「偶々関東大震火災直後に甘粕事件なるもの起るや、博士は国家愛の熱情に燃ゆる甘粕《あまかす》〔正彦〕大尉の義憤に同情すると共に、此事件を動機として起れる戒厳司令官の免黜《めんちゅつ》問題は、統帥権に対する党派的政治の干渉にして大権を犯し国軍の基礎を危くするものなりとの意見を強硬に主張し、屢々陸軍当局に極言したる事実」を感謝の念をもって記している。

このとき戒厳司令官だったのは、参謀次長、台湾軍司令官などを歴任した福田雅太郎《まさたろう》大将で、福田は上杉の進言も空しく同事件で免職させられるが、その後非常に親しくなり、追想録にこう記している。

「博士の晩年、殊にその最後に近き両三年間に於て、私等は博士と国事に関して、種々画策したことがあり、その二三は或は片影を顕はして具体化したこともあるが、然し事志と違ふて所謂闇から闇に葬り去られたものが多いのである。勿論その内容は今日尚之を公表すべき限りでないが兎に角かゝる場合に於てその中心勢力となり、之を具体化すべき手段方法に付き、渾身の勇気を傾注して、努力を惜まなかつたのはいつも博士であつた」

上杉が亡くなる前に軍部と組んで画策していた国事とは何なのか。ここには、具体的なことが何も書いてないので、その内容は謎めいて終っているが、福田はその頃、上原（勇作）派対宇垣（一成《かずしげ》）派（後の皇道派対統制派）に分かれて争っていた陸軍派閥抗争の一方の雄であり、この派閥抗争の中から、後の三月事件、十月事件などのクーデタ未遂事件も起っていくのであるから、ここでほのめかされていることも、なかなかのことであったと思われる。

政治的画策もいろいろやっていたようで、同僚だった野村淳治教授（国法学）は、こんなことを書いている。

「上杉さんは非凡な学者であつたが単純な学究ではなかつた。広く先輩同志と交りを結んで、堂々たる国家

主義の下に起ち日本精神を発揮し、国威発揚の機運を作る為に努力して居られた。政治上の問題のおこつた時は、先輩同志と共に種々の運動を起された。殊に大正六、七年の頃寺内内閣の時等には内閣側の政治家の人々と提携して、随分内閣の為に裏面で力を尽してゐられた。又それより数年間全国に遊説して廻られ全国で上杉さんの足跡の印せざる所は無い程であつた」

これまた実際に裏面で何をやったのかは明らかでないが、寺内内閣の時代とは、シベリア出兵、米騒動の時代である。この数年前から上杉は現実政治に深入りするようになっていた。上杉をそうさせたのは、その時代最も大きな政治的パワーを持っていた元老山県有朋の寵愛を受けて、その影響力を行使できるようになったことによってである。

この時代、山県は元老であり、元帥であり、枢密院議長であり、公爵であり、大勲位菊花大綬章を受け、正二位の位階を受け、位人臣をきわめていた。元老として内閣の人事を左右し、軍閥の長として、軍の人事をすべて左右し、官僚機構の主なところも山県閥でおさえて（特に内務官僚、警察などは完全に）いた。競争相手であった伊藤博文が死に（一九〇九）、山県を唯一おさえることができた明治天皇が死んだ（一九一二）あとは、ほとんど比類ない権力を持ちつづけた。山県の自由にならなかったのは、政党の一部（半分以上は政治取引と買収で籠絡していたが、反山県の政治勢力が常にあった）と、社会運動、労働運動、思想運動など、反政府的言動をする連中だった。

山県の国家思想と上杉の国家思想は基本的なところで完全に一致（天皇の権力を絶対的なものとみなし、それへの絶対的忠誠を誓う天皇制絶対主義。政党政治を国体に反する絶対悪とみなす立場。社会主義、労働運動などを断固排撃する立場に立ち、それらの運動を助成する一部知識人へ極端な反感を持つなど）していたから、両者の結びつきは、必然的といえばいえるのだが、その具体的な結びつきについて、同僚であった中田薫教授（法制史）が、追想録で次のように書きのこしている。

「上杉君が何時頃から実際政治の問題に熱中さるゝ様になつたのか僕は知らない。記憶は確ではないが大正二年中のことであつたかと思ふ。一日上杉君は僕に対しゆつくり相談したいことがあるから、来る幾日に君の私宅を訪問したいが、出来るならば×氏にも来合はせて貰らひたいとの頼である。其通りに取計つて置くと此席上君は我々両人に向つて、相談と云ふのは別事ではないが自分は今後大学の教壇の上から社会を指導するのみを以て自己の本分とする方がよいか、或は又有力なる政治家と提携して自己の抱負経綸を実際政治の上に実現するの途を執つた方がよいか若し後者を選むとせば今や自分に対して絶好の機会が提供されて居るのである。併し事は一身の重大事で自分だけでは決し兼ねるから、君等の意見をも聞いて見たいと思ふのであるとこう云はるゝのである。（略）

当時上杉君に提供された絶好の機会と云ふのは果して何事を意味したものであつたか、同君も説明しなかつたし僕等も敢て之を質問しなかつた。併し僕等は誰か有力な先輩の一人が橋渡をして上杉君と時の元勲山県公とを握手せしめんと試みて居るのであらうと、そう想像して居たのである。而して此想像は其後次第〳〵に事実として現はれ来り、遂には世間周知の事実となつたのであるが、其為め上杉君は元老を咀《くら》ひ官僚に反感を持つ一派の人々からは、権門の走狗だの曲学の腐儒だのと色々な悪罵を浴びせかけらるゝに至つた。（略）

君は学を曲げて元老に阿《おも》ねつたのではない。政界の権力者に説いて——君の本領から云へば寧ろ教へて——自分の経綸を国家天下に実現せしめんと欲したのである。（略）

其後上杉君は屢々山県公の許に出入した」

上杉と山県の関係はやがて多くの人の知るところとなり、学生の間でも評判になった。当時の新人会の指導者、赤松克麿（後に第一次共産党に参加。その後転向して社会民衆党、日本国家社会党などを組織。妻は吉野作造の次女）は、『解放』（大正八年二月号）に「法科大学生の眼に映じたる上杉慎吉博士」と題して、こう書いている。

「最近上杉博士は動揺極りなき当今の時勢を慨して、国体の擁護の為に蹶起する旨を天下知名の人士に宣明したさうである。いつもながら誠に雄々しい憂国の志士振りである。（略）博士は昨今麾下の郎党を統べ、背後の封建的援軍と協調し、決死的陣容を整へて渦巻く天下の危険思潮に対戦して居る。（略）法学博士にして大学教授たる其の地位は素朴な愛国宗徒を引き付けるに十分である。特に其の沈痛にして荘重な風貌と恭々しく勿体振つた講義振りとは、単純な学生を威圧し魅殺するに恰好である。更に又其の奉ずる独断的形式主義の憲法論は、自家の特権と地位とを擁護するに汲々たる官僚軍閥の御歴々を随喜せしむるに適切である。博士は確かに或る程度の信仰を以て奮闘して居るには相違ない。博士の周囲には博士を日本主義を体得した愛国者の権化として敬慕して居る大学生の団体が居る。又博士こそ真の日本的大学者也と尊崇して居る役人や軍人が居る。枢密院や貴族院あたりの頑迷連や参謀本部の鉄血派の間にも相当の信徒があるらしい。正統派の大黒柱たる山県公の御覚えも甚だ目出度いと云ふ」

このような上杉を、山県のほうでも特別に扱っていたようだ。中田は、追想録でさらにこう語っている。

「上杉君は屢々僕の為めに、世間で山県公の直系と目せられて居る貴顕大官の人々が公の面前に出づる時、常に唯々諾々公の意を迎へ旨を承くるに、如何に腐心して居るかと云ふ色々な事例を話して呉れた。又さる学界の元老が或事件に就て徒らに公に迎合せんとして、却て公の御機嫌を損した滑稽談をも聞かして呉れた。実際山県公は学者にして権勢に阿ねる様な人を大に悪むで居たさうだ。それで上杉君を遇するにも平生恩顧の大官連に対するとは、自から別な態度を以てして居られたらしい」

要するに上杉が特別扱いを受けていて山県を教え導く関係に立っていたということなのだ。中田はさらに、こう語っている。

「上杉君に対する世間一部の人々の抱くいま一つの誤解は、君を目して如何にも権謀術数を弄する策士の如く視て居たことである。尤も君の行動の中には多少其嫌が無いでは無つた。蓋し君は国を憂へ世を慨するの余屢々《しばしば》功をあせる気味があり、其為めに時に多少常道を逸して権道に出でたことがあつたかの様に思はれるからである。(略)情熱の迸《ほとばし》る所才気の奔逸する所、時に常軌を脱するの行為があつたとするも、深く之を咎むるに足らないであらう。上杉君の逝くや都下の新聞紙は君を吊して国士型の学者と称したが、これは最もよく君の面目を把捉した評語であると思ふ。

元老の権力を通じて自己の大経綸を当世に行はんとした上杉君の態度は、忌憚《きたん》なく云へばこれ亦聊《いささ》か成功をあせつた気味がある。併しそれは兎も角も爾後に於ける我社会の大きな潮流は、上杉君とは益々逆の方向へ押進んだかの如くに見える。殊に世界大戦の終末頃からデモクラシーだの反帝国主義だの非国家思想だの過激思想だのゝ色々な主義や思想が相尋《あいつい》で擡頭して、我思想界は乱れた麻の如く紛糾し、其間に元老は凋落し官僚は影を潜めてしまつた。此時期に於ける上杉君の苦衷は如何であつたらう」

実は、森戸事件というのは、このような権謀術数型国士、上杉の策したことのうちで、最も成功した事例と考えられるのである。

上杉の下に結集した学生たち

先に述べたように、事件の発端は、上杉が指導する学生団体、興国同志会の働きかけにあった。そのあたりを、「中外商業新報」（後の日本経済新聞。大正九年一月十一日）は次のように伝えている。

「大学院及大学の各科有志を以て成立する興国同志会の幹部（一説には上杉慎吉博士同会の牛耳を執ると）は、右論文（立花注・森戸のクロポトキン論文）は学術の研究に非ず、純然たる無政府共産主義の宣伝にして、同時に氏が同主義を以て理想とする事実は該論文を一読せば直に諒解さる、斯の如き危険なる思想を掲載せる雑誌を二日間と雖も巷間の店頭に放置したるが如きは当局の怠慢言語に絶すと憤慨する一方、文部省当局が該筆者森戸助教授をして近く海外に遊学せしめんとの噂あるに対し、これは同氏の帰来後更に該主義の宣伝に好都合の立脚地を付与するものなりとて文部当局を始め大学総長及び教授会の態度を難ずる余り、茲《ここ》に興国会幹部は奮然と起つに決し、先づ山川総長に会見して其の意見を求めたり、之に対する同総長の態度は自身一個人としては既に確固たる方針を決し居るも、此場合明言する能はず、暫く時日を藉せと答へし由なるが、更に十日午後二時大学院の立花〔定〕法学士外十数名は同会を代表して文部省に中橋〔徳五郎〕文相を訪ひしも折柄不在にて南〔弘〕次官代つて一同を引見し其意見を聴取したる上兎に角大臣不在の事なれば諸氏の意見は必ず取次ぐ可しとの事に一同止むなく引下りたり」

この興国同志会は、上杉の指導を受けた右翼の学生たちが、新人会に代表されるようなデモクラシー、社会主義の流れに対抗して作った団体である。後に（昭和十五年五月）司法省刑事局が血盟団事件、五・一五事件、神兵隊事件など、過激さをましていく右翼学生運動の淵源と歴史を調べて作成した極秘の部内資料「思想研究資料　最近に於ける右翼学生運動に付て」（戦後になってはじめて部外者の手に入り、一九七〇年代に社会問題資料研究会の手で復刻された）は、後の急進的愛国革新運動につらなる右翼学生運動の源流は、すべて上杉慎吉指導下の学生運動の流れにあるとして、木曜会、興国同志会、七生社から説き起している。

そのうちでいちばん古い木曜会は、先に述べた「桐花学会」からはじまっている。

「（一）木曜会

本会は大正五年中東京帝国大学学生有志が同大学法科大学教授法学博士上杉慎吉を中心として結成した修養団体で国家主義を標榜するものとして殆んど最古のものである。今その創立の由来を訪ねるに同博士は夙《つと》に皇室中心主義を奉じ大正二年学外に於て『桐花学会』を組織したが、その発会式に於て政党の撲滅を以て終生の事業となす旨の宣言を為すや、世人より閥族官僚の走狗にして曲学阿世の徒なりと罵られたるのみならず、時の内務大臣原敬より極度の圧迫を加へられ二百数十名の会員は上杉博士及会員入江貫一を残し、全部脱会し更に政友会壮士は同博士邸を襲ひ兇器を突きつけて変節を強要し之に対し官憲の取締は徹底せず四面楚歌の声を聞くの状態であつた。之を目撃した当時の法科大学生天野辰夫等はその暴状に憤激し政党如何に暴虐を逞うすと雖も上杉博士を師と仰ぎて政党撲滅の為に終世を共にすべしと決意し、大正五年同博士を中心として東京帝国大学学生有志を以て『木曜会』を組織するに至つたのである。

本会は毎週木曜日に同博士を中心として会合し、その訓育陶冶を受けてゐたが、単なる修養団体たるに止まり外部的行動に出でたることなく、大正七年頃には殆んど自然消滅の状態にあつた。

その頃社会主義思想の勃興すると共に同大学内に『黎明会』『新人会』等の所謂当時の左傾団体が結成さる〻や、木曜会の中心人物菊池利房、天野辰夫等は国体宣揚の旗幟を掲げて大正八年『興国同志会』を結成（以下略）。

（二）興国同志会

本会は大正八年四月東京帝国大学教授上杉博士に私淑する同大学生有志が勃然《ぼつぜん》たる社会主義思想に抗して同博士を中心として結成するに至つたものである。即ち是より先大正七年世界大戦後デモクラシー思想の移入と大戦終熄に伴ふ労働不安に示唆されて社会主義思想勃然として興り急進知識階級及労働階級を刺戟し勢の赴く所遂に学内に及び、同年末教授吉野作造、福田徳三、渡辺銕蔵等により『黎明会』が組織され、又学生赤松克麿、宮崎龍介、麻生久等によつて『新人会』が結成されたので、之等の情勢に刺戟せられ木曜会の中心人物菊池利房、天野辰夫、稲葉一世、立花定、太田耕造、小原正樹、森山鋭一、蓑田胸喜、森島守人等の学生は上杉博士を中心として、国体宣揚を目的として大正八年四月『興国同志会』を結成するに至つた。同会の行動は大正十年の所謂森戸事件によつて著名である」

これら主要メンバーのうち、天野辰夫は後の神兵隊事件（昭和八年に起きたクーデタ未遂事件）の総帥となり、蓑田《みのだ》胸喜《むねき》は、『原理日本』を発刊して激しい反デモクラシー、反マルクス主義の言論を展開し、滝川事件、天皇機関説問題の導火線となったことでよく知られている。

あまり知られていないことだが、後に東条内閣の商工大臣となり、戦後、総理大臣となる岸信介は、この時代東京帝国大学法学部に在籍していて（大正六年〜九年）、木曜会のメンバーとなり、引きつづき興国同志会のメンバーともなった。成績は常にトップクラス（後の民法学教授、我妻栄といつもトップを争っていた）で、上杉からかわいがられ、卒業するとき、上杉から自分の後継者として大学に残れといわれたが、岸はすでに政官界に出るつもりだったので、これを断った。

同時代の上杉のもう一人の教え子（大正九年〜十一年）が、安岡正篤《まさひろ》である。吉田茂など日本の歴代の首相が師とあおいだ陽明学者で、年号「平成」の名づけ親としても知られている人物だが、彼もまた上杉に気にいられ、卒業するときに後継者として大学に残らないかと声をかけられたが、やはり断っている。

検事総長・平沼騏一郎の関与

さて、森戸事件における興国同志会の活動は、後述するように、必ずしも成功したとはいえない結末をとげた。しかし、火つけ役としては、立派に成功をおさめ、上杉はそれを誇ってもいた。次の東京朝日の記事（一月二十日）には、そういう上杉の気持がにじみ出ている。

「……興国同志会に一大勢力を有する法学部教授上杉慎吉博士は今回其洋行をも思ひ止まることとして日夜東奔西走してゐる、昨日海軍大学に出講中の博士は語る、『実は昨年十二月末今回の問題の起らぬ前に戦後の欧米を視察するために二月から六月までの私の空学期間中洋行の計画を立て其後 傍《かたわら》準備もしてゐたが、最近大学の問題といひ、斯う問題が多くなつては日本にも居なければならない、換言すれば私達が大いにやるべき時が来たわけだ、でまだ全然思ひ切つたのではないが、船室も定まつて居ないのを幸ひ同行者には十八日其旨を通じた、世間では私が今度の問題の発起人のやうに見做し、隠れるの逃げるのと怪しからぬことをいふ、一体世の中の人々はあの森戸君の論文を読んだ上で本気になつて騒いでゐるのだらうか、私はこの点に大なる疑ひを挿《はさ》んで居る、あれを実際読んで見たら誰も何とか処分しなければならぬと感じるに違ひない、学の独立、大学の尊厳も、内容の判断が第一に必要である、此の意味に於て私達は当然採るべき手段を執つた、総長が森戸君に休職を命じたのも正当である』」（傍点立花）

この記事の中では、上杉は森戸事件は俺がやったとまではいってないが、しばらくして、この記事にある洋行（ドイツ旅行）が実現したときに、旅先で口がゆるんだのか、あれは俺がやったと大勢の前で公言してしまうのである。それをその場にいた人から聞いた大内兵衛は、『私の履歴書』の中でこう書いている。

「森戸君がこれを書いたことには、もちろん一つの狙いがあったわけで、幸徳事件の幸徳の思想なるものは、『パンの略取』に対し暴力肯定である、兇悪思想であると日本の支配階級は信じていた。少くともそのように宣伝した。けれどもそれは間違いであるということを、森戸君はこの『クロポトキンの社会思想』なる論文で間接にいわんとしたのだ。幸徳はクロポトキンを説いたかもしれないけれども、人間社会が完成しないからこそ、パンの略取が起るのであるというのが、彼の論文の狙いであったでしょう。ところがその狙いは、日本の支配階級からいえば、再び『パンの略取』の事実性を、従って幸徳の思想の正当性を論証しようとするものに外ならないという解釈になった。それならそういう解釈を誰がデッチあげたか。それは今でも文書の上ではわかっていないが、当時東大法学部教授だった上杉慎吉一派と、検事総長だった平沼騏一郎という連中の息が相通じて、事件摘発になったことは間違いないと思う。

大川周明にも疑いはかけられたが、一ばんもとの火つけ役は恐らく上杉慎吉博士でしょう。それを確認すべき物的なものはないが、あの人はそういうふうなことをやる人であるということが一つ、それから後年上杉博士がベルリンにいったときに、森戸事件をやったのは俺だと、公然と大勢の前でいったという話があるから……」

ここに話の出てくる検事総長平沼騏一郎もまた、前記追想録に一文をよせていて、こう書いている。

「博士の胸中に燃ゆる愛国の情火は常に炎々として触るる者を熱殺するの力があつた。（略）

博士は人心日に険悪に趨《おもむ》き、世態益《ますます》紛乱するを見て、慷慨《こうがい》の情に堪へず、狂瀾を既倒に廻らすの決意を為し、無産大衆の中に味方を得て、大に其の手腕を揮はんとしたことも一再でなかつたが、竟《つい》に実現に至らずして逝去されたことは、洵《まこと》に千秋の恨事である。

博士が多感の資を抱いて熱烈なる弁舌を揮ひ、国体憲法の真髄を説くところは、活きた国宝とまで噂されたものであつた」

さて、この森戸事件であるが、はじめはみんな高をくくっていた。

発表した側は、こんなものが大問題になるはずがないと思っていたし（前に述べたように、無政府主義思想とはいえ、それを宣伝する目的でなく、学術雑誌で、その内容を学問的かつ批判的に紹介する程度のことが法にふれるはずはないというのが、それまでの常識だった）、大学側も、版元から回収してしまえば大丈夫だろうと考えていたのである。

『東大経済学部五十年史』の特別対談（聞きて安藤良雄）の中で、森戸はその間の流れをこう語っている。

「**森戸**　松浦〔鎮次郎〕専門学務局長の代理で、窪田という人が山川総長のところにきて、発売禁止にならんうちに雑誌を回収しろといってきたんです。おそらく山川総長と経済学部の先生方が相談なさって、発売禁止になるといろいろさらに問題があるからというので、有斐閣に行って、それを回収したわけです。それでことが収まればと思っておられたらしいけれども、ところがなかなかそれが収まらなかったわけですね。（略）

安藤　その間、先生に対して警察ないし当時は検事局ですか、それからの呼出し、取調べは……。

森戸　ぜんぜんありませんでした。そのときにもまだ興国同志会が検事総長、文部省に行ったらしいけれども、だんだんとそういう風説が、あるいは状況が出てきたので、山川総長は雑誌回収だけではおさまらないというふうに考えられて、金井学部長などといろいろ相談されたと思います。そして『これはひとつ森戸君に、何かそれについての覚書のようなものを出してもらって、ことを落ち着けたらどうだろう』ということを相談されまして、覚書の内容についても相談されておられたらしいんですがね。（略）間もなく山川総長が会いたいということで、それでは行きますといって、山上御殿で会いまして、そこでいろいろと総長の話があったんです。

それははじめに、『君は天壌無窮を信ずるか』ということでした。私は、『いや、ちょっと信じられません。統治権の総攬者である天皇の地位がいつまでも続くということは、私には考えられません。（略）』ということをいいましてね。『そうか。自分はそう信ずるけれども、君がそう思わないなら仕方がない。ただ、こういうことはどうかな。君の書いた論文は私にはわかるけれども、何かことを落ち着けるために、ちょっと筆のすさみでああいうふうになったということを書いてもらえないかな』、ということをいわれた。ここでは覚書の内容はいわれませんけれども、『そういう意味のことを書いてもらえないか』ということでした。しかしそれは、学者が学術雑誌に書いているものを、筆のすさみで書いたということはいえませんし、そういうことをいってもとおりません。だから、『私はそういうことはできません』と、はっきりいいました（略）。

『それは困るな。しかし大学にとっても、経済学部にとっても重大な問題だから、もう一度、一晩考えてみてくれ』、『それでは考えてみましょう』、『明朝、きてくれ』ということでした。私があくる朝行きましたら、山川総長から真先に、『森戸君、ああいうふうにいったけれども、もう遅くなってだめです。私のいったことは取り消します』といわれたので『ちょうどよかった。私もそれは考えるまでもなく、そういうことはできませんとお答えするのだったけれども、そういうふうにおっしゃってくだされば、私には何よりも幸せです』という返事をしました。その時だいたい起訴というようなことが決まったんじゃないかと思います」

誰が森戸処分を決裁したのか

「一晩考えてみてくれ」といわれて、翌朝いってみたら、「もう遅くなってだめです」となってしまったのはなぜなのか。

これは大正九年一月九日から十日にかけてのできごとと考えられている。この間に、森戸処分の決裁が、総長＝文部官僚レベルではとうてい手が届かない、より政治的ハイレベルの部分に移されてしまったということだろう。森戸は後に、その間の事情を調べて、『思想の遍歴（上）』にこう書いている。

「政府と司法当局は、『此際司法権に適応して以て国民思想の確立を期する方針』（『法律新聞』一六四四号）で、一月一〇日前後には森戸起訴の方向にはっきり踏み切ったらしい。

一月一〇日には、検事総長平沼騏一郎が臨時兼任法相原敬をたずねて、森戸起訴について同意を得、ついで、一二日には『起訴不得已事』*が両者の間で確認され、原首相（兼法相）は平沼検事総長に『近来大学教授が売名の徒となりて、途方もなき意見を発表するの弊風も生じ居れば旁《かたがた》以て捨置《すてお》く事は出来ざるべし』と語っています。しかも翌一三日には、森戸のほか大内兵衛君をも起訴することが閣議決定となってしまった。国家はデモクラシーと『新思想』に対し、『国家の根本』のため『此際断然たる処置を取る事』としたのです（『原敬日記』八巻四五七ページ）」（＊起訴ハ已《ヤ》ムヲ得《エ》ザルノ事《コト》）

要するに、決定のレベルは、検事総長、総理大臣(原敬は法務大臣も兼任していた)のレベルまで上がってしまっていたのである。

すると森戸処分の最終決定は、このレベルでなされたということなのだろうか。

関係資料を検討してみると、本当はその上のレベル(というと元老山県有朋しかいないが)で森戸処分が決ったのではないかと考えられるのである。そして、上杉の、「あれは俺がやった」という豪語の本当の意味は、興国同志会の連中を煽って事件に火を点けたといった程度のケチな話ではなく(興国同志会は十一日に検事総長に会って森戸処分を働きかけているが、そのときはとっくに起訴の方針が確定している)、上杉から山県に直接働きかけ、山県から総理―検事総長レベルに話がおりていったということではないだろうかと考えられるのである。

21

元老・山県有朋の学者亡国論

総長の理解と教授達の裏切り

森戸事件の背後には、上杉慎吉と元老山県有朋のつながりがあると想像されたわけだが、『原敬日記』を細かく読んでいくと、そのあたりのことが読みとれてくる。

まず、大正九年（一九二〇）一月九日の項に、次のようにある。

「平沼検事総長、司法省刑事局長同伴来訪、大学にて発行する経済学研究と題する雑誌にて助教授森戸某が無政府共産主義（クロポトキン主義）を明らさまに宣伝するの論文を掲げたるは朝憲紊乱《ちょうけんびんらん》に当る、雑誌は文部、内務相談にて悉く回収せし由なるも捨置き難しとて其指揮を求むるに付、余は起訴する事不得已ならんと云ひたるに、平沼等は尚ほ司法次官等にも相談すべく、又文部大臣にも余より相談せられたる上にて措置

河上肇

トルストイ　©毎日新聞社提供

原敬

を取るも可なりと云ふに付、追て相談する事となせり、近来大学教授等非常識にも過激危険の論をなして声名をてらうの風あるは如何にも国家の為めに好ましからざる事に付、厳重の措置を取る事可なりと思ふ」（傍点立花）

一月九日といえば、文部省の松浦（鎮次郎）専門学務局長が山川総長のもとをたずねて（一月六日）、問題が大きくなるおそれがあるから、なんとか善後策をとるようにといってきたのを受けて、まず山川総長が文部省をたずねて南（弘）次官と協議（一月八日）したあと、金井延《のぶる》、山崎覚次郎、矢作栄蔵の経済学部教授陣を呼び集めて、あわてて鳩首会議を開いていた日である。

そのときすでに、総理大臣と検事総長の間で、起訴やむなしの話ができていたのである。一読すればわかるように、話は、内務省―司法省―検事総長のラインで上ってきており、文部省抜きで（文部省はウワサを聞いてあわてて雑誌の回収に走っただけ）進行していたのである。

このとき東大総長の周辺では、森戸に、あれは筆が走りすぎてあんな内容になってしまったもので、本意ではないという意味の覚え書きを書かせ、それを当局に提出してはどうかという案が出され、次のような文案までこしらえていた。

「拝啓陳《のぶれ》ば雑誌『経済学研究』第一号に掲載せる『クロポトキンの社会思想研究』と題する拙生論文は、単にクロポトキンの説を紹介するに止めし積りの処、書方悪しく候に哉、往々拙生を以て無政府共産主義を主張するものと誤解せらるゝ向も有ㇾ之候やに承り遺憾に存候。拙者は右無政府共産主義を正道と認めて之を主張するものに無ㇾ之候間、此段申上置候」（『男爵 山川先生伝』）

前章で述べたように、この案は、森戸から、学者としてそのような意味の覚え書きにサインすることはできませんと、にべもなく拒否されてしまう。山川総長は、即答せずに、一晩考えてからもう一度返事を聞かせてくれというが、翌十日、森戸は再び拒否する。

この山川総長と森戸との交渉の過程で、「きみの学説を改めてくれないだろうか、そうしてくれれば、きみの身分は私が責任をもって守ろう」と山川がいったという説がある。しかし、これに対しても森戸は拒否をした。そのあたりのことについて、仏文学者の辰野隆《ゆたか》が随筆で以下のようなエピソードを書いている。辰野の母は山川夫人と従姉妹同士だったため、山川家のことに詳しかったのである。

「その日、総長は帰宅すると、四男建《たける》──当時、若き内務官吏、後の文部省専門学務局長──を書斎に呼び寄せて、実は今日自分は森戸君と別れを惜んで来た。苟も学者が一度学説を発表した以上、全責任を持つ可きである。自分が森戸君であつたら、やはり同じ態度に出でただらう。身柄を保証されて学説を改めるやうでは頼もしくない。流石に森戸君は男だ。よく覚えて置け。若し将来、汝が意見を発表するやうなことがあつたら、須《すべから》く森戸君に倣《なら》へ、と色を正し声を励まして、訓誡したさうである。この話は、数年前、建君から父の追憶として親しく聴いたところである」（『青春回顧』酣燈社）

山川総長は、すでに、ことは覚え書きにサインする程度の話ではすまないという情報を得ていたらしく、拒否の返事を受けるとすぐに、経済学部の教授会を開かせ、総長臨席の上で、六対一の票決をもって、森戸の休職処分を決定した。それを受けて、同日中に文部省から休職と、外国留学（十四日に出発することになっていた）の取消が発令された。

東大と文部省としては、大学に累が及ばないようにと、大あわてで処分したわけだが、この処分は何の効果も発揮せず、森戸は、すぐに（一月十四日）起訴されてしまうのである。

その経緯はまた後で書くとして、ここで考えておきたいのは、経済学部の教授会がとった行動である。森戸論文が発禁処分を受けたわけでもなく、森戸が訴追も受けていない段階で、教授会が森戸論文の内容が不穏当という理由で休職処分にしてよいのかどうか（しかも、教授会の場で弁明もさせない）という問題である。

この点に関し、美濃部達吉法学部教授は、『太陽』（大正九年三月号）で、こう述べて、処分を正当化していた。

「学問の自由といひ、大学の独立といふは決して大学の教授助教授が絶対に不可侵の地位を有することを意味するものではない。若し大学教授にして其地位に適しない者が有れば、大学に於て自ら其の進退を処決することは避くべからざる必要である。吾々は唯大学自身の処決に依らずして外間の勢力に依つて左右せられることを恐れるものである。今回の森戸君の事件の如きは教授会に於て自ら其の進退を処決したのであつて、毫も外部の勢力に依つて動かされたものではない。而して教授会が之を決するに至つたまでの経過に付いては、局外者の地位に立ちて公正に之を判断して、詢《まこと》に已むを得ざる処置であつたと思ふ。是は敢て学問の自由を侵し思想の自由を妨げたものではなく、大学の教官としての地位に不適任であることを認定したのである」（傍点立花）

外部の勢力に動かされての処分であることは、あまりにも明らかなのだから、これは形式論理そのものの弁明というほかない。

金井延経済学部長も、次のように述べ、同じような趣旨の弁明をしていた。

「学の独立は無論結構だが、絶対の独立、絶対の自由は要求し得るものではない。独立、自由というも国家存在の基礎に立ち、法令の範囲内に於いてのみ求むべきであって、国家の存立を危うくし、または法令を超えても、絶対に大学は自由なれとは云うべからざる事と信ずる。この範囲の制限は、大学といえども甘受しなければならぬ。（略）ところで今回森戸君の発表した論文は、私が前に述べた範囲を超越して居るのであるから、吾々はその影響の及ぶ所を畏れて、ついにあのような処置に出たので、自分等は今日も決して自分等の執った処置が誤ったとは信じない」（東京朝日新聞一月十七日）

また、吉野作造法学部教授も、新聞談話という形であったが、次のように述べて、処分を容認していた。

「森戸君の休職に就ては、若しその事前だつたら私一個としての意見はあつたが既に公表されて辞令までも出た後であれば、それまでの経過が判明しない限り何とも申し兼ねる、其に教授会の決議でさうなつたとすれば或は私の言に依つて傷けられる人がないとも限るまいから今は遠慮し度い、然し『経済学研究』で発表した森戸君の言論が危険性を帯びて居ることは私も認めるし、あれが教授会の問題となつたのは已むを得ないことだと思ふ」（読売新聞一月十四日）

「今の政府の取締標準からいへば同君のものは余り露骨に、正直にクロポトキンの思想を紹介してあるから、発売禁止を行られる事は止むを得まいと思ふ、然し帝大の学生が之れ即ち過激思想の宣伝鼓吹なりとして同君の排斥運動を起す抔《など》は実に愚劣極まる話である、何となれば現代の思想界は到底マルクス辺りの議論では追つつかず、将にクロポトキンに進み、更にトルストイの称へた精神主義の研究に迄進まねばならぬ、恐らく此の一年間は如何に政府が取締を厳にしても当然クロポトキンの思想研究の時代とならう、(中略)ただ同君が余りに多くクロポトキンの意志を持て囃《はや》して居る感のあるのは一寸考へものである」(「時事新報」一月十四日)

吉野はここでは冷いように見えるが、森戸が起訴されて裁判がはじまると、特別弁護人として法廷に立っている。

東大の大学としての自殺

この三人の言説と対照的なのが、「大阪毎日新聞」(一月二十六日)に発表された河上肇京大教授の、「森戸助教授の休職に就て」という文章である。

「東京帝国大学助教授森戸辰男君が、その抱懐せる思想の故を以て休職を命ぜられたと云ふことは、今後に於ける我国文化発達の為め黙過すべからざる重大の出来事である。(略)

私は先づ率直に言ふが、東京帝国大学総長及同大学経済学部の教授会が、森戸君の休職を主張し又は之に同意されたことは、(略)実に重大なる過失である。さうして之が此事件に関する唯一の論点である。私は、私の尊敬し居たる此等の人々が、森戸君を『処置』されたることを、甚だ遺憾とする一人である。(略)

言ふ迄もなく、学問とは真理を討究することである。故に学者は絶対に正直なるべきことを理想とする。真理といふことと不正直といふこととは、絶対に相容れぬ概念である。(略)

既に学者は絶対に正直でなければならぬ。故に学者は絶対に研究の自由を有することを理想とする。自ら真なりと認めたることは、如何なることなりとも飽までも之を真なりとして進むの自由を有たなければ、真理に到達するの道がないのである。此種の自由を学者より奪ふことは、真理の扉を開くに是非とも必要なる鍵の一を、彼等より奪ふことである。それは学者を学者として殺すことである。（略）苟《いやしく》も学問の研究を其目的の一となすならば、真理を離れて学問なく、研究の自由なくして真の闡明《せんめい》は在り得ざるが故に、大学は学問研究の上に絶対の自由を有すべきである。（略）そは大学そのものの本質であり要素である。（略）

死刑執行人は死刑囚を殺すの職務を有すると同じく、真理の研究を職とする官吏は研究の自由を有する。（略）（略）只私が茲《ここ》に問題とする所は、研究の自由を生命とすべき大学それ自身が、自ら進んで森戸君を『処置』したことである。（略）私から見れば、それは大学としての自殺である。

日本の大学にして自ら其自由を抛棄するならば、（略）真理は日本の社会の如何なる隅に隠るべきであるか、将た如何なる処に現はるべきであるか。真理に反いて日本は何を味方にしようとするのか。

断るまでもないが、私は決して森戸君の発表した思想の内容を是非しようとするのでは無い。私は其意見の内容如何に拘らず、同君が研究の結果到達したる思想の故を以て、大学を追放されなければならなくなつたと云ふことをば、真理の討究を生命とする最高学府にあるまじき出来事だ、と主張するのみである」

正論である。私も、大学とのかかわりにおいて論じるなら、森戸事件の最大の問題点はここにあると思う。研究の自由こそ、大学が守るべき最も本質的な自由である。そして、研究の自由には、当然のことながら研究発表の自由も含まれるはずである。その意味において、研究の自由には、言論の自由も内包されているはずである。それを大学当局がいち早く、本人の弁明すら聞かずに奪ったということは信じ難い暴挙といってよい。あの戸水《とみず》事件に際してとった山川総長の果敢な行動、法科大学教授陣の示した見事な団結と反骨精神はどこに行ってしまったのだろうか。

それだけ時代背景がちがうものになっていたということなのかもしれない。戸水事件のときは、一般の国民感情が反露的になっており、戸水の主張はそれにしっくりきていたのでその支持にまわりやすかったのに対し、クロポトキンのような過激思想（と思われていた）の支持者にはなりたくないという気持が働いていたのかもしれない。時代はまだ大逆事件（一九一〇）の余波が残っている時代で、クロポトキンといえば、幸徳秋水と結びつき、「超過激派の思想」と短絡しがちだった。

しかし、クロポトキンの思想そのものは、過激でも何でもなく、むしろ、これからの社会をどのような方向に持っていくかを考える上で、重要な示唆を与えてくれる真面目な議論であることを示そうとして書かれたのが森戸論文なのである。

無政府共産主義とは何か

森戸は裁判がはじまってから、「拙稿『クロポトキンの社会思想の研究』に就て」という手記を書き、そこで、論文執筆の動機とその内容の要点を自ら解説し、これを関係者に配るとともに、裁判所に「上申書」として提出した。この手記は、「クロポトキン事件前後」(『思想の遍歴』所収。以下「事件前後」)におさめられているが、そこには、動機として次のようなことが記されている。

「(前略)論文起草の第一の動機は純学問的の、就中《なかんずく》方法論上のそれに存するのである。(略)次に私の逢着した問題は、無政府共産主義に関する世人の誤解である。我国に於ては幸徳事件以来、最近には米国に於ける無政府主義の陰謀の報道等から、無政府主義と云へば、直ちに暴力と破壊の権化であるかの如く考へ、無政府共産主義と聞けば無闇に恐怖戦慄し、一も二もなく迫害強圧しようとして居るやうであるが、之は頗る謂はれなきことである。と言ふのは、究極の社会状態が無政府共産制であらねばならぬと主張する、社会理想としての無政府共産主義と、現実の政治組織、社会制度を破壊すれば、それで無政府共産制が実現できると考へ、之に向つて努力する所謂無政府主義とは、全然区別して考ふべきものであると思ふ。後者には所謂危険性があるが、前者には之れが存しない。然るに、世人は之れを混淆して、一概に無政府共産主義を以て危険視せんとするが故に、私は此蒙を啓く必要があると考へた。之れが論文起草の第二の動機である」

これは森戸のいう通りであって、クロポトキンを実際に読んだことがある人は誰でも知るように(今なら文庫本に入っているから、読もうと思えば誰でも簡単に読める)、クロポトキンの主張は、今なら、エッ、これが何で危険思想なのと驚くような、過激さなどほとんどない主張が大半である。森戸はこうつづけている。

「クロポトキンはトルストイと共に私の崇敬する世界的偉人である。而して彼はまた理論の深さに於ても広さに於ても最も代表的なる無政府共産主義の理論家である。

私の考ふる所によれば、彼の無政府共産主義は大体次の三部分に分つことができる。即ち第一は現存制度の批判、第二は理想社会の説述、第三は現存制度と理想社会との関係即ち実行のための方法論これである。(略)私がクロポトキンに於て認めた価値は、彼の純真なる人道的性質に照応する社会理想としての無政府共産主義であつて、現制度に対する彼の批判に就ては一部分の真理を許すと同時に『幾多の誇張と誤謬の存すること』を認め、暴力革命論に就ては、之を望ましからざるものとなして居るのである。(略)而してクロポトキンの思想から暴力革命論を引き抜けば、トルストイやラッセルやの思想と殆ど異る所がなくなるであらう」

「進んで考ふるに、無政府共産主義は之を社会理想として見れば、何等危険のものではなく、それは恐らく全人類の理想である。

『無政府』と言ふことは、無秩序とか混沌とか言ふ意味ではなく、外部的の力によらざる事物自然の調和の状態を指すのである。力の支配によらず、同情同感を以て相集る団体生活の状態である。それは『力の支配』又は『権利の支配』の行はるる状態ではなく『徳の支配』の行はるる状態である」

戦後書いた「事件前後」では、ここのところをさらに敷衍して次のように書いている。

「無政府共産制こそ社会政策の窮極目標であることがわかりました。つまり、各人が権力の圧制がなく、資本の搾取がなく、また宗教的権威の拘束もなしに、自由な人間として、共同生活の中に自由と福祉をたのしむことのできるような社会こそが、社会運動や社会政策の最後に行きつくところの理想社会であることを学びました。そしてそれこそ無政府共産の社会なのであります。これはただ、クロポトキンひとりがそういう説を唱えただけではありません。東洋の思想、たとえば儒教でも、老子・荘子の思想でも、あるいは仏教の考え方でも、みな窮極の理想社会を、人びとが自由で、助け合って幸福な社会を観想し思慕・追求しているのです。それゆえ、無政府共産の社会は単に西洋の思想であるとか、特殊な社会運動の掲げる目標であるとかにとどまりません。アジアの儒教も仏教も道教も、みな同じ理想社会を追い求めていると思われます」

もちろんこれは、無政府共産主義のイデーについてであって、そういう社会を実現する方法の問題はまた自ずから別の話になる。森戸論文においては、両者をはっきり区別し、前者を「社会理想」として認めたが、後者の暴力革命論は、はっきり否定していた。

原論文についてそれを見ると、次のくだり（最後の一節）である。

「社会理想としての無政府共産主義の内容と価値とは略ぼ上記の如くである。それは単に、心情の憧憬する麗はしき『空想』であるに止まらず、また大体に於て合理的根拠を持ち、歴史的現実の上に立つ『理想』であると考へられる。（略）併し此の社会理想としての無政府共産主義と、実行方針としての無政府共産主義とは、之を区別して考へなければならぬ。而して此の第二の点に関して、特に無政府共産主義の欠陥が存して居るやうである。例へば少からざる無政府共産主義者は暴力革命を以て一挙に今日の儘の世界に理想の世界を実現し得ると信じ此の確信に基いて行動しつつある。けれども自由を希望しない者に暴力を以て之を強制しようとする試みは到底失敗に終らざるを得ざるべく、更に根本的大改革を達成しようと思ふ者はむしろ卑近なる手段を通して一歩一歩と終極目的に接近することを学ばなければならぬであらう。（略）社会理想の実現は暴力と激変とによってではなく、平和の裡に行はるる断えざる有機的発展であることが最も望ましい。然るにも拘はらず、否然るが故に、社会理想は益々崇高遠大なるものでなければならぬ」

森戸の主張していることは、社会民主主義者の暴力革命否定論と同じであって、森戸はその後、戦争が終って、共産党が暴力革命を主張する時代になっても、その後共産党がそれを引込め、代って過激派がそれを主張するようになっても、一貫して、その立場を変えなかった。そのため森戸はしばしば急進的学生などから保守反動呼ばわりされた（戦後、森戸は文部大臣になり、広島大学学長、中教審会長になるなど、体制側の人間だった）。森戸が賛意を表したのは、あくまで理想社会論としての無政府共産制であり、それはマルクス主義の立場からは、ユートピア論としてとっくに否定されていたものだった。そのあたりを、「事件前後」では次のように書いている。

「決して朝憲紊乱ではない」

「マルキシズムは、窮極の社会理想などは考えなくてもよいという立場です。つまり、マルクス主義は『科学的社会主義』の立場に立って、社会主義運動には社会理想などの必要はない、あるいはそれをもつのはむしろ間違いである、われわれは現実の社会の中で当面する矛盾を階級闘争によって克服することで、無産階級を解放すればそれでよいのだと考えました。したがって、特別の理想社会を描いて運動の指針とする社会主義に対しては、これをユートピア社会主義だとして排撃したのです。この同じ雑誌に櫛田君が訳した『共産党宣言』の一節が、まさしくそのユートピア社会主義を批判しているのも、もう一つの偶然の一致でした。しかし、私自身は当時このマルキシズムの態度は間違いだと思いましたし、今もそう思っています」

森戸論文は、新聞紙法四十二条違反の「朝憲紊乱」の罪に問われたわけだが、前にも述べたように、クロポトキンの思想を思想として紹介するだけなら（その主張を自己の主張としたり、その思想の宣伝を目的としないなら）、罪に問われないというのが、それまでの学界、司法界の常識だった。森戸論文は、イデーとしての理想社会論と、その実現をはかる暴力革命論をはっきり区別し、後者を明確に否定しているのだから、常識的には、朝憲紊乱などにはあたらないはずだった。森戸は手記の「論文と朝憲」の項で、こう述べていた。

「無政府共産制を以て社会理想となし、（略）此の理想への接近を以て望ましきものと考へた所で、それを以て直ちに朝憲紊乱となすことは出来まいと思ふ。若し無政府共産の理想を実現する目的を以て、現在若くは近き将来に於て、我が帝国の現存制度を廃止せんがために特定の具体的実行方法を指示するならば、それは或は所謂朝憲紊乱と目すべきであるかもしれぬ。併しそれは私の論文の係はり知らざる所である。

社会理想としての無政府共産主義の提唱は前者と同一ではない。（略）之を譬ふれば、今日一日中に牛乳三升を飲めと要求することは、健康の破壊であるが、之に時を借して、一ケ月の間に之を飲めと要求することは、決して健康の破壊ではないと同様である。

殊に私は理想実現の方法としては『暴力と激変とによつてではなく、平和の裡に行はるる断えざる有機的発展であることが最も望ましい』となす者である。平和の裡に行はるるとは合法的と言ふ意味であり、有機的発展とは進化の意に外ならぬ。故に私の望む所は朝憲の合法的進化であつて、決して朝憲の紊乱ではないのである」

研究はよいが宣伝はいかんとする論点に対してはどうか。森戸はこうつづけている。

「仮りに百歩を譲り、社会理想としての無政府共産主義は危険思想なりとする。そこで人々は云ふであらう、危険思想の研究はよいがその宣伝は悪いと。然らば宣伝と研究とは如何なる標準によつて之を分つべきか。私の考ふる所によれば、若し宣伝を以て不特定の多数人に自分の意見を発表することであるとすれば、公表されたる研究は凡て宣伝である。（略）

或る学者の学説を組織的に論述すると云ふことは経済学史上に於ける重要なる研究の一方面である。（略）而して私の論文の本体は此の見地よりクロポトキンの社会思想の一面を研究したものである。之は純乎たる研究であつて宣伝と見倣すべきものではないと思ふ」

このような観点から、研究発表の自由を確立することが、あの論文発表のもう一つの動機であったという。

「社会科学に於ける研究及発表の自由の主張も亦本論文起草の一動機であつた。研究及発表の自由は学問進歩の必要条件であつて、学問の進歩発達は此の自由の拡大に比例するものである。然るに、今日自然科学に就ては、研究及発表の自由が充分認められて居るにも拘はらず、社会科学に於ては必ずしもさうでなく、就中私の専攻科目である社会政策学に於ては、その程度が特に著しいかのやうである。（略）かくて私は専門学者として自分の研究範囲に於ける研究及発表の自由を主張せんとしたのである」

新聞が連日の大報道

しかし、先の河上肇論文のように、そのような視点をはっきり持って森戸を支援する動きは、東大の内部からは出てこなかった。むしろ、東大の外の声のほうが、問題点をはっきりとらえていた。

「凡そ無政府主義であらうが何であらうがその研究は思想の自由、学問の独立の範囲にあるもので日本の憲法上許さるべきものである、況んやその研究者が学問思想の研究を以て生命とする大学教授であるに於ては十分に信任さるべきで、それが圧迫されるが如きは立憲政治の不完全を証するものである、苟も憲法の何たるやを知つて居る者の黙する能はざる所である」（浮田和民談・「読売新聞」一月十四日）

「何処迄当局は馬鹿な真似をやるものだらう、（略）迫害を加へて思想の伸張を止め得ると思つてるのか、（略）今又学者として研究家としての森戸君を迫害するなど、実に新人に対する圧迫も酷い、やがて我々の上にも及ぶのだらう、（略）森戸君がかうなつたのも大体帝大の教授会がいけない、何故文部省から言つて来た時きつぱりと撥ね付けなかつたか、由来帝大の経済学部はあまりに新旧思想の懸隔が甚だしかつた、（略）新旧両者が直接衝突した訳だ、実際森戸君は気の毒だよ、（略）今度の研究発表だつて僕は三度も読んだが、決して発売禁止する程の不穏当のものでも何でもありやしない、堀江帰一博士などは、博士ともあらう者が甚だ不謹慎だ、読みもしないで発売禁止は当然だとは何事だ、少くとも二三度は読んでから後に物を言つて貰ひ度い、此の問題たるや単に帝大の興国同志会対森戸・新人会といふ様な関係ではなく、実に我が学術界の権威の為め、文化思想の大問題である、早稲田もやがて大学に昇格さるれば帝大と同じ境遇になり学問の独立と自由の精神の誇りは全く滅びてしまふので、（略）迚《とて》も黙つてゐる事は出来ない」（北沢新次郎早稲田大学教授・「時事新報」一月十六日）

ここで言及されている堀江帰一博士とは、当時慶応大学経済学部長だった堀江教授のことで、「読売新聞」（一月十四日）に寄せた次の談話を批判しているのである。

「僕は未だ森戸君にも会つて居ないし又此度の論文も読んで居らぬから立入つて論ずる事は出来ぬが、同君がクロポトキンの如き無政府的の危険思想を紹介して国憲を紊《みだ》すが如き態度に出でたとすればそれは由々しき問題で、政府当局の厳罰を受けるは至当と謂はねばならぬ、而も身は帝国大学助教授と云ふ官吏の地位に在る森戸君に対する処置として休職は寧ろ当然だらうと思ふ」

森戸事件をめぐっては、帝大助教授が書いた論文の故をもって起訴されるなど前代未聞のできごとだったから、新聞は連日の大報道で、このような賛否両論が紙上でたたかわされていた。そのあたりは後述するとして、もう一度、原敬日記に戻って、森戸処分がなされる前後の政治中枢の動きを見ておこう。

一月十二日、再び、平沼検事総長が原のところにやってくる。

「検事総長平沼騏一郎来訪、一昨日内談せし大学教授森戸某（助教授）朝憲紊乱として起訴する事に関し、文部側に相談せしに強て異議を云ふには非らざれども可成は穏便にしたしとの意見なり。併《しか》しながら彼悔悟の様子もなし（単にクロポトキンの無政府共産主義を紹介せし迄と正誤する事大学総長より談ぜしも彼承諾せずと）、起訴不得已事と思ふと云ふに付、明朝余閣議にて中橋文相と相談すべし、近来大学教授が売名の徒となりて途方もなき意見を発表するの弊風も生じ居れば旁《かたがた》以て捨置く事は出来ざるべしと云ひ置けり」

先の、森戸と山川総長の間の一月十日のやりとりがここで報告されているわけである。山川が、一月九日にはもう一日考えてくれといっていたのに、一月十日になると、覚え書きにサインする程度ではもうことがすまなくなったといい、そそくさと経済学部の教授会を開かせて森戸処分にいたった背景は、検察側がすでに起訴やむなしの決断をしているという情報が山川の耳に入っていたということだろう。

翌一月十三日、閣議で、森戸処分が決められる。

「共産無政府主義なるクロポトキン主義を執筆したる森戸東京大学助教授起訴の件、閣僚に諮り不得已起訴の外なしと決定したるに因り、鈴木〔喜三郎〕司法次官を招き起訴の内訓をなしたり。但『経済学研究』と称する雑誌に登載ありしに因り、同雑誌編輯人大内助教授も同時に起訴する事となしたり。近来教授等如何にも無責任にて国家の根本を考へざるが如き行動多きに因り、国家の前途に甚だ憂慮すべしと思ふ。因て此際断然たる処置を取る事となせり」（『原敬日記』）

森戸処分は、総理大臣が、これは「国家の前途に甚だ憂慮すべ」きことだと考え、「断然たる処置を取る」必要があると、閣議決定までしていたのである。覚え書きにサイン程度ではすまない事態になっているとは、こういうことだったのである。

山県有朋の意見書

原はなぜ、この事件をこれほど重大視していたのだろうか。総理大臣になる前、原は第一次西園寺内閣以来、三代の内閣にわたって内務大臣をつとめていた。もともと原は治安重視のタカ派の内務官僚的色彩が強く、総理大臣になってからも、司法大臣を兼任して、司法省（検察）をにぎり、朝日新聞社の「白虹《はっこう》事件」では、「朝日新聞」が論調を改めないなら発禁にするとのおどしをかけていたことは前に述べた。

米騒動で寺内内閣がつぶれたあとの総理大臣であるから、治安維持にはことのほか神経を使っていたのである。前に述べたように、時代はロシア革命（大正六年）、ドイツ革命（大正七年）のあとで、日本にも社会主義運動が勃興しようとしている時期だった。第一次大戦期以来、日本でも労働運動が燃え広がり、それと勃興期の社会主義運動が結びつき、はじめはアナキストのアナルコ・サンジカリスムが影響を持ち、やがて、マルクス主義がそれに加わり、両者が勢力を競いあって「アナ・ボル論争」が展開されるというような時代だった。そしてクロポトキンは、ボルシェヴィキより危険なアナキストの親玉と考えられていた。

この時代の君主制国家日本の権力中枢にいた人間には、革命に対する強い恐怖心があり、無政府主義、共産主義、社会主義は文句なしの危険思想だった。森戸論文を冷静に読んで、なるほど無政府共産主義にもいいところがあると考えるとか、それを時間をかけて平和裡に実現していくなら何も危険なことはあるまいと考えるなどということは、全く期待できなかった。

このような革命恐怖感は、原より山県に強いものがあったが、原は山県のおかげで政権につけたということをよく知っており、政策のあらゆる面において、常に山県のアドバイスを受けていたことが、『原敬日記』を見るとよくわかる。ほぼ月に二回は、それぞれ数時間にもわたる長時間の会談を持ち、政策、政局のあらゆる側面を語りあっているのである。

森戸起訴の翌々日、一月十六日の『原敬日記』にこんな記述がある。

「山県より教育に関する意見書送越し閣僚にも其写を配布しくれよと云ふに付其通《そのとおり》に取計たり。先般会見の時学者亡国など云ひたるが大体其趣旨を記載したるものなり」

「先般会見の時」とは何であるかと思って、ページを繰ってみると、十二月二十八日のところに、こんな記述がある。

「山県は例の学者国を誤るの論をなす」（傍点立花）

「例の」というところに注目していただきたい。山県はこの頃しきりに、原に対して学者亡国論をやっていたということである。そして、この日付に注目していただきたい。これは、森戸事件に火がついて、文部省から東大に「内務省が問題にしようとしている」という報が入り（十二月二十七日）、東大からあわてて版元の有斐閣に使いが出て同日中に版元の在庫を回収し、翌日には、書店に配本ずみになった分まで回収がかかったという日なのである。雑誌が出たのは十二月二十二日で、その翌々日二十四日には、興国同志会の学生有志が内務省に対し、「この論文は学術研究論文ではなく、無政府主義の宣伝だから、断固取り締まるべきだ」と働きかけ、それが事件の発端になったとされている。しかし、一部の学生がただそのように働きかけただけで、内務省がすぐに取締まりに動きだすわけはない。これはやはり、上杉慎吉が独自のルートで、内務省に直接働きかけていたと考えるべきだろう。

そして、その独自のルートとは、山県ルートであるということが、一月十六日に、山県の命で閣僚全員に配布した意見書（『原敬日記』によれば十二月二十八日に聞いたのと同じ内容とされる）でわかってくるのである。

というのは、この意見書の全文が残っており、それを読むと、森戸事件をあのような形で処断するにあたって、山県—原が何をどう考えていたかがわかり、その背景のラインに上杉がいたにちがいないことがわかるからである（『原敬日記』九日、十二日、十三日の決断の根拠はこの意見書と同じ学者亡国論なのである）。

これは驚くほど長い意見書で、このような長文の意見書を閣僚全員に配布するというのはあまりに異例といえば異例のことである。四百字にして、実に十二枚分もある見事な文語体の文章で、その冒頭に、

「下記卑見口授筆記せしめ候間為御参考高覧に供し候」

とあり、これは山県が口授筆記させたものであるかのごとくよそおわれているが、これだけの文章を口授筆記させるというのはとてもできることではない。相当の筆達者がまとめたものであることが一見して読みとれる。そして、上杉の文章に通じている人には、その内容、用語法からして、これは上杉がまとめ役となって書いたというか、前章の中田薫の表現を用いれば、「元老に説くというよりは、むしろ教えることで、元老の権力を通じて自己の大経綸を当世に行わんとした」ことの、見事な実例というべきだということがわかる。

この意見書は、時の文部大臣、中橋徳五郎の伝記の中に残っていた。

中橋徳五郎は、財界出身（大阪商船社長）の政治家で、文部大臣になったのは全くのフロックで、伴食大臣の典型だった。何しろ伝記が、「翁の文部大臣は、世人が意外とした以上に、翁自身も意外であり、全くのところ、翁は頗る当惑した」「実は原総裁も、翁の文部大臣は、聊か無理だと考へてはゐたのである」というい、文部大臣になったら、こうしたいなどという抱負経綸は全くなく、「余り乗り気でなかつたことは、疑ひもなき事実である」と書くくらいなのである。

中橋文部大臣の時代に、高等教育の大改革（大学令公布。専門学校の大学昇格など）が行われ、森戸事件なども起きたわけだが、『原敬日記』を読むと、それらの問題で中橋がヘゲモニーを取ったことは全くなく、それらの問題すべて、原が自分で率先して片づけたものであることがわかる。そして、先の伝記にしても、この山県意見書がおさめられていることをもってのみ知られているだけで、あとはあきれるほど下らない事実の羅列である。

全部を紹介するわけにはいかないが、当時の（そして上杉の）為政者の頭の中を知るのにいい資料なので、

以下、要約して紹介しよう。

過去五年にわたってつづいた、世界未曾有の大戦は、世界中に大きな影響を与え、国家の興亡から人心の機微にいたるまで、ほとんど計量できないほど深刻な影響を与えた。これを大観すると「形而下ニシテハ経済問題、形而上ニシテハ思想問題」があるが、いま思想問題がより重大である。世界の思潮が「急激ノ変態」をきたし、そのためにまずロシアが瓦解し、次いでドイツ、オーストリアが土崩した。バルカン諸国、イタリア、スペインも体制が変り、いまやその勢いは「ホトンド全世界ヲ風靡スルノ状況」にある。体制変革の思潮の一つは「ボルシェヴィズム」という危険思想で、いま英米仏などの大国も、その侵害を防ぐのに大わらわの状況である。もう一つは「デモクラシー」という新思潮で、これが各国の社会組織をどんどん破壊している。欧米諸大国は、産業制度、教育制度を変えることでそれに対応しようとしているが、弱小国は、その暴威に屈伏して、どんどん体制を変えさせられている。トルコ、スペイン、オランダ、デンマークなどで王制が引っくり返ったのはみなそれだ。

ひるがえって日本を見ると、やはり「新思想ハ隠密ノ間ニ社会各部ニ浸潤シ」、知らない間に「思想界ニ一大変改ヲ来シ、蕩々トシテ底止スル所ナク、其状真ニ驚クニ堪ヘサルモノアリ」。大戦前は、社会主義の書籍雑誌など、すぐに排除されたのに、いまやこの一年間に発行された新思想に関する書籍雑誌だけで五十種をかぞえている。これらの新思想は「貧困ナル知識階級ト無知ニシテ雷同シヤスキ労働階級」に大きな影響力を持ち、

「彼等ノ現在社会制度ニ対スル不平不満ヨリ惹テ危険ナル新思想ニ感染スルコト甚シキヲ知ルヘシ。若シ此ノ如キ風潮ヲ自然ニ放任スルトキハ火ヲ広野ニ放ツカ如ク遂ニ停止スル所ヲ知ラサラントス。帝国ノ前途夫レ危キ哉」

帝国の存立すら危ぶまれる状況に対するのに、いま最も大切なのは教育である。教育の変革によって新思潮を食い止めなければならない。日本の歴史をかえりみると、これまでも外国の新思潮が侵入して、日本を毒したことがたびたびあったが、いずれも志ある人が出て、それらの新思潮の短所を捨て長所を取って日本

化することでその害毒を防ぎとめた。朝鮮支那から儒教が入ってきたときも、印度から支那を経て仏教が入ってきたときも、これを日本化して受容することで無毒化できた。それも日本の国体の精華として固有の精神があったからである。

「蓋シ我ニ固有ノ体統アリ、固有ノ精神アリ、国体ノ精華万古ニ秀絶シ、何モノモ来リテ敢テ奪フ能ハサルノミナラス、其ノ入リ来ルモノ皆我ニ同化ス、是レ我日本カ幾千年ノ歴史ヲ重ネテ能ク其ノ大精神ヲ保持シタル所以ナリ」

江戸時代も、「帝国ノ本義ヲ忘レ徒ニ支那思想ニ心酔スル者」が生じたが、活眼の士が相次いであらわれ、「帝国固有ノ国体観ヲ立テ大義ヲ明ニシテ名分ヲ正シ」、それによって明治維新の大事業をやりとげることができた。

いまの時世も、そのような活眼の士が求められるところだが、いまの学者は、その正反対で、欧米直輸入の新思想の宣伝をもっぱらにするようになっている。

「自ラ一世ノ泰斗ヲ以テ任スル学者ニシテ猶ホ且ツ時流ニ投シテ新奇ヲ衒ヒ、民衆政治ヲ説ク者、労働万能ヲ賛スルモノ、社会主義ヲ紹介スル者、無政府主義ヲ紹述スル者、皆奇矯ノ説ヲ口ニシテ、其名ヲ衆愚ニ求ムルニ非ルハナシ。而モ其ノ説ク所皆混沌タル欧米思想ノ直輸入タルニ止マリ、未タ嘗テ其ノ世道人心ニ利害スル所以ヲ明ニセス」

そもそも学者に求められるのは、大局を察して、自ら率先して民衆を指導することである。

「然ルニ今ノ学者往々ニシテ然ラス、世俗奇矯ヲ喜フノ風アレハ即チ『デモクラシー』ノ説ヲ以テ之ニ迎合シ、労働問題起レハ則チ過激思想ヲ携ヘテ此ニ追随ス、未タ嘗テ欧米諸国カ独露ノ君主制ヲ排シテ、英、伊、白ノ君主制ヲ保持スル所以ヲ審《つまびら》カニセス、英米カ強力ヲ使用シテ同盟罷業ヲ鎮圧セル所以ヲ明ニセサルナリ」

そのような学者は「失意不遇ノ境涯」にあって、この世に恨みを抱いている人だというならまだわかる。しかし、帝国大学の教授というような恵まれた身分にいて、そうする者がいるのはけしからん。

「苟モ国家ノ高等官吏ノ優遇ヲ受ケ、最高ノ学府ニ教授タルノ身ヲ以テ新ヲ好ミ奇ヲ鶩《は》セテ、衆愚ノ間ニ名ヲ求メ、浮言相動カシテ自ラ得タリト為シ、国家ノ利害ヲ顧慮セス、建国ノ大精神ト相反スルノ言動ヲ敢テスル者アルニ至テハ真ニ驚クヘシ」

ここまでくればわかるように、森戸論文は、このような帝国大学の教授にして過激思想を説く、けしからん学者の代表としてヤリ玉にあがったわけである。

「森戸君は有害菌の輸入者」

実は、この後半の帝国大学教授論をさらに敷衍する形の論文が、「森戸問題の研究」と題されて「法律新聞」（三月八日）に掲載されていた。この論文は、なぜ森戸論文がいけないかというと、森戸が、帝国大学の教授が本来果すべき役割と正反対の役割を果したからだとしていた。

「二、学者の任務

我邦の思想界は混乱状態無政府状態である、而しながら其思想たるや殆んど外来思想翻訳思想仲次思想であつて一つも創見に係るものはない（略）かゝるときこそ学者の真地目《まじめ》なる研究家を必要とするのである殊に帝大に教鞭を執らるゝ学者は我国の根本思想を基礎として各種の外来思想を研究し果して我邦に適用し得べきものであるか否やを定め我邦に同化すべきものは同化せしむべく同化すべからざるものは同化すべからざるように指導せなくてはならぬのである殊に斯る任務は森戸君の如き新進なる学者に待なくてはならぬ即ち帝大は学問輸入の検疫所の任務を引受有害なる思想は之を有害なりとして学問輸入上に相当の注意を払ひ又利害を共に包蔵せるものは其利益なる部分を採り不利益なる部分を切捨なくてはならぬのである然るに森戸君は啻に其検疫官の任務を忘れたるのみならず自から有害菌の輸入者となつた訳である国家が多大の国費を投じて学者を養成して之に高き地位を与へ専門に学問を研究せしむる所以はかゝる時に役立てんが為めである森戸君の如くんば国家は飼犬に手を噛まるゝ訳である同君は之の点に関しても背任の責を免るゝことは出来ない」

森戸は本来外来思想の検疫官の役を果すべきだったのに、反対に国家の手を噛んだ飼犬だというのである。この論文の筆者は、上杉の弟子でもあった弁護士の竹内賀久治である。竹内は上杉とともに、興国同志会の顧問をつとめる国粋派の弁護士として名が知られていた。

山県意見書は、竹内論文よりは格調高く、次のようにつづくが、このあたりは上杉の同年発行の主著『国体精華乃発揚』などでいっていることとそっくりである。

「凡ソ国家ハ各々特異ノ存在アリ之ニ充タスニ特殊ノ国民的大精神ヲ以テス、而シテ其ノ精神ヲ持養シテ大且ツ剛ナル者ハ則チ興リ、暴且ツ餒《う》ユルモノハ則チ亡フ。（略）畢竟学問ト云ヒ教育ト云フ其ノ大本ハ則チ国民的大精神ヲ涵養皇張《こうちょう》スルニ在リ、国民的精神正且大ニシテ而モ外来文明ニ対シ、能ク融和抱容性ニ富ムモノ則チ栄エ、国民的精神貧弱ニシテ外来勢力ニ堪ヘサルモノ則チ亡フ、学者先覚者ノ天職自ラ知ルヘキノミ。

彼ノ我カ大精神ヲ捨テ去リ徒ラニ他ノ思潮ニ附和追従セントスルカ如キハ即チ自亡自滅ノ愚挙タリ、（中略）此ノ如ク帝国教育ノ大本ハ一ニ国家ヲ中心ト為シ、終始一貫国民的大精神ノ訓養練磨ヲ主眼トナセリ（略）今ニシテ大ニ国民教育ノ覚醒ヲ計リ以テ国家的大精神ノ振興ヲ促スニアラサレハ此ノ金甌《きんおう》無欠ノ帝国ヲ如何セム」

森戸訴追に成功するまでは、上杉と興国同志会の運動は大成功をおさめたようであるが、その直後、学内の状況が急転し、興国同志会は苦境に追い込まれ、ついには会そのものが分裂してしまうという事件が起きた。

興国同志会の最期

形勢が一変したのは、勝ち誇った興国同志会が森戸起訴の翌一月十五日、学内で「森戸問題報告会」を開いてからである。「東京日日新聞」（一月十六日）によると、その報告会は次のように展開した。

「森戸助教授問題の口火を切つた興国同志会の所謂『森戸問題報告会』は昨日午後一時から東大六角講堂に開かれた、報告会と名乗りながら何故か三方の入口に三名宛の守衛を立番させて学外の入場者を拒絶し場内にも七八名の守衛を佇立せしめ監督をした、定刻を過ぐる三十分、七百人を容るる大講堂は満員で立錐の余地なく、池田会員の開会の辞は冷笑を以て迎へられ石井、立花、小夏の三会員相亜いで立ち会員数名の相談より文部次官訪問に至るの顚末を報告し『森戸氏には既に官憲の手が及ばんとしつつありしより大学の独立を保たん為めに止むに止まれぬ事情より斯くの如き手段に及んだ、大学の自由を毀《きず》つけた責任は謝するがこれ全く大学に対する誠意から出でたものである』と述べる、罵詈するもの、「ノー」と叫ぶ者が多数で講堂内は喧囂する」

興国同志会としては、このような一方的報告で報告会を終るつもりで、閉会の辞までやったのだが、学生たちは納得せず、一人の学生が立ち上がって、興国同志会批判を叫んだところから状況が一変する。

「政治科の杉学生は登壇し『学生全部に謀らざりしは専断的行動である、誠意は誠意のみにて是認するを得ない、大学の独立を保たんために文部省に行つたは矛盾である』と攻撃の第一矢を放つ、商科の井上学生『彼等の手段は大学生の本分を失す、宜しく総長に除名を要求せよ』と叫ぶ、次いで渡辺〔銕三〕・森〔荘三郎〕の両教授が登壇すると、大喝采でこれを迎へる、『同志会の諸君は何故に経済学部教授に謀らずして自ら大学の自由を失ふの処置に出でたか、諸君は教授会議を侮辱してゐる、学生として相当の処分があるべきである』と声涙共に下る、次いで白鳥学生の熱烈な同志会非難の演説について伊藤法学部助手は『森戸氏の論文は純然たる学究的論文なり、是を宣伝と見るは誤つてゐる』と学理的の陳述あり、其他大学院学生、助手、島田工学部学生等数名の反対演説あり」

同じできごとを報知新聞（一月十六日）は次のように書いている。

「学生側森君の発議で引続き意見の発表会を開き破れる様な拍手や喝采裡に十数名の有志学生が登壇し或は森戸教授の人格を叫び、或は興国同志会の大学を独り背負つて立つた様な越権を罵り『同会は吾国真理の学府たる帝大を毒したるものなれば速に解散すべきである』と説く者もあり其都度賛成や反対の叫びや罵りが潮の如く湧く、渡辺博士についで森教授は『同志会は教授会の権威を知らないのか』と事茲に到れる顚末を剔抉し、森戸助教授と親交ある太田法学士は之が為今後の経済学部に暗流の漲るべき杞憂、思想問題の軽率に扱はれたる為の向後の悪例を指摘し『されば此大問題解決には興国同志会の解散を強要する前先づ同会及び森戸君自身の弁明を聞かねばならぬ』と結ぶ、其間にも絶えず学生が各所に起立して熱烈なる意見を吐く」

そしてついには、次のような結末になってしまったのである。

「最後に本日午後三時、三十二番教室にて経済学部学生の大会を開き、左の件を審議することとして四時散会した

一、興国同志会の責任を問ひ公式に陳謝せしめ解散せしむること

二、森戸助教授の論文及び教授会の決議を論議すること

斯くて閉会に先立ち同志会員石井康氏は演壇に立ち『諸君の叱責を受けて慚愧に堪へぬから自決します』と述べ、両眼に涙を浮べて悄々《しょうしょう》退場すると『感心々々、日本人だ』と叫ぶ声があつた」(「東京日日新聞」)

「終に興国同志会の一人が『確かに私共の軽挙でした、諸君の前に於て私自身処決すべきを誓ひます』と泣きを入れるなど、斯くして午後三時半散会したが、此会で興国同志会は謂はば自らの縄で自ら縊られた様な醜態を示した」(「報知新聞」)

そして、興国同志会はこの夜会議を開き、その席上上杉派と上杉派の責任を問う別の一派とに分裂し、ついに消滅してしまうのである。

22

血盟団事件に参加した帝大生

国家総動員への道

興国同志会は会議を開き、とりあえず、幹部四名が責任をとって退会したが、その後も退会者が相次ぎ、組織は自然消滅するにいたった。といっても、メンバーが消えたわけではなく、別のさまざまの右翼運動の組織に流れていった。

それがそのころからさかんになる右翼学生運動の源流の一つとなるのである。たとえば、大川周明、北一輝などの「猶存社《ゆうぞんしゃ》」グループに流れた者もいれば、平沼騏一郎を中心とする「国本社《こくほんしゃ》」グループに流れた者もいる。あるいは、再び上杉慎吉の下に結集して、「七生社《しちせいしゃ》」を結成したグループもある。

この時代の東大の学生運動というと、新人会から共産党へという左翼学生運動の流れがよく語られ、よく

北一輝

平沼騏一郎

高畠素之　©毎日新聞社提供

知られてもいるが、歴史の現実の流れとのかかわりという意味では、左翼の流れ以上に右翼の流れが重要なのである。

左翼の流れは、このあと十年程度は相当のパワーを持ちつづけ、社会的影響力も右翼のそれ以上に大きなものを持っていたが、一九三〇年代に入ると、流れは完全に逆転する。

共産党が相次ぐ検挙（一九二八年の三・一五大検挙以後毎年大検挙がつづく）によって壊滅状態におちいり、ついにはスパイMによって党中央が牛耳られ、大森銀行ギャング事件（一九三二年）やリンチ殺人事件（一九三三年）などの不祥事がつづいた。その上元党中央委員が獄中から転向声明を出す（佐野学、鍋山貞親《なべやまさだちか》転向〈一九三三年〉）などしたので、一般の人心が離れ、党が壊滅してしまうのが、一九三〇年代の前半である。

それに対して、右翼の運動は、その頃から行動主義に走るようになり、ついには過激なテロリズムやクーデタ計画を生んでいった（共産革命に対する対抗心、恐怖心があった）。

一九三〇年　浜口首相狙撃事件
一九三一年　三月事件、十月事件（いずれもクーデタ未遂）
一九三二年　血盟団事件（井上準之助、団琢磨射殺）
　　　　　　五・一五事件（犬養首相射殺）
一九三三年　神兵隊事件（クーデタ未遂）
　　　　　　救国埼玉挺身隊事件（クーデタ未遂）
一九三四年　十一月事件（クーデタ未遂）
一九三五年　永田軍務局長刺殺事件（相沢事件。国体明徴、粛軍、昭和維新が目的）
一九三六年　二・二六事件

このような血なまぐさい事件がつづく一方で、国家の体制そのものが、完全に右傾化していき、いわばなしくずしの右翼クーデタが実現した形となり、国家総動員、国民精神総動員、大政翼賛の戦争体制ができあがっていくのである。そして、これに並行して戦争の時代がはじまる（一九三一年満州事変、一九三二年上海事変、一九三七年日中戦争、一九三九年ノモンハン事件、一九四一年太平洋戦争）のが一九三〇年代なのである。

このような激動の時代の左右両翼のにない手たちを輩出したのが、一九二〇年代の東大だったわけである。

左翼についてはまた後に述べることにして、右翼の流れを、興国同志会からたどってみる。

たとえば、「国本社」への流れである。国本社は、最盛期には全国に数十カ所の支部を持ち、会員数十一万人を擁していたといわれる日本最大の国家主義啓蒙団体である。

「国本を固くし、国体の精華を顕揚する」ことを目的とし、平沼騏一郎を会長として大正十三年（一九二四）に作られた財団法人である（ただしその前身となった雑誌『国本』はその四年前に生まれている）。平沼の経歴（長期にわたって検事総長をつとめ、大審院長、司法大臣にもなった）から、司法関係者、内務省関係者、軍人にメンバーが多く、一時は「日本のファッショの総本山」といわれた。

平沼は、さらに貴族院議員、枢密顧問官、日大総長にもなり、政、官、軍人の間に広大な平沼閥を築き、国本社はその政治力のシンボルでもあった。しかし平沼は、そのファッショ的体質が元老西園寺公望にきらわれ、総理大臣になかなかなれなかった。そこで、平沼は昭和七年（一九三二）に、「国本社はファシズムにあらず」とする声明を内外に発し、枢密院議長に就任するとともに（一九三六年）、国本社の会長を辞任し、さらには、国本社創立の目的はすでに果されたとして、同会も解散してしまった（そのせいか三年後に元老西園寺の指名を受け、やっと総理大臣になることができた）。

国本社の具体的活動内容が何であったかというと、ありとあらゆる手段を通じての国家主義、国粋主義の鼓吹と宣伝をすることで、それは同時に、徹底的な反共主義、反社会主義、反欧米主義、反デモクラシー、反政党政治主義の宣伝でもあった。

国本社の理事には、宇垣一成《かずしげ》、加藤寛治、荒木貞夫、鈴木喜三郎、真崎甚三郎《まさきじんざぶろう》、小磯国昭、結城豊太郎、塩野季彦《すえひこ》、末次信正、小原直《おはらなおし》、岩村通世《みちよ》、池田成彬《しげあき》など錚々たる軍閥、政官財界の大物が名をつらね、副会長には、東郷平八郎と元東大総長の山川健次郎がならぶという超豪華メンバーだった。国本社は、日本の社会全体を国家主義に染めあげるなしくずしの社会クーデタを実現するのに、最も大きな役割を果した団体といえる。

国本社がすでにその目的を果したと宣言した一九三六年という年は、二・二六事件の年で、日本の社会全体が国家主義者たちの手に完全におさめられる過程がはじまった年である。一九三六年から一九三九年にかけてが、平沼騏一郎の枢密院議長時代で、この間に、日独伊三国防共協定（防共とはコミンテルンの国際共産主義活動に対して共同で防衛するの意味）がなり、国家総動員法ができる。挙国一致、尽忠報国の国民精神総動員運動がはじまり、日本社会全体が丸ごとファッショ化していく。そうなるとそれまで国本社のごとき民間の宣伝機関が果していた役割は、国家そのものが、国家機関を通じてやっていくことになったので、国本社がいらなくなるといえばいらなくなったのだった。

国家主義者としての山川総長

それにしても、なぜ山川健次郎が国本社の副会長になったのかと思われるかもしれないが、山川はもともと熱心な国家主義者なのである。先に、山川と森戸の間で、「君は天壌無窮（天皇の地位は永遠であることが神様から保障されているということ）を信ずるか」「いや、ちょっと信じられません」「そうか、自分はそう信ずるけれども、君がそう思わないなら仕方がない」というやりとりがあったという話を書いたが、山川は本当に天壌無窮を信じるような天皇主義者、忠君愛国主義者、国家主義者だったのである。だから、国本社の副会長という役目も、名目上のものとして引き受けたのではなく、その目的に本当に賛同し、その活動にも本気で参画したのである。山川は寸暇を惜しんで、全国の支部をまわり、講演して歩いた（時には、月に四回も講演することがあった）。演題は、「帝国の現状」「日本勃興の武器」「乃木大将の殉死」「徳育」「白虎隊の回顧」「武士の信義と乃木大将の殉死」「武士の標本」「武士道」「旧道徳と新道徳」といったもので、大変な熱をこめて語るので、聴衆を大いに感動させ興奮させたという。

『男爵　山川先生伝』は、山川と国本社の関係がどのようにして生まれたかを、次のように書いている。

「財団法人国本社が創立せられたのは大正十三年五月であつたけれども、国本社の社会教化の運動は既に早くより起され、雑誌『国本』を発行して、我国民の動《やや》もすれば外国思想にかぶれて自由主義に傾かうとする時に方《あた》り、敢然として日本主義の思潮を鼓吹して来たのであつた。而して山川先生がこの国本社との関係を持たれたのは大正九年十一月十日の事で、先生が第二次東京帝国大学総長辞任後間もない頃であつた。此日同社幹部法学士太田耕造氏が先生を池袋の邸に訪問して、時勢を論じ、雑誌『国本』発行の事に関して種々懇談する所あり、且つ先生の執筆を依頼したのであつた。爾来太田氏と先生との交渉はその度を重ね、大正十年九月の『国本』に時の東宮殿下御帰朝に関する先生の感想が載つたのを初として、屢〻先生の意見が同誌上に発表せられることゝなつた」

ここに出てくる「法学士太田耕造」というのが、森戸事件当時の興国同志会有力メンバー男である。太田は後に弁護士になり、国本社幹部として活動をつづけ、平沼に見込まれて平沼内閣の内閣書記官長（いまの官房長官にあたる）にまでなっている。さらには終戦時の鈴木貫太郎内閣では文部大臣をつとめ、その間、終戦の詔勅の起草に参画した（実際に筆をとったのは迫水久常《さこみずひさつね》内閣書記官長といわれる）。戦後は、亜細亜大学の初代学長になっている。

前に、森戸事件に際して、「法律新聞」で森戸を激しく批判した論文の筆者に、竹内賀久治という興国同志会顧問格の弁護士（後に法政大学学長）がいたということを書いたが、国本社を最初に作ったのは、この竹内弁護士と太田耕造なのである。竹内は自分が資金を出して、興国同志会の機関誌として『戦士日本』という雑誌を出していたが、それが、森戸事件のあおりで興国同志会が事実上消滅するとともに吹っ飛んでしまったので、それに代るメディアを何とか作ろうと、太田に相談した。

「太田氏が出向いて行くと、旗幟鮮明の雑誌を出すから手伝ってもらいたいという突然の話である。先生の中六番町の屋敷内にある六畳の離れが編集室で、大正十年一月一日第一巻第一号を発刊した。題して『国本』といった。デモクラシーが民本だから、国家主義を標榜する雑誌は『国本』がよかろうと、簡単に決まった」（『太田耕造全集』第五巻「興国同志会・国本社時代」）

そのしばらく前に、興国同志会の演説会があり、そこで太田は「国本主義」を唱える演説をした。それを聞いていて感心したことが、竹内が太田にアプローチしたきっかけなのだから、話は早かった。そして、新しい雑誌のバックとして頼りにしたのが、平沼騏一郎だった。平沼は前に述べたように、上杉と近く、森戸事件で、興国同志会の学生たちとも近い関係になっていた。その近接の度を示す、次のようなエピソードが太田耕造全集におさめられている。

「正月早々立花定、小原正樹（法学部）、隈部一雄（工学部）、前田一（経済学部）、蓑田《みのだ》胸喜《むねき》（文学部）、松岡賢介（医学部）、阪田栄一（農学部）の諸君が、文部省に南次官を訪問して森戸助教授の処分を迫り、また立花君等は大審院に平沼検事総長を訪ねて、司法権の発動を要請した。その際平沼検事総長は、学生の主張を終わりまで聞いた後、『諸君は騒いではいけない。この問題は、すでに原法相（敬、臨時）の指揮を仰いで、起訴することに決定しているから』と言った。大正九年一月十一日のことである（立花定氏談）」

森戸が実際に起訴されるのは一月十四日である。その三日前に、検事総長と興国同志会の学生がこんな会話を交していたわけだ。森戸が文部省から正式の休職処分を受けるのは、起訴の前日、一月十三日のことだが、同書によると、その背景には、こんなことがあった。

「検事局では官立大学の教授を、現職のまま起訴するのは穏当を欠くということを慮って、山川総長に休職処分するよう申し入れたとのことである」

山川総長が、経済学部の教授会に自ら乗りこんで森戸の休職処分をかちとるという、きわめて異例な行動をした背景には、こんな事情があったわけだ。森戸事件でも、平沼騏一郎、興国同志会、山川健次郎は、みんな一本の糸でつながっていたわけである。

「死ノ叫声」の衝撃

これとは別に、ポスト森戸事件で、興国同志会から「猶存社」の系列に流れた学生もいる。猶存社というのは、大川周明、北一輝らがいっしょになって作った、国家改造と対外進出をめざす、行動主義右翼の団体として歴史上最も有名なものである。猶存社は、それまでのイデオロギー宣伝活動右翼とちがって、北一輝の書いた『日本改造法案大綱』をもとに、クーデタによって、国家を改造し、日本がかかえている国家的諸矛盾を一挙に解決してしまおうという考えによって立っていた。前記した一連のクーデタ未遂事件は、このような系列の右翼が、国家改造、昭和維新をめざして決起した事件なのである（だから北一輝は二・二六事件で「首魁」と認定されて死刑になっている）。

行動右翼には、もう一つの系列がある。それは、クーデタのような集団行動をきらい、「一人一殺」の単独行動をもってよしとするテロリストの系譜である。彼らは、悪のシンボル的な枢要の人物を暗殺する（「天誅を加える」）ことによって世の中をいい方向に変えることを目指す（「一殺多生」）が、暗殺後の社会変革は後につづく者の役割で、自分の役割はあくまでテロルそのものにとどまるとする「捨石主義」に立つ。

その流れの源流には、幕末のテロリズムがあるが、昭和の一人一殺的テロリズムの先駆になったのは、大正十年（一九二一）に起きた、安田財閥の創始者、安田善次郎の暗殺事件である。暗殺者、朝日平吾は、その場で喉を切って果てたが、死後ガリ版刷りで流された「死ノ叫声」という遺書は、その内容で世に大きな衝撃を与えた。遺書は、政官財界のつるみ合った腐敗を激しく攻撃し、そのような社会のシンボルとして、「奸富安田善次郎」に天誅を加えるのだとしていた。

これは以下に見るようになかなかの名文で、アジテート力にもすぐれている。そこから、これは実は北一輝が書いたものだという説がある。内容的にも、北一輝の主張に近いが、現在の通説に従えば、朝日平吾が北一輝に傾倒し、その影響を強く受けたために文体、内容も似たものになったということだが、私は北一輝原文説をとっている。長文なので紹介はごく一部である。前半、

「藤田ハ伊藤博文ノ命ニヨリ紙幣ヲ偽造シテ男爵トナリ、大倉ハ石塊ノ缶詰ヲ納入シ得タル不浄財ノ一部ヲ献金シテ男爵トナリ、山本権兵衛ハ軍艦ヲナメ、シーメンスヲ演ジテ巨財ヲ作リ、大隈、山県、其他老星ノ豪奢ハ在閣当時ノ悪徳ニアリ、憲政会ニハ岩崎控ヘ、政友会ハ満鉄ト阿片トニテ軍資ヲ調達シ其ノ他ノ政治

家顕官悉ク奸富ト通ジ私利ニ汲々タリ、而シテ之アリテ濁富ヲ得シ者ニ三井、岩崎、大倉、浅野、近藤、安田、鈴木ノ巨富アリ、其他ノ富豪皆然ラザルナシ」

と汚職の横行を批判し、富豪、元老、政治家、顕官、世襲華族、将軍らの特権を批判し、彼らが特権を放棄し、悔悟改悛しないかぎり世の中はよくならないとする。日本臣民の全てを自分の赤子とする天皇の大御心が実現すれば、全ての人が等しく幸福になれるはずなのに、それを妨げているのは、大富豪であり、それと結ぶ政治家であり顕官のお歴々なのだから、

「君側ノ奸ヲ浄メ奸富ヲ誅スルハ日本国隆昌ノタメノ手段ニシテ国民大多数ノ幸福ナルト共ニ真正ノ日本人タル吾等当然ノ要求ナリ権利ナリ」

というわけである。自分の行為によって目的が果されなければ、自分の跡につづく志士が何人も何十人も出て目的を完遂してくれるだろうという。

「サレバ予ハ最初ノ皮切トシテ模範トシテ一奸物ヲ誅シ自ラモ自刃スト雖モ予ノ思想ヲ体シ抱負ヲ汲メル第二第三ノ士幾十度モ出没シテ予ノ希望ヲ貫徹シ予等ガ渇望セル社会ヲ実現ス可キヲ信ズルガ故ニ予ハ莞爾トシテ往カンノミ」

この目的完遂にいちばん役に立つのは暗殺である。

「最急ノ方法ハ奸富征伐ニシテ其ハ決死ヲ以テ暗殺スル外ニ道ナシ」

といい、自分の跡につづこうとする者に、こう呼びかけた。

「最後ニ予ノ盟友ニ遺ス、卿等予ガ平素ノ主義ヲ体シ語ラズ騒ガズ表ハサズ黙々ノ裡ニ只ダ刺セ、只ダ衝ケ、只ダ切レ、只ダ放テ、而シテ同志ノ間往来ノ要ナク結束ノ要ナシ、唯ダ一名ヲ葬レ、是レ即チ自己一名ノ手段ト方法トヲ尽セヨ、然ラバ即チ革命ノ機運ハ熟シ随所ニ烽火揚リ同志ハ立所ニ雲集セン、夢々利ヲ取ルナ、名ヲ好ムナ、只ダ死ネ、只ダ眠レ、必ズ賢ヲ採ルナ、大愚ヲ採リ大痴ヲ習ヘ」

いわゆる政治活動、組織活動などは一切拒否して、ひたすらテロルの目的完遂のみに心をつくせというのである。

「吾人ハ論議ノ価値ナキヲ知ルガ故ニ敢テ言ハズ叫バズ動カズ組マズ黙々ノ裡ニ胆ヲ錬リ機ヲ窺ヒテ悠々自適セリ、彼ノ何等実行ノ真剣味ナキ無政府主義者ト唱シ共産主義者ト唱スル輩トハ其ノ根底ニ於テ全然相容レザルガ故ニ彼等ノ如ク妄セズ論ゼザルノミ」

朝日は左翼の徒と議論しなかったのはもちろん、右翼の国家主義者も無用の口舌の徒が多いので近づかなかったという。

安田善次郎を狙ったのは、財閥の中でも安田財閥が特に私利私欲をはかることに熱心で、慈善事業、社会事業などになんら協力せず、富豪の社会的責任をまるで果そうとしないからだとした。

そのような評価が世の中に定着していたせいか、殺された安田に世の同情は集まらず、かえって暗殺者朝日に世の同情が集まった。その葬儀の会葬者は一千名をこえた。その反省から、安田財閥があわてて寄付したのが、東大の安田講堂であるとする説が世の中に流布しているが、安田講堂寄付の申入れと東大側の受諾は、安田善次郎暗殺の四カ月前になされている（着工は死後）。

安田善次郎暗殺事件の与えた衝撃は大きく、同年起きた原敬首相の暗殺事件の犯人中岡艮一《こんいち》は、その動機が、朝日の安田善次郎暗殺に感激し、それにならおうとしたことにあったと自供している。

血盟団事件と東大七生社

一人一殺主義のテロリズムが、もっと大規模な形で展開されたのが、昭和七年（一九三二）の血盟団事件である。血盟団とは、そういう名前の組織があったわけではなく、カリスマ性を持った日蓮宗の国家主義者、井上日召《にっしょう》に私淑する青年たち（農村青年、海軍軍人、帝国大学学生）が、一人一殺を血盟をもって誓いあったところから、事後的に付けられた名前である。

彼らの問題意識は、基本的に朝日平吾と同じで、政財界の巨頭を暗殺することで、日本の指導部に反省を迫らないかぎり、日本を救うことはできないというものだった。実は血盟団事件と、同じ年に起きた五・一五事件は、同じ計画の第一陣（民間人中心の一人一殺主義行動）と第二陣（海軍若手将校と陸軍の士官候補生によるクーデタ計画と農民決死隊によるゲリラ活動）が別の事件名で呼ばれているだけである。二つの事件参画者の問題意識は、五・一五事件でバラまかれた「日本国民に檄す」という檄文によくあらわれているが、これを読めば、彼らも、朝日平吾と同じ問題意識に駆られていたのだということがわかるだろう。

「政治、外交、経済、教育、思想、軍事！　何処に皇国日本の姿ありや。政権、党利に盲ひたる政党と之に結託して民衆の膏血《こうけつ》を搾る財閥と更に之を擁護して圧政日に長ずる官憲と軟弱外交と堕落せる教育、腐敗せる軍部と、悪化せる思想と、塗炭に苦しむ農民、労働者階級と而して群拠する口舌の徒と！

日本は今や斯くの如き錯綜せる堕落の淵に既に死なんとしてゐる。

革新の時機！　今にして立たずんば日本は亡滅せんのみ

国民諸君よ

武器を執つて！　今や邦家救済の道は唯一つ『直接行動』以外の何物もない。

国民よ！　天皇の御名に於て君側の奸を屠《ほふ》れ

国民の敵たる既成政党と財閥を殺せ！

横暴極まる官憲を膺懲《ようちよう》せよ！

奸賊、特権階級を抹殺せよ！」（以上抜粋）

五・一五事件では犬養首相が暗殺され、血盟団事件では、井上準之助前蔵相と三井財閥の三井合名理事長団琢磨が暗殺された。しかし、彼らが狙っていた暗殺対象者リストはもっと大きく、元老西園寺公望、幣原喜重郎前外相、若槻礼次郎前首相、牧野伸顕内大臣、伊東巳代治《みよじ》枢密顧問官、床次《とこなみ》竹二郎鉄道大臣、鈴木喜三郎内務大臣なども入っていた。

暗殺団に加わっていた四人の帝国大学学生、四元《よつもと》義隆（法学部。牧野伸顕担当）、池袋正釟郎（文学部。西園寺公望担当）、久木田祐弘（文学部。幣原喜重郎担当）、田中邦雄（法学部。若槻礼次郎担当）らは、いずれも、興国同志会の後身、七生社のメンバーだった。

上杉慎吉は森戸事件の後、しばらく外遊したり、国家社会主義者の高畠素之《もとゆき》と組んで「経綸学盟」を作るなどしていたが、大正十四年、再び有志学生を集めて、七生社を作った。時あたかも、新人会の全盛期で、七生社と新人会は学内で派手な衝突事件を起したりしたが、それについては後述する。

七生社の七生とは、七生報国の七生である。七度生まれ変って、国につくさんとする志を持つ者の集りということである。上杉が亡くなったのは、昭和四年（一九二九）で、まだ世の中は、左右両翼の激しいせめぎ合いがつづいている時代だった。前に述べたように、上杉としては、志を満たせないままの欲求不満の一生で終ったが、ちょうど、上杉が亡くなった頃から、世の中は急速に右傾化し、上杉のかねての主張が世の支配的な考えになっていくのである。特に、一九三五年の天皇機関説問題で、宿敵美濃部達吉が屠られ、政府が国体明徴声明を発するあたりからは、上杉の学説が国家公認の学説として世をおおっていく。この天皇機関説問題、あるいはそれに前後する大学からの左傾化教授の追い出し、追い落しの過程で最も先鋭な働きをしたのは、興国同志会出身の蓑田胸喜（森戸事件で幹部がやめた直後の指導部）である。彼のみならず、昭和初期、急速に勃興する右翼の運動に東大からいち早く身を投じたのは、上杉の薫陶を受けた子弟たちだった。上杉は、七生社を作るにあたって、学生たちにこう呼びかけていた。

「今や大日本帝国は、実に多事多難、（略）尋常一様の事を以て、祖先以来の志を遂ぐべからず。非常の時には非常の事を為すべし。思ひ切つたる大活躍の秋《とき》来る。然るに何事ぞ、（略）諸君の先輩の今国家を負担する者は皆碌々たる斗筲《としょう》の輩、一身の計に汲々《きゅうきゅう》として、志国家に在らず、利慾之れ征して、献身奉公の誠あるなし。あゝ危い哉。国家の上流は犬豚 悉《ことごと》くこれを占む。斯の時に方り諸君が、深刻痛烈なる覚悟を以て、相結社し、共に死生を誓て切磋琢磨し、他日雄飛の素を養はんとするもの豈《あに》偶然ならんや」（「諸君願はくは自重せよ」）

まるで、その後の行動右翼の時代が来ることを予期しているかのようなアジテーションである。

先に紹介した追悼録（『上杉先生を憶《おも》ふ』）は、七生社が編んだものだが、その巻頭の辞に次のようにある。

「上杉先生は驚嘆すべき感激すべき偉人であらせられました。（略）先生の肉は滅びました。（略）けれども先生の御霊は天地と共に大日本帝国と共に栄へております。（略）我等盟友は先生の御霊に生くる一体であり、先生の御霊を進展せしめ、精密ならしめる重大荘厳なる大責任は我等盟友のすべてが負ひ担ふべき宿命であり、光栄なりとの大自覚を有するのであります」

この言葉通り、門下生たちは、上杉の遺志実現のために奮迅の働きをしていくのだが、その筆頭が、血盟団事件の被告になった学生たちだったといってよいだろう。彼らの一人、池袋正釟郎は、追悼録の中でこんなことを書いている。

「嗚呼、実に先生こそは偉丈夫なりき。（略）先生世にあるや『国家は最高の道徳なり』と叫ばれ、あらゆる亡国思想と戦ひその撲滅に努められ、国家の重大事起るや常に憂国の至情息《や》み難く街頭に獅子吼せられ、或は官憲の圧迫と闘ひ、或は世の批難迫害に屈せず、常に国体精神の大旗を掲げて勇往邁進せられたりき。（略）先生の御気象こそは実に我等の仰いで以て鑑とす可き所である。（略）危急存亡の秋《とき》なりと雖も国民に興国の意気なく、為政者に憂国の誠なし、今に於てか大死一番、非常なる覚悟を以て、大改造を行ひ、先生の所謂『鉄石も亦砕く能はざるの国家』を打成せずんば、三千年の光輝ある歴史遂に衰亡に帰せんとす。（略）

先生を想ふの涙、是即ち国を想ふの涙たり、先生の英霊を慰むるの道、他にあらず、我等先生の分霊たるを悟り、一層結盟を固たうし、七生報国の誠を致さん事是なり。されば我等茲《ここ》に先生の御遺志を継ぎ堅き覚悟を以て理想国家建設の途に上らんとす。（略）

先生を以て、尊皇攘夷の風雲を捲き起し、明治維新の先駆をなしゝ吉田松陰に比すれば、高杉晋作久坂玄瑞たらん者は誰ぞ」

池袋がこう書いたのは、昭和五年。血盟団事件の二年前である。こういう心情で、彼らはテロリストの道を突っ走っていったわけである。池袋は懲役八年の刑を受け、牧野伸顕を狙った四元義隆は、懲役十五年の刑に処せられた。四元は戦後、歴代首相の指南役的存在になり、特に、中曾根康弘首相が師事していたことで有名である。中曾根は暇ができるとよく谷中の全生庵に座禅を組みに行っていたが、そのときだいたい四元が座をともにしていた。四元はまた近衛首相の側近でもあったところから、（近衛の次女・温子《よしこ》の子だった）細川護熙《もりひろ》首相の相談相手にもなっていた。

世界でも独特の右翼思想

上杉慎吉、興国同志会の流れで、もう一人忘れてならないのは、天野辰夫である。

天野は、興国同志会のあと、上杉に従って高畠素之と合流する経綸学盟に流れ（大正十二年〈一九二三〉）、そのあと興国同志会の旧メンバーなどを集めて全日本興国同志会を作った（昭和二年〈一九二七〉）。上杉が高畠と組んだあたりから、この流れは国家社会主義の流れになっていった。経綸学盟が、「大川周明、北一輝等の猶存社と共に我国に於ける最近の急進的国家革新運動の二大源泉をなす」（「最近に於ける右翼学生運動に付て」司法省思想研究資料第七十六号〔昭和十五年五月〕）とされているのはこの意味においてなのである。

高畠は、一般には、マルクスの『資本論』を日本で最初に（戦前で唯一）完訳した（大正十三年〈一九二四〉）人として知られている。高畠はもと堺利彦の売文社によっていた社会主義者だが、やがて、堺とたもとをわかち、「真の国家主義者たる者は必ず社会主義者でなければならず、真の社会主義者は必ず国家主義者でなければならない」ととなえて、日本の国家社会主義の指導者となった人である。

天皇中心の国粋的国家主義者である上杉慎吉と高畠素之が組んだことによって、日本の国家社会主義は天皇中心主義になり、日本の国家主義は社会主義の色彩を帯びたものが主流になっていくのである。北一輝の国家主義がすでに社会主義の色彩を帯びていたことは、初期の『国体論及び純正社会主義』などを読んでもわかるし、『日本改造法案大綱』も、改造内容は独特の社会主義なのである。つまり、日本の国家革新運動は、「二つの源流」ともども天皇中心主義で、しかも同時に社会主義的内容を持っているという世界でも独特の右翼思想だったのである。それは、当時の国民的欲求不満の対象であった特権階級的権力層全体（元老、顕官、政党政治家、財閥、華族）を打倒して、万民平等の公平公正な社会を実現したいという革命の思想だった。天皇中心主義者のいう「一視同仁」とは、天皇の目からすれば全ての国民（華族も軍人も含めて）が完全にひとしなみに見えるということで、究極の平等思想（天皇以外は全て平等。天皇は神だから別格）なのである。天皇中心にそのような無階級平等社会を作りだす革命を彼らは、「錦旗革命」と呼んでいた。どのようにその革命を実現するのかというと、明治維新と同じように天皇中心主義者たちが団結して暴力的に政治権力の転覆をはかり、国家を改造する（第二の維新）ほかないということだった。この思想が当時の日本人の心情をよくとらえたから、右翼の国家革新運動は広汎な国民の支持を集め、五・一五事件の被告に対する助命嘆願書が何十万も集まるということになったのである。天皇は究極の平等社会の夢のシンボルとしてうまく機能していたわけだ。

それに対して、コミンテルンの指導のままに、天皇制打倒の共産主義革命を起さんとしていた共産党には、国民の支持が全く集まらなかった。戦前の共産主義運動敗北の主要な原因がここにある（日本の民族的ユートピア思想のシンボル殺しの主張）ことは明らかなのに、戦後の歴史学の主流が久しく共産党に支配されていたために、昭和戦前期の歴史というと、共産党がいつもいかに正しかったかを無理やり主張し（リンチ殺人事件ですら正しかったというたぐいの主張）、天皇制の悪を主張することに急で、当時の国家革新運動などは、「悪のファシズムvs正義の共産党」的な図式で全否定して終りということになりがちだった。しかし、それでは歴史は何も見えてこない。歴史において大切なのは、歴史の現実がどう動いていったのかを、当時の人の心の動きを含めて客観的に正しくとらえることである。そう考えると、昭和戦前期の国家革新運動もこれまでの図式とはちがう目でとらえ直さなければならない。

ということで話を戻すと、上杉と高畠が連合した経綸学盟の組織的活動はあまり長くつづかなかった（一年余といわれる）が、天皇中心の国粋主義者と国家社会主義者の理論的、人的接近という意味で、この連合が日本の社会に残した意味には大きなものがあったといえる。実際、ここから急進愛国党、愛国勤労党、日本国家社会主義学盟、日本国家社会党など一連の国家社会主義の組織が生まれたり、その他の無産政党と右翼の接近・連合・合体が珍しくなくなるという社会現象が出てきたのである。

上杉慎吉の「普通選挙即時実施論」

上杉の主張にもそれまでとはちがって、国家革新運動的な要素（社会主義的要素）が強く出てくる。特に注目されるのは、それまでの議会主義全否定論とはうってかわって、普通選挙即時実施論を打ち出したことである。

大正年間を通して、普通選挙は最大の政治的イッシューでありつづけた。大正十四年（一九二五）ようやく普通選挙法が公布されたが、最初の普通選挙実施は、それから三年後の昭和三年（一九二八）まで持ちこされた。この間上杉は、普通選挙即時実施を叫んで、全国を遊説してまわり、その回数八十回余にも及んだ。その間、「起てよ無産の愛国者」を叫びつづけた。

いったいどうなってしまったのかと思われるかもしれないが、むろん、それまで無産政党が主張していたような普通選挙論に上杉が与するようになったということではない。上杉の頭の中では、話はすべて整合している。

上杉に従えば、普通選挙は「我が国体の精華の発揚」に必要欠くべからざるものである。日本の国体とは何かというと、億兆万民、みな階級なく差別なく天皇の前には平等で一つということである。それが日本の建国の精神であるが、普通選挙によって、その原点に立ち戻ることができるというのである。

「明治維新は実に斯の精神を煥発せんとするものに外ならなかつた。故に五条の誓文を発して万機公論に決すべしと為し、四民を平等として徴兵令を布き義務教育の制を樹て、以つて著々国民が貴賤なく貧富なく、等しく国家の重きを負担するの規模を定められた。憲法の発布は之を大成したるものであつて、斯の精神は遂に普通選挙に至らざるべからず」（「起てよ無産の愛国者」大正十三年）

というのである。その建国の精神をゆがめてしまったのは、特権的支配階級である。いま支配階級の一部には、普通選挙をもって危険視し、国体を危くすることになると主張するものがあるが、それはとんでもないまちがいである。

「我国に於て普通選挙を危険なりとする者は、我が尊皇報国の精神旺んなる忠良の臣民を侮辱するものである。世界に誇称する日本民族の愛国心なるものは、実に焔々として無産階級の間に燃えて居るのである。（略）皇室の事と云へば、理も否も無い、唯だ有り難いのである。之れ日本民族の魂である。日本国家は此れで持つて居るのである。富豪にも、貴族にも、政治家にも、私慾のみありて、皇室国家は忘れられて居る今日、日本国家が辱められたと聞けば、向ふ鉢巻で真赤になつて憤る者は我々貧乏人ばかりである。此の心が日本の花だ。だから普通選挙は危険だなどと云はれては承知出来ないのである」（同前）

もちろん、普通選挙を利用して危険なことをたくらむ主義者はいる。しかし、そのような主義者こそ、普通選挙によって絶滅することができる。また、国家を私利私欲のための道具としか考えない資本家や資本家と結託した政治家を倒すこともできる。

「普通選挙の実行と共に真つ先きに絶滅してしまはなければならぬ者は、無政府主義者、共産主義者、非国家的社会主義者の徒である。（略）資本家こそ非愛国的なる非日本人である。彼等は金儲けの為めに国家を毒して居るのだ。（略）我等は国家を愛すればこそ、国家の繁栄を願へばこそ、資本家横暴の経済組織に反対するのである。（略）我等の敵は国家に依つて私利を図らんとする資本家である官僚である、政党である、また非国家的なる主義者である。我等は之を征伐せんとして戦ふ者である。愛国と無産階級と、之れ我等が掲ぐる標榜である。将来の大日本帝国は従来の専恣なる富豪や政治家の手から奪はれねばならぬ。而し之を非国家的社会主義者に渡してはならぬ」（同前）

この両面の敵と戦うために、「国家主義なる無産者同盟」を作って戦えと、上杉は呼びかける。

「我等の戦は愛国の戦である。（略）起て将来は我等無産の愛国者の手に在る」（同前）

この文章がおさめられているのは、遺稿集の『日《ひ》の本《もと》』（非売品、第二十章写真）だが、同書には、軍人ならびに若い憂国の士に呼びかけたもっと激烈な文章ものっている。それを読むと、上杉がこの時代に感じていた焦燥感の強さがわかる。そして当時の若者と軍人たちが、そういうアジテーションに煽られ、テロルとクーデタに走っていった心情を感じとることができる。まず、「全国軍人諸君に告ぐ」（大正十二年）から。

「あゝ日本はこの儘衰へ亡びなければならぬのであるか、日本民族の気力はもう尽き果てゝしまつたのであるか、祖先以来の熱血は最早日本人の脈管には流れぬのであらうか、（略）何が故に不肖は七千万人同胞中、特に之を我が軍人諸君に向て告げ、共に救国の業を御相談致さんとするか、不肖は常に我が帝国が今日の如き潰敗状態を呈し衰運の極点に陥つた時、其最後の線上に立ちて一歩も退かず、国家を救護し、金甌《きんおう》の大日本帝国を万世に伝ふる者は、軍人であると信じて居る」

「世を挙げて人皆私利私慾を図り、国家を念とする者なき、腐れ果てたる日本国内には、最早や最後に天皇の股肱たる者は、軍人の外には無くなつてしまつたのである、口先きばかりの愛国者は沢山居る、皇室を看板に、忠義を売り物にする尊皇家には飽き果てた、（略）諸君が崩れたら、日本はもう総崩れである、何処にも之を支へる者は無いのである、これ不肖が軍人諸君に向て国難の正に到来せることを告げ、狂瀾を既到に向へし、国家を救ふの大業に当るの決心を、速に定められんことを要望する所以である」

「さても悲しきは我が国目下の状況である、不肖は今日の有様を、一言に、忠義がしたくも忠義の出来ぬ時代であると云て居る、（略）大御心と下万民の心とひつたり合て離れねばこそ、忠義と云ふことがあるのである、然るに今は何の状ぞ、忠義の出来ぬ時代となつた、（略）国民は段々国家の為めに働くのはつまらぬと感ずるやうになつて来た、貧乏人の子ばかり兵卒となつて、不公平だなぞと思ふやうになつて来た、政治家の為めに働くやうなものだ、我々は軍閥の犠牲である、富豪の為めに命を捨てるは馬鹿々々しいとつぶやく声も聞えるに至つた、時勢の変とは云ひながら、大変なことではないか、（略）忠実勇武愛国殉公の血を祖先より伝へたる日本人が、忠義の出来ぬ時代となつた、此の儘では今後日本は到底戦争などは出来るものでない、（略）国民が奉公の精神を失へる日本帝国は、既に一個の亡国である」

「問題の窮局する所は人であり、実行である、これ不肖が軍人諸君に向て、本書を呈する所以であつて、不肖は直ちに実行的なる結論を云ふが、軍人諸君が自ら起つて政治の中堅となると云ことの外に、何の策も方法もないのである、今の在朝在野の政治家では、どうしても我が命を的にして、国家を立て直し、真正の日本帝国を確立するの仕事は出来ぬのである、官僚と云はず、政党と云はず、彼等は国家をこゝまで持つて来た元凶罪人である、彼等は腹の底まで腐つてしまつて居る」

かゝる人々に国家を任かせて置いては、国家は遂に滅亡するばかりである、（略）何よりも先づ今の議員として大臣として国政に携さはつて居る、所謂る政治家と云ふ一団の徒を、悉く一掃除してしまはなければならぬ、政党は打破しなければならぬ、官僚は追ひ払はなければならぬ、一切の現存の勢力を、奇麗にかたづけてしまつて、初めて君民合一の真の日本が復興せらるゝのである、政党と官僚の背後には資本家と貴族が居る、これも取り除かなければ、国体その儘の真の日本は建設せられぬ、軍人諸君此の非常の事業は諸君の手に待つより外には成し遂げられぬのである」

念のためにいっておけば、これはクーデタの呼びかけではない。

「而して国民の愛国心を代表する軍人の力が活躍して、国民皆兵の精神を以て国家政治の中心勢力たらんには、普通選挙の実行こそ真に好機会である、諸君は挙《こぞ》りて団結し、諸君の愛国心を以て、普通選挙を占領せねばならぬ」

と話が展開し、選挙に参加せよということになるのだが、途中までは、クーデタへの参加の呼びかけといわれてもおかしくないほどテンションが高い。

「明治維新を完成せしめよ」

若い人に呼びかけた「少壮憂国の同志に示す」（大正十三年）は、もっとテンションが高い。

「親愛なる少壮憂国の同志諸君、不肖は茲に最も真摯慇懃に諸君に告ぐ。今や、諸君が多年期望したる我が党の奮躍蹶起して国難に当るべき秋が来た。（略）

起てよ、少壮憂国の同志諸君、今諸君の時代が来た。諸君は従来随分元老や大臣や官僚や政党やを罵倒したものだ。彼等の行動を憤慨したものだ。然るに今日は如何なる有様であるか。モウ罵倒したり憤慨するだけの値打すら無いとするに至つた。諸君自ら心付くまいが、諸君の口吻は近頃まるで変つて来た。諸君はモウ彼等を侮り切つて居る、眼中最早や元老も大臣も官僚も政党も無い。（略）上に立つ者は皆悉く過去の抜殻である、日本の中心たる力はモウ既に動かすべからざる事実として、我が少壮憂国の同志諸君に移つてしまつたのである。（略）

我が同志の当面の敵とする者は、前には国体を無視するデモクラシイ論者であり、後には国家を破壊せんとする社会主義者共産主義者無政府主義者であつた。然かしながら能く考へて見ると苟くもかゝる者共の、我が日本に跋扈すると云ふのは、要するに旧勢力の残滓がダラシなく残存して居ることに由るのである。（略）貴族も富豪も官僚も政党も、悉く皆挙げて国家の名に於て私を成し利を漁る者である。極端なる利己主義に堕して、奉公の念ある者などは一人もない。六七十歳の老人は如何にも殊勝らしく、国家精神の頽敗を嘆くが、厚顔無恥も亦極まれり、彼等の口で云ふことと心に思い手に行ふことは、まるで別である。悉く皆嘘の皮だ。彼等こそ利己主義個人主義の張本人、病毒の源泉である。政治家は勲爵を得たいと云ふ事の外に何を考えたる事があるか。（略）富豪は金儲うけの便利の為めに、国家を使ふばかりである。国家を害し同胞を傷くるとも金の為めならば敢て何事でもする。上下交々《こもごも》利を征し慾を漁る。神ながらの日本は鬼畜の世界となつてしまつた。（略）かゝる処に国体無視論の起り、危険思想の発生するは当然である。糜爛潰敗の日本である。悪虫の湧くのはあたりまへではないか。かくて日本はこれ等大小の悪虫に依りて喰ひ殺されて壊滅するのである。（略）

顧みれば明治維新は不徹底なるものであつた。今に至て尚ほ未完成である。之を今日に徹底し完成せしむるは我が党の天職である。報国の業は之を以て最大として最終とする。（略）明治維新以来六十年幾許の英傑の生命が此の為めに失はれたか。初めには西郷これに死し、後には乃木これに斃れた、事の容易ならざる知るべしである。（略）西郷南洲は我が党の第一の先輩である、同志諸君は西郷の志を継ぐ者に外ならぬ。西郷の志諸君の手に依りて今成らんとするのである」

これまた、選挙に向けての参加の呼びかけなのだが、ここまで選挙に期待をかけ、それに敗れたら、あとはクーデタしかないということになりそうだが、事実そうなるのである。

二・二六をしのぐクーデタ計画

この呼びかけの対象の、「少壮の憂国の士」の代表格が天野辰夫である。天野はこのとき、普通選挙直前の大正十三年の総選挙に同志四名とともに立候補していた。結果は四名とも落選だった。彼らのテンションは高かったが、必ずしもその主張が世に入れられるところではなかったわけだ。

天野はこの後、全日本興国同志会を作り、それをベースに高畠の人脈で知り合った国家社会主義系の諸団体と統合することで、普通選挙に向けての政党作りをはかった（愛国勤労党。昭和五年）。

そうこうしているうちに、血盟団事件が起り、五・一五事件が起り、後輩や旧知の人々（井上日召とも知り合いだった）がとらわれていった。弁護士になっていた天野は五・一五事件の弁護団に名前をつらねる。そして、被告たちと接触するうちに、血盟団事件、五・一五事件の流れの中で、立案されながら実行にいたらなかった壮大な秘密計画があったことを知り、それを自ら実現しようとする。これが神兵隊事件である。

なるほどこれは壮大な計画で次のようなプランになっていた。

陸軍、海軍、民間右翼が連合して、一隊（六十名）は首相官邸を襲い、斎藤実首相以下、全閣僚を殺害する。別の一隊（四十名）は、牧野伸顕内大臣、鈴木喜三郎政友会総裁、若槻礼次郎民政党総裁、山本権兵衛元首相などを私邸又は政党本部で襲って殺害する。別の一隊（二百名）は、警視庁を襲撃して、警視総監を殺害するとともに、ここを占拠して神兵隊本部とする。裁判所を襲撃して、井上日召など、血盟団事件の被告たちを奪還する。このすべてをうまくやるために、横須賀の海軍基地（同志がいる）から飛行機を飛ばして、官邸、警視庁に爆弾を落とす。警視庁を占拠した本隊はそこにたてこもり、戒厳令が発動されるまで、頑張りぬく。その間に政治工作をすすめ、東久邇宮、あるいは別の皇族を引っぱり出して、皇族を首班とする臨時政府を作り、国家改造を一挙にすすめる。

これは本格的なクーデタ計画で、これが成功していたら、二・二六事件以上のものになっていたろう。天野はこの計画の「総帥」になり、全体を指導することになった。決起日は七月十一日に設定され、二カ月前の五月から準備に入った。武器弾薬の入手、人員の動員、襲撃場所の下見、資金の入手など、大わらわになった。

23 東大新右翼のホープ・岸信介

上杉の死後の七生社

前章で、昭和七年（一九三二）の血盟団事件（井上準之助前蔵相、団琢磨三井合名理事長暗殺）でテロに走った四人の帝大生、四元義隆（牧野伸顕暗殺担当）、池袋正釟郎（西園寺公望暗殺担当）、久木田祐弘（幣原喜重郎暗殺担当）、田中邦雄（若槻礼次郎暗殺担当）がいずれも、上杉を慕って集まった国粋主義者の学生グループ、七生社のメンバーであったことを書いた。

といっても、上杉が死んだのは昭和四年（一九二九）四月で、四元、池袋が大学に入った昭和三年（四月入学）の八月から病床についてしまったのだから、教えを受けることができた時間は短い。しかし、四元、池袋の二人は、上杉が自分を慕う学生のために作った自邸と棟つづきの学生寮「至軒学寮」に入り、上杉が

岸信介

宮崎龍介と柳原白蓮（左）

四元義隆

池袋正釟郎
©下２点、『血盟団事件公判速記録』

亡くなるまで生活を共にした。

「毎朝学校へ行くとき書斎に寄って先生に会ひました。会へば実に気持がよかったです。あの先生は私を可愛がって呉れて何時もにこ〳〵していろ〳〵話して呉れました。夫れから学校へ行くといふ風でありましたが、（略）大学の講義はあれは試験を受ける為の講義で、大学に行っても眠いから私は眠って居りました。大学の講義で私が動かされた様なことはありませぬでした。

上杉先生の講義にも私は何時も出て居りましたが、先生の講義丈けは出て非常に気持がよかったです。（略）私が上杉先生のことでよく覚えて居て忘れられないことは、或るとき先生は、大事な場合、生きるか死ぬかの場合には死ぬ方を採れといふことを言はれたのをずっと覚えて居ります。（略）私が先生に会った期間は非常に短く、然も先生の病気中であります。（略）私が見たのは死なれる迄の先生です。私は先生の学説も勉強しませぬ。私は先生に接したといふ夫れ丈けであります。私は上杉先生は決して立派な人格者ではないと思ひます。非常に欠点が多く、非常に頭から傲岸な人だと思ひます。然し其の儘に先生は至純で而してもう国家といふことには気狂ひの如くなります。（略）私が接した先生は非常に純一でありました。私は夫れに非常に感動しました。（略）先生の其の学説の建てられ方も組立方に非常に本当の日本人であることを感じました。（略）私は、大学教授の中で本当に日本人が上杉先生一人丈けだと思ひました」（四元陳述『血盟団事件公判速記録』同速記録刊行会。以下、『公判速記録』。速記であるから「てにをは」語尾などおかしいところが多々ある。わかる範囲で修正し、傍点で○を加えた）

上杉の死後、七生社がどうなったか、四元は次のように陳述している。

「夫れから七生社の中にも先生が死なれてからいろ〳〵ごた〳〵がありました。寮は其の頃は、池袋さんともう一人大学の政治科の人が来て四人になって居りましたが其の至軒学寮も解散しました。七生社といふものは我々が専ら国家改造といふ方に突き進んで来ました。矢張り其の中には自分を修養して手を取り、早く云へば自分が出世して或る地位に立って改造をやるといふ様に考へて居る人もありますが、私と池袋さんは、我々は自分のことは考へずに改造を何うするかといふことに進むことを考へました。

先輩の人も、学生は学生として修養して高文をとって官吏になって或る地位に居て国家の為に信ずる処をやって行けばいいと言ひましたが、私や池袋さんはさういふのとは全然考へが異ひます」

国家主義者から革新官僚へ

上杉の死後、学寮以外の学生を含め、七生社は解体状態になっていった。大多数はここにあるように、国粋主義的な見解を保持しながら、国家の官僚機構の中に入り、そこで出世して日本の国家全体を自分の好きな方に動かしてやろうと考えていた（法学部系東大生の中に昔も今も一貫して流れるよくある思考のパターン）。その他に、

「其の人は勿論、上杉先生の弟子ですが、北一輝氏の書いた『日本改造法案大綱』の伏字を埋めたものを持って来て是れがいいなどと大分言って居ました。其の当時、私には一寸驚く様なことが書いてありました」

と急進化していく人々もいた。七生社の解体は、上杉系の国家主義学生団体の解体としては三度目だった。最初はすでに述べた、「政党の撲滅を以て終生の事業となす」を目的とした「木曜会」（大正五年＝一九一六）の自然消滅。次が「興国同志会」の解体（大正八年＝一九一九）。興国同志会が、大正十年（一九二一）に森戸事件に火を点けるなどの活躍をしたが、それが学内で反感を買い、解体に追い込まれたことはすでに述べた。大正十四年（一九二五）に再び、上杉系の学生たちが集結して再起をはかったのが「七生社」である。「七生報国、至誠一貫、報国尽忠」をスローガンに、「祖先以来ノ雄志ヲ成就シ世界歴史カ要《モト》ムル所ノ日本民族ノ大使命ヲ全ウスル」（「七生社宣言」）ことを目的としていた。七生社は左翼の学生組織、新人会に抗して作られた（興国同志会も新人会に抗して作られた）ものだが、発足当時の会員数は二十数名で、その後五十名程度まで伸びたとはいうものの、数百名のメンバーを誇った新人会に遠く及ばず、勢力は終始劣勢だった。時代の気分は圧倒的に左翼的だったのである。指導者の上杉を失うことで、七生社は完全に解体しようとしていた。その結果、国家主義学生の多くは、国家そのものの内部に入り、国家と自己を一体化させようとし

ていたわけだ。

前の、興国同志会解体の流れのあとにも同じパターンが起きていた。一部は別の急進右翼団体に、一部は国家官僚機構の内部に入って出世をめざすという方向である。といって後者は単なる立身出世願望に転換したわけではなく、国家主義者として憂国の志を持ちつづけた者が多かった。そこから、いわゆる昭和動乱期の革新官僚の流れが生まれてくるのである。これまた上杉スクールが歴史の中で生んだ産物の一つといってよい。その代表が前にも紹介した、上杉が自分の後継者にしようとした岸信介である。

岸信介と「日の会」

岸は、『岸信介の回想』(文藝春秋)の中で、この時代のことを次のように語っている。

「私の中学の先輩である宮崎〔正義〕、兄部、小川正儀、武光三一君などがいずれも上杉先生を中心とする木曜会のメンバーで私も勧誘されて同会に入会した。私は上杉先生の極端な国粋主義や保守主義にあきたらぬものがあったけれども、気分のうえからはなんといっても保守的国粋的で美濃部博士や吉野博士にはとうてい同感できなかった。とくに上杉博士の人間的な魅力には強く引きつけられた。この木曜会で福森利房君、天野辰夫君などと知りあった。ただ私は木曜会の多くの人たちのように極端な国粋主義を無条件に受入れることができなかった。これが後に木曜会の後身ともいうべき興国同志会からたもとを分つようになった根本的の理由だった。また私は鈴木豊君や石井康君などと大川周明博士や鹿子木《かのこぎ》〔員信《かずのぶ》〕博士などの話を聞き、北一輝氏を牛込の猶存社《ゆうぞんしゃ》に訪問したこともあった」

ここで語っているのはこの程度であるが、『民族と政治』(昭和五十年十一月号)にのった中谷武世《なかたにたけよ》(同誌主幹)との対談「昭和動乱前期の回想」では、対談相手が東大の後輩で、同時代の東大系右翼学生運動(「全日本興国同志会」「日の会」)の指導者だったということもあり、また後に中谷が衆議院議員になり、政界でのつき合いもあったという関係上、もっと話がはずみ、当時を物語る貴重な資料となっている。これを読むと同時代の空気と岸の右翼人脈の広がりがよくわかる。

「**中谷**　私が東大に入って、『日の会』という民族主義の団体の幹事をやり、それから日本の民族主義の運動、やがてアジア・アフリカの独立と解放につながる民族運動に生涯を打ち込むことになっていくその契機になりましたのも、やはり、先生方が東大内にお作りになった『興国同志会』、後に『日の会』というものの関係からなんです。そしてその最初の機縁になりましたのが、私の八高時代に、御存じでしょう先生と同級の塩原時三郎。

岸　エエ、塩原君。あれは東大時代興国同志会の常任幹事をやって、卒業後は逓信省に入り、戦後は一、二回代議士にもなったね。

中谷　その塩原君が紀平正美《きひらただよし》先生と共に東大の学生を四、五名連れて、八高にやってきまして、われわれは東大に『興国同志会』という会を作ったから、君等が東大に来たらこれに入って呉れ、というスカウトに来たわけです。それで私は大正九年の九月東大に入りまして、例の名物の銀杏の樹これは当時まだ若木でしたが、その下をブラブラしていますと、『日の会』の集会の掲示が出ている、たしか三十三番教室でしたね、よく『日の会』の集会をやったのは……。

岸　大きなのは三十五番教室で、我々がよく集会をやったのは、あれは三十三番教室でしたかね……。

（中略）

中谷　その日の『日の会』では三十人ばかり学生や先輩が集まっておりまして、誰か背の高いどぎつい近眼鏡を掛けた男が講演しているのです。それが大川周明なんです。

岸　ほほう、大川周明ね。

中谷　そして、会が済んで、大川と二人でお茶の水の駅まで話しながら歩いて行きました。これが私と大川周明との最初の出会いです。（略）帰りにブラブラ歩きながら、私の方からもアジアの民族運動について関心を持っていると言う話をしたら、君、明日満鉄に寄ってくれ（立花注・当時大川は満鉄東亜経済調査局に勤めながら右翼活動をしていた）、紹介したい人がいるというので、翌日満鉄に行きましたら、これから北一輝のところに行こうというわけです。それで大川と、そこで紹介された笠木《かさぎ》良明《よしあき》と共に猶存社に行った。そこで大川の紹介で初めて会ったのが北一輝。当時猶存社は千駄ヶ谷の、今の鉄道病院のあたりに在りました。先生が北一輝とお会いになったのはやはり猶存社ですか。

岸　私も東大の学生時代に始めて北一輝に会った、やはり猶存社で、しかし猶存社はその時は牛込の榎町に在った。それから暫くして千駄ヶ谷の方に移ったようだね。

中谷　兎に角、北一輝には初対面から非常な魅力を感じました。その後、屡々笠木君や嶋野三郎君（元満鉄社員、ロシア専門家）と猶存社に行って、北一輝の革命論を聞かされたわけです。勿論六ヶ敷《むずかし》く講義風に聴いたわけでなく、支那革命の回顧談や、冗談まじりの世間話の合間合間に、革命論をいつとはなく注入されたわけです。

そこで先生に承りたいのは、私が東大に入った当時の『日の会』は上杉博士を中心の『興国同志会』から分裂した直後の『日の会』でしたが、その興国同志会から『日の会』に移る経緯です。私が『日の会』に入るについて、指導者は誰だと聞いたら、興国同志会の時は上杉博士が中心だったが、今度はそういうことではなくて、学生の自主的集まりだ、しかし先輩としては、文学部の講師の鹿子木博士と大川周明だ、というわけです。学生の中心は誰だと言ったら、君等とは入れ変わって卒業してしまったけれども、岸信介というのがおって、これが非常な秀才で『日の会』の規約も岸が作ったのだというのです。その話をしたのが三浦一雄《くにお》（後の代議士、農林大臣）なんです。

岸　ああ三浦一雄ね。あれは二高組だった。私と一緒に興国同志会から『日の会』を作った一人だ。

中谷　それでまあ、その頃から一遍先生にお目にかかりたいと思っていたのですが、機縁がなくて、初めて先生にお会いしたのは満州国の実業部の次長をしておられた時です。それで先生と私とは大学は入れ替わりで、先生が残していった『日の会』の仕事を私が引き受けたわけです」

ここに話が出てくる「日の会」というのは、北一輝、大川周明らの国家主義団体、猶存社（一九一九設立）が、学生の間に影響力を広げるべく作った、一連の右翼学生団体の一つである。これは文学部講師の鹿《かの》子木《こぎ》員信《かずのぶ》を中心に作られた東京帝大の会だが、他に、早稲田大学「潮の会」、拓殖大学「魂の会」、北海道帝大「烽の会」、第五高校「東光会」など、各地の高校、大学に、同種の会ができていた。これらの会を通じて、猶存社系の国家革新運動（北一輝の『日本改造法案大綱』をもとに、天皇の大権発動による国家改造を行おうとする運動）が学生の間にもどんどん広がっていったわけだ。

大川周明と鹿子木員信は、興国同志会にも関係していたが、森戸事件（一九二〇）の失敗で同会が窮地におちいり、善後策を立てるべく総会を開くと、そこに乗りこんできて、上杉慎吉を糾弾し、上杉を除名すべしと主張したりしたこともある。そして、興国同志会が事実上の解散状態になると、そのメンバーをいち早く新しいイデオロギーのもとに吸収するべく作ったのが「日の会」だったわけだ。興国同志会の解散から七生社の設立までかなり時間がかかっているのは、このような混乱した動きが途中にはさまり、その過程で上杉系が東大の右翼学生運動の主流から外れていく（その間上杉は別の右翼運動に熱中していた）という事情があったからである。猶存社系の「日の会」は、北一輝と大川周明をかつぎ当時最も目を引いた新しい右翼の潮流だった。

中谷と岸の対談に話を戻すと、二人はこのあと同時代の右翼活動家の名前を次々にあげあって、それがその後どうしたかを語りあったあと、次のようにいっている。

「**中谷**　当時の『日の会』、前身の興国同志会、それと吉野作造博士が中心の新人会が東大内の学生団体として対立しておった。妙なもので新人会の出身がそれぞれ後の社会主義政党の指導者になりましたね。そして興国同志会、『日の会』の先輩が後の保守党、今の自民党の指導者になっている。

岸　私のクラスで社会主義のほうにいったのは三輪《みわ》寿壮《じゆそう》、あれは私の一高時代からの非常な親友の一人で、大学にいって後は彼は新人会に入るし、私は上杉さんの木曜会に入る、これはその後に興国同志会になったわけだけれども、そこで社会とか国家に対する考え方は三輪君と私とは大分違ったんだけれども、しかし彼の死ぬまで交友をつづけたもっとも親しい友人の一人でした」

たしかにここに述べられている通り、新人会出身の共産党、社会党代議士、党幹部は多かった。興国同志会あるいはその流れをくむ右翼学生から自民党など保守系政党の幹部、代議士になった者も多い。

「森戸論文に問題はない」

ところで、森戸事件と興国同志会の分裂騒ぎは、岸の目の前で起きた事件だったが、この一件について、岸は思いがけない見方をしている。

「**岸** あの時、問題になった森戸君の論文は、主として私有財産制に関する経済思想が紹介されておったのです。それで、われわれの考えている民族主義だとか、あるいは日本の国体問題ということには直接関係はないじゃないか、そういうことについては、自由な意見の発表というのが、もちろん許されていいのだということ、そういうことから言って、国体に関する問題だとか、あるいは民族の伝統についてわれわれの考えと違うというのなら、これは大いに批判しなければならないけれども、社会主義の研究や、理論的な意味において私有財産制度なんかを論ずるのは一向差支えないじゃないか。今の私有財産制度は、無論われわれ絶対のものとは思わない、そういうものに関しての研究なり論議なりは自由でいいじゃないか、それをまで圧迫するということは不合理だ、ということで、上杉博士やその周囲の人達とはわれわれは大いに意見が違い、到底一緒にやって行けない、ということで、興国同志会を解消して『日の会』を作るということになったわけです。それに森戸辰男という人の人柄がわれわれの仲間にも好感を持たれておったということもあります。大内君に対してはそうでもなかったが……。だからそういうことで森戸を告発したり、圧迫したりするという立場はわれわれは取らん、というのが私共の考え方で、それに対しあくまでも追及しようという一派と、われわれと意見が合わなかったというわけです」

戦後の反共主義保守政治家の典型のような岸のイメージしかない人には、岸のこのような発言は意外に思え、あまり信用ならないものに見えるかもしれないが、これは猶存社系の右翼においては、さして意外な見解ではない。だいたい北一輝の『日本改造法案大綱』では、現行の私有財産制度をそのまま認めず、国家社会主義的公有制度にもっていこうとしている。まず、個人の財産は、一家族百万円（以下、米価等で換算した、今の貨幣価値の目安を示す。約二千倍なので二十億円程度。以下これに準ずる）に限定し、それ以上は没収して国有とすることになっているし、土地も一家族当り十万円（二億円程度）を限度として、あとは国有とする。大森林あるいは大農法が可能な大規模農地はすべて国有。都市では私有地を許さず、すべて市有地とする。産業については、私人の所有が許される資本は一千万円（二百億円程度）を限度とし、あとは国有とするなどとしている。当時の革新運動は、資本家、大地主に集中しすぎた富の偏在に諸悪の根源を見ていたから、いずれの党派も程度のちがいこそあれ、社会制度、経済制度を抜本的に改変して、社会的平等性、公平性を回復することをめざしていた。そういう点においては、右翼の国家改造論と左翼の共産主義者、無政府主義者の革命論の間にはクロポトキンのそれも含めてかなり近い部分があったのである。

当時の思想検事の中には次のようにいう者もいた。

「実際は右翼、左翼紙一重といふことが言はれる程に、今日では区別がないものがあるので、（略）是は右翼関係の事件を担任致しました私共から見ますと、益々さういふ感じが致すのでございます。二・二六事件に於きまして、御承知のように彼等が信奉しました所の思想の中心は何であつたかと申しますと、北一輝の所謂日本改造法案であります。此の日本改造法案の中に包蔵されて居る所の思想といふものは、所謂社会主義的の色調が極めて濃厚でございまして、極論する者は寧ろ赤の思想ではないかといふやうなことさへも言つて居るのでありますが、此改造法案を目して彼等は国家改造のホリーバイブル、或は実践しなければならぬ所の日本改造に於けるホリーバイブルといふやうなことを言つて居つたのであります」（昭和十三年十月思想実務家会同における佐野茂樹検事の講演＝『現代史資料・国家主義運動２』）

もちろん、右翼と左翼の間には、政治イデオロギーの点において、とりわけ国体論、天皇論において、乗りこえがたい相違点があった。しかし、その一点をのぞくと、かなり似通った主張が随所にあったのである。社会がかかえる諸矛盾をえぐり出し、社会のあり方を根本的に否認し、特権階級の存在を否認し、そのすべてを変革するためには、ラディカルな革命による国家の改造が必要だとする基本的な視点はどちらの党派も持っていた。

極右、極左の合同勉強会

そのような基本認識を共通して持っていたから、実は、そもその国家革新運動のはじめにおいて、左右両派の革命・変革思想の持主が一堂に会して話しあうというようなことが行われていたのである。大正七年（一九一八）に、満川《みつかわ》亀太郎の呼びかけで作られた「老壮会」がそれで、この会には、右側から大川周明、笠木良明、鹿子木員信、岩田富美夫、権藤成卿《ごんどうせいきょう》、大井憲太郎、中野正剛《せいごう》、北一輝など、左側からは大杉栄、堺利彦、高畠素之が顔をそろえるなど、文字通り、極右から極左までその後の歴史の主役となるようなそうそうたるメンバーがならんでいた。

もちろん、これだけ立場がちがう人間が集まれば、単一目的の組織活動もできなければ、共同行動の話し合いもできない。勉強会すらできず、活動は談話会にとどまった。そこでは、「根本に愛国的精神の存する以上は、それが仮令、いわゆる危険思想なるも、秩序紊乱なるも、何を発言しても差支えなし」を唯一のルールとして、全く制約がない自由な討論が交された。一応、「我国政治組織改革の根本方針如何」といった研究題目が立てられてはいたが、議論の内容を討論によって煮つめていくといったことはめざされておらず、基本的に放談会だった。

具体的にどのように会が展開されたか、メンバーの一人だった嶋野三郎（ペトログラード大学留学生としてロシア革命を眼のあたりにし、帰国後、満鉄で大川周明のもとに入り、北一輝とも親しくなり、猶存社、行地社の活動に参加。二・二六事件に連座し逮捕）は、『証言・昭和維新運動』（島津書房）の中でこう語っている。

「――どういう形でこの会は進められてたのですか。

嶋野　神楽坂の中程にある演芸場あとでやったんだがね。月に多い時は三度位やった。大体二週間に一回のわりで会合を開いた。そして会員が替わりばんこに講演するんだよ。ロシアから帰ってきて僕も三、四回位、ロシア革命の話をしたよ。これはね、招待状というか案内状というかを出して、何日何時、誰々が講演するから、来たければ来いというわけだ。

――一回の会合で、どの位集まってたのですか。

嶋野　そうだね、僕の講演の時なんかは百人位集まっていたが、大体コンスタントに四十人、五十人は集まっていたね。

――最初、講演をして、その後質疑応答ということですか。

嶋野　そう。夜六時頃から始めて、一時間か二時間、講演し、あとは質問だな。実に色々な質問が出たもんだよ。（略）とにかく、そうそうたるメンバーが揃っていたな。

――非常に包容力のあるというか、今ではちょっと考えられませんね。

嶋野　色々な立場の人がいたが、皆、私心がないというか、自分の利益ということを考えなかったな。だから呉越同舟でもうまくいったんだと思うね。こうした方が日本国家のためになる。役に立つということで、その方法論では激論を闘わせたが、その中から何かを生み出そうという気持ちはあったしね。そして国家に寄与しようという考えだった。その点では右翼も左翼もなかった」

老壮会は一年ばかりつづいたところで、「勉強会をやっているだけではだめだ」「行動団体にしなければ」という声が強く出るようになり、自然にその中から直接行動をめざす組織として、猶存社が生まれていったのだという。その中心になったのは北一輝で、北はかねがね、「老壮会というのは真田幸村のいない大坂城だ。おもしろいけれど実践には使えない」と批判していた。ともあれ、この老壮会とそこから生まれた猶存社が、あらゆる国家革新運動の一大源流となったのである。

このように、その源流においては、左右両翼の革命派は、それぞれ互いに反撥しあいながらも、他を認めているところがあった。そういう部分は、四元義隆の時代にもあった。前出『公判速記録』の中で、四元は、新人会をはじめとする同時代の左翼革命思想の流れについて、こう語っている。

「帝大の学生の八割は思想的に非常に赤いです。夫れは決して赤の宣伝に依ったのではなく、或ひは学問をした者が此の社会の実状を見るときは何うしても其処に行くのであります。我々や池袋さんなどは、あの教育界から見れば一種の不思議な存在です。

ずっと教育を受けて来た者は、赤に行くのが当然であります。(略)私等が講義を聴きに出ても何時の間にか小さなビラが来ます。夫れは必ず左翼の宣伝でありますが、何処でやるのか大学が血眼で探し守衛を殖やしたりしても矢張り夫れは絶えませぬ。夫れはマルクスの思想が動かして居るのではありませぬ。さう考へるのは間違って居ります。思想とか学問とかいふもので人間が命を棄てることは全然ありませぬ。日本全体が生きて行くことに不安があります。夫れは事実です。其の不安があり夫れが動揺して居ります。夫れをくぐって来れば赤化し或ひは我々の様になります。(略)赤化学生が其の様な行動を執るのもマルクスの学説に依るものではありませぬ。日本全部が生きて行くことに不安動揺があり、其処に深みがあって夫れからあの様なものが生れて来るのであります。(略)夫れに対して思想善導といふ様なことや、宗教などを持って来ても何にもなりませぬ」

もう一人の血盟団被告、久木田祐弘にしても、こんなことを述べている。

「共産党其の物は、日本の天皇を否認し、国体を破壊しようとするのですから、それは悪いのです。悪いけれども現代の社会悪に対して敢然として之を破壊し建直さむと努むる所の其の精神、百行撓まざる所の理想主義的の熱情と云ったやうなものには、私は深く尊敬せざるを得ませぬ。今でも矢張りさうなんです」(『公判速記録』)

ベクトルの方向こそちがえ、右翼も左翼の社会変革にかける情熱は評価していたのである。

「魔王」北一輝に魅了される

岸信介に話を戻すと、興国同志会を離れた岸は、猶存社と北一輝の流れのほうに接近していった。

「**岸** 私は何の機会に、誰に連れて行っ《ママ》たのかはっきり記憶しないけれども、二〜三人の学生と一緒に牛込の猶存社へ行って北一輝に初めて会ったわけだ。それまでに北一輝の書いた『日本改造法案』を、私は誰かからそれを借りて、一晩徹夜でそれを写本したことがあるが、あの考え方に非常に強い印象を受けていた、それでまあ猶存社に行って北に会うことになったのだと思う。私はあの北一輝の風貌に非常に魅力を感じた。彼はその時、辛亥革命の話をして、まず第一に大学の制服を私は着ていたのですが、そしたら北一輝はそれを指差して、『この金ボタンの制服を見ると私は革命を思う、それは辛亥革命の時に、日本から帰ってきて革命に投じた若い中国人が、皆その金ボタンの服を着ておった』というのです。そういう話を聞いて私は非常に深い印象を受けた。大学時代は上杉先生には相当私も私淑もしておったし、上杉先生に対する尊敬の念は変わらないけれども、その外の人では、北一輝の印象が一番深く、今でもその時の感動を忘れ得ません。

中谷　私の場合も全く同じなんです。私が行った時は猶存社は牛込から千駄ヶ谷に変わっていまして、(略)そこで北一輝に会った時、彼が最初に言った言葉がいま先生が言われたのと同じなんです。金ボタンの学生がみな革命をやったんだ、革命は学生と兵士が主力だ、こう言うのです。例の独眼竜で、こちらの眼を見据えながら語る。非常に魅力的で、陸軍の青年将校なども、西田税《みつぎ》の手引きでこうして彼にひかれて行ったのだと思います」(対談「昭和動乱前期の回想」)

北一輝には、このように人を魅了する不思議なパワーがあったようだ。そのパワーを強調して、大川周明が北を「魔王」と呼んでいたことはよく知られている。

『北一輝著作集』(みすず書房)第三巻におさめられた、青野季吉の「北一輝と私」という文章には、こんなエピソードが書かれている。

「それからややのちに聞いた話だが、後に農林大臣になった同郷の山本悌二郎《ていじろう》のところへ北一輝がいきなり訪ねていって、大いに弁舌をふるったことがある。北一輝が帰ったあとで、山本悌二郎は、あの青年は恐ろしい、話をきいていると何か魅入《みい》られるようで気味がわるかったと、語ったそうである。わたしは一度も北一輝のそんな談論や座談をきいたことはないが、二・二六事件の青年将校などもそんなにして北一輝に魅入られたのであろう」

岸も、北一輝に魅入られた一人だったわけだ。岩川隆の『巨魁 岸信介研究』（ダイヤモンド社）は次のように書いている。

「このころ岸信介を魅了していたのは北一輝の存在であったようだ。大川周明や鹿子木員信博士などを訪ね、そのアジア主義や国際的正義観などに深い感銘を受けたが、なんといっても圧倒されたのは牛込に北一輝を訪ねたときである。魁偉なるその風貌と烈々たる革命的気魄にうたれた岸信介は、そのころ北一輝が書いて秘密出版した『日本改造法案』を徹夜で読みふけり、これを筆写した」

このくだりは、『日本改造法案』が当時どのような形で流布していたかを知らないと、意味がよくわからないだろう。

『日本改造法案』（『国家改造案原理大綱』）は、はじめ大正九年に、猶存社同人の手によって、謄写版で数百

図1

巻一　国民ノ天皇

（三行削除）

註一。（十一行削除）

註二。（九行削除）

註三。（三行削除）

註四。（七行削除）

天皇ノ原義。天皇ハ国民ノ総代表タリ、国家ノ根柱タルノ原理主義ヲ明カニス。

（四行削除）

（二行削除）

（三行削除）

部程度秘密出版され、それが人の手から手に渡っていった。しかし間もなく当局の気づくところとなり、発行も頒布も禁止された。三年後、改造社が当局の検閲を受けて不穏な部分を削除あるいは伏字にして、一般向けに市販した。これは、図1（前ページ）に示すような版面になっていて、最も大切な「巻一　国民ノ天皇」の頭の部分についていうと、最初の「憲法停止」の項は、項目すら削除され、（三行削除）とのみある。そのあと本文もほとんど全文削除。オリジナルの注も全部削除。あとから付けた註が若干生き残ったという程度なのである。改造社版のあと、友人の西田税（二・二六事件で死刑）が作った私家版もあるが、これも図2に見るように、伏字だらけで読むところがない。

いちばん重要な

「憲法停止。天皇ハ全日本国民ト共ニ国家改造ノ根基ヲ定メンガ為ニ天皇大権ノ発動ニヨリテ三年間憲法ヲ停止シ両院ヲ解散シ全国ニ戒厳令ヲ布ク」

という部分は全く消え、毒にも薬にもならない

「天皇ノ原義。天皇ハ国民ノ総代表タリ、国家ノ根柱タルノ原理主義ヲ明カニス」

という部分だけが生き残っている。

全篇すべて同じで、要するに肝心の革命的な部分は削除と伏字で全く読めないのである。結局、オリジナルの正文は、人から人へ筆写して伝えていくほかなかったのである。岸も、一晩費して丸ごと一冊写しとったというわけである。当時の革新派の若者は、みなそれをやったのである（左翼の学生は左翼の学生で、マルクス主義文献の伏字部分を同じように筆写で伝えあっていた）。

『巨魁』の引用をつづける。

「のちに岸信介は北一輝を『大学時代に私に最も深い印象を与えた一人』と認め、おそらくはのちに輩出した右翼の連中とはその人物識見においてとうてい同日に論じることはできないと語っている。『日本改造法案』は、はじめ社会主義者であった北一輝が国家社会主義的な考えを中心として一大革新を国体と結びつけたもので、当時、岸信介が考えていたことにひじょうに近く、組織的に具体的に実行方策を持ったものだと

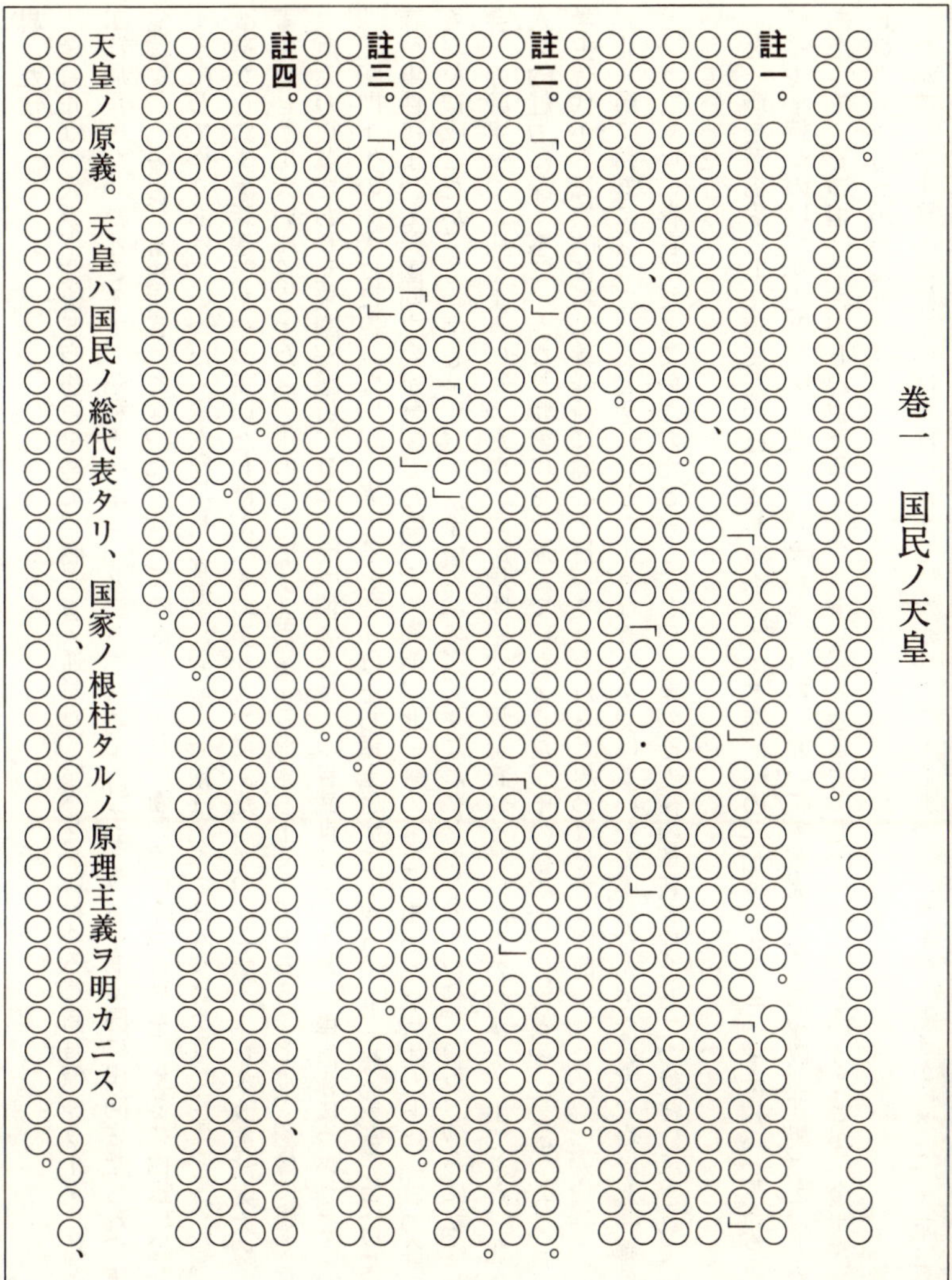
巻一　国民ノ天皇
註一。
註二。
註三。
註四。
天皇ノ原義。天皇ハ国民ノ総代表タリ、国家ノ根柱タルノ原理主義ヲ明カニス。

図2

思った」

岸信介は、大学卒業後農商務省を経て、商工省（通産省）に入り、いわゆる革新官僚のリーダー格となる。工務局長になったところで、昭和十一年（一九三六）、建国されて間もない満州国に出向させられ、実業部（通産省）の次長（事務次官）となった。そしてできたばかりの新国家の産業世界を、まるで白紙に絵を描くようにして作りあげていった（満人の長官、官僚もいたが、実権はすべて日本人の次長がにぎっていた）。国家改造ならぬ国家新建設をやっていたわけだ。そのデザインにあたって、北一輝の『日本改造法案大綱』が参考資料として大いに役立った（実用的にではなく全体構想を考える上で）であろうことは、想像に難くない。

「東大の後輩であり元衆議院議員、日本アラブ協会会長の中谷武世はそのころの岸信介についてこういう。

『上杉門下生の一人には違いないが、考えるところは上杉博士とすこし異り、北一輝の影響を受けている。森戸事件によって興国同志会が分裂した際、大川周明、北一輝のもとに集った東大生たちは「日の会」なるものを結成したが、その中心メンバーが岸信介であったことにもよくあらわれている。のちに私は「日の会」の幹事をつとめるようになったが、大川周明、北一輝を訪ねると岸信介の名がよく出てきた。北一輝の人間的魅力に深く感じ、かなり頻繁に足を運んでいたようだ。その後、大学に残らずに官僚となったのは、学生時代から民族的革新主義経済に関心を持っていたからと思われる』（同前）

北一輝に頻繁に会っていたときに、どのような教えを受けていたのかは定かでないが、岸は北一輝の弟子といってもいい存在になっていたのだということが、岸のその後の革新官僚としての軌跡に示されているといっていいだろう。

北一輝を革命家として育てたのは、支那革命（辛亥革命）への参加である。そこで得た、「革命をやりとげる力を持つのは、兵士と学生」という認識から、日本においても革命運動（国家改造運動）をはじめるにあたって、その担い手さがしの主たるターゲットを軍人と学生にしぼったのだということが、金ボタンのエピソードからうかがえる。

やがて、学生層への働きかけがはかばかしくなかったこともあって（学生への働きかけでは、共産主義の側が圧倒的に強かった)、北の働きかけは軍人の側にどんどん傾斜していき、それがやがて二・二六事件を生むわけである。

しかし、ここでは主題は軍人の側にではなく、学生の側、なかんずく東京帝大生の側にあるのだから、いましばらく、四元、池袋ら、七生社残党の動きを追ってみたい。

昭和三年、大学紛争の勃発

上杉慎吉が死んでから、七生社の学生はどんどん少くなり、その存続すら危ぶまれ、このままいけば「野垂死」というところまで追いつめられていた。

事情をいっそう悪くしたのは、次の事情だった。

「七生社は私が大学に入る前年に、新人会と衝突して新人会の人間を殴り、向うは宣伝がうまいので、大学新聞を見ても七生社は暴力団で学校の御用団体でもあるように見え、保守的な暴力団体だと誤解されていました」(『公判速記録』)

なるほど、「帝国大学新聞」の縮刷版を繰ってみると、昭和三年一月三十日号は、

「遂に流血の惨を見て
　学園の権威地に墜つ
　　全く無警察状態を現出し
　　　不安の気未だ去らず」

という大見出しで、七生社と新人会のすさまじい衝突事件を伝え、その関連記事で紙面がほとんど埋めつくされている。

まず、冒頭の論説が、全体的な状況を要領よくまとめているので、それから読んでいただきたい。

「議会の暴力と学内の暴力

本年に入つて学内における種々の読書会が屡々脅かさるる風評があつたが、去る二十四日三十番教室に開催された弁論部主催の高校弁論大会擁護演説会は一派学生の暴力によつてさへぎられ遂に開会二十分にして中止の止むなきに至り、剰《あまつさ》へ暴力の行使による乱闘の末流血の惨を見るに至つた。尚又翌二十五日には同じく学内において所々に格闘が演ぜられ、一学生の如きは突然背後より煉瓦を投ぜられ頭部に裂傷を負ふ等、本学未曾有の不祥事をじやつ起せるは吾人のもつとも遺憾とするところである。これ等の事件は既に明らかなる如く一部学生のいはゆる左翼的行動に対して極端なる反感を持ち事毎に対立して来た七生社一派が、全国高校弁論大会擁護演説会を契機に、思想に対するに暴力を以つて対抗するの火ぶたを切つたものと認める。しかして暴力を振ふに至れるは『彼等の暴状を阻止せんがためであり』『学内の神聖を擁護し我等学生にとりて真に心地よき帝国大学とせん』ことを期するがためであるといふ」

具体的に何が起ったのかというと、東大の弁論部が主催して、学内で「全国高校弁論大会擁護演説会」を開いているところに、七生社が殴りこんできたのである。

まず、その背景から説明しておこう。

昭和三年という年がどういう年かというと、最初の共産党大検挙である三・一五事件が起きた年である（つまりこの衝突事件は、三・一五の直前に起きた事件なのだ）。

大正十一年（一九二二）に日本ではじめて結成された共産党は一年もたたないうちに、一斉検挙で幹部の多くが逮捕された上、幹部が獄中にいる間に、関東大震災が起り、その間に、朝鮮人大量虐殺事件、大杉栄虐殺事件、亀戸事件（労働組合活動家十人虐殺）など三つのテロ事件が起きたのに恐れをなし、解散してしまった。

しかし、大正十五年（一九二六）、コミンテルンの指令を受けて党が再建されると、共産党は君主制（天皇制）の廃止（二七年テーゼ）を公然とかかげ（といっても組織は地下に置かれていたから、主張はビラの形で出ただけ）、熱心な宣伝活動、組織活動を繰り広げた。党活動家の二大供給源は、学生と労働者・農民だった。学生の初期活動家の多くを供給したのは東大新人会だった。

三・一五では、一道三府二十七県にわたり、千五百余名が検挙され、うち五百余名が起訴された。起訴された者のうち、高専以上の学生が三十名、中途退学者六十九名、卒業生が四十八名いたが、その中で最も多かったのが、東大関係で、卒業生十八、在学生八、中退者七の合計三十三名だった。その大半が新人会のメンバーだった。

再建共産党は意識的に大学のキャンパスに触手をのばし、大学生を活動家として獲得しようとした。その中心になったのが、新人会であり、社会科学研究会（以下、社研）だった（社研と新人会はかなり構成メンバーが重なりあっていた）。

新人会は、設立当初、吉野作造教授のもとに集った学生たちの、デモクラシーとヒューマニズム中心の思想啓蒙団体として生まれ、政治的実践活動にはほとんど無縁だった。だから、森戸事件に際しても、その後の新人会のイメージからは考えられないことかもしれないが、ほとんど組織として動いていないのである。新人会の歴史の唯一の本格的研究書であるH・スミスの『新人会の研究――日本学生運動の源流』（東京大学出版会）はこう書いている。

「また新人会員は政治体制における大学の役割を明確に把握せず、大学を社会改造の手段として利用できるかも知れないというような考えをもたなかった。この態度は、社会主義思想のために帝大の教官がその職を追われた最初のケースたる森戸事件への新人会の対応にもっともよく示されている。（略）

新人会は当然この抗議運動に加わるものと目された。この事件が会の身辺に起こったためばかりではない。森戸自身が進歩的な学生の学内における主な支援者であり、休職となるほんの数週間前に催された新人会創立一周年記念講演会では四人の講師の中の一人となっていた。ところが、新人会は抗議運動にほとんど関係しなかったし、穏健派の学生が組織した学内集会を援助するものさえ一人もいなかったのである。新人会は森戸の思想を強く支持していたのだから、決して彼に同情しなかったわけではない。運動不参加の真の理由は、大学そのものに対する、とくに森戸が同僚の投票の結果休職処分になったという興ざめの事実に対する幻滅であった」

実際、新人会の機関誌『先駆』は、次のように書き、この事件に対して傍観者的立場に立っていた。

「学生も学の独立自由を標榜して起つたのは好いが、教授会に責任ありとしながら反省を促す位の事で有耶無耶に終つたのはどうした事か。真に学の独立自由を樹立する覚悟もなく、ただお座なりの一騒ぎ丈なら初めから何も云はない方が好い」

しかし、このとき新人会が動かなかった背景には、もう一つ隠された理由があった。

宮崎龍介の不倫スキャンダル

それは、新人会創設の中心メンバーであった宮崎龍介が、この時代最大のスキャンダルとなった柳原白蓮《やなぎはらびゃくれん》との不倫の恋に身も心も灼きつくされ活動力を奪われた状態にあったことだ。いくら大恋愛といっても、メンバーの一人の個人的問題じゃないかと思われるかもしれないが、この場合はそうではない。この大恋愛が新人会の存続そのものにまでかかわっていたのである。というのは、新人会は一九一八年の創設以来、ほとんど全メンバーが一つ屋根の下で共同生活を送っていた。それはかつて中国人革命家の黄興が所有していた東京郊外（といっても現在の山手線目白駅の近く）の、全部で十三室もある大邸宅だった。宮崎龍介の父は、中国革命の支援者として有名な宮崎滔天で、黄興の死後、その邸宅を預っていたのを、新人会設立の話を聞き、その活動の場として提供したのである。新人会員たちはこの邸に寝泊りし、ここをあらゆる活動の根拠地としていた。

だから、柳原白蓮との恋愛も、この邸を一つの舞台としてはじまり、新人会員たち全員が見守る中で進行していたのである。しかし、不倫スキャンダルに今よりずっと厳しい目が向けられていたこの時代、新人会員たちも黙っているわけにはいかず、ついに、宮崎龍介を新人会から除名することになり、その結果として、新人会も黄興邸を出て、活動拠点を失うということになったのである。最終的にそういう結果になるのは森戸事件の翌年のことだが、不倫事件そのものは、森戸事件の二年前からはじまっていたから、森戸事件のころは正に、この問題をどうするかで、新人会内部が割れていたときなのである。

柳原白蓮の恋などといっても、今の若い人にはピンとこないかもしれないから簡単に紹介しておく。白蓮はこの恋愛事件の前から、世に最も知られた女性の一人だった。まず、名門柳原（前光《さきみつ》）伯爵家の姫として生まれた美貌の歌人としてよく知られていたのだが、彼女にはもう一つのスキャンダルがあり、それで人の口の端によく上っていた。白蓮は、十六歳で結婚したあと故あって離婚し、家に戻っていたのに、二十六歳のとき、日本有数の大金持といわれた九州の炭鉱王、伊藤伝右衛門（五十二歳）のもとに、金で買われるようにして（結納金二万円）嫁いでいった。伊藤は目に一丁字もない無学の坑夫上がりの男で、男っぷりがいいわけでもない。それに対して、白蓮は美貌と才気煥発を絵に描いたような女性で、ハキダメに舞い降りたツルそのものだった。伊藤伝右衛門は、彼女の歓心を買うために、炭鉱のある飯塚町に大邸宅を建て、福岡にも、銅《あかがね》御殿と呼ばれた豪華な別邸を建て、温泉地の別府にも別荘を持たせるなどして大歓待した。この金にあかせての大歓待それ自体が当時の新聞雑誌でスキャンダラスに書きたてられていたところにもってきて、彼女が突然、たまたま知りあった七つも年下の学生と出奔してしまったのだから、大騒ぎにならざるをえなかった。しかも、その出奔の仕方が異常だった。夫伝右衛門と連れ立って上京し、日本橋の定宿にしばらく泊ってから、夫だけ九州に帰し、自分は宿に戻らず姿を隠してしまったのである。それからは連日の大報道で、やがて真相がつきとめられ、宮崎龍介とのなれそめ以来の大恋愛物語が現在の週刊誌なみの熱心さで大新聞に報道されたのである。

それによると、最初のきっかけは、白蓮が雑誌『解放』に、新作の脚本を発表したことだった。

「この『解放』の編輯をして居たのは、宮崎龍介君等の吉野博士を中心とする帝大法科新人会の一派であった。評判のよかったこの脚本は単行本として刊行することになったので、別府に居る白蓮夫人に打ち合わせのため社員を派することになった。その役目は宮崎君であった。これがそもそも二人の相知る機会となったのである。その時分には宮崎君はまだ大学法科三年の学生で、新人会が新しき社会運動の源泉として活躍して居た黄金時代で、宮崎君はその中心となって活躍し、若い溢るるばかりの元気に充ち満ちて居た。（略）

宮崎君が東京に帰ってから間もなく、白蓮夫人からの音信は『解放』の編輯室に届いた。三通、二通と日として欠かさぬことはない有様だったので、周囲の若い同人連にはその頃から噂が高くなった。便りのたび重なるにつけて巻きこめた夫人の情けはだんだんと熱く、年長けた夫人の心持ちを詩才に任せて、青春の宮崎君の心を掻き乱したことも多かった。（略）『伏姫の犬にてもよし誠あらば身を寄せむとし思ふ一時』とか愛を求めて切なる悲痛の声は、この頃夫人の作として世に現われた。或る時はまた心急《せ》かるるままに激しい情感を電報で、歌を宮崎君に寄せたことさえある」（東京朝日新聞大正十年十月二十二日）

ちょっと脇道が長くなったが、新人会は、このような偶発事による一時的な活動の低迷をのりこえて、大正十三年（一九二四）ごろから、実践活動を活発化させるようになった。ロシア飢餓救済活動を展開したり、大学ではじまった陸軍現役将校による軍事教育に反対する運動などかなり学生を動かすようになっていった。

これらの活動は七生社などとは思想的に真向から対立する行動で、やがて、新人会と七生社は何かにつけて衝突し、学園内のヘゲモニー争いをするようになった。その抗争が頂点に達したのが、この昭和三年一月の衝突事件だったわけだ。

それは新人会の活動拠点の一つであった弁論部の演説会場で、突如七生社社員が飛び出すことからはじまった。

「松元君よりメッセージを奪ひこれを引裂き同君を壇上より突き落したのを手始めに聴衆ほとんど二派に分かれ互に漫罵怒号を交換し、あるひは椅子を投げあるひは鉄拳を振りまはすもの続出して遂に流血の惨を見」（「帝国大学新聞」）

となったわけである。衝突は翌日もつづいた。新人会側が、七生社糾弾のビラを配っていると、七生社社員があらわれ、両グループ激突しての殴り合いになった。

「又同日午後零時半経済科三年の前島正道君は別記の如く大講堂附近で突然物かげより現はれた副島種君が同君に煉瓦を投げつけ後頭部耳下に加療二週間全治四週間、三針縫ふ裂傷を負はせてどこともなく遁走し、同じく午後零時半頃法科一年の藤木龍郎君が三十番教室の隅を歩いてゐると唐突に五名の暴漢が木刀、十手を振りかざして同君を襲ひ鼻下に裂傷を負はせ前歯二本を折つて立ち去つたが、その外三十番教室において暴行を加へられる者等頻発し、学内は挙げて暴力下に委され、全くの無政府状態に陥つて恐怖時代の出現を想はせるに至つた」（同前）

全共闘時代のセクト対セクトのゲバルト戦そっくりの状況が、新人会vs七生社で行われたわけだ。

24 新人会きっての武闘派・田中清玄

東大初の〝内ゲバ〟

昭和三年（一九二八）一月二十四日に東大構内で起きた、右翼学生（七生社《しちせいしゃ》）と左翼学生（新人会）の間の激しい衝突は、現代風の言葉でいえば、学生間の内ゲバである。東大でも、学生の間で内ゲバが起きたことは歴史上何度もあるが、これがそのはじめてのケースである。

そして最も内ゲバが激しかったのは、あの全共闘時代（一九六八、六九）だろう。全共闘時代の内ゲバは、全共闘対民青（共産党）という形もあれば、全共闘内部のセクト間内ゲバもあり、きわめて激しいものだった（七生社vs新人会の何倍も激しかった）。しかしもちろん、全共闘時代、最大のゲバルトは内ゲバではなく、国家権力との間に展開された、外ゲバである。

田中清玄

大宅壮一

石堂清倫

国家権力との外ゲバといっても、全共闘時代はその極致が安田講堂事件でしかなく、それは火炎ビンが飛びかい、ヘリが飛び、見た目派手ではあったが、所詮は戦争ごっこでしかなかった。

後出の新人会OBの集会に参加し、安田講堂の攻防戦を目のあたりにした大宅《おおや》壮一《そういち》は、その感想をこう述べていた。

「いま、安田講堂の向い側の石や催涙ガスが飛んでくるところにテレビカメラの砲列がしいてあるんです。その中へ立って観戦をしたというわけなんです。（略）さきほどテレビのマイクの前で言ったんです。まあ一種のこれは戦争ゴッコみたいなもんです。いまの大学というのは、私にいわせれば駅弁大学です。（中略）その大学でもっていま兵隊ゴッコをやっておる。これはみな戦争を知らん人間がやっておる」（出典後出）

実をいうと、私も、そのとき大宅壮一氏がいたとほとんど同じ場所で、マスコミの取材の腕章をつけて攻防戦を見ていたのだが、大宅氏のこの発言を、もしあの場で聞いたら、相当反発を感じていただろうと思う。私だけでなく、学生も、警官隊も、取材陣も、みな反発しただろうと思う。しかし、こうして三十年もたってみると、そして、その三十年間に、あの戦争の時代と、戦争をもたらすにいたったその前史の動乱の時代をさまざまの形で学んでくると、この大宅氏のシニカルな発言にも、かなりうなずける面があることに気がつく。

私は全共闘世代より少し年長の、いわゆる安保世代であるが、歴史を学べば学ぶほど、全共闘世代同様、私たちの世代も「戦争を知らない子供たち」だったのだということがわかってくる。あの戦争と動乱の時代を身をもって体験した人々には、あの安田講堂攻防戦程度のことは、たしかに「戦争ゴッコ」としか見えなかっただろう。

あの動乱の時代、右翼の学生にとっても左翼の学生にとっても、学園内部のヘゲモニー争いは主たる関心事ではなく、どちらも、突出した部分は、すぐ学園の外に出て、リアルな革命運動、国家革新運動に突進していった。そこでは国家権力との間にリアルな対決が行われ、本気のクーデタ・暴力革命、本気のテロが構想され、部分的に実践されていったのである。

五十年後の新人会員たち

六九年一月十八日、安田講堂が機動隊に包囲されているまさにその日、ほとんど東大構内といってもいい赤門脇の学士会館別館に、全国から九十名近い老人が集って、新人会創立五十周年を記念する集会を開いていた。その集会の記録である『東京帝大新人会の記録』（石堂清倫《きよもと》、竪山利忠編。経済往来社。以下『新人会の記録』）のはしがきは、こう書きだされている。

「すぐ隣りの安田講堂は、この日早朝から機動隊に包囲されていた。前年から講堂を占領してきた学生を実力で排除するため攻撃をはじめていた。空にはヘリコプターが飛びかい、ポンプ車と催涙弾で講堂は文字どおり水と煙につつまれていた。老人たちは運動の起点と終点を一瞬のうちに見る思いをした」

そして、長いはしがきの終りは、こう閉じられている。

「一月一八日の集会には、有名無名を問わず、右から左までのたくさんの人が集った。ある人は安田講堂を指さして、あそこに立てこもっている未知の学生たちに連帯の挨拶を送りたいと言った。この若者たちの『主張』や『戦術』は老いた会員たちの理解を絶するものであった。しかし、陥落の迫った暗夜の講堂のかたわらにいつまでも佇んでいた会員たちの気持はおそらく五〇年前と変りはなかったのであろう」

実際の集会においても、最初の話題は、そこだった。司会役となった岡田宗司《そうじ》（元社会党代議士。大正十五年経済学部卒）は、話をこう切りだした。

「本日は東大がかような状態でございまして、私どもも昨晩のニュースを聞き、いったい今日やったものだろうかと、迷ったんでございますけれども、しかし、こういう日であっても、私どもが今日ここに会合をもつことは、また意義もあろうと考えまして、あえて本日、会場を山上御殿からこちらに移し、開催した次第でございます。（略）五〇年前にこの東大に新人会が発足いたしました。これは学生の社会主義運動の第一陣であり、この新人会が発足しましてから、学生運動が全国に、各大学に拡がったわけでございます。今日、この東大に大きな問題がおこっておりますけれども、ある意味におきましては、私どもが蒔きました種が、いろいろな形で芽をふき、その種が今日このような一つの形をとってあらわれたのではないかと思います。この状態のなかで、この場所で会をひらいて、感慨深きものがあるのでございます」

　この集会での、さまざまな発言を引用しながら、新人会の歴史をざっと見ておきたいが、とりあえず、この日の集会の雰囲気をもう少し知ってもらうために、会の途中の発言者、大宅壮一の部分を、まず読んでいただきたい。

「**岡田宗司**　さて、（大正）一二年、一三年のかたがきょうお見えになっていません。これは会員がもっともすくない時代でございました。一四年からあとになるとたくさんになります。そこで一四年にとび、大宅壮一さんにお願いをします（拍手）」

（立花注・あとでまた述べるが、新人会は一九一八年〈大正七年〉に設立され、一九二九年〈昭和四年〉に解散するまで、十一年間存続した組織であるが、前期と後期にくっきりわかれる。前期と後期では、会の性格も、その活動内容もまるでちがう。一言でいえば、新人会は、思想運動としてはじまり、前期は、学究派と実践活動派が半々だったが、後期は、実践活動主体となったということである。前期はマルクス主義が主体ではなく、素朴社会主義、人道主義、理想主義の寄せ集めだったが、後期はマルクス主義が主体となった。もちろんそれは、日本に共産党ができたことと無関係ではない。後期は、共産党としっかり結びついていた。その境い目となるのが、大正十二年〈一九二三〉で、共産党はその前年にできていた。新人会の活動も急に活発になって入会者もふえた。その前年の入会者、大正十四年組には、大宅壮一の他に、志賀義雄、服部之《はつとりし》総《そう》、浅野晃らがいる。）

「**大宅壮一**　実は今日、こういう会合がもてるかどうかあやしくて、来るときにニュースを聞いたんです。東大の前はほとんど人が通行禁止になっている。門という門はすべて封鎖されている。そういうニュースをきいて、これはとてもだめだと思った。

　そこへテレビ局から電話がかかってきて、闘争の現場を見てくれないかという。待ってましたとばかりに、すぐその車に便乗してきたわけです。（略）安田講堂のちょうど向い側に何とかという教室があるから、その教室の屋上でやっていただきたいというんです。ところで、私は安田講堂というのはどこにあるのかときいたんです（笑声）。すぐ目の前にあるじゃないかというんです。私は大学に籍をおいたけれども安田講堂も知らなかった。あれは私がやめた頃にできたんじゃないかといったんですが、どうもそうでないらしい。（略）いつ総攻撃を開始するかと思って一時間以上待っておったんですが、ついに総攻撃がはじまらんもんですから、こっちへ来たようなわけです（笑声）」

滔々たる新人会会員

冒頭の大宅の話はここに入るが、もう少し先をつづけよう。

「当時私たちが東大にはいったとき、大学の講義に出るまえにまず新人会にいったんです。ところが、新人会というのはどこにあるのかさっぱりわからない。学生時代から名前だけは知っておったんです。やっと探りあててみると、これは友岡久雄君と黒田寿男《ひさお》君の住んでおった家であった。これが新人会の本部であった。ほかに、会員らしい奴はどこにもいないんです。さっき話のあった社会思想社と分裂して学生の数が非常に減っていたんです。会員はほんのわずかであった。その後にわれわれがはいっていったわけです。結局、会合らしい会合はほとんど開かれずに、時たま社会運動の先輩といわれる堺利彦のような人をひっぱってきて、いろんな話、雑談をした。（略）そういう状態がしばらく続いて、その後へ一高組とか三高組とか、それから九州組、なんとか組という非常に景気のいい連中がどんどんはいってきて、急に新人会は膨張したわけなんです」

ここで大宅がいっている、大学に入る前から新人会を知っていたとか、大学の講義に出る前に、まず、新人会のところに行ったというのはどういうことかというと、この当時、大学入学前の新人をスカウトするために、新人会が、各地の高校（旧制）に、オルグを派遣して、大学に入ったら新人会に入れと勧誘してまわっていたのである。

そのあたりのことは、大宅の翌年の入学者である林房雄の『文学的回想』の次の一節を読むとよくわかる。

「私は震災の年の大学生であつた。

　大正十二年の四月、熊本の五高から、東京帝大法学部政治学科に入学した。正確に言へば、大学ではなく、『新人会』に入学した。

『新人会』はそれより数年前、吉野作造博士のデモクラシイ理論を支持する学生達によつて結成されたものであるが、私が入会した頃には、共産主義理論を奉ずる学生団体に変つてゐた。佐野学、山川均、青野季吉、猪俣《いのまた》津南《つな》雄《お》、徳田球一等の第一次日本共産党が秘密に組織され、その触手が帝大の『新人会』、早稲田の『建設者同盟』などをつかんだのである。これらの学生団体の全員が共産党員であつたわけではない。各団体の中に、細胞ができて、それが全運動を指導してゐたのは現在と同様である。今の細胞は公然であるが、その頃は全然秘密であつた。

（略）大正十年の暮か十一年の春ころ、黒田、志賀に友岡久雄、伊藤好道《こうどう》などを加へた一行が九州遊説に来て、五高と七高に芽生えかけてゐた学生社会主義団体を煽動し、それを一高、二高、三高、四高、八高と結びつけて、H・S・L（高等学校連盟）といふ半秘密組織をつくつた。H・S・Lは大正十一年末の冬休みに東京で第一回全国大会を開いた。集まつた代表者は十二三名もあつたであらうか。昼間は各種の会合や団体の本部に連れて行かれて、共産主義宣伝方法の訓練のやうなものをうけ、夜は一高の寮の火の気のない病室のベッドに寝た。この大会で、私は一高の菊川忠雄、三高の栗原佑《たすく》、七高の村尾薩男《さつお》、是枝恭二《これえだきょうじ》、八高の森谷《もりたに》克己、新潟高の中野尚夫《ひさお》、浦和高の大河内信威《のぶたけ》などを知つた。

　これらの諸君にひきゐられた全国高校のH・S・L会員が大正十二年の四月に、大挙して『新人会』に入学して来たのである。新人会はたちまち十倍の力となり、『学生聯合会』の中心勢力となつた」

　これが大宅のいう、「一高組とか三高組とか、それから九州組、なんとか組という非常に景気のいい連中」の正体なのである。

　また、先の大宅の話の中にある、「社会思想社と分裂して」とはどういうことかというと、先に説明した、初期新人会の実践派と学究派が分裂して別れたということなのである。このとき分裂して社会思想社を作ったのが、蠟山政道《ろうやままさみち》、嘉治《かじ》隆一、佐々《さっさ》弘雄、三輪寿壮、河野密《みつ》、新明《しんめい》正道といった学究派の人々だった。社会思想社に行かないまでも、前期新人会に属した人々としては、他に、麻生久、佐野学、野坂参三、千葉雄次郎、風早八十二《かざはややそじ》、小岩井浄《きよし》、細迫兼光《ほそさこかねみつ》、阪本勝《まさる》、木下半治などがいる。また、大宅の次の年にドッと入ってきた大正十五年組には、林房雄の他に、是枝恭二、門屋博、杉捷夫《としお》、岡田宗司、稲村順三などがいるし、さらにその翌年の昭和二年組には、石堂清倫、中野重治がいる。昭和三年組には、佐多忠隆、山根銀二、淀野隆三、田中稔男《としお》、神崎清、谷川巌、昭和四年組には、武田麟太郎、島野武、守屋典郎《ふみお》、竪山《たてやま》利忠、亀井勝一郎、揖西光速《かじにしみつはや》、昭和五年組には、田中清玄、小場瀬《おばせ》卓三、昭和六年組には長谷川浩、帆足計《ほあしけい》、内野壮児などがいる（以上は、政治家、作家、評論家、学者、法律家などの名前を中心に拾ったが他にも、後に、大物財界人になる水野成夫《しげお》〈大正十三〉、花村仁八郎《にはちろう》〈昭和七〉、それにゾルゲ事件の吉河光貞《みつさだ》検事〈昭和五〉なども、新人会OBである）。

さて、先に述べた、昭和三年の七生社との衝突事件を身をもって体験した人々は、この中の昭和三年組から昭和六年組である。

この日の集会でも、この衝突事件当時のことがかなり話題になった。事件があった昭和三年当時の新人会幹事長は、田中稔男（元社会党代議士）だった。五高出身の田中もまた東大入学前にオルグを受けて、大学というよりは新人会に入学してきた。

「**田中稔男**　私の東大時代は、新人会の一番盛んな頃ではないかと思います。先ほどからお話がありましたように、新人会ははじめの頃は盛んだったが、一時これはダウンしたんですね。そしておそらく黒田君の時代だろうと思いますが、復興したわけです。そして新人会が学内で大衆化したわけですが、私は大正一四年に東大入学と同時に新人会へ入る。（略）それから三年間、講義は全然きかなかった。ただ、吉野作造先生と牧野英一先生がやった『開講の辞』だけはききましたけれども、あとは文字通り一時間も講義に出ない。それでもとにかく卒業しましたが、東大を卒業したというのはこれはニセでありまして、新人会三年は皆勤者だった。毎日第二学生控室へ行きまして、新人会の会議といいますか、いろんな活動に本当に没頭しまして、あとに新人会の幹事長というようなことをやっておりました」

ここで、田中は、この集会に先輩の一人として出席（途中退席）していた森戸辰男に、こんな強烈な皮肉をとばしている。

「東大に入ってまもなくだったと思いますが、ここに出ておった森戸先生が、有名な『青年学徒に訴える』ですか、『与える』ですか、講演をなさいまして、（略）それは実に立派なもので、今も忘れない言葉があります。先生が最後に『西洋の諺に、生きることは闘いであると、諸君、社会科学研究の自由が圧迫されるときには、闘わなければならぬ』と言われたのです。私は馬鹿正直なもんだから、森戸先生の言われたことをそのまま守って、三年間闘ったわけでありますが、いまこの構内で闘っている学生諸君も、おそらく森戸先生の精神を体現しているんだろうと思います（笑声）。森戸先生がお帰りになったのは、はなはだ残念ですが、人は一生ずいぶん変るもんだと思います（笑声）」

これは、戦後の森戸が、中央教育審議会の会長になるなどして、むしろ文部省寄りの立場から戦後教育の手直しの先頭に立ち、全共闘学生などとは正反対の立場に立っての言動を繰り返してきたことを皮肉っているのである。田中は社会党だから、教育問題ではアンチ文部省である。

田中の発言の中に、当時の東大で、新人会と七生社がどれくらいの勢力バランスの上に立っていたかの分析があるから、そこを引用しておく。

圧倒的多数が新人会を支持

「石堂君とこのあいだ話したんですが、新人会の固有のメンバーが三百から四百おったでしょうね。その頃は周辺に、各学部に社会科学研究会があったわけです。そういう裾野の学生人口が、おそらくこれが一千名どころじゃないですね。これは出たり入ったりするんですが。それから敵側があったわけです。上杉慎吉率いるところの七生社があったわけですね。これはあまり大衆化しておりませんでした。御承知のように、その周辺に、やはりいくらか右翼がかった学生のグループがあったわけです。あの当時の東大の大学生人口は六千位だったでしょうが、まず新人会の影響下にある勢力が大体三千人位と見てよかったでしょうかね、ずっと間接的には。それから上杉慎吉の七生社の方の影響は、おそらく千名もなかったでしょう。あれはもうほんのボス的なグループだった。その中間に浮動人口がおったわけです」

勢力バランスが実際のところどれくらいだったかということは、客観的調査があるわけではないから、今でもよくわからない。田中の次の代の幹事長、豎山利忠はこう語っている。

「ところで、田中正文氏の方から一体当時何人いたんだとお話がございましたけれども、私はまあ、ビラをしょっちゅう書きましたが、そのとき『東大七千の学生諸君』というふうに書きましたので、大体、ラウンド・ナンバーは七千（笑声）。それから、じゃあ新人会なる精鋭分子はどの位いたのかとなりますと、周辺にいる人もいろいろいますが、僕らが頼みにする新人会員は七十人で、その周辺の外郭組織が七百。したがって、十、十、十という形で影響をおよぼしたと私は憶えておるわけですが、そういう勢力であったということです」

これを読むと、田中の推定にしろ、豎山の推定にしろ、相当いいかげんなものであることがわかる。しかし、名簿上で見ると、新人会会員は、豎山と同期の昭和四年組が五十六人、その前年の昭和三年組は三十八人、その翌年の昭和五年組が四十一人、翌々年の昭和六年組が五十人いたから、このあたり、どの三年分をとっても、百数十人はまちがいなくいたわけである。「精鋭分子七十人」というのは、そう悪くない推定だろう。周辺の外郭組織というのは、まず第一には、後述する社研（社会科学研究会）だが、前出『新人会の記録』によると、ピークで東大生の一割近くが社研に入っていたとある。一割なら六百人だが、実数三百人くらいだったらしい。さらに社研の周辺には弁論部、新聞部など友好関係にある文化部があった。もう一つは、広範に組織された読書会である。読書会は新人会の活動の柱といってもよいほど、広くさまざまのものが組織されていたから、全部合わせると、七百はオーバーかもしれないが、五百はいたのではないだろうか。

しかし、さらにその影響下にあった学生が七千いたというのは、オーバーすぎる。だいたいこの前後、十年以上にわたって、東大生は毎年二千人しか卒業生を出していない。三年分合わせて六千人というのが、東大生の総数である。そのうちのどれくらいが新人会の影響下にあったかというと、後述する、新人会の最も成功した学生大会で集めた学生数が三千人という。そこまでかぞえてよければ、田中の三千人という数字はウソではないということになるが、本当はその半分程度ではないか。いずれにしろ、右翼の七生社とくらべると、その影響力は圧倒的な差があったといってよい。時代の気分は左翼的であり、右翼的なものではなかった。

各大学の社研が連携

前章で紹介した、血盟団事件のテロリスト、四元義隆、池袋正釟郎は昭和三年入学だから、新人会の昭和六年組と同期で、新人会会員五十名という、左翼最盛期に出会ったことになる。その時代の東大の雰囲気を、四元は裁判で「帝大生の八割は思想的に赤です」「ずっと教育を受けてきた者は赤に行くのが当然でありま す」と証言していたということは前章で述べた。授業に出ていても、必ず左翼の小さなビラがまわってくるというほど、新人会の活動は活発だった。右翼の側は宣伝戦で常に負けており、昭和二年に新人会と七生社の衝突事件があったあと、大学内では、七生社が「反動団体」「暴力団体」という宣伝がいきわたってしまった。新人会にはビラと「帝大新聞」という武器があったため、四元・池袋らが国家改造運動の宣伝活動をやろうとしても、一般学生にはさっぱり浸透していかなかった。

「上杉先生が死なれてから結局七生社が到達した処は、国家改造といふ処へ行きました。（略）先生が死なれて後、私や池袋さんや田中泰吉君が七生社のことをする様になってから七生社は国家改造の為に夫れに進むといふことに綱領を決めました。

其のときから池袋さん、私、田中泰吉君の三人が新入の学生に働きかけて居ました。（略）誤解されて居るけれども、七生社は反動団体ではない、国家改造といふことに行くのだといふことを夫れにははっきり書いてあったと思ひます。（略）其の概要を封筒に入れて新入生全部に配ったのでありますが、例会などを開いてみても、夫れは何の効果もありませぬでした。其の前から大学は赤化して居ました」

「今の学生は夫れは何うでもいいのです。就職して食ふこと丈けが大事なのであります。一般的傾向として学生の赤化はあったが、だからといって、一般学生まで実践活動に走ったわけではない。其の外のことは、赤だらうが黒だらうが白だらうが、何でも構はんのですから見向きもしませぬ。然しさうした思想が知らず識らずの間に赤化して居るのであります（略）」

「然し大学の学生は、左翼に走って身を以て実行運動に移るかと言へばそんな馬鹿なことはしませぬ。而してあの人達には何等の理想もありませぬ。青年が沈滞して居ります。然し赤化して居る者の中にも少数の者は非常に真面目にやって居るのがあります。いろ〳〵な弾圧がありますが、夫れを潜ってやって居ます。（略）夫れはマルクスの思想が動かして居るのではありませぬ。さう考へるのは間違って居ります。思想とか学問とかいふもので人間が命を棄てることは全然ありませぬ。日本全体が生きて行くことに不安があります。夫れは事実です。其の不安があり夫れが動揺して居ります。夫れをくぐって来れば赤化し或ひは我々の様になります。（略）赤化学生が其の様な行動を執るのもマルクスの学説に依るものではありませぬ。日本全部が生きて行くことに不安動揺があり、其処に深みがあって夫れからあの様なものが生れて来るのであります」（『公判速記録』）

時代の底辺に「不安」があったのである。この少し前（昭和二年七月）に、時の花形作家、芥川龍之介が、わずか三十五歳で、睡眠薬自殺したことが大きな話題になった。芥川が、事実上の遺書ともいうべき遺稿「或旧友へ送る手記」の中で、自殺する理由を、「何か僕の将来に対する唯ぼんやりした不安である」と説明したところから、「不安」は時代のキーワードとなっていた。

話を先の田中稔男の発言に戻すと、田中はさらにつづけてこんなことを述べている。

「新人会と七生社の対決が最高潮に達したのが、あの昭和二年の秋の山上御殿における社会科学研究会の独立の問題をめぐっての対決でした。中野君が『むらぎも』によく書いてくれております。ああいう闘いが拡大すると、今のようになるわけですね」(『新人会の記録』)

「今のようになる」とはゲバルトになるということだが、そこは後述するとして、まず、ここで、問題の焦点となっていた、社会科学研究会(社研)の独立問題というのを説明しておく。

この時期、社会主義への関心の高まりから、各大学、高校に、社会科学研究会が生まれていた。それはある場合は自然発生的だったが、しばしば外部からの働きかけで作られた。

先に述べたように、東大新人会から、オルグが高校に出て、「東大に入ったら新人会へ」という呼びかけが行われたというのも、後者の例である。実際の呼びかけは、「社研を作って、社会主義の勉強をしろ」という形で進められた。

新人会ができたとほぼ同時期に、似たような性格の団体として、早稲田には建設者同盟、京都帝大には労学会ができ、それがそれぞれ学内に社会主義を啓蒙するための大衆団体として、社研を作り、それぞれ他大学の友人知人に働きかけたり、高校生に働きかけたり、あるいは互に横に連携しあったりしたので、あっという間に各大学、各高校に社研ができ、それが連携しあうネットワークが生まれた。それが、全国的な社研の連合体(学連)で、これが日本の学生運動のはじまりである。

H・スミス『新人会の研究』はこう書いている。

「組織化の努力は、東大で一九二四年九月一四日に開かれた全国代表者会議(五六名参加)で実を結んだ。これが事実上学連の第一回大会で、学連は統一ある全国的学生連合としての地固めを終えたのである。学連の正式名称は学生社会科学連合会と改められ、加盟団体は四九校(一五〇〇人)と称された。

一九二四年の末頃までには、ほとんどすべての大学・高校に社研が結成され、幾つかの専門学校や中学校にさえも出現した。(略)学連全体の会員総数は驚くほど一定しており、一五〇〇人から二〇〇〇人、加盟団体数は四五から七〇の間を上下している。

個々の加盟団体は安定度も影響力もまちまちだが、大よそ三つの層に区分できる。最上層には、戦前学生運動の三大団体、すなわち新人会・早大社研・京大社研が位置する。学連に号令したのはこの三者で、それぞれ五〇人から一〇〇人余の会員を擁していた。いずれもエリート意識に燃え、強い伝統と組織力を持ち、大学当局から大目に見られているという点で、他の大学をはるかに抜きんでていたが、中でも新人会は卓越した存在であった。この三団体の会員が学連全会員の約四分の一を占めていた」

京都学連事件の勃発

学連が最初に熱心に取り組んだのは、軍事教育の問題だった。一九二三年（大正十二年）、早稲田の乗馬学生団が、陸軍の援助を受けて、軍事研究団へ改組されようとしていることを知ると、都下の学連（全国学連の前にできていた。早大が主力部隊）は、総力をあげてこれを妨害することにきめ、各校とも突撃隊を送りこんだ。

「学連の発会式妨害はみごとに成功した。演説者が登壇する度に、聴衆の中にうまくまぎれ込んだメンバーが激しい野次を浴びせかけた。軍事研究団長の教授には『青柳、恥を知れ！』、大学総長高田早苗には『明治十六年創立当時を忘れたか！』、陸軍次官白川義則には『貴様の勲章はわれわれ同胞の血がたれて居るぞ』などの罵声が飛んだ。勝に乗じた学生たちは、二日後、早大構内で学生大会を開いた。一方、野次り倒されて面目丸つぶれの右翼勢力も、反動学生の拠点柔道部と、早稲田出身からなる右翼団体縦横倶楽部の双方から、着々と戦力を集めていた。この対決では攻守所を変え、午後の学生大会に右翼がなぐり込みをかけ、高野実は縦横倶楽部員に下駄でなぐられ、ある柔道部員は聴衆の頭上に肥桶をぶちまけた。乱闘の中で何人かの学生が負傷した」（『新人会の研究』）

右派の学生（右翼と運動部）と左派の学生の激しい衝突は、このあたりからはじまるのである。新人会と七生社（やがて運動部と連携）の衝突はこの延長上にある。

この勝利で、学連の学生運動は大いに盛りあがり、この翌年、文部省が音頭をとってはじめようとした大学での軍事教練とそのために現役将校を各校に配備する計画に対しても、学連が中心となって、反対運動をもり上げた。

「この軍事教育案が一九二四年一〇月、新聞紙上に報道されるやいなや、学連はただちに行動を起こし、すでに整備された全国的連絡網を動員した。（略）一一月一〇日、早大構内の集会で反対運動の口火が切られ、二日後には東京の各大学代表が東大に集まり全国学生軍事教育反対同盟を結成した。これは、都下大学雄弁連盟と大学新聞連盟の提唱によるが、実際にそれを動かしたのは学連であった。一一月から翌年一月にかけて軍事教育反対の大デモが各地で行なわれ、時には、高校社研弾圧反対デモと足並みをそろえた。一九二五年一月二四日が軍事教育反対デーと定められ、全国的に大規模なデモが行なわれた」（同前）

といっても、当時のこととてデモが許されるはずもなく、東京では、会場（牛込公園）に集った約千名（時事新報）の学生が警官隊ともみあい、四名の検束者を出して終った。

一般学生は必ずしも、軍事教育に反対していたわけではなかった。この時代、徴兵制度があって、誰でもいつかどこかで軍事訓練を受けなければならなかった。当時一年志願兵制度というのがあって、大学生は卒業まで徴集が猶予され、卒業後に一年間だけ志願兵として入営すると（普通の徴集なら三年間服役）、すぐに予備士官になれた（あとは予備役として、三〜四年服すればよい）。新しい制度によって、大学で軍事教練を受けた者には、一年志願兵制度が幹部候補生制度と名を改められ、入営期間も二カ月短縮され、十カ月でよいことになった。しかも、教練の内容は講義のみ（戦術、戦史、軍制、指揮法など）で、部隊教練、射撃法などのいわゆる術科は課されない（もちろん入営すればある）ことになっていた。その内容が発表されると、目先の利にさとい東大生から希望者が続々出て、制度開始前に、三百五十名の受講希望者が出たという。その後も受講者は続々出て、昭和八年に受講者総数八千名に達し、やがてほぼ全員が受けるようになった。昭和十四年には、術科も必修になったが、学生からは文句も出なかった。

しかし、この制度がはじまる頃は、軍事教練は学生の最大の関心事だったから、新人会や各校社研の軍教反対の呼びかけには大きな反響があった。これが学連の存在が社会的に認知されるはじまりで、当局も、たちまち、学連を危険な存在として目をつけた。だからすぐその翌年（大正十四）、京都学連事件が起きて、京都大学生ら三十三名が検挙されるという最初の治安維持法違反事件（治安維持法はこの年施行されたばかり）が起きたのである。その直接のきっかけは、同志社大学構内の掲示板に軍事教育反対運動のビラがはってあったことだった（『京都大学百年史』）。

治安維持法は、「国体の変革」と「私有財産制度の否認」を目的として結社を組織し又はそれに加入することをもって罪とするものだったが、社研の抱懐する「マルクス・レーニン主義の社会主義思想」は、まさに、国体変革と私有財産制度の変革を目的とするものだから、同法違反にあたるというのが、学連指導部学生の検挙理由だった。この事件の捜査で、河上丈太郎、河上肇、山本宣治などの有名教授、社会運動家なども捜査を受け、さらには、学連の中心的な活動家の全国的なつながりを暴くということで、東京にも捜査の手が伸び、東大の新人会員も四名（林房雄、村尾薩男、是枝恭二など）逮捕された。慶応大学の野呂栄太郎、早稲田高等学院の秋笹正之輔《あきささまさのすけ》など、後の共産党中央委員もこのとき逮捕されている。京都大学では、岩田義道、逸見《へんみ》重雄《しげお》の後の共産党中央委員の他に、石田英一郎、淡徳三郎《だんとくさぶろう》など後に有名学者になる人々も含まれていた。この事件で、京大総長、東大総長ともに、文部省から責任を問われて譴責処分となった。

さて、東大に話を戻すと、東大でも、新人会が主導する形で、軍事教育反対運動がつづいていた。その運動に猛然と反発したのが、上杉慎吉と、彼の指導下にある七生社の学生たちだった。

先に述べたように、天皇中心の国粋主義者である上杉にとっては、民主主義、民本主義がすでに許されざるものであった。まして社会主義までとなえる新人会は、そもそもその設立のはじめから、許しがたい存在だった。だから、新人会が生まれるとすぐに、その撲滅を公然と叫んで、興国同志会を作ったのである。新人会がさらに発展して、全国の高校大学に社研を作り、それを、全国的に連合させて学連を作り、軍教反対運動を展開するなどますます許しがたいものだった。そこでそれを徹底的に叩くべく作ったのが七生社なのである。上杉は軍人との付き合いが深く（陸軍大学教授、海軍大学教授も兼任していた）、昔から、軍事教育の推進論者で、大正四年には、私的に有志学生を集めて、陸軍から教官を呼び、軍事教練をほどこしてもらうことまでしたことがあるくらいだった。もちろん、今回の軍事教育についても推進派の筆頭で、学生を集めての最初の会合（配属将校の紹介）では、上杉が自らすすんで演説をしたくらいで、これを妨害しようとする新人会が許せなかったわけだ。

大正十四年、法学部三〇番教室で、弁論部の主催で、軍事教育をめぐって、新人会と七生社から数人ずつの弁士を立てて討論する大演説会が催された。

「七生社の学生をとくに刺激したのは、新人会の主導した軍事教育反対運動で、一九二五年秋、この問題をめぐって最初の衝突が起こった。一一月二一日、弁論部の主催で軍事教育討論会が開かれ、賛否両派の代表に発言の機会が与えられた。討論の最終に七生社の五人と新人会の四人が顔を合わせたとき、『討論』は忽ち野次の応酬に呑み込まれてしまった。この場は暴力沙汰にいたらずおさまったが、両者の緊張関係はそのまま持ち越された」（『新人会の研究』）

政治的討論から暴力闘争へ

両者の対決の、次なる戦場が、前出の、学友会における社研の独立問題だった。

学友会というのは、運動部、文化部、親睦団体など、すべての団体を組織する自治的な学生組織である。具体的には、十六の運動部と、弁論、文芸、音楽の文化部、それに、新聞部（「帝国大学新聞」を発行）、共済部、旅行部など学生生活にかかわる部もあったし、構内で営業が許される商人の管理といった仕事もあった。全学生は入学と同時に学友会会員となって、会費を納入し、それが各部に活動費として分配された。学友会の運営は、選挙で選ばれた学生委員会によって自治的になされることになっていた。いや正確にいえば、学友会をそのような組織にしたのは、新人会が中心になって、大正十二年に「すべての権力を学生大衆へ」のスローガンのもとに、「学友会の民主化」運動に取り組んだからなのである。それまでは、明治時代以来、各運動部がそれぞれ勝手に活動しているだけで、運動部も文化部も全部まとめた全学組織を作ろうなどという発想はなかった。しかし、新人会が、学友会改革のために学生大会を開こうと全学に呼びかけ、三千人の学生を集めて、学友会のいま述べたような組織改革を実現してしまったのである。

しかし、新人会の力をもってしてもできなかったのが、社研に学友会の文化部の一つとしてのフルメンバーシップを得させる（独自の予算権を持たせる）ことだった。社研の政治性をきらい、運動部が反発した。運動部にしてみれば、それまで、各部がそれぞれの部の歴史と伝統をふまえて、独自に活動（資金調達も含めて）してきたのに、何やら学友会などというキュークツな組織に押しこめられ、学友会の活動については一部一票の声しか反映させられず、自分たちの部のあり方について、選挙で選ばれた学生委員が口をはさむなど、ガマンならないことがどんどん進行していた。ここでさらに、社研などという政治的グループを学友会に入れたら、ますます自分たちの自由が奪われていくにちがいない。すでに選挙で選ぶ学生委員の四分の一が新人会ににぎられている。これ以上、学友会を新人会のものにさせないためにも、社研の独立メンバー化絶対反対。簡単にいうと、社研の独立問題というのはこういうことなのだ。七生社はもともと運動部のうちの柔道部、剣道部と親しい関係にあったので、このような運動部の声を集めて、社研独立化絶対反対の立場をとっていた。その対立が物理的な衝突事件にまで発展したのが、先に述べた、昭和二年の衝突事件なのである。その衝突事件が中野重治の『むらぎも』という小説にうまく描かれていて、ああいうものが発展していくと、ゲバ合戦になってしまうのだという田中稔男の発言が、なるほどとうなずける。

そこに活写されているのは、ノーマルな政治的討論が、突如として、暴力のやりとりに転化し、それがすぐにエスカレートしていく過程である。

「そのとき電灯が消えた。（略）まっくらななかで、『やったな！』という考えと、『いくら七生社でもそこまではやるまい』という考えとが安吉の頭でごちゃごちゃしてる前で誰かが音を立ててテーブルへ飛びあがった。

（中略）七生社の挙母だということは声で安吉にもわかった。挙母という学生は角力《すもう》取りのようなからだをしている。（略）挙母はひびくバリトンで非常な早くちでまくしたてた。

『……いやしくも皇室にたいして基本的忠誠を誓った七生社盟員は、新人会の横暴を断じてゆるさんぞ……』

（略）『君イ……』という平井の声を聞いた。

テーブルのところに平井が立って、高い上にも高くなった拳母を見あげるようにして、その足の裾のところでいつものぼそぼそ声でいっている。

『つまらんことは止したらどうかね。降りたまえよ、君イ。これは……』（略）

平井がそこまでいったとき、テーブルの平井の手の甲の上へ拳母の片あしの靴が降りてきた。からだに釣りあった大きな靴で、真新しいものらしく、踵《かかと》の底の線がこちらから完全な水平で見えている。それが手の甲にぴたりと密接して、したと思うとそっちへからだの重心が移されたのがわかり、そのままぎりっと平井の手の甲がにじられるのが見えた。

『あっ……』と平井がいったのといっしょに安吉が『あっ……』といった。（略）

田中が議長席から立ってくるのが安吉に見えた。（略）テーブルのところへきた田中は、拳母の足くびを両手でつかんだ。そしてからだを引きながら、つかんだ足くびの脚をかつぎあげるようにして、全力を最初の一撃にかけるといった勢いで壁ぎわのところまでどどどっと駆けて行った。

（略）俵か何かのように拳母は投げだされた。田中が椅子にもどって、声にふるえがくるのを抑えて（中略）『討議を再開します。』とこっち向きで宣告した」

これは、登場人物の名前と、若干の細部をのぞいては、一九二七年（昭和二年）秋に起きた、学友会の学生委員会での七生社と新人会の衝突そのままであるという。そのあたりのことを、『新人会の研究』は次のように書いている。

「一一月二五日に開かれた有名な委員会の席上で、東大はじまって以来の公然たる右翼の暴力沙汰が発生した。討議は午後三時に開かれたまま深夜に及び、高まる緊張の中で投票の時が近づいた。一〇時頃遂に新人会の松延七郎が討議終了の動議を提出した瞬間、七生社幹部の末延一二三がやにわにテーブルの上に跳び上り反対を叫んだ。末延を静めようとした新人会の一人は手を踏みつけられ、場内はたちまち怒号の渦となったため議長の宝積一《ほうしやくはじめ》（新人会）は、散会を宣せねばならなかった」

やはり、手を革靴で踏みにじるという行為があったのである。

ここでは、議長が宝積一であったとなっているが、実際には、議長は田中稔男（当時正文《せいぶん》）であり、そのボディガード役として常にそばにいたのが、田中清玄だった。田中は空手の腕が達者だったため、新人会側で腕力を必要とするときは必ずかり出されていた。『むらぎも』では、新人会側の議長が議長席から降りてきて、七生社員を叩きのめしたことになっているが、実際に、それをしたのは、議長の側にいた田中清玄だったらしい。だいたいそれだけの腕も度胸もある男は、当時、新人会側に、田中清玄くらいしかいなかったのである。

新人会の〝親衛隊長〟

先の、新人会の記念集会で、田中清玄はこう語っている。

「**岡田宗司**　新人会きっての豪傑、田中清玄さんにお願いをいたします。

田中清玄　田中でございます。新人会のころは奥山久太と言っておりました。（略）当時の幹事長は、ここにおられる田中正文さん。（略）私は新人会で、ランク・アンド・ファイルで、さっき田中正文さんがおっしゃったように、新人会の、何と言いますか、今の言葉で言うと親衛隊長ですかね、という役割です。

ちょうど昭和二年、七生社の連中と新人会とが衝突したときに、当時議長をやっていた田中正文さんのボデーガードをやった。それで記憶しておりますが、私は当時東大の空手部の部員だったんです。高等学校のころからやってましたから、腕力には今でも自信があります（笑声）。（略）当時は三段でした。私が一番強い一人でした。それで、今考えますと、鈴木七郎（いまの穂積七郎——五一の弟）、社会党の代議士ですが、当時七生社で、あれが田中正文さんにくってかかるんですよ。お前はロシアの手先か、といって。それを後から、いや後からじゃないんですね、顔を向けておいて樫の棒でぶんなぐってやりました。それが、むこうが今は左翼、こっちは共産党の諸君に言わせれば右翼だという。私は右翼だとは思っていませんが、人間というものはいろいろ変るもんだという感想を持っております（笑声）」

この昭和二年の衝突が、翌三年の衝突に発展するのである。その事件を、もう一度、『新人会の研究』でふり返っておく。

「一九二八年一月二四日、恒例の高校弁論大会を東大で開くことを許可しなかった当局に対する弁論部主催の抗議集会で、両者の対立は頂点に達した。（略）会ははじめ平穏だったが、帝大セツルメント代表が演説に立ったとき、七生社の猛者副島種が聴衆の中から躍り出て、いきなり代表の手から草稿をむしり取り、演壇から押しのけ、静めようとした新人会員に椅子を投げつけ、場内はそのまま椅子の投げ合いと飛び交う罵声で大混乱となった。新人会員三名が負傷したうえ、翌日も七生社一派の自警団が構内をうろつき、左翼と見ると乱暴を働いた。たとえば副島は新人会の前島正道に煉瓦を投げつけ、頭に重傷を負わせた。学生委員会による調査では、七生社に襲撃・脅迫された学生は一二人を数え、うち七人は新人会員であった」

衝突はその翌日さらにエスカレートし、二月に入るともっとエスカレートした。そのあたりを、竪山利忠が、『新人会の記録』に、次のように書いている。

「翌日は大学構内で新人会員前島正道が七生社員のために負傷させられた。また正門前で七生社暴行糾弾のビラを撒いていた新人会員沢田三郎らに、七生社員中村健《つよし》外四名がなぐりかかった。これに対し小樽沖仲仕争議の経験のある田中清玄がいて対抗した。こうして学内はかつてない無政府状態に陥った。（略）

二月三日は学外に発展し、本郷仏教青年会館で、前述の団体協議会主催の帝大七生社暴行事件批判演説会が開催された。それには学生自由擁護同盟の各大学、各無産政党、無産青年同盟の後援もあった。新人会は、暴力と徹底的に戦う決意をし、自衛団を組織し、赤腕章で警備に当った。その隊長には田中清玄を選抜した」

要するに、これまでの経験から、何が起るか予想がついたので、赤色防衛隊を作ったということである。

こういう場合、まず右翼が登場して、衝突事件を起し、それを口実に警察が介入してくるというのが、わかりきったシナリオだった。

「会場には予期した通り反動的な建国会便衣隊（当時支那革命の平服隊に因む）が演壇の数列下がったあたりに七、八名いて、ビラを撒きながら騒ぎ出した。その指揮者を探すとその後方に赤尾敏《びん》がいた。中止させるよう要求するが応じないので、田中は赤尾を羽がいじめにして場外に連れ出した。私も外にそれと一緒に出たが、田中がどうしようと言う。赤尾は名刺を出し低姿勢で何もしないというので、幹事長だった私は、田中に放してやるように言うと、赤尾は素速く本富士署の方に駈け出した。会場の方では建国会とこれを抑えようとする新人会の自衛団との間の混乱を利用し、警察は解散を命ずると共に、新人会員十九名と建国会四名を検束した」（同前）

田中清玄の腕力にまつわる思い出は、他にもある。田中の一年先輩で、新人会の校内部長をしていた片山睿《さとし》は、『新人会の記録』にこんなエピソードを書いている。

「私の手がけた特殊の仕事は二つあった。一つは七生社とのけんか、一つは平野義太郎留学問題であった。七生社との対立は前々からあったし、私の当時の対立がどんな問題で全体としてどんな状態であったかも思いだせない。ただ新人会員と七生社員が学内で小ぜりあいの暴力沙汰になることがしばしばあった。（略）私としては学内に行って事情をきき実情をしらべてみる必要があった。それで私が学内にいくときは多くの場合清玄が護衛についてきてくれた。（略）彼は腕力の達人であった。（略）みると腰に手拭いに何かコブシ二倍大のものを包んでブラ下げている。何だときくと石ころだという。どうするのかと聞くと七生社の奴らがやって来たら、これでぶんなぐってやるのだといって、手拭いの先に石を包んだのをぶんぶんふりまわしている。私はおどろいた。これで頭や胴をなぐったら一コロだし、手や足にあたっても折れてしまう。それで、私はそんな石ころなど捨てろ、俺は七生社と暴力げんかをやるために行くのではなく、たしかにおそわれる危険はあるが、おそわれてもけんかをするつもりはなく、逃げるだけだから、君は僕を逃がしてくれればいいのだし、相手に傷をつけてはいけないといってその石をすてさせた」

二十三歳で共産党委員長に

田中清玄は昭和二年、大学に入った年から共産党に入党していた。はじめは下っぱだが、上級幹部が次々にやられるたびに、上にあがっていき、ついには昭和四年七月、つまり七生社とのケンカの一年あまり後には、第二次共産党の幹部が根こそぎ逮捕されてしまったために、彼が二十三歳の若さで、共産党の委員長になってしまうのである。それから、翌昭和五年に逮捕されるまで、彼が指導した時代の共産党は、武装共産党と呼ばれている。党員に武装して公然活動するよう指令し（モスクワの指示があった）、場合によっては、警官を殺傷することも辞すなと命じていた（「武装シ決死ノ覚悟ヲ以テ勇敢ニ行動シ、警察官其ノ他妨害スルモノハ殺傷セヨ」）からだ。その結果、数々の官憲との衝突事件を起し、昭和五年五月には、武装メーデー事件が起きた。

武装といっても、どのような武器を用意したのかというと、内務省警保局の『社会運動の状況』は次のように記している。

「武器ノ種類及入手　武器ハピストル、短刀、ナイフ、鉄棒、棍棒、手拭ニ石ヲ包メルモノ、竹槍（メーデー暴動ノ際）、仕込刀、鑢《やすり》、目潰灰、所謂ボクシング等ニシテ、ピストルハ主トシテ中央幹部所持セリ」

片山睿をおどろかせた、手拭に石をつつんだものが、党中央推賞の武器となったのである。実際、東京の芝では、党員が手拭に包んだ石で警官をなぐりつけ、全治五十日の傷を負わせている。

もちろん、そんな原始的な武器ばかりでなく、ピストルや機関銃まで用意していたという。機関銃は本当かどうか怪しいが（田中清玄は本当に持っていたと主張）、ピストルは警察に押収されたものだけで十数丁をかぞえる。田中清玄によると、コミンテルン極東ビューロー経由で密輸した、コルト、ロイヤル、モーゼルなど、百丁以上あったという。この時代から、歴代の党幹部は、逮捕されたときピストルを持っていた人が少なくないから、百丁はともかく、相当数のピストルを入手していたことは確かである。また、武装共産党時代、ピストルで重傷を負わされた警察官が少なくとも六人いる。その他の武器によるものも合わせると、五十件の警察官傷害事件が起きており、武装して官憲と対決せよとの指令はあちこちで本気で実践されていたことがわかる。

武装メーデーでは、事前に、武装蜂起、市街戦、革命政権樹立など、物騒な呼びかけが行われ、川崎のメーデー会場には、竹槍をかついだ約二十人の行動隊が登場し、「これから東京に行き、東京で決起した同志とともに、竹槍をかついで千代田城（皇居）に突入する」との決意表明がなされた。しかし、実際には、八人が逮捕され、ピストル一丁、竹槍七十本の他に匕首《あいくち》、仕込刀などが押収されただけで終った。

田中は武装メーデーの二カ月後の七月十五日、東京の祖師谷大蔵のアジトにいるところを、防弾チョッキを着た警官隊に襲われて逮捕された。三・一五事件の直後に、新人会の合宿所（新人会の中核メンバーのほとんどが、東大周辺の三ヵ所にある合宿所に十〜十五人単位で合宿していた）から地下に潜行して以来、二十八ヵ月ぶりだった。その間の激烈な闘争と逃走の生活のすさまじさについては、私の『日本共産党の研究』の第八章「〝武装共産党〟の時代」が詳しい。その波瀾万丈は小説より面白く、簡単に要約して語るわけにはいかないから、詳しくは、その本にゆずり、ここでは、潜行直前のエピソードを一つだけ『新人会の記録』から引用しておく。語るのは、森川町の合宿所で清玄といっしょに生活していた島野武である。

「三・一五の直後、田中清玄のお母さん、これは旦那さんが亡くなって清玄を女手一つで育てあげた女丈夫で、北海道の助産婦の会長なんかをしてたと思いますが、このおっかさんがやって来て、『一体うちの息子はどうしているだろう、ぜひ会って安否を確かめていきたい』と言って、森川町の合宿にたずねてこられた。清玄はうしろに、陰に隠れてしまって、『おふくろの顔は見たくない、たのむからおふくろを帰してくれ』という。私がそれじゃあ、というので清玄のおっかさんに会いました。お母さんの言うのは、『清玄はここにおりますか』と。『いや、今、外出して、おりません』と。『清玄はまじめに勉強しておりますでしょうか』と聞く。お母さんとしては、何か今度の共産党の事件に関係でもあるんじゃないかということを大変心配しているんだが、それを口に出しかねる模様だ。本当に心配しておったんです。そのおっかさんの顔を見て僕もほろっとしたんだけれども、『いや、田中君は毎日まじめに学校へ行って勉強しておりますから、どうぞ御安心下さい』なんていうことを言う。ずいぶん長くお母さんがもじもじしておられたが、やっとひきとっていただいて、まことにお気の毒なことをしたと思います。その後で田中君が、武装共産党の頭株になったとき、お母さんが自殺されたことを思い出して、いつか仙台に田中君が来たとき、その話を思い出してしたところが、田中清玄君が、いろんな会社の社長たちなんかのいる前でボロボロ涙をこぼしてとめどもなかった。僕も、悪いことを言ったなあ、というような気持がしました。そんなこともありました」

この母親は、清玄が逮捕されてから、息子を諫めるといって、自分で腹を切って死んだ。田中の家は、会津若松藩の家老職の家柄で、先祖にも切腹者がおり、母親はかねてお前が家門の名誉を傷つけたら切腹すると言っていたのである。それまで、どんなに拷問されても非転向で頑張り抜いていた清玄は、母親の諫死を知って、付きものが落ちたように、転向した。転向しても、多くの警察官を殺傷した武装共産党時代の委員長ということで、それから十二年間獄中にあった(判決は無期懲役)。

25

三・一五共産党大検挙の波紋

共産党員千五百名の大検挙

昭和三年（一九二八）三月十五日、治安維持法違反容疑で共産党に対する一斉検挙が行われた。当時党員は、まだ四百名余（名簿上）しかいなかったのに、検挙者は千五百名をこえるという大検挙だった。いわゆる「三・一五事件」である。

前に述べたように、治安維持法（施行大正十四年）が最初に適用されたのは、京都学連事件（検挙大正十四年。初公判昭和二年。控訴審昭和三年〜四年）である。三・一五事件は、治安維持法適用第二号ということになる。実は、京都学連事件の被告の多くが、三・一五事件でも逮捕され、それが、京都学連事件の控訴審がはじまったばかりの時期であったため、控訴審はかなりの期間休廷となっている。休廷が明けて公判が再

志賀義雄

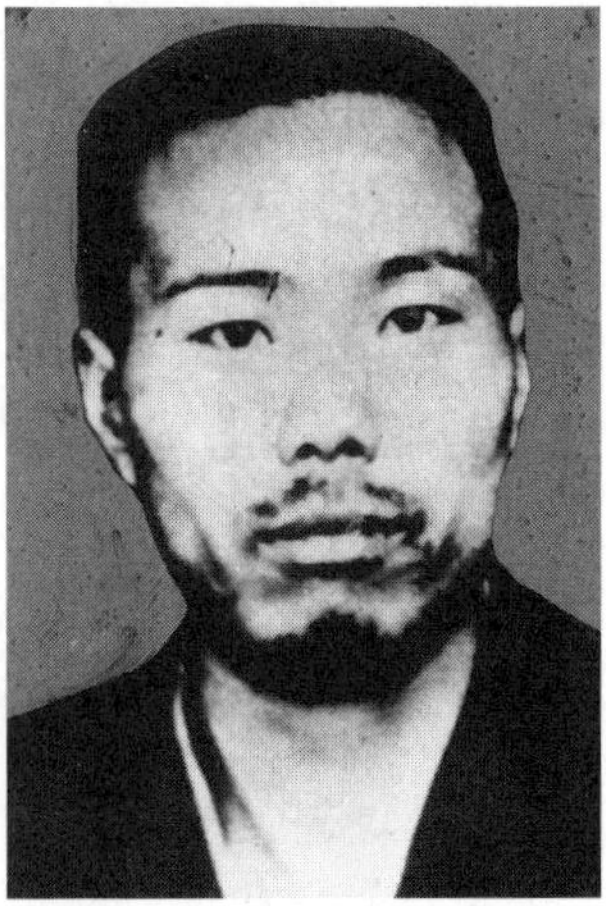

渡辺政之輔

三・一五大検挙の記事（「東京朝日」昭和３年４月11日付）

THE TOKYO ASAHI SHIMBUN

東京朝日新聞 夕刊

共產黨の結社暴露し
全國で千余名大檢擧
過激なる宣言綱領を作成して
畫策した一大陰謀
【本日記事の差止め解除さる】

起訴四百名に上らん
尙逃走中の首腦多數
山形縣五色溫泉を根城に
學生も多數加盟す

福本和夫

開されると、比較的寛大だった一審の判決(三十八名の被告のうち、最も重い四名でも禁錮一年。あとは禁錮八カ月〜十カ月。十五名は執行猶予つき)は、次々にくつがえされ、ほとんどの者は刑が重くなり(二名が禁錮二年、八名が一年六カ月)、執行猶予が実刑になったりした。九名の被告については、京都学連事件の公訴事実と、三・一五事件の公訴事実を連続犯とみなすと認定し、三年〜七年の懲役刑が科された。

その判決にはこう述べられていた。

「(両事実は)、意思継続ニ係レルノミナラズ、共ニ透徹一貫セル同一ノ根本目的ヨリ流レ出テ、其ノ目的達成ノ手段方法上ニ於ケル段階トシテ形態ヲ異ニスルニ過ギズ。(略)前者ハ後者ヘノ道程、後者ハ前者ノ発展帰結ニ外ナラズ」(『日本政治裁判史録〈昭和・前〉』第一法規出版)

両者は「透徹一貫せる同一の根本目的」から流れ出た一体のものと見なければならないというのである。その根本目的とは何か。

治安維持法というのは、「国体ヲ変革シ又ハ私有財産制度ヲ否認スルコトヲ目的トシテ結社ヲ組織シ又ハ情ヲ知リテ之ニ加入シタル者」を罰する法律である。どちらもそれで有罪ということは、その根本目的が「国体変革」にありとみなされたということだろう。

治安維持法では、結社の目的が、「国体変革」又は「私有財産制度否認」である場合、その結社を組織することはもちろん、それに加入しただけで、十年以下の懲役又は禁錮になってしまう。それまでの法律では、結社に入って、何か罪となる事実を犯したときにはじめて処罰されるのであって、何らかの結社に入っただけで有罪とか、その結社を組織しただけで有罪ということはなかった(いまの憲法でも、結社の自由は、最も強く保護されている基本的人権の一つだから、こんなことはありえない)。治安維持法が、組織罪、参加罪という新しい犯罪類型を作って、それを罰することにした特別のタイプの法律といわれるのは、法律としてこの法があまりにも特異的だからである。

共産党は、国体変革と私有財産制度否認をともに目的とする組織だったから、治安維持法とは、共産党(あるいはそれと同じ目的を持つ組織)を組織すること、あるいは共産党に入ることそのものを処罰する法律だったといってよい。

治安維持法抵触の是非

しかし、学連（「学生社会科学連合会」）をもって、治安維持法上、共産党と同じ組織として扱ってよいかというと、疑問があった。弁護人の清瀬一郎（京都大学出身の弁護士。衆議院議員。治安維持法を衆議院で議決するとき、数少ない反対票を投じた）は、

「治安維持法の本旨は私有財産制度の否定それ自身の実行であって、本件の如き思想の普及即ち啓蒙運動の実行には決して適用さるべきでない」

と論じた（『京都大学百年史』）。このような見解は、法律的にはもっともである。京都大学法学部の滝川《たきがわ》幸《ゆき》辰《とき》教授（後の滝川事件の主人公）は、「京都帝国大学新聞」に、こんな談話を寄せ、学生たちの学連の運動は、「不能犯」であり、犯罪に問うことすらできないと論じていた。

「この規定は恐らくは私有財産制度否認の『実行』を目的とする結社でなければこれを適用するわけにはゆかないし、而もその実行は違法手段（一般には暴力）による場合でなければならないのです。（略）或は問題になつて居る人達は私有財産制度を否認する目的があつたかも知れませぬ。併しそれを実現する力があつたかどうかゞ問題です。（略）実現力がないのです。（略）これを刑法で不能犯と云ひます。犯罪の意志はあり、その意志を態度に現はしたが実現力がないと云ふ理由で犯罪にならないのです」

検察側は、学連は「プロレタリア社会科学の研究と普及」を目的にかかげているが、プロレタリア社会科学とはマルクス主義のことであり、マルクス主義は私有財産制度を否認するものだから、その「普及」を目的にかかげる組織は、治安維持法にひっかかるという論法で立件したのだが、「思想の普及」を目的にかかげる程度で、治安維持法にひっかけるのはおかしいというのが、清瀬、滝川の論点である。

たしかに、学連なら、こういう論法が通るところがあったかもしれない（だから判決も寛大だった）。しか

し共産党となると、そうはいかなかった。共産党は天皇制の否定（君主制の廃止）も、私有財産制度否認（マルクス主義）も公然とかかげていたからである。

ここでもう一度当時の共産党の組織の流れを簡単にさらっておく。

大正十一年（一九二二）に、第一次日本共産党（中央委員長堺利彦）が結成されたが、それは前から社会主義運動を展開していたさまざまの小さな組織が集まって連合体を作ったようなもので、規約も綱領もなく、党としての実体はほとんどなきに等しかった。中央委員七名を決め、暫定規約とコミンテルンへの加盟を決めただけといってもよい。そもそも結党大会の出席者の顔ぶれすら正確にはわかっていない（堺の他に、山川均、高瀬清らたった八名という説もあり、荒畑寒村《かんそん》、徳田球一などがいたという説もある）。多少とも党らしい実体がともなってくるのは、翌大正十二年二月の党大会（十八名が出席。中央委員を十名にする）と三月の臨時党大会（出席者二十三名。後述の渡辺政之輔《まさのすけ》、山本懸蔵《けんぞう》などの労働者がすでに参加していた）からである。ここではじめて規約と綱領が作られ、組織活動方針、運動方針もできるのだが、それは実はモスクワ製だった（二二年テーゼ）。

結党して四カ月後にモスクワでコミンテルン第四回大会が開かれたので、日本の党からも代表を派遣し、党員数二百五十名、党員候補八百名などとデタラメな報告をすると、コミンテルン本部は大喜びして、規約も綱領も作ってくれたし、活動資金もくれた。党組織の作り方も指導してくれた。二二年テーゼには、君主制の廃止も入っていたが、大逆事件の教訓から、日本の綱領にはそれをうたわなかった。組織活動としては、労働者の中にコミュニストグループ（レフト）を作っていくこと、青年組織（共産青年同盟。以下共青）を作ることなどが決められた。それによって、党員も徐々にふえはじめ、臨時党大会から三カ月後の一斉検挙の時点までに、党員は五十余名になっていた。しかし、一斉検挙で、そのうちの二十九名が逮捕起訴され、党組織は事実上壊滅状態になってしまう。

第一次共産党の幹部たちが市ヶ谷刑務所に入れられているとき、関東大震災が起る。関東大震災では、主義者の煽動で不逞鮮人の暴動が起るというデマが飛び、六千人の朝鮮人が虐殺された上、無政府主義者の大杉栄が憲兵隊に虐殺されたことはよく知られている。実はその同じ憲兵隊が、大杉を殺したあと、市ヶ谷刑務所にやってきて、共産党員たちの引き渡しを要求している。刑務所当局がそれを拒否したため、何事も起らなかったが、もし引き渡していたら、確実に全員虐殺されていたろう。この日、警視庁から、「社会主義者の所在をつかんでその動きを監視せよ」の指令が飛んでおり、社会主義者は続々検束された。そのうち、十人の組合活動家を検束した亀戸署で、警察の支援にきていた軍の騎兵隊が十人全員を刺殺してしまうという事件（亀戸事件）が起きた。この十人のうち八人が、共産党の渡辺政之輔に指導された、南葛労働会のメンバーで、レフトの強力なにない手たちだった。また殺された一人、川合義虎は、できたばかりの共青の委員長だった。

志賀義雄と渡辺政之輔

共青のメンバーの一員として、川合を助けて規約づくりをしていたのが新人会の志賀義雄である。志賀は「狂瀾怒濤の時代を生きて」（『ドキュメント志賀義雄』所収）でこう書いている。

「私は大学二年の一九二三（大正十二）年、共産青年同盟（川合《かわい》義虎《よしとら》委員長）に入り、ドイツ語の文献などを参考に川合を助けて規約作りをやっていた。のちに社会党になった黒田寿男や、浅沼稲次郎《いねじろう》も同志だった。六月には、早くも第一次共産党検挙の弾圧がくだったが、私はさいわいこの時は、検挙をまぬかれた」

逮捕をまぬがれた志賀は、亀戸事件で川合が虐殺されたことに怒り、その復讐を誓って共産党に入党（まだ一部の組織が残存していた）してしまう。

こうして、志賀は第一次共産党唯一の学生党員になった（後述するように、間もなく第一次共産党は活動を停止するから、学生党員はふえなかった）。ちなみに、志賀は唯一の学生党員だったが、唯一の新人会出身党員ではない。初期新人会は、卒業生や学外者もメンバーに入れていたため、党員の佐野学、野坂参三なども新人会のメンバーだった。他にも、新人会から、小岩井浄、赤松克麿、山崎一雄などが入党していた。

また、亀戸事件で虐殺された南葛労働会の指導者渡辺政之輔も、労働者ながら新人会のメンバーになっていた。渡辺政之輔は、ワタマサの愛称で知られる、共産党史上最も輝ける委員長である。三・一五事件後、残った幹部が次々に逮捕される中で、労働者出身の彼が、地下潜行をつづけながら委員長を引きうける。上海にわたってコミンテルン幹部と善後策を協議した後、帰国する途中台湾のキールン港で、警官隊に取り囲まれるや持っていたピストルで自殺をとげるという壮絶な最期をとげている。そのワタマサが、どうして新人会に入ることになったのかを、宮崎龍介が「柳原白蓮との半世紀」(『文藝春秋』昭和四十二年六月号)の中で、次のように書いている。

一九一九年二月、都下の大学生が集まって普選運動のデモをした帰り道、市電停留所で宮崎に語りかけてきた労働者がいる。

「これがのちの共産党員、渡辺政之輔君でした。彼は近よってきて、ぜひ私も普選運動に参加させてもらいたいと、いうのです。

『あなたは何をしている人ですか』

『私は労働者だ。亀戸の永峰セルロイド工場の職工をやっている者だが、ぜひ学生の普選運動に加わりたい』

『(略)では、われわれの新人会にも、一度出席してみますか』

こんなやりとりをしたのを覚えています。そのとき新人会は、学生の思想運動と労働組合の運動をどう結びつけるべきかについて、議論しているさ中でした。(略)

新人会の次の集まりに、渡辺君は同じ工場の職工三人といっしょに現われました。いろいろ議論したあげく、『われわれはただ学内で思想的な研究をやっているだけでは足りない。運動として発展するためには、どうしても労働運動と結びつかないとだめだ。労働者と結びついてこそ社会主義の運動だ』という結論になりました。

ここで新人会の質が大きく変ったわけです。現実の運動へと一歩前進しました。

さしあたって、何をやるべきか。労働者を加えた新人会で、私たちは何度も討論しました。まずストライキをやってみようじゃないか。渡辺君が中心になって永峰セルロイドでストライキをすることにきめました。労働時間の短縮と賃上げを要求しました。私たちにとってははじめての労働運動、理論の実践ということで、大変な情熱を燃やしたのでした」

この永峰セルロイド工場があったのが亀戸で、新人会はこの工場の中に分会（のちに支部）を設け、労働者を新人会の準メンバーとして受け入れたのである。

「亀戸支部はただちに成功を収め、まもなく同じ永峰の日暮里工場で岩内善作の指導の下に第二の支部が出来た。この両支部は既存の永峰労働者の組合と合流してその組織を拡大強化し五月六日、正式に『全国セルロイド職工組合』として発足した。この組合は創立において新人会の果たした重要な役割の証しとして俗に『新人セルロイド工組合』と呼ばれた。組合は急速に発展し、永峰以外のセルロイド工場にも支部が設けられ、一九一九年夏の永峰工場における二回のストライキでその力を示した。これらのストライキは、ほとんどの新人会学生にとってはじめての『闘争』の経験で、彼らは全力をつくして労働者を応援し、高田村の新人会本部は熱狂的活動の場となった」（H・スミス『新人会の研究』）

新人会は日本の労働運動を育てる上でも大きな役割を果したのである。

亀戸事件の犠牲者を出した南葛労働会というのは、この新人会亀戸支部の後身なのである。志賀が、川合義虎の共青規約作りを手伝ったというのも、こういう縁があったからなのである。

だから志賀は、殺された労働者はもちろん、渡辺政之輔のこともよく知っていた。大震災のときは、すぐに渡辺政之輔の家に様子を見にいっている。

「このとき、亀戸の渡辺政之輔の家には、弁護士になって早々の親友の黒田寿男が大腸カタルの疑いで寝ていた。病人のことも気にかかるし、渡辺や川合義虎の組織していた南葛労働会の事務所に合宿している同志たちの安否も気づかわれたので、三日の朝から、自転車に乗って亀戸へ出かけた。本所の被服廠《しよう》あとには、足の踏み場もないほど多くの死体が一面に並び重なっていた。渡辺のおっかさんや丹野セツにあって様子をきくと、亀戸警察署に組合の人たちは引っ張られ、黒田寿男は、上野の病院に震災前日の夕方に入院したということであった。丹野セツの話によると、江東方面でも朝鮮人騒ぎがひどいとのことで、私が亀戸へ往復する途中でも、そうした噂はいたるところで聞いた」(『ドキュメント志賀義雄』)

渡辺が南葛労働会の事務所にいたら、当然いっしょにやられていたろうし、黒田寿男だって、前日に病院に入院していなかったら危いところだったのである。

日本のクロンシュタット・月島

新人会と労働運動との縁は、この他の場所でも生まれていた。有名なのは、「日本のクロンシュタット」と呼ばれた月島である。クロンシュタットというのは、ペトログラードのバルト海への出口を制する島に作られた軍港(海上要塞)で、バルチック艦隊の主力基地だったところである。ここにいた兵士、水兵からなる労兵ソビエトがロシア革命最大のにない手となった。

月島は、今でこそ、地下鉄が二本も通る便利な場所で、一般にはもんじゃ焼きで有名ということしか知られていないが、かつてここは、渡し舟でしかこられなかった島で、このあたり一帯は造船所(石川島造船所)と機械工業の工場がたちならぶ工業地帯で、そこで働く労働者たちがもっぱら住むドヤ街のような場所だったのである。

ロシア革命の強い影響を受けて生まれた新人会の学生たちは、「ヴ・ナロード(人民の中へ)」を叫んで、労働者の中に入っていこうとしていたが、その拠点に選ばれたのが月島だった。

それというのも、先に、経済学部独立に、中心的役割を果したのは経済学科の高野岩三郎教授だったと述べたが、その高野教授が、月島に労働者生活調査所を作ったからである。この人は日本の労働経済学の草分けで、そのころ、日本ではじめて労働者の家計調査をしようとして、選んだフィールドが月島だった。月島に作った調査所には、調査員を志願する学生を住まわせ、徹底的な聞きとり調査をはじめた。その調査員を志願した学生の多くが、労働者の中に入るきっかけを求めていた新人会のメンバーだった。そのあたりのことを、『高野岩三郎伝』は、次のように書いている。

「山名義鶴が月島二号地の調査所に移り住むと、待ちかまえていたように、学生や労働者が彼を訪ねて来た。夜おそくまで彼らは熱っぽい口調で論じ合った。プロレタリアートがどうの、レーニンがこうの、と聞き慣れぬ言葉が彼らの口をついて出た。彼ら——とは東大新人会の学生たちであり、また月島に住む青年労働者たちである。（略）

月島の調査所は、高野の組織する労働者調査の根拠地であるが、同時にそれは、そこに泊りこんだ山名を中心に、労働者と学生のクラブとなった。調査所のすぐ近くに棚橋小虎の下宿があり、彼は労働者と親しくつき合いながら、友愛会の戦闘化について麻生たちと準備をすすめつつあった。山名のもとへ、そういう麻生や棚橋ら友愛会のメンバーをはじめ、新人会の猛者連がつぎつぎにやって来て、労働者と一緒に飯を食べたり、社会主義を研究したりした。麻生は棚橋にむかって月島を革命的労働運動の宣伝基地にするんだ、と眼をかがやかせて力説した。彼らは叫んだ——『俺達の宣伝の根拠を是非月島におこうぢあないか。革命の烽火は島からあがるんだ。月島はペトログラードに対するクロンスタットだ。』」

ここに名前が出てきた、棚橋小虎、山名義鶴、麻生久らはみな新人会の最古参のメンバーである。これらの人々は、後に非共産党系の社会主義（無産政党）運動家になっていくが、彼らの月島における活動から、共産党史上、ワタマサとならぶ有名な労働者党員、ヤマケン（山本懸蔵）が生まれてくる。山本懸蔵は、渡辺政之輔の委員長時代に中央委員になり、後にモスクワに渡り、コミンテルン第六回大会に日本代表として出席した。そのあと、モスクワで客死したと伝えられていたが、実は野坂参三に裏切られて、スターリンの粛清にあっていたことが後に判明した。

「調査所の山名のところへ手垢で汚れたカウツキーの『資本論解説』などを持ってしばしば訪ねて来る一人の男がいた。山本懸蔵という月島の機械工場の旋盤工である。米騒動の最中、彼は東京・日比谷公園の広場をうめた万余の群集に向って熱弁をふるい、終るや高箒を振りかざして『銀座へ！　銀座へ！』と絶叫した。

これがキッカケで交番の焼打ち、米屋の襲撃と群集は猛り狂ったのである。彼は捕えられ、騒擾罪で懲役四カ月を宣告されたが、仮釈放の身で翌一九一九年秋の日立鉱山争議に乗りこんで警官と消防隊員相手に乱闘を演じ、また六カ月の刑に処せられた」(『高野岩三郎伝』)

この他、一九三一、三二年の「非常時共産党」と呼ばれた時代の委員長、風間丈吉《じょうきち》もまた、この時期、石川島造船所で働く若い少年工員で、筒袖の小僧のようなかっこうで、よく調査所に出入りしていたという。前に述べた、新人会の五十周年記念集会には、棚橋小虎(元社会党・民社党議員)もきていて、こんな話をしている。

「私もそのころにやはり月島の方に移りまして、まもなく佐野学君も月島に参りました。本郷の革新運動の本拠が月島に移転したような形になりました。新人会の諸君は、目白の方に寮をつくっており、そこからさかんに月島の方へやって参りました。月島と目白の新人会とは、非常に行き来がさかんで、労働者に非常に強い思想的影響をおよぼしました。つまり、あの大正時代の労働運動の根拠が目白にあったと思うのであります。(略)そのころになりますと新人会の方が、結局、労働運動の思想的な根拠のようなことになりました。(略)そんなことで、目白の新人会の若い諸君が非常な熱をもって運動に入り、それからだんだんと発展をして今日に及んだんじゃないかと考えているのであります」(『東京帝大新人会の記録』)

新人会は、多くの労働運動指導者を生み、共産党の幹部も、無産党の幹部も沢山生みだしたのである。

話を関東大震災の時期に戻すと、大杉栄の虐殺と憲兵隊からの共産党員の引渡し要求、南葛労働会の組合運動家虐殺にショックを受けた第一次共産党の幹部たちは、日本で共産党を作ることは時期尚早だったとの結論に達し、解党を決議した。

しかし、それを知ったモスクワ(コミンテルン)は、解党することを許さず(世界の共産党は、すべてコミンテルンの指示に従うことが義務づけられていた)、すぐに党を再建することを命じた。大正十四年、佐野学、徳田球一ら、残存幹部六名が上海のコミンテルン極東部に呼びつけられ、再建ビューローを作らされた。再建ビューローの組織活動で、一年後、党員は二十名にふえ、さらにふえつづけた。コミンテルンは強力なテコ入れをして、大衆的な組織の内部にコミュニストグループを作り、これをフラクションとして、大衆組織全体を牛耳る戦術などを教えた。

京都学連事件が起きたのはこの時期だったのである。当時共産党は、学生層に食いこんで組織を広げていこうとはかり、そのためにまず、高校大学に社研を組織することからはじめようとしていた。学連の結成も、そのような方針のもとに、党の指導でなされたものだった。そして、社研や学連にはフラクションを置いて組織を牛耳るということをはじめていた。当時の京都大学社研のメンバーであった長谷川博・田代文久は次のように回想している。

「京都学生事件頃の学聯は、党の前身たるコンミュニスト・グループの学聯フラクションによつて指導されていた。フラクのキャップは同志志賀で、そのもとにいた正式なフラクメンバーは二人とも東大がわであった。が京大がわにも多くの働らき手がいた。そのうち最も指導的に活躍したのは同志岩田義道であつた」（長谷川博・田代文久「真のコンミュニスト・河上博士」堀江邑一《むらいち》編『回想の河上肇』世界評論社）

「フラクのキャップ同志志賀」とは、志賀義雄のことである。

志賀は、解党方針にも乗らなかった第一次共産党のごく少数の残存党員として（実は、上につながる線が解党派であったため、志賀に通知せず線を切られた）、すぐに再建ビューローに入れられた。活動家が少なかったから、たちまち、フラクのキャップとして学連全体を導くような立場に置かれた。その下にいた他の二人のフラクメンバーとは、やはり新人会のメンバーだった是枝恭二と村尾薩男（第一審で最も重い禁錮一年）である。京都学連事件では、京都の学生だけでなく、東大の学生があわせて逮捕、起訴されたのは、彼らが京都まできて指導していたということではなく、罪とされた事実が、学連第二回大会におけるテーゼ作り、方針作り（東京でなされた）であり、それに中心的役割を果したのが、是枝、村尾らであったからだ（志賀は逮捕されなかった）。

このあたりから、非常に急速に学生（共産）党員（特に東大出身）の影響力が増していく。その背景には、福本イズムの登場がある。福本イズムとは、この時期、共産主義の理論家として彗星のごとく登場した福本和夫の理論のことである。福本イズムの何たるかについては、私の『日本共産党の研究』が詳しいから、そちらにゆずることにして、ここでは簡単に状況を述べておく。

「山川イズム」対「福本イズム」

この時代、(社会主義)理論家の筆頭にあげられていたのは、山川均である。山川は、第一次共産党にも参加していたが、基本的に穏健な社会民主主義者で、そもそも共産党を作ること自体に慎重論をとなえていたくらいだから、逮捕起訴後は率先して解党論をとなえ、これからは大衆的な合法政党中心の運動でいくべきだと主張していた(山川イズム)。それに対して、福本は、大衆運動論を排して過激な前衛主義を主張した。革命は、ロシアでレーニンがやったように、鉄の規律を持った少数精鋭の職業革命家が、大衆を指導することによってはじめて実現するというのだ。大衆的な運動をいくら広げても、革命は決して実現しない。共産党は、思想的に純化され、意識が高められた、真のマルクス主義者の鉄の軍団であるべきだというのだ。大衆運動主義者とは激しい理論闘争をして一刻も早く袂をわかてと主張した。福本の書くものはマルクス、レーニンの引用で満ちあふれ、独特の難解な文体で書かれたものだったが、それが学生を魅了した。また、理論に強いエリート職業革命家が大衆を指導するというところも、学生の気にいった。山川イズム的に大衆の中に入ってしまうと、学生はまだ未熟で労働者に対して指導力を発揮できなかったが、福本理論をふりかざしての理論闘争なら、学生が労働者を導くことができたからである。

福本は山川だけでなく、これまでの理論家たちに片端から論争をいどみ、それをなぎ倒していった。福本はたちまち「日本のマルクス」とあがめられ、福本イズムで再建ビューロー時代の党は染め上げられていった。

これが、党内で学生党員が強い影響力を持つようになっていった最大の背景である。福本イズムに支配された党の中では、理論に強い党員ほど指導的立場に立てたから、必然的に学生党員が多くなった。また、新規党員の獲得にしても、学生のオルグなら、理論だけでよかったから、学生が学生をオルグするという形で、学生層に共産党の勢力はどんどん広がっていった。

ある程度党員も集まったところで、一九二六年十二月、再建党大会が山形県の五色温泉で開かれた。この大会では、福本が政治部長になり（委員長佐野文夫。組織部長渡辺政之輔）、公式の理論指導者になった。再建党大会の出席者は十七名で、この時点での党員数は、百二十五名程度だったとされている。しかし、約十五ヵ月後の三・一五事件当時の党員は四百名をこえ五百名に迫っていた（実数。『日本共産党の研究』）。ということは再建後の党は、かなり急速に党員をふやしていったということである。その過程で学生出身党員も急速にふえていった（ただし後述するように、この間に福本はコミンテルンから批判されて失脚している）。学生党員のふえ具合についてH・スミス『新人会の研究』は次のように書いている。

「山形県の五色温泉における日本共産党再建大会のときには、先輩格の福本・佐野（文夫）のほか、福本イズムを熱心に鼓吹していた九人の新人会出身者をふくめた東大出身者が入党していた。五色大会自体に出席した一七人のうち七人までが東大出のインテリで、残り一〇人が労働者出身であった。労働者側は、インテリの比重の高さに不安を抱いた。（略）五色大会から、三・一五事件までの一五カ月間、再建共産党は、次第に勢力拡大に乗り出した。党勢拡大は、一九二八年二月末、第一回普選総選挙の直前、集中的な党員獲得運動によって頂点に達した。この間、学生運動から入ってきたばかりの若いインテリの影響力はさらに強まった。すでに入党したインテリは、雪だるま式に若い仲間を引入れた。このやり方は入党勧誘のパターンとしてはっきり姿を現わした。そのめざましい例は中野尚夫で、彼は一九二七年三月から五月にかけての短い期間に、新人会時代の知人三人を含む八人のインテリを入党させ、それぞれ責任ある地位につけた。

三・一五事件にいたる時期における共産党内部の新人会の勢力は、三・一五事件関係被告のうち徳田球一ら党中枢三七名の構成がそれを示唆する。一四人が新人会出身者で、他に佐野（文夫）と福本も東大出身であったが、早大出身者は水野秀夫ただ一人だけであった。かつて第一次共産党では、早稲田の学生運動家が東大卒をしのいでいたのだが、この関係はいまや逆転した。他の二〇人の大半は労働者階級出身であったが、徳田球一や中村義明のような何人かの第一次共産党からの生き残りは、古参明治社会主義者によくみられた純粋に労働者でもなければ知識人でもないといったヌエ的タイプに数えられる。大学出のインテリは全体の四八パーセントを占め、新人会出身者だけでも三八パーセントに達した」

初期共産党の組織作りに、新人会の果した役割の大きさがこの数字にあらわれている。

ここで、福本和夫の失脚について書いておく。コミンテルンは、再建党大会の報告を聞いても、それを了承しなかった。コミンテルンは山川イズムも福本イズムも妥当なものとは考えず、両者を、左右両極端の日和見主義（もちろん、山川イズムが右翼日和見主義。福本イズムが左翼日和見主義）と見ていた。そこで、山川と福本の両者をモスクワに呼びつけてモスクワで対決させようと考えた。しかし山川はモスクワ行きを了承せず、福本側だけがそれを受けた。そして再建したばかりの党首脳（ほとんどが福本イズム信奉者だった）が、大挙して、モスクワに押しかけた。しかし、コミンテルンが福本イズムを、運動の実際を何も知らないインテリの思い上がりと一刀両断に切って捨てると、福本はたちまち自己批判してしまい、福本イズム追随者もそれにならった。

福本が執筆していた再建共産党の方針に代ってコミンテルンが与えたのがブハーリン執筆の二七年テーゼである。二七年テーゼは、共産党の組織を地下に潜ったままの非合法組織とするが、党の存在そのものは、公然と表に出し、細胞作りをもとに党勢を拡大せよと命じた。そして、君主制の廃止をスローガンとしてかかげることと、労働者の祖国はソ連なのだから、対ソ戦争が準備されているいま、反戦闘争に力を注ぎ、ソ連邦擁護を叫べと命じていた。党の人事もほとんどがさしかえられた。トップは中央常任委員の合議制で、渡辺政之輔、鍋山貞親、市川正一、佐野学の四人がなった。その下に五人の中央委員がならび、全員が労働者出身だった（山本懸蔵がその一人）。コミンテルンは、福本イズムに毒されたインテリを信頼していなかったのである。

公然と姿をあらわす非合法共産党

一九二七年の暮から二七年テーゼは実践に移され、共産党は大衆の前に公然と姿をあらわすようになった。公然と姿をあらわすといっても、党員が姿をさらすというわけではない。地下組織だから党員は誰一人見えない。しかし、共産党を名乗る過激な主張のビラが密かにまかれたり、ビラや伝単と呼ばれるスローガンが書かれた小さなポスターのようなものがその辺に貼られたり、秘密機関紙『赤旗』（一九二八年二月創刊）が人から人へ（党員と党員候補のみ。八百部出ていた）手渡されたりしたのである。そういう活動に協力していると、ある日何者かから、「共産党に入る気はあるか」と声がかかる。それまでは、党組織の存在はぜんぜん見えないのである。党員になっても、ヒラの党員には自分のつながる線しか見えず、指導部にどういう人がいるかなどぜんぜん見えなかった。

政治運動、労働運動、学生運動の組織には、党のフラクションが必ずあって、それが陰で組織をコントロールしているはずだが、党員でない者には、誰がそのメンバーかということもぜんぜんわからなかった。

一九二八（昭和三年）年二月、第一回目の普通選挙が行われた。この選挙では多くの無産政党が候補者を立てたが、そのうちの労働農民党（委員長大山郁夫）の中に、共産党は候補者をすべりこませた。労農党の候補者四十人のうち十一人が実は共産党員で、その中には、徳田球一、山本懸蔵、杉浦啓一などがいた。しかし、全員落選した（ほとんどが二、三千票台だった）。ちなみに労農党から出て当選したのは、山本宣治と水谷長三郎の二人きりだった。それでも労農党は十八万票余を集め、無産党の中では最も沢山の票を集めている（無産党が計四十六万票、有効投票は計九百八十万票）。

選挙運動を通じ、公然と姿をあらわしたあたりから、党員は急激にふえた。モスクワから二七年テーゼをもらって帰ったばかりの二七年暮の党員数は百四十五名だったのに、三・一五事件のとき五百名近かったというのも、このせいなのである。選挙で共産党が立てた四つのスローガンは

「天皇と結びついた資本家と地主の議会を破壊し、労農の民主的議会を作れ！」
「労働者に食と仕事を与えよ！」
「大土地を没収せよ！」
「労働大衆は共産党の旗の下に戦え！」
という大胆きわまりないものだった。

共産党が公然と姿をあらわし、このような大胆なスローガンをならべたことに、当局はショックを受け、共産党を摘発すべく動きだした。実は再建党大会があって三カ月後には、「雪がきわめて深い地方の温泉で日本共産党の結成が行なわれたらしい」という聞きこみを当局は複数の筋から得ていた。内偵を進めていくうちに、いくつもの工場に、共産党の細胞という組織が作られつつあるらしいことが二七年の暮にはわかっていた（前から労働運動の内部に相当のスパイを入れていた）。工場に細胞を作っていくという方針は、コミンテルンが二七年テーゼとともに与えた方針で、それが早速実行に移されていたわけである。

三・一五検挙は、相当長期にわたって内偵を積み重ね、周到な準備をした上でなされた一斉検挙だったのである。氏名を特定してあらかじめ拘引状が出されていたものが、幹部を中心に十五名（拘引状なしにその場で「承諾拘引」された者は千五百名余）、捜索令状があらかじめ取られていた所が九十三ヵ所（「承諾捜索」を加えて、実際に捜索された場所は百数十ヵ所）などの数字を見ても、事前の準備がよくなされていたことがわかるだろう。

三・一五一斉検挙の波は、当然、新人会も襲った。『東京帝大新人会の記録』には、それにまつわる思い出が沢山出てくる。

たとえば昭和六年組の内野壮児は、三・一五の少し前の時期をこう書いている。

新人会員たちの三月十五日

「一高（立花注・現在東大農学部があるのと同じ場所にあった）と東大が隣同士という関係もあって、新人会との関係は前から密接だった。一高時代から私たちは学内でひらかれる新人会の講演会や、公開研究会に出かけて行った。また蓬萊町にあった私たち研究会仲間の合宿には、一年先輩で一高時代、研究会の指導者であり、新鋭の新人会員だった吉河光貞がよくやってきて一同をアジっては帰った。とくに印象的だったのは彼から聞いた二七年テーゼの意義の解説であった。地下にあり、それまでその存在さえさだかでなかった共産党が、非合法でありながら革命的スローガンをかかげて大衆の前で公然と活動しなければならないという、中国共産党の上海における活動を例にひいての吉河の話は、まったくのおどろきであり、大きな感銘と昂奮をあたえた。二七年テーゼの鼓舞、総選挙における共産党の公然たる活動の開始、するどくなる階級闘争、そのなかで私たちの多くは革命運動への決意をかためていったのである。そうした私たちにとって新人会への入会は革命運動の課程を歩む当然の一歩であった。それにしても吉河光貞が、後年、公安調査庁長官になろうとは、当時にも、思いもよらなかったであろう」

同じ昭和六年組の久保梓は、こう書いている。

「三月一五日が大学の入学試験日であった。この日の受験生にむけて、新人会への入会を勧めるためのビラが大量につくられなければならず、このガリ切りと印刷を私と河田〔広〕が引きうけ、一高から内野壮児、高島宣三、大沢実の諸君が手助けにきてくれた。存外時間がかかり、刷上った半分ほどをもって、大沢は帰り、あと四人で全部を仕上げたときは一時をまわっていた。八時から試験なので、七時すぎには大学へいってビラまきをしなければならず、その手筈をきめて寝床にもぐりこんだのだが、なにほどもたたないうちに、大勢の警官が踏みこんできた。多分二時頃帰ってきて、寝るところがないため玄関の二畳で毛布にくるまって寝転んでいた小川治雄が、一番最初に警官とぶつかり、急を知らせるためであろう、令状をみせろとか何とか、大声でどなりたて、抵抗をこころみたが、たちまち袋叩きにされてしまった。たぶん家の外にも張込んでいたと思うが、なだれこんできたのは一〇名ぐらいだったろうか。宿泊していた学生は中央の部屋に集められ、一人のこらずパンツひとつの裸にされて、床の間の上や、部屋の片隅に立たされた。ズボン、上衣と検査のすんだものから返されて身につけることができた。捜査はたいへん細かく、時間はどんどんたっていった。七時をまわっても、いつ終るともわからなかった。今日の試験は駄目かとなかば諦めかけたとき、『ガンさん』が口をきってくれ、受験票をみせたりして、ようやく四人だけ釈放、駆け足で弥生門から八角講堂に滑りこみ、からくも試験をうけることができた。

試験がおわって、ビラでもアピールしたように、新入生を迎えての『鉢の木』の集会にいこうと正門前にさしかかると田中清玄が近寄ってきて、彼はこの朝、清水町にはいなかったのだが、事件のことを知っており、『今朝のことは、しばらく誰れにも言わんほうがよい』と難しい顔をして注意した。『鉢の木』での集会は二階の会場が一杯になり、立ったままの人々が入口から廊下にあふれていた。（略）

この三・一五事件をきっかけとして、日本共産党のビラがほとんど毎朝、清水町に舞いこんだ。使用された紙は白のザラ紙ばかりでなく、黄色、桃色、青色など色とりどりで、半紙一杯にガリ版ながら奇麗に印刷されていた。合宿所にいた誰れかが、早朝、投函された一般紙の間に折り込んだのではないかと思われる。朝日新聞などの間から、このビラがでてくるとオーッと感動をおさえた叫び声をあげて、みんな顔をよせあい一字一字よみとっていった。文書の整理はきびしく実行されていて、表の庭には灰の山がいくつもできていた」

同じ昭和六年組で、同じ清水町の合宿所に泊りこんでいた林睦夫はこう書いている。

「入学試験日に当った三・一五を境に、たちまち激動の渦の中にまき込まれてしまった。三・一五の朝は、前夜遅くまで受験生に撒くガリ版のビラを刷っていて、寝入りバナをたたき起された。しかし首実検の結果、手配人物は一人もおらず、家宅捜査もアッサリと引揚げていった。清水町における検挙者はゼロだった。

（略）

清水町では被害はなかったが、会員の外部で活躍中の者の検挙の情報は相ついだ。（略）先輩がひそかに連絡に来たり、検挙された者の対策などで清水町はゴッタ返していた。僕も何度か偽手紙を持って、大八車をひいて、帰って来ない下宿の荷物を片づけたり、貸した本を返してもらうと称して下宿へ上りこんで危ない書類を焼きすてたりした。

入試合格者が発表されると、新入生が続々と上京してくる。清水町へも連絡やら入会の申込みやら、毎日来訪者があるのだが、だれもゆっくり話をきいている暇もない。（略）

時には、新入学の学生にまぎれて、ま新しい角帽にカスリの着物にハカマという格好で、検挙洩れの地方の若い労働者が、連絡の依頼にやってくることもあった。こういう人たちにもできるだけ便宜を計ってやっていた」

また、昭和三年組の松本広治は、三・一五がきっかけとなって入党したという話を『信念の経営』という本に書きのこしている。

「三月十五日は私の大学卒業試験の最後の日でした……同じ教室で受験していた田中稔男が近づいてきて今朝大検挙があったと知らせました。私たちはつれだって大学を出て白山上に向って歩きながら弾圧に抗して運動の建て直しをしなければならないと語り合い、田中は私に入党をすすめ、私はこれを承諾し、早速、田中の指示により月島細胞に所属して活動することになりました。その晩私は月島細胞の山我徳一、野田忠勝の二名とともに、日共署名入りのビラを月島の労働者街の電柱に貼って回りました。さすがに緊張してふるえを覚えたことでした」

三・一五事件は、しばらくは記事差し止めとなっていたため、一般国民の知るところとはならなかった。記事解禁になるのは、四月十一日である。この日の東京朝日新聞は、五四六ページ写真のような大見出しの関連記事で埋められていた。

新人会の命運尽きる

トップの大検挙の記事とならんで目を引くのは、中段の「労働農民党に対し／本日解散の命令下る」である。この記事にあるように、治安警察法第八条を用いると、内務大臣は、安寧秩序を保持するために必要と認めるときは、特定の結社を禁止し、これに解散命令を出すことができた。この規定を利用して、共産党を支えていた主要な大衆団体にこの日一斉に解散命令が出されたのである。政治団体としては労働農民党、労働組合としては、日本労働組合評議会、青年団体としては全日本無産青年同盟が解散させられた。

これとならんで目を引くのが、その下の

「検挙学生の多数は帝大系の在校生／当局を一驚せしめた全国的な学生の加盟」

の記事と、そのまた下の、

「遺憾なる加盟学生／学校当事者をも処罰」

の「水野〔錬太郎〕文相語る」の記事である。

文部当局も多少のことはつかんでいたのだろうが、これほど多数の学生（特に東京帝大生。卒業生十八、在校生八、中退者七の合計三十三名）が共産党の運動にからんでいようとは予期していなかったらしく、あわてて対策がとられることになった。第一に、共産主義の温床となっていた社研を全国の高校大学で活動禁止、もしくは解散させること。東大においては、共産党と直結していた組織として新人会が狙い撃ちされて、解散させられることになった。

第二に、左傾学生以上に問題なものとして、左傾教授を大学から追放することだった。具体的には、東大の大森義太郎経済学部助教授、京大の河上肇教授などである。ここから、大学教授の受難時代がはじまる（森戸事件がはじまりといえばはじまりだが）のである。

新人会の解散命令は、大学の最高意思決定機関である評議会の決定という形で出された。しかし、それは、新人会の存在とその活動を非合法化するということではなく、大学での公認団体の地位を取り消すという形でなされた。大学の施設を利用して活動（集会を開くなど）したり、大学の構内でビラをまいたり、掲示板に何か貼りだしたりといったことができなくなるということである。この評議会での議論の過程が、『東京大学百年史』には、次のように出ている。

「各評議員による討論となり、文学部教授姉崎《あねさき》正治が『従来何トカ処分ヲ要スルモノト思ヒ居タリ、学内ニ存在ヲ許スベカラザルモノナリ、学内ニ於テ学生ノ本分ニ悖ル行動ヲナス秘密結社ナル故解散セシムルコト必要ナリ』と述べたのに対して、法学部教授中田薫が『（略）秘密結社ナレバ内務省カ取締ルヘキナリ、大学カ解散ヲ命スルト云フ点ニ於テ論理透徹セサル疑アリ、新人会トテモ悪シキ事ノミヲ為ストハ限ラズ、解散ノ主旨ニハ賛成スルモ其形式理由ニ就キ疑アリ、考究ノ余地アルベシト信ズ』と慎重論を唱えた。しかし、法学部教授立作太郎が『左傾ノミ〔の理由〕ニテ可ナラン、本学ハ学生ノ団体ト観テ解散ヲ命シ差支ナシ』と主張し、結局全員一致で総長提案の新人会解散命令を可決した。こうして新人会は約十年間維持してきた学内で公然とした活動をし得る地位を失うことになった」

　新人会解散命令が出た後に入学した山内忠吉はこう書いている。

「新人会解散反対、大森助教授の辞職反対その他のスローガンの下に大学の自由擁護の闘争がおこり、四月二七日の三〇番教室での数百名が参加した学生大会となって大きく昂揚した。新人会員は各教室にビラ撒きに行ったり、訴えの演説をしたり、或いは夜おそくまで翌日のビラ作りをしたりなど忙しく働いた。

　大学当局の命令にも拘らず新人会は存続する方針を堅持した。新人会員を中核として高校別の読書会をつくり、そこに多くの学生を結集して『資本論』の研究会などを行った」（『東京帝大新人会の記録』）

　宮本顕治・日本共産党元名誉議長も、この年の入学だったため、新人会には正式に入会せず、読書会にだけ参加している。

　新人会はこのような形で活動を継続したが、やがて、どうしても総会を開くことが必要になって、豊島園事件を起し、ついに本当につぶれてしまうのである。その顛末を山内忠吉はこう書いている。

「事務所はたえず警察のガサに見舞われつづけていた。事務所の裏口から出たところを巡回の警察に呼びとめられて訊問を受けることも屢々であった。(略)帰省から帰った我々には、新人会の総会をひらいて二学期からの方針を決めるという課題が控えていた。幹部の人達はあちこちの下宿に集っては会議を重ねていた。方針もある程度かたまったところで、それでは総会をどこで開くかということが問題となった。警察監視の中にある谷中清水町の事務所に大ぜい集ることのできないことは明らかだった。それかといって新人会の名で会場を借り受けることのできる状勢ではなかった。しかたがないので適当な野外の場所を見つけて、屋外で総会を開こうということになった。(略)やっと私は豊島園に近い郊外の一角に格好の場所と思われるところを見つけることに成功した。(略)二、三十分大根畑のある細い道を歩いたところの小高い林で、その一角にはうっそうとして草が生い茂り、そこに車座になって坐れば外からは完全に見えない場所だった。

九月二八日、晴れた秋日和の朝、私達は三々五々ピクニックを楽しむような格好でその林の中の草むらに集った。秋の日は澄み、さわやかな秋風が木立を吹き抜けていた。早坂文雄君が名議長振りを発揮して二十数名が集った総会の運営は快調に進行した。三十分位した頃、散歩風の婦人が二人近くを通りかかり、チラとこちらを見たまま通り過ぎた。我々は別に気にもしなかった。それから三、四十分たったろうか。いきなり喚声をあげて私服のおまわり多数が我々のすぐ近くから飛び出して来たのには驚いた。我々はくもの子を散らすように逃げたが、一、二名を除く全員が捕えられて、予め警察が用意して来たトラックに放り上げられた。そうして板橋警察署その他のブタ箱に二、三人ずつ分散留置され二十日から二十九日の勾留ということになってしまった」(同前)

通報は大学当局にいき、このとき捕まった者全員が、退学、停学を含む厳しい処分を受けることになった。逃げた一、二名の一人が、後にディドロの翻訳などで有名になる小場瀬卓三である。小場瀬は、湿地の泥沼をはって逃げて助かったのだが、なぜ小場瀬だけ逃げられたのかと疑いの眼で見られたのがいやになり、また、明らかに警察が事前に情報をつかんで網を張っていた(スパイが入っている)と考えられることもいやになり、そのまま運動から離れることになった。

新人会の活動はまだしばらくつづくが、状況はさらに悪化していった。久保梓はこう書いている。
「十月の中旬頃、清水町で幹事会を開くことにして、夜八時頃、門の横のくぐり戸を開けて足を踏みいれた途端、数名の私服が飛びかかってきた。そのまま谷中警察署に連行された。一週間ほど前までは私もここに寝泊りしており、清水町での会議をそんなに危険だとは思っていなかったので意外だった。(略)
この日はここを訪れたものは一人のこらず留置場にぶちこまれた。(中略)谷中署につくと、もう留置場は満員で二階の集会室らしい広い部屋に入れられた。すでに二〇名近い先客がいた。(略)
この第一回目の検束につづいて、四、五日もたたないうちに、私はまたもや本富士警察署に挙げられる破目となった。阿部真琴(文学部、二高)に急に連絡したいことがあって、森川町の下宿に彼を訪れた。新人会の中でも彼は目立った活動をしているわけではなく、どちらかといえば、物静かな控え目な人柄で、この訪問でやられるとは全く予想もしていなかった。冠木門《かぶきもん》をあけて玄関に入るか入らないかに、門のところから二人、二階から一人が脱兎のように跳びおりてきて私をおしつつんだ。空き部屋があるというので見にきたと突張ったが、留置場へ行ってみると、ヒドク殴られたらしく、阿部は顔を赤く腫らしてうずくまっていた。すぐあとでわかったことだが、阿部は自分の下宿をレポの連絡所に提供しており、それが丸目秋一(青年同盟、外語)であった。特高は阿部を留置し、そのあとに張込んで、丸目またはその相手の現れるのを待っていたのである」(同前)
もはや、新人会のごとき地上の合法組織が活動を継続できるような時代ではなくなっていた。共産主義運動は完全地下組織でなければ、活動を維持できなくなっていた。この数カ月後には、共産党が新人会の存在価値を見限り、東大の学生組織はすべて共産青年同盟の直接指導下に移すという決定が下され、新人会は自然消滅した。生まれてからたった十一年という短い寿命ではあったが、それは、日本の社会運動史上に大きすぎるほど大きな足跡を残して消えていったのである。

26
河上肇はなぜ京大を去ったか

求められた左傾教授の追放

三・一五事件で、帝大生から多数の検挙者が出たことは、当局にショックを与えた。時の内務大臣鈴木喜三郎は、

「かの一部学生の頭に過激思想が浸潤してゐるのは、教授が悪いからだ。この根絶を計り、わが国の教育の立て直しをやらなければいけない。過激思想家と見られる教授については、(略)各帝国大学の総長が罷免の手続を執り、文部大臣に上申することになつてゐる」(鈴木喜三郎先生伝記編纂会『鈴木喜三郎』)

と語っていた。

水野錬《れん》太《た》郎《ろう》文部大臣は、特に多くの検挙者を出した、東京帝大の小野塚喜平次総長(代理)と、京都帝大

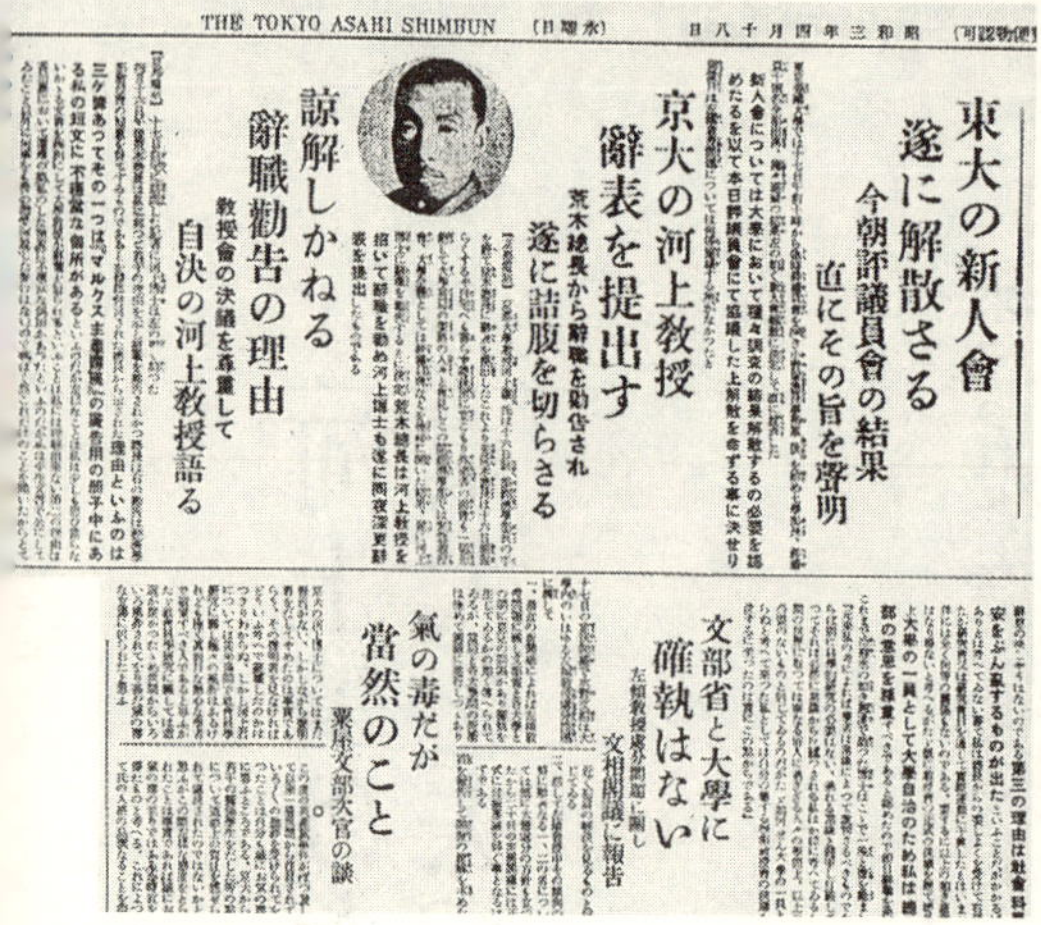
THE TOKYO ASAHI SHIMBUN　（水曜日）　昭和三年四月十八日

東大の新人會
遂に解散さる
今朝評議員會の結果
直にその旨を聲明

京大の河上教授
辭表を提出す
荒木總長から辭職を勸告され
遂に詰腹を切らさる

諒解しかねる
辭職勸告の理由
教授會の決議を尊重して
自決の河上教授語る

文部省と大學に
確執はない
左傾教授處分問題に關し
文相閣議に報告

氣の毒だが
當然のこと
粟屋文部次官の談

辞表提出の記事（「東京朝日」昭和３年４月18日付）

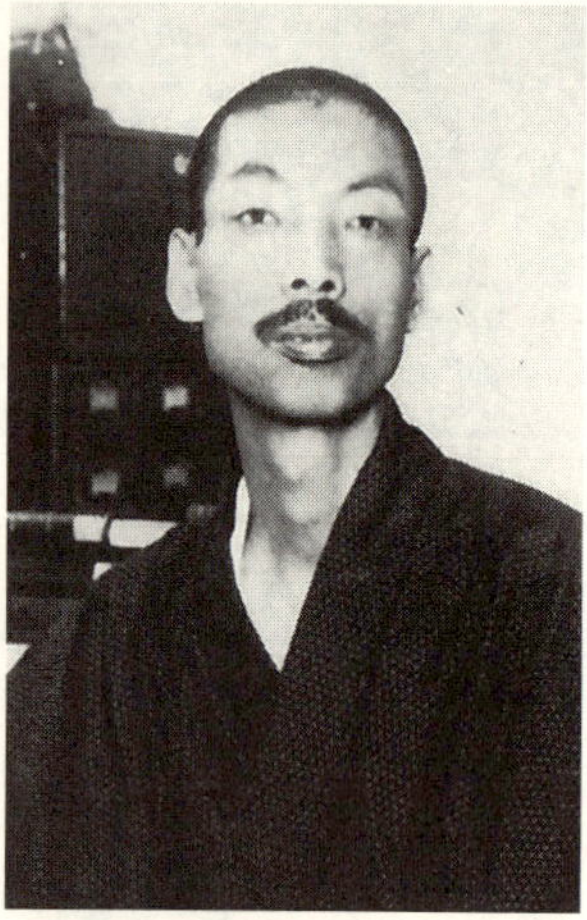
河上肇

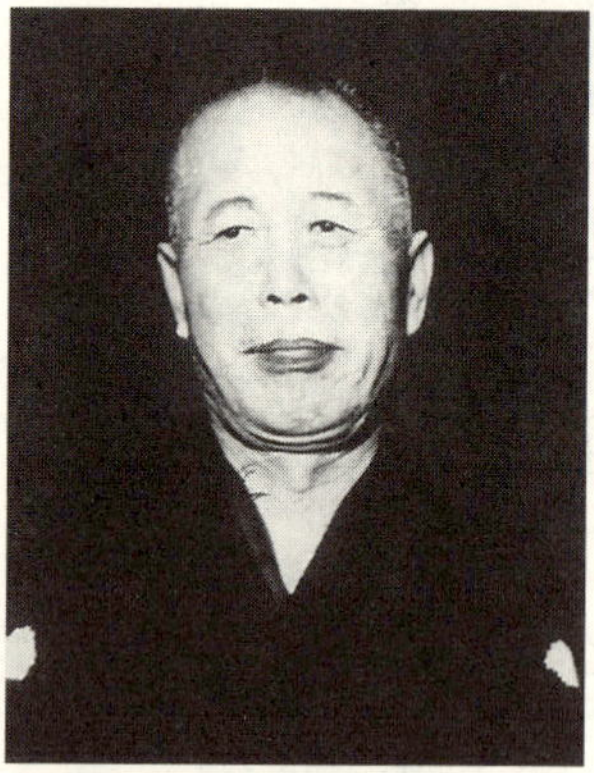
田中義一

水野錬太郎

の荒木寅三郎総長を文部省に呼んで、事件にかかわった学生の処分と、左傾教授の善処（追放）を求めた。

呼んだのは三・一五事件の記事解禁（昭和三年四月十一日）の翌日である。前章で述べたように、解禁日の記事の中に、すでに、文相の談話として、多数の学生の共産党事件参加を遺憾とし、参加学生を厳重処分するとともに、「これら学生を出した学校の責任者についても相当の処置をとる」という決意が表明されていたが、それが早速実地に移されたわけである。

文部省では、緊急省議が開かれ、学生の思想取締を厳重にする、学生左傾化の中心的組織となった社会科学研究会を解散させる、一部左傾教授に身を引いてもらうなどの方針が決った。ただし、大学自治の問題がからむので、ことは慎重に運ぶこととされた。これまで、この連載で述べてきた、戸水事件、沢柳事件、森戸事件などの、どの一つの体験をとっても、文部省が軽々に大学教授の身分にかかわる決定を下すことなどとてもできないということを、文部官僚たちは熟知していたのである。

三・一五事件のからみでは、共産党組織のかくれミノ、あるいはその温床となっていた労働農民党、日本労働組合評議会、全日本無産青年同盟の三組織に対しては、治警法第八条の規定をたてにとって、内務大臣が一方的な解散命令を発し、その通りにさせるということが可能だったが、文部大臣が、大学の特定教授人事や学内組織に関して同じことができるわけはなかった。あくまで大学の自主性を尊重し、こうしてはどうか、こうすべきではないか、といった方針を示しての誘導はできても、決定それ自体は大学当局の決定を待つ他ないと考えられた。

文部大臣との話し合いが終ったあと小野塚東大総長（代理）は、記者団にこう語っている。

「今日は文部大臣対帝大総長という資格で会ったのではなく単に友人として、今度の事件を中心としていろいろ懇談したわけだ。学生の処分は司法当局から正式の通告があってから教授会、評議員会の審議を経た上、停学なり何なり学校としての処置をとる考えだ。

社会科学研究会の問題についても話がでたが、東京帝大では学友会が解散してしまったので、その一構成分子である社会科学研究会、文化学研究会も自然消滅したわけで、改めて解散するとかせぬとかいう問題はないと話したら、大臣もそれはよかったと非常に喜んでいた。左傾教授の問題には少しも触れなかったが、水野君のことだから、まさか処分しろなどとはいうまいと信ずる。もし当局からそんなことをいって来たら、私はまず左傾とは何ぞやと反問したい。単にマルキシズムやレーニニズムを研究したり、または研究の結果を書いたりすることをもって左傾とはいえまい。今回の事件に関係しているのならもちろん処分するのが当然だが、しからざるかぎりそう簡単にはゆかぬ」(「東京朝日新聞」昭和三年四月十三日)

表面的には、余裕綽々文部省に対しているように見えるが、このあとすぐに、事態は急展開し、いやおうなしに、大学当局は処決を迫られていく。

学内人事が国家的大問題に

当初(十二日朝の段階では)水野文相は、次のように語っていた。

「今までにきいて居るところでは関係学生は東京帝大の如きも七千人中僅か二三名に過ぎずその他も同様でそんなに大した数ではないらしい、(略)学生の社会科学の研究はいわゆる研究の範囲内での研究ならば差支えない、マルクス主義などの研究にしてもよく研究して見た上でなければ悪いということは頭に入らない道理だ、ただこれにかぶれてしまってこの主義を主張したり実行せんとしたりして国体の基礎を破壊するが如き行為に及ぶことは断じて許すことは出来ない、研究の範囲と実際運動の限界とははっきりせねばならぬが難しいところで頭の中で考えることまで抑圧することはできない、(略)左傾思想を抱く教授にしても左傾といってもどうもその程度をきめることが困難で従って進退問題の如きは軽々にすべきでなくこういう問題は慎重の上にも慎重に考慮せねばならぬ、教授の研究はもちろん自由だが左傾思想を主張鼓吹することは禁物だ」(同前四月十二日)

これなら大学人でも受け入れるであろうと思われる穏当な見解で、同日午後の大学総長との会見もこの線にのっとって行われ、文部省としては、基本的に、学生の処分、社研の解散、左傾教授の引退を求めるが、大学自治を尊重する立場から、具体策は、各総長に一任という形にしたのである。

翌十三日の閣議でも、水野文相から文部省の方針説明と、総長との会談結果の報告があり、その線で行くことが了承された。

それがその後の数日間で急速に情勢が変っていく背景には、当時の政治情勢があった。

時の田中義一政友会内閣は、政治的にかなり苦しい立場にあった。はじめての普通選挙（昭和三年二月二十日）で、政友会は惨敗したところだったのである。政友会は鈴木喜三郎内務大臣が中心になって、警察組織を総動員しての未曾有の選挙干渉（民政党つぶしと無産政党つぶし）をやったにもかかわらず、総議席数四六六の過半数を下まわる二百十七議席しかとれず、競争相手の民政党が二百十六議席とわずか一議席差に追いこまれていた。ために、無産政党（四党合わせて）八名、実業同志会四名、革新党三名、無所属十八名などの群小党派にキャスティングボートを握られ、その合従連衡次第で、いつ内閣不信任案が通っても不思議ではない情勢にあった。四月二十日の議会開会に向け、政治の裏舞台では、政友会と民政党の間で、激しい抱き込み、切り崩し合戦が繰り広げられていたが、形勢は全く予断を許さなかった。実際、議会が開かれるとすぐに、鈴木内務大臣の不信任案（名称は政治国難決議案）が上程された。内閣は直ちに議会を三日間の臨時停会とし、その間、民政党は切り崩しを防ぐため、全議員を熱海、湯河原の温泉旅館に連れだしてカンヅメ状態にするなどという珍妙な政治劇が繰り広げられるのである。

鈴木内相が問われていた最大の責任問題は、その選挙干渉にあったが、共産党事件とその再発防止策もまた、大きな政治問題になっていた。

四月十六日、議会開会を目前にして開かれた民政党の大会では、倒閣宣言が発せられ、その中に次のような一節があった。

「今や政府は共産党事件に対して根本的手段をとると称して居る。国体の変革を企つる共産党を撲滅することは国民のひとしく要望する所である。同じ陛下の赤子にして同胞たる者の間にかくの如き不逞の徒が輩出したとすれば国民として真に痛恨の極みである。須らく国法を適用して、これを厳罰すると共に、さかのぼりてその根源を断つべき決心を持たねばならぬ。政府は果して抜本塞源の政策を有するであろうか」

大学から悪思想を根絶

同じ十六日に開かれた枢密院の本会議でも共産党問題が取りあげられ、枢密顧問官のほとんど全員から、今後の取締り方針に関して強硬な意見が出された（以下「東京朝日新聞」昭和三年四月十七日）。

「取締り方針に関しては、政府は単に検挙をしたことによって能事終れるが如き態度をしているがかくの如き重大事件のぼっ発した原因を深く究わめもってこれが根本的治療法を講ぜねばならぬ、即ち検挙の如きは単なる対症療法であるからこれが病源を根絶することに努めねばならぬ、政府に果してこの病源を根絶する確信があるか」

「病源の発生は実に左傾教授等の活動によるものだから政府としては大学の自治とか学問の独立とか研究の自由とかいう美名に惑わされることなく断然たる処置に出られたい」

強硬な意見が出ているのは貴族院も同じだった。貴族院では、この事件を国家の一大不祥事であるとして、このような組織を絶滅する必要があると、十二日から、一部有志議員が田中首相を訪問して具体策を建案するなどの行動に出ていた。各会派で、警保局長を呼んで事件内容を詳細に聴取し、防止策を練るなどの行動もはじまっていた。

「今回の共産党事件の発生は我国における思想的国難ともみるべき重大事件である、殊に今回の事件に関連せるものは私立大学に少なくその三分の二が官立大学の学生または卒業生である、然して共産党事件と大学教授との関係が如何なることになっているか明瞭でないがいやしくも国家の官吏たる大学教授が名を研究の自由にかりて若き学生の研究を指導し一度責任問題の発生するや自己は責任の地位を合理的に巧みに回避して研究の自由という美名の下に大学の自治を主張するが如きは許すべからざる所であるから札付教授はこの際徹底的に罷免せしむる必要がある」（「東京朝日新聞」昭和三年四月十五日）

このような意見が大勢を占め、貴族院では、各派代表者が集って、大学教育の弊を匡し、大学から悪思想を根絶する思想善導策を共同提出しようなどの動きが高まっていた。

枢密院は国政の機関ではなく天皇に直接つながる天皇の国務行為全般にわたって相談にあずかる顧問官の集まりで、天皇制国家の最高諮詢機関である。貴族院は、皇族議員、華族議員、勅任議員（国家に勲功あるあるいは学識ある、官僚、財界人、大臣、代議士、大学教授、軍人などから天皇が一方的に選ぶ終身議員）から成り、改選もなく解散もないのに、衆議院より名目上上位に立っていた国政の機関で、議会を保守の側に安定して支える機関となっていた。いずれも、共産党の打倒目標のトップランク（同時に右翼革新運動のサイドからも君側の奸として打倒目標のトップランク）となっていたから、共産党の出現に、最も脅威を感じ、共産党と共産主義思想の撲滅に邁進していたのである。

一方、政府は田中首相の特別声明を発し、共産党事件を「不逞狼藉言語道断、天人ともに許さざる悪魔の所業」と表現し、「険悪の思想徹底的に矯正、青年学生を善導して抜本塞源」するとしていた。与党政友会も「聖代の痛恨事、全滅を期す」との声明を発表していた。要するに政界では朝野をあげて、共産党撲滅の声が満ちあふれていたのである。共産党対策として、緊急勅令（天皇大権で、枢密院だけが関与）の形で治安維持法が改正（死刑又は無期に重刑化。目的遂行罪追加。後に議会でも追認）されたり、取締り強化のため検事局に思想検事が置かれ、二百五十万円（今の貨幣価値で約五十億円）の予算で特別高等警察（大逆事件直後に作られたが主要都市に限られていた）の大拡充が計られ、全国に思想警察網を張りめぐらすだけでなく、海外（中国、ヨーロッパ、アメリカ）に共産党情報収集担当専門官を派遣するなどの対策があっという間に取られていった。文部省でも、学生の思想問題に対処するため大学を担当する専門学務局に学生課が設けられ、各大学には思想問題を担当する学生主事が置かれ（東大では五名も）、学生課が設けられた。

面白いのは、学生が過激思想に走りがちなのは学生生活に経済上の不満が多いからだと分析し、学生課の活動の一環として、就職相談、アルバイト斡旋、奨学金紹介、貸間下宿紹介、学資貸与、貧窮学生の授業料免除など、それまで大学の事務当局がやることは考えられなかったさまざまの学生生活支援に手をのばすようになったことだ。私も在学中、だいぶこういう制度のお世話になった(アルバイト、奨学金、授業料免除、就職紹介)が、こういう制度が、三・一五事件を契機にはじまったものだなどということは、今日にいたるまで知らなかった。

東大五月祭の起源

ついでに述べておくと、東大の五月祭の起源もこのあたりにある。「このあたり」というあいまいな表現をするのは、五月祭の起源には、複雑な事情がからんでいて、はっきりいつといいがたいからである。そもそものはじめということになると、前に紹介した、大正十二年(一九二三)に作られた全学の学生交流親善組織である学友会の主催で開かれた入学生歓迎のための園遊会である。

このとき、各学部が研究室を開放して、従来他学部の者には見せなかった研究設備、備品、参考資料などをすべての学生に公開して、学生相互の知的交流をはかったことが、はじめなのである。このときは、公開といっても、学内かぎりの公開で、それが今日のような、一般に広く門戸を開いての公開になるのは、昭和四年からである。その背景には、先に述べた社研の学友会への帰属問題と、それをめぐって起きた新人会・七生社の暴力的衝突事件があった。

前に述べたときは、この問題をもっぱら、新人会vs七生社の対立抗争という視点からしか述べなかったが、その結果どういうことになったかというと、学友会問題に最も不満を持っていた運動部がまとまって学友会を脱退し、学友会は存続不能になり(学友会の中核は運動部だった)、解散してしまったのである。

先に、小野塚総長(代理)が、文部大臣との話し合いの後に、社研の解散を求める文部省に対して、「東大では学友会が解散してしまったから、社研も自然消滅してしまっており、東大には社研問題は存在しない」と語っていたのは、このためなのである。

学友会などよりはるかに長い歴史を持つ東大の運動部は、もともと連合して、社団法人東京帝国大学運動会という組織を作って独自のまとまりを見せていたのだが、これを機に元に戻ったわけである。今日においても、東大では入学するとすぐに、全学生が東京大学運動会というよくわからない組織に自動的に加入させられて、あらゆる運動部に参加することができる権利と、運動会が所有する施設（スポーツ関係以外に海山の保養施設など沢山ある）を使用する権利が与えられるのだが、こういう慣習の起源もここにあるのである。

学友会解散（昭和三年）とともに、好評だった学友会主催の新入生歓迎会（研究室の一般公開以外に、演劇団を招んでの芝居とか、軍楽隊を招んでの演奏会、模擬店での飲食など、五月祭の原型がほぼできつつあった）もなくなってしまい、それを残念がる声が強かったので、学生主事と学生課が協力して、大学の予算から補助金を出して、新入生歓迎の会を、広く一般に公開する全学開放のお祭という形で存続させることにしたのが、三・一五の翌年、昭和四年なのである（「五月祭」という名称が使われるようになるのは昭和八年頃から。現在は、五月祭常任委員会が学生の自主組織として作られ、それが主催することになっている）。

三・一五事件後の大学に話を戻すと、左傾学生、左傾教授問題をめぐって、大学、文部省への政治的風当りがどんどん強くなり、当初の、大学自治を尊重して処分は大学当局へ一任、という文部省方針では事態の切り抜けが難しくなっていった。当時の新聞の見出しから拾ってみると（いずれも「東京朝日」）、

四月十五日「左傾教授処分に　各総長答えず　文部省、大学にらみ合いの姿で　成行漸次重大視さる」「教授処分は容易ならぬ問題　水野文相と会見後　両大総長の談」「文部省は徹底的処置をとる　首相に招かれて報告した　粟屋《あわや》〔謙《けん》〕次官は語る」

この日の記事の中には、

「文部省から左傾教授としてにらまれているのは東京、京都両帝大に各一名、九州帝大に三四名あり」「解散を至当と認めらるる思想研究団体は東京帝大の新人会、京都九州両帝大の社会科学研究会」

などとあり、文部省が具体名をあげて処分を迫っていたことがわかる。

四月十七日「左傾教授の処分に　文部省益々あせる　議会までに問題解決の鼻息で　各総長に回答督促か」

この記事には、

「文部省側の態度は相当強硬で総長に対しては罷免すべきいわゆる左傾教授の氏名も明示して処断を迫って居り文相も腹をすえてこれに臨んでいる模様であるから総長の回答如何によっては問題は紛争を免れぬかも知れぬ」

とある。同じ日の紙面に、

「政府の憂うる所は　依然内相弾劾案　昨夜五時間の凝議で　対議会方針を決定す」

という大きな記事があり、政府・与党が首脳会議を開いて政治情勢を分析した結果、内閣全体への不信任案は十票程度の票差で否決できる見通しだが、鈴木内相単独の不信任案は通る可能性があり、通ったら大変だと述べられている。

この記事の中にも、大学の左傾教授問題に言及したくだりがあり、次のようにある。

「共産党事件に関しいわゆる左傾教授の処分問題等について水野文相から各大学総長との会見顚末の報告あり、左傾教授の処分については一二大学のある学部教授の盟休位《ぐらい》は覚悟しても相当徹底的の解決を計る必要があるとの事に意見の一致を見た」

政治情勢に突き動かされ、大学問題は強硬方針でいかざるをえないところに追いこまれていたのである。先に、新人会解散について述べたところで、新人会解散は、大学の最高決定機関である評議会にかけて、議論の末に決定されたものであると述べたが、その評議会が開かれたのが、この新聞記事が出た四月十七日である。

その席上、小野塚総長（代理）は、まず水野文部大臣ならびにその他一、二の閣僚との会議の模様を報告するところからはじめて、次のような情勢分析をした。

「『政府局中ニハ相当強硬ナル意見ヲ持スル向アルモ、事苟クモ本学ニ関スル限リ一切ノ処置ヲ文相ヨリ一任セラレ当タルモノナルガ故ニ、職員ノ進退問題及新人会ノ解散等ハ万事自発的ニ解決シ度キ方針』であると述べ、『是等ニ対スル本学ノ処置遅延セハ必スヤ早晩外部ヨリ干渉セラルヘキ状勢ナルヲ以テ、之等ノ問題ハ本学自体ニ於テ此際適当ノ処置ヲ執ルヘキ要』がある」(『東京大学百年史』)
この報告を受けて、前章で述べたように、評議会内部に多少の異論があったとはいえ、その場で新人会の解散が決定されたのである。

マルクス主義経済学最大のスター

翌四月十八日、

「東大の新人会　遂に解散さる　今朝評議員会の結果　直にその旨を声明」

の記事が東京朝日の一面トップになった。そして、そのすぐ脇にならんでいたのは、

「京大の河上教授　辞表を提出す　荒木総長から辞職を勧告され　遂に詰腹を切らさる」

「諒解しかねる　辞職勧告の理由　教授会の決議を尊重して　自決の河上教授語る」

という、河上肇の写真入りの記事だった(五七〇ページ写真参照)。

河上肇は、マルクス主義の立場を鮮明にしての講義もすれば、多数の著書(『資本論入門』『経済学大綱』『資本論(共訳)』など)も出している、代表的な左傾教授で、左傾教授というと、誰でも真っ先に思い浮かべる名前だった。

治安維持法下の時代、マルクス主義文献などそう簡単に読めなかったのではと思われるかもしれないが、そうではない。昭和二年から三年にかけては、マルクス主義文献全盛時代といってもよい。大正十五年に一冊一円の『現代日本文学全集』で当て、円本ブームを作った改造社が、次は経済学だとばかり、昭和三年には全二十八巻の『マルクス・エンゲルス全集』をやはり一冊一円で出しはじめ、それに対抗して、岩波書店、希望閣、弘文堂など五社が連合して、マルクス・エンゲルス全集刊行聯盟を作り、『聯盟版マルクス・エンゲルス全集』(河上は、五人の編集主任の一人)を全二十巻で出そうとしていた。『資本論』は、全集とは別に単独でも岩波文庫から出ていたし(訳者は河上肇・宮川実)、改造社からも出ていた(高畠素之訳)。上野書

店からは河上肇・大山郁夫の監修で全十三巻の『マルクス主義講座』が出ていたし、白揚社からは全二十巻の『スターリン・ブハーリン著作集』が出ていた。希望閣からは『マルクス主義文庫』が出てさまざまなマルクス主義文献が手に入った。昭和三年には、さらに、改造社が全五十二巻の『経済学全集』を出しはじめ、その執筆者の大半をマルクス主義経済学者で固めた。その第一巻が河上肇の『経済学大綱』で、その上篇は河上が京都大学で行った経済原論の講義の稿本そのものである。その内容は、「実質は、殆どマルクスの『資本論』の解説の如きもの」（同書「序」）だった。この本は売れに売れ、「日本の経済学に最も大きな影響を与えた本」（大内兵衛）の一冊にかぞえられている。『経済学大綱』の印税だけで河上の手元に一万五千円入ったというから、十五万部売れたのだろう。

とにかく、河上は、マルクス主義経済学者の中で、最大のスターだった。『京都大学百年史』は、当時の河上を次のように描いている。

「この頃河上肇は何といっても京大のシンボル的存在であった。瀧川幸辰は『先生の名声は京大経済学部を圧倒していた。経済学部の河上か河上の経済学部かわからぬくらゐであった。否、全京大が先生の名声のもとにあったといってよい。このことは先生を目あてに京大に入学したといふ学生が甚だ多かったことからもわかる』といっている（瀧川幸辰「河上教授の退職」堀江邑一編『回想の河上肇』）。

また次のような証言もある。『この当時先生は、京都大学の学生たちの渇仰の的であった。私はしばしば、先生のお宅の前を通る学生たちが門の前で脱帽して敬意を表している姿を見受けた。先生の経済原論の講義は、いつも満員であり、経済学部以外の部の学生や学外のインテリなどが聴講にきたため、座席がなくなり、立ってノートを取る者が沢山あった』『河上教授は、講義のたびに新しく起草した原稿によった。そこに学生の関心があった。先生はいつも和服でやってきた。シャツをきないので袂からヌッとでた左手に、二、三枚の原稿をもって、しかしめったにその原稿は見ないで、「むうマルクスがあ……」と力づよい確信的な口調で述べてゆく。この講義の口調は、あの弱々しい風貌からは予期できない……（中略）……迫力のあるものだった。「宗教的なふんいきをたゞよわせるね」と誰かがいった』（宮川実「学者としての河上先生」、長谷川博・田代文久「真のコンミュニスト・河上博士」『回想の河上肇』)。この河上を休職させることが簡単にできるはずはなかった」

河上の人気もさることながら、前に述べた沢柳事件以来、京都大学では、教授人事は、教授会の同意がなければならないという慣行の問題があった。

しかし文部省は、なんとしても左傾教授のシンボルのような河上をやめさせたがっており、荒木総長を東京の文部省に呼んで因果を含めた。末川博によると、事態はこう進行した。

「**末川** その当時、荒木(寅三郎)さんが京大の総長でしてね、文部省あたりから荒木さんに、河上が論文を書いたり、大山(郁夫)さんの応援演説にいったり、学生に悪い影響を与えたりして困る、やめさすことはできまいか、というような要求があったのです。その要求に応じて荒木さんは東京に当時の経済学部長財《たから》部《べ》静治《せいじ》教授と長老の神戸《かんべ》正雄教授を呼んで会合し、河上に辞表の提出を求めることに決めて帰学したという話が伝えられました。しかも、経済学部の教授にははからないで断行するという話だったのです。そこで、これを聞いた法学部の者は非常に驚いて緊急教授会を開きました。その時のことを佐々木〔惣一〕先生の随筆集『疎林』にある『河上教授辞職のこと』でみると『事は、決して単に河上教授一人の問題たるに止まらない。また経済学部の問題たるに止まらない。実に大学全般の問題であるのである。……法学部は教授会を開き、法学部として総長にこの問題について経済学部教授会の同意を得べきものであることを申出ることを決議した。そしてそれを申出た。総長は、法学部の申出を容れ、経済学部教授会に問うことにした……」

(田中耕太郎・末川博・我妻栄・大内兵衛・宮沢俊義『大学の自治』朝日新聞社)

「教授会がおれにやめろという意味じゃろう」

沢柳事件においても、大学の教授人事権を守る中心となった法学部が、再び教授人事権を守るために立ち上がったわけである。そして、この問題が、階上の会議室で経済学部の教授会にはかられている間、階下の会議室には法学部の教授連中がみんな集まって、その結果を待っていた（法学部と経済学部は同じ建物を共有していた）。

「**末川**　……教授会に問うとなると、教授会が河上教授の罷免に同意するというようなことがあるはずはない、と私どもは無論思っていた。やがて、経済学部教授会の決議がわれわれの耳にはいった。それは、経済学部教授会では、総長が河上教授の辞職を要求するの理由に同意するものではないが、教授の自発的辞職を要求することに異議をいうものではない、という意味のものであった。この決議の意味は、私どもの真によく解することの出来ぬものであった。が、とにかく、総長は右の決議にもとづいて河上教授に対して辞職を勧告したのであった』。つまり、経済学部の教授会は、総長が本人に辞表を出さすのならば、あえて自分たちはそれを阻止しない、という妙な決議をしたんです。そこで、そういう決議ができたのは、教授会がおれにやめろという意味じゃろう、といって、河上は辞表を出したんです。それだから、あれは形式的には一応教授会の議をへておるということになっておるんです。

宮沢　当時わたしが新聞を読んで記憶しているのは、河上さんの談話として、教授会がそういう意思なら、自分としては従う、といったようなことを話しておられましたね。

末川　そうです。大学の自治は尊重しなければいかん、というのが河上の考えで、教授会がそういう意思なら自分は辞表を出す、といったんです。その教授会の意思なるものは、ひじょうにあいまいな形だったんですけれども、とにかく一応教授会の決議があった、それなら出すというんです。そうせんと、大学の自治を破壊することになっちゃ困るから、といっておったんです」（同前）

いまひとつ訳がわからない流れではあったが、河上があまり抵抗することなく、すんなりやめていった背景には、このころ河上は、すでに諸般の状況からいずれ自分は大学をやめなければならなくなる日がくるだろうと予期しており、いつでもやめる覚悟ができていたということがあったようだ。そのあたりの心境、『自叙伝』の中で次のように書いている。

「私が社会科学研究会の指導教授を引受けてから翌々年の三月には、日本共産党の検挙として有名ないわゆる三・一五事件が起り、相次いで四百五十名の起訴者を出すに至ったが、果してその中には京大社会科学研究会の会員も少なからず含まれていた。私自身は固よりこの事件に何らの関係も有っていなかったが、しかしかねてからマルクス学者として世間の物議を招いていた注意人物なので、当然これを機会に、私の進退がその筋で問題とされ、色々の噂が新聞紙にも出るようになった。私は早くも辞職の肚を決め、家人もそのつもりになっていた。こうした時勢にマルクス主義を信奉することを公言して憚らない者が、いつまでも大学教授の地位に止まることが出来ない位のことは、最初から分かり切った事だ。（略）残された唯一の関心は、ただ大学教授らしくその地位を去るということにあった。自分で辞職するか、飽くまで頑張って首を斬られるか、いずれにしてもその筋道を正しくすること、これが私にとっての唯一の問題であった。（略）私自身も、ブルジョア社会の大学教授としてこれ以上居坐っていたいとも、考えていなかった。（略）これ以上、私は大学に向って、何の望みをもとう？　今やブルジョア社会は一般的危機に襲われて来たし、大学における研究の自由及び研究発表の自由も、まさに終りを告げげんとしている。あたかもその時に、私は一応マルクス学者として自分を仕上げてしまった。いつまでも大学に居残る必要は、全く無かったのである」

　この訳がわからない辞職の顚末、河上の『自叙伝』の「荒木寅三郎の頭」の項によると、次のようになる。

「私は大学構内の自分の研究室で、総長の荒木と経済学部の最古参教授である神戸とに会った。二人とも最初に、今日は友人として面会するのだということを強調した後、（当時経済学部の教授で東大出身者であるのは、神戸と私と二人だけであり、自然私たちは平生頗る懇意に付き合い、観劇などにもよく夫婦づれで出掛けていた。で、神戸が友人を名乗ったことには、少しも不思議は無かった。）総長は文部省が私の辞職を望んでいるとて、その理由として、『マルクス主義講座』の広告用の冊子中にある私の短文に不穏当な個所があるということ、総選挙の際私が香川県でなした演説に不穏当な個所があったということ、私が指導教授となっている社会科学研究会の会員の中から治安維持法違反の嫌疑者が出たということ、の三個条を挙げた。私は、そんなことは問題にならぬから、そういう理由でなら辞職はしない、と即答した。（略）

　宅に帰ってみると、法学部の教授である佐々木、末川の二君が来て、応接間で待っていてくれた。どうしたかと訊かれるので、辞職は断ったというと、それもよかろうといいながら、両君の語る所を聞くと、この日午前中、経済学部では教授会を開き、私の辞職を必要とする旨の決議を行ったのであった。法学部でもこの日午前中の講義を休んで引続き教授会を開き、経済学部教授会の議事は刻々に確めて来たが、こうした決議を行ったことは間違ない事実だから、一応そのことを考慮に入れるように、というのが、両君の忠告であった。私はその話を聞いて、また即座に辞職の決意をした。経済学部自体がすでにそうした決議を行った以上、大学の自治を主張し来った私としては、その理由の如何を問わず、これに従うべきであると信じたからである。（略）

すでに辞職の決意をした私は、念のため神戸に電話をかけて、教授会の決議のことを問い合わせて見たが、電話口に立ったこの『友人』は、午前中自分もその決議に加わった一人であるにもかかわらず、それは学部長に聞いてくれろという以外に口を開かなかった。（略）

で、私は総長室に荒木を訪ね、始めて経済学部教授会の決議を公式に確めると同時に、それならば私は辞表を出すと言明した。そして序に私は、彼に向って、『念のためお尋ねしておきますが、先刻は友人としてのお話だということであったから、私は最後まで総長からは何事も承らないはずになっていますね』と言うと、彼は大きな頭をポンと掌でたたいて、『アッ、君、あれはみんな総長としての話にして下さい。』とへへラ笑いをした。その態度が如何にも図々しかったので、私は怒気の逆上するを覚えたが、荒木は、突き立っている私に向って、『まあ君、ゆっくり話して行きたまえ。』などといった。それが彼の声を聞いた最後であり、彼の禿頭を見た最後であるが、私は今に至るもなおその時の憤怒を忘れることが出来ない。もし私が市井の無頼漢であったなら、あの時私は、彼の大きな禿頭に力一杯の鉄拳を喰らわして立ち去ったであろう」

河上は無頼漢ではなかったので、荒木の禿頭に鉄拳を喰らわすこともなく、すぐに辞表を認め、辞職理由を謄写版刷りにして発表した。

それは総長から示された辞職勧告の三つの理由に逐一反論するものだった。

謄写版刷りにして配布したわけを、『自叙伝』では次のように書いている。

「それまで待っていてくれた佐々木、末川両君の忠告に従い、私はこれを謄写版刷りにして出した。多年の慣例を破って決議を議事録に留めることすらしなかった教授会は、私の辞表の文句を改竄せぬとも限らぬという虞があったからである。それほどまでに、大学での同僚というものは、最後の段階に至って全く信用の置けぬものに一変していたのである」

辞職理由の改竄とまではいかないが、『京都大学百年史』では、河上側の主張を全部紹介した上で、荒木総長、財部経済学部長側からは別の見方があるとして、次のような話が紹介されている。

「財部は戦後出した回想記で次のように自らの体験を著した。経済学部教授会は『総長が総長の責任において河上教授を退職せしめられることを諒承』し『総長は河上氏をその研究室に訪ねて自分も辞職するから君も辞職して下さい。つまりお互いにさしちがえて倒れようといわれた。私はその時に立会った証人であった』『事件は、荒木さんと河上さんの刺しちがえで解決されたもので、教授会は干与せずというのであった』（神戸正雄『対楓庵雑記』朝日新聞社）」

真相はともあれ、河上はあまり抵抗することなく辞職した。学生たちの間から、多少の反対運動的動きはあったが、本人の辞意が固かった上、荒木総長が適当な時期の辞職（実際になされたのは翌年四月）をにおわせたため、あまり大きな騒ぎにはならなかった。

共産党との接近

河上が大学をやめた時の心境は、むしろ、ホッとする思いであったという。

「これまで随分重荷に感じられていた学校の講義も、もはや一生免れることが出来るし、終りに近づくほど時には耐えがたきものに感じていた学内の雰囲気からも、もはや完全に脱出することが出来たし、これからはずっと自分の書斎に落ち付き、終生の仕事として『資本論』の翻訳に没頭するであろう。自分は紙に字を書いて一生を過ごす特殊の紙魚である。坐って物を書くことが一番好きだし、得意でもある。膂力の弱い自分は、どんな労働にでも人に負けるが、ただ筆を持つことにおいてのみ人後に落ちずして済む。幸にして今では、マルクス主義の大体も心得て来たから、翻訳するだけなら、そうひどい間違いもせずに済むだろう」(『自叙伝』)

しかし、書斎の人になろうと思っても、周囲がそうさせてはくれなかった。すぐに共産党が接触してきて、河上を実践活動に引き入れ、それからの数年間、河上の人生を翻弄することになるからである。

もっとも、共産党が接触してきたとはいっても、共産党が機関決定で正式に接触してきたわけではないし、そもそも共産党は秘密結社なのだから、共産党と名乗りをあげて接触してくるわけでもない。はじめは末端の活動家が個人的に接触してきて、それに親切に応対し、それとなく援助するという程度の関係だった。

「私の書斎には、時折、謄写版刷りの非合法文書が舞い込んだ。発売禁止のものも郵送されて来た。三・一五事件に漏れた懇意な学生のうちには、一週間留置されたとか、二週間留置されたとかいって、警察署からの帰りを、虱をみやげに立ち寄る者もあり、どうかすると、なぐられた痕だといって、所々暗紫色になった手足の膚を出して見せる者もあった。(略)評議会(立花注・日本共産党系の日本労働組合評議会のこと、これは三・一五事件の直後に解散された)の闘士谷口善太郎君も、スパイを巻いては何度か私を訪ねて来た。綿雪のふりしきる中を、襟巻ですっぽり顔面を包みながら、夜陰に乗じて、私の書斎へ遣って来た日の光景は、いまだに忘れられない。東京からも人が来た。『無産者新聞』の基金募集に来た人には、私は即座に千円を寄付することを承諾した」(同前)

即座に千円を寄付というのは、今の二百万円に相当(二千倍で換算。以下同じ)するから、大変な気前のよさである。河上の手許には、本が売れたおかげでかなりの資産があった。マルクス主義で稼いだお金だから、共産主義の運動のためなら、喜んで金を出そうという気持が河上には強くあった。

「大学在職中、終りの何年間というもの、俸給などは月々の収入のほんの一部に過ぎないほど、私は自分の書いたものから法外の収入を得ていたけれど、家内は、自分の身につける物といっては、流行の羽織一枚すら拵えずに済ました。夫婦とも理財の才に乏しく、金が残ればただそれを銀行の預金にして置くだけのことであったが、何んにしても使わないものだから、何万という金が自然に出来て来た。大学を退き、やがて無産者運動の実践に踏み出すようになってから、もちろん私は、それまでに溜っていた金をみな無くするつもりであった。（略）そうした義務を果すためには、手許の在金を掻き集め、挙げてこれを日本共産党の中央部に提供するに如くはなかったのだが、如何せん当時党の本部は殆ど潰滅せるかに見えていた。やがて再建の曙光が認められるようになってからでも、何んにしてもそれは非合法的な存在なので、私のような者には容易に見分けも付かず手も届かなかった。で私は、（略）私に近づいて来る人たちの中で、コンミュニストであろうと思われる者、またはコンミュニズムのために働いていると思われる者に対し、随時、金を出してゆくより他に途がなかったのだが、しかしそのためには、私は長い間散々の失敗を重ねることを余儀なくされた。

恥しい話だが、『あの老人から金を絞るのは訳はない。ポケットからちょっとばかり赤いハンケチを覗かせて見ろ、財布の紐はすぐに解けるよ。』という噂が、当時一部の人々の間に行われていたそうだが、実際、私に金を出さすためには、それより外の才覚は要らなかったのである。当然私は色々な奴につけ込まれ、何遍ということなしに、仮面をかぶった悪質の連中から、手をかえ品をかえて無駄な金を取られた」（同前）

河上の『自叙伝』には、コミュニストであろうと思われる人たちを金銭的、あるいは精神的に援助した話が沢山出てくる。

「団迫や飯野が風のように台所口から入って来て、音も立てずに茶の間へ姿を現わすと、家内は時を択ばず直ぐに食事の用意に取りかかっていた。彼らはいつも不自由しており、いつも腹をすかしていたのである。食事の用意が出来る間、二階にいる私の所へ上がって来ると、団迫にしても飯野にしてもポケットからそっと刷物を出して見せてくれたり、余分のあるものは分けてくれたりした。みな非合法の文書で、大概は謄写版刷にされていた。かようにして私は、全協関係の印刷物はもちろん、毎号の『赤旗』まで、みな目を通すことが出来ていた」（同前）

偽コミュニストに騙される

これは本物のコミュニストを援助した話だが、喰わせ者に欺されて、お金をむしり取られた話も沢山ある。

「労農党の解消運動を起す直前、私は労農党系の或る組合にもストライキ資金を出していた。ところで、その組合の指導者は元来大山直系の人だったのに、（略）私が解消運動を起すと、自分たちも労農党の解消には賛成だといって、頻りに私の処に出入し、もう二、三日頑張るとストライキに成功するのだから序に五百円貸してくれ、三百円貸してくれといっては、小刻みに何遍も金を出させ、いよいよ口実もつきた頃に、ぷつり縁を切って逃げた。

それに似たことは、大山君すら敢てした」（同前）

大山君というのは大山郁夫のことである。労農党のためということで大山に用立てたお金の一部を大山が私的に費消していたというのである。

喰わせ者の典型は、鈴木安蔵という、京大時代の教え子で、京都学連事件の被告である。彼は釈放後、河上のところに出入りし、マルクス主義の研究会を開くなどするようになっていた。いかにも党員である風を言葉や行動の端々ににおわせるので、河上はすっかりだまされてしまう。そして、自分が長年やってきた個人雑誌『社会問題研究』の編集権と編集料（一号当り大学教授の俸給の倍額以上になった）を丸ごと彼に与えてしまったりする。

「当時私は、彼を共産党員なのだろうと思っていた。当時における党員の詮衡標準は非常にルーズだったので、もと京大の学生だったもの又は現に京大に籍を置いているもので、例の学生事件に引っ掛かった者は勿論、それ以外の学生でも、すでに共産党員となっている者が、少からずあったのだから、私がそう思っていたのは、必ずしも非常識ではなかった。少くとも彼の話振りからすれば、彼は共産党員と連絡があり、それを通じて党の幹部とも連絡があるのでなければならなかった。『社会問題研究』を私が彼に一任するようになったのは、一にかかる考慮に基づいたのである。

話がここまで進むと、彼は居を東京に移さねばならぬと言い出し、また『社会問題研究』の編輯および発行も東京でやらねば駄目だと言い出した。彼は私に旅費を出させ、疲れているからとて寝台車で上京し、細君とともに東京の郊外に小綺麗な一家を構えた。（略）東京で鈴木と連絡するには、いつも中々骨が折れた。予め面会の場所と時間とが打合せてあったので、正確にその時間を見計って、指定の場所――大概それは新宿にある上等の喫茶店であった――に行って待っていると、彼はやがて姿を現わし、卓に着いてやっと珈琲の一杯も啜ると、『あっ、これあいかん』と低く私語しながら、つかつかと出て往ってしまう。大塚（立花注・有章、河上の義弟、しばしば河上の代理人となってもらっていた）は大急ぎで珈琲代を支払い、慌てて街頭に出て見ると、もう彼の姿は見えなくなっている。そんな風にして大塚は何遍彼のために撒かれたか知れない。（略）鈴木がこんな風なことを度々するのは、何処かにスパイがいて、逮捕される危険があるからだろう、とのみ合点していた。しかし、後になって分かったことだが、およそこうした類のことは、みな鈴木が自分を偉そうに見せるための単なる手管に過ぎなかった。馬鹿な真似をしたものだ」（同前）

鈴木は党員でも何でもなく、党との連絡すら何もない男で、河上はただただ金をむしり取られていただけだったのである。

党員でもない男に金をだまし取られる経験を何度も重ねた後に、あるとき、正真正銘の党員が訪ねてくる。「ある日旧知の杉ノ原舜一君が細迫兼光君の紹介状を有って何年ぶりかに遣って来られた。開けて見るとその紹介状には、『杉ノ原君が日本共産党の党員であることを保証する、用談は総て直接に聞いてくれ。』という意味のことが書いてあった。当時杉ノ原君は日本大学の民法の教授だった。『私がいきなり党員だと名乗って来ても信用され難いかと思って一応細迫君に紹介してもらいました。』と言いながら、同君は早速、党へ毎月定額の寄付金をしてくれるように求めた。そして、死んでも秘密を漏らすようなことはないから、その点は十分安心するようにと、誓のような言葉を述べた。（略）

もちろん私は即座に承諾した。後には次第に増加したが、最初約束した金額は月百円か百五十円位のものだったろう。（略）遅蒔きながらも、今やっと党本部と直接の連絡がついたのだ。残っている資金の全部は、もはや間違なく、尽くこれを有効に使用することが出来る。私はそれで安神《あんしん》したのだ」（同前）
河上は党と連絡がついたことで安心したが、現実には、河上の悲劇は、党と連絡がついたことでさらに深いものになる。

27
河上肇とスパイM

河上肇のカンパの金額

京都大学を退官して、『資本論』の翻訳に没頭していた河上肇は、昭和初頭から地下の共産党へのカンパをはじめた。はじめは組織の末端にいた活動家に対する寄付だけだったが、昭和六年夏の頃、日大の民法学教授杉ノ原舜一を介して、党中央と連絡が付き、資金を党中央に直接入れるようになった。

はじめは、月々百円単位（二千倍で換算して、百円は現在の二十万円くらいと思ってよい）だったが、やがて、千円単位の臨時の寄付を度々頼まれるようになった。そしてついには、河上自身共産党に入党して、地下に潜行することになる。

入党後の仕事は、機関紙「赤旗」の編集を助け、政治パンフレット作りに参加し、その執筆にもあたるこ

風間文吉　©毎日新聞社提供

鍋山貞親

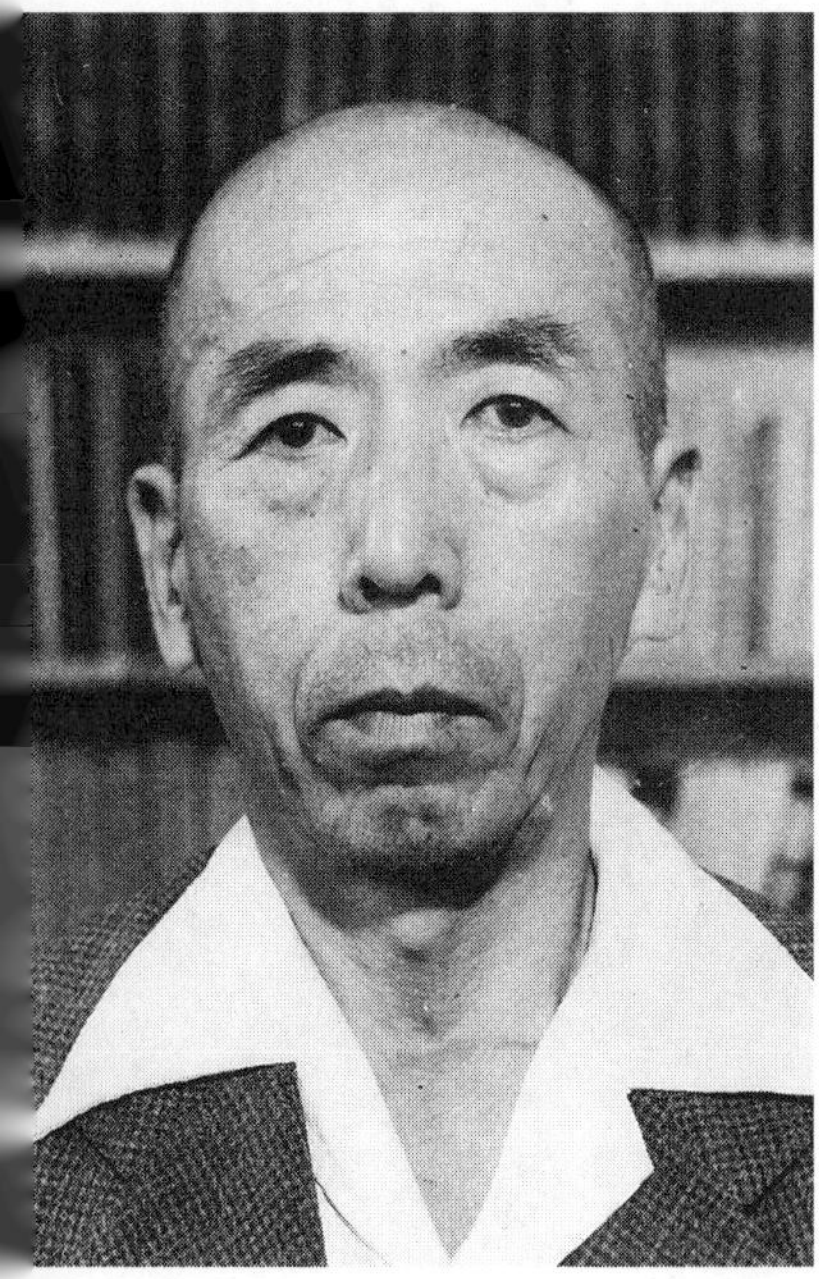

佐野学

とだった。この間にした仕事で、最も知られているのは、コミンテルンが発表した三二年テーゼ（日本共産党の基本的活動方針）をいちはやく入手し、それを翻訳して「赤旗」特別号に発表したことである（本田弘蔵訳となっているが、これは河上のパーティ・ネーム）。

この時期の共産党は、田中清玄の武装共産党が壊滅したあと、風間丈吉、岩田義道、松村（通称M。実はスパイ）によって再建されたもので、後に非常時共産党と呼ばれるようになる党である。松村は、家屋資金局を作り、アジトと資金関係を一手に握ったが、特高の毛利警部と直結していたため、共産党の組織の全貌が当局に筒抜けになった。

この時代、共産党は、広範にシンパ網を組織して、宣伝活動につとめるとともに、広く資金を集めた（最盛期には月三万円も集まった）。これも特高に筒抜けで、シンパを含め、党組織は度々手入れを受け、やがて壊滅していった。

また、武装蜂起のための武器調達資金が必要だからというので、「戦闘的技術団」という秘密組織を作り、恐喝、詐欺、持ち逃げなど、さまざまの犯罪的資金作りをした。ついには銀行強盗（大森銀行ギャング事件。三万円を奪うことに成功）まで引き起すのだが、これまた、スパイMがトップにいて仕切った。だから、世間を大々的に騒がせた一大事件となったところで、強盗団一味一網打尽ということになってしまったのである。

家屋資金局で松村の配下となり、戦闘的技術団の中心メンバーとして銀行ギャング事件を現場で指揮したのが、河上肇の義弟の大塚有章《ゆうしょう》である。大塚は、河上の地下潜行時代の世話もずっとやいていた。河上は、資金提供者の中でも、最大口の提供者で、銀行ギャング事件の直前には、大塚を介して、一度に一万五千円というとんでもなく巨額な資金も用立てている。

河上は、『自叙伝』の中で、そのときのことを次のように記している。

「万一大塚が刑事に怪まれ逮捕されるような事があってはという万一の懸念から、この時二人の党員は、（後に大森ギャング事件の実行の衝に当った西代《にしじろ》〔義治〕と中村〔隆一〕の両人である、）実弾を込めた六連発のピストルをポケットに潜ませながら、入口の側の卓に陣取って様子を伺っていたが、小さな包みが手渡しされると見るや、すぐに立ち去った。（略）

私は当日行われたそんな事件の輪廓を大塚から聴き取りながら、『これまで杉ノ原君の手を通して党に提供した資金は恐らく一万円近くに達しているだろうから、今度の分を加えると、かれこれ二万何千円というものになるはずだ。新労農党時代に随分無駄な金を使ったものだが、それでもまだそれだけの金を提供することが出来たのか。』と満足に思うと同時に、『しかし跡にはどれほどの金が残してあるのだろう。』と、家内の今後の生活のことがひどく気に懸った。（略）

（立花注・家内は）私の著作物からの印税が相当に這入って来た時でも、（『経済学大綱』の印税は一万五千円、『マルクス主義〔経済学〕の基礎理論』と『第二貧乏物語』の印税は各〻一万二千円、等々）一度も贅沢らしい真似をしたことがなく、みなそれを預金に廻して、古びた箪笥の底には流行おくれの着物ばかりしまい込んで安んじて来たのに、ここ数年間、一挙にしてそれを根こそぎ無くされてしまいながら、一度も不平がましいことは言わなかった。そして今は最後の預金まで躊躇するところなく手離した様子である」

スパイ松村に会う

これほど巨額の資金を提供し、しかも当代最高のマルクス経済学者なのだから、党中央も、河上に破格の扱いをした。

委員長自らが党とのレポ役になったのである。

「すると八時過ぎに、思い掛けもなく大塚が三十がらみの背の低い洋服の男をつれて、また遣って来た。それは杉ノ原君に代って今後私と一切の連絡を取る中央部関係の党員だということだった。（略）その勿体ぶらない気取らぬ様子が、まだ党員にもなっていなかった『全協』関係の運動者たちの用心深い所作を見慣れている私の素人眼には、相手はたいした地位の者ではあるまいと思わせた。

彼は一度も私を刺戟したり激励したり興奮させたりするような話はしなかった。もちろん理論を闘わすでもなく、時事を論ずるでもなく、党内の事情を話すでもなく、当面の用件を済ました後は、ただ遊びに来たといったような調子で、モスコウの赤色広場における示威運動の話をしたり、小声でインタナショナルの歌を歌って聞かせたり、時には昼食を一緒に食べたりなどして、時間を潰した。

私は杉ノ原君から言い継がれたままに、彼をただ『赤旗』の編輯に関係している党員だとのみ思い込み、中央委員の候補くらいの地位にいる人だろうと思った。私自身が党員としての自分を低く評価していたので、自分の所へ直接連絡に来てくれる者は、丁度その程度の人だろうと思い込んでいたのである。

しかしこの平松こそは、前にも書いて置いたように、実は当時、日本共産党中央常任執行委員長という党内最高の要職に就いていた風間丈吉君だったのである」(同前)

河上は、大塚の紹介で、スパイ松村にも引き合わされている。『自叙伝』の次のくだりが、党内でも秘密に閉ざされていたスパイ松村の人物像を最もヴィヴィドに伝える資料となっている。

「間もなくまた私を訪ねて玄関に遣って来た者があった。私の居所はもちろんのこと、宇波という党名など他《ほか》に知っているはずはないのだがと不思議に思っていると、玄関まで出て見た大塚が、

『丁度いい所でした。』

と言いながら、機嫌よくその人を案内して這入って来たので、私は別に不安は感じなかったが、どういう訳でその人がここへ尋ねて来たのか、私に会うためか、それとも大塚に会うためか、私には少しも事情が分からなかった。

新しく這入って来た男は、小ざっぱりした洋服を着た三十がらみの、気の利いた顔付はしているが、インテリゲンツィアとも労働者出身とも私の眼には見分けが付き兼ねた。ただ私のすぐに気付いたことは、もう四十近くになっている大塚が、ずっと年下のこの男に対し、目立って鄭寧な応接をしていることであった。大塚が以前平松(風間)を連れて来た時には、――多分彼も平松の党内における地位を知らずにいたのだろうが、――こんな様子を彼は少しも見せなかった。で、平松とは何回も直接に面会しながら、相手はまだ中

央委員にもなっていない人だろうと最後まで思い込んでいた私であるに係らず、新しく這入って来たこの男は、中央委員に相違ないと、すぐに感づいた。ずっと後になって曝露したことだが、この男が前にも度々引合に出した中央常任執行委員としてスパイの頭領たる役割を演じていた松村で、家屋資金局の全権を握っていたのだから、今から考えると、大塚が鄭寧に応対していたのも合点できるし、彼が私の居所や党名を知っていたのも合点できる訳である。（略）

大塚たちに対しては、明かに上部の人らしい鷹揚な物の言い方をしており、たった一枚しかない客用の座蒲団も彼が占めていた」（同前）

これは大森銀行ギャング事件の四日後のことで、大塚が連れてきた他の二人の男は、ギャング事件をいっしょにやった連中で、松村をまじえて、このあとどうするか相談していたのだが、河上は、部屋の別のすみにいって、彼等の話をきかないようにしていた。しばらくして散会し、党員たちは出ていった。

「松村と大塚が居残って、暫く私を相手に雑談を交えた。その時松村はポケットから百円札を一枚出し、当座の生活費だといって私にくれた。私はこの札も大森事件の断片だろうと思ったので、折目の付いた古い札ではあったが、封筒に入れて別にしまい込んだ。

松村と大塚が相携えて帰ってから、松村はまた間もなく遣って来た。今度は黒い革の大きなトランクを提げていた。彼は鍵を添えて私の前へ出し、これには党の秘密文書が入っているが、全部預け放しにして置くから、勝手に中身を取り出して見てくれ、『赤旗』も殆ど欠号なしに全部取揃えてある、と言った。

彼は自分で鞄を開けて、こんな物も這入っているのだといって、『国際共産党日本支部、日本共産党』、『国際共産党支部日本共産党、中央委員会』と彫った印鑑を出して見せたり、化学部でこんな物を試作したこともあるといって、無色インキで物を書いて見せたり、ひどく燃え易い紙へマッチで点火して見せたりした。

相手が有力なスパイだろうとは夢にも思っていなかった私は、いま警察の警戒網が百パーセントの緊張を呈している異常に危険な空気の真只中を、こんなに物騒な品物のはち切れるばかりに詰め込まれている大き

なトランクを、白昼平気で手に提げて来た、相手の大胆さに驚歎した」（同前）

みんなバレている

スパイ松村にここまでつかまれていたのだから、河上逮捕はもはや時間の問題だったといってよい。しかし、河上はまだしばらくの間、逮捕をまぬがれる。用心した大塚が、河上を誰も知らないところに移し、その居所は松村にも報告しなかったからである。

この会合があってから二十日後の昭和七年十月三十日、松村は熱海の伊藤別荘に全国から地方組織の代表者を集めて、全国代表者会議を開くことにした。そして、これを丸ごと当局に売り渡してしまった（熱海事件。第三次共産党検挙ともいう）。これによって、風間委員長以下、中央、地方の幹部はのきなみ逮捕され、共産党は事実上壊滅状態になった。しかし、用心深い大塚は誰にも連絡を取らず、亀戸の貧民街に河上の次女芳子（党の地下活動に参加していた）とともに夫婦を装って入り込み、逮捕をまぬがれた。しかし、それもわずかの間のことで、年があけて、昭和八年一月早々に、党と連絡を回復しようとしたとたんに逮捕された。取調べの過程で、党中央にスパイが入っていて、党組織が当局に筒抜けであったことを知り、これ以上、河上を守るのは無意味と悟った。大塚は河上に礼節をつくすことを条件として、当局にその居所を告げ、自分の手紙を持参して、河上に読ませた上で逮捕してくれといった。その手紙は次のような内容であった。

「自分が兄上の居所を漏らしたことは、さぞさぞ意外千万とされたことであろう。そう思うと自分は苦しい。しかし自分は決して死を厭った訳ではない。ただ数日来熟慮を重ねた結果、自分は兄上のために最善の考慮を費し尽した上で、初めてこの挙に出たつもりである。自分は今委《くわし》い事実をここに書き立てる自由を有たないが、逮捕されてから始めて知ることの出来た非常に意外な事実があるということだけ申して置く。それは到底兄上の思い及ばれない事実であり、しかも吾々の運命にとって致命的な事実であるが、それをここに書く自由を有たぬことをこの上もなく遺憾に思う。そういう非常に意外な事実がある上に、党はまた今全く壊滅してしまっている。兄上の運命は実に風前の灯火で、たとい今自分が死を賭して秘密を守って見たところで、兄上はこれから先きただ無駄に難儀を見られるだけで、何一つ仕事をされる見透しはなく、しかも早晩、今よりも遥に悪い条件のもとで、今日と同じ運命に会われるに決まっている。で、自分はあらゆることを考慮に入れ、これが最善の方法だと信ずるに至ったので、自分しか知っていない兄上の居所を、敢て自分の口から漏らすことにした」(同前)

ここで大塚が婉曲な表現で述べているのは、スパイ松村のことなのだが、河上も、自分が逮捕されて取調べを受けていくうちに、同じことが自分でもわかってくる。要するに、中央委員にスパイがいて、共産党の秘密などというものは事実上なにもなく、みんな当局にバレバレだったということである。スパイがいるという以前に、逮捕された党員もまた秘密保持能力がなく、警察で問われるとなんでもしゃべってしまうから、たいていのことがバレてしまうということもあった。河上のことについても、命にかけて秘密を守るといったレポ役の杉ノ原が全部しゃべっていたし、委員長の風間にしても何もかもしゃべっていた。取調べ検事は、河上の自供を待つまでもなく、何でも知っていた。

「『最初に風間丈吉の聴取書を読んで見ます。風間は御承知でしょう。』

『いや、そんな人は知りませんが。』

『党の委員長をしていた男で、徳川といっていたが、あなたに会う時はいつも平松といっていたはずだ。この男です。』

そういって、彼は一枚の写真を出した。

徳川という名も平松という名も、私には生き生きした記憶があった。それを聞いた時、私はハッとした。あれが党の委員長だったのかと、実に意外な思いをした。(略)

『まあお聴きなさい、その風間がこんな風な事をいっている。』

そういって、検事は風間の聴取書の要所要所を読み上げた。

『なんだ、みんな分かっているのか、それならそれでよし。』と、私はすぐに覚悟を決めた。(略)

それからもう一人、中央委員某なるものの聴取書があったが、これは一番詳しくて、風間のそれには全く触れていない一万何千円の党資金のことや、私の入党前におけるコミンテルン新テーゼの翻訳のことや、次いで右新テーゼに関するドイツ文の訂正のことや、殆ど何も彼も事細かに述べ立ててあった。

不思議なことに、弁護士の手に渡された一件書類を、出獄してから後調べて見ると、この一番分厚な聴取書だけすっかり漏らされている。私はこれこそ、中央常任執行委員としてスパイの役割を演じていた松村某のものに相違ないと、今では確信している。

（略）総てのことは完全に曝露されている。もはや一切を承諾する外はないと、早くから覚悟を決めてしまった」（同前）

河上は、さらに、検事からこんなことを告げられる。

「今度の検挙で共産党はすっかり潰滅です。どうせ多少の残党は打ち漏らされているが、なに、少し眼に立つような仕事を遣り出せば、またばさりやるだけのことです。ほんとの事をいうと、三・一五事件の時などは、実はよく見当がつかずに網を打って見たので。あの頃から見ると、今の警察は格段の違いです。この頃ではちゃんと不断から何もかもみんな目星がついていて、ただ適当な時期を待ち、少し眼鼻がついて来たと思えば、その時一々狙い撃ちをやって、根こそぎ引抜いてしまうのです。（戸沢検事が当時こんな事をいったのは、あとから考えて見ると、中央委員にまでスパイを住み込ませていたのだから、なるほどと肯《うなず》かれる訳である。）」（同前）

戦線脱落宣言

河上は敗北感に打ちひしがれ、政治活動からいっさい身を引く決意をした。時あたかも、中央委員、佐野学、鍋山貞親の転向発表（昭和八年六月七日）が世に衝撃を与えた時期である。検事は、河上も転向させ、転向宣言を世に発表させようとした。検事は、なんなら、佐野、鍋山たちに会わせてやるから、意見の交換をしてみたらとすすめた。

「私は躊躇なく答えた。

『私はもう政治運動からすっかり手を引く決心をしていますし、今後政治問題については一切口を出すまいと思ってる所ですから、もうそんな物は見たいとも思いませんし、佐野君たちに会いたくもありません。』

（略）何にしても最早や矢はつき刀折れた今の自分にとっては、――一生を老廃兵として書斎に蟄居《ちっきょ》し、せめては銃後の仕事として『資本論』の翻訳に余生を献げる外に途はあるまい。実はそれが自分にとって一番の適所でもあるのだと、こう思って来ると、私は棄てて出た書斎の古机が恋しくて耐まらなかった」（同前）

河上は転向するつもりはなかったが、政治運動とは絶縁するつもりだった。検事はそういう心境でいいから、文章にして発表してくれないかという。河上は、検事のいう通りにすれば、執行猶予くらいつけてもらえるのではないかと考え、求めに応じて発表したのが、次の「獄中独語」（次ページ）である。これは、転向宣言ではなく、戦線脱落宣言である。佐野、鍋山は、コミンテルンを批判し（各国共産党をソ連邦防衛隊にしてしまった）、日本共産党を批判し（労働者の党を小ブルの極左主義者の党にしてしまった。君主制打倒を中心スローガンにして大衆から離反した、など）、自らの誤りを認めた上で転向すると宣言し、同志にもそれをすすめたのに対して、河上は、そのような批判、自己批判、反省は何もしていない。ただただ自分の弱さを認めるのみである。

「『共産主義者として検挙された私が飽くまでかかる者として生存しようとすれば、私にはただ獄中生活のみが残される。再び自由を得ようとすれば、早かれ晩《おそ》かれ私は共産主義者としての資格を自ら抛棄せねばならぬ。

（略）人生五十というが、私は既に五十五にもなっている。もはや残生いくばくもない。共産主義者として最後を完うしたら本望だろうと、誰でもが思うであろう。ところが一たび自ら牢獄生活を経験して見ると、生死を超越した老僧の山に入りて薬を採るのこころが理解される。免れがたき死は恐れぬにしても、なるべく苦痛を避けて楽に死にたいというのが、最後まで人間に残る本能の一つであるらしい。（略）生活力の衰

（第三種郵便物認可）　昭和八年七月七日　（金曜日）　東京朝日新聞

一切實際運動と河上博士絶縁す

夫人の許に書き送った「獄中獨語」に表明

獄中獨語　河上肇

苦痛を避けて樂に死にたい　老境に動く本能

マルクス主義を學徒として信奉　獄中も信念動搖せず

自らを葬

『決意までには隨分思ひ惱んだ』秀子夫人自宅で語る

弱に伴う気力の衰えは、如何ともしがたい。世の中には青年でなければやれぬ仕事があるということが、よく分かった。……共産主義者たる資格を自ら抛棄することは、共産主義者としての自刃《じじん》である。それは共産主義者として許さるべきではないが、私は再び自由を得んがため今敢てこれを犯すについて、首を俛《た》れて罪を同志諸君の前に俟《ま》つ者である。

私は今後実際運動とは——合法的のものたると非合法的のものたるとを問わず——全く関係を絶ち、元の書斎に隠居するであろう。これが私の現在の決意である。私は今かかる決意を公言してこれに社会的効果を賦与することに於いて、共産主義者としての自分を自分自身の手で葬るわけである。（略）

誤解を避けるために一言しておくが、以上のことは、勿論マルクス主義の基礎理論に対する私の学問上の信念が動揺したことを意味するのではない。ふつつかながら、かりにも三十年の水火をくぐって来た私の学問上の信念が、僅か半ケ年の牢獄生活によって早くも動揺を始めるということはあり得ない。書斎裡に隠居した後も、私は依然としてマルクス主義を信奉する学者の一人として止まるであろう。しかし、ただマルクス主義を信奉するというだけでは、マルクス主義者でも共産主義者でもあり得ないのだ。（略）階級闘争の場面から退去した一廃兵としての私は、学問の上に於いても、到底以上の如き貢献はなし得ない。（略）

実際運動の場面から隠居した後の私は、当然の結果として、実際運動に直接の関係を有する政治問題について、一切の発言を差控えるであろう。書斎に隠居せる者の政論は有害でしかあり得ないことを確信するためである。今後私は一生、政論に筆を絶つ。（略）

以上の一文を以て自らを葬るの弔辞となし、同時にまた自らを救うの呪文となさんがため、（略）これを市ケ谷刑務所内の監房に独坐して認めおわる。時に昭和八年七月二日なり。』」——この最後の一文は、市ケ谷刑務所で書いたということが表に出るのはまずいと当局からクレームがついたので、実際には、次のように書きなおした上発表された。「昭和八年七月二日、独坐これを認めおわる」。

河上が共産党に入党したのは、昭和七年九月九日。入党を許されたときの感激を、河上は『自叙伝』に次のようにつづっている。

「『とうとうおれも党員になることが出来たのか!』私は誰を相手にその喜びを語ることも出来ず、ひとり無量の感慨に耽りながら、遂に一首の歌を口ずさんだ。

たどりつきふりかへりみればやまかはをこえてはこえてきつるものかな

(略)もしうちにいたならば、祝い心に菓子か冷い物でも取ってもらって、家内を相手に胸中を語っていたでもあろうが、今はただ独り、蒸し暑い部屋の中から、簾越しに、崩れゆく雲の峰を眺めながら、久《ひさ》しい間黙然として尽くることなき感慨と喜びに耽った。

(略)私はもちろん彼(老謝)の如き勇者ではないが、しかし彼よりも更に齢《とし》とってから初めて入党の機会を得たとき、また実に老謝の如くに泣いたのである。マルクス学者としての私は今やっとマルクス主義者として自己を完成することが出来たのだが、ここまで辿《たど》り着くのは、——私はまだその時、正四位勲三等といったような肩書さえ持っていた、——私にとって実に容易なことではなかったのである」

転向の雪崩現象

河上は、この感激の日からわずか四カ月余で逮捕され、逮捕後、わずか半年もしないうちに、党活動との絶縁を宣言するこの「獄中独語」を書かなければならなかったのである。しかも、検事から内容に注文をつけられ、執行猶予がほしいばかりに、その注文に迎合しながら書いたのである。河上の胸中は苦い思いであふれていた。

「私はそんな風にして、問題とされている箇所を、
『ここはこうしたらどうでしょう?』
『まだ駄目ですか?』
『ではこうしましょうか?』

などと、戸沢の意見を訊きながら、少からぬ時間を費して全部の個所を修正しおえた。それから戸沢は原稿を自分の手に取って、二度も三度も読み返していたが、彼は若干字句の訂正のために全体の感じがひどく『穏当』になったのを、心の中で満足したらしかった」(同前)

戸沢(重雄)検事は、この心境告白文を受け取ると、早速謄写印刷して、報道陣に配布した。翌日の各紙は、これを大々的に報じた。たとえば、東京朝日(七月七日)は、「一切実際運動と河上博士絶縁す」の四段抜きの大見出しで、全十一段にまたがる特大の記事を作った。「苦痛を避けて楽に死にたい 老境に動く本能/マルクス主義を学徒として信奉 獄中も信念動揺せず/自らを葬る弔詞 残生を資本論完訳に/『決意までには随分思い悩んだ』 秀子夫人自宅で語る」などの小見出しが途中に六本もならんでいた。扱いとしては、佐野、鍋山の転向のとき(四段抜き大見出しで全文七段。途中小見出し五本)より相当大きかった。やはり、社会的知名度において、河上のそれが圧倒的に大きかったからである。

実はこの河上の「獄中独語」が発表された七月七日の新聞には、もう一つの転向記事が大々的にのっていた。裁判が進行中であった第二次共産党事件(三・一五、四・一六)の高橋貞樹《さだき》、三田村四郎、中尾勝男《かつお》の指導的幹部たち(中央委員ないし、統一被告団法廷委員)が佐野、鍋山の転向声明に共鳴して、自分たちも転向するという声明を発したという記事である。これまた四段抜き、全七段の大記事だった。

佐野、鍋山の転向声明は、「共同被告同志に告ぐる書」という形をとっていた。この長文の転向声明は、あらゆる共産党事件の関係者に配布され、やがて、それに共鳴して転向する者が続出することになるのだが、そのはしりがこの三人の転向である。三人とも統一被告団の指導的幹部として党員たちから高い評価を受けていたから、その影響は、佐野、鍋山に劣らず大きなものがあった。

この三人の転向声明も「同志に告ぐる書」という形をとっていた。これまた共産党事件の全被告に配布され、ほどなく、転向の雪崩現象が起きていく。配布されたのは七月七日だったが、月末までに、既決囚の三六パーセント(三百七十二名中百三十三名)、未決囚の三〇パーセント(千三百七十名中四百十五名)が転向してしまったのである。その後転向者はさらにふえ、三年後の昭和十一年には、既決囚の七四パーセントが転向し、非転向者は二六パーセントしかいなかった。中央委員クラスで昭和二十年の敗戦時まで非転向をつらぬいた者はわずかに四名である（『共同研究　転向』の数字。この数字は転向の定義によってちがってくる。拙著『日本共産党の研究』参照）。

先に述べたように、河上の転向は、佐野、鍋山のように共産党と共産主義理論を正面から批判しての転向ではなく、むしろ敗北、戦線離脱、行動的方向転換とでもいうべきものだった。このタイプの転向は、当局の分類でも、純粋の転向とは評価されず、しばしば「準転向」とされたりした。従って、このような転向をしたからといって、簡単に執行猶予がついたりしたわけではない。実際、河上にしてからが、執行猶予はつかなかった。

戸沢検事の「獄中独語」に対する評価は、

「個人的な心境ばかりで、あの中には他人に転向をうながすような要素が一つもない」

という冷たいもので、求刑は懲役七年だった。

「検事の求刑は七年の懲役である。ところが執行猶予になるためには、それは二年以下のものでなくてはならぬ。七年と二年、余りにその懸隔がひどい。このままでは到底執行猶予になれる望みもなさそうだ。これは今のうちに何とかしなければならぬ。そう思うて来ると、立っても坐ってもいられないような気がして、私はとうとう裁判長と検事とに宛て上申書を出した。

『私は今後、マルクス主義の宣伝はもちろん、これが理論的研究、これに関する論著の翻訳（資本論の翻訳をも含む）等をも、すっかり抛擲し、結局マルクス学者としての自分の存在をも無くしてしまうことに決心しましたから、どうぞ御諒承願います。』

上申書の中へ私はそんな意味のことを書いた。つまり『独語』では共産主義者としての自分を葬っても、まだマルクス学者としての生活を留保しておいたが、今は更に進んでマルクス学者としての自分をも葬ることにする。（略）どこから考えて見たからとて、世間へ出してもらっても最早や何の問題も起す虞はないはずだ。どうぞその事を考慮に入れて、刑の裁量に斟酌《しんしゃく》を加えてもらいたい。こういうのが私の趣旨だったのである。

（略）もがき悩んだ揚句、私はとうとうこんな醜態を露わすに至ったのである。私はその後当時を回想する毎に、なぜ泰然たる気持、堂々たる態度が維持できなかったものかと、いつも甚しく恥いものに感ぜざるを得ない」（同前）

ここまでみっともないことをしても、判決は懲役五年までしか下がらなかった。実刑である。河上は控訴もせず、いさぎよく下獄して、満期まで獄中にあった（途中皇太子生誕恩赦で一年減刑になり、出獄は昭和十二年）。

判事の好意に救われる

ここで、後々のことにも関係する面白いエピソードがあるから、それについて書いておく。

それは、判決にあたって認定された事実に妙に軽い部分があったということである。河上の共産党に対する資金供与の額である。先に書いたように、河上の資金供与ははじめ杉ノ原舜一を通してなされたのであるが、その分がすっぱり抜けていたのである。党にどれだけ資金を供与したかという金額が、治安維持法の目的遂行罪の軽重の判定にあたって重要なのだが、当時普通のシンパは月一〜五円程度の提供しかしていなかった。河上のように月百円単位で、総額一万円以上というようなのは破格の額である。

では、杉ノ原が秘密を守ってくれたのかというと、そうではなかった。彼は逮捕されると、すぐ全部自供していたのである。

「検事の起訴事項の中には、大体私が党籍を得てから後のことしか這入っていないが、もしそれに加うるに、党籍を得るに至る以前、相当長い期間に亙って、杉ノ原君を通し党関係を結んでいたことが曝露されたならば、少からず検察当局の心証を悪くすることだろうと、ひどくその点をも恐れていたのである。――だから私は、杉ノ原君が秘密を守り続けてくれることを、神に祈るような気持で祈っていた。

しかし、私が後日に至って甚だ意外千万に感じたことは、私の期待はこの時既に完全に裏切られていたということである。当時杉ノ原君は、私との関係についても、既に巨細に亙って供述をおえていたのである。そして同君の予審がまだ終結を見るに至っていなかったのは、私の全く関知しない他の事件の取調が、他の関係者との関連で、まだ完了しないでいたためなのである。――ただどういう訳からか、当時杉ノ原君の取調に当っていた西久保〔良行〕という予審判事は、私に関する杉ノ原君の供述を手許に置いたままで、それを私の係になっている戸沢検事にも池田〔寅二郎〕判事にも、全く漏らさないでいたのである。そのため私の罪状は、実際よりはずっと軽いものとして予審決定書に現われ、最後までそれで済んだ」（同前）

河上がこの事実を知るのは、下獄してから九ヵ月もたってからのことである。西久保判事が刑務所に河上を訪ねてきて、一事不再理だから、今さら新しい事実が出てきても罪が重くなるわけではないから安心して正直に答えてもらいたいといった上で、杉ノ原の調書を読み聞かせ、このような事実があったかとたずねた。

「それは実に精細なものであった。それには何年何月何日頃に何某の紹介により、初めて党員としての資格で会った、ということを手始めに、私が党に納めていた定期の寄付金は最初月額いくらで、それは何年何月からいくらいくらに増額したということ、臨時の寄付金は何年何月頃に何百円、何年何月頃に何千円、それからまた何年何月には公債券でいくらいくらということなどが一々陳述されており、モスコウとの連絡用に作ってもらったアドレスなども、何年何月までは何区何町何番地の何某方、何年何月からは更に何区何町何番地の何某方に変更したというようなことまで、よくもこう一々記憶しておられたものだと感心されるほど、一つ残さず詳細に述べ立てられていた」（同前）

河上は、細かくは覚えていないが、だいたいそんなところだと答え、杉ノ原はずっと秘密にしておいたことを最近になってしゃべったので、西久保判事が、その事実確認にきたのだなと思った。ところが、ずっと後になって（出獄した後）、杉ノ原に事実を確めてみると、そうではなく、杉ノ原は逮捕後すぐに詳細な自供をしていたのである。西久保判事が予審終結決定書を作るにあたって、それを用いなかっただけなのである。そこで河上はこう考えた。

「今にして考えると、総ては西久保判事の私に対する好意の結果だったと思われる。かく言えば、人あるいは、判検事などいうものは共産主義者に対し明かに階級敵の範疇に属する人々ではないか、そんな職業に就いている者がどうして当時の私のような者に対して好意など有ち得ようぞ、そんな解釈をするなどとはお目出度いにもほどがあると、嘲笑するでもあろうが、実際に生起する個々の人事は実に複雑微妙なもので、決して一本調子の範疇論で片付けられるものではないのだ。私は更に後に至って、私の裁判長だった藤井〔五一郎〕判事の、私に対する同様の好意について語る機会を有つであろう」(同前)

「個人的には同情してるんです」

西久保判事の話をする前に、ここに書かれている藤井判事のことにふれておこう。

藤井判事は、河上が下獄してから、ほとんど毎年のように、年に一度は小菅までやってきて、河上に面会した。昭和十二年一月の最後の面会について、河上は『自叙伝』にこんなことを記している。藤井が「何か聞きたいことはないか?」と問うたのに対して、河上はこう述べた。

「『別に伺いたいと思うことは何もありませんが、ただ感謝の意だけ述べたいと思います。(略)私は善い裁判を受けたということを感謝しているのです。罰を科せられて感謝するというのは変なことのようですが、私は自分の行動が国法に触れて刑罰を受けるようになるということは、最初から覚悟していたのでありまして、相当の刑罰を受けることに文句のあろうはずはないのです。もっともそう覚悟はしていたものの、いざとなれば弱いもので、法廷では随分みっともない様子をしたことと思いますが、今となって見れば、なぜもっと堂々たる態度を持していなかったのかと、恥かしく思います。本来のところを申せば、刑の軽重などは問題にすべきではないのです。(略)受くべき刑罰は充分に受け、その上でまだいのちがありましたら、社会の何処の隅っこでもいいから、静かに余生を送らしてもらいたいと、只今ではただそう思っていますばかりで。そういったような気持を有っている私は、実は裁判長としてのあなたから遺憾のない取扱を受けたと思って、その点を感謝しているのです。（略）そんな訳で私はとうとう思想上の転向もせず、生意気な奴だと思われているか知れませんが、どうも学問上のことは自身を枉《ま》げる訳に行きませんので、仕方がありません。』」

それに対して、藤井裁判長はこういった。

「『そりゃあなたの物の言いよう次第で、四、五ケ月は早く出られるでしょうが、しかしあなたとしては心にもない事を言われるよりか、少々おそくなっても心に疚《や》ましい所のない方がいいでしょう。これまでもずっと正直に遣って来られたんだから。なに、検事の方でも個人的には同情してるんです。あるいは同情し過ぎるほど同情してるのかも知れません。』」（同前）

藤井判事のこの一言で、河上は満期出獄をすっきりした気持で待つことができたという。

「やはり何ケ月分かは仮釈放になるかも知れぬという気が残っていたが、藤井判事に会ってから、仮釈放になる気遣はないのだという確信を得た。と同時に、私はそれで助かった、というような気持がした。一方では勿論、早く出たいとは思うが、しかし他方では、序《ついで》のこと満期で出たいという気分も強いのだ。で満期釈放と事が決まってしまえば、それで結構だという気分がするのだ。私は早寝の床に就いてから、（略）何だか嬉しいような勇ましいような気分に包まれて眠りに落ちた」（同前）

「あるいは、同情し過ぎるほど同情してるのかも知れません」

という検事の心理に仮託した藤井の言葉に、河上は、藤井判事自身の気持を感じとったのである。そして、同じような気持が、西久保判事にも働いていたにちがいないと感じたのである。

それはおそらくあたっているだろうと思われる。西久保判事は、共産党にあるシンパシーを持っていたのである。

西久保判事は、実は共産党の志賀義雄の一高時代以来の友人だった。西久保判事は故人であるが、その追悼録に、志賀は「西久保判事と私」と題して、こんな思い出話を書いている。

「一九二八年の三・一五事件でやられた私は一九三一年から公判の準備に取りかかったが裁判長は宮城実で、

陪席判事が一高柔道部の先輩で親しくしていた西久保良行と私より二年上の尾後貫荘太郎《おごぬきしょうたろう》だったのには驚いた。

西久保は一高当時、柔道では最高の三段で別に先輩面もせず寡黙で温顔をもって私たちに接し、在学中から偉い人物だと思っていた。大学卒業後、裁判所に入り、翌年の記念祭に一年志願兵の服を着て妹さんを連れて現れ、親友の水池亮《みずいけりよう》と会ったこともあった。

公判に当たり私は徳田球一とともに証拠係をやって弁護士との接見も多かったが、公判がない時にも、刑事部屋に徳田と出かけて交渉することがしばしばあった。その時は西久保も尾後貫もいろいろと訴訟の実務上の便宜をはかってくれたので徳田が喜んでいた」(『西久保良行氏追憶録』)

三・一五事件の裁判官は、右陪席も左陪席も、志賀義雄の友人だったのである。このとき西久保が、ただの親切心から便宜をはかったのではないことが、次のくだりからわかる。

「判決を受けて、これで西久保とも永久のお別れだと思った。ところが私が函館刑務所にいた時、彼は公用でやって来た。そして所長から私のことを聞いて、わざわざ面会してくれたが、それは一九三五年の十二月だったと記憶している。そして翌年一月のある日、新任の教誨師が呼び出し、西久保判事からの手紙を見せた。見ると西久保だけでなく、田代秀徳、村山藤四郎らの寄せ書きで、巻き紙が酒浸しになって乾いたあとが、そのままである。正月に西久保の家に柔道部の同人が集まって飲んだ時に、年末に私に会った話が出て酔いに乗じて書いたものらしい。寄せ書きにまたあと書きがあった。それは私と同期の草鹿浅之介《くさかあさのすけ》(立花注・後の最高裁判事)のもので、境遇が違っても旧友がこうして君に寄せ書きをするのに感動したと書いてあった」(『自叙伝』)

判決後何年も経てから、函館刑務所までたずねていくのだから、志賀に相当のシンパシーを感じる友人だったのだろう。そういう人物であってみれば、河上肇にシンパシーをもって有利なはからいをしてやったとしても不思議ではない。

左右両翼入り乱れる小菅刑務所

この時代、司法官の中に、共産党にシンパシーを持つ人たちがかなりいたことはまちがいない。前に新人会について書いたくだりでもわかるように、この時代、志賀と同世代の学生の多くが左翼に傾いていたのである。そういう心情をもったまま司法官になる学生も少なからずいたから、西久保のような司法官が生まれても不思議ではないのである。

そういう時代状況を背景に、昭和七年には「赤化判事事件」が起きている（逮捕は七年十一月、発表は八年一月）。共産党が積極的に司法部内に手をのばしていたのである。

発端は、先に述べた昭和七年十月の熱海事件である。委員長の風間丈吉を逮捕すると、一時期、東京地裁の司法官試補、坂本忠助にかくまわれていたことがわかった。坂本を追及するとそれは地裁の尾崎陞《すすむ》判事に頼まれたものであることがわかった。

尾崎を追及すると、早稲田大学に在学中、社会科学研究会に所属してシンパとなり、昭和五年に東京地裁判事になると、地裁の中に社会科学研究会を組織してシンパ網を広げていたことがわかった。昭和七年春には、共産党に正式入党（河上の入党より三カ月早い）して、家屋資金局の所属、つまりスパイMの部下となって、党幹部のための秘密アジトの調達などの仕事に従事していたのである。ということは河上と尾崎は同じ時期に、党組織のごく近い部分に所属していたことになる。東京地裁の社会科学研究会には、河上のレポ役だった杉ノ原舜一がチューターとしてやってきて指導にあたったりしていた。尾崎は家屋資金局調査部副主任だったが、主任は大塚有章だった。当然、大森銀行ギャング事件への関与も疑われたが、尾崎が断固として否定したため、この件は立件されていない。

このような事件が起きるくらいだから、この当時、司法部内には、共産党に濃淡さまざまのシンパシーを持つ人々がいたのである。そのような人物の一人が、三・一五事件の陪席判事になり、河上肇の予審判事になっていたわけだ。

三・一五事件のもう一人の陪席判事、尾後貫荘太郎（三・一五事件判決文の実際の起草者）も、共産党へのかなりのシンパシーの持主だったと思われている。

実は尾後貫は、後述するように、昭和七年に起きた血盟団事件の裁判（昭和八年）の陪席判事に任命されるのだが、弁護団から共産党に対する過度のシンパシーを理由として、忌避の申立てがなされ、そのため実際、更迭されてしまうのである。ちなみに、尾後貫判事更迭後に、血盟団事件の主任裁判官となるのが、河上事件の主任であった藤井判事だったという面白い因縁もある。

この点についてはまた後述するが、この時代、右でも左でも、さまざまな事件がきびすを接するようにして起り、しかも、それが互いにからみ合って相互に影響を与えあったという興味深い時代なのである。

たとえば、中野澄男「佐野・鍋山転向の真相」（『改造』昭和八年七月号）は、佐野、鍋山の転向のいちばんの契機となったのは、大森銀行ギャング事件と五・一五事件であったことを指摘している。大森銀行ギャング事件は、共産党がそんな事件を起すところまで腐敗堕落したのかと思わせ、五・一五事件は、左からの革命より先に右からの革命が起きてしまうかもしれないということを感じさせ、このままではいけないと思わせたのである。

そしてこの時代、小菅刑務所は、左右両翼の有名被告たちでギッシリつまっていた。共産党事件の幹部たちも（第一次共産党から大森銀行ギャング事件まで）、血盟団の被告も、五・一五事件の被告も、そして、河上肇もいっしょだった。

28 血盟団と安岡正篤

昭和前半の右翼運動

前章まで、昭和前半の、左翼運動全盛時代（新人会。共産党）について述べてきたが、本章から、この時代の右翼の運動について述べることにする。

東京帝国大学における右翼運動の源流が法学部の上杉慎吉教授にあり、上杉門下生たちが結成した七生社は、しばしば暴力に訴えてでも新人会に対決していたことはすでに述べた。昭和四年に上杉が亡くなると、七生社は自然に消滅していったが、その残党の中から、血盟団事件（一九三二年＝昭和七年二月）に参画する、東大が生んだ唯一のテロリスト集団、四元義隆（法学部）、池袋正釟郎（文学部）、久木田祐弘（文学部）、田中邦雄（法学部）、などのグループが生まれたことはすでに述べた。血盟団事件には、四人の東大生の他

安岡正篤

井上日召（昭）

に、三人の京大生（田倉利之、森憲二、星子《ほしこ》毅）、一人の国学院学生（須田太郎）が加わっていたので、共産党に加わっていた大量の帝大生とは別の意味で、世を震撼させた。

血盟団事件が起きた一九三二年という年は、共産党でいえば、前章で述べたスパイMの時代であり、大森銀行ギャング事件が起きた、いわゆる非常時共産党の時代である。なぜこの時代を非常時というかというと、前年、満州事変がはじまり、この年、上海事変が起き、いよいよ戦争の時代がはじまっていたからである。ヨーロッパでもドイツでナチスが政権を掌握して、やはり戦雲がたちこめていた。

日本では、左の側から共産党が革命を起そうとしていたが、右の側からも国家改造を唱える国家革新運動が盛りあがり、左右両翼の革命運動が競いあう形になっていた。共産主義革命が、下からの大衆的蜂起による革命を目指していたのに対し、右からの革命は、クーデタによって上から一挙に国家改造をはかることを企図していた。その中心理論として北一輝の『日本改造法案大綱』があったことはすでに述べた。これは、天皇大権の発動により、憲法を停止し、議会を解散せしめ、戒厳令を布いて、一挙に国家改造をしてしまおうという、天皇をかつぐクーデタ・プラン（錦旗革命）だった。昭和動乱の時代は、この北一輝のプランのバリエーション（又はちがうタイプのクーデタ計画）

をかつぐさまざまの民間右翼と軍部の若手革新派の間の離合集散が中軸となって進んでいく。

その流れを詳しく語っている余裕はないので、国家主義運動の流れについては、とりあえず、四元義隆と池袋正釟郎の二人の動きを追いつつ、血盟団事件を理解していただくのに必要な限りで、注釈的な説明を加えていくことにする。

梁山泊と化した金鶏学院

四元と池袋は同じ七高出身である。二人は共に国家主義的志向の持主だったところから、七高に敬天会という「日本精神の発揚」を目的にかかげる修養団体を作った。三年生のときは、二人で家を借りて「敬天庵」と名付け、共に自炊生活をするというほど親しくしていた。

「二人は始終一緒で、全く影の形に添うが如く、学校の中でも評判だったのです。肥った奴と痩せた奴といつも一緒で、四元さんと私の仲はもう何とも言葉で言うことは出来ませぬ」(『血盟団事件公判速記録』、以下『公判速記録』)

というほどだった。

ちなみに、血盟団事件に参加する久木田祐弘(東大)と田倉利之(京大)の二人も七高出身で、ともに敬天会に所属し、四元、池袋の後輩にあたる。また、田中邦雄は出身は松江高校だが、東大法学部に入ると、七生社に入り(久木田も七生社)、そこで、四元、池袋の後輩になった。京都大学には、七生社によく似た国家主義的学生団体として、猶予学会があったが、田倉は入学するとこの会に入り、そこで知り合った森憲二、星子毅の二人の学生を事件に引き入れたという関係になる。要するに、血盟団事件に加わった学生たちは、四元、池袋を中核として、七高敬天会の線でつながっていたか、東大七生社の線でつながっていたか、京大猶興学会の線でつながっていたかなのである(国学院学生の須田太郎は、各大学の国家主義学生団体の連合体である「日本主義学生連盟」の会合を通じて、久木田と知り合ったものである)。

四元と池袋は、東大時代、上杉慎吉のもとにいたのだが、上杉慎吉が亡くなると師を失い、安岡正篤《まさひろ》の金鶏学院に身を寄せた。

安岡は、前に述べたように（第二十章参照）、上杉慎吉に師事し、上杉から大学に残るようにすすめられるほどの俊才だったが、卒業後、自ら、陽明学研究会を主宰して、求道者、修道者に東洋哲学を講じるようになった。大学の卒業論文として書いた「王陽明研究」がきわめて高い評価を受け、すでに二十代半ばにして、当代随一の陽明学者といわれていた。

このころ、皇居の旧本丸にあった青年教育機関、社会教育研究所（宮内大臣の牧野伸顕が後援していたので、皇居の中に作ることができた）を主宰する小尾《おび》晴敏が特に安岡に傾倒し、同研究所に教育部を設けて、安岡を学監に迎えた。地方の青年教育、社会教育にあたっている者の中から学徒を募集し、ここの寮に寝泊りさせて、徹底的な日本主義教育をほどこそうとしたのである。安岡には、ここで学生と起居を共にして指導する寮頭の役も求められたが、安岡はその役に友人の大川周明を推輓した。

これより少し前、安岡は猶存社をたずねて、北一輝、大川周明、満川《みつかわ》亀太郎などの知遇を得て、互いに肝胆相照らす仲になっていた。この寮は大学寮と呼ばれ、やがてここは、安岡、大川らを慕って集まってくる国家革新をめざす青年たちの梁山泊と化していった。特に猶存社が解散したあと、大川周明が「維新日本の設立」を目的とする結社行地社を設立すると、ここは、維新日本を目指す国士の養成機関のごときものとなり、「昭和の松下村塾」の異名すらとるようになった。

大川が参謀本部に出入りしていたことから（大川は満鉄東亜経済調査局調査課長でもあった）、陸軍の軍人も多く出入りし、安岡が海軍大学校で武士道哲学を講じていたところから、海軍軍人も出入りするようになった。やがて、陸軍士官学校出身で北一輝の『日本改造法案大綱』の心酔者、西田税《みつぎ》がここに軍事学講師兼舎監として入ると、ここは陸海軍の革新派青年将校のたまり場のようになっていった。西田はここで、謄写印刷版『日本改造法案大綱』（伏せ字なし）を作り、それをこれはと思う青年将校たちに配っていったのである。後年、五・一五事件、二・二六事件などに参画する青年将校の多くが、この大学寮に出入りしていた。

西田は後にこれら青年将校たちを糾合して、天剣党なる組織を作りあげようとして失敗する（昭和二年。趣意書を配ったところで発覚、憲兵隊が摘発）が、その天剣党の指導綱領には次のようにある。

「天劔党ハ軍人ヲ根基トシテ普ク全国ノ戦闘的同志ヲ連絡結盟スル国家改造ノ秘密結社ニシテ『日本改造法案大綱』ヲ経典トセル実行ノ劔ナリトス」

天剣党への入会を呼びかける文書には、同志の青年将校の名前七十一名が記されており、それは西田が本人の承諾を得ずに勝手に記したものということになっているが、その名前の中には、確かに、五・一五事件、二・二六事件などのクーデタ未遂事件で決起する青年将校たちの名前が入っている。本人の承諾を得たかどうかはともかく、確かにこの時期の西田のオルグ活動によって、青年将校たちの同志的結合が醸成されつつあったのである。

この当時、西田といっしょに舎監をやっていたのが、東京帝大の右翼学生中谷武世（上杉の門下生。興国同志会。第二十三章「東大新右翼のホープ・岸信介」に登場）であるが、安岡と中谷が、『民族と政治』（昭和五十八年十月号）で、こんな思い出話をしている。

「**中谷**　北一輝さん、大川周明さん、その他皆死んでしまって此の春嶋野三郎さんが亡くなったので、猶存社の同志で生残りは貴方と私と二人だけになりました。（略）

安岡　北、大川、満川と皆あの当時揃っておった。あなたと私が一番若かったのじゃないかな、その中で。

中谷　若かったんです。私はまだ帝大の学生だったしあなたは一年先に帝大を出たばかりだった。その頃西田税が兵隊を辞めて朝鮮の連隊から帰ってきたんです。そして段々と彼の仲間の将校達が猶存社へ出入するようになった。西田と私は、あなたが中心で作られた大学寮の舎監をやりましたよ。二人で同じ室で起居を共にした。貴方との思い出はこの大学寮の頃の思い出が一番深いんです。短期間でしたけれども。

安岡　大川周明もあそこへ入り込んでいた。

中谷　そうです。寝泊りもたまにした。私は毎晩泊っておった。

安岡　あそこは普通では出入出来ないんだけれど、牧野伸顕さんが非常に我々に共鳴して、許してくれたんです。

中谷　そうですね。宮城内の本丸の跡に在ったんですからね。

安岡　あの堀を越えて橋を渡った中ですよ。

中谷　丁度今の武道館のある所の反対側で、橋が架かってあって、そこを渡って入って行ったんです。なかなか奥まったところでしたね。紅葉谷へ出ることも出来た。大川周明が或る日紅葉谷へ行って見たら、皇后陛下が散策においでになっていた、と話していたことがある。

安岡　今はもう絶対に入れない。よくまああの頃にしても入れてくれたものだ。

中谷　元はあそこは小尾晴敏という人の社会教育研究所、というのがあったんですが、それが貴方の手で国士の養成所になったわけです。

安岡　良くまあそれを許したもんだと後になって驚いていますがね。

中谷　そうですな。

安岡　普通の民間人では入れない所なんです。私の世話で大川周明の一党があそこで起居することまで出来るようになった。牧野さんが非常に我々に共鳴された」(『昭和動乱期の回想——中谷武世回顧録』)

実践運動から離れた安岡正篤

四元と池袋が安岡のところを訪ねたのはここではない。大学寮は、できて一年もしないうちに、宮内省からつぶされている。北一輝、西田税らが、宮内省高官のスキャンダルを暴いたりしたのが原因である。

安岡はその後、大川や北ら実践的革命運動家と自分が性格的に合わないことを自覚し、実践運動から離れた。そして、個人的後援者、酒井忠正伯爵が小石川の広大な屋敷の中に場所を提供してくれたので、そこに金鶏学院という私塾を作り、二十余名の学生を塾生として受け入れ東洋倫理を講じた。四元と池袋は、その昭和五年度の新入生となったのである。

しかし、四元と池袋の気持は急速に安岡から離れていった。二人はすでに、社会情勢は国家改造の実践活動を要求している段階だと考えていた。ところが、安岡は実践活動から身を引こうとしているところだったから、二人には、安岡が口先だけで何もしない男と見えたのである。池袋は、裁判所に提出した上申書にこう書いている。

「もつと自分の思想を豊富にし、心を深めたい、誰か適当な指導者はないかと思つてゐた、此頃は二年生の終頃即昭和五年の初頃である、ちょうど其頃金鶏学院の安岡正篤を知り、其の著『日本精神の研究』や『東洋倫理概論』を読み、其識見に服し、又書中、日本精神に依る国家革命を説くを見て、此人は単なる学者に非ず、国家改造に志ある人物なるを知り、且又二、三回その謦咳に接するに及んで其人格の立派なるを思ひ、此人の薫陶を受けると共に、時来らば共に国家改造に身を捨てんと思つて、遂に昭和五年四月金鶏学院に入るに至つた、此頃は国家改造を思ひ、或は口にするも所謂観念論で自ら進んで気運を作ると云ふのではなく、時を待つと云ふのであつた、(略)

斯くの如くであつたので、金鶏学院に入つても表面的に思想運動等やる気はなく、全く外部的なものを放擲して深く内に沈潜し様と思つてゐたから、読書のみに耽つてゐた」

しかし池袋は、次第に、安岡の言動にあきたらないものを感じるようになっていった。

安岡のいうことがあまりに口先だけのものに終始していたからである。

「安岡氏は僕が学院に入つた当時から革命の事を口にしてゐた、そしてそれを自分は頼もしく思つてゐた。例へば濱口首相が暗殺された時も、まだ二、三人はやらなければいかぬとか、革命は暗殺と暴動に始まるとか、何か自分で革命をやると云ふ口吻であつた。

併し其のやる処を見るに、革命を実行するに最も頼みにすべき青年を顧ず、只知事局長等の小役人を集めたり、三菱や三井等の財閥の巨頭に接近したり、特権階級殊に牧野内府に親しくしたりして反革命的行動が多く、決死的同志の養成と云ふ事がない様に思はれ、少なからずあきたらず思ふ様になつた。

丁度かう云ふ気持になつてゐた時に井上さんに会ひ、其実行的気魄に接し、其のはつきりした具体的策を聞くに及んで安岡氏の駄目なる事がはつきりわかつて来た、且つ、自分で観念論から目醒めて実行的決意に入ると安岡氏に実行的意志の何等ない事が手に取る如くはつきりわかつて来た、且つ又権藤先生を知り其学殖に敬服するに及んで安岡氏の学問も大したものでないと云ふ事がわかつて来た、其上安岡氏の人格に私ある事もわかつて来た、が此間権藤先生は勿論井上さんも四元君や僕の前で安岡氏の悪口を決して云はれなかつた、云はれなくとも自分の心境が出来て来るにつれてだん〳〵わかつて来たのである、以前は自分が観念的革命論に陶酔して真に実行的決意が出来てゐなかつたために安岡氏の革命論に迷はされそれを看破する事が出来なかつたのである、斯くして昭和六年十二月頃は完全に安岡氏を見切つてしまつた」

「安岡氏は成ってない」

ここに井上さんとあるのは、血盟団の指導者井上日召（昭）、権藤先生とあるのは、当時若手の国家改造論者たちに強い影響力を持っていた右翼の理論指導者、権藤成卿（善太郎）である。それらの人々と会ってみると、安岡が革命家としてグレードが低いことがわかったというのである。その後の安岡には、実践的革命家らしいところが何もなく、もっぱら教育者、東洋思想家として生きてきた人だから、今となってはほとんど想像もできないことだが、昭和初年代の安岡は、実践的革命指導者とみなされ、「昭和の由井正雪」などという人までいたのである。

公判で池袋はこんな風に述べている。

「**問**（略）被告として金鶏学院に入るやうになった動機は、先程言った如く上杉博士に別れ、其の後、自分の国家改造の志を以て、尊敬すべき人を見出さうとして居る時、偶々、安岡正篤氏を見出してそれから金鶏学院に入るやうになったと云ふのだね。

答 は。

問 金鶏学院に何時頃まで居ったかね。

答　昭和六年の三月までです。
問　さうすると約一年位だね。
答　は。
問　其の間に何か安岡氏より特に受けた感化と云ふやうなものは？
答　特にありませぬ、『伝習録』の講義なんか聞きましたけれども、別に安岡氏自身が何もして居ないのですから、我々に感化を及ぼすことがある筈がありませぬ。
問　金鶏学院に入るに付いての期待は実現されなかった訳だね。
答　さうです、それで物足らなく思って居った時に井上さんに接したのです」（『公判速記録』）

幻滅を感じていたのは、四元も同じだった。

「問　金鶏学院に入ったのは昭和五年になってからか。
答　さうです。昭和五年の三、四月頃です。
問　すると当時は安岡正篤に傾倒し、場合に依っては七生社に関係をつけて安岡の指導を受けやうかといふ考へもあったといふのか。
答　さうです。

（略）

問　金鶏学院に入って安岡に就いて何か研究したか。
答　彼処では陽明学をやって居り講義は『伝習録』をやって居ましたが、私も夫れを聴いて陽明学といふものに非常に関心を持ちました。安岡氏の講義は晩に聴きましたが然し安岡氏の指導を受けたといふことで特に云ふ様なことはありませぬ。講義を聴き夫れから彼処に出入する人に接しました。
問　すると金鶏学院に移ってから、別に安岡の感化とか彼処に出入する井上昭以外の人に感化を受けたといふ様なことはないのか。
答　さうです。

（略）

問　すると本件に関与するに至った被告の思想に影響があったのは井上昭、河村幹雄、権藤善太郎を知ってからか。（略）

答　私は其のとき迄は未だ安岡氏に対して多少傾倒して居りましたが、然し河村先生に会ってから、安岡氏は成ってない、駄目だといふことを考へました。又、まるで成ってないといふことを事実の上で見て斯ういふ人の教育が間違って居ると思ひました。（略）兎に角、安岡氏は自分が成って居ませぬ。夫れは金鶏学院に居って学問をして出る者を見れば一層よく分ります。夫等は九州にも東京にも沢山おりますが夫等を見ればよく分ります。私と池袋さんが安岡氏に曾て傾倒した訳は何処にあるかと云へば一時迷ったのであります。一寸革命のことを云ふ人があれば青年が夫れに従いて行きます。其処から日本は動揺して来るのであります。だから夫れ丈けに一寸珍らしい、時勢に改《（ママ）》る処を言へば青年は夫れに眩《まど》わされます。そんなことで決して日本は救はれませぬ。さういふ者が青年を誤ります。（略）安岡とか其の外の偉い人達は国家が斯ういふ具合になって何うすることも出来ないのを打開するのは青年の外にはないといふことは言ひますが、夫れは出鱈目で理屈に過ぎませぬ。其の人達は本当に青年に依って国家が救はれるとは思って居りませぬ。夫れは自分がやらうとするのですが、さういふことを言って青年を利用するのであります」（同前）

安岡に幻滅を感じれば感じるほど、金鶏学院そのものにいや気がさしてきて、二人の学院における生活は荒れていった。池袋の上申書には次のようにある。

「学院に於ける我々二人（四元君と）の態度は全く傍若無人であつた、院規を無視して、夜晩く門限後に門を乗り越えて帰るのは日常茶飯事であり、其外無断で外泊夜晩く迄自室で話合つたりした、取締りも我々の勢に恐れて何とも〳〵云はなかつたが内心甚だ不満の様子であつた、若い奴等も我等の態度に感化されて取締りの云ふ事を一向きかず、我々の言には一々服従した、安岡氏も内心困つたことだと思つてゐたらしいが表立つて注意もせず其儘になつてゐた、が我々が学院の若い者や講習会等で集る青年を捉へて革命思想を吹込むので学院内は革命的気分が漲つて来た、安岡氏もこれを見て、余り過激な事を云はれると自分の盛名を傷け、上流階級の人々に信用を失ひ、自分の野心の妨げとなると思ひ内心苦労の態が見えたが、さりとてはつきり我々に出て行けとは云はず、何とか良い口実を設けて甘く反感を抱かせずに出したいと思つてゐたらしかつた、其の時の安岡氏の心中を推し計るに、勿論我々の同氏に対する気持の変つて来た事は少しも御存じなく、我々二人を手元におけば如何なる事を仕出かすかわからぬ危険だ、併し、全く捨ててしまふには惜しい、将来自分の役に立つ男達である、何時迄も自分の物として、而も手元におかず、之を捉へておきたいと云ふ風であつた」

重信房子の父と血盟団

安岡のこのような心情が、後に語る血盟団グループと安岡の間の決定的な離反の伏線になっていると思われる。池袋の上申書を読んでいて、もう一つ思いがけないことを発見したのは、日本赤軍の重信房子の父の話が出てきたことだ。重信房子の父が血盟団事件にからんでいたことは、重信が何度か自分の著書で語っていることなので、それなりに知られていた。

たとえば、『わが愛わが革命』（講談社）には、次のようにある。

「六七年の羽田闘争のあとだったと思う。

泥まみれになって帰った私に、父がいった。

『房子、今日の闘争はよかった。だけど、あれには、人を殺す姿勢がないな』

わたしは、おどろいて、酒の盃を手にしている父をみつめた。

その日が、はじめてで、そして終りであった。父が、自分の青春時代の話をしてくれたのは。

父は、昔、血盟団に加っていて西田税やなんかと一緒にやっていたという。理科大かなんかに行っていて、東京に絶望して、九州へ帰ったのだという。

父は、鹿児島の出身であった。

父はつづけた。

二・二六事件にしても、血盟団にしても、歴史は、あとで右翼だとか何だとかいうが、われわれは正義のためにやったのだ。政治家が腐敗していたから、われわれが権力を変えて、もっと人民がうるおえる社会にしたいと思ってやったのだ。

房子は、いま左翼だといわれているけれども、とにかく、自分が正しいと思うこと、これが正義だと思うこと、それだけをやれ!

『物知りにだけはなるな』

ものごころついたころからよく聞かされた父の言葉である」

最近の著書、『りんごの木の下であなたを産もうと決めた』(幻冬舎)にも、この羽田闘争の晩の父と娘のやりとりが出てくる。

「家に入りざま、敵のめちゃくちゃな所業の数々を家の者たちに話しまくり、意気揚々とお茶一杯飲み干した時、父がなんとなく厳かな感じで、昔の話をしてくれたのです。

『いや、房子、本気で革命をやるなら、あのようにやってはいかん。まず民心を重んじなければならぬのが第一。民族の心を知らぬ者が世界革命を唱えても、それはコスモポリタンにすぎぬ。井上日召は一人一殺主義と言われているが、そうではなく、一殺多生と言ったのだ。一殺多生は一人ではできぬ』と。(略)

あまり話したがらない父。

父の前歴は知らなかったけれども、子供の頃、父と子の対話の中心は、人はどのように生きるべきかということ、そして天下国家を語ることでした。(略)

赤軍派になってから、ますます父の意見を反動的なものとして、退けるようになりました。けれども、父と娘の対話は熱意に満ちたもので、父の哲学は私の心に沁みわたりました。(略)

父は娘を信じるがゆえに、心強く励ましつづけてくれました。

『ちょっと仕事の都合で、外国へ行ってくるからね』と旅立ちを告げた時、母は、明るく、着ていく洋服のこと、持ち物のことに気を配ってくれ、父は、『やすやすと帰ろうと思うな。しっかりと頑張れ』と言いました。もう会うことのない娘の旅立ちを理解していたように思います。

旅立って以降、家族から手紙は来ませんでした。『家族が手紙を書けば、房子に要らぬ気をかけさせる。誰も出すな』と、父の指示が家族にあったということを私はあとから知るのです」

重信の父は、血盟団で何をしていたのだろう。前から気がかりだったのだが、血盟団事件関連の資料には、重信の名前が出てこない。それがはじめて、池袋の上申書の中に出てきたのである。それも金鶏学院関連のところで。四元と池袋が金鶏学院と最終的にケンカ別れするのは、重信の父のことが原因だったとある。

「僕が入院中井上さんと四元君が学院の院代伊藤、渡邊二人をたたいた事があつた、之で我々と学院とは完全に決裂したわけだつた、(略)此の院代二人をたゝいたのは、僕の親友重信のためであつた、と云ふのは、安岡氏の創立になり其年の四月開校になる筈なりし日本農士学校に入学する様重信(当時都城小学の代用教員)を勧めて一月上京させ其の後同君は学院に居て開校を待つてゐたのである。先の院代二人は農士学校の教授になる筈だつた、処が重信は年も二人と同じ位だし、人間は却つて上かも知れぬので生徒としては中々扱ひにくいと思ひ、開校前にうんと抑へておかぬと後で困ると考へて、二人で重信を呼んで甚だ無礼な事を弄し踏付けた態度に出たさうだ、それを後で重信から四元君と井上さん(井上さんも其頃重信と親しくなつてゐたし、四元君は七高時代からの知友であつた、且つは僕に対する義理もあつて)が聞いて大いに憤慨し、俺の親友を侮辱したと云つて学院に押掛けて院代二人をなぐりつけたのである」(池袋上申書)

「たたいた」というのは、さんざんに殴りつけたということである。殴りつけたのは、池袋ではなく、四元と井上日召だったわけだが、四元が院代(金鶏学院院生代表)をなぐるについては、四元のほうが池袋より先に、安岡と金鶏学院に見切りをつけ、意識的にそのぶちこわしをはかったということがある。四元の公判速記録に次のようにある。

「**問** 夫れでは昭和六年四月頃、金鶏学院で海軍将校等と話し合った前後のことを訊きたい。

答 私は郷里から帰って一旦金鶏学院に帰りましたが、其の前から私は金鶏学院というものがすっかり分って閑さへあれば此の金鶏学院は叩きこはさんといかんと思って居りました。是が国家改造などといふことをいふのは国家の為にいかんと思って居りましたが、そんなものは相手にする閑がありませんでした。（略）

問　被告は金鶏学院を出て骨冷堂と名づけた家に井上と共に起居する様になったといふが、何故金鶏学院を出たのか。

答　一つは安岡氏が池袋さんは郷里に帰りましたが私を置くことを好まない様で兎に角置きたくない様でありました。私は彼等の規則を一つも守らんです。講義にも出ないから安岡氏は何時か私に説教しようと思ったらしく、或る時私に、君は此の頃誰と居るかと尋ねたので、和尚さんと一緒に居ると言ったら、むき出しではありませぬが遠廻しで和尚さんの悪口を盛に言ひました。私は相手にしませぬ。私の目が開けて安岡氏と二、三回会って話す内に此の人はどうしても駄目だと見極めました。夫れ迄に未だ安岡氏に望みをかけて、野口静雄氏などとも話したりしたことがありますが、さういふ具合で私は無茶苦茶をして彼処を出ました」

「和尚さん」とは井上日召のことである。「無茶苦茶をして彼処を出ました」というのは、二人の院代を井上とさんざん殴りつけて学院を出たということなのである。

真相を語る四元氏

四元義隆氏は、すでに九十三歳になるが、いまも健在で、三幸建設社長として、築地のオフィスに毎日出てきている（その後二〇〇四年六月に没した）。先だって、当時の思い出話をいろいろうかがってみたら、このケンカの一件もちゃんと覚えていた。

「**立花**　安岡はだめなんですか。

四元　だめだな。安岡はいちばんインチキだ。

立花　あ、そうなんですか。

四元　インチキそのものだ。
立花　そうですか。
四元　だめだ。あれはもうほんとに権勢に媚びて、カネのあるやつからカネを脅させて、金鶏学院という寮をつくったりしてさ。
立花　あ、酒井（忠正）伯爵ですね。
四元　酒井伯爵だな。いやもうどうにもならんな、ありゃあ。
立花　そうですか。でも最初は、上杉先生が亡くなって、池袋さんと安岡さんを頼っていくわけでしょ。
四元　俺も池袋さんもね、あれを偉い人物と思って行ったわけだ。それであそこに金鶏学院という寮をつくったわけだね。その寮に入ったわけだ、俺も池袋も。
立花　それはわりと簡単に入れるんですか。
四元　それは入れるさ。（入学希望者が）おらんから。ところが入ってしばらくおって、あそこの寮監は威張っとってろくでもないやつばっかりだったから、ぶん殴ってな。そして結局『出ていけ』とは言いきらんのや、安岡もな。
立花　その寮監をぶん殴ったときが、それが重信の親父さんが……。
四元　よく遊びに来よったよ。そうそう。重信の親父というのは人がよくてね。
立花　あ、そうなんですか。で、重信の親父さんは、血盟団事件そのものには関係してないわけですね。
四元　しなかったな。おとなしいからね、それはできないよ。それは池袋さんの中学時代からの親友だからな。
立花　あ、そうなんですか。
四元　俺も、だから仲良くなったけど、思想上の話はもう全然しなかったね」
というわけで、重信の父は血盟団事件に直接関与していたわけではない。しかし、重信が覚えている父の言葉のはしばしには、確かにあの時代、自分の親友が苛烈な人生を歩みはじめるのを側で見ながら自分自身は何もすることができなかった男の思いがこめられているような気がする。そして、「物知りにだけはなるな」の一言には、重信の父もまた共有していた安岡への反感がこめられているような気がする。

グループと安岡、離反の理由

ここでついでに、先にちょっとふれた、血盟団グループと安岡との間の決定的な離反ということについて書いておく。その離反とは、ここに書いた殴打事件程度の話ではない。血盟団事件が起き、まだ、その事件をどのようなグループがどのような目的でやったのかわからずに、当局が右往左往している段階で、安岡が、事件は井上日召グループの手になるものであることを当局に通報し、そのため、まだ連続暗殺計画が進行中であった血盟団グループが摘発され、十人で十殺を計画していたのに、井上準之助、団琢磨の二殺で終ってしまったということなのである。

といって、安岡の当局への通報については、確たる証拠があるわけではないから、歴史的事実として確定しているわけではない。しかし、血盟団グループはそれを事実と固く信じて多くの場で公言してきた。安岡の側でそれに反論を加えることもしていないので、一般には（安岡にシンパシーを持っている人以外は）、そうと信じている人が多い。

この点について、井上日召自身が『文藝春秋』の臨時増刊号（昭和二十九年七月）に、「血盟団秘話」として、次のように書いている。

「小沼が井上を暗殺したときに、警視庁では総選挙の折ではあり、政友会と民政党の党争が苛烈を極めていたので、てっきり政友会関係のテロと見込みをつけて、もっぱらその方面を探索していた。そのうち三井の団が暗殺されたので、これは民政党関係者の復讐だと推定して、見当違いを捜査していた。しかるにどうして事件の真相をつかんだかというと、それは金鶏学院の安岡正篤が、時の警保局長松本学《がく》に密告したからだ。事件には元安岡の門下生だった、四元とか池袋などが参画している。こゝにおいて安岡はおのれに累の及ぶことを恐れて、『あれは井上日召のやらしたことだ、井上さえ捕縛すれば、事件は終熄するだろう』と示唆したのである。

これは当時、絶対秘密にされていたが、後に警視庁の役人から、私は直接きかされたわけだ。しかも安岡は内務省の機密費の中から、五万円受け取ったことまで、わかったのである。

そういうわけで、私が頭山邸にかくれていることもわかった。頭山邸は警官によって、包囲された」

警視庁がもっぱら見当ちがいのところを捜査していた背景には、井上準之助暗殺で逮捕された小沼（正）が、捜査の方向をわざとそちらの方向に誘導したということがある。戦後小沼は次のように述べている。

「**小沼**　その当時は、左翼に対しては特高があったが、右翼にはなかったので、私は警視庁の暴力強力班（のちの捜査一課）の田多羅〔둆志〕さん、のちに名捜査課長といわれたらしいが、その人に調べられた。

（略）私は、真相が判ってしまうと、同志の行動に影響すると思ったので、わざと民政党と政友会の政争を利用して、暗に私の事件を深く追及すると、当時は政友会が政権を担当していた時で、犬養内閣でしたが、政友会の大物の名前が背後に登場して君たちが困ることになるぞ、と思わせた。

（略）あくまで私が単独で、政友会の大物に頼まれて、反対党の大物である井上を襲撃したのだと思わせたわけです」（「ある国家主義者の半生」『昭和思想史への証言』毎日新聞社）

しかし、小沼はこの証言の中で、対談者の高橋正衛の問いに答えて次のように述べ、安岡密告説の側に立っている。

「**高橋**　三月一一日に、本間憲一郎の介添で日召氏が自首したが、その後の公判では、安岡正篤が当時の警保局長に、血盟団の内容を洩らしたということになっている。ここのところがよくわからなかったが、『木戸幸一日記』（一九六六年、東大出版会）が刊行されて、上巻の昭和七年二月一九日の項に、星ヶ丘茶寮で安岡正篤、後藤文夫、酒井忠正、近衛文麿、原田熊雄と木戸幸一氏が時局について話合い、とくに安岡が左右両翼の運動について善処を要求している旨の記録があるのでびっくりした。

つまり牧野伸顕（内大臣）、西園寺公望（元老）は、このころのテロリストの斬奸リストのトップにいつもおかれる人たちで、木戸、原田はこの二人の代行者だから、この会合の意味するところは、大変なことだと思う。

小沼 菱沼が団を倒しても、警視庁では、まだわれわれの組織はよくわからなかった。この組織を知っているのは、外部では安岡と今泉定助《さだすけ》翁（一八六三～一九四四年。東京帝国大学古典講習科卒。『古事類苑』の編纂に従事。各種の学校の教員、校長を歴任。神宮奉斎会会長を長くつとめた。神道学者）の二人だった。というのは井上日召先生は安岡のところから今泉宅へ居候に移っていたから。警視庁の刑事が日召先生に、安岡が五万円で警保局長に売ったとしゃべっている。公判でこのことを日召先生がいっているが、安岡はなんの反論もしなかった」

ここで高橋が言及している事実は重要である。問題なのは、安岡が木戸幸一、後藤文夫（警保局長などを歴任した内務官僚の大ボス）らに、左右両翼の取締りを要望したというその日付である。二月十九日というのは、井上準之助暗殺（二月九日）の十日後、団琢磨暗殺（三月五日）の二週間前で、まだ事件の背景など（右翼のテロかどうか、単独犯かどうかすら）何もわかっていなかった頃なのである。そして、小沼の発言にあるように、警視庁特高課に右翼担当がなかったくらい、右翼テロへの警戒心が薄かった時代なのである。しかし、安岡は先に述べたように、大学寮を通じて国家改造を企んでいる連中と深い付き合いがあったから、右翼のテロ、クーデタ計画がかなりの現実性をもって構想されていることを知る立場にあった。しかも、後述するように、血盟団の謀議のかなりの部分が、井上、四元、池袋などが金鶏学院の寮に寝泊りしていた関係上、金鶏学院で行われている。金鶏学院には、前述したような安岡と海軍のつながりから海軍の若手革新派将校が沢山出入りしており、井上日召と学生グループ、海軍軍人グループとのつながりも、実は金鶏学院を媒介に出来上がっていったのである。つまり、血盟団グループのほとんどを安岡は知る立場にあった。そして、安岡は先に述べたように牧野伸顕ら日本のエスタブリッシュメント中枢と深いつながりを持つようになっており、金鶏学院の後援者には、後藤文夫ら内務官僚ＯＢはもちろん、警視総監の赤池濃《あつし》など現役の警察官僚も名前をつらねていた。井上日召が、密告した刑事としている警保局長の松本学も、よく金鶏学院に足を運んでいた。だから、状況証拠としては、密告の可能性は十分にあるが、私は五万円で密告という話はないだろうと思っている。安岡は多くのパトロンを持ち、金に困る立場ではなかったし、常日頃、倫理をもっぱら講じてきた人間である。五万円で密告説があまりに広まったので、あるとき弟子の一人が、その真偽のほどを問うと、言下に「そんなことはあり得ない」と一笑に付したという話もある（塩田潮『昭和の教祖安岡正篤』）。しかし、エスタブリッシュメントとの付き合いがあまりに深かっただけに、密告の意識がなくとも、当局にとっては貴重な情報をついポロリともらしたことはあったかもしれない。

もし何かあったとして、それは恐らく、井上に対する安岡の嫉妬から出たものだろう。そう考えてもおかしくないほど、安岡の周囲に集っていた優秀な若者たちが、井上が金鶏学院に入りこんだとたん、次から次へ、はぎとられるようにして、井上の周囲に結集していくのである。それというのも、井上の圧倒的な行動力と、安岡の行動力のなさがあまりに鮮明な対比をなしていたからである。

計算ずくで酔っ払う

安岡から井上へ、仕える師を移した若者の典型が、四元と池袋だった。

四元と池袋が、最初に井上と知り合ったきっかけは、金鶏学院の筑波旅行である。この旅行に、金鶏学院によく出入りしている海軍将校たちが参加し、さらに、海軍将校たちとも、安岡とも前から知り合っていた井上のグループが参加し、ここにはじめて、後に血盟団で行動を共にする人々が一堂に会することになったのである。この筑波旅行がきっかけで、井上は金鶏学院の中に入りこむことになる。

まず、池袋の上申書には次のようにある。

「井上さんを知るに到つたのは昭和五年十一月金鶏学院の筑波旅行の時である、其夜の旅館の宴会の席上、此の宴会は、いや井上さんを此の旅行につれて来たのは、井上さんと安岡氏との懇親と革命運動への提携をもくろんで藤井〔斉《ひとし》〕中尉の仕組んだもので、井上さんの踊りはそんなに端然と構込《かまえこ》んでゐては青年はなついて来ないとの安岡氏への諷刺だつたと後で判つた。床の間に飾つてあつた鎧を着て野口静雄と云ふ学院出身の者と踊廻つたし、又和尚さんお得意の蛙踊りと云ふ妙な踊りをやつたりしたので面白い男だなと思つただけで其時は単なる普通の所謂浪人と見ただけである」

この宴会での踊りが相当なものであったらしい。四元は、公判速記録で次のように述べている。

「夫れから愈々宴会になったら和尚さんが酒を飲んでから無茶苦茶をやりました。実にひどい踊りなどをやって皆は笑ひ出し兎に角、其の宴会は和尚一人で暴れました。夫れが済んでから又一寸会ひましたが、和尚さんは近いうちに金鶏学院に入って来ると言ひました。然し其のときは何等国家改造とか革命などといふことは言ひませせぬ。然し藤井中尉は夫ればかり言ふて私や池袋さんや金鶏学院の若い者に国家改造といふことばかり一生懸命言って居りました。

問　すると被告が最初井上に会ったときは痛快な人だといふ程度の印象か。

答　さうしたはっきりした印象もありませせぬでした」

しかし、実はこの踊りは、井上が計算ずくで酔っ払った上でしたものだった。すでに革命運動の実践に乗りだしていた井上は、この旅行で、革命運動に身を捧げる若者を一人でも獲得したいと考えていた。井上は公判速記録でこう述べている。

「此の学生連中を試験しなければならぬ、そこで酒を飲んだです、所が悪い酒で、学生連中は誰も飲まない、さうして私の所へ持って来る、私も悪い酒だから飲みたくないのです、併し人を試すと云ふことが、相手に分ればそれに甚だ御無礼ですから、分らぬやうに試さなければならぬ、それには酔はなければならぬ、そこで相当に飲んで酔っ払った。若い者が大きな声で何か言ひ出した、所謂座が崩れて来たのです、（略）それから出鱈目に『俺が踊るから誰でも唄へ』と云ふので、鎧甲の飾物が床の間にあったのを持出して私が之を着たんです、子供の鎧だった、私は其の当時太って居ました、二十何貫あったのですから……それから素裸体になって、さる又一つになって、面白半分に甲を被りかけた所が、なか〳〵入らないのを、若い連中が上から押しつけて無理に押し込んでしまった、鉄の鎧だから痛いのだがとう〳〵無理に押込んでしまった、そこで学生連中にはもう遠慮のない気分になって居ると云ふことが私に分ったから、其のする通りにやらした、鎧の間から私の臍が出たり何かして、ひどい格好になった、さうして唄ひながら、人を馬鹿にしたやうなことですが、私の一番最後のやつを、人を馬鹿にしたやうなことをやって踊るのです、さうしてワッ〳〵と云って狂った、女中なんか皆な逃げてしまった、安岡氏も、殿様のやうに行儀の良い人ですが、此の人さへ腹を抱へて笑ひよるのです、私はさうして居る間に兜の間から、白ばくれて、斯うやりながらあっちこっちと見て居るのですが、矢張りワア〳〵笑って居るのですけれども、其の中で矢張り胆っ玉のあるのは、矢張り先っきの元さんと袋さんの二人だけで、後は皆な駄目です『よし、是位酔ってもしっかりして居るのだから、是はもう少し鍛へれば見込みがある』と斯う思ったから、それで私は止してしまった」

要するに、チンポ丸出しの裸おどりをしながら、学生の中の有望そうな人間を探し求めていたわけだ。

「**問**　さうすると四元、池袋、是は見込があると思ったのは、筑波旅行で今云ったやうな経緯で二人を見付けた訳だね。

答　さうです、けれども何も話しませぬ。

問　けれども四元、池袋は最初は非常に被告を慕ふとか、被告に近寄らうと云ふやうな風が見えたかね。

答　いゝえ、ありませぬ、唯私がさう云ふのを発見しただけです。

問　唯被告の方から目を附けたゞけだね。

答　私の方で目を附けただけです」

その場ではそれだけで、すべては東京で再会してからだった。金鶏学院をたずねてきた井上は、四元と池袋に、革命運動論争をしかけて、たちまち二人をとりこにしてしまう。池袋の上申書にはこうある。

「此時井上さんが四元君と僕に四、五日内に上京して学院に行きますから、其時ゆつくり話しませうと云つて其儘別れた、其後一週間ばかりして井上さんが学院へやつて来た。其当時井上さんは何処に泊つて居つたか覚へてゐないが、金鶏会館だつた様でもある、記憶がはつきりしない、何れにしても其頃四元君と僕は井上さんに毎日の様に会つて話をした。井上さんに接する様になつて僕の観念論は粉微塵に砕かれた、妄想は単に妄想を描き、自己陶酔であつた事がはつきりわかつた。

井上さんに初め、革命の具体的手段を問はれた、僕は労働者に暴動をやらせてそれをきつかけに軍隊を動かして我等同志の者に政権を取るのである、と答へた、すると井上さんは誰れが労働者を煽動し軍隊を動かすのか、と聞いた、自分は安岡先生がやると答へた、すると又井上さんは労働者に味方を持ち、軍隊に同志を持つてゐるか、と言つた。そこで僕は労働者の方は石川島に神野《かみの》信一《しんいち》を会長とし、二千名ばかりの会員を有する自彊組合と云ふ労働組合がある、之を安岡先生は手なづけてゐると答へたが、軍隊の方は何等なかつたので返答につまつてしまつた。すると井上さんは、かねて軍隊内に同志を作つておかずにいざと云ふとき何が出来るものか、又自彊組合を手なづけてあると云つてもどの程度かわからぬ、少なくとも革命をやらうと云ふなら生死を共にする同志でなければならぬ、世間でいつてゐる所謂同志等では何の役にも立たぬ、と喝破された、安岡氏が改造の革命のと云つてゐるが本当にやる気はないのだ、本当にやる気なら軍隊に同志を作り、真剣な青年を集める筈だ、小役人共を集めて何が出来るものか、要するにやる気がないのだ、此等の言は一々僕の肺肝に徹した、誠にさうだ、かねてより生死を共にする同志を作つておかなくちや何もできない、殊に武力革命をやるには軍隊内に革命のために生死を同じうする同志を作らねばならぬ、と初めて悟つた、そこで自分は頭をさげて井上さんに今後自分を指導して下さいと頼んだ」

具体策を問いつめていくことで、井上はあっという間に安岡の観念論的革命論を粉砕してしまったのである。そして、それにかえて出してきたのが、井上独特の破壊の哲学だった。

29 昭和維新の最先端にいた帝大生・四元義隆

血盟団事件前後

血盟団事件が起きた昭和初期は、いまと同じように、バブル崩壊からまず金融恐慌が発生し、その対策の誤りから、長期にわたって深刻な大不況がつづいた時代（昭和恐慌）である。今日と同じように、政治家は無策で、腐敗しており、国民の強い怒りを買っていた。（この文章は二〇〇一年八月に書かれた）

昭和七年二月九日、選挙運動（第十八回衆院選）のために、本郷駒本小学校の演説会場にやってきた民政党の重鎮、井上準之助前蔵相が、暴漢に襲われ、最新型のブローニング拳銃で射殺されるという事件が起きた。犯人は、「撃ったのはおれだ」と叫んで、現場に踏みとどまったため、すぐに逮捕された。犯人小沼正《おぬましょう》は、茨城県平磯町の二十二歳の青年で「帰郷したとき見た百姓の窮状見るに忍びず、これは前蔵相の政策が

菱沼五郎と藤井斉（下）
©『血盟団事件公判速記録』

団琢磨

悪かった（金解禁政策を押し通し、烈しいデフレを招いた）からだと思い殺意を抱いた」と動機を語った（東京朝日昭和七年二月十日）。共犯がいないか、背後関係がないか、拳銃の出所はどこか、きびしく調べられたが、小沼は拳銃は盗んだもので、共犯は誰もいないと強く主張したため、当初はそう信じられた。しかし、小沼が一時、大日本生産党（昭和六年に黒龍会系の右翼二十団体が大同団結して作った大組織。総裁内田良平。顧問頭山満。昭和七年当時、党員一万六千人と称した）の中央委員である寺田稲次郎のもとに身を寄せていたことがあるとわかったため、その関係者が背後にいるのではないかと疑われ、寺田をはじめ、鈴木善一、津久井龍雄など生産党幹部が次々に取り調べを受けた。一時小沼が鈴木善一のところにも身をよせていたことがあることはわかったが、それ以上の関係はつかめなかった。

寺田稲次郎と鈴木善一は、大日本生産党に合流した右翼団体の一つ、日本国民党の幹部（寺田が委員長、鈴木が書記次長）で、昭和五年、ロンドン軍縮条約をめぐって統帥権干犯問題が起きると、同党はその抗議行動のために決死隊を作ろうとしたが、その檄に応じて最初にやってきたのが小沼であったという。統帥権干犯とは、政府が勝手に軍部の意に反する軍縮条約を結んだことは、天皇大権である統帥権を干犯したことになるという主張である。この問題に端を発して、昭和初期の右翼国家主義運動は急速に先鋭化していく。昭和五年の右翼団体員（佐《さ》郷屋《ごうや》留雄《とめお》＝23）による浜口雄幸首相の狙撃事件も、昭和六年からはじまる、軍部若手将校と民間右翼が結託しての一連のクーデタ未遂事件（三月事件、十月事件）も、これが引き金となっている。血盟団事件も、五・一五事件も、その流れの中で起きている。

ピストルの意外な提供者

国民党の決死隊に参加するべくやってきたのは、いずれも小沼と同郷の菱沼五郎、川崎長光、黒沢大二ら五名の者で、この五名は、イザというとき一心同体で働こうということで血盟をしあっていたので、後に彼らのグループは血盟団の名で呼ばれるようになった。しかし、はじめから井上準之助暗殺がこのグループによる集団的犯罪とされたわけではない。当初、その疑いもあったが、グループの他のメンバーの行方がわからず、捜査からも共犯関係は何も出てこなかった。そこでいったんは、井上準之助暗殺は、小沼の単独犯で、背後関係なしという方向に落ちつくのである。

しかし、それから一カ月近くが経過した三月五日、日本橋の三井銀行前で、出勤してきた三井合名（三井財閥本社）理事長の団琢磨が、黒の背広を着たざんぎり頭の青年にブローニング拳銃で銃口を密着させるようにして射殺されるという事件が起きた。犯人はすぐに逮捕され、取調べの結果、井上準之助暗殺の小沼と同じ国民党決死隊の血盟者グループの一人、菱沼五郎であることが判明した。同種の拳銃といい、両事件が一連の連続テロであることは明らかで、世の中（特に当局者）に大きな衝撃を与えた。菱沼は、犯行の動機を、

「腐敗しきつてゐる既成政党を打破する目的でやつたもので既成政党の背後には必らず大きな財閥の巨頭がついてゐるからまづその財閥の巨頭からやる計画を立てた。団男爵をやつたのは今の財閥の中心は三井で三

井の中心人物は団男爵だから同氏を血祭に上げた」（東京朝日昭和七年三月六日）

と述べた。ピストルの出所についてはでたらめなことしか述べなかったが、警察は同グループが八丁のピストルを用意していたらしいということを聞きこみ、他の六丁のピストルの行方と、同グループの他のメンバーの行方追及に懸命となった。そして、小沼、菱沼両名の出身地である、茨城県の大洗海岸地方を調べていくうちに、両人が、大洗の日蓮宗護国堂の僧侶井上日召の感化を強く受けていたことが判明した。井上は満州浪人出身の国家主義者で、国家革新運動に深くかかわり、国民党の鈴木、寺田とも知り合いだった。小沼、菱沼らが、本郷西片町の井上の東京での居宅によく出入りしていたことからも、事件の黒幕は井上とにらまれた（小沼、菱沼は、終始井上の指導下にあり、国民党入党も、実は井上の指導によるカモフラージュ的行動だった）。しかし、井上の行方はようとして知れなかった。

一方で、ピストルの出所を追及するうちに事件は意外な方向に発展していった。ピストルは、つい先月五日、上海事変の最初の航空隊犠牲者として戦死した藤井斉海軍少佐の提供したものとわかったのである。藤井少佐は、ロンドン軍縮条約問題以来、政党政治、軟弱外交に強い憤りをもって国家革新運動にのりだした若手海軍将校グループの指導者で、一時霞ヶ浦の航空隊にいた関係から、同じ茨城県の井上日召と親しくなり、両者は深く意気投合しあっていた。

藤井少佐がピストルを入手したのは満州大連の銃砲店であることがわかり、その数が八丁であることもつきとめられた（実は井上グループの入手先は他にもあり、全部で十二丁入手していた）。

井上グループの残党と残りのピストルの行方が追われていくうちに、事件はさらに意外な方向に発展した。井上グループには、別に帝大生のグループが参画しており、彼らもそれぞれにピストルを所持して、それぞれのターゲットの要人を暗殺するべくつけ狙っていたということが判明したのである。学生グループで最初につかまったのは京都帝大文学部の田倉利之だったが、田倉のターゲットは若槻礼次郎・前総理大臣で、若槻が選挙演説で西下する列車に同乗して、各地で狙いつづけ、京都駅では、一、二等待合室で待ち受けたが、若槻が待合室に入らず、駅長室で休憩したため、危機一髪で難を逃れていたなどということがわかった。

次に逮捕された東京帝大法学部の田中邦雄は、政友会の大物、床次《とこなみ》竹二郎（犬養内閣鉄道大臣）をターゲットとして、やはりピストルを手に床次を出先でつけまわしていた。

かくして、井上グループの実体は、半分以上が帝大生からなる、一人一殺主義の暗殺者集団であるということがわかってきたのである。事件の真相をめぐって毎日のようにセンセーショナルな報道がつづいた。一人一殺のターゲットには、今まであげた人物以外に、元老・西園寺公望（池袋）、前外務大臣・幣原喜重郎（久木田）、内大臣・牧野伸顕（四元・田倉）、枢密顧問官・伊東巳代治（黒沢）、内閣総理大臣・犬養毅（森）、貴族院議長・徳川家達（須田）、三井財閥代表・池田成彬（古内《ふるうち》栄司）、司法大臣・鈴木喜三郎（菱沼）などの名前がならんでいた（カッコ内は暗殺担当者。ターゲットと担当者は何度か変更されている）。

この他、担当者が決っていないターゲットとして、警視総監・大野緑一郎《ろくいちろう》、三井家当主・三井八郎右衛門、三菱家当主・岩崎小弥太、住友家当主・住友吉左衛門、安田家当主・安田善次郎、大倉家当主・大倉喜七郎などもリストアップされていた。

要するに、重臣、元老などを含め、政界、財界の主だったところはのきなみ暗殺対象リストに入っていたのである。

警視庁で射撃訓練

しかも、ただリストアップしたというだけでなく、かなりのケースにおいて、暗殺現場を下見したり、相手の日常行動パターンを数日間にわたって観察するなど、いつでも暗殺できる態勢をととのえる（あるいは簡単には暗殺できないことを知って、ターゲットを変えるなどの作戦変更をする）というきわめてリアルな計画だった。これらの事実が徐々に判明してくるにつれて、世の中に大きな衝撃が走った。先に述べたように、この事件は歴史的には前年の三月事件、十月事件など大規模なクーデタ未遂事件の流れの上で計画立案、遂行されたものなのだが、両事件とも世間には全く知られないで終わったために、これが最初の世に知れた大規模な要人テロ計画だったからである。その規模の大きさと計画のリアルさが衝撃を与えたのである。そのリアルさは、ピストルで人を殺す場合、慣れないと的を外しがちなのだが、そういうことを満州浪人時代の活動でよく知っている井上日召は、主要な暗殺者たち（実は、日召が指名した暗殺者の中には、こいつは必ずやるだろうと確信をもって指名した者と、こいつは実行は無理だろうと思いつつ形式的に指名した者とがいる）に、事前にピストルを渡して、射撃練習をさせていたということにもあらわれている。だから、小沼も菱沼も至近距離から射つことで見事に暗殺に成功したのである（ピストル射撃で的を外さないコツは、ひとえに的の近くから射つことである。小沼は戦後書いた回顧録『一殺多生』〈読売新聞社〉の中で、犯行の三日前になって、「やはり試射をしてこい」の日召の命令で大洗海岸に行って実弾二五発の試射をした話を書いている。距離があると外しがちだが、至近距離なら百発百中でいけるという実感をつかみ、実際の犯行も、ターゲットにほとんど身体をすりつけるようなところまで近づいてした。菱沼の場合は、銃口を相手にあてがっている）。

ピストルの試射は、牧野伸顕をターゲットとして受け持った四元もしたという。

「**立花**　公判記録では、みんなどっかの海岸までいって試射したことになっていますね。やっぱり、千葉とか大洗とか、そういうところまで行って試射したんですか？

四元　裁判ではそういうことになっておるが、実はちがうんだよ。

立花　えっ、ちがうんですか？

四元　実は、警視庁の地下にある、ピストルの射撃訓練場でやったんだ。

立花　えーっ、ほんとですか？　そんなことが可能だったんですか。

四元　特別なコネがあって別の口実で、できたんだよ。あの事件の裏には、歴史上こう伝えられているけど、実はこうだったという話がまだいくらでもあるんだよ」

「実はこうだった」の話はもう少し先でのべることにして、前章で書いた、血盟団グループの成立初期のところ、昭和五年から昭和六年にかけてのところに話を戻したい。

前章で述べたように、昭和五年、四元義隆と池袋正釟郎は、安岡正篤《まさひろ》の金鶏学院に身を置いていたが、昭和五年十一月に行われた、金鶏学院の学生たちと、金鶏学院出入りの海軍軍人グループ（後に血盟団にピストルを提供することになる藤井斉中尉〈当時〉のグループ）が合同しての筑波旅行において、それに偶然参加した、藤井中尉知り合いの日蓮宗僧侶、井上日召と知り合いになった。

この出会い、偶然をよそおわれていたが、実は日召と藤井によって仕組まれたものだった。藤井と日召は、かなり前から、暴力的直接行動によって国家改造をはかろうとする点において考えが一致し、両者は肝胆相照らす仲になっていた。そしてそのような改造計画に参加できる若者をさらに見つけて組織しようと、金鶏学院に目をつけたのである。

井上は、公判でこんな風に述べている。

「金鶏学院の安岡の所に入り込まないかと藤井が言ふのですな、それは入り込んで捕まへろと云ふのです『入っても宜い、宜いが俺には入る手掛りがない、考へ附いて居ない』『それぢゃ一つ私も考へませう』と云ふので別れて行った、後に藤井の方から私に手紙が来た、金鶏学院の生徒が安岡氏に引連れられて筑波へ紅葉を見に行くから、其の時に私に行けと云ふのです、藤井は日曜だから俺も行く、そこで機会を作らうぢゃないか、入り込む機会を作らうぢゃないか」（『血盟団事件公判速記録』。以下特に注記がない引用は、すべて『公判速記録』）

そこで、前章に述べたような裸踊りのバカ騒ぎになるのだが、日召は、バカ騒ぎをしながら、四元と池袋にしっかり目を付けていた。四元は公判でこう語っている。

「其の旅行が済んでから金鶏学院に和尚さんがやって来ました。（略）井上さんは最初金鶏会館の方に来て居りましたが、私等が居る寮の方にも始終入って来る様になって来ました。井上さんは、私が夫れから池袋さんなどが革命とか国家改造とかいふことは考へて居ることは最初から知って居た様です。夫れで昭和五年中に私等は和尚さんに対して全く一つになって仕舞ったと私は思って居ります。（略）

何うして井上さんに傾倒して行ったかといふに、私は此の年をとった人が本当に純粋に国家の外は何物も

ないといふことに吃驚しました。而して何の飾りもなく丸裸の儘で池袋さんと私に接して居ます。(略)

私は和尚さんと会って居るとお前はしっかりせんと此の国が亡ぶと本当に鞭たれるような気持がしました。而して日本の国家といふものが、本当に打開し改革しなければ亡びるといふことを井上さんが言はれるのがひし〳〵と身にしみます。(略)和尚さんの様に夫れ丈けしかない、外に何もない、夫れ丈けを生きて居るといふ人は初めて知りました。夫れを私はもう理屈も何もなくなって此の人と一緒に行かうといふことに直ぐなって仕舞ひました。(略)

和尚さんは革命に付いていろ〳〵言はれましたが、夫れには先づ破壊をやる、今の此の儘では悪いのだからいかん、何うすることもいかん様に行き詰って居るのだから理屈は何うでも先づ其処を毀すのだ、而してどんなものが出来るか分らないが、夫れが悪ければ又毀すのだ。我々が、よりよきものを作らうとして破壊して処く処に必ず悪いものが生れやう筈はない、といふことです」

「起爆薬的行動に出る」

井上日召の革命への絶対的献身と、独特の破壊の哲学が、二人の若者を魅了していったのである。池袋は公判でこう述べている。

「**答** 兎に角、井上さんの一挙一動は革命であるやうに感じました。井上さんが歩いて来ると革命が歩いて来るやうに、井上さんが酒を飲めば革命が酒を飲むやうに、井上さんが話をすれば革命が話をするやうな感じです。(略)非常に革命其のものになり切って居られるのです、(略)井上さんの一挙一動が即ち革命なのです、さう云ふ風に感じました。

問 さうすると、被告が井上を知る迄は、先程来言って居る通りに観念的にどうしても国家を改造しなければならぬと云ふ心で居ったのであるが、井上を知ってからは是が具体化したと云ふことが言へるかね。

答 さうです、井上さんに接する迄は、兎に角非常手段でなくちゃいかぬと云ふことは考へて居りました。

併しそれは非常に観念的で、具体的にどうと云ふ、今日もう直ぐやると云ふのではない。十年位経ったら革命が始まるだらうと云ふやうな、全く観念的なもので……。
問 自分から自主的にやるのでなく、誰かやれば一緒に行くと云ふ考へだね。
答 は、革命と云ふものが向ふからやって来て、それに自分がやると云ふやうな考へですな、其の後、吾々が能く他の団体の悪口を言ふのに『一朝事有れば居士』と言って居りましたが、私もそれだったので、一朝事有れば国家の為にやると云ふやうな、さう云ふ……。（略）
問 所が井上に接してからは自主的になったのだね。
答 は、井上さんが居らぬでも自分でやると云ふやうな気持になりました。（略）
問 井上は被告等に対して自分は此の改革に進んで行く、ついて来るならついて来い、さう云ふやうな気持か態度で接して居ったのかね。
答 初め俺は兎に角、破壊なら誰にも負けぬ、建設は駄目だけれども破壊は誰にも負けない、俺は破壊の第一線に立つ、それで自分は破壊の第一線に立つ、お前達はやるならついて来い、さうして俺が死んだら俺の屍を踏み越えて行けと、さう云ふ風に言って居られました、非常に真剣です、（略）
今迄、日本主義者とか何とか云ふのは、それは其の頃から国家を改造しなければならぬ、それには非常手段に依らなければならぬと云ふことは方々にありました、併しさう云ふ人は皆な若い者を煽てゝ先にやって、さうして自分が後でうまい工合にやらうと云ふ気持が見えて居って、本当に信頼する気になれなかった、所が井上さんは自分が先に進んで行く、後からついて来いと云ふやうなことでありました」

井上は、これまでの右翼の運動をきわめて批判的な目で見ていた。井上の獄中手記『梅乃実』においては、右翼活動家で立派な人物といえるのはほんの二、三人で、あとはどうしようもない連中だと次のように酷評している。

「其他の者に至っては単なる不平家であったり無責任な法螺吹であったり、煽動家であったり、河豚は喰ひ度し生命は惜し、と云ふやうな者ばかりで団体としても単に僅少部数の雑誌を発行して居る位のもので、要するに皆一様に誰かいつか烽火を上げるであらう、さうしたら其時の形勢の如何を見合せ、愈よ物に成る見込みが付いたら指導者として乗り出ださう、それ迄は単に後日の機会に備へる為めに改造指導者であると云ふ名乗を上げるか、又はそれらしい色気と好意とを示すに止めて置かうと云ふのであつた」

要するに、大言壮語だけは立派だが、革命のために命を捧げる覚悟がない、「死にたくない連中」なのだというのだ。その組織活動も、日常の活動方針も、口先だけで終っており、左翼の革命運動とは比較にならない。

「同志獲得方法は恰も山の子供が落葉を掻き集める様な具合で何んでも彼んでも掻き込む、而して何事か試みようとする時には言語文章等で煽動して働かせようとする。勿論平常機関雑誌に依つて理論主張を発表して同志に対し主義教育を為して居るとは云ふものゝ極めて少数の発行部数であり、且つ其主張に共鳴して同志となり行動までも共にすると云ふ様な者は殆んど絶無と云つても良いのであつて、其点左翼に比して全く問題にならない微力なものであつた。(中略)右翼団体は口先でばかり実行とか肉弾とか云ひ乍ら、実は少数雑誌発行、それも資本がないので僅か三月か半年で廃刊する様な貧弱なものに十人も十五人も掛つて各自何とか部長の名を付けて指導者面をして威張つて居り、身を以て事に当ると云ふ者が無いのだから果して彼等がどの位真面目なのやら見当がつかない有様だつた。だから左翼団体からは馬鹿にされ、官憲からは暴力団が衣食の為めに騒いで居るに過ぎないと見られた」(同前)

このあたり、現代日本の右翼活動を彷彿とさせるものがあるが、ああいう活動スタイルは今にはじまったものではなく、ずっと以前からあったのである。昔から、右翼にはああいう口先だけの宣伝活動家が多かったが、井上は、革命のために本当に命を捧げて、国家の捨石となることを求める実践家だった。一朝事あるのを待つのではなく、自ら事を起すことを求めた。革命はまず破壊活動からはじまる。その破壊活動の第一歩に身を捧げて、革命の捨石となることを求めた。世の革命を論ずる者は、右でも左でも、革命による建設活動をもっぱらに論じているが、建設の前に破壊が必要であり、なによりその最初の一歩が必要だとした。

「外国の例にしても我国の明治維新の例にしても、最初少数の熱情家が現実の悪逆に堪へられなくなつて成敗を超越して起爆薬的行動に出る。そんなのが其後時を置いて或は継続して幾度か烽火的に燃え上る。こんな事で何年か経過するが最後に軍隊を動かす者が軍内か民間にかは別として、兎も角武力を持つて既成勢力を打破して改造建設に入るのが常だ」（同前）

水戸人の果した役割

明治維新において、桜田門外の変、坂下門外の変など、水戸の志士たちが命を棄てた破壊活動を展開することで、革命の火ぶたが切られた。それは今から考えるとかなり馬鹿げたところのある破壊活動であったが、それがあったればこそ、明治維新もなったのだと井上はいった。明治維新というと、本番の薩摩長州の活動がもてはやされているが、それも、その前段階で、革命の捨石となって命を捧げた大馬鹿者の破壊活動が口火を切ったからこそ成功したのだ。昭和維新においても、革命の捨石となって、命を捧げる者が必要だ。その大馬鹿者を自分がやるというわけだった。

これが、井上日召の建設の前の破壊という革命理論、革命の捨石理論だった。

「悧巧者が皆『成』に就き度いのが人情で、自ら進んで『破』に就かうと云ふのは余程大馬鹿者なのである。だがこの大馬鹿者が居らんと事が始まらない。（略）自分は曾て滞支十年間の経験に依つて破壊的な仕事は多少自信がある、よし自分でやらう、と考へた」（同前）

井上日召のグループは、大きく二つにわかれる。一つは、日召が大洗の護国堂の僧侶をやっていたときに、その宗教指導を受け、日召に深く帰依した地元青年たちのグループ（小沼、菱沼ら。通称水戸グループ）。もう一つは、四元、池袋を中心とする学生グループである。水戸グループには、井上の革命理論のうち、明治維新において水戸の志士たちの犠牲的行動が革命の起爆薬となったという話がよく受けた。明治維新のイデオロギーの重要な一角は水戸学（皇室尊崇と大義名分の尊重。ここから尊皇攘夷と倒幕の発想、大政奉還の理論的枠組などが生まれた）にあり、水戸の志士たちの決起による人的犠牲も大きかったのに、水戸は権力を失うばかりで（大政奉還した最後の将軍徳川慶喜は水戸出身）、明治新政権は、薩長に握られ、水戸は新政権から排斥された。明治維新では損な役まわりばかり引き受けてきたという憤怒が水戸人には強い（私自身水戸の出身だから、それをよく知っている）のである。

菱沼五郎の次の公判供述は、そのような水戸人の心情をよく示している。

「尚一寸申上げますが、藤田東湖《とうこ》等に依って鼓吹された水戸学と水戸藩の志士仁人の蹶起が明治維新に於て其の原動力となって居りますが、水戸学は皇室を尊んで大義名分を明かにした学であります。（中略）此の精神から我が水戸の志士が幕末に際して桜田門或ひは坂下門等に於て何十人何百人と人材が死んで居りますが、夫れはみな明治維新の犠牲であります。我々も一度昭和維新を志したからには我々無学無産の青年も亦昭和維新の犠牲となり其の捨石たらんことを希ったのであります」

昭和維新の考えの基本も、皇室中心主義の革命（維新）をもう一度やり直そうというところにあったから、水戸人にはイデオロギー的に入りやすかったのである。

血盟団の学生グループは、先に述べたように、四元、池袋を中心とする七高ＯＢの七高敬天会の人的つながりが中心で、薩摩出身者がほとんどだから、水戸グループとは心情的に異質と思われるかもしれないが、実はそうではない。四元、池袋が作った、七高敬天会とは西郷隆盛の崇拝者の集りだから、実は昭和維新のイデオロギーにもともと近い心情の持主たちなのである。西郷の西南戦争とは、維新後の新政権が腐敗と堕落の道を突っ走り、どんどん革命の理想と反する方向に走っていくことに耐えきれず、ついに明治維新をもう一度やり直す第二革命として企図されたものである。いわば、それは昭和維新の先駆的存在だったともいえるわけだ。その第二革命も失敗し（西南戦争敗北）、その後も腐敗と堕落の政権がつづいたことが昭和初期の日本の惨状を招いたという時代認識に立てば、西郷崇拝者にとっては、昭和維新は、失敗した明治第二維新（西南戦争）のやり直しという意味でつながってくるのである。

池袋正釟郎は上申書の中で、井上日召の説得に負けて、革命の捨石たらんと考えるようになったときの心境を次のように書いている。

「其時の我々の心境としては、

此の決行は必敗の戦いである、が革命は社会的必然である、今後幾度か失敗を繰返すとしても最後には成功する事は、確かである、我々がここで失敗して死んで行くとしても、且つすぐ続いて起こるものなくとも二、三年の後には目に見えざる全国の同志が相次いで奮起するであらう、我々は革命の捨石になるのだ、大業には必ず捨石が必要である、明治維新の皇政復古大号令迄こぎつけるには幾多の捨石があつたではないか。

兎に角我々が火蓋を切る事によつて革命の気運を促進しよう、そして純粋な革命精神を天下に示し後より来る者のために指標にならう、気運が動いて来れば如何に日和見主義の陸軍の連中も遂には起つであらう。要するに、我々は一蓮托生を以て革命の烽火をあげ捨石となつて死んで行かう。

(略)

今日世上革命を論ずる者皆破壊をさておいて建設のみ彼是云つてゐる、破壊なくして何が建設か、我々は一蓮托生で此の破壊に突進めよう、此点に於て我々同志はぴつたり気分が一致してをり全くの異体同心であつた、生れる時は別々でも死ぬ時は一緒だ、と云ふ気持が強く働いてゐた、而して飽迄井上さんを中心に仰いで行かうと云ふ気持であつた、それで同志相会しても建設の事に就いて論じた事は殆んどなかつた、自分等は学問もないし、才能もないし建設等は自分等の出来る事じやない、又建設の時迄生残る積りもなかつた」

「破壊の哲学」の元祖・藤井斉

しかし、革命を破壊からはじめるとして、破壊の仕方にもいろいろある。それがいかにして、要人暗殺という手段を選ぶことになったのか。

井上は『梅乃実』で次のように説明している。

「最初の内は私自身も極めて気の長い宗教的の方法など考へて居つたのであるが、有名な海軍条約問題以後一般改造運動者が西暦一九三六年迄に改造成就せねばならぬと云ふ声が高くなり、私自身も同感だつたので次第に急速手段を考究するやうになり、遂に藤井斉の提案に賛成して爆薬として爆死しようと云ふことになつて、暗殺と云ふ手段が考へられるやうになつたのである、其の理由は云ふ丈もないであらうが、

第一、同志が少ない

第二、資金が皆無だ

第三、武器兵力が無い

第四、言論機関が改造派の敵である

第五、国家の現状は一日も早く烽火を上げねばならない、

等が数へられた」

若干の説明を加えておけば、井上が当初考えていた気の長い方法とは、もっぱら説得によって国家改造に賛成する同志を、倍々ゲーム的にふやしていき、ついには国家全体を引っくり返すという夢想的な方法で、これはその頃知り合ったばかりの藤井斉海軍中尉に、そんな手ぬるい方法ではいつまでたっても国家改造など実現できっこないと、一笑に付された。事態は切迫している（一九三六年にワシントン軍縮条約、ロンドン軍縮条約の期限が切れ、再度国際会議が開かれることになっており、それまでに国家を改造し、軟弱外交を二度とやらない体制を作ることが必要とされた）。そこで、もっと急進的な方法として、藤井が提案したのが、自分の命を賭けた過激な行動をすることによって、革命の起爆薬となり、本格的な国家改造に火をつけることだった。

要するに、血盟団グループの基本イデオロギーとなる破壊の哲学、革命の捨石主義のもとは、井上日召というより藤井斉なのである。

国家改造論者としての藤井の活動歴は、井上よりはるかに古い。藤井は、海軍兵学校在学中の大正十四年ごろから、前述した、日本主義者たちの活動拠点、大学寮に出入りして、大川周明、安岡正篤、西田税などと次々に親交を結ぶ一方、海軍兵学校の同級生、下級生を次々にオルグして、海軍内部に国家改造運動を組

織していった。そして、早くも昭和三年には、国家改造をめざす青年将校の組織、王師会を作っている。これは陸軍の青年将校の組織、桜会に対応する組織といっていいが、桜会が組織されるのは昭和五年であるから、それより二年も早い（ただし、前述したように、西田税が作った国家改造を目指す青年将校組織、天剣党は、昭和二年だから、王師会より少し古い。実は天剣党には藤井も参加していたが、これはすぐ解散しており実体があったともなかったともいえる組織だから、やはり本格的青年将校組織としては、王師会が最初のものといってよい）。王師会は、

「天命ヲ奉ジテ明治維新ヲ完成シ大乗日本ヲ建設スベシ」

を目的にかかげ、結党宣言には、

「明治維新中道ニシテ滅ビシヨリ国家的現実ハ失ハレ国民精神ハ腐敗動揺シ……」

と書き、昭和維新の国家改造運動は明治維新のやり直しであることを明確にしていた。

王師会には、約四十名の青年将校が組織され、血盟団事件の関係者、五・一五事件の関係者は、すべてここから出ている。その中核メンバーに対して、藤井は、いざという場合、革命の捨石となって命を捨てることを求め、その同意を得ていた。

藤井は、昭和六年一月十八日の日記にこんなことを記している。

「今や我と共に死せむと欲する者十数余人、殆ど法悦の境なり。婦人の情、肉親の愛、又何ぞ及ばむや天下民人を済度すべく一切の己を棄てむとする者の血を以て結べる交は世に最も崇厳高貴なるものに非ずや」（『検察秘録　五・一五事件匂坂《さきさか》資料Ⅲ』角川書店）

この時代の国家改造をめざす青年将校たちが、革命的ロマンチシズムの法悦境に酔っていたことがわかる。

海軍は陸軍とちがって、基本的には艦船の上に乗ったまま移動に次ぐ移動をつづける生活であるから、陸上でじっくり兵を動かすといった本格的クーデタ計画の主体にはなれない。部隊を動かす二・二六事件型のクーデタ計画は苦手だが、五・一五事件のような、少数精鋭分子による、即戦即決型の作戦（首相官邸襲撃の場合、タクシーで乗りつけ、秘密のドアを蹴破り、犬養首相を見つけ、「話せばわかる」「問答無用撃て！」まで、

わずか十分足らずである）なら得意である。だから海軍は、革命の本体として動くのは無理で、機動部隊的に動き、革命の起爆薬になるくらいのことしかできない。これが藤井の考えだった。

井上は、藤井のその考えをきかされたときのことを公判でこう述べている。

「吾々は起爆薬となって倒れるのだ、革命の烽火を挙げれば宜いのだ、吾々が革命を成功しようなんと云ふことは思っちゃ居らぬ、是は誰かゞ此の起爆薬となって烽火を挙げる者がなかったら始まらぬのだ。是は誰も痛いことだからやりたくない、海軍は武力がないのだ、だから陸軍と違って海軍がやるとすればそれより方法がない、海軍の性質として……だから俺達はさうするのだ、さう言ふので、私は其の純情に非常に打れた」

革命の起爆薬という考えは、このように海軍という部隊の持つ制約からの発想でもあった。そして起爆薬としての効果ということを考えると、世の中に与える衝撃の強さからいって、要人暗殺というのが、最も効果的な手段と考えられた。さらに、次のような点も考慮に入れられた。

「彼等支配階級の自覚に依つて国家を改造するとすれば、彼等にとつて天皇よりも国家よりも大切なる彼等の生命を恐畏する事に依つて彼等が自衛策上不満ながらも、ある程度の改造を余儀なくせしめられるより外に全く方法が無いと云ふ見解から改めて目標としての認識を明確にすると云つたやうな気持であつた」（『梅乃実』）

要するに、支配階級の人々にとって、天皇よりも国家よりも大切なのは自分の命なのだから、暗殺計画の実践によってその命が危険にさらされているのだということを教えてやれば、国家改造の実もあがるだろうということである。

失敗した十月革命の影響

革命の起爆薬となるために自分の命を捨てる――その決心がついてしまうと、では具体的にどういう手段方法をとるかは、さして問題にならなかったと池袋は公判で述べている。

「十月事件以後、吾々はもう兎に角、暗殺以外には吾々の進むべき所はない、それは革命が暗殺に依ってだけ出来ると云ふ意味ではなくして、兎に角、吾々の勤め、吾々の進む所は暗殺だと云ふ風に皆決心して居りました、それで其の時機とかさう云ふやうなことは問題ではないのです、唯革命の烽火を挙げて吾々は捨石になって死んで行けばそれで宜いのだ」

四元の公判記録を見ても、暗殺という手段でよいのかどうか迷った形跡はうかがえない。

「**問** すると昭和六年八月末当時には海軍の同志並びに被告等民間の同志は、改革の実行を暗殺に依ってやるといふことはもう決って居たのか。

答 其の頃、大体さういふことになって居ました。

問 而して其の暗殺の目標としては井上、古内、其の他の被告が言って居る様に誰といふことは決らなくても所謂、政党、財閥、特権階級の巨頭といふか、さういふ人達を狙ふといふ程度にまで考えが到達して居たのか。

答 さうです。暗殺となれば当然其の目標がある訳です。

問 然らば被告がどうしても被告等が志す改革の実行方法として暗殺に依らなくてはならぬ、という風に決心したのは凡そ何時頃か。

答 それは、はっきりしません。

問 九州で河村幹雄に会った当時はどうか。

答 あの当時はもう非合法で行くと決って居ました。尤も暗殺も非合法に含まれて居りますが、暗殺といふことに決ったのは其の後ではなかったかと思ひます。

問 すると少くも昭和六年八月末頃はもう暗殺に決って居ると言へるか。

答 さうです」

ここに、十月事件のこととか、四元の九州旅行の話などが出てくるので、それについて解説を付け加えておく。

十月事件というのは、先に述べたように、昭和六年十月に起きたクーデタ未遂事件で、血盟団事件は、十月事件が失敗に終った直接の流れの中で起きたものなのだからある程度の解説は欠かせない。

十月事件は、先に述べた、陸軍の桜会（指導者は参謀本部ロシア班長橋本欣五郎中佐）と民間の大川周明が中心になって立てたクーデタ計画で、陸軍からは将校百二十人が参加し、歩兵十個中隊、機関銃一個中隊を動員し、海軍は藤井中尉のグループが全面的に参加し、霞ヶ浦航空隊から爆撃機を十数機飛ばし、横須賀からは陸戦隊も参加することになっていた。まず、首相官邸の閣議を急襲して、首相以下全閣僚を斬殺する。それとともに、警視庁など二十数箇所を襲撃して一挙に政権を倒すとともに、宮中に東郷元帥が参内し、新興勢力（クーデタ派）に大命降下してもらうよう奏上するなどとなっていた。政党首領、実業家、元老なども相当数殺害し、協力せざる陸軍幹部なども殺害することになっていたし、新聞社などもおさえることになっていた。

要するに、このクーデタはこの年九月に起されたばかりの満州事変に対応して起すもので、一挙に国家と軍部の体制を大改造して、独立国家として満州国を作り、関東軍を独立させ、中央政府はそれを容認する。国内においても、世界最終戦争（石原莞爾理論）に向けて、総力戦体制を作りあげる。このような壮大な計画の一環として構想されたものである。しかし、決行直前になって発覚し（クーデタ後の首相に荒木貞夫大将が擬せられていたが、事前の根まわしが十分でなく、決行直前に橋本が話をもっていったところ、とんでもないと荒木が激怒し、計画をつぶす側にまわったといわれる）、首謀者たちは憲兵隊に連行されて終ったが、このクーデタ計画とその失敗が日本のその後の政治と軍部のあらゆる動きに最も大きな影響を与えている。

国家改造運動の最先端

この計画には、陸軍の上層部がかなりまきこまれていただけでなく、日本の国家改造論者たちのほとんどが流れこんでいたが、なぜ失敗したかをめぐって、その後、軍閥内部でも、右翼勢力内部でも、激しい対立が起きた。

後の血盟団事件、五・一五事件に参画するグループも、すべてこのクーデタ計画に一枚かんでいたので、計画の破綻とともに、大きな挫折を味わった。これで本格的な国家改造がはじまるかと思ったら、訳がわからない終り方（首謀者たちも厳重処分されたわけではなく、橋本欣五郎ですら、二十日間の重謹慎に付されただけで、あとの参画者たちは地方に分散異動させられるなどの軽処分）で、ウヤムヤになった（軍の上層部が深く参画していたため）。後の五・一五事件、二・二六事件など、各種のクーデタ未遂事件の多くは、この十月事件の残党たちが主要なにない手となっている。

十月事件の海軍側中心人物は藤井中尉で、彼は海軍と陸軍の青年将校グループの結節点に立っていた。井上日召も民間人の行動隊としてこの計画に深くかかわっていた（国民党決死隊に小沼らを送りこんだのもそのためだった）。昭和五年暮ころからこの二人の人脈と結びついていた四元は、たちまちこれらのクーデタ計画（十月事件の前にもう一つのクーデタ計画、三月事件があったが、その段階から）に深くかかわっていった。

三月事件前の藤井中尉の日記には、次のようなくだりがある。

「学院にて四元君と会ひ、共に神宮外苑日本青年館に井上氏を訪ふ。（略）四人田中軍吉中尉を訪ふ。頭のいゝ好丈夫なり。思想は全然吾人と同一、東久邇宮の聯隊旗手たりしことあり。最も親密の由。近歩三は大丈夫動くと。他の三ケ聯隊には極力働きかけてある由

宮城の奪取はどうしても近衛師団そのものを動かさゞるべからず。而して宮内省方面に人を入るゝ必要もあり。（略）談遂に夜を明す。四元君と二人、西田氏を敲き起す。民政内閣近く倒れ政友立たむ。その時は末次を大臣に小林を次官に推さむ。これ北、井上も同意見。かくて重みをつけ置くべしと。先日北氏宇垣を訪ひしは、現政党を粉砕せむが為彼を立てんが為なりしに、彼は二時間の会談中終始クーデターの必要につき話せしを以て一時は同志かとも疑ひし程なりしも、近日愈々彼が野心家たること判れりと」

井上は井上日召。西田は西田税。末次は末次信正海軍大将。北は北一輝。宇垣は宇垣一成陸軍大将である。

このくだりを読んだだけで、四元はまだ学生であるのに、たちまち当時の国家改造運動の最先端の枢機に参画するようになっていたのだということがわかるだろう。

四元はまだ帝大生の身分を持っていたが、もう学校に行くのはやめていた。当時の四元について、井上日召は公判でこんなことを述べている。

「入って見ると矢張り四元も一人で部屋に居りました『どうして学校に行かないか』と言ふと『学校を止さうと思って居る』『学校を止さなくても宜いぢゃないか、学士の肩書は（略）別に名誉ではないけれども厄介ぢゃないよ』『厄介ぢゃないか知らぬけれども余り役には立ちませぬ、何にもなりはしませぬよ、同志獲得の運動をする為には私はそんな学校に行ってるやうな暇はないのです』それが重い口調で云ふ、斯んな早口ぢゃありませぬ、青白い眼で時々顔を見る、それが本気です」

大学なんぞにとても行ってられないところまで、国家改造運動に深く踏み込んでいたのである。

30 国家改造運動のカリスマ・井上日召

井上日召という人物

血盟団事件は、中心人物の井上日召がわからないとわからないという側面がある。そこで、井上日召という人物について書いておく。

井上は、明治十九年（一八八六）群馬県生まれで、事件当時四十五歳だった。父は熊本神風連の流れを汲む医者で、忠君愛国にこりかたまっていた。長兄は医者、次兄は海軍中佐で日本で最初に飛行中に殉職した軍人として知られる。四男の日召（幼名四郎）は、前橋中学で、高畠素之（『資本論』の完訳者として著名。後に国家社会主義者。上杉慎吉と経綸学盟を結成）と同級生になる。その影響で中学時代にマルクス、エンゲルスも読んだし、カントも読んだが、善悪の基準、生きる意味、あるいは、桔梗と女郎花はなぜ花の色がち

井上日召　©『一人一殺』

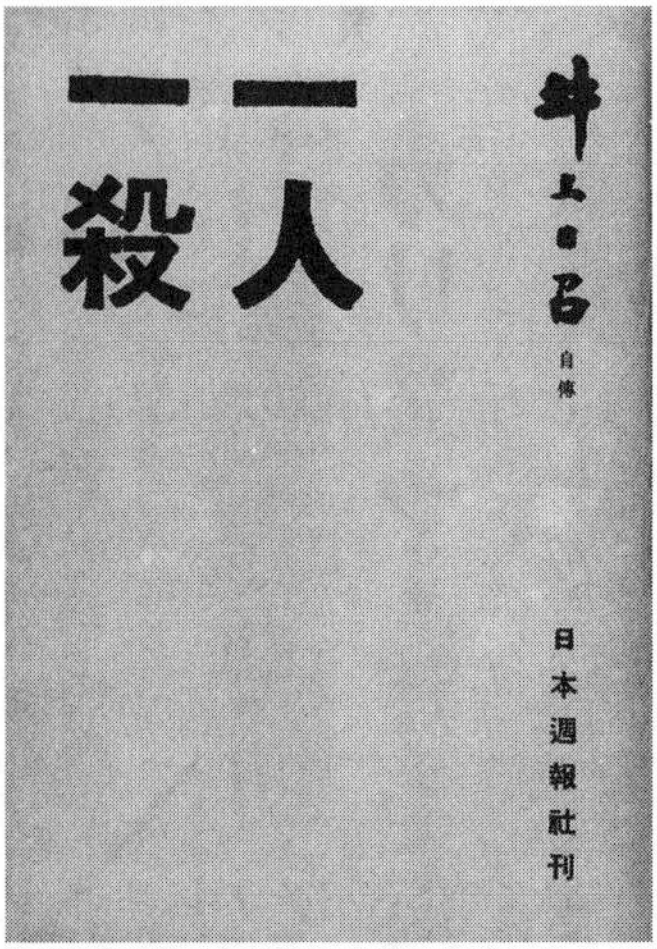

真紅の表紙、自伝『一人一殺』

がうのかなどなど、あらゆることに煩悶するタイプだった。同時に極端な直情径行型の人物だったので、中学卒業とともに、生きている意味はないから自殺しようと決意し、どうせ死ぬなら戦争に行って死のうと考えた（当時は日露戦争中だった）。海軍の病院船にボーイ見習として乗り込み、本当に身投げしようとしたところを人に抱きとめられ、未遂に終ったというエピソードもある。

早稲田大学英文科に入ったが、面白くないと一年で退学。東洋協会専門学校（後の拓殖大学。殖民地に行く青年を養成するための学校。卒業後、満州、朝鮮、台湾のいずれかに永住する誓約書を出させられた）に入学して、中国語を学ぶ。学校当局と衝突して、無期停学の処分を受けたことに怒り、「満洲へ行つて野垂死にしやう」（『一人一殺　井上日召自伝』日本週報社）と、着のみ着のまま渡満したのが一九〇九年、二十三歳のときである。

大連の満鉄従業員養成所に入って、翌年遼陽駅の貨物係として雇われるが、同時に、陸軍の諜報員ともなり、実際には、後者が本職のようなものだった。時あたかも、中国で清朝からの独立をめざす第一革命（辛亥革命）が起きた時代で、日召は革命派に意気投合して遼陽城攻略に参加したが、六十数名の同志がたちまち捕縛されて目の前で全員が斬首刑になる（井上は満鉄社員だったので難を逃れた）というショッキングな体験もした（一九一一）。翌年からは、張作霖を倒して独立をはかろうとする蒙古独立運動を支援する日本人グループに加わり、武器の密輸に従事した。日本陸軍と張作霖が手を組んだため、この運動は失敗。張作霖側から追われる身となった井上は、北京に出て、陸軍参謀本部の特務機関員となり、さまざまの作戦に従った。とりわけ、第一次大戦に日本が参戦して青島《チンタオ》のドイツ軍要塞を攻略する際、事前に青島に潜入して、要塞の秘密地図を盗み出したことが大きな功績とされ、勲章（勲八等）をもらっている。

突然の幻覚幻聴

一九一五年の第三革命（反袁世凱）にも、ダイナマイト百発と拳銃十二丁をもって参加。毒ガス爆弾を製造して三十名からなる毒ガス隊（一人毒ガス爆弾四個所持）を組織し、馬賊百名、中国兵百五十名とともに行動したが、袁世凱が急死すると憲兵隊から即時部隊解散を命ぜられた。解散しなければ、土匪とみなして討伐するといわれて、解散した。典型的な過激派大陸浪人だったわけで、「破壊なら誰にも負けない」という井上の好んで口にしたセリフ、大言壮語とはいいきれない。この時代の右翼過激派にはこのような大陸浪人出身者が多く、そこから井上の右翼人脈が広がっていく。

部隊解散後、天津、北京などで商売をするなどしたが、再び生の煩悶に襲われ、一九二一年（大正十年）郷里に戻った。翌年から村の共同墓地にあった人のいないお堂に入り、そこでひたすら坐禅を行った。そのうち、かつて「南無妙法蓮華経」と刻まれた法塔の前で死んで救われるという霊夢を見たことを思い出し、「南無妙法蓮華経と、唱へ死にする積りの修行」（同前）にはげんだ。

「さうして、五合ぐらひ入る茶瓶を拾って来て、水を入れ、お題目を唱へては水を飲み、水を飲んではお題目を唱へた。腹が空くと、堂から出て、川や田甫に生えてゐる川松といふ藻を初めとして、蕗でもおばこでも、松葉でも杉の葉でも、なんでもかんでも、手当り次第に食つた。

そのうちに、着物は破れる、髪の毛は蓬々になる、近所の子供らは私を気狂ひ扱ひにするやうになつた。

（略）

子供達の気狂ひ扱ひは気にもとめなかつたが、題目修行が進むに従つて、自分でもなんだか精神に異状を感ずるやうになつた。これは気にしないわけには行かない。

『俺はこのまゝ気狂ひになるのだらうか？』」（同前）

日召は十一歳のときに、いたずらがすぎてひどく頭を殴られ、それが原因で脳膜炎になってしまったことがある。中国では、中国人に土着民とまちがわれて散々頭を殴られて気を失ったこともある。日本に帰って高い木から落ちたときにちょうど下にあった石に頭をぶつけて気を失ったこともある。そういう過去があるせいか、時々猛烈な頭痛がして、自分は発狂するかもしれないという恐怖を常に持っていた。

そこで修行を中断すると、異常な精神状態は消えるが、同時にまた迷いが戻ってくる。そこでまたお題目をとなえると、気分は澄んでくるが、同時に異常さが戻ってきて、発狂しそうな気がする。

さらに修行をつづけていくと、不思議な現象が次々にあらわれてくるようになった。

真暗闇の中に突然幻燈の絵のように、春の草花がきれいに萌え出てくる様子が見える。どこからともなく厳粛な声が聞こえてきて、「お前は死ぬる！」という。明らかに幻覚幻聴である。激しい修行で肉体を追い込むと、このような現象が起きることはよく知られている。

こんなこともあった。六尺近い青大将が出てきて、舌をベロベロと出すので、「お前に有難い法華経を聞かしてやるぞ」といって、南無妙法蓮華経をとなえてやると、蛇は次第に首をたれ、やがて石垣の穴に入っていった。同じことが三日にわたってつづき、三日目にお経を聞かせたあと、「もう来るな」というと、四日目から来なくなった。これで蛇に言葉が通じたと思うのは、日召の単なる思いこみだろうが、日召はそうは考えなかった。

「私は、自分の意志が青大将に通じたことを、はつきりと悟つた。

それからといふものは、私は木でも石でも草花でも、なんでも相手にして話した。さうして、自由にそれらと意志を通じ合ふことが出来たのである。初めは変な気持がしたが、次第に、それがあたり前になつてしまつた」（同前）

やがて不思議なことが次々に起るようになる。外を通る男のセキ払いがきこえたとたん、この男は病気になると直感する。それを告げると、一笑に付されたが、その夜使いの者がきて、本当に病気になったから、来ておがんでくれという。その通りにしてやると、病気は治ってしまった。

「これが段々評判になつて、病気を治してくれ、と頼みに来る人が多くなつた。私がお題目を唱へて、『もう治つた』といふ感じが起つた時、さう言ふと、不思議に忽ち治るのだつた」（同前）

さらには、次のようなことまで起る。

「或る夜、目が覚めると、私は身支度して出掛けた。『どこへ行くのだらう？』と本心の方の私が不思議に思つてゐると、私の体は、どんどん歩いて、半里はなれた、と或る農家に至つて、その台所の戸を叩いた家の者が戸を開けて、驚いたやうに、

『あ！ 三徳庵の先生ですか。今、頼みに行かうと思つてゐたところです。どうして解りました？ 今夜、親父が急病で………』と、大変喜んで迎へ入れた。私は病人の枕元に坐り、その頭に手をあてゝ、お題目を唱へた。

『どうだ？ いゝ気持だらう。これで治るよ。』

と言ひ捨てゝ、私は帰つて来た。勿論、この病人もすぐに快癒した」（同前）

こうなると、単なる思いこみともいえなくなる。日召自身、このような状態を「神がかり」状態と表現しており、こういうとき、自分が自分でなくなっているのだという。

「そのやうな場合の私の一切の動作、一切の言語は、全く自分の意志をはなれたところから命令が出てゐる。私自身は、妙なことだな、と見てゐるのみである。もしも、私が自分の意志でこの行動に反抗しようとすると、とても苦しさを感ずる。例へば、歩いてゐる道を、自分の意志で戻らうとすると、強烈な力が、私の体

をヒン曲げて、どうしても戻らせない。結局、私は『至上命令』に従ふ外はないのである」(同前)

宇宙一元の悟りに立つ

こういうことが、一度や二度でなく、何度も起きた。そして、大正十三年のある日、突然、悟りの日がやってくる。

まず、不思議な幻像を見た。突然目の前に美しい紫の雲があらわれ、その上に、赤ん坊を抱いた男神とそれによりそう女神を見た。そして、その前にひれ伏しておがんでいる自分自身の姿を見た。同じ幻像が三日つづけて現れた。

「矢張り前二日と同様の厳かな光景が現出したかと思ふと、男神に抱かれて私を指さしてゐた赤ん坊が紅葉のやうな掌をひろげたとみるや、私をさし招いた。その途端に――、赤ん坊は私自身に変じ、今までひれ伏してゐた私の姿は、もうそこにはなかつた。

その時、私は、説明し難い一体感を覚えた」(同前)

その数日後、本格的な悟りが訪れた。

その頃、毎朝、日の出の前に起き、朝日が昇り切るまで「南無妙法蓮華経」をとなえることにしていた。

「其の朝も、例によつて、東に向つてお題目を唱へてゐると、朝日がズン〳〵上つて、将に山の端を離れた瞬間、私は思はず

『ニツシヨウ!!』

と叫んだ。『ニツシヨウ』が何の意味だかも知らぬ。自分にも叫ぶ意志はなかつたのだ。しかしこの種の不思議には馴れてゐたから、

『また今朝も妙なことを言つたものだ。多分、日が昇つたから「日昇」と言つたのだらう』

と、深くも考へなかつた。けれども、唱へ終つた後は、今までになく、なんといふことなしに、非常に明る

く良い気分だ。
堂に入つて、お題目を唱へてゐると、突然薄紫の、天地を貫くやうな光明が、東の方からパッと通り過ぎた！　すると、なんだかひとりでに立上り度い気持になつて、辺りを見渡すと、目につくものが、なにもかも、天地万物が悉く一大歓喜してゐる。
しかも、そのまゝ私自身なのだ、といふ感じがする。
宇宙大自然は私自身だ、といふ一如の感じがする。
『天地は一体である』『万物は同根である』
といふ感じがひし／＼と身に迫る。
——嘗て覚えたこともない、異様な神秘な心境である！
『妙だなあ!!』
と思つて、試みに、これまでの疑問を、今悟り得た境地に照らしながら、静かに繰返して考へて見ると、驚くべし、三十年間の疑問が、残らず氷解してしまつたではないか!!」（同前）
宇宙一元の悟りに立つと、いままで悩み抜いていたさまざまの問題が解けたというのである。
「あれほど難渋した『善悪の標準』の問題も、天地一体、万物同根、の一如感に立つて考へてみると、スラ／＼と、わけもなく解けた。なにが善で、なにが悪か、私は従来それらを対立する二つのものと考へてゐたが、実に本来『善悪不二』なのである。ただ我々の思惟、行動が、宇宙一元の真理に順応した場合に、善となり、これに背反した場合に、悪となるのである。（略）
真理は一つだが、その現れ方は千変万化する。（略）
同じ意味で、宇宙は一元であるが、万物は各々使命を異にするが故に、千差万別の相を呈する。人と犬と形貌相異り、桔梗と女郎花と色彩相異る、それらは宇宙の要求に従つて、使命を異にして生じたからにほかならぬ。（略）
人が蛙や蛇や草や木と、自由に話を交して、互の意志を通じ合へるのも、根本に一如し得る本質を持ち合

つてゐるからである」（同前）

多年かかえていたあらゆる疑問が一挙に解けた思いとともに、大歓喜がおしよせてきた。

「三十年の永い間に亘つて、私の心に押しかぶさつてゐた疑問の叢雲は、今はもう跡形も止めない。実に光風霽月《せいげつ》の爽かさ。その悦びはなにに譬へよう!!

こみ上げてくる悦しさに、私は踊り狂つて、椽《えん》から転がり落ちた。さうして、庭を狂ひ廻つた。手の舞ひ、足の踏む所を知らず、とは私の場合全く誇張でもなんでもなかつた。庭で踊り狂つてゐる私の姿を見た近所の子守達が、

『見ろ〳〵、気狂ひがとう〳〵本当の気狂ひになつた！』

と言つてゐるのが、ハツキリ聞える。然し、私は恥かしい気持もなければ、憎いといふ気も起らぬ。たゞ大光明、大歓喜あるのみだ」（同前）

宗教現象を分析した古典的名著である、ウィリアム・ジェームズの『宗教的経験の諸相』などを読むと、このような宇宙的大真理の悟りを突然に得て、大歓喜する体験が、古今東西の宗教指導者には珍しくないことがわかる。そして、そのような真理を獲得する前後において、ほとんど精神病理学的といってよいほど強烈な異常神経状態（幻覚、幻聴、恍惚状態など）を体験することが知られている。そして、そのような異常体験が強烈であればあるほど、それがその指導者のカリスマ（神の賜物の意）の証しとなり、その指導者に、より大きな宗教的権威と宗教的感化力を与えるという。

井上日召の特異性はここにある。彼の強烈なカリスマ的指導力のよってきたるところは、このような宗教性にあるのである。

特に、水戸グループに対する指導は、宗教そのものだった。

狂信的法華経青年信者たち

悟りを開いたあとの日召はしばしば神がかり状態となって、病人をいやしたり、「今日地震があるよ」と予言したり、突然、大聴衆を前に数時間にわたる説法をしたりした。それとともに、「起ち上れ！」とか、「お前は救世主だ。一切衆生の為めに起ち上れ!!」「お前は卑怯者だ。あの大衆の阿鼻叫喚が聞こえないのか。起て!!」といった「天の声」を聞くようになった。

そして大正十三年七月、またもや、

「九月五日を期して東南に向かって進め。」

という「天の声」を聞いた。東南といえば、東京であるから、東京に出た。しかし、これという計画があったわけではないので、日本主義陣営のめぼしい人物を次々に歴訪したが、これはと思う人物には出会わなかった。大正十五年には、上杉慎吉、赤尾敏、頭山満などが作った国家主義団体、建国会（建国祭を提唱すると共に共産党撲滅、天皇政治の確立を叫ぶ）に参加したが、じきに、建国祭のお祭り騒ぎに熱中している連中にいや気がさして、運動を離れた。

その後、仏道の修行を深めるべく、沼津の松陰寺に入って、禅宗の高僧、山本玄峰《げんぽう》老師に師事した。その後、乞われて、茨城県大洗の立正護国堂に入り、付近の青年の精神指導にのりだす。このとき集った青年のうち、日召にすべてをゆだねるようになった青年たちが血盟団の水戸グループなのである。

日召は青年たちを、断食、坐禅、法華経の唱題修行と日本主義的精神講話で徹底的にきたえた。青年たちは、現代の日本と世界の混乱は、日本精神に生き、法華経を信じる青年行者たちによってのみ、救われると信じるようになっていった。その信仰がどれほど深いものになっていったか、小沼正（井上準之助暗殺者）は回想録『一殺多生』の中で、こんなエピソードを記している。

昭和五年五月のことである。日召の指導の元で勤行がすすみ、日召が、日蓮上人の三大誓願、

「われ、日本の柱とならん
われ、日本の眼目とならん
われ、日本の大船とならん」

について話をしていた。

「ちょうどそのとき、突如、ぐらぐらと大地震が堂宇をゆるがしたのである。その一瞬、『あっ、地震だ。おれたちは地湧《ちゆう》の菩薩だっ！』と、思わず大きな声で叫んだのは黒沢だった。黒沢ばかりではなく、この地震には私たちのだれもが、反射的にある不可思議な力を感じないではいられなかった。

日召先生は、地震に身をゆだねながら『日蓮聖人よ、霊あらばこのなかから五人の同志を得さしめ給え』と、御本尊と日蓮聖人の御尊像に向かってひれ伏し、ひたすら懇願していた。このときの日召先生の態度と声は、尋常ではなかった」

「地湧の菩薩」とは何かというと、法華経で、末法濁世の世がきわまれば（現代はそうと考えられている）、大地震が起きて、地殻が裂け、その割れ目の中から一群の菩薩が湧くように出現してきて、この世を救済すると予言されている、その菩薩たちのことである。

小沼は獄中手記『磯の花』において、この地震のときのエピソードをこう書いている。

「御勤行が終ると、皆一斉に『この大地震は決して無意味のものではない。この日この時大地震があると云ふのはこれ地湧の菩薩出現の兆だ』などと云ふて皆宗教的神秘観に心を躍らさせました。

而して『我々こそ昭和の地湧の菩薩だ。我々がこの日蓮聖人の三大誓願を再び現実化するのだ』などと語り合ひ宗教的予言の神秘に歓喜致しました」

つまり、血盟団事件の中核部分は、自分たちを「地湧の菩薩」と信じる狂信的法華経青年信者たちによってになわれていたのである。

このとき「おれたちは地湧の菩薩だ」と叫んだ黒沢大二は、はじめ団琢磨の暗殺を担当していたが、下準備をしているうちに担当が変更になり（性格が温良すぎ暗殺に不適と日召が判断した）、ついに、暗殺決行にいたらないうちに逮捕された男だが、予審調書で暗殺と日蓮の教えとの関係についてこんなことを述べている。

「井上日召の云ふ所に依れば我が日本国は『地に二主なし』と云ふ日蓮の教義に在る通り日本の国家は、

天皇自ら政治を御執りになり大衆を中心とした政治でなければならないに拘らず、実際は既成政党の連中が内閣を組織し資本家中心の政治を為し、大衆の利害を顧みないと云ふ有様であり、天皇は空位を擁しているに過ぎない有様である。天皇御親裁の下に大衆中心の政治に革《あらた》めるには先づ現在の政党政治を破壊しなければならぬ、之が革命の実行をするのは我々日蓮宗徒でなければならぬと云ふのでありまして、之を例へて申しますと、現在の既成政党は入道雲の如きもので、それを払ひ除けなければ日蓮の所謂『天晴レネバ地明カナラズ』の言葉の如く天皇の御光を万民平等に浴せしむる事が出来ない、それには地湧の菩薩が出現して一身を抛《なげう》ち入道雲を払ひ除けなければならぬ、其地湧の菩薩は即ち我々でなければならぬ……」(『血盟団事件公判速記録』。以下『公判速記録』)

このくだりについて、公判では次のようなやりとりをしている。

「**問**　繰返す様ではあるが、何故、財閥、特権階級、既成政党の人達を狙ふと云ふのか。

答　夫れは支配階級は国民の支配者であり国民大衆と天皇との間の妖雲です。さへぎって居る雲です。

(略)

問　夫れで暗殺以外には方法はないと云ふのか。

答　左様です。

問　暗殺行為に付いて日頃信じて居る所の日蓮の教義から何か考へた事はないか。

答　日蓮は国の汚れは血をもって清めよ、病人は気をもって治せ等云って居ります。

問　すると暗殺も是認さるべきだと云ふのか。

答　左様です」(同前)

宗教的信念にもとづく暗殺であるから、暗殺者たちは、暗殺をとり行うときも、宗教性を忘れなかった。

井上準之助を暗殺した小沼は、本郷西片町のアジトを出る三十分前、火鉢に線香を一本立て、数珠をもみながら法華経の「方便品」「欲令衆」などを読誦した上で、日蓮聖人に今夜の決行成功を祈願している。読経を終え、しばらく坐禅してから線香を見ると、煙がスーッと立ってゆらぎもしないので、「よし、できる」

と思ったと小沼は獄中手記（上申書）に書いている。そして、犯行の瞬間も、お題目を唱えていた。

「井上準之助の背後に、ほとんど身をすり着けるように近よりざま、私はふところからピストルを握った右手を出した。右腰に押し当てると『南無妙法蓮華経……』と、心でとなえながら、引き金に指をかけた。ぐっと握った一瞬、銃口からパッと火が吹いた。ダーン、ダーン、ダーン。三発つづけざまに鳴った」（『一殺多生』）

団琢磨をやった菱沼五郎にしても、犯行時に着ていったYシャツの裏には、「南無妙法蓮華経」と大書していた。

啓蒙か、破壊か

井上日召が大洗の護国堂にやってきたのは、昭和四年の暮で、大洗の青年たちと出会うのは、昭和五年一月から二月にかけてである。そして、五年十一月には、すでに運動の新しい展開のために、東京に出ている（前章で述べた、筑波旅行での、四元たちとの出会い、金鶏学院への入り込みなどなど。すべて昭和五年十一月のできごとである）。大洗滞在一年に満たないのに、青年たちの心をしっかりつかみ、暗殺まで決意させ、さらにそれから一年あまり後には（昭和七年二月から三月にかけて）それを実行させてしまうのだから、日召の指導力というか、人心掌握力は尋常のものではなかったといえるだろう（四元、池袋などの帝大生たちにいたっては、五年十一月に知り合って、七年はじめの犯行まで、一年三カ月である）。人の心が動くときは、驚くほど急テンポに変っていくものなのである。

変ったのは、青年の心だけではない。日召の心の中も驚くほど急速に変っていった。

当初、井上が考えていた戦略は、のんびりしたものだった。

「**問**　護国堂に居った間、日本精神に生きよと云ふ手段に付てはどうしようと考へたか。

答　其の時分には啓蒙運動、宗教的啓蒙運動、私は独特の或る方法を考へて居りました、それは斯う云ふことなのです、農村に入って、私と生死を共にして呉れる人五人、私の外に四人、此の五人の青年を率ひて農村に入り、四、五月頃から秋まで忙がしい其の間、無報酬で貧乏人の家へ行って手伝をする、それは其の時分であると猫の手も欲しいと云ふ時分ですから、唯々喰はして貰って、無論給料も何も要らないから感謝して働かして呉れる、晩に閑を見て、静に私共の目指して居る所の運動精神と云ふやうなものを、宗教的の言葉を借りてさうして導いて行けば、感謝して居る時ですから良く受容して呉れる。（略）

一人が一人を捉まへれば二人になる、さうして初は小さいですけれども、何年目かになると非常に大きなものになる。

問 鼠算見たやうになるのだね。

答 は、是は詰り倍加運動ですね、（略）先ず三年まで見ました、何万と云ふ人が出来る、それで東京を包囲する、無抵抗で議会を包囲し、東京市を包囲して、交渉委員を挙げて、政党を解散しろ、議会を渡せと云ふことを交渉する積りだったのです」（『公判速記録』）

要するに、オルグ活動によって、同志を倍々ゲームでふやしていくことで、国家改造を実現しようというのである。大洗の青年たちに当初打明けた計画もこれだった。

この計画は、前章で述べたように、海軍の国家改造運動の中心人物、藤井斉中尉（当時、霞ヶ浦海軍飛行隊に飛行学生としてきていた）と知り合うことで簡単に引っくり返されてしまう。

「**答** それで知合になったのですが、藤井は舌端火を吐くのです、私のは宗教的啓蒙運動だと云ったら藤井に笑はれた。

問 藤井に啓蒙運動を打明けた訳だね。

答 ……藤井は直ぐやる、暴力的改造運動をどうしてもやる、（略）私は啓蒙運動を言って、（略）どうしたって国民大衆を動かして、国民の声として叫び掛けるのでなければ駄目だ、とさう云ふ話をした所が、藤井に笑はれた、和尚は寺に居て御経ばかり読んで居るから、それでそんな呑気なことを言ふのだ、世間が分らぬのだ、認識不足だとやっつけられた、（略）藤井の言ふことを段々聞いて見ると一面の理がある。

問　暴力的直接行為と云ふ……。
答　『クーデター』をやるとか、暴力的改造をやるとか、其の当時は暗殺と云ふ言葉は出ませぬ、破壊々々と云ふことで、藤井も纒まった考へはなかったらしい」（同前）

前章で述べたように、藤井は大正時代末期、海軍兵学校在学中から、大学寮、行地社に出入りして、大川周明、西田税、安岡正篤などと知り合いになっていた。昭和三年には、四十名の同志を結集して、王師会という海軍唯一の国家改造運動団体を作っていたくらいだから、理論なら、井上日召に負けなかったのである。

「何も彼も和尚に一任する」

昭和五年三月（日召が大洗に来て間もなく）、人を介して知り合った日召と藤井はたちまち意気投合し、互いの人物を認め合った。藤井は週末になると大洗にやってきて泊り、国家改造の具体策を、日召と夜を徹して語りあかすようになった。希代の指導力を持つこの二人が互いに刺激を与え合うことで、国家改造へ向けての動きは、急速に具体化していった。

啓蒙による国家改造計画の甘さを藤井に指摘されてそれを認めた日召のほうでも、藤井の北一輝タイプの国家改造プラン、革命の起爆薬となって死ぬという破壊優先革命戦略に数々の欠陥を見出した。中国革命の現場で数々の修羅場をくぐり、数々の人生経験を積んでいた日召には、藤井には見えないものがいろいろ見えていた。

だいたい、藤井が自慢する、自分には、革命に生死を共にしてくれる四十名の同志がいるという話も危かしくて仕方なかった。

「藤井・鈴木らの話では、海軍同志が四十名もゐるとのことだつたので、私は、挺身決死の同志がそんなに数多くゐる筈はない。同志は厳選する必要がある、と言つたら、藤井は、それでは和尚が一人一人メンタルテストして呉れ、と言つたので、私は之を引受け、彼等を順次訪ねては、それとなく試験した」（『一人一殺』）

後に日召は、そのために各地をめぐり歩いて（海軍の同志は、配属が変るたびに全国の海軍基地を異動していく）、藤井の同志をふるいにかけ、ことを共にする同志を二十数名にしぼっている。また、藤井の起爆薬論にも、発想はわかるが、もう一つ不満だった。

「起爆薬となって倒れるのも宜からう、革命の烽火も挙げなければならぬ、それは俺も能う知って居る、だが藤井、そこ迄お前が考へるならばお前には手段が分って居るか、起爆薬と云ふ言葉は良い、だけれども吾々は人間だ、火薬ぢゃないぞ、是が（胸の辺を叩いて）やるのだ、之をどう云ふ風にするかと云ふ手段、日本を改造すると云ふならば、日本のどこから手を着けて、どう云ふ方法に依って此の烽火を挙げると云ふ其の方法はどう云ふことかと云ふと、色々あると云ふのですが、それははっきりして居らぬのです、（略）突き詰めて行くと藤井は方法に付いてはっきりしたものを持たぬのです、藤井はどう云ふ手段と云ふことは有って居らず、兎も角さう云ふことを云ふやうになってからは、余程私が高調子になって弟扱ひにするやうになった、藤井も私を兄き扱にするやうになった。

問　それは凡そ何時頃……五年の何月頃？

答　秋になってからです、護国堂を去る前、八、九月頃からさう云ふ風になって来たのですな」（『公判速記録』）

このころ、井上はいったん上京し、藤井の紹介を受けて、西田税など国家改造運動をやっている主要活動家に会ったりしている。藤井の話を聞いているうちに、青年将校の間に、これだけ革新運動が盛り上がっているということは、相当本格的に国家改造の機運が盛り上がっているということだなと考え、その様子を探りに出たのである。井上には、もともと軍部、右翼に人脈があり、諜報の現場にいた人間として、初対面の人から巧みに聞きたいことを聞きだしてしまう独特の情報集めのノウハウもあり、たちまち藤井の知らない情報を次々に集めてきて、藤井をすっかり感心させた。藤井は井上を兄貴扱いするだけでなく、すっかり井上に傾倒して、藤井グループの国家改造運動全体の舵取りを井上にゆだねようとした。

「答　それで何日だったか、ずっと後で、別れる前でした、愈々別れる直前頃だったかも知れない、十月末頃、和尚に一任すると云ふ……。

問　方法を？

答　方法から何から、四十名の同志から何も彼も和尚に一任する、和尚の思ふ通りにやって呉れ、どうでも宜い、和尚の言ふ通りに任せる、俺達は海軍に居って、飛行機に乗ったり、艦に乗って居ったりして劇務だから、そんなことを考へたりなんかして居られぬ、而も世間の様子には暗いのだ、だから一任する、それで和尚もこんな所に居たって仕方がないから東京に行って、情報を集めて自分等に知らして呉れ、さうすれば藤井から全同志に通達する、さうして指導して呉れ、兎に角実行する機会があったら、いつでも宜いから起つ、やって呉れと云ふので一任されたのです」(同前)

これが、日召が血盟団事件（ひいてはひとつづきの事件として五・一五事件）の中心的指導者になっていった理由なのである。

ここにあるように、海軍の現役将校である藤井には、自分のグループを自分でひきいていくことが次第に難しくなっていた（人望、統率面でということではなく、情報収集面と、最後の決断の下し方の両面において。実際、五年十二月には長崎県に異動になってしまう）。しかし、革命の起爆薬となって死んでいくのだという決心自体はゆるぎなくある。そこで、そこにいたるまでの全過程は井上日召にまかせるから、最後のゴーサインだけを出してくれ、――こういうことなのである。後に述べるように、この時代（昭和五年〜七年）、事態は急激に切迫しており、情報を常にフォローしつづけていないと、何が起るかわからない時代だった。革命（国家改造）はいつ起るかわからなかった。井上のとりあえずの情報収集によっても、事態はこうだった。

「東京へ行って色々な人を訪問して、社会情勢とか、機運とか云ふやうなものを聞いたり、専門家にも会ひました、私は好い加減なものぢゃない、私が諜報勤務をやったから諜報を取ることは上手です、肝腎な所を目星つけてうまく聞くと云ふやうなことをやり居る、さうすると全くいかぬです、専門家がいかぬです、さうして誰の中にも一日も早くやらなければ日本が持てぬ、と云ふやうな気分が、学者、地位のある人の間に

さうした気分が漂って居る」（同前）

クリスチャンの憂国の士

この時代、事態は急速に動いていた。ここで詳論をしている余裕はないので、以下を読んでいただくための予備知識として、時代の流れだけを追っておく。ただし、以下に記す事は、ずっと後になって明らかになった事実が多く、同時代人にはほとんど見えていなかったということに留意していただきたい。

この時代、陸軍の上層部では、関東軍を中心として満蒙問題（満州蒙古における日本の特殊権益が危いものになりつつある）の抜本的解決のために、戦争を起して満州を日本のものにしてしまえという満州領有計画が公然と議論されていた。戦争を起すには、開戦の口実が必要であるから、その計画には口実作りのための謀略計画が必然的にともなっていた。その最初の実践が昭和三年の張作霖爆死事件（満州某重大事件）となるが、これは失敗して戦争までいたらず、実際に成功するのは、昭和六年の柳条湖事件（満州事変）によってである。

つまり、昭和五年という年は、満州事変直前の年で、そのための準備が着々と進んでいた時代なのである。準備の一つには、国内体制を固めることがあった。満州某重大事件が失敗した背景には、軍部においても、重臣、元老を含む政治中枢においても戦争体制ができていなかった（反対勢力があった）ということがある。そこで、軍の上層部も、国家の上層部も、国家改造（クーデタ）によって一挙に変えてしまえという動きが、軍の少壮将校の間に生れていたのである。その中心となったのが参謀本部ロシア班長の橋本欣五郎少佐の桜会である。橋本は、トルコ駐在武官当時に、ケマルパシャのトルコ革命（オスマントルコ打倒）によって国家改造がどんどん進んでいくのを目の当りにして、強い印象を受けた。日本でも腐敗した権力をクーデタによって打倒し、国家を改造する必要性を痛感し、そのための組織として作ったのが桜会である。

桜会の正式結成（第一回会合）は昭和五年十月であるが、実際の活動は、橋本が日本に帰国した同年八月からはじまっている。この橋本の動きに、外から加わったのが、行地会の大川周明である。このグループが起したクーデタ未遂事件が昭和六年の三月事件であり、十月事件である。そして、井上日召のグループは、この十月事件に参加し、その一環として、暗殺による破壊活動を実践する予定だったのに、メインの計画が流れてしまったために、行き所を失い、結局、独自の行動として実践したのが、血盟団事件と五・一五事件だったということになるのである。

これが流れの大略であるが、細かい話をしているときりがないので、ここから、話は、井上日召グループ、なかんずくその中の帝大生グループの話にしぼり、陸軍のクーデタ計画については、必要なかぎりでしかふれないことにする。

さて、話を戻すと、井上日召は、昭和五年十一月に大洗を離れて上京し、前章で述べたように、金鶏学院にやってきて住みこみ、四元、池袋らの学生グループを同志として獲得することになる。こうして、日召グループは大洗の法華経信者グループから出発して、それに海軍グループと学生グループが加わるという形でふくらんでいった。

日召が大洗を出た直後の昭和五年十二月、藤井少佐は霞ヶ浦航空隊から長崎県大村の海軍基地に異動になり、中央から離れてしまったため、ますます日召の情報活動が重要になった。十二月末、藤井から日召に手紙がきて、九州で海軍の同志が集まる会合があるから、日召にも参加してくれという。日召はちょうど大学が冬休みで郷里の鹿児島に帰ろうとしていた四元を連れて、この会合に参加する。

この九州旅行で、四元は二人の人物と出会い、その決定的影響を受ける。それ以前から、日召の感化によって、要人暗殺というテロ活動で革命の起爆薬になることが必要だという認識にまではいたっていたが、自分の命を本当にそれにささげるという決意まではついていなかった。それがこの旅行で変るのである。その変化を、日召は公判でこう述べている。

「帰って来たらば元さんの様子が違って居った、言語動作が一変して居った、人格が変って居る、あんなに無口の人が非常に喋べる、愉快な気分で……、兎に角余程澄んだ気持だ、さうして改造運動に精神が統一して居るのですな、それはどうしたかと思ったから一寸聞いて見ると、帰りの九州帝国大学の教授で河村と云ふ人が居って、其の人を訪ねたさうです、其の人から何か色々の話があったでせうが、死ねと言った其の一言らしいですね、それは丁度果物が落ちる所に行ったら死ねと云ふ風が吹いたから、丁度それと同じやうにぱっと転換してしまった」(同前)

このとき四元が会ったのは、九州大学の地質学の教授をしていた河村幹雄である。河村は、クリスチャンでもあるから、上杉のようなガチガチの国粋主義者ではないが、独特の憂国の士として知られていた。この年、河村が昭和二年に海軍の呉鎮守府でした講演の速記録『日米不戦論』が出版(昭和五年三月)されたばかりで、この本が評判を呼び、四元はこの先生にぜひ会ってみたいと思ったのである。——河村はこの本の中で、次のような主張を展開していた。

日米間では、まだ武力戦が展開されていないが、すでに両国の意志は激しく衝突しており(ワシントン条約、日本移民禁止政策など)、しかも、ことごとに日本は敗北しつつある。それは物的国力の差によるものではなく、日本側の国民精神が衰えていることによる。このような頽勢を挽回し、相手に勝つためには、彼を知り、己を知らなければならない。すなわち、己を知るために、わが古典を学び、日本精神を悟得する必要がある。彼を知るために、英米の文献を渉猟し、彼の長短を究める必要がある。

このとき河村と会ったときのことを、四元は次のように述べている。四元はまず、日本における革命の必要性を弁じ、それを非合法手段を用いてもやる必要があるといったことを弁じた。しかし、河村はそういう話には全く耳を傾けなかった。

「私をじっと見て、君はさういふ考へで日本の革命を言ふのか、君は日本を何う思ふと言はれました。私は其のときは本当に何うすることも出来ず全身汗が出ました。先生は本当に其のとき諄々と日本といふものを説かれました。私は其の晩先生の処に泊りましたが先生は一晩私に日本の為に死ねといふことを言はれました。私は其のとき然うだ、我々は此の日本の不滅といふことを考へずして一刻も生きて行かれん、誰でもさうだが、日本といふものを信ずることなしには一ときも生きて居られんのだ、といふことを考へました。而して其の翌日もいろ〳〵先生から説かれました。然も先生は、絶対に此の日本の不滅を信ずる人であります。夫れで此の私の様な詰らん者にも本当に憂へて諄々と説かれたのであります。不滅といふことを絶対に信ずる先生が日本は滅びるといふ自覚が深くなればなる程、どうしても現状を打破して行かねばならぬ、此の儘では滅びるといふことを憂へて私の様な者に諄々と説かれたのであります」(同前)

吾れいけにへとなりて死ぬ

四元に強い影響を与えたもう一人の人物は、海軍グループの同志、三上《み》卓《たく》中尉(五・一五事件の首謀者。首相官邸を襲撃し、犬養首相を射殺)である。

三上とはじめて会ったのは、香椎温泉における同志との会合においてだった。

「私は三上と床を並べて寝ましたが寝ながら三上はポツ〳〵話を切り出しました。先づ此処に集った者は駄目だ、成って居らんといふ話をしました。(略)

夫れから三上中尉は、自分は此の頃、毎晩深更に坐って居る内に天の方から革命の時だ、やらねばならぬときだといふ声が聞えて来る。而して一方には民衆の助けて呉れといふ号泣が聞えて来るといふことを言ひました。私は夫れを聞いて吃驚しました。私は其の前から三上中尉といふ人を大体天才的な人だと思って居ましたが、其の話を聞いて本当に三上が坐って居るとさういふものが聞えて来るものと信じました。夫れを私が思ひ出したので夫れが先づ歌に出ました。

天地の声に交りて同胞の号泣聞くと友は語りぬ

といふのであります」(同前)

四元が河村に会ったとき、河村はしきりに歌を作ることをすすめた。河村は、日本文化の精神は歌を作ることに最もよくあらわれると考えていたからである。

「其のとき先生は歌を作れといふ話をしました。歌は作るのではない、出来るのだ、至誠といふものがあれば必ず其処から生れて来る、夫れでなければいかん、我々の祖先にはずっと前から、『古事記』あたりから『大和心』とか『敷島の道』とかいふものがある。日本人である以上は、夫れが自然に現はれて来ると言ひました。（略）夫れで河村先生の処で其の話を聞き、夫れから私は歌が出来る様になりました」（同前）

先の、三上と会ったときに作った歌は、このような歌の一例として、法廷で披露したものである。歌を作ったのは、四元だけではない。同志の間でも、互いの心境を歌にして交換することがしばしばあった。その実例として、昭和六年春当時、藤井中尉が四元に送ってきた歌と、それに対して四元が返した歌の二首が、法廷で披露されている。

〈藤井から四元へ〉

国民を救はん道は唯一つ吾れいけにへとなりて死ぬこと

〈四元から藤井へ〉

同胞の悲しき苦悩絶たなんと唯一筋に吾は死ぬべし

血盟団に参加したのは、このような心理で、国家救済のために死のうと決意した若者たちだったのである。

31

血盟団事件 幻の〝紀元節テロ計画〟

血盟団事件年譜

記憶喚起のため、血盟団事件の、主な年代をもう一度確認しておく。

- 昭和五年（一九三〇） ロンドン軍縮会議。統帥権干犯問題。浜口雄幸首相狙撃事件。
- 昭和六年 三月事件（クーデタ未遂）。柳条湖事件（九月。満州事変）。十月事件（クーデタ未遂）。
- 昭和七年 上海事変（一月）。血盟団事件（二～三月）。満州国建国（三月）。五・一五事件。
- 昭和八年 国際連盟脱退（三月）。京大滝川事件（五月）。神兵隊事件（七月）。
- 昭和十年 天皇機関説問題。
- 昭和十一年 二・二六事件。

大川周明

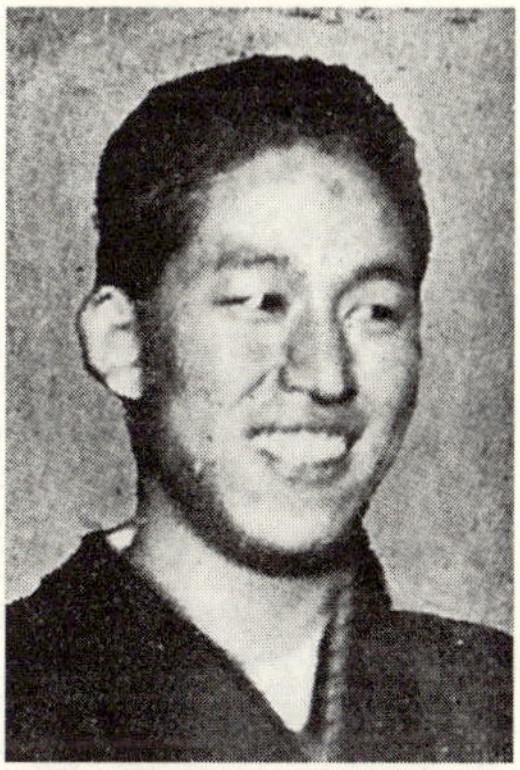

小沼正
©『血盟団事件公判速記録』

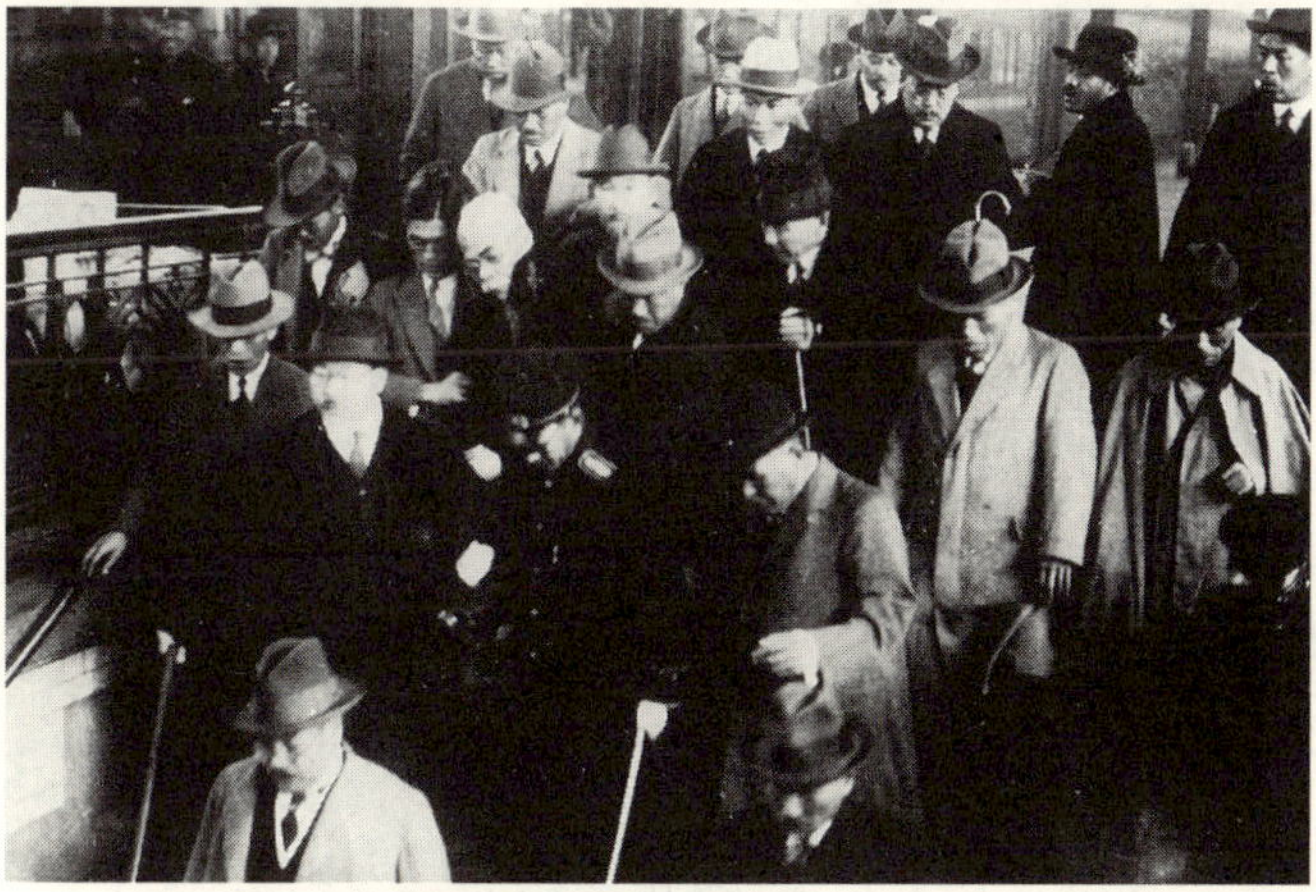

東京駅で撃たれる浜口首相

橋本欣五郎

・昭和十二年　盧溝橋事件（日中戦争開始）。

前章の、井上日召と四元義隆の連れだっての九州旅行（死ぬ覚悟ができる。海軍側同志との香椎温泉会議）は、昭和五年十二月である。

その後、上海事変がはじまり（昭和七年一月十八日）、海軍側同志の中心人物であった藤井斉中尉に出動命令が下った（昭和六年十二月から大尉。戦死後少佐になっているが、話の混乱を避けるため、以下も中尉のままとする）。航空母艦加賀にパイロットとして乗り込んでいた藤井は、二月五日、上海郊外で爆撃機で飛行中に墜落して戦死した。

藤井の戦死は、井上日召グループに大きなショックを与えた。藤井は日召とならぶ、グループの柱だったからである。前に述べたように、昭和六年十月の十月事件では、陸軍中心にクーデタ計画が練られ（橋本欣五郎中佐と桜会）、それに海軍の藤井中尉のグループ、民間の大川周明のグループ、井上日召のグループなどが合流することになっていた。この大クーデタ計画がどのようにしてつぶれたかについては、いまだに諸説あって定まらないが、いずれにしろ、陸軍内部の参画グループの間に起きた思惑のズレである。このクーデタ、基本的には九月に起きた満州事変を受けて、国家改造（戦争体制を作る）をはかろうとするものだった。しかしそもそも、満州事変を起した関東軍・石原莞爾グループと、陸軍中枢の各派閥グループの間に思惑のちがいがあって、このあと、国策をどのように展開していくかについて一致した考えがなかった（軍以外の国家の中枢になると、さらに考えはバラバラだった）。桜会のクーデタ計画にコミットした陸軍上層部、中堅将校たちの間にも、クーデタ後の政権構想、政策展開などで意見の一致があったわけではない。結局、実行にいたるスレスレのところで、思惑のちがいが表面化し、突っ走ろうとする者と抑えにまわる者が出て分裂せざるをえなかったということである。

「ちょいと、牧野をやっつけてくる」

井上日召・藤井斉海軍中尉のグループは、この大クーデタ計画の中心的流れの中にいたわけではないが、すでに井上の感化で、革命の捨石となって命を投げ出す決意だけはしっかり固まっていたので、クーデタ計画の一角に加わり、自分たちの破壊計画を実践するつもりになっていた。そしてこの段階から、要人暗殺計画をたて、武器の用意などもはじめていた（血盟団事件で使われたピストルは、このとき藤井中尉が用意したものである）。このグループはもともと、革命の前段階で起爆薬となって死ぬことをめざしていたもので、革命成功後の建設などは、後につづく者にまかせるという立場だったから、革命成功後の政権、政策面の思惑のちがいから革命が不発に終るなどということは我慢ができないことだった。そこで、十月事件不発の直後から、これからは陸軍主体の大クーデタ計画の一環として行動するのではなく、自分たちだけがまず単独行動で突っ走って本当の起爆薬となることを考えはじめた。自分たちの行動に刺激されて、革命の本隊（陸軍革新将校グループ）が起ち上がればそれで満足ということである。そういう考えにもとづいて、十二月の終りから一月にかけて、単独行動の計画を具体的に練りはじめた。

十月事件の計画段階で、彼らはすでに、

牧野伸顕　四元、久木田（学生）

一木喜徳郎　池袋、小沼（学生。水戸グループ）

鈴木貫太郎　古内、山岸（宏）（水戸グループ。海軍）

西園寺公望　田倉、田中（学生）

という暗殺の割りふりを決め、陸軍同志の協力を得て、麻布第三連隊の試射場でピストル射撃の練習まですませていた。

井上日召などは、自分も自ら暗殺テロの実行部隊に入るつもりで、海軍同志の協力を得て、決行当日のカムフラージュ用に海軍出入りの洋服屋に海軍大佐の制服を作らせて準備するところまでいっていた。

要人暗殺は、クーデタ本隊の決起前にやることになっていたから、実は、本当にいつ起きても不思議ではないところまでいっていた。小沼正は、『一殺多生』にこんなエピソードを書いている。

「こんなある日、西片町の二階で四元、久木田と私の三人で、藤井の持ってきた例のトランクを持ち出し、ピストルの分解掃除をはじめた。グリスの錆《さび》どめがついたままでは、いざ鎌倉というときにも役だたない。四元、久木田の顔はとみると、いかにも楽しそうである。一丁をふき終えるとカチリと引き金を鳴らし、そのたびに、われわれは顔を見あわせてニヤリとした。

それから一両日すぎた昼さがりのこと、ぬう坊の四元が、その日にかぎって、妙に緊張した面持ちで、しきりと実弾を装塡《そうてん》していた。

『元さん、何をやらかす気だ』

『うん』

四元は、返事も面倒くさいという顔で、ピストルの引き金をひき、安全装置をかけてフンドシにそれを縛りつけた。だれが見ても、袴の下のフンドシに、そんな危険きわまるものがぶらさがっているとは思えない。しかも、外見は温厚な帝大生である。

『元さん、どこへ行くんだ』

『うん、これからちょいと、牧野をやっつけてくる。小沼君、ニュースに注意していてくれんか』

そう言って四元は、近所までたばこでも買いに行くような調子で出ていった。だが、その眼はちょうど、タカが獲物をねらっているときのような、するどい眼つきであった。四元につづいて私も、若槻首相の情報収集に出かけた。

三時をすぎた時分に、私よりひと足おくれて四元が、青い顔をして戻ってきた。

『元さん、どうした』

『うん、今日だとばかり思い込んでいたら、日を一日まちがえておった』

この日四元は、牧野がたしかに日比谷の市政会館にやってくる予定になっているという情報を得て、そこに行ったのに来なかった。今日と聞いていたことが、実は昨日の予定だったのである。もし情報通り来ていたら、血盟団グループの暗殺テロはそのときはじまっていたのかもしれない。それくらい状況は煮つまっていた。

「革命実行案」

この時代の暗殺テロの先駆的なものとして、昭和五年十一月の愛国社の佐郷屋留雄による浜口雄幸首相狙撃事件（東京駅ホーム。ロンドン軍縮条約に反発。「男子の本懐だ」）がある。この事件は、血盟団グループにも大きな影響を与えた。先に述べた、昭和五年十二月井上日召と四元義隆が九州におもむいて、海軍グループ、陸軍グループと国家改造を語りあった香椎温泉の会合は、この事件のすぐあとだったが、四元はこんな体験をしている。

「私は其のとき前にも一寸言った様に、三上と床を並べて寝ました。而して段々二人で話をしましたが三上中尉はかういふことを言ひました。是は藤井丈けで外の誰にも言はないが、自分は倫敦条約で東京に来て若槻全権と財部《たからべ》〔彪《たけし》〕をやる積りで、その準備を整へたが藤井の外には俺の気持を分って呉れる人はないから、藤井丈けに其のことを言った。（中略）俺一人でやっては佐郷屋と同じ様になるから（立花注・単発の事件として終るだけ）、よく〳〵考へて思ひ止まったといふことを言ひ、夫れから私が前に言った様なことを言ひました（立花注・夜中に革命に立ち上がれという天の声を聞く）。

私は夫れを聞いて非常に感動しました。本当に自分一人で死んで夫れで生きるのが革命だと思ひ、三上に本当に傾倒しました。其のとき以来、私と三上とは非常に深いものになりました。（略）

問　すると香椎会合のときの被告の気持は国家改造に付いてはもう啓蒙時代ではなく実行時代であると考へてゐたのか。

答　さうです。

問　其の考へは井上と一致した訳か。

答　勿論さうです」（『血盟団事件公判速記録』。以下『公判速記録』）

こういう経験もあって、四元は学生グループの中で、いち早く暗殺テロの実践者となる決意ができあがっており、実行段階でも、終始指導的立場にあった。これが、四元が暗殺の実行既遂犯にならなかったのに、学生グループの中で突出して重い刑を受けた（求刑無期懲役。判決懲役十五年）理由である。

複雑な経緯を略して、ことの展開だけを簡単に述べると、昭和七年一月九日に、井上日召グループと海軍グループは会合を開いて、陸軍グループと手を切り、自分たちだけの決起作戦に踏み切ることを決めた。会合に参加したのは、井上と水戸グループ、学生グループの代表、それに海軍グループの代表だったが、藤井中尉など地方に配属になっていた有力者たちは参加できない。土浦航空隊にいる古賀（清志）中尉、中村（義雄）中尉、それに横須賀の伊東（亀城）少尉、大庭（春雄）少尉が海軍側を代表した（後にいずれも五・一五事件に参加）。前に述べたように、藤井中尉以下、海軍グループはいつでもやる気ができており、十月事件のときから、決起時期とターゲットの選択を井上に白紙委任していたから、手続きとしてはそれでよかった。この九日の会合について、小沼は『一殺多生』の中で、次のように書いている。

「まず日召先生は、

『このままで、行くべきか。それともいましばらく、周囲の状況を見るべきか。すなわち、自分らだけで革命の火ぶたを切るべきか。または、他の同志と合流し、時機をみて立ちあがるべきかどうか』

と、核心に向かってズバリ発言した。むろん、言うまでもなく、一同は『このままの態勢で、自分らだけで立ちあがろう』と、衆議一決をみた。古賀が、あらかじめ準備し、巻き紙に書きつらねた『革命実行案』を読みあげた。一同、さっそくこれについて討議を行い、次の事項を正式に決定した。

一、われわれ同志だけでまず〝テロ〟を敢行する。

一、期日は二月十一日の紀元節とし、集団的に行うこと。

一、地方にいる海軍の同志の意向を聞くために、四元を派遣すること。

一、武器は主として拳銃《けんじゅう》を用いることとし、海軍側でこれを準備すること。（略）

一、西田税、大川周明および菅波その他、在京の陸軍同志とは従来どおりに連絡をとり、われわれの決起ののち、後続部隊として立たしむるよう誘致すること」

手段は要人暗殺とするが、暗殺対象者は、特権階級、財閥、政党、軍閥の巨頭ということだけにしておき、具体的には追って決めることにした。

特権階級というのは、具体的には、牧野伸顕、西園寺公望を指した。古賀案では他に、政党巨頭として、犬養毅、若槻礼次郎があげられ、軍閥については、財部彪、谷口尚真《なおみ》、宇垣一成があげられていたが、財閥については、「三井、三菱の代表人物一名宛」とされているだけだった。ターゲットに関しては意見がいろいろあってまとまらないので、後から決めることにしたのである。決行日を二月十一日にしたのは、四元の発案である。

「**問**　何故二月十一日にしたのか。

答　夫れは私は何うしても特権階級は先づ最初にやらなければならない、是は大事なことだと考へて居ました。

夫れをやるには紀元節で宮中に参内する連中が其の帰途を擁すれば出来る、夫れに総理大臣などをやるにも其のときが都合がいいとさう思ったから、私は夫れを提案したのであります。(略)

尚ほ其の時、財閥を何うするかといふことが問題になりましたが、財閥は二月十一日までに、狙ってやり易いときやることに決った様です。(略)

問　二月十一日に一挙にやるといふことは其の席ではっきり決ったのか。

答　大体夫れに決りました。夫れから武器の拳銃が足らんから直ちに調達する様に努力するやうになりました。勿論準備偵察といふことにも直ちに着手する、さういふ風になったと思ひます」(『公判速記録』)

一月九日の会合でそこまで決めたものの、藤井中尉はじめ、海軍の主力は地方にいた。ただちに四元が使者に立ち、呉、佐世保、大村、鎮海、京都、舞鶴の各海軍基地を歴訪して、決議内容を伝えるとともに、決起への参加を呼びかけることになった。

しかし、その過程で困ったことが起きた。四元に憲兵隊の尾行がついたように感じられ、それをまこうとするうちに余計な時間をかなりとられたのである。

上海事変の影響

このときの尾行がどれほどひどかったか、藤井中尉の日記には次のようにある。

「（一月十六日　土）二時の急行にて四元君と二人若松〔満則〕君を訪ふ。中村〔義雄〕君同座、後楢木《ならき》〔茂〕君も来る。若、楢、竹中〔英雄〕、小河原〔清衛〕君は憲兵がつきまとつて行動自由ならず、よつて第一発の暴発には加はらざることとす。（中略）

（一月十七日　日）十一時頃、若松宅を辞す。駅に行けば憲兵つけ歩けり。即ち四元君と別れて我は自動車にて佐賀へ行く、憲兵同行せり。佐賀市内にて之を撒き、牛津より乗車して佐世保に行く。早岐にも待ちうけたり」（『検察秘録　五・一五事件匂坂資料』）

これだけ藤井ならびにその周辺の人物たちに尾行がついたというのも、十月事件は不発に終ったものの、それを準備した火種は軍のいたるところに残っており、それがいつまた火を噴くかもしれないと、軍当局者たちが不安に思っていたことによる。藤井が海軍でいちばん過激な青年将校であり、十月事件にも深くかかわっていたことは当局にも知れわたっていた。

十月事件に加担した多くの青年将校たちが再起をはかり、第二の蜂起計画があちこちで練られていた。一月蜂起説、二月蜂起説などが流れていた。藤井も自らそのような計画を練っていた。

四元が来る直前の日記には次のようにある。

「（一月七日　木）風雲急なる天を眺めて一月決行、即ち陸海青年将校の全力を挙げて一部は宮城を守り、他部は議会を襲撃すべし。（略）海は軍令部長、海軍大臣を暗殺し、民間の者は財閥、官僚、重臣を殺し一挙断行せんと菅波に云ひ送る機は今なりと思ふ。機先を制し一点必勝の計を取らば暴発の第一発は成功すべし。然らば天下自爆の兆ある今、翕然《きゅう》として立たむ。機敏なる決行を最要とす

（一月九日　土）夜、東〔昇〕と二人革命の実行案を作る。即ち第一第二第三案とし、第一は陸海青年将校を中心として我党のみを以て発する場合、第二は兵を入るゝ場合、第三は最悪にして他統の改造派（大川、生産党等に）を入るゝ場合

目下第一案可能の如し。（略）

（一月十日　日）午前実行計画を練る（略）」（同前）

このように、毎日のように次の実行計画を練っているところに、四元がやってきたのである。

「（一月十四日　木）夜水交社に四元君来る。中央の状勢に就て談《かた》る。（略）此処に於て西田、菅波とは別箇に我統本来の面目にかへつて桜田の義挙を建国の当日に断行し、依つて菅波君等の部隊を動かすべしと。鈴木、三上、林〔正三〕、皆賛成す。我も亦勿論同意也。（略）我は思ふ、此の我統の断行を中心として総ての改造派を蜂起せしむべし。而して革命の鮮血の中に真偽正邪を明かにし疑邪を打つべしと。要は事前真疑の論争にあらずして事の断行に在り。速に事を起すにあり」（同前）

ここにあるように、藤井中尉らは、独自の行動を起すことに同意して、二月十一日直前に上京してくることになった。しかし、問題は、憲兵の監視だった。それをまくために、四元は鹿児島へ一度帰郷するふりをすることにした。

「其の福岡の連隊から来た中尉が、自分は福岡から憲兵に蹤けられたが今此の床下に潜って居るかも知れないと言ひました。私と藤井が其処へ行くときも私服の憲兵が蹤いて来る様に感じました。段々聞いてみると北九州の憲兵は非常に敏感で若松中尉などは今非常に目を付けられて居るので、とても動けん、下手に動くと暴露するといふことでした。（略）それから若松中尉の処を出てからも矢張り私等の後から憲兵らしいの

が蹤いて来ました。夫れで久留米の駅で変な奴が蹤いて来るから是なりに別れやうと言ひ藤井は其処から乗合で何処かへ行きました。私は憲兵に蹤けられたから何うも仕方がない、藤井は兎に角として自分は何のこともなく鹿児島に帰省したといふことにしようと思ひ夫れから鹿児島に帰りました」（前出『血盟団事件公判速記録』）

この鹿児島行きによって、はじめ一週間か十日ですむと思っていた九州、関西の同志への連絡がずっと遅れることになる。そうこうしているうちに、上海事変がはじまってしまった（一月十八日）。海軍に動員令が出て、同志たちは次から次へ出征していくことになった。四元が舞鶴に村上（功）大尉をたずねたとき（一月二十八日）、二月十一日決起の計画を伝えると、村上は自分にも出動準備命令が出ており、二月十一日に参加することはむずかしいと告げた。事情は他の海軍の同志も同じだった。次々に出動命令が出て、海軍の同志はクシの歯が欠けるように落ちていった。小沼正は、『一殺多生』に次のように書いている。

「上海事変の勃発によって、海軍の同志たちにも、戦地に赴く者があいついだ。昨日はだれ、今日はだれと、伊東、大庭のもとにはいち早く速報がはいってくる。ふたりは、そのたびに困った困ったと言いながら、せっせと連絡に上京していた。

『こう同志が出征するようでは、おれもいつ引っぱられるか、わかったもんじゃない』

と伊東も焦りだした」

やがて、伊東にも、大庭にも出動命令が出た。海軍側の中心人物、藤井中尉に出動命令が出たのはさらに早く、正確にはわからないが（出動は軍事機密）、同志の記憶を総合すると、一月三十日前に出動しているはずである。

そして藤井は、上海に着くと早々に、爆撃機に乗って偵察に出かけ、墜落炎上してしまうのである。その最後の様子が明らかにされたのは血盟団事件裁判の最終弁論（林逸郎弁護人）においてだった。

「閘北の戦終りまするや、少佐の乗られましたるの僚機を操縦致して居りました名パイロット井口大尉は、少佐の屍を求めて戦場を逍遥ひ歩いて居ります、然るに一人の支那人が恭々しく脱帽して拝礼を致して居りまする土饅頭があったのであります、是は不思議なることなりと其の支那人に聞き訊しまするると、此の土饅頭こそは非常に偉い日本人の魂を祀ってあるのである、群がる支那軍の頭上に、唯一機飛び来って、僅かに百五十米突の低空に花の如く乱舞し、縦横無尽に爆弾を投げかけ、支那の一軍を悉く潰滅せしめたのである、而して遂に支那軍が打ち上げたる大砲の為に、遂に屍と成って墜ち来って居る、其の強さは軍の神として支那軍に於ても崇め祀って居るのであると言ふのでありました。井口大尉が鍬を藉りて之を掘り返しまするると、半ば焼け半ば朽ちて居りまする、少佐藤井氏の屍が輝く軍服と共に出て参ったのであります」（『公判速記録』）

藤井の霊

藤井の死は二月七日の新聞に写真入りで大々的に報じられ、それは同志たちに大きなショックを与えた。そして、血盟団のメンバーも五・一五事件で決起した海軍将校も、なんらかの形で、藤井を決起に同行させようとした（反乱罪に問われた五・一五事件の真の首魁〔死刑〕は藤井とされたため、参加将校たちは誰も死刑にならなかった）。林弁護人はこう弁じた。

「被告等の同志は陸海軍、民間を通じて其の数極めて多いのであります、就中最も思ひ出深きは恐らくは海軍少佐藤井齊氏であらうと思ふのであります、藤井少佐は同志の放ちまする拳銃の音を聞くに先立って、皇国日本の為に誰よりも先に上海上空の花と散って居るのであります、然しながら少佐の英魂は靖国神社の御守となって、五月十五日村山少尉の懐中に携へられて居るのであります（立花注・首相官邸を襲った村山〔格之〕少尉が藤井の写真を携行したということ）、少佐の英魂は決行せんと致しまする小沼の眼の前に幻と相成って彼を導いて居るのであります」（同前）

この最後のくだりがどういう意味かは、小沼の『一殺多生』を読むとよくわかる。小沼の井上準之助暗殺は、藤井の戦死の四日後（新聞報道の二日後）に行われた。小沼の決行の決意はその前になされ、小沼は決行をひかえて身辺整理をしていた。

「兄の家に行き、兄嫁に預けておいた品を改めて調べてみると、写真の束があった。そのなかに藤井の霞ヶ浦時代のものが一葉あった。これはいけないと思い、焼き捨てようとマッチをすった。

『ああ、藤井が燃える。藤井が燃える』

思わずつぶやく私のそばで、小学生の甥《おい》が面白そうにそれを見ていた。兄嫁が気づいて、

『七郎さん、写真は燃やすものじゃありませんよ。縁起でもないっ』と、言葉を荒らげて注意した。私がはっと思ったとき、写真の藤井はもう上半身を少し残しているだけだった。あわてて燃え残りを、私は灰のなかに突っこんで消した。そのとき、いやなものが心のカスとなって残った。

あとになってわかったことであるが、ちょうどその時刻に、上海郊外の真如上空で藤井大尉の操縦する戦闘機は、地上の十字砲火を浴びて炎上墜落、彼は、武人として壮烈な戦死を遂げていたのである。『藤井は自分の戦死を私に教えてくれたのだ』としか思いようのないできごとだった」

暗殺当日、決行を数時間後にひかえ、小沼はお経をあげた。

「私はそれから、数珠を持ち直し、いまは亡き父に不孝の罪をわびた。つづいて、同志藤井の菩提《ぼだい》を弔った。〝きさまが多年、苦心し計画してきた、われわれの日本革命運動の火ぶたは、今晩ただいまから、この小沼によって切って落とされようとしている。在天の同志藤井よ、霊あらば来り、而《しこう》してみそなわし、それによって心おきなく成仏したまえ。今晩これから使用するピストルは、きさまが去年の夏、大連から苦労して購ってきたもののうちのひとつ。このピストルこそ、きさまの一念がこもり宿されているものと信じている。同志藤井の霊魂よ、安かれ。〟南無妙法蓮華経〟(略)

私は将棋盤のうえのピストルを、やおら握った。

『藤井、いよいよ今夜は、約束どおり、きさまとふたりで実行するんだぞ、いいな』

こう心に念じながら、藤井に言い聞かせるようにカチッと引き金を引いて、(略)腹に押しつけるようにしっかとふところへ入れた」(同前)

さらに、暗殺を予定した演説会場前で井上を待っているときに、もう一度藤井があらわれる。

「眼をつぶり、静かに下腹に力を入れ、できるだけ気持ちを落ち着けながら〝機会〟を待った。

突如、藤井の顔がぽっかり私の眼の前に現れた。

『おう、藤井っ』

叫んだつもりが、声にはならなかった。その藤井の顔が、にこっと笑って、すうっと消えた。そのとたん——私の眼の前が急に、パアッと明るくなった。はっとして眼を見開くと、一台の黒ぬりの高級自動車が流れるようにはいってきて、エンジンの音も軽やかに、静かに止まった」(同前)

このあたり、ちょっとできすぎの感もあるが、法廷供述でもほとんど同じことを述べてからこういっている。

「藤井が井上準之助の来ることを私に知らせたと思ひます、藤井がにこ／＼笑ってすっと消えたと思ったら自動車がやって来た、藤井の霊が矢張り罩《こも》って居ったと感じた、之を警視庁の警部に言ったら、警部は、お化け見たいなことを言ふなと冷やかした」(『公判速記録』)

少し話を戻すと、一月九日の会合で決ったことは、二月十一日の紀元節を期して決起するということだった。大官たちが宮中に参内する、その行き帰りを狙って、同志が一挙にこれを集団で襲撃する。いわば、幕末に起きた井伊大老暗殺事件(桜田門外の変)の現代版を狙ったものである。先の藤井日記に、「桜田の義挙を建国の当日に断行し」とあるのは、そういうイメージでこの計画が立てられたことを意味する。この計画を実際に中心になって立てたのは、古賀と四元だった。立案には井上が加わっていない。井上は脳に障害があって、ときどき神経症状が激しくなるが、この時期がちょうどそれだった。

井上は、十月事件がつぶれてから、再起をはかるまで苦悩の連続で、酒を飲みつづけ、身体を害してしまったのである。

「自分の立場やら、同志に対しての立場やらで、非常に悶へる、ですから苦しい、苦しいから尚ほ飲むのです、さうしてとう／＼健康を害して了ったのです、さうして頭を悪くして了ったのです、で斯う、何でもないやうですけれども気力が、少しも気力がなくなって了った、ものも言ふことが出来ぬやうになった、それから食慾がなくなりました、幾日も食はず、水ばかり飲んで居った、さう云ふやうですからどん〳〵衰へて行きました、（略）一月になると、同志が皆、私の健康に付いて非常な心配して呉れました、さうして誰だか、元さんか、誰か、或る日私が寝てたらば、枕元に来て、和尚さん、心配するな、貴方が動かなくとも、我々がやるのだ、だから気を揉んで呉れるな」（『公判速記録』）

そんな状況のときに、古賀の紀元節決起案が提示されたのである。井上も表面的にはそれに賛成したが、内心ではうまくいくと思っていなかった。「私も笑ひながら、古賀そんなものは駄目だ、と云ふやうな顔をした」ものの、大声を出して反対するような元気はなかった。どういうところがダメかというと、現実味がなかったのである。当初のプランでは、当日、霞ヶ浦の航空隊から飛行機を飛ばして爆弾を落とすようなことまで考えられていた。

「私はそんなことは出来ぬと思ったのです、霞ヶ浦から……それは十月事件の時にもあったのです、霞ヶ浦から飛行機を飛ばすと云ふことが、爆弾云々と云ふこともあった、私は笑って居ったのです、それから二月十一日の時も其の話があって、古賀ともう一人が引受けたと云ふやうなことを聴いたのです、私は笑って居ったのです、霞ヶ浦には爆弾はなかったのです、実爆弾がないのです、それは非常な私は苦心をしてそれを確かめた（立花注・井上の兄は海軍パイロット）、（略）で練習用の爆弾があると云ふことだけ聴いて居った、所が練習用の爆弾と云ふものさへ盗み出せるもので中々ない、（略）それから第一、日曜日に勝手に飛行機を中尉位で、盗み出して、飛んで来ると云ふことが出来ない、（略）学生の身分で居て、格納庫から引出すなんと云ふことは、是は出来っこない、若し出来て見た所が、爆弾が、飛行機は持出せても、爆弾は盗むことが出来ない」（同前）

大陸で現実の破壊活動をいろいろやってきた井上の目から見ると、古賀プランはズサンきわまりなく、とうてい現実化不可能なものだった。しかし井上は、放っておけばいずれ現実との落差に気づくだろうと思い、黙っていた。

〝紀元節テロ〟から〝一人一殺〟へ

地方の同志に連絡に行った四元は帰ってこない、その一方で上海事変が勃発し、海軍の同志たちは次々に出征していく。古賀プランで当初空白になっていた計画の細部は、さっぱり現実のものとなっていかない。そういう状況にあせるばかりの古賀は、ついに切れてしまって、同志と共に集団的に蜂起するという当初のプランを捨て、中村中尉とたった二人の自爆的テロを敢行してはどうかと考えた。古賀の予審訊問調書には次のようにある。

「同月二十六日頃、私は中村義雄と二人で霞ヶ浦航空隊で、各地に連絡に行つた四元義隆の帰りが余りに遅いし襲撃目標に対する決定も判然して居ない、此の様な状況では到底二月十一日に事を挙げることは覚束ないから、我々両人丈でも紀元節に海軍の巨頭連が東京水交社の祝賀会に出席した機会に乗じ

谷口尚真
財部　彪
岡田啓介

等を暗殺し其の場で自刃仕様と云ふ様なことを話合ひました。然し尚井上昭に会つて二月十一日決行するや否やの点に付て確め様と思ひ、同日頃私一人上京して例の空家に於て井上昭に会ひました。そして中村義雄と協議した右の暗殺計画を井上昭に話しましたが、井上昭からは夫れに付ては別に意見は聴かなかつたと思ひます」

単独暗殺計画に対する井上の反応ははかばかしいものではなかった。ではいったいどうしたらいいのかと、数日後再び井上のところをたずねると、井上からおもいがけないことを宣告された。海軍側と民間側が共同して決起するということこれまでの考えを捨てるというのである。

「そして井上昭は、民間同志と軍部同志と分離して、民間同志が先づ二月七日以後機会を見付け次第目標人

物に対して個人テロを決行するから、軍部は其の後で出来る丈後続部隊を大きくする様に準備して置いて呉れと申しましたから、私は民間と軍部を分離することの不可を説いて反対したところ、井上昭は海軍同志中上海に出動したる者あり、又武器も軍部同志が起つとすれば不足であるし、革命の成功は前衛隊丈では駄目であつて後続部隊を作る必要があるから、海軍部隊は其の後続部隊に為《な》つて貰ひたいと力説しましたので、中村義雄と私は余儀なく之に同意しました。（略）斯くて二月十一日紀元節を期して決行仕様とした直接行動は実現を見るに至らずして終末を告げ、井上昭の所謂血盟団として一人一殺のテロが実行されることになつたのであります」（同前）

「殺るっ！」

このようにして、陸海軍・民間の大クーデタ計画（十月事件）が海軍・民間の蜂起計画（紀元節決起）になり、それがさらに、民間のみの一人一殺テロへと変っていったのである。

もちろん、井上がそういうことをいいだした背景には、日召グループの中でそちらの方向に意志を統一していたということがある。その経緯を小沼は『一殺多生』で次のように語っている。

「十日間くらいを予定した四元は、月末になってもまだ戻らなかった。すっかり業を煮やした古内、池袋たちは、計画の変更をめぐって激論を交わし、わずかにうっぷんを晴らしていた。こうして三十一日の午前十一時ごろ日召先生、古内、池袋、田中、久木田、須田らが第二次計画を協議するため、権藤の空き家（立花注・後述）の十畳に集まった。

『こんな重大なときに』と日召先生が口火を切った。

『四元が予定どおりに帰って来なくては、もはや当てにならなくなった。それに、海軍の同士たちも次々と出陣していくいまとなっては、九日に決定した計画も実行は不可能である。そこで、新たに計画をたてなおさなくてはならなくなったわけだが、忌憚《きたん》のない意見を、今日は、どしどし聞かせてもらいたい』

ことの、あまりの重大さに、だれも発言する者はいなかった。しばらくのあいだ、重苦しい沈黙のままだった。『では、私の思うところを述べよう』と日召先生が一同を見渡しながら言った」

井上が提示したのは二つのプランの選択だった。上海事変で、海軍側との共同行動が不可能になった以上、われわれ民間側の同志だけで決起するか、上海事変が終息して、海軍の同志たちが帰還してくるまで待つか、二つにひとつである。単独決起の場合、そう大した成果は期待できない。むしろ失敗に終ることがほとんど確実である。それを承知の上で突っ込むか、それとも待つか。

井上は、個人的には、待ったほうがよいと考えていた（上海事変は数カ月で終って同志たちが帰ってくるだろうし、実戦を経験した同志たちの行動力はいまの何倍にもあがっているにちがいない）。しかし、若者が多い日召グループは、血気にはやるものが多く、すぐに決起すべしの声が圧倒的多数となった。

「いずれかをとるとすれば、第二案しかない、と古内は意思表示をした。日召先生も、第二案を表明した。だが、その他の同志は『決行あるのみ』と答え、われわれの手によって『革命の火ぶたを切ろう』と主張した。こうして日召先生も、古内も、若い力に押されて〝決行〟にしたがわざるを得ないことになった。

『では、その実行方法だが』と、日召先生は一同に念を押した。

『この小人数で、わずかな武器をとって立ちあがるには暗殺に徹する以外に道はない。革命にとって、単なる捨て石になるかもしれない。それでも、君たちは悔いなく決行できるのか』

『殺るっ！』と、若手が異口同音に答えた」（同前）

公判で、井上は次のように語っている。

「**問**　それはどう云ふ風にして実行する、海軍側とは分離して民間だけでやる。

答　はい、それで相談しました、（略）さうすると同志の頭数が十人、それから拳銃の数が十丁、是で出来るだけ多くの者を倒す、支配階級の主立った者を出来る限り倒す、さうすると一人で一人を受持つと云ふことにしなければいけない、さうすれば其の人間、相手をはっきり決めることが出来る、十人全部倒すと云ふことは出来ないにしても、半分やったら五人だ、さうしたら改造は之に依って成就するかも知れない、五人倒せば我々も倒れるかも知れぬけれども、支配階級としては大恐慌だ、国家としても維新以来未だ曾て斯う云ふことがなかった、それだから大混乱を起す、（略）

問　其の際或ひは言葉を換へれば所謂一人一殺主義と云ふ訳だね。

答　さうです、さう云ふことに決めました」（『公判速記録』）

一人一殺として、問題は誰が誰を担当するかである。井上は、二十人のターゲットをリストアップし、そのリストを持って、別室にこもり、メンバーを一人一人呼び入れた。

「**問**　空家の離れみたいな部屋だね、（略）

答　はい、其処へ入って私が先きに行って、誰でも宜いから一人づゝ来いと云ひました、誰か分らぬが来ました、（略）此の中から決めて呉れと言って書いたものを見せた。（略）

問　決めて呉れと云って目標人物を書いたものを見せた。

答　はい、どれにしやうかと云ふので。

問　先づ其のことに付いて順序は変っても宜いが、古内から訊く、古内は誰か。

答　池田成彬だったらうと思ひます。

問　古内が自ら池田成彬を担当すると言ふたのか。

答　それを見せて相談して決めたのです、それぢゃ宜からうと云ふて、それが決ると私は印を付けた、

（略。以下一人一人にターゲットを与えるくだりがある）

問　それは主として各自が之を担当しやうと云ふ……。

答　兎に角相談して決めた。（略）

問　さう云ふ各自の担当人物が一応決って、愈々別れの杯を汲み交したと云ふことであるが。

答　それでさう決ったものですから、直ぐ配置につきますから、翌日から直ぐ配置につけと言った、どん〳〵出て行って下宿を探す者は下宿を探し、目標人物附近に陣取るやうにしなければならぬ、それに決ったから別れの杯をやらうと云ふことになりましたが、金がなくてうまく行かぬのですな、さうしたら袋さんが

幾らか金を持って居って、四合罎を一本か二本か忘れましたが、それと、鯣《するめ》を二枚、それを整へまして、それで茶呑茶碗がありましたから冷酒を分けて飲んだけれども、其の時は非常に是で同志の顔も見納めかと云ふ感じがありましたから、茶呑茶碗一杯の酒が飲みきれぬです、だから足らぬ所ではない、僅ばかりの酒が余ったです、さうして居る中に……。

問 其処に四元が帰って来たのではないか。

答 さうです」（同前）

「一番困難な奴を担当させて呉れ」

四元が帰ってきたのである。十一日に出発して二十日ごろまでに帰る予定だったのだから、十日も帰りが遅れたことになる。この場面、四元の目からはこう見えた。

「**問** 被告が帰った時の様子は何うであったか。

答 空家の十畳に行ったら皆が和尚さんを中心にしてぐるっと坐り、さうして冷酒を皆で汲み交して居りました。（略）

問 夫れで何うしたか。

答 和尚さんに、今帰りましたと言ったら、やあ、帰って来たかと言ひ、夫れから其の場で、君の帰りが遅いんで君が帰るのを待たずに計画を変更した。夫れで総てのことは明日聞かうと言ひました。夫れ丈けです。私は外の様子も何も話しませぬでした。私が其処に行った時、是は何か変った、愈々何かはっきり決ったといふことを直感しました。而して私も其の儘黙って冷酒を飲みました。其の後間もなく古賀中尉と中村中尉、夫れから濱［勇治］大尉も其の席に来た様です。然し別に何の話もありませぬでした。

問 被告は帰りが遅くなった理由も其処では話さなかったのか。

答 何も言ひませせぬ」（同前）

久しぶりに帰ってきたのに、報告が何もないというのも妙なものだが、そのときは本当にそうだったらしい。井上が報告を聞く気分ではなかったのである。

「**問** 冷酒で鯣の肴で別れの杯を交して居る所に四元が来たのではないか、さうしてどうした。

答 何も言はない、やあ〳〵言ふた位で、何も云はない。

問 四元は報告しやうとしなかったのか。

答 それを片付けて行火の所で何か私に言はふとしました、だが私は抑へました、何て言ふて抑へたか、兎に角抑へた、何か言ひました、皆待ちかねたものだから、君の帰りを待ちかねて斯うなった、後から君に話す、さうして君の報告も後から聞く、さう云ふ風にして其の時は何も言はなかったと思ひます。

問 其の時に被告の四元に対する感じは。

答 感じは何もありませぬでした。

問 四元の態度はどんな態度か。

答 元さんはどんな場合でも何時も同じです。

問 顔に表さぬ。

答 兎に角ぺろんとして居る、どんな場合でも一つも変ったことがない、それですから遅れて来たからと云ふて、元さんが自分で遅らさうと思ってやったのでもなく、悪いことをやった訳でもない、当り前のことを当り前にやって来た、（略）気持はそんな所に行って居らぬ、元さんの帰りが早かったとか晩かったとか、そんな海軍の事情なんかも聞かなくても宜い、後から話す、其のことを後から報告を聞かうと云ふのは其の時の挨拶で、私は其の時に聞かぬでも宜い、聞く必要がなくなった、唯それで一同重い気分で冗談も言はないで、全く無駄口一つ誰も言はなかった、中には炬燵の所で頭に手を組んで仰のけに引っくり返って居る人もあったやうです、さう云ふ風で一種の重い気分が湛って居ました」（同前）

その日はただ重い気分で酒を飲みつづけ、話らしい話をしたのは翌日だった。四元は計画変更を聞き、一人一殺への方針転換もすぐに了承した。問題は、四元のターゲットを誰にするかだった。

「夫れから私が暗殺すべき目標人物を誰にするかといふことになりましたが、其のとき私の頭に先づピンと来たのは牧野伸顕です。然し私は牧野はもう誰かが担任して仕舞って居るだらうと思ひ、私はどんなむづかしい者でも必ずやるから一番困難な奴を担当させて呉れと言ひ、誰が残って居るかといふことを尋ねました。和尚さんは便箋か何かに書いたものを一寸見てなるべく実行力のある奴にやり易い者を担任させるのが効果的でいいと言ひ、其のとき先づ伊東巳代治の話が出ました。私は夫れ迄に伊東巳代治は頭にありませぬでした。何ういふ顔をして居るかも知らず、何処に居るか夫れも知りませぬでした。私は十月事件のときも牧野をやることになって居り、牧野の写真も見て居ります。夫れで私は牧野は何うですかと言ったら和尚さんは、牧野は未だ誰も担任して居ないが牧野をやることは非常に困難で彼処に居るか何うかも分らんと言ひました。（略）和尚さんに牧野にして下さいと言ったら、和尚さんも、夫れでよからうと言ひ、私は牧野暗殺を担任することに決りました。（略）

問　被告が暗殺の目標人物として牧野伸顕を担任した其の根拠は如何。

答　（略）我々はただ国家改造の捨石として、テロ丈けで行くのですが、テロとして最も有効な処を狙はなければなりませぬ、夫れには何うしても牧野を逃がしてはいかんといふ処からです。

問　牧野は所謂特権階級の巨頭の一人だといふのか。

答　さうです。（略）何といっても実際の政治といふものが成立つとき、最も力があるのは西園寺公で、夫れに次いでは牧野内府であります。夫れは一寸財閥でも何うすることも出来ない大きな政治上の力であります。夫れで現在の政治を引っくり返すには何うしても西園寺と牧野を殪《たお》さなければなりませぬ、是は最も大事な楔であります、是を抜き取ることに依って其処に大きな変化がある、さういふ風に私は考へました」

（同前）

この日から、四元は牧野伸顕を一心につけ狙うようになる。

32

共産党「赤化運動」激化と「一人一殺」

互いに秘密のターゲット

昭和七年（一九三二）一月三十一日、井上日召以下の血盟団グループは、単独で（海軍の同志とは別に）、一人一殺のテロ行動に立ち上がることを決め、別れの杯を交しあった（翌日から各自単独行動に入る）。その最中に、海軍側同志と連絡をとるために九州・関西・朝鮮各地をまわっていた四元が帰ってきた。

「**問**　其処で皆が冷酒を飲んで居るのは別れの杯を汲み交して居るのだといふことが分ったのか。

答（四元）夫れはもう直ぐ分りました。而してもう地獄でしか会へんのだといふことを池袋さんか誰かが言ひました」（『血盟団事件公判速記録』。以下、『公判速記録』）

ターゲットは、各自井上日召と一対一で面談の上決め、誰が誰をやるかは、お互いに秘密とした。秘密に

牧野伸顕　©毎日新聞社提供

西園寺公望

したのは次の理由による

「(井上) 誰が誰をやるか、必要のないことを知って心を乱すよりも、自分の目標だけに向って行く方が宜く、それでは別々に言ふ、其の方が宜いと思ふ、さうすると、若し一人の者が目的をやり損なっても、殺されても、ぶん殴られても、調べられても、知って居れば言ふかも知れないが、知らないと言ひやうがない、それで秘密を保つのに都合が好い、さうしようと」(同前)

翌日から各自ターゲットの周辺調査に出かけ、これならできるという目算が立ったら、井上のところに報告にくる。そして、ピストルを受け取り、即実行するということになった。「もう地獄でしか会へん」とはそういうことである。

「**問**　要するに自己の担任した人物は同志と雖も明さないと云ふことだな。

答　(井上) さうです、それから同志間の連絡を取ってはいかぬ、さうして私は斯う云ふことを考へて居った、人間は寄りかゝりのない時にはどんなに恐しくても何でも一人で頑張って立って居ります、それは歩哨勤務の時なんかでよく分りますが、何か自分の相談相手があると、何かすると其処に依頼心を起す、ちょっとやつに手伝って貰はうと心が動く、心が動くと云ふことゝ、顫《ふる》へながらでも自分で立って居ると云ふことゝは、精神統一の上から云ふと非常に違ふ、それで同志間の連絡は取ってはいかぬ、（中略）さうすると、同志の間が全く分らなくなって困るだらう、それで同志間には私が連絡を取るやうにする、各人の間に或る方法で連絡を取る、直接連絡を取ってはいかぬと云ふやうなことを決めた」（同前）

「言論などは何にもならん」

井上は、最初自分が先陣を切ってしかるべき要人を暗殺するつもりでいた。

「私が先づ第一発を撃ってやらう、大抵同志一人も拳銃に付いて経験がない、私は支那で十年の経験があります、さうして最近にも試して見た、十五間位の距離からなら間違いなく命中すると云ふ確信を持って居る、ですから私なら余程困難なやつでも、例へば東京駅で、如何に巡査が包囲して居っても十五間の距離から撃って見ろと云ふならば撃って見せます、それで六発か七発撃てますから、其の中の一つや二つは当らぬ筈はない、（略）私がやればそれでおしまひです、他の同志がそれで緊張する、私を見殺しにせぬことは分って居る、どんな万難を排してもやるだらう」（同前）

そう井上がいったところ、井上には連絡統制役として残ってもらい、グループ全体が所期の目的を果せるように指導してほしいとグループ全体から懇願された。

血盟団グループは、前年（昭和六年）の十月事件の時点で、すでに要人暗殺のテロを行うことになっており、ピストルの用意、要人のリストアップ、下見など、ある程度していたので、話が決まると行動は早かった。もう、暗殺が適切な行動か、考えこんだり、悩んだりする段階は通りすぎていた。

四元と共に学生グループの中心メンバーだった池袋正釟郎（東大文学部東洋史科）はこう述べている。

「兎に角、吾々の勤め、吾々の進む所は暗殺だと云ふ風に皆決心して居りました、（略）はっきり自分達の進むべき道はぴたっと決って居りましたから、何等理屈はなかった、天下国家を論ずる必要もないし、家にごろ〳〵して居りますけれども、将棋を差したり馬鹿話をしたりして、全くもう国家とかさう云ふ問題を話合ったことはなかった、全く理屈はなくて、吾々は暗殺をやって死んで行けばそれで宜い、それだけしかなかった」（同前）

井上の唱える「捨石主義」を受け入れてしまうと、もう理屈を飛びこえて、死ねばいいという行動主義になってしまうのである。理論的に悩む段階は、一年も前に通りすぎていた。

井上は公判でこう述べていた。

「**問**　昭和五年。

答　はあ、それも四年頃は出来て居ったらうと思ひます、ですから、遅くも五年迄一杯位、そんなことは一つも考へなくなりました、さうして只管《ひたすら》実行と云ふ方に行きました、さうして居る内に、そんな理屈や何かは全く要らなくなって、（略）六年の六月か七月頃からは私を初め他の同志も全くさう云ふことを会っても言はなくなりました、話をしなくなりました、（略）愈々実行する月、十二月から一月に掛けては是は何にもなかった、誰も理屈なんか言はうとしても言へぬ所まで行って了った、一種の精神統一状態、それは浅い、浅いですけれども、もう統一状態です、それだから会っても話をしない、話すことがない、さうして充実して居る、我々は暗殺をやるんですから、兎に角、そこに或る観念的の目標があります、それに向って突き当って、さうして共に砕けて行けば宜い、向ふも此方も……それに統一して行ったのです」（同前）

もちろん、社会的エリートの帝大生たちが捨石主義に同化して自分の命を捨てようと決心するにいたるまでには、いろいろ考え悩んだのである。そのあたり、四元はこう述べている。

「**問**　他に方法がないといふことが被告として肚に決ったのは凡そ何時頃か。

答　十月事件直後です。

問　被告自身として、啓蒙運動とか或ひは言葉を換へれば言論の力などで国家を革正しようといふ様なことを考へたことはないのか。

答　夫れは覚えて居りませぬが、ずっと前は私は教育に依ってやらうといふことを思って居ました。井上

和尚に接する頃迄は私は大分さういふことを考へて居ました」（同前）

しかし、社会の現実を知れば知るほど、教育などではこの社会をとても変えられないとわかってきた。

「其の後現実を観て、教育といふもの夫れ自身が現在の社会組織の中にあって社会と共に流れ、益々堕落して行くのであるから、教育に依ってやるといふことはとても滔々として流れる時勢に逆行することで、夫れは或る程度迄はやれるかも知れないが、此の大きな時勢の流れは何うすることも出来ぬ」（同前）

と思ったのである。

「**問**　何か言論の力などでは出来んといふことを適切に自身に感じた様なことがないか。

答　私は言論などでやっても何にもならんといふことは前から感じて居りました。其の時丈けはいい気持になりますが直ぐ忘れられて何にもなりませぬ。（略）さういふものは役に立ちませぬ。其の時丈けはいい気持になりますが直ぐ忘れられて何にもなりませぬ。（略）さういふものはなものには皆飽いて居ります、聴いたとき丈けで直ぐ忘れます。喋った人は其の時はいい気持で、人を動かした様な気がしてさういふことを何遍も〳〵繰り返して居りますが結局は何にもなりませぬ。（略）だから私は言論などは何にもならんと思って居ります」（同前）

政界に疑獄事件が続発

教育もだめ、言論もだめだとして、通常の政治システムを通じて世の中を変えていくことは考えなかったのか。この点、池袋が次のように明快に否定している。

「**問**　それでは尚ほ、被告等が直接行動、即ち暗殺行為をどうしても取らなければならぬに至った理由を詳しく……。

答　此の事に就ては少し精しく申述べたいと思ひます、申す迄もなく直接行動を取るに至ったのは、言論文章等の合法的運動では到底改革を行ふことは出来ないと信じたからであります、国家の改革は制度法律を改革する事でありますから、革新の志を有し、人格識見共に勝れた人物が政局に立たねば改革は出来ませぬ、即ち政権を取らねば改革は出来ませぬ、（略）然るに今日の選挙は金で買収しなければ当選する事は出来ませぬ、是は世間周知の事実で、貧乏を看板にして居る無産党の候補者と雖も、買収なしに当選することは殆ど稀と聞いて居ます、況んや既成政党をやであります、四百有余の議員中、少しも買収せずして当選した者が果して幾人ありませうか、縦《よ》し買収せずして当選し得るとしても、選挙費用として二千円はかゝるさうですから、絶対多数の二百五十人の議員を得る見込で四百人の候補者を立てるには、少なくとも八十万円の金が要ります、斯く理想選挙を行ひ、理想通り当選して八十万円かゝるのですが、斯の如きは全く実際を離れた空理空論でありますから、実際は二百五十人の議員を得るに四百人の候補者を立て、一人宛一万円づつかゝるとしても四百万円は優にかかります、斯く選挙に多額の金を要するが故に、政治家は子分を作り、権勢を得むが為に収賄等により不正の金を摑むこととなります、小川平吉、小橋一太、山梨半造の如き不徳漢の出るも皆是が為めであります。終には畏多くも陛下の降し賜る勲章を売るが如き大逆人天岡を出すに至ったのであります、而して今日では勅選議員は幾ら、政務官は幾ら、大臣は幾らと、恰も売官の如き観をなすに至りました、先年、田中大将の如きは、三百万円を以て政友会総裁の株を買ひ、結局、首相の椅子を買当てました、如何に大将でも、単に一介の軍人が三百万円の蓄へがある筈がありませぬから、是はどうせ利権を交換条件として、資本家より出た不浄の金なりしに違ひありませぬ、右の如く小川、小橋等は不幸にして司直のあばく処となりましたが、不浄の金を取りし者は彼等のみではなく、現代の政治家として、縦《たと》ひ法に触れずとするも、斯る不浄の金を取らざる者は殆ど絶無かと信じます、然らざれば政治家として成功は愚か、政治家としての生活も出来ないと思ひます、されば小川、小橋等運悪く法網に引っ掛ったに過ぎませぬ、然るに彼等は大抵の場合、無罪になるのは私は不思議に堪へない所であります」（同前）

ここにあげられているのは、いずれも昭和初期の有名な疑獄事件の容疑者たちである。小川平吉（前鉄道大臣）は五私鉄疑獄、小橋一太（文部大臣）は越後鉄道疑獄、山梨半造（朝鮮総督）は朝鮮総督府疑獄、天岡（直嘉《なおよし》）（前賞勲局総裁）は売勲疑獄。そして田中首相の三百万円とは、時の首相（昭和二〜四年）田中義一が、政界に進出するにあたって神戸の億万長者乾新兵衛《いぬいしんべえ》から三百万円の政治資金の提供を受けたことを指す。田中は、政権をとったら乾を男爵にするとともに満州利権を与え、仲介者には三百万円の一割を報酬として与える約束をした。ところが、政権獲得後、仲介者へ一銭も支払わなかったため怒った仲介者が田中義一を相手どって「報酬金並に立替金請求」の訴訟を起したのでコトが明るみに出た。

昭和初年代は、このような政界腐敗に起因する疑惑疑獄事件が続発した時代である。国民が金融恐慌（昭和二年）から世界恐慌（昭和四年）にいたる流れの中で塗炭の苦しみをなめているのに、このような政治腐敗の現実を次々に見せつけられ、しかもこれら政治家たちが、いずれも職務権限問題などで無罪（小川は一審無罪、二審有罪）あるいは不起訴になってしまったことが、この時代、左右両翼の国家改造運動を激化させた大きな原因である。

このような政治腐敗をもたらしたものは、ここに池袋が述べているように、政治（選挙）に金がかかるという現実で、政治家が政治資金を調達するために、資本家と結ばなければならないという現実だった。

「右の如く一選挙毎に三、四百万円の金が要るとすれば、之を各党員の醵出せる清浄な党費で賄ふことは到底不可能でありますから、どうしても資本家、地主の不浄金を仰がねばなりませぬ、利に敏き彼等は、決して後日数倍の利益を得られる保証なくして、何万或ひは何百万と云ふ金を出す気遣ひはありませぬ、されば政局に立ちし暁は、必ずや交換条件として或る利権を与へなければなりませぬ、是が抑々腐敗の初めで、資本家、地主に不利な改革をする事などは思ひもよらぬことです、（略）斯く資本家地主の物質的援助に依り政権を取ったのでは、結局、既成政党の顰《ひそみ》に倣ふのみで、改革等は到底出来ませぬ、（略）事情右の如くでありますから、理想選挙に依り議会に多数を得て政権を取り、改革を行ふと云ふことは、木によりて魚を求むる類で、全く絶望であります」（同前）

問題は、買収を横行させる政治腐敗にのみあったのではない。もっと根が深い政治システム、政治風土の問題もあった。

「既成政党の腐敗と云ふ事は殆ど十数年来の叫びであり殆ど今日では天下の通論で、何人も之を否定しないのですが、（略）選挙毎に依然として既成政党が多数を占め、其の牙城は微動だも致しませぬ、（略）蓋し既成政党の地盤の鞏固なのは、必ずしも民衆の政治的無自覚の故に、金で買収されると云ふ理由のみではなく、色々複雑した利害関係や情実因縁があって、悪いと知りつゝも既成政党に投票せざるを得ないのであります、（略）村とか町とかの団体として学校問題とか、鉄道問題とか或ひは道路問題とか其の他種々の土木事業の為に既成政党の力を借らざるを得ない為に、一村、一町挙って民政党とか、政友会に入党し、入党せざる迄も投票するやうな状態でありますから、地方に於ける既成政党の地盤は牢固として抜くべからざるものがあります、且つ又、（略）人格識見立派にして、国政を託するに足る人物は一向立候補せず、立候補する者は大抵腐敗人物のみであります、（略）腐敗した社会には高潔な人物は皆引込んでしまふのが古今の常ですから、今日代議士に出ようなどと云ふ人は皆不純、不真面目で野心家で一人として本当の人物はありませぬ」（同前）

このあたりを読んでいると、現代日本の保守政治とあまりにも似通っていて（特に自民党単独政権時代のそれと）、いやになってくる。日本の政治の風土は、基本的に四分の三世紀前とほとんど変わっていないのである。

ともかく、このような理由で、政党政治に望みを託すことはできず、選挙を通じての国家改良は望みがたい。日本の政治システム上、唯一の可能性として、元老重臣が、人格識見が高い人物に大命を降下させ、政党を離れた超然内閣によって根本的改革を断行するという道がないではないが、現実には、それも不可能である。

「政党財閥に関係なく、人格識見共に非凡にして、国家改造の志を抱く人物に大命降下せば、と云ふことを仮定しましたが、今日の如く元老重臣の腐敗して居る時代には此の事が第一難かしいことで、殆ど絶望であります、今日では西園寺が御下問に奉答して後継内閣の首相を奏請するのであります、即ち形式上は厳として陛下の御任命なるも、実際は西園寺が首相を任命するやうなものであります、従って、西園寺は政権亡者の参詣で常に大繁昌であります、而して西園寺は自由主義者で政党出身でありますから、政党政治家以外の人物を奏請することは殆ど稀であります、（略）西園寺は内心此の儘の政党政治では日本の衰滅を招くと知り乍らも、社会に波瀾を起す事を好まぬ特権階級の通有感情たる事勿れ主義から、政党以外の人物、端的に言へば、政党を否定する人物を奏請する事は絶対にやらないのであります、故に厳密に言へば、西園寺が首相を任命するに非ず、実は政党の消長の鍵を握る三井三菱の財閥が任命するやうなものであります、されば現代の政治家は三井三菱の番頭であり、政府は財閥の出張所たる商事会社であり、国策は商策であり、政治は商売であります、(略)西園寺を初め、牧野や鈴木侍従長の元老重臣は財閥政党に結託して一身の利害のみを顧慮して、右の措置を敢て取らず、常に腐敗堕落したる政党政治家のみを推薦して、上聖明を覆ひ奉り、下人民を失望せしめて居るのであります、こゝに於て此れ等元老重臣を除き、君側を清める必要があります」(同前)

君側の奸を除くために

このあたりから、君側の奸を除くためのテロという考えが出てくる。国粋主義者の論理に従うと、天皇は常に正しく、天皇の誤りはすべて君側の奸によってもたらされている。従って、君側の奸を除きさえすれば、天皇中心の正義の政治が復元され、君民一体の幸せな世がもたらされるということになる。歴史をさかのぼると、そのようなテロによって正義が復元された事例として、遠くは大化の改新、近くは明治維新がある。現代はそのようなテロがもう一度求められている時代なのだという認識なのだ。

「我が日本の歴史を見ますれば、我が国体の精華は君民一体と云ふ所にあると信じます、即ち君民一体と云ふことが我が国家の生命であり、建国の精神であると思ひます、(略)而して、此の君民一体なる国体の精華が十分に発揮せられし時は、国のよく治まれる時で、即ち国家生命の活発なる時であります。が併し、動もすれば君民の間に特権階級を生じ、上陛下を蔑にし奉り、下人民を虐げ、国家を私し、威福を逞うして、遂に国家生命の衰退を招くに至りし時がありました。而して斯る場合に君国を憂ふるの士が決起して、此の君民の間に介在する特権階級を打倒し、再び君民一体を実現して建国の精神に帰り、天皇を擁護すると同時

に民衆を救ふたのであります」（同前）

それが大化の改新であり、明治維新ということだ。それらの時代と同じように、いままた君側の奸を除く必要がある。

「されば我々昭和の国民は大化の改新や明治維新に倣ひ、一日も早く此の君民の間に介在して国家生命を危からしめて居る政党財閥や其の他の特権閥を打倒して、昭和維新を断行し、君民一体の建国の精神に帰り、上陛下の宸襟《しんきん》を安じ奉り、下民衆の生活苦を救はねばならぬと信じます。（略）私共の如き地位もなく、権力もなく、財産も学問もないものが、君側を清めむとすれば、唯此の直接行動より外取るべき手段はないのであります」（同前）

これがターゲットを決めるにあたって、池袋が自らすすんで西園寺を選んだ理由だった。西園寺こそ君側の奸のシンボル的存在だったからだ。

「**問**　何か特に西園寺公望を暗殺しなければならぬと云ふ被告は、特に考へた事はないか。

答　自分個人として別にさう云ふことはありませぬ、併し、我々はやるに付いては西園寺、牧野と云ふものは必ずやらなければいかぬと云ふことは考へて居りました。

問　（略）選んだと云ふことに付いて、被告として特別の事情はない訳だね。

答　ありませぬ。

問　なければ、勿論、同人に対して私的怨恨と云ふものもないね。

答　ありませぬ。

問　併し西園寺を担当したに当って、西園寺は今尚ほ陛下の信任を篤くして居る国家の重臣である、之を殪すと云ふことに付いて、多少事前に自分の考へのたぢろぐことはなかったか。

答　それは少しもありませぬ、却って西園寺は第一にやらなければいかぬと思ひました、（略）昔から君側の奸と云ふのは、陛下から御信任されて居ればこそ君側の奸であって、陛下から御信任がなければ君側の奸たることは出来ないのであります」（同前）

左右両翼の〃共通認識〃

君側の奸のもう一人の代表的人物が、重臣の牧野伸顕であり、そちらを担当したのが、四元義隆だった。四元の基本認識も、池袋と同じだった。

「私は初めから暗殺といふ事だけを考へて居たのではないが、当時を振返って見ますると、さう云ふ事を考へて来て益々暗殺をしなければならないといふ考へになったと云ふ事を陳べて置きたいのです。夫れは第一に日本の民衆の生活が困難になって来て生活と云ふ事実が不安化したのです。(略)夫れから今一つは政治機構、経済組織の事ですが、此の制度組織と云ふものも行詰って居ります、腐敗してをるのです。そして其の中に居る人達も行詰り、それ自体の矛盾の為に崩潰せんとしてをるのです。然しその行詰りと言ふものも今日に始ったものではない。矢張り明治維新後に段々と積まれて来て、それが政党政治と云ふものとなり政党政治家自身が行詰り政党政治家の堕落となったのです。それは結局財閥と政治家が結託したのです。今日の日本の政治は金権政治と化し政治の巨頭、政党の巨頭が金を取り、多くの疑獄事件は其処から出て居るのです。然も夫等の人達もさうした政党の中に居るから何うも斯うも出来ぬ様になって結局さうなったのです。政党人は其の党が政権を獲る為には如何なることでもやるのです。(略)夫れから経済組織も資本主義が自由競争の名の下に発達し、其の結果は貧富の差が極端になり国民民衆と云ふものの生殺の権は少数の資本家、金持に握られたのです。如何に多くの民衆が資本家のあくなき貪慾の為に犠牲に供せられて居る事か、私は今日の労働者、農民等が全く奴隷の境涯にある事を考へました。(略)国に正義がなくなりました。我々は法を破ってもどうしてもやらねばならぬと云ふ様に考へて来たのです」(同前)

このあたりの認識は、同世代の共産党に走った左翼学生とかなり似ている。前にも述べたが、当時の極右と極左は、天皇をかつぐかどうかの一点をのぞくと、心情的にかなり近いところにいたのである。血盟団に参加した東京帝大生の一人、久木田祐弘(文学部支那哲学科。十月事件で牧野伸顕担当。血盟団事件で幣原喜とである。

重郎担当）はこんなエピソードを述べている。鹿児島出身の先輩である大審院判事に会いにいったときのこ

「司法省に出かけて行って、それから先生のお宅に行った、其処で大変御馳走になりました、其の時言はれたことはよく勉強しろと云ふことです、さうして古来、勤王の中心であった鹿児島から共産党の被告を出すやうでは実に情ないと言はれました、其処で私は寧ろさう云ふ人が居るから日本はまだ安全なんでないでせうかと云ふやうなことを言ひました、私は当時そんなに考へて居ったのです、兎に角、今でも何ですが、共産党其の物は、日本の天皇を否認し、国体を破壊しようとするのですから、それは悪いのです、悪いけれども現代の社会悪に対して敢然として之を破壊し建直さむと努むる所の其の精神、百行撓まざる所の理想主義的の熱情と云ったやうなものには、私は深く尊敬せざるを得ません。今でも矢張りさうなんです」（同前）

久木田は七高敬天会のメンバーとして、池袋、四元の後輩にあたり、その縁で東大に入学するとすぐに七生社に入り、左翼の新人会と正面から対決する立場にあったというのに、こうなのである。四元にしても、共産党のことを強く意識していた。

「同じ日本人、同胞の間から我々の祖先からの歴史的事実、即ち国家を無視し民衆の為に革命をやらうといふ人達が出て来ました。これは実に考へさせられる所です。此処迄に来て居るのです。（略）実に容易ならぬ事です、是は何うしても早くなんとかせねばいけない、そして共産党は治安維持法等設けて見た所で減らない。夫等の人達は勿論死刑等の事も承知の上で、夫れを越えて行って仕舞ふ」（同前）

共産党が治安維持法で命がけの活動をしているのを目の当りにしていればこそ、自分たちも命がけでやらなければという思いにかりたてられたのである。

この時代、共産党は活動を公然化させ、社会的にかなり目立つ存在になっていた。第二次共産党時代（昭和二年〜昭和四年。三・一五事件、四・一六事件当時）、共産党員は約四百名、赤旗発行部数六百〜八百部というところだったが、田中清玄の武装共産党時代（昭和四年七月〜昭和五年七月）に、文化人、学生の間にシンパ網を組織し、広く資金（カンパ）を集めるようになっていた。昭和四年後半から昭和五年はじめまで

の半年間で計一万円以上（いまの数千万円にあたる）集めたというから相当なものである。このカンパ網は昭和五年五月に摘発を受けたが、主たる寄付者として羽仁五郎、林房雄、藤森成吉、片岡鉄兵、村山知義、河原崎長十郎、大宅壮一、中野重治、壺井栄、三木清、小林多喜二、大塚金之助など錚々たるメンバーが顔をつらねていた。——この事実が一般に知られるようになるのは、昭和六年五月に武装共産党関連事件が一斉に記事解禁となり、その一部としてカンパ網一斉検挙が新聞に大々的に報じられてからである。

東京帝大で起きた奇妙な事件

昭和五年七月に東京帝大法学部の平野義太郎助教授と経済学部の山田盛太郎助教授がそれぞれの学部長に突然辞表を提出して辞めてしまうという奇妙な事件が起きた。この事実は、一般紙でも帝大新聞でも報じられたが、ともに理由は明らかにされなかった。帝大新聞は、

「何故？　それは今は分らない。辞表に書かれたことは『一身上の都合』」

と書き、東京朝日は、

「なお今回の両氏辞任の理由は某事件に関係ありといわれ、責任上辞表を提出したものであると伝えられ、学界各方面から注目されている」

と付記していた。その本当の理由が明らかになるのは、一年後の武装共産党事件の報道によってだった。要するに、二人とも、シンパの一員として摘発を受けていたのである（辞職の一週間後に逮捕。二人は五月の時点では取調べを受けたのみ）。

『東京大学経済学部五十年史』の名誉教授座談会における発言によると、昭和四年の夏に、その春卒業したばかりの学生が山田助教授のところにやってきた。

「**山田**　彼はときどき来ましたが、ある日、『無産青年』という小型の新聞をもってきまして、これはときどき発禁を食って相当経営が苦しいので助けてほしいということでした。それで月に十円ずつ出しましょう

といって、三回出したんです。それがひっかかったわけですね。それで五月十日、朝早く六人の私服がきて、令状を示しました。僕はそのまま家宅捜索を受けて、それから出頭させられました」

「無産青年新聞」が青年共産同盟の機関紙だったので、治安維持法の「目的遂行罪」（同法上、青年共産同盟は共産党と同じ扱い）に問われたのである。

「**脇村**（略）辞表を出せば、おそらく起訴は免れるだろう。書類は検事局送りになっているけれども、あるいは起訴は免れるかもしれないという判断を矢作先生や何かがいろいろ情報を集めてもっておられたんじゃないか。（略）

鈴木（鴻一郎）僕たちは学生のころ、共産党関係の団体、青共のような下部組織でも、金を出せばすぐ捕まるということは教えられていたんです。いまのお話をうかがいますと、そのころはまだ情勢がそれほど逼迫していないというか、そういう感じを受けるが、どうですか。

山田 そうです。だから、僕の事件のときには、検察当局の内部でも、いったいそのぐらいでやってもいいだろうかということが、相当議論されたということをあとになって聞きましたね。（略）

脇村（略）あとで教授会で、矢作先生から、山田先生辞職の経緯のお話があって、『同じような勧告を同僚でまだ受けた人がいる。しかし教授は断わった。助教授は軽率でいかぬから、今後行動を慎重にやってくれ』という訓告があった。（略）

安藤 山田先生が辞表を出すことを決められたのは、先生ご自身の判断ですか。

山田 僕自身のです。（略）

大内（略）鈴木さんね、さきほどの話で、金を出したら捕まるということが確定的になったというのは、それはやはり段階的ですよ。山田さんのケースなんかが、その一つのステップで、エスカレートしたわけですよ。順々にエスカレートしていって、しまいには共産党関係で捕まったいろんな人たちの救援会というのがあった。それに出してもいけなくなったんです。（略）

安藤 ところで、山田先生がおやめになることが決まったころは、教授会全体が相当こういう問題は深刻になったという印象でしょうね。

大内　それは順々に深刻になってきて、それはもうほんとうにエスカレートですね。はじめはのんきなものでしたよ。（略）

安藤　最終的にはその事件の処理はどうなったんですか。刑事事件としては……。

山田　公判になりましたよ。昭和七年です。

大内　そして決定はどういうふうでしたか。

山田　決定は、懲役二年、執行猶予三年です。

大内　相当重いね。やはり治安維持法ですか。

脇村　治安維持法第二条かな。

武田（隆夫）　平野（義太郎）さんの事件もまったく同じですか。

山田　ただ金の事件だと思うんですが、みな違うんですね。（略）

武田　判決は同じだったんですか。

脇村　懲役二年が最低なんです。治安維持法の場合は、シンパでも二年以下のものはないんです。しかし執行猶予がつくから、『どうぞご安心ください』と、僕が引張られたときも、すぐそれを言いましたね。『治安維持法には無罪はない』ということが一つと、『刑罰が重い、懲役二年が最低だ。しかし二年ならば、執行猶予がつくから、執行猶予だけ辛抱すればすむから、死刑になるということはないから、どうぞ安心してくれ』といった。（略）

山田　起訴になるまでは拘束は受けなかった。夜は帰されました。しかしあのとき、それは東大だったからだそうです。私学の人ははじめに拘束されたようです。三木（清）君、小林良正《りょうせい》君も十日間ぐらい。東大にはまだそれだけ遠慮してくれた」（同前）

左翼の活動に焦る右翼

昭和六年に公表された武装共産党事件は、右翼の国家改造論者たちに対して、相当大きな刺激となった。昭和六年といえば、春に三月事件、秋に十月事件と二つのクーデタ計画が立案されたのに、いずれも不発に終っている。軍とともに武器、爆弾などを用意するところまでいったのに、一発の銃弾も発することなくポシャってしまった。ところが、共産党の連中ときたら、武装メーデーをやったり、警察官との間に派手な銃撃戦を繰り広げ、十四件の警察官殺傷事件（死亡一名、重軽傷二十名）を起したりしている。おまけに、各界に広くシンパ網を組織して、大きな社会的影響力も獲得している。うかうかしていると、右からの国家改造が成る前に、左からの革命が成功してしまうかもしれない。そういう気持を、池袋は血盟団事件の公判で次のように表明していた。

「幾度、議会を解散しても民衆が自覚して、政党に買収されないやうにならなければ、議会が人民の真の意志を代表して改革案に協賛を与へる日は来ないと思ひます。併し今日の情勢に於て民衆が自覚して、政党を『ボイコット』するを待つは、百年河清を待つが如く、到底今日の非常時に間に合ひませぬ、（中略）斯かる上は、勢ひ憲法を停止し、資本家地主等の反動勢力と此の隙に乗じて事を起さうとする共産党の暴動を未然に防ぐ為に全国に戒厳令を布き、天皇の独裁により改革を断行せねばならぬと信じます」（『公判速記録』）

「憲法停止→戒厳令→天皇独裁による国家改造」というプログラムは、北一輝が『日本改造法案大綱』で唱えたプランである。この時期の右翼国家改造論者たちは、最短で国家改造を実現するにはこれでいくしかないとみんな思っていた。血盟団グループの捨石主義にしても、自分たちの決起の先につなげようとしていたのは、このプランである。要は戒厳令が発令されざるをえないような事態を作りだすことである。

先の、君側の奸を自分たちの直接行動によって取りのぞくのだとする池袋の発言は次のようにつづいている。

「而して戒厳令が布かれ、国家改造の志を有し、且つ人格識見共に卓越せる人物に大命降下するやうな情勢を作り出すには、直接行動により君側の奸たる元老重臣を殪すと共に、政党財閥の重要人物を屠《ほふ》り、同時に陸海軍同志の集団的武力により警察力を破壊し、帝都を無警察状態に陥れます、然《し》かすれば厭でも応でも、戒厳令を布かざるを得ませぬ」（同前）

昭和六年という年は、共産党の脅威という観点から、さらなる事態切迫を告げるできごとが相次いだ年だった。武装共産党事件の大報道があった翌六月には、三・一五事件、四・一六事件の最初の統一公判（共同被告は、共産党の中心人物四十四名）が開かれ、事件後二ないし三年を経てはじめて（事件直後の第一報は、センセーショナルだったが、あまり内容がなかった）、あの大事件の全容（第二次共産党結党から潰滅まで五年間の活動）が大々的に報じられたのである。

また、この年、武装共産党事件で潰滅した党中央が再建され、それまでの少数精鋭の党員による完全秘密組織主義をあらため、党の大衆化方針を打ち出していた（党員をふやし、赤旗読者をふやし、シンパをどんどんふやし、公然活動もできるだけ繰り広げていく）。以後、共産党の活動は急速に社会的に目立つものになっていった。当時の新聞を繰ってみると、大蔵省赤化事件、逓信省赤化事件、東京市役所赤化事件、赤い教員、赤い女学生、赤い宝塚ガール、赤い車掌、赤い看護婦などの記事によって、いたるところ共産党の組織活動が行われていたことがわかる。そして、あろうことか、軍の内部にまで、共産党は手をのばしていた。小石川砲兵工廠、火工廠十条兵器製造所などで、数十名からなる細胞組織が摘発されていたし、陸軍科学研究所、陸軍士官学校、兵営の内部にも組織ができて千枚単位のビラがまかれたりした。九月に満州事変が起きてからは、反戦ビラがまかれたり、反戦デモが組織されたりした。党大衆化路線では、党員一万人、赤旗読者五万人の目標がかかげられた。もちろんそこまではいかなかったが、赤旗は七千部まで伸び、周辺組織のメンバーまで含めると、共産党の影響下にあった人間の合計五万人以上という推測（拙著『日本共産党の研究』）は決して誤りではないと思う。

注意しなければならないのは、この最も栄えた時期の共産党（非常時共産党）は、実はスパイMが書記局のトップとして、党組織の根幹をすべて（下部組織、地方組織、大衆組織への連絡網、コミンテルンへの連絡線、資金カンパ網、アジトなど）握っていたということである。この時代の共産党組織の伸びは、スパイMの手による「豚は肥らせて食え」戦略によって実現したものだったともいえるわけだ。事実、共産党組織は、Mの手でときどき小きざみに当局に売り渡され、最後には共産党の全組織が事実上潰滅状態に追いこまれてしまうのである。しかし、そんなことがわかるのは、ずっと後のことで、同時代人には全くわかっていなかったから、共産党の側でも、反共産主義の側でも、共産革命の可能性にいたずらな幻想を描いていたわけである。しかし一方で、幻想には歴史のリアルな部分を動かす力もあったということを忘れてはならない。

いまあの時代をふり返ってみると、昭和六年から七年にかけてが、時代の一番大きな転換点だったことがわかる。政党政治の時代が終り、軍閥が日本の政治の主役となったのもあの時代からだし、左翼革命運動の隆盛期が終り、右翼国家改造論者が社会を引きずっていくようになったのもあの時代からである。その転換点の大きな実体をなしていたのが、血盟団事件と五・一五事件という二つのテロ事件だったといえる。

「自動車に轢かれる心算で飛込む」

ということで、血盟団事件に話を戻すと、ターゲットが決められたメンバーたちは、直ちに配置についた。西園寺を担当した池袋の場合はこうだ。

「**問**　それでは事実関係に付いて少し訊ねる、昭和七年一月三十一日に被告は西園寺公望の暗殺を担当し、其の後、同人の行動を偵察したかね。

答　三日に興津の方に出発して行きました。

問　二月三日。

答　はい。

問　それまでどうして行かなかった。

答　家から金が来ませぬでしたから、それを待って居りました。（略）
問　其の時は西園寺を暗殺すると云ふ決心の下に行ったのだね。
答　勿論です。
問　何か武器を用意したかね。
答　井上さんから武器を、拳銃を渡されまして、さうして射ち方の要領などを習ってさうして行きました。
問　『ブローニング』小型三号一挺に弾丸二十五発入り一箱だね。
答　はい。（略）
問　要領と云ふとどう云ふことだね。
答　射つと弾が少し上に上がると云ふのです、それで下を向けたやうな恰好にして射てと云ふのです、腕を伸ばさぬと震へたりするから伸ばし切ってやらぬと当らぬ……腰に付けて射っても宜いと言って居りました。
問　さうして興津の清見寺に行ったのだね。
答　さうして出発する時に井上さんが門の外迄見送って下さいました、さうして私の両手を握って『頼む』と一言言はれました、私は『しっかりやります』と一言言ひまして、さうして別れて行きました。（略）
問　それから此の西園寺の動静を偵察した。
答　はい。
問　其の偵察の模様を。
答　西園寺の邸宅の前の門の所には憲兵とそれから私服が二人立って居ります、裏の庭の方には『ボックス』があって私服が一人入って居ります、併し庭と云ふのも余り広くはなくして、面積がちょっと分りませぬが、十五間に二十間ですかね、二十間位もない、其の位の庭です、さうして石の壁が私の胸位迄しか来ないで、さうしてそれで庭に散歩に出て来れば必ずやれると思ひました、それで兎に角、気候の好い十時から二時か三時の間に散歩に出て来る、其の時間を大体見当を付けて見張って居って、さうして一遍出て来たのて居りましたけれども、姿を見ませぬでした、さうして又余り頻繁に行くと其の後の庭の『ボックス』に居る奴から怪しまれてもいかぬと思って、あの裏にずっと山がありますが、其所から西園寺邸の庭の半分しか見えませぬけれども、見える所があります、さうして其所へ行って居ったことがあります、それは出て来る時間を見当を付ければ、其の次は拳銃を持って行ってやらうと思って居りました。

問 併し姿は見なかったのだね、一度も。

答 はい」（同前）

牧野伸顕の担当になった四元はどうしていただろうか。

「**問** 夫れでは引続いて訊ねるが、昭和七年二月一日に井上に会ひ被告は愈々牧野伸顕の暗殺を担当して其の部署に付いたのか。

答 （四元）左様です。

問 夫れでは部署について後、牧野の動静を探索した事に就いて陳べよ。

答 先づ私は二、三日引続いて午前九時から十一時頃迄、又午後四時を中心として探偵しました。牧野が其の官邸から出る時か又其の官邸に帰る所を見ようとしたのです。

問 其の官邸といふのは芝区三田台町の内大臣官邸か。

答 左様です。其の官邸は前から知ってをりました。夫れは十月事件の時に二、三回行って見て居たからです。（略）何うしたら良いかと色々考へましたが、是は兎に角、何としてでも偵察せねばならぬ、そして家から出て来る時に其の自動車を襲撃するのが一番良いと考へました。夫れでその時は二人で行って一人は自動車に轢かれる心算で飛込む、自動車が停車するか徐行するに違ひないから其の時私が自動車の扉を排して牧野をやらう、さうすれば必ず出来るとの確信がありました。夫れ故に何日であったか覚えて居りませんが未だ小沼君が井上をやる前に私は和尚さんに其の事を話して一人の人間を私に協力さして呉れと言ひました。（略）和尚はそれは宜からうと言って黒澤はどうかと言ひました。その時私は学生組と水戸組の関係は

成るべく判らない様にした方が良いと思ひましたから田倉君が良いと思ふと私から申出ました」（同前）

田倉利之（京都帝国大学文学部史学科）は、七高敬天会の後輩で、十月事件のときから、一緒に起ち上がる約束ができていた。

「問　当時田倉は上京してゐたのか。

答　左様です。恰度其の話をして居たのは空家の十二畳の部屋でありましたが、其処へ田倉を呼んで私から自分と田倉君と二人で一緒にやることになったと話したら田倉も承知しました。それで其の時私と田倉と一緒に牧野伸顕をやるといふ事が決定したのであります。

問　すると被告の考へてをる実行方法を田倉にも話したか。

答　話しませぬ、それは愈々やる直前に話す考へで居たのです。其の後、其の方法を話したのは二月七、八日頃であったと思ひます。尚ほ其の前に私は牧野の官邸を見に行った時、其の官邸の前の所にある三田ホテルといふアパートに行き部屋を借りる約束をして来ました。其の事も田倉に話しました。（略）

問　夫れで田倉が三田ホテルへ住み込む事になったのか。

答　左様です。権藤の寮で話しました。

問　直ちに田倉は引越したか。

答　引越したのは十日の朝であったと思ひます」（同前）

33 血盟団を匿った二人の大物思想家

一人一殺テロの火蓋が切られる

事件はいよいよ決行段階に入り、昭和七年（一九三二）二月九日、水戸組の小沼正による井上準之助前蔵相暗殺によって、一人一殺テロの火蓋が切られた。

四元義隆をはじめとする学生組も、すでに各ターゲットに張りついて、チャンスをうかがっていた。牧野伸顕内大臣をターゲットに選んだ四元義隆は、京大生の田倉利之とチームを組み、二月十一日に決行するつもりで、すでに出動基地として内大臣官邸前の三田ホテルをおさえていた。

牧野が朝官邸から車で出発するときを狙って、田倉が車の前に身を投げ出す。車が徐行あるいは停車したときに四元が車にすばやく駆け寄りピストルを放つという作戦だった。

頭山満

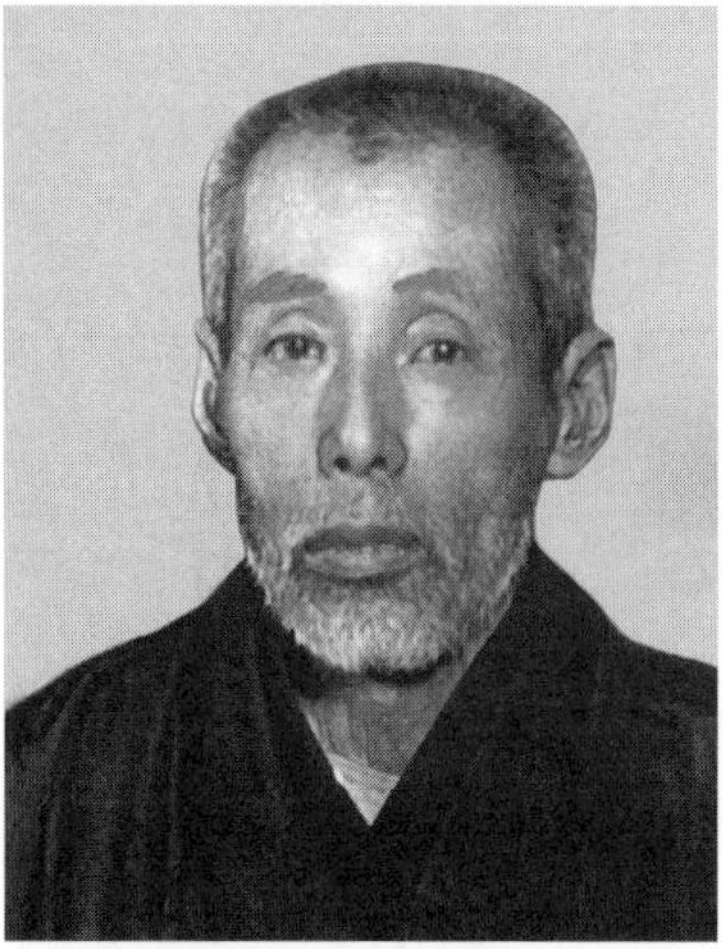

権藤成卿　©毎日新聞社提供

古内栄司

井上準之助

しかし、その二日前の二月九日に、小沼が井上暗殺を決行してしまったために、計算が狂った。警察の捜査の手が関係者の身辺に及び、身動きならなくなってしまったからである。

警察は、まだ事件の背景を何もつかんでいなかったが、小沼が住所、氏名、本籍などを隠さず、若干の背景事実も語った（かなりウソを入れて）ため、たちまち、つかめるかぎりの小沼の人間関係に捜査のメスが入れられた。小沼のことを多少とも知っている人は片はしから警察に呼ばれ、その人間関係を根ほり葉ほり聴取された。四元を含め、血盟団グループの多くが事情聴取を受けたが、リーダーの井上日召は事情聴取を受けなかった。捜査の手がすぐに及ぶにちがいないと考えた四元が、井上をいちはやくアジトから連れだし、都内某所に身をひそめさせたからである。

井上のアジトというのは、代々木上原の権藤成卿（国学者）の居宅の隣にあった空家（通称権藤空家）である。昭和六年の四月ごろから、井上日召はこの空家に入りこみ（もちろん権藤の了解を得て）、事件にいたるまで主としてここに住んでいた。権藤家の敷地内には、もう一つ学生寮（権藤寮）があり、そこに学生グループの一部がいた（最初は四元と池袋が、安岡正篤の金鶏学院をケンカ別れで飛びだしたあとこの学生寮にころがりこんだ。権藤は金鶏学院の講師でもあった）。権藤邸（権藤空家と権藤寮）は血盟団グループの中心的なアジトで、先に述べたような、血盟団グループのテロ計画の相談も、テロのターゲットの割りふりも、この権藤空家ないし権藤寮ですべて行われたのである。井上日召グループの半分は、藤井斉海軍中尉が率いる海軍青年将校グループだった。彼らの大半が上海事変（一月）に従軍したため、血盟団の二月、三月の決起に参加できず、二カ月あまりのタイムラグをおいて決起した結果が五・一五事件になったという話はすでに述べた。彼らの多くは、霞ヶ浦、横須賀などの海軍基地におり、休みになると権藤邸にやってきて寝泊りしたり、議論にふけったり、仲間同士の中継連絡点として利用したりしていたから、ここは、血盟団事件、五・一五事件両方の最大のアジトになっていた。同時にここは武器隠匿場所でもあった。血盟団事件で使われたピストルは大部分、決行直前までここにあり、ここで井上日召あるいは四元から実行行為者に手渡された。都合がいいことには、権藤邸のすぐ裏に海軍将校グループの仲間の一人、濱勇治大尉の家があり、緊急時にはそこもアジト、連絡場所として利用された（血盟団事件の未使用ピストルがなかなか発見されなかったのはそこに運びこまれたため）。

ピストルは海軍グループが幾つかのルートで入手したものだった。井上は、公判で、次のように述べている。

「**問** 昭和七年の一月『ユーニオン』型の拳銃二十五丁を渡すと大庭が云って居ったか。
答 それはさうでございます。
問 其の大庭から受取った『ピストル』は（略）一月三十一日の会合の終った翌日の昭和七年二月一日、此の前に預って居った藤井から来たのと伊東から来た『ピストル』と一緒に全部『バスケット』に入れて権藤の空家の押入の中に入れた、是は記憶があるか。
答 記憶があります」（『血盟団事件公判速記録』。以下、『公判速記録』）

現実に井上準之助暗殺、団琢磨暗殺に使われたピストルは、ここで「前に預って居った藤井から来たもの」と言及されているもので、藤井中尉が満州で調達して井上にあずけた八丁のピストル（ブローニング）の一部だった。

日召、権藤空家を出る

血盟団グループの実質的ナンバーツーであった四元は、バスケットの中のピストルを自由に引き出すことが認められていたから、いよいよ明日牧野暗殺を決行するつもりで、十日朝、バスケットからピストルを取り出して、田倉に与えた。そのときはじめて、田倉から、小沼の暗殺成功の報を聞いた。四元は公判でこう語っている。

「**問** 直ちに田倉は引越したか。
答 引越したのは十日の朝であったと思ひます。然も其の前に（略）空家の八畳の押入にあったバスケットから拳銃を持出しました。（略）私は以前一寸述べましたが鈴木大尉が私に渡して行った拳銃がありましたから、夫れを自分の使用する分と致しました。田倉の分としては『ブローニング』小型の拳銃を一挺出しました。尚ほ二人の使用分として実弾二十五発入り一箱を持出したのであります。

問 弾丸は二箱ではなかったか。

答 さう言はれて見ますと、二箱持出したのであった様に思ひます。（略）小沼君が井上をやったのは、即ち九日の夜でありましたが其の晩は私は早く寝た為、知らなかったが、翌朝田倉から聞いて小沼君のやったことを知ったのであります。

問 すると田倉が三田ホテルへ行ったのは十日朝だと言ふのか。

答 左様です」（同前）

田倉を送りだして、四元がすぐに気になったのは、井上日召のことであり、権藤成卿のことだった。小沼の周辺を調べていけば、すぐに、捜査の手はそこに及ぶにちがいない。井上をいま当局の手に渡すわけにはいかない。ここで井上という指導者を失っては、せっかく動きはじめた大計画が頓挫してしまう恐れがある。もう一つ心配なのは、権藤である。まだ四十代半ばで元気いっぱいの井上とちがって、権藤はすでに六十代半ばの老人である。学生たちからは老先生と呼ばれ、その学殖の深さは尊敬を集めていたが、肉体的に過激な活動ができるタイプではない。誰も権藤を実行行為にさそおうなどとは考えてもいなかった。権藤空家、権藤寮をアジトとして十分利用させてもらっていたが、権藤に迷惑がかかるような事態は可能なかぎり避けるというのがグループの暗黙の合意だった。四元がすぐに井上を権藤空家から連れだそうと考えたのも、それが理由だった。

『公判速記録』の井上日召の訊問記録には、次のようにある。

「**問** さうして小沼が昭和七年二月九日に井上を暗殺した、（中略）其の翌日どう云ふ行動を取ったか。

答 （略）一人で寝て居りましたが元さんが来て『和尚さんどうする』『俺は寝て居るのだ、幸ひに俺は病気だ、警視庁からきっと来る、俺は病気だから調べさせる、拳銃は運ばして有りはしない（立花注・濱大尉宅に運んでしまった)』『何にも証拠になるものが、(略)何にもないのですから、それで引張るかも知れない、警視庁に引張って行った所が手掛りはない、小沼はあゝ云ふ男だから決して白状せぬだらう、(略)小沼君がやったからと云って俺に関係がないと言へばどうすることも出来ぬ(略)』『是から先どう云ふことで権藤先生に迷惑を掛けると……』。

問　四元が言ふのだね。

答　はあ、それで『成る程さうだ、自分のことばかり考へてはいかぬ』其の通りだと思って『よし、そんなら俺は何所へでも行く』と言って早速起きて権藤先生の方に行って飯を食はして貰って(立花注・井上、四元らはしばしば権藤私邸で食事をさせてもらっていた)、『ちょっと出掛けますから飯を食はして下さい』と言って、さうして飯を食ふてから権藤さんに挨拶しました『長い間御厄介になりました、私都合に依って旅に出ますからちょっとお暇します』と、さう云ふ風に言ったと思ひます、何しろ挨拶すると『さうですか』と言って簡単に出たのです、『トランク』一つ提げて……着換への衣やら着物の入って居ります『トランク』を一つ提げまして、さうして元さんが自動車を見付けて呉れた、『円タク』を見付けて呉れた、元さんと一緒に乗って、(略)私は頭山先生の所に行ったのですが。

問　それは渋谷区の常盤松町十二番地の天行会の道場か。

答　天行会の方ではなく先生の家の方に行ったのです、それは本間憲一郎君を訪ねて行ったのです、(略)私をよく見知った女中が出てきて、『本間さんはチョット……坊っちゃんが居らっしゃいます』頭山秀三君でありま す『彼所に居らっしゃっては如何ですか、此方から行けますよ』表に出なくても庭を突き抜けて行かれると、女中が教へて呉れたのです、言はれる儘に『トランク』を提げて庭を通り抜けて天行会の道場に行きました(略)。

問　さうすると其所に警視庁に出頭する迄居た訳だな。

答　さうです。

問　三月十一日迄居たのだね。

答　はいさうです」

ここに登場する「頭山先生」とは、当時の右翼最大の巨頭、頭山満である。頭山秀三は頭山満の息子で、そのころ国家主義的修養団体、天行会を率いていた。また、ここに出てくる本間憲一郎は、頭山満の秘書的な立場にあった人間だが、実は井上日召の大陸浪人時代の仲間で、陸軍の同じ諜報機関（阪西機関）のメンバーとして働いていた無二の親友である。本間は日本に帰ってから、茨城県で紫山塾という右翼団体を作って活動したので、日召の大洗時代から深い交友関係にあった。

右翼のゴッドファーザー

頭山秀三と本間憲一郎は、井上日召をかくまううちにその感化を強く受け、井上日召が三月十一日に自首したあと、残った海軍青年将校グループと連絡を保ち、ついには五・一五事件に参画してしまうのである（武器提供などの幇助罪に問われて、本間憲一郎は禁錮四年、頭山秀三は同三年の刑を受けた）。

頭山満は明治十四年に玄洋社を興して、日本の右翼運動の一大源流を作った男で、当時七十七歳。日本の右翼のゴッドファーザー的地位にあり、あらゆる右翼組織に絶大な影響力を持っていたばかりでなく、政界、官界、財界、軍部など、日本支配層すべてに隠然たる影響力を及ぼしていた。当時の日本において、最もパワーを持っていた男の一人といってもよかった。

その庇護の下に入ってしまったら、司直もなかなかその手を邸内に伸ばすことはできない。もちろん、井上もそれを知ってそこに逃げこんだわけで、天行会道場に連絡役の人間を呼びよせてはグループの指揮をとりつづけた。学生グループも、海軍将校グループもやってきた。あまり人がくるので、ついには、井上が天行会会長（頭山秀三）の部屋を占領してしまい、本間憲一郎から、「余り傍若無人にやるなよ」と注意を受けたりしている（立花注・井上が天行会道場で会った人間として、公判であげた名前だけでも、学生グループの四元、池袋、久木田、田中、水戸グループの古内、海軍グループの濱大尉、中村中尉、古賀中尉などがいる。海軍グループはいずれも五・一五事件の参画者である)。
先の公判供述では、井上は女中の案内で頭山満に会わずに、まっすぐ天行会道場に行ったようになってい
たが、それは頭山満に迷惑がかからぬようにそういっただけで、実はそうでなかったことが、戦後に書いた
自伝の中で明らかにされている。
「翁に面会して、私は
『先生、今朝の新聞を御覧になりましたか?』
と、かう切り出したところ
『アア、見た。』
と、翁が答へられたので、私は続けて、
『あゝ云ふ事を、もう二十人ばかりやる計画なんですが、今私が捕まつたのでは都合が悪いから、暫くの間、
隠匿して戴きたいのです。』
とお願ひすると、翁は早速手を打つて、三男の秀三君を呼び、私を武道場の二階に匿つて下さつた」(井上
日召『一人一殺』)
大御所からこのような了承をとっていたので、井上も大威張りで天行会道場を利用していたわけである。
警察のほうでも、実は早いうちから、井上が頭山邸にいることをつかんでいたが、手は出さなかった。
「或る日、二階の窓越しに外を眺めてゐると、一人の騎馬巡査が通つた。それが、妙に不安を感じさせた。
すると翌日、下へ案内を乞ふ人声がする。誰も人がゐなかつたので、私が降りて見ると、天プラ売りだ。
怪しい奴、と見て拒絶したが、次ぎの日、以前『梅ケ崎』と名乗つて相撲取りをしてゐた男と将棋を差して
ゐると、突然外から窓を押開けて、巡査が顔を出した。テツキリ様子を見に来たな、と感じて、二階に上つ
た。翌日になると、外の広場に私服の刑事らしい者が集つて来た。夜になつても、交代で張込んでゐるらし
い」(同前)
先の公判供述にあったように、日召は井上準之助暗殺の翌日に頭山邸(天行会道場)に入り、三月十一日

に自ら出頭する決意を固めるまでのほぼ一カ月間そこにいた。その間に、三月五日、血盟団グループによる第二の暗殺、団琢磨射殺事件が起る（その第一報を井上はかねて張り込み中の警官経由で聞いたという）のだが、当時の報道を見ると、当局が日召の居所をつかんでいながら手を出せないでいる様子がよくわかる。たとえば、三月八日の東京朝日新聞には次のようにある。

「血盟五人組の指導者としてもっとも注目されている満州浪人井上日召は目下某方面に身を秘めているらしい事に見当はついたが、その方面への手入は非常に困難なものがあるので宮城〔長五郎〕検事正は七日正午警視庁より松本〔三郎〕刑事部長を招き協議する所あったが完全な捜査を行うためには某方面関係者を犯人隠とくで検挙する事も辞せぬ決心」

三月九日の同紙には、「捜査の暗礁打診」のタイトルで、警視総監とのインタビュー記事まで出ている。

「――某所に公然とかくまわれているが、手が出せないのだというううわさを聞きませんか

『そんな話は聞いていないね。もしかくまわれていることが判然とすれば警察権の発動だから遠慮せずにやるよ』」

警察ならびに検事局では、頭山邸を強制捜査すべしの強硬論が強く出ていた。その情報を受けて、頭山邸には、右翼の巨頭たちが馳せ参じ、いかに円くおさめるか、連日の鳩首協議を繰り返していた。しかし、井上が自分から出ていくといわず、頭山満は井上が自ら出ていかないかぎり追いだすことはしないと決めていたので、いっこうにらちが明かなかった。

戦闘的弁護士登場

そこに登場してくるのが、弁護士の天野辰夫である。天野は、大正八年に東大法学部の上杉慎吉の門下生たちが、左翼の「新人会」に対抗して作った右翼学生の組織「興国同志会」の創立メンバー（他に太田耕造、蓑田胸喜、森島守人など）の一人で、岸信介の四年先輩にあたる。天野は、父が浜松の日本楽器の社長で、

昭和のはじめに、同社で、できたばかりの共産党の指導の下、日本の労働運動史上に残る大争議が起ると、会社側のスト破りの先頭に立ち、大化会、黒龍会などの右翼団体を集めて、争議を暴力的に破壊しようとした。ピストル、日本刀はもとより、ダイナマイトすら投げつけるという一大騒動を引き起し、ついにストを終焉させたことで有名な戦闘的弁護士である。後に血盟団事件、五・一五事件の裁判がはじまると、その弁護団に加わり、激しい法廷闘争を繰り広げたが、その裁判中に自ら、血盟団、五・一五の流れを汲むクーデタ計画、神兵隊事件をひき起すのだが、それはまた後の話だ。

天野は、右翼陣営の一員として本間憲一郎と前から深い付き合いがあり、井上日召とも面識があったので、本間に頼まれて、井上日召に自主的出頭を説得にきたのである。

「やがて、本間は今度は天野辰夫を連れて上つて来た。電話で天野を呼んで、私の処置を相談したのだ。天野が言ふ。

『本間君から聞いたが、今死んでは犬死だから、暫く生きのびて、形勢を見て居給へ。必ず改革が実現する。その時には、本当に働いて貰ひたい。幸ひ、警視総監は僕の友人で、彼は君を国士として迎へ、決して刑事等に手を触れさせない、と言つてゐるから、三人で自動車に同乗して、総監官舎へ出頭しよう。』

考へて見ると、罪もない刑事等を殺すのも不憫だ。それに、先日私は古賀に

『私が駄目になつたら、五月に陸海軍が凱旋するから、その時一挙に決行せよ。』

と命じてある。その成行を監獄の中からでも見届けたい、とも思ひ、天野の言を容れて、出頭することに決めた」(『一人一殺』)

井上はこのとき、一日でも長く天行会道場に踏みとどまって画策をつづけたいと考えていた。

「私は出て行く積りはまだなかったのですが、一日でも宜いから延したかったのです、それは海軍の方との関係があったし、まだハッキリしない点があった、大川派との連絡やら打合せ、さうして古賀も中々広い方面を跳廻って居る、お前の思ふ通りにやって見ろと云ふので私は全部を委されて居るものですから、それがまだ全部私には組立たないのです」(『公判速記録』)

先に述べたように、井上は海軍グループからグループ全体の具体的決起策の立案をまかされていたが、それがまだできていなかったのである。

一つの流れにあるテロ事件

大状況としては、こういうことである。昭和六年、陸軍の国家改造論者たち（桜会）と民間の大川周明らが組んだ二つのクーデタ計画があったがいずれも不発に終った（三月事件。十月事件）。

この二つの事件は、今日にいたるまで不明の部分をかなり残しているが、十月事件は本格的大クーデタ計画だった。前にも述べたが、軍の部隊を相当数出動させ（歩兵数中隊、機関銃一中隊など。出動規模については諸説ある）、首相官邸の閣議の席を襲い、首相以下、各大臣を惨殺。同時に、政党首領、元老、財界首脳なども別途に襲撃して殺害。警視庁、新聞社なども襲うことになっていた。この計画は相当現実化していたのに、実現一歩手前で陸軍上層部におさえこまれてしまった。

井上日召グループ（含海軍将校グループ）は、もともと十月事件クーデタ計画の末端をになうことになっていた。それが不発に終ったことが不満で、今度は自分たちが起爆薬となって散ることで、大クーデタ計画を復活させ、昭和維新を実現しようとしていたのである。

自分たちには、本格的国家改造を主体的にになう力がないことは承知の上で、本部隊を決起させるために先駆的に立ち上がろうとしたわけである（捨石主義）。本部隊として後につづくことを期待していたのは、陸軍の若手将校の国家改造グループだった。具体的には、主として十月事件で決起する予定だった（そしてまた後に二・二六事件で決起するあるいは決起しないで終る）、北一輝、西田税、大川周明などにつらなるグループだった。

井上にとって不測の事態だったのは、上海事変の勃発によって、自分たちのグループが、海軍グループと民間グループに分断されてしまったことだった。血気にはやる民間グループは、自分たちだけでも一人一殺のテロですぐさま起ち上がろうと決意し、それが血盟団事件になったということはすでに述べた。一人一殺テロは、各テロリストの単独行である。ターゲットの割りふりが終れば、具体的にどう現実化するかは個人の自由な発想にまかされていた。個別テロについては、井上は相談されればそれに応じたが、原則は本人たちまかせだった。井上がもっぱら心をくだいたのは、後続の海軍グループの決起にどうつなげるかであり、さらにそのあとの本部隊である陸軍の決起にどうつなげるかだった。五月になれば、上海事変が一段落し、海軍の派遣部隊が凱旋してくる。そのときが事変のために一時延期していた海軍決起のチャンスだ。海軍を決起させたらそれを陸軍のそれにつなげなければならない。その連携計画実現の頼りにしていたのが、古賀中尉だった。

「**問**　古賀中尉及び中村中尉との連絡した用件は。

答　それは私の後に残った眼目の仕事であります、古賀を中心にやるより外仕方がないのですから、（中略）古賀中尉を中心にして外の陸海軍の連中が凱旋して来るまで、改造運動の崩れないやうに之を維持する、（略）古賀が私の気持をすっかり飲込んで改造運動を維持するより仕方がない、それで古賀が凱旋したものに私の意思を確かり覚えて置いて吹込む、（略）それで古賀に従来の大川一派との連絡を固めよう、それが第一番の手掛りだ」（『公判速記録』）

井上が古賀に命じたことは、西田税、大川周明らと連絡を取り、海軍グループ決起の節はいっしょに起ちあがってくれるよう慫慂することだった。しかし、それは必ずしもうまくいかなかった。五・一五事件での古賀清志中尉（五・一五事件主犯。求刑死刑。判決禁錮十五年）の予審訊問調書には次のようにある。

「代々木上原の濱勇治宅に行きましたところ、同人から井上昭（日召の本名）が君に会ひたいと云つて居ると云ふことを聞き、同人に教へられて当時東京市外渋谷町常盤松頭山満邸隣の天行会道場頭山秀三居室に井上昭を訪ねました処、同人から私に対し、第二弾が鳴つたら全線曝露の危険があるから、軍部同志が集団テロをやらうではないかと西田税に交渉して呉れ、尚集団テロは東京会館、華族会館、工業倶楽部等に支配階級が集合した時機を見て之に対し敢行することに仕様と告げて呉れと依頼せられ、又明日大川周明の所へ行つて、既に第一弾が鳴つたから同人の一統に於ても起つ様に準備をする様に慫慂して呉れと依頼せられましたので、私は之を承諾しました。井上昭が第一弾と云つたのは、小沼正が井上準之助を暗殺したことを指すのであり、第二弾と云ふたのは、此の次に誰か同一テロを決行したらと云ふ意味であります。夫れから私は同夜権藤成卿宅で中村義雄に落合ひ、二人で西田税方に行き井上昭の右趣旨の伝言を伝へました。そして陸軍側に於ては学校等実力部隊にあらざる所に勤務して居る者は右集団テロに参加して貰ひ、本隊は此の襲撃の後を引受けて起ち得る様急速に準備をして貰ひたいと申しました処、同所に居合せた

菅波三郎　安藤輝三　栗原安秀　大蔵栄一　佐藤　某　芝《ママ》　某

等は積極的に賛成意見も述べず、極めて不明瞭な態度でありました。只芝《ママ》某と云ふ者丈が、やると云ふなら海軍にやらせて置けば宜いではないかと申し、明に我々と提携することを拒絶しました。西田税は、趣旨には賛成だが実行は暫く待つて呉れと申しました」（『検察秘録　五・一五事件匂坂資料Ⅲ』）

ここに出てくる西田邸にいた四人の将校はいずれも十月事件決起予定者であり、二・二六事件で処刑、処罰された者（安藤、栗原は死刑。菅波、大蔵は禁錮八年。西田税も死刑）である。十月事件、五・一五事件、二・二六事件は、全部一つの流れの中の事件だったことがこれでわかるだろう。

古賀は西田邸を辞したあと大川周明のところをたずね、やはり一緒に決起をしてくれるよう慫慂したが、大川からもはかばかしい答えは得られなかった（実際には、大川は五・一五事件に際して武力決起はしなかったものの、資金と武器を提供したので、禁錮五年の刑に処せられている）。

集団テロか個人テロか

面白いのは、このとき井上日召にはまだ行動の自由があったということである。小沼が井上日召との関係を自供しなかったため、警察では、小沼に背後関係はなく、井上前蔵相暗殺は単独犯との見方に傾いていた。井上に召喚状や逮捕状が出ていたわけではないから、刑事の監視の目はついていたが、行動の自由が奪われ

ているわけではなかった。西田邸訪問のとき古賀中尉と行動をともにしていた中村義雄中尉（五・一五事件で禁錮十年）の予審調書には次のようにある。

「同夜は古賀清志と共に西田税方に宿泊しました。翌二十一日午前中、私は更に菅波三郎を動かして陸軍側を蹶起せしめんとし同人宅を訪問しましたところ、士官候補生が四、五名居りましたので、私は其の件に付ては何も云はず、直ぐ同家を辞去して上野の料亭『揚げ出し』に行きました。そして同所で

井上昭　頭山秀三　濱勇治　古賀清志　黒岩勇

に会ひました。其の席で私は井上昭に、菅波三郎方面に対する運動が不首尾に終つたことを報告しました。古賀清志も大川周明、西田税等に対する会見の結果を井上昭に報告しました」（同前）

ここに同席していた全員が五・一五事件関係者である（黒岩勇少尉は、犬養首相を射殺した男。禁錮十三年＝求刑死刑）。それが白昼堂々、血盟団事件の首謀者と上野の料亭で酒を酌み交していたということになる。いまから思うと不思議な思いもするが、当時は、井上前蔵相暗殺事件こそあったものの、まだ団琢磨暗殺事件以前で、それが近い将来、首相暗殺事件（五・一五事件）にまで発展しようなどとは誰も夢にも思っていなかった時期なのである。すべてが変るのは、三月五日の団琢磨暗殺によってである。

先の古賀の供述にあった井上の観測、「第二弾が鳴つたら全線曝露の危険がある」の通りになってしまうのである。小沼の井上前蔵相暗殺後、井上日召グループのほぼ全員（海軍将校グループをのぞく）が当局の取調べを受けたが、全員が知らぬ存ぜぬ、関係ありませんで押し通したため、そのときはそのままですんだ。たとえば四元にしても、井上日召を頭山満邸に送り届けて、権藤邸に戻るとすぐに、そこで待っていた刑事に警視庁に連れていかれたが、その日のうちに帰されている。

「私が権藤先生の所へ行くと刑事が待って居りました。私が出掛けると間もなく警視庁から来たのださうです。私は其処から警視庁へ連れて行かれた様に記憶して居ります。（略）

問　其の夜被告や権藤並びに小平田〔仁兵衛〕も警視庁へ呼ばれたのか。

答　左様であります。夕方でしたが警視庁へ連れて行かれました。然し私は九時か十時頃でしたが其の晩

の中に戻されました。
問 すると権藤は其の儘留置をされたのか。
答 さうではなかった様に思ひます。警視庁では私は小沼に関しては何も知らぬといったら其の晩の中に帰されました。然し私が警視庁へ行った際、一寸見ると久木田が居りましたから私は驚きました。そして不安にも思ったのですけれ共、私は久木田君とは全然知らない間柄の様に装って居りました。勿論警官としても夫れは知らない様でした」(『公判速記録』)

久木田とあるのは、久木田祐弘で、七高でも、東大でも、四元、池袋の一年後輩。七生社最後のメンバーの一人で、二人にさそわれるままに血盟団学生グループの一員となり、幣原喜重郎元外相をターゲットとして割りふられていた。いつもは、鹿児島県人会の学生寮、同学舎に住んでいたので、四元と警察で出会っても、知らないふりを通すことができた。

小沼と久木田はあまり交流がなかったはずなので、久木田がそこにいたことに四元は驚いたが、警察はとにかく少しでも関係がある人を全員調べており、参考人の数は五十人とも百人ともいわれた。その調べがほとんど実を結ばなかったため、一時、小沼単独犯行説が強くなったことはすでに述べた。しかし、菱沼の団琢磨暗殺とともに、捨てられていた情報が一挙によみがえり、井上日召グループは「全線曝露」してしまうのである。

井上前蔵相の暗殺直後、学生グループに警察の監視の目が及びはじめただけでなく、要人たちは用心深く行動するようになり警護も厳しくなった。一人一殺のテロ計画は、遂行が難しくなった。四元が受け持った牧野内大臣にしろ、池袋が受け持った元老西園寺公にしろ、公衆の前に出てこなくなってしまったのである。

そこで、一人一殺テロ計画はいったん放棄し、集団テロに切りかえてはどうかという考えがグループの中で出てきた。先の古賀の訊問調書にあった、民間グループと海軍グループが共同して行う「東京会館、華族会館、工業倶楽部等に支配階級が集合した時機を見て」敢行する集団テロというのがそれである。

一挙集団テロを提案したのは、池袋だった。池袋は興津の西園寺邸に張り込んでいたが、警戒がきわめて厳重になった上、最近は西園寺の姿を見ることがなくなり、このままこの計画を維持しても実行できる可能性はきわめて低いと判断した。

「小沼君がやった丈けで相当警戒が厳重になったのであるから今一発もやれば他の者も皆検挙されると思ひました。私は西園寺が庭に出れば必ずやる自信がありました。けれ共、此の儘居ては他の一人位がやれば自分も捕へられる、夫れより二人か三人で踏込めば西園寺も必ずやれると思ったから其の見解から一挙主義を主張したのです。尚ほ其の方法としては工業倶楽部であるとか東京会館等に於ては財閥が会合するから其の時頃を見て、首相、牧野、西園寺も共にやらうと言って提案したのです」(同前)

池袋は、二月十四日ころこの案を学生グループの田中邦雄、水戸グループの古内栄司などに語った。

田中邦雄は集団テロへの転換に賛成した。田中は若槻礼次郎をターゲットとしてつけ狙っていたが、若槻は、暗殺された井上準之助の葬儀委員長にされたこともあって、警戒厳重でとても暗殺計画を実行できない状況にあった。この際集団テロに切り替えた方が成功の確率も高く、社会へのインパクトも大きく、後続部隊の引き出しに有利だろうと考えた。

それに対して四元は転換に反対した。転換するとなると、すでに配置についている者すべてに中止命令を出し、今度は新しい計画のための下見などゼロからやり直さなければならない。その上、集団テロとなると、まきぞえを出す恐れが強い。

「私は其際、斯様に言ったと思ひます。私等の狙った所のものは支配階級の重要人物である、兎に角夫れに弾丸を撃込む事が大事である、成る可くは他の大勢をやって他の者を傷けるとか華々しく行くとか云ふ事は出来る丈け避けた方が良いと考へる、私は此の狙って居る人物に向って飽く迄行く、今の所は警戒は厳重ではあるが今何等自分等が動く事が出来ぬと云ふ訳ではない、尚ほ個人テロに向って行き得ると思ふ」(同前)

井上に相談すると、井上はあくまで現場の判断を尊重する立場で、個人テロでいきたいと思う者は個人テロでいけばいいのだし、集団テロにきりかえたいという者は仲間を誘ってそうできればそうすればいいという判断だった。結局二本立てであらゆる可能性を追求していくことになった。目指すべきなのは、あくまで要人テロを実現して、世を震撼せしむることにあるのだから、当初計画にこだわることなく、ターゲットも方法も自由に変更して、とにかくやりやすいものからやれということだった。

すべてが終った

こういう状況変化の中で、菱沼五郎に団琢磨が新しいターゲットとして割りふられることになった。菱沼は当初、枢密顧問官の伊東巳代治をターゲットにしていたが、チャンスがなかった。次に政友会の大物、鈴木喜三郎にターゲットを変更し、川崎の演説会場でピストル持参で待ちかまえるところまでいったが、鈴木は演説会場にやってこず、これまた失敗した。もう一度ターゲットを変えた相手が団だった。四元の『公判速記録』によるところだ。

「**問** 二十四日に古内と相談して菱沼に団暗殺を担任せしめた顚末は何うか。

答（四元） 其の頃和尚さんの所へ行ったが和尚はやれそうな奴からやれと言はれ、私達も其の気持になって居ました。夫れで私と古内さんと会った時、（略）古内さんが、団を二、三回見たが、団ならやれると云ふ事でした。夫れで私と古内さんと相談して以前に鈴木喜三郎を失敗した菱沼君に団暗殺をやらせ様と定ったのであります。夫れが二十四日頃であったと思ふのです。

問 其の事は誰が菱沼に伝へたか。

答 其の後まもなくですが、私が菱沼君に会って伝へたのであります。

問 夫れは二十六日頃ではないか。

答 左様であります。（略）私は菱沼君に団を担当してやって呉れと言ひ且つ其の時持って行った切抜き写真を渡しました。菱沼君は承知しました。（略）

問 当時は警戒は厳重であったか。

答 私達は余程神経過敏になって居りました。

問　権藤方にも警視庁から刑事が来て居り、被告の態度も見て居るのだと考へて居たか。
答　権藤先生の所へは常に刑事が来て居りましたから私も注意して居りました。
問　拳銃は何時渡したか。（略）三日に大塚の某喫茶店で渡したのか。
答　左様です。確かに、三日であったと思ひます。（略）
問　池袋が被告の所へ来たか。
答　来ました。
問　夫れは菱沼に拳銃を渡す前か。
答　左様です、三日の朝です。（略）そして三月三日の新聞に依ると、西園寺が三月の五、六日頃に上京すると云ふ事が出て居りました。それ故に池袋君は私に是は良い機会である、此の時にやらう、五日に静岡を出掛ける様だから其の引揚げる時に其処へ行ってやらうと云ふ事を私に相談しました。（略）池袋君がやれば私は一寸動けない様になるから是は困ったと考へました。夫れで私は考へた後、西園寺は一週間の滞在予定と新聞に出て居たから其の帰る時にやって呉れ、自分も夫れ迄に何とかして牧野を偵察し、出来れば其の屋敷へ踏込むと云ふ事を池袋君に言ったら同君もさうしようと云ふ事になったのであります。（略）夫れで、三日に菱沼君に会って拳銃を渡す時に四日にやる事は待って呉れと言ひました。夫れから私は其の計画も話したと思ひますが兎に角、五日にやると言ったと記憶します。（略）私は明日偵察をするから益々警視庁が神経過敏になる故、偵察にも差支へるし又、私を調べに来ると思ったからです。（略）
裁判長は被告人菱沼五郎に対し、（略）
問　一日待って呉れと云ふ話はあったか。
答　五日にやるかも知れぬ、やれば朝早くやるかも知れない、君も同様にやると事件が大きくなって都合が良い、是は自分の希望だが成るべくなら五日にやって呉れと云ふ話がありました。
裁判長は被告人四元義隆に対し、
問　被告は確かにさう言ったか。

答　私はさう言った様に思ひます。（略）

問　さうして菱沼には拳銃を渡し被告もやる心算で偵察したのか。

答　左様です。菱沼君に拳銃を渡し私は池袋君には待って貰ひ、五日にはやる心算で四日に朝八時頃、偵察の為に出かけて十時過ぎ迄牧野の官邸前で待ったのですが遂に見る事が出来ませぬでした。夫れで私は駄目だと思ひました。五日にはやる事が出来ないと思ったのです。

問　所が五日に菱沼が団をやったと云ふ事を聞いたか。

答　左様です。権藤方に居て聞きました。小平田君が学校から帰って来て町で団がやられたと云ふ『ビラ』を見て来たと云ふ事を言ひました。夫れを聞いたのが初めです。夫れから間もなく号外を見ました」（同前）

菱沼の団琢磨暗殺は、このようなせっぱつまった状況の中で行われたのである。四元、池袋、菱沼の三人がそれぞれ待ちに待ったチャンスを迎え、ギリギリの調整をした上でなされたのである。

菱沼の成功を知ると、四元はすぐに古内に会いに行き、第三次計画（団暗殺の次の計画）のことを語り合った。

「裁判長は被告人古内栄司に対し、（略）

問　四元が其の夜訪ねて行き、第三次計画の為に話をした様であるが其の際何う云ふ話があったか。（略）

答　第三次には矢張り水戸組がテロをやるんだと私の胸には定って居りました。（略）四元さんや尚ほ池袋さん達の一斉テロに行かねばならぬが出来る丈け個人テロをやらうと云ふ気でありました。そして今一人は出来ると思って居たのです。（略）

裁判長は被告人四元義隆に対し、（略）

問　其の後、井上に会って第三次の相談をしたか。

答　左様です、話しました。和尚さんは暫く考へて居りましたが茨城組は何うかなと言ひました。（略）

問　何うかなと云ふ事は警戒が厳重で動けるかなと云ふ事か。

答　左様です。夫れで其の時、私は今度は我々だとはっきり判りました。（略）夫れから帰って池袋にも会ひ話しましたが、もう愈々学生組だ、夫れで西園寺の帰途を擁して一斉にやらうと云ふ事は私も池袋君もさうなったのです」（同前）

先に菱沼に優先させて仕事を与えた背景には、こんな事情があった。

「**問**　尚ほ此の点に付いては古内にも訊ねた所であるが、何故菱沼に対して鈴木喜三郎を暗殺せよと言ひ、其の動静を偵察せしめたのか。

答　茨城組の小沼君がやった為に動けぬ様になりました、夫れ故、何よりも茨城組に先へやらして仕舞ふと云ふ事に古内さんとも相談してさうなったのであります。

問　すると学生組との関係も判らないからと云ふのか。

答　左様です」（同前）

水戸組に残された時間が少いから先にやらせるという配慮と、学生組を最後まで警察に疑われない状態で温存しておきたいという心算があったわけだ。しかし、菱沼が成功し、「いよいよ学生組だ」、西園寺を一斉集団テロでやると張りきったとたん、すべてが終ってしまうのである。四元の供述がつづく。

黒幕は誰か

「私は五日の夜遅れて戻ったら警視庁へ呼ばれました。警視庁は一生懸命になって居りました。（略）警視庁では写真を出して見せたりしましたが、私は全然知らぬ様に言って其の儘帰って来たけれども、心せねばならぬと思って居ました。（略）其の夜は兄の所へ奥田〔秀夫〕と共に泊りました。翌日は帰って来て先づ濱の所へ行きました。そして未だ大丈夫だらうと思って権藤先生の所へ行きました。すると警視庁から刑事が来て居たのです。私が行くと池袋君が居て目で警視庁から刑事が来て居るとの事で、しまったと思ひましたが仕方が無い、一寸来て呉れと言はれ其の儘警視庁に行き留置さるゝ様になったのです」（同前）

四元も池袋も、三月六日に権藤邸に立ちまわったところを検挙され、それきり釈放されることがなかった。それですべてが終ってしまったのである。といっても、警察はまだ真相を何もつかんでいなかった。血盟団の背景が何もわかっていなかったし、学生組が存在していたことなどまるで知らなかった。まして、後に五・一五事件を起すことになる海軍将校グループが存在するなどとは夢にも思っていなかった。

具体的に起きた事は、小沼、菱沼の二つの暗殺事件だけだったから、すべての疑惑は水戸組に集中していた。血盟五人組として、水戸組の残りのメンバーが洗い出され（実は小沼の背後関係の捜査でわかっていた）、翌六日の新聞には写真入りで手配された。捜査の焦点はすぐに「背後の黒幕」に移ったが、「怪しい教員古内栄司と怪僧井上日召」もすぐに洗い出された（やはり小沼の関係でわかっていた）。しかし、井上日召はまだそれほど大それた人物とは思われておらず、その背後にはさらなる黒幕がいるはずと当局はにらんでいた。それが、権藤成卿だった。七日、八日の新聞は、黒幕、井上日召の記事で埋めつくされ、頭山邸にかくまわれていることをにおわす記事も出てきて、九日の新聞になると、先に紹介した警視総監のインタビュー記事が出てくる。そして、翌十日になると、「黒幕捜査古内、日召の捕縛近し」の記事とともに、「隠れたる国学者　参考人として登場」の大見出しで次のような記事が出た。

「検察当局では極力捜査主力を集注したところ自治民範の著者（略）国学者権藤成卿氏が突如捜査線上に姿をあらわした、同氏は数年来井上日召並に藤井少佐と親交ありかつ右傾団体、学生その他とも重大なる関係ありと見られ直に刑事部捜査第二課清水主任警部は部下の十数名の刑事をつれて八日午前五時同家を襲い同氏並に郷里久留米その他から氏を慕うて上京しその訓導を受けている者数名を警視庁に引致し棚町〔丈四郎〕次席検事が十時間余に渉り厳重取調べの結果同氏は事件一切についての重大な供述をするに至ったものの如くその真相が漸く明かとなつたものである。

氏は右傾団方面に非常な信用を持ち各層に渉って相当な人物と親交を結んでいるが最近の世相を慨歎し一種の社会変革の思想を抱いていたもののようで井上日召その他も満洲事変以来頻々と同家に集合していたものと見られている」（東京朝日新聞）

ここでは参考人となっているが、警察は、権藤こそ、井上日召の背後にいる大黒幕と見ていた。

権藤成卿の最初の本格的研究書、滝沢誠『権藤成卿覚え書』（私家版）は、当時の関係者の証言を次のように紹介している。

「その月(昭和七年二月)の下旬、先生はその黒幕と目されて警視庁に留置されたのである。日は忘れたが、朝未だ床の中におる内に、信枝夫人から電話がかかって来た。何かと思って出て見ると『たくが血盟団の関係者として警視庁に留置されましたどうしましょう』との事である。『それは大変だすぐ参りましょう』と夫人には言うて置いて私はすぐに警視庁に出かけた。当時警視庁の捜査二課長は石森勲夫と言ってかねてからの知合であったので、私は気安い気持で彼れに逢ひ、すぐ先生を出して貰ふと思ったのである。『権藤先生を血盟団をかくまった容疑で留置したそうだが、先生は左様なお人ではない、是非すぐ出して貰いたい』といふと、石森は『とんでもない、かくまいどころか黒幕で、むしろ彼れが元凶だ、主謀者だよ』と語気もするどく、てんで受けつけて呉れぬ」

　この時代の思想家で、権藤成卿ほどわかりにくい存在はいない。この時代の右翼革命派全体に、権藤の思想が多大な影響を与えたために、図式的歴史解説書では、〝日本ファシズムの急進的指導者〟といったレッテルを貼っておしまいにしがちだが、この人の思想は、ファシズムというより、反国家主義者、東洋的無政府主義者といったほうが近い。

34 権藤成卿と血盟団グループの壊滅

なぜ権藤は黒幕と目されたか

権藤は健康がすぐれなかったため（喘息の持病）、現実のテロ活動には参加できるタイプの人間ではなかったが、イデオロギー的に、かねてからこの時代の国家主義運動者たちの多くに広くて強い影響力を持っており、黒幕と考えられても仕方がない一面があった。

とりわけ、五・一五事件の海軍将校グループのリーダーであった藤井斉中尉の権藤成卿への傾倒ぶりは激しいものがあり、権藤の主著である『自治民範』を必読書としてグループ全員に配るなどしていた。藤井の日記には、

「権藤先生より『八鄰《はちりん》通《つう》聘攷《へいこう》』を送り来る。貪る如くに読む。（略）我が最も敬し尊ぶ第二の南淵先生たる

橘孝三郎（左）、血盟団事件公判廷

べき権藤翁の書を読む。楽何かしかんや、あゝこの間恋を忘る」

「あゝ然らば青年革命家が天下を取り、而して権藤翁の思想経綸を参考とし翁を顧問として建設の任にあたること、之最も重大なることに非ずや」

などとある。革命が成った暁には、権藤に建設の任に当ってもらいたいと考えていたのである。この考えは五・一五事件の青年将校たちにそのまま受けつがれた。

前に書いたように、血盟団グループも、五・一五事件グループも、自分たちの役割を、建設の前の破壊、国家改造のための捨石と規定していたから、破壊のあとの建設をどうするかは真面目に考えていなかった。そういうことは後から来る建設役の人間にまかせればいいと考えていた。具体的建設役として想定していたのは、とりあえず権藤成卿だった。五・一五の首謀者である古賀清志中尉の訊問調書によれば、第一次計画（第五次が最終計画）の事後プランはこうだった。

「以上六つの部署に就いた者を三分し、其の一部は東郷元帥邸に到り同元帥を伴ひて宮中に赴き戒厳令の発布せらるる様奏請をなさしめ、他の一部は権藤成卿邸に到り同人を荒木陸相官邸に連れ行き戒厳令下に於ける国家改造の指導を為さしめ、残りの一部は井上昭等の収容されて居る刑務所を襲撃して同人等を救出して陸相官邸に連行し、不純分子清算隊として活動せしむること」（『検察秘録　五・一五事件』）

首相官邸を襲って首相を暗殺するなどしたあと、どうしようと思っていたのかというと、考えていたことはこれだけなのである。どうせそのステップまで進めまいと考えていたからだろうが、具体性は何もない。東郷元帥、権藤成卿、井上日召を引きだして、あとは全部おまかせということである。自分たちの独自プランが何か具体的にあったわけではない。

東郷元帥が出てくるのは、ここにあるように、天皇に戒厳令発動を働きかけてもらうためだった。天皇の戒厳令発動によって、一挙に国家改造というのは、北一輝が『日本改造法案大綱』でとなえた方式だが、それにならおうとしたわけである。しかし、具体的な国家改造の指導は、北一輝に依頼するのではなく、権藤成卿に依頼しようとしていた。つまり、国家改造の方向性として、北一輝型の国家社会主義はとらず、権藤成卿型の農本自治主義をとるということである。

これが、五・一五グループの基本的発想だったということは、五・一五決起が軍人だけで行われず、決起の趣旨に賛同した水戸の農本主義者橘孝三郎(愛郷塾塾長。五・一五事件で無期懲役)の指導下にある八名の農民決死隊を別働隊として参加させ、帝都暗黒化を企図して田端変電所などを手榴弾をもって襲撃したということでもわかる。

私事ながら、橘孝三郎は私の父の従兄という親戚筋にあたり、私も子供のときに会ったことがあるが、本に埋もれるようにして生活していた白髪の老人という記憶しかない。孝三郎は、権藤成卿とも井上日召とも親しくしており、十月事件の頃から国家改造運動にコミットしていたが、日召はこの人には破壊活動より建設の場面で活動してもらおうと考え、血盟団のテロ計画にはひきこまなかった。

「権藤学」とは何か

前章で述べたように、二月九日の井上準之助暗殺から三月五日の団琢磨暗殺にいたる間、井上日召は渋谷の頭山満邸内天行会道場にあって、毎日のように血盟団グループや海軍青年将校たちと会い、このテロ活動をいかに継続し、それをいかに大きな改造計画につなげていくかに腐心していた。しかし、第二弾、第三弾のテロ活動になかなか火がつかないうちにターゲット側の警戒が厳重になり、次のプラン実現は困難になっていた。こうなったら、一人一殺をやめて、多数の要人が一堂に会する機会（東京会館、華族会館、工業倶楽部などでの会合）を狙って集団でこれを襲う集団テロに切りかえてはどうかという案が池袋から出て、その案を検討しているうちに、団琢磨暗殺による「全線曝露」という事態に立ちいたってしまったということはすでに述べた。

実は、この集団テロのプランには、血盟団グループだけでなく、海軍将校グループも加わるという考えがあった。しかし、この案も具体化しないうちに、関係者の検挙で中途半端に終ってしまった。五・一五事件の構想はその延長上で生まれたものなのである。古賀中尉は前掲訊問調書で次のように語っている。

「同年三月五日、私は中村義雄と上京しましたが、日暮里駅に於て菱沼五郎が団琢磨を暗殺した事を知りました。夫れから同日頭山秀三居宅に井上昭を訪問し、官憲の取調べが団琢磨暗殺事件に連れて愈々峻烈になつて来るから、此の際所謂血盟団の残党と軍部が合体して集団テロを決行仕様と思ふが叶うかと申入れましたところ、井上昭は自分も夫れには賛成だが、尚四元義隆等にも相談をして見様と云つて居りました。同月十一日、遂に井上昭は警視庁に自首して、右私の申入れは其の儘になつて仕舞ひました。斯の如くして所謂血盟団は井上準之助、団琢磨を暗殺した丈で終局を告げましたので、茲《ここ》に私と中村義雄とは今まで述べて来た様な井上昭との関係上からと、且《かつ》所謂血盟団が社会に対して与へた影響を利用すると云ふ意味合から、二人が主となつて海軍部内が主動力と為つて直接行動をやらうと謀議画策するに至つたのであります。之が五月十五日襲撃事件の発端とも云ふべきものであります」

血盟団事件と五・一五事件は一つの流れという意味がこれでよくわかるだろう。

ここで、五・一五事件グループが、破壊の後の建設役として頼りにしていた権藤成卿についてちょっと語っておきたい。

権藤成卿に傾倒していたのは、海軍青年将校グループだけではない。血盟団グループの学生たちも深く傾倒していた。

たとえば、四元は公判で次のように語っている。

「夫れから私の思想といふものは今迄陳べたことで分る様に、具体的なことはみな権藤先生に養はれて来て居ります。だから私が言ったことはみな権藤学であります」(『血盟団事件公判速記録』、以下『公判速記録』)

権藤学というのはわかりにくいしろものなので、その具体的中身はまた後で述べることにして、もう少し学生たちの傾倒ぶりについて述べておく。彼らもまた、権藤に傾倒することによって、建設の前の破壊という井上日召の破壊の哲学を受け入れた。

「**問**　被告等は被告等の行為に依って破壊された後の国家の建設方面のことに付いて何か具体的に考へたことがあるか。

答　前に言った通り此の事に就いてからは何もありませぬ。其の前には私は、是は権藤先生に依って継れて居る処の日本の制度学、即ち自治といふ様な原理に依って此の日本の組織が出来て行くべきだといふ様に考へて居ました」(同前)

簡単に述べると、権藤学の根底にあるのは、自治社会論である。太古の時代から人間社会の基本にあるのは自治の原理で、どのような原始社会も自然に自治社会として形成された。人間社会は「治め、治められる」関係の成立からはじまったのではなく、「自ら治め、自ら治まる」集団がいくつもできて、その集団同士の間でも「自ら治め、自ら治まる」関係ができるというようにして、より上位の社会構造が次々に自治の原理をもとにできていくことで形成された。それは国家成立以前の社会原理であり、国家ができあがってからも、国家を形成する幾つもの小社会内でいつでも働いている社会原理である。それはどのような小社会でも自発的に働く原理であって、それがうまく働いている限りは国家などという中央集権的官僚組織による管理支配は必要ない。

しかし、しばしばときの権力者は、より効率的な国家を求めて、専制的な官僚国家体制(官治システム)を作ってしまう。それがいきすぎたときは、下からの革命によって専制的な制度を破壊し、自治的社会(民治システム)を復元する必要がある。

どんな専制的国家制度を作っても、農村社会の末端を維持しているのは、社稷（土地の神と五穀豊穣の神）を祭ることを中核に形成されている自治社会である。明治維新以来、西欧直輸入の社会制度がいろいろ導入され、それによって、日本の伝統的政治制度、経済制度がゆがめられ、日本社会伝統の農村自治制度もだいぶ破壊されてしまったが、日本のすべての社会制度の根幹はここにあるのだから、もう一度ここに立ち戻らなければならない。――あまりに大ざっぱすぎて正確とは必ずしもいえない要約だが、とりあえずは、権藤の自治社会論とは、このようなものだと理解しておいていただきたい。基本は反国家主義であり、反近代主義であり、反資本主義である。反官僚支配体制、反都会中心体制、反工業社会中心体制である。

北一輝との違い

四元以上に、権藤に傾倒したのは池袋正釟郎だが、池袋は、権藤学にふれることによって、それまでの国家主義的ものの考え方を百八十度転換することになったという。それ以前、池袋に最も大きな影響を与えていたのは、北一輝の『日本改造法案大綱』だったが、その本質は国家社会主義であり、それは誤りと考えるようになったという。そして、やはり建設は権藤にまかせようと考えるようになったのである。

「**問**　それから権藤の思想に付いて。

答　最後の思想の変遷は権藤先生の思想に触れて、従前の国家社会主義、即ち『ファッショ』的傾向を脱却した事であります。（略）されば日本的な建設案としては唯北一輝氏の『日本改造法案大綱』あるのみであります、之も相当立派なものでありますが、余り大まかで少しく雑駁のやうであり、且つ一個の天才の思ひ付きと云った感があり、日本の人情風俗にぴったりせぬ処があるやうに思ってゐましたが、『自治民範』を読むに至って其の日本の歴史に即し、且つ頗る具体的な思想たるを発見し、かゝる立派な思想があるならば、我々がいくら事を起しても後は心配はいらぬ、建設は必ず之でやらねばならぬと思ひました、そしてそれ迄、国家社会主義に大いに共鳴し、之が日本主義の真髄なりと思ってゐましたが、此の頃から国家社会主義は資本主義の変形で、その最後の心張棒で、結局国家民衆を救ふ所以の方法に非ずと悟るに至りました、而して最後に民衆を救ふものは基本的自治制度でなければならぬ、今日の行詰りは余り中央集権的な官治制度、商工中心の経済政策に原因するものであると信ずるに至りました」（同前）

丸山真男は、北一輝の思想と権藤成卿の思想を対極に置いて、前者は西欧型ファシズムに近い国家主義だが、後者は、日本型ファシズムに独特の性格を与えることになった農本主義、郷土主義の典型で日本にユニークな思想とした（「日本ファシズムの思想と運動」『現代政治の思想と行動』所収）。

「一番中央集権的な国家統制を徹底させているのは恐らく北一輝の『日本改造法案』であります。これは純粋に中央集権的で、強大な天皇の権力を中心として政治経済機構の強力的な変革を説くのでありまして、その内容はいちいちお話しませんが、（略）最も中央集権的な国家社会主義的な色彩の強いものでありますが、こういうのは右翼思想の中ではむしろ例外といっていい」

「一方では益々天皇を中心とした絶対主義的国家権力を強化させ、国権的なものをつよめてゆこうという動向と同時に、他方では日本という観念の中心を国家ではなく郷土的なものにおこうという傾向がつよく内在しております。この点右翼の中にも二つに分れまして、むしろ高度の工業的発展を肯定して是に国家的統制を加えようとする考え方と、これを真向から否定して農村に中心をおこうとする純農本主義の考え方をとる一派があります。そして多くの右翼にはこの両者が雑然と混在しておるのであります。その中で最も純粋に郷土的なものを代表するものは恐らく五・一五事件で一躍脚光をあびてから昭和七、八年頃の農村自救運動の思想的背景をなした権藤成卿でありましょう。彼の『自治民範』、『農村自救論』にあらわれた考え方は徹底的郷土主義で、反国家主義の態度さえ示しております」

権藤の思想は、このように反国家主義的色彩を持ち、一種の無政府主義とすらいわれる一方、熱烈な天皇中心主義者でもあった。権藤が最初に書いたのは『皇民自治本義』で、そこでは天皇制こそ、社稷を中心におく日本社会の伝統的自治社会といちばん奥深いところで結びついている制度で、これが日本社会の基盤だとして次のように説いた。天皇制は祭政一致の制度であり、皇室の祖先神を国家全体の祖先神として祭る制度である。その制度によって国民はすなわち皇民となる。天皇と皇民は「治め、治められる」関係に立つのではなく、もともと、一体のものとして固く結びついた関係（君民一如一体。民は天皇の赤子）に立ってきた。これが日本の国体の基本であるのだから、天皇と皇民の間に中間的私的政治権力組織が入って、両者の間をへだてるようなことがあってはならない。しかるに歴史を見ると、そういう中間組織が常に生まれては権勢をふるい、上は天皇をないがしろにし、下は人民を虐げ搾取する国体破壊と破壊者の交代の歴史だった（蘇我氏、藤原氏、源平両氏、北条氏、足利氏、徳川氏……）。

そもそも神武天皇の時代とそれ以後しばらくの間は、天皇の下、万民（すべての氏族）が平等かつ平和に自治を楽しむ「君民共治」の時代だった。各氏族はその氏族内で自治的生活を営み、氏族間も平和で自治的関係にあった。天皇はすべての氏族の上にのった祭政一致のシンボル的存在でしかなかったが、やがて特定の氏族が経済的政治的にパワーを蓄えて強大化し、他の氏族も支配するようになった。ついには、天皇を無視する、あるいは天皇を利用することで（血縁化）、自己の権力のさらなる強大化をはかろうとする専横な権力者（自治制度の破壊者）が登場した。その支配があまりに専横になると、それを倒すものがあらわれた（革命）。革命が成功すると、再び、天皇と皇民の間の障壁が取りはらわれて、万民が自治を楽しむ時代が戻る。

日本の歴史はこのような、万民平等な自治を楽しむ時代と専横な覇者による支配に苦しむ時代の交代の歴史であった。そしていままた、明治維新で権力を握った藩閥政治家たちの専横がきわまる時代となっている。権力者たちは資本主義と政党政治を導入し、それを恣意的に利用することであくことなく私益をはかろうとしたため、国民生活は疲弊しきり、怨嗟の声が世に満ち満ちている。その声が天皇に届かない状態にあるから、もう一度、革命によって専横な中間権力者を取りのぞき、君民一体の幸せな自治を楽しむ時代を取りもどせ、というのが、権藤の主張のアウトラインである。

四元は裁判所への上申書において、

「私等が大体『自治民範』に述べられてある様な国家社会を革命の理想としたことは事実であります」

といいきり、自分たちのめざす国家改造が、権藤成卿型の自治社会であったことをはっきり肯定している。

刺殺の方法も教える

革命の方法論については、権藤自身は、具体的方法を云々することはあまりしなかったが、制度学者（そう自称していた）として大化の改新を論ずる中で（四元も、池袋も、青年将校たちもきていた金鶏学院において、制度学の名のもとにこれを講じていた）、激しい革命論を展開し、これが青年たちに強い影響を与えた。権藤成卿が国家改造論者たちに与えた影響力の強さという点では、自治社会論と、大化の改新論が双璧である。

たとえば、前出の古賀中尉の訊問調書には、次のようにある。

「自治民範に所謂『農本的自治主義』には深く共鳴を感じ、自治民範の『蘇我の十罪』と云ふ章に書いてある中大兄皇子が南淵先生の教へを受けて蘇我の十罪を知り、君前に之を屠つたと云ふ事跡は直接行動敢行に大なる刺戟を与へて居ります」

ここに出てくる南淵《みなぶち》請安《しょうあん》先生とは何かというと、大化の改新の主役、中大兄皇子（後の天智天皇）の帝王教育にあたったといわれる学者で、皇子の前で蘇我の入鹿の天皇家に対する大罪を十までかぞえあげ、九つまでなら許すこともできようが、これほどの大罪が十まであっては、誅殺するほかないと説き、ついに中大兄皇子をして、自ら手を下しての蘇我入鹿暗殺に走らしめたといい伝えられている。先の藤井中尉の日記にあった、権藤成卿を「第二の南淵先生」とほめたたえるくだりも、この故事を背景としている。四元の公判供述にはこんな面白いくだりがある。

「私は予審以来、先生の学問のことは言ひませぬでしたが、夫れは一種の実践的の革命学とも云へると思ひます。（略）実践的な謂はば謀反の学問です。（略）権藤先生の処に、マルキストの書生が居て、夫れが私にいろんなことを話して呉れました。而して夫れが私に、是を読めと云ってマルクスの本を寄越したので、私は黙って其の本を受取り閑があったときずっと読んで行くと、ごた〳〵むづかしいことが書いてあり、書き入などもしてありましたが、私は一点、是はマルクスは偉い学者だと感心しました。夫れは今迄の哲学とか哲学の問題といふものは、世界は何うであるか、何かあるかといふことにあったが、夫れではいかん、何うするか、何う行動するかが本当の問題でなければならぬといふことが書いてありました。詰り実践的でなければならぬといふことが書いてありました（立花注・『フォイエルバッハに関するテーゼ』「哲学者は、世界をただいろいろに解釈しただけである。しかし、だいじなことは、それを変革することである」）。其のとき私の頭にピンと来たことは南淵先生のことであります。（略）権藤先生の学問は老荘的な哲学に基くものだと或る人が言ひましたが夫れは間違ひであります。そんな風に思ふから権藤学がアナーキズムにもとられたりします。権藤学は南淵学に発して居ります。支那の形而上学を実践の学にしたのが南淵学です」（『公判速記録』）

実践的といえば、滝沢誠『権藤成卿覚え書』は、権藤が血盟団の青年たちに与えた実践的知識としてこんなものがあったと記している。

「私が例によって翁を訪ねると、座に先客があったが、その時の一人は私などよりずっと若い二十そこそこの青年であった。翁はその時短刀で人を刺殺する仕方を話してゐたが、座中の人々に反問して、一たい短刀で刺殺するのに右手で殺すのか、左手で殺すのか知ってゐるかといふのである。その時誰も返事をしないでゐると翁は『右手ではないのだよ、左手なのだ』と言って一同がけげんな顔をするのを見てから、『短刀はちゃんとかう腰につけて（右手で）もち、左手で（相手を）だきかかえて、短刀に突き刺されるやうにするのだ。普通のものはさうしないで右手で突き刺さうとするから逃げられてしまうのだ。これはピストルでも同じことで、ピストルは引き金に指をかけたまま腰につけて銃口を向け相手の体を抱き込むのだ』と手ぶり、身振りをして話したのだった。……先年小沼正君に逢った時この話をし、あれは誰だったらうと聞くと『僕だった』とのことであった」

実際、小沼は、井上準之助を暗殺するときに、腰からピストルを離さないように気をつけながら撃っている（小沼正『一殺多生』）。権藤は理論だけの学者ではなく、実践的知識も豊富に持っていたのである。

大化の改新と昭和維新

この時代の過激な国家改造論者たちの議論を読んでいくと、さかんに大化の改新と南淵先生が出てくる。天皇の息子が自らテロリストとなることで国家の危機を救った大化の改新は、テロ、クーデタに訴えても国家改造をめざそうという人々にとって、自分たちの行動を正当化するよきモデルとなったのである。その人たちがもっぱら依拠したのが、権藤が発表した『南淵書』という珍しい文献に記録された南淵請安と中大兄皇子の間で交された一問一答である。その一問一答を通して、中大兄皇子は、蘇我入鹿を誅殺することこそ正義であるということを納得していったのだが、そのロジックはそのまま、昭和維新のテロ合理化論にもなったわけである（血盟団がとなえた「一殺多生」という論理も、もとはここから生まれている）。

この書は、当時『古事記』より古い「日本最古の書」とされたものだが、昔から其の存在が知られていたわけではない。大正十一年に突然発見され（久留米の旧家である権藤の家に秘伝の書として伝えられていたという）、摂政宮（後の昭和天皇）に献上されたということで新聞にも大々的に報道されて急に有名になった文献である。『権藤成卿覚え書』によると、当時の新聞に、次のように報道されている。

「南淵書開版、△現在伝はっている我が古文書中の最古のものは『古事記』だと云はれている、所が其よりも更に百年ほど昔の著述が大正の今日初て飜刻されたと云ふのは何といっても我が古文書界未曾有の驚嘆すべき記録であらねばならぬ△而もこの飜刻書は『正二位公爵臣藤原朝臣実輝』の名を以て即ち現今の一条実《さね》輝《てる》公爵から我が摂政宮殿下にデヂケートされたものである、巻頭に殿下に対する一条公の上奏文を掲げてゐる点に於いても古今稀に見る文献と云ふべきである△題して『南淵書』と云ふ上中下三巻の唐本仕立で先づ菊版二百頁内外の分量のものである、著者は今から約千三百年前即ち推古天皇の朝に小野妹子等と隋へ留学した南淵請安その人である△南淵は当時の謂はば杉浦重剛翁と云った格で中大兄皇子の御学問所御用掛を奉任し、中臣鎌子などをも門弟として帝王学を進講してゐた、蘇我入鹿の罪悪を摘発し天誅を加ふべき事を皇子に勧めたのも彼であった△本書は皇子と彼との問答を記したもので日本建国の創業から推古朝までの歴代の皇謨を説き王道の真髄を述べてゐるが勿論入鹿誅戮の勧説も含めて総て五十章から成ってゐる△藤原氏祖先伝来の秘典とされて居たが応仁の乱に兵燹《へいせん》に遭ひ、わづかに逸散残存してゐたものも後年の武家幕政の世には禁本として取扱はれその存在すら疑はれて来た△それが飜刻されて東宮殿下に中臣鎌子の末裔一条公から奉献させたと云ふは何といふ由緒深い話であらう」（「東京読売新聞」大正十一年十一月十日）

この本には、いかにも、もっともらしいことがいろいろ書かれていて、当時はこの記事の通り信じられ、大評判となったが、現在の通説ではこれは偽書とされている。

南淵請安という人物そのものは、『日本書紀』にもその存在が記されており、大化の改新にあたって、藤原鎌足と中大兄皇子に何らかの忠言をしたということも同書に記述があるので史実らしいが、その一問一答を記した書が、『古事記』の百年も前にできていて、それが今日まで伝えられていたというのはあまりに怪しい話である。それが大正十一年まで世に出なかったというのも不思議なら、記述されている内容にも、いろいろ不合理な点がある。滝沢は、前出書で、

「これらのことから考えると、権藤は自分の学問・思想に対して歴史的な根拠と権威を与え、さらに権藤イズムの信奉者に対して聖典としての役割を果す書物の必要を感じたからこそ『南淵書』を著述し、これを制度家秘伝の書、日本最古の書と銘打って発表したと推定される」

としている。そうだとすると、権藤は、自分で書いた偽書を世紀の大発見と銘打って、皇太子に献上し、それを新聞で大々的に宣伝するという大胆不敵なことをしたことになるが、権藤という人は変な行動力があって、それくらいのことをしたとしても、不思議ではない人だった。

権藤は、自分の思想に共鳴する人を集めて「自治学会」（一九二〇年設立）を作っていたが、一九二三年に関東大震災が起きてインフレになると、自治学会員を動員して、日銀本店において「金貨兌換要求事件」を起している。インフレになれば、紙幣は実質価値が下がって所持者はそれだけ損をするが、額面通りの金貨を手にすることができたら、逆に儲かるわけである。同じように、金などあらゆる実物資産を大量に持って

いる人たちは、インフレで儲かるわけで、インフレというのは、結局ペーパーマネーしかない持たない庶民から富を奪い、それを特権階級に与え、彼らの富をさらに増やしてやるという不合理な経済効果を持つ。その実体を一般の人の目に見える形にしてやろうというのが、日銀本店における金貨兌換要求だった。一般庶民が日銀にきて兌換要求をしても、日銀は言を左右にしてそれを拒否するのが普通だった（法的には日銀は兌換に応じなければならない）が、自治学会は法的準備を整え、強引に迫って紙幣一万六千円を金貨一万六千円に兌換することに成功した。違法行為ではないのに、権藤成卿ら首謀者はこの件で警視庁に連行留置された上訊問も受けている。

こういうことがあったので、権藤は一種の危険人物とみなされ、事件前から、警察がその動静を常日頃注意する対象だった。

四元の公判陳述にはこんなくだりがある。

「問　権藤方にも警視庁から刑事が来て居り、被告の態度も見て居るのだと考へて居たか。
答　権藤先生の所へは常に刑事が来て居りましたから私も注意して居りました」

恐るべき人脈

一方で、権藤の学の深さにひかれて、権藤の元を訪れる人も数多くいた（権藤は毎日曜日自宅で制度学の講義をしており、誰でも参加できた）。その中には、荒木貞夫（陸軍大臣。皇道派の中心人物）、鈴木喜三郎（内務大臣、司法大臣、のち政友会総裁）、倉富勇三郎（枢密院議長）、秦真次（憲兵司令官）など国家の中枢的人物もいたので、権藤は政官界に多くの人脈を持っていた。『南淵書』を宮中に献本したことでもわかるように、その方面への人脈も持っていた。若いときに、内田良平の黒龍会に属して活躍していた時期が長いので、右翼の世界に顔が広いのはもちろん、その活動を通して、中国革命同盟会の孫文、黄興、章太炎、宋教仁などとも親交を結び、広い中国人脈を持っていた。また、黒龍会は、日韓併合以前の明治三十年代から、「朝鮮問題同志会」を通じて下からの日韓合邦運動を起していたが、権藤はその運動に加わり、韓国の李容九、宋秉畯《そうへいしゅん》の一進会と組んで、満州に権藤理論にもとづく壮大な理想国家を建設する夢を追っていたことがある。

――日韓合邦が成ったら（日韓併合ではなく日韓連邦を作る）、一進会のメンバー百万人を動員して、多数の開拓団（総数三百五十）を作り、みんなで満州に移住する。開拓団はそれぞれを自治方式で運営した上、その全体を自治財団という、自治的アンブレラ組織にまとめあげる。そのうち中国で革命が起るであろうから、それを機に、自治財団を中核組織体として、満蒙独立の旗をかかげる。独立したら日韓連邦に加わって、日韓満蒙連邦とする。ゆくゆくはそれをさらに発展させて東亜連邦を作り上げるという雄大な構想だった。

こういう活動をしていたから、権藤の人脈は、中国、韓国、満州、蒙古などにも広がっていた。さらに、農本主義思想家として、農民運動を展開している人々の尊敬も厚く、その指導を受けに訪ねてくる人が多いので、自然に大正末期の農地解放運動、昭和初期の農村自救運動に深くコミットするようになり、その方面の人脈の広がりもただならないものがあった（橘孝三郎との交遊もその中で生まれたし、平野力三、稲村隆一、長野朗《あきら》など、日本の主だった農民指導者たちとの深い交友関係も生まれた）。

このような広範な活動から生まれた権藤の人脈の深さと広がりは、恐るべきものがあった。団琢磨暗殺の直後から、権藤がその黒幕とにらまれて警視庁に連行留置されてしまったので、家人が警視庁にコネクションを持つ民間人有力者を介して釈放を働きかけたところ、

「とんでもない、彼れが元凶だ、主謀者だよ」

の一言で、にべもなくはねつけられたという話は前章で書いた。

そのあとの関係者による要路筋への働きかけがすごい。権藤の途方もない人脈の広がりが次々に繰り出され、ついに権藤は留置五日間で釈放されてしまうのである。以下、関係者が語るその経緯である。

「そこで、これは私などの民間的人間では駄目だと感じたので、すぐ引下り、その足で三光町に田辺治通《はるみち》氏（立花注・国粋主義的官僚政治家の代表。逓信閥のボス的存在。平沼内閣内閣書記官長・逓信大臣、第三次近衛内閣内務大臣などを歴任）を訪ねた。……来意を告げると田辺氏は即座に『よしそれでは鈴木のところに行か

う』と言ふことになって、早速自動車で、司法大臣鈴木喜三郎を其の官邸に訪ねたのである。鈴木氏は田辺と私の話を一通り聞くと、……『犯人をかくまふのは武士の情だ、よろしい引受けた（立花注・権藤は血盟団事件の犯人をかくまったことが被疑事実とされていた）』と快よく且つ力強く引受けて呉れた。……ところが翌日又信枝夫人から電話で『まだ宅は出ませぬが』といふのである。そこで又田辺氏と二人で鈴木法相を訪ねてそのことを言ふと警視総監を呼べといふことになり、警視総監大野緑一郎がやって来た。その大野に鈴木氏はすぐに権藤を出す様にと言ふと大野は承知しました。之れからすぐに本庁に帰り左様にとりはからいませうと言って帰ったので、今度はいよいよ間違いなく出るなと思ってゐると、その翌日亦『まだ出ませぬ』との信枝夫人の電話である。又々二人で鈴木法相をたづねる。すると鈴木氏は『ふとすると検事局の方で指揮してゐるのかも知れぬ』と言って、すぐそこで当時検事正だった宮城長五郎を呼んで、たづねると検事局とは関係なく、全く警視庁独自の立場に於てやってゐることが判明した。そこでこれは容易なことではないといふことになり、鈴木氏も其道の人で部内の事情もよく承知してゐたので、これは個人の力では到底むづかしいと考へ、閣議にかけて、これ以上捜査は拡大せぬと言ふことにしたのである。……かくて留置後五日目の晩に警視庁から権藤家に電話があり、今晩先生を釈放するから迎へに来いといふことであった。……刑事二人につき添はれて先生も出て来た。監視付赦放といふのである」（『権藤成卿覚え書』）

警視総監、司法大臣、それに閣議まで動かして釈放をかちとったというのだから驚きである。これだけの人脈をもってしても警視庁がすぐには動かなかったのは、事件はまだおさまっておらず、権藤の嫌疑も晴れてないと思っていたからである。権藤個人の関与はともかく、血盟団の残党はまだいたし、事実、血盟団と深いつながりを持つ海軍青年将校グループが五・一五決起の想を練っていたのだから、警視庁の危惧はあたっていたともいえる。

そして実は、権藤釈放の陰では、もう一つのドラマが進行していた。そして、有力者の働きかけより、権藤釈放にずっと効果的だったのは、そちらのドラマの成りゆきだったともいえる。それは、血盟団グループと警視庁の欺しあいというドラマである。

そこのところを理解していただくために、まず、事実関係を時系列に従って整理しておく。

血盟団グループの壊滅

三月五日、菱沼五郎による団琢磨暗殺事件が起きる。警察はすぐに関係者の事情聴取をはじめるが、まだ誰も検挙されない。四元も警視庁に連れていかれたが、その夜のうちに戻されている。

「私は五日の夜遅れて（権藤邸に）戻ったら警視庁へ呼ばれました。警視庁は一生懸命になって居りました。私は全くとぼけた様な恰好をして居ました。警視庁では写真を出して見せたりしましたが、私は全然知らぬ様に言って其の儘帰って来たけれども、心せねばならぬと思って居ました」（『公判速記録』）

この事情聴取をうまく切り抜けたことで、四元には気のゆるみが生じたのかもしれない。四元は自分の暗殺計画を一両日中に実行するつもりでいたのに、翌六日、「まだ大丈夫だらうと思って」もう一度権藤邸に立ちまわったところを、刑事につかまってしまい、それきり帰ってこれなくなってしまうのである。当局はまだ学生グループの暗殺計画がギリギリのところまで煮つまっていることなど何も知らない。血盟団とはそも何なのかを、まだまるでつかんでいない。グループの半分以上が学生であることも知らない。四元は権藤邸に張っておいた網にたまたまひっかかった容疑者の一人にすぎない。彼が学生グループの中心人物であり、同時にグループ全体の統括役でもあり、ピストルの配付までやっていることなどまるで知らない。菱沼五郎が犯行に使用したピストルは、四元がその二日前に大塚の喫茶店で渡したもので、決行の日取りもそのとき指示したことなど、もちろん知らない。

五日の日、四元が遅く帰ったのは、水戸グループのナンバー・ツーである古内栄司に会っていたためである。古内は、当時陸軍の大蔵栄一中尉宅にかくまわれていた。大蔵中尉は、後に二・二六事件で「反乱者を利する行為をした間接関与者」ということで禁錮八年の刑を受けることになる人物だが、十月事件での決起予定者の一人でもあり、古内とはそのときから知り合っていた。古内は今日の事件の内容を話した上でかくまってもらったわけではない。右翼の世界ではよくあることだが、以心伝心でかくまってくれたのである。大蔵中尉宅にころがりこむ前、古内は権藤邸のすぐ裏にある海軍の濱勇治大尉宅（井上前蔵相暗殺事件以後、ピストルをあずかってもらっていたところ）にかくまわれていた。しかし、濱大尉宅周辺は、権藤邸の裏ということもあってさかんに刑事がうろつくようになり、古内は自分がここに居つづけたら、ピストルも発見されてしまうかもしれないと心配になった。井上前蔵相暗殺事件以後、古内は当局の容疑者リストのトップに井上日召とならんでのっていたから、古内は自分がつかまる可能性は十分にあると思った。計画の今後を考えると、自分より大切なのはピストルである。自分とピストルを切り離すべきだと考えた古内は自分から濱大尉宅を出て、大蔵中尉宅にころがりこんだのである。

大蔵中尉宅の二階で顔を合わせた古内と四元は、すぐに第三弾をどうするかを相談した。古内は、水戸グループにもう一人だけやらせてほしいと頼みこみ、四元は了承した。もう一人だけとは、古内が自分でやるということである。ターゲットは腹の中で警視総監と思い定めていた。

この日池袋は、西園寺公望を狙って新橋駅に偵察にいっていた。

「五日の午後二時十三分かの汽車で新橋駅へ着くので、それを偵察に行きました、所が警視総監自ら出馬して、私服や官服の警官が五十人位警戒して居りました、汽車が着いて西園寺が降りると、皆な警官がずっと取巻いて『プラットホーム』を降りて行きます、それで私は斯う云ふ風に考へました、兎も角も『プラットホーム』を降りてしまっては機会はない、丁度入口か出口の所に立った時、西園寺の上半身が現れた所を、そこを狙ふ外仕様がないと思ひまして、さうして三間以上は寄附けぬ、警官が取巻いて居って寄附けぬから、試射した時は非常に成績が良く自信があったのですけれども、人を殺すと云ふのは初めてですから、焦って撃ち洩すと云ふやうなことがあってはいかぬ、（略）それで帰りに井上さんの居られる天行会の道場へ行って、警戒の模様を見て来た、三人あれば大丈夫だけれども、一人ではちょっと懸念があると言ひました、それは兎に角西園寺が出口に上半身を出した時、そこを狙ふ、私が先に狙って万一撃ち外した場合には、警官が直ぐに私を捕まへやうとして取巻く、さうすると西園寺が御留守になる、そこを次の者が狙ふ、それで駄目だったら三人目の者がやる、三段構へでやりたいと思って、三人位あったら大丈夫だと言ひました」(『公判速記録』)

それに対して、井上は「そうか」といっただけだった。あとは好きなようにやれということである。この日警官の数が多かったのは、午前中に団琢磨暗殺があったので、最大限の防備体制をしいていたからなのだが、池袋は、それでもこの三段構え作戦をとれば、必ず成功すると思っていた。今は四元が警察に引っ張られているが、いずれ戻るだろうから、戻ったらすぐにこのプランを実行に移そうと思った。しかし、そのチャンスはついに訪れなかった。その前に、血盟団グループのほうが、壊滅してしまったからである。

発狂するまでの拷問

壊滅のきっかけを作ったのは、池袋だった。六日に権藤邸にいた男たちは、権藤も四元も池袋も含めて、有無をいわさず全員が一斉に、警察に連れていかれてしまった。そのうち池袋だけが帰らされたので、池袋は権藤邸に一人で頑張って、あらゆる来客(刑事も、新聞記者も含めて)に対応していた。このとき警察が必死で追っていたのは、ピストルの行方であり、井上日召であり、水戸グループの他のメンバー(なかんずく古内)だった。学生グループはその存在すらつかまれていなかった。

池袋はしらないふりをつづけながら、暗殺決行のチャンスをうかがっていた。しかし、心配なのは、警察につかまったままの病身の権藤である。そこに警察はつけこんで、取引をもちかけてきた。古内を渡せば(古内に連絡がつくはずとにらんだ)、権藤を出すというのである。しかも、四元も出すというのである。

四元さえ出てくれれば、かねての暗殺計画を実行に移せる。そう考えた池袋はその取引にのってしまった。当時の新聞報道では、古内が不用意に権藤空家に戻ってきたところを、そこを張り込み中だった刑事に偶然逮捕されてしまったかのように書かれているが、実際は、池袋が大蔵中尉宅に行って、古内に自首を勧告したのである。

「**問**　さうすると、三月十日にどうして古内に自首を勧めるやうになったのだね。

答　それは権藤先生が長く警視庁に留置されて、あの寒い頃でありましたし、権藤先生は老人でもありますし、又持病の喘息もあるし、権藤先生を長くあそこへ入れて置けば、是はくたばってしまふと思ひました、さうして吾々のやうな者は幾ら死んでも又後は代りがある、併し権藤先生のやうな学者と云ふものは一朝一夕には作れない、権藤先生の如きは国宝的の学者である、是は早く出さなくちゃいかぬと思ひました、警視庁で古内を出すならば権藤先生と四元を帰してやると斯う言ひました、（略）四元さんも帰して呉れると言うたものですから……。

問　古内を出せば四元を帰すと云ふのか。

答（略）それで私が考へて、是は——古内さんは其の頃は警視庁から血眼で探されて居るので、動きが取れないのです、是は古内さんを出して権藤先生と四元さんを出せれば勿気の幸だ、四元さんが出たら直ぐ一挙に首相官邸を襲撃しようと斯う思ひました、それで出したのです」（同前）

拘引されていたのは、権藤や四元だけではなかった。何十人という人が拘引されていた。その苦境を救ってやってくれと池袋は古内に懇願し、古内も、自分はどうせ動きが取れない身だからと、それを受け入れて自首したのである。しかし警察は、権藤は約束通り釈放したものの、四元は出さなかった。そして、古内をしめあげてピストルの行方を追っていくうちに、ピストルを持っていた田倉利之と田中邦雄がつかまり、そこから学生グループ独自の大それた暗殺計画が進行中だったことが判明した（田倉は若槻礼次郎担当。田中は床次竹二郎担当）。当局はこの暗殺計画に仰天、捜査方針を大転換して、学生グループの徹底解明、全員検挙に向ったのである。

すべては、池袋が警察のさそいにのって取引をしたところからはじまった。池袋は、法廷でこう陳述した。

「此の事は私の未熟の為に、結局警視庁から欺されたことになったので、私が欺して警視庁に鼻を明かしてやらうと思って居ったのが、こっちが欺された、古内さんは勿論、同志に対して非常に済まぬと思ひました、牢中に入って非常に口惜しいやら、済まぬやらで苦しみました」（同前）

池袋も苦しんだろうが、もっと苦しんだのは、ピストルを預った濱大尉だった。

海軍当局は、暗殺に使われたピストルが海軍士官から出たものであったことにショックを受け、警察とは別に必死でその行方を追った。そして、藤井中尉の親友の濱大尉が権藤邸のすぐ裏に住んでいて、権藤邸出入りの血盟団グループと交流があったことをつかむと、濱を拘束して、これを厳しく責めあげた。濱は預ったピストルをバスケットに入れたまま、床下に穴を掘って埋めてあったが、相当苛酷な調べだったらしく、白状しないと妻をこれ以上の拷問にかけるとの脅しに負けて、ピストルを当局に渡してしまった。しかし、それ以上のことを濱は何も白状しなかったので、海軍当局は、海軍グループの全貌をつかむため、それから五十日以上にわたって、濱を拘束して拷問でしめあげつづけた。濱がついにそれに屈して、古賀中尉、中村中尉らの名前をあげたのは、五月十四日、つまり五・一五事件の起る前日だった。海軍当局はすぐに両人逮捕のために係官を土浦に急行させたが、二人はすでに、基地をはなれて上京していた。五・一五事件直前、これほどせっぱつまった状況でことが一挙に進行していたのである。

事件後、事件に動転した海軍当局は、濱に対してさらに厳しい調べをつづけ、それは濱が発狂してしまうまでつづいた。

濱はいったんは五・一五事件の共犯者として起訴されたが、真正の精神病と認定され、間もなく起訴取り消しとなり、海軍病院に入院させられた。その後松沢病院に移されるが、昭和九年四月に退院すると、郷里の長野県に戻り、そこで農場を開いた。国家改造運動に参加する中で、濱大尉に一番大きな影響を与えたのは、権藤成卿と橘孝三郎で、濱はすっかり農本主義者になってしまっていた。濱は、橘孝三郎の愛郷塾農場に範を取った農場を作り、一生を農本主義者として終った。

35

日本中を右傾化させた五・一五事件と神兵隊事件

日本が劇的に変わる時代

ここで血盟団事件の頃の大状況を見ておく。日本が劇的に変っていく時代である。血盟団事件とそれにつづく五・一五事件で、日本の政党内閣の時代は終り、これ以後、軍人内閣ないし軍部と妥協した内閣がつづくことになる。そして、二・二六事件（一九三六）を経て、日中戦争（一九三七〜）、太平洋戦争（一九四一〜）の時代へと突入していく——パール・ハーバーまであとわずか九年である。

軍部の暴走により、満州事変が起き（一九三一）、満州国が建国され（一九三二）、それが国際連盟で非難されると、日本は国際連盟を脱退（一九三三）して、国際的孤立化の道を選ぶことになる。同じころ、ドイツでナチスが政権を獲得（一九三三）するとこれと結び、日独防共協定（一九三六）、日独伊三国同盟（一九

五・一五事件公判庭、全国から集まった減刑嘆願書が見える

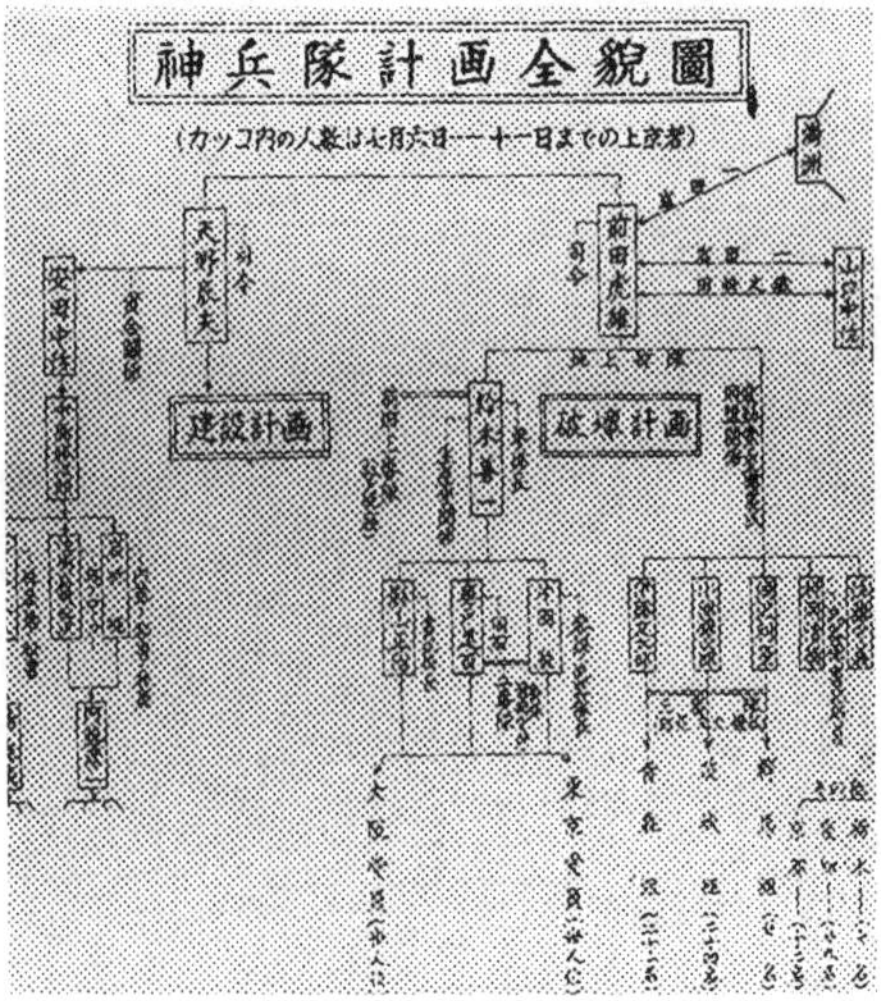

「神兵隊計画全貌図」

四〇）の道を進む。

一方、国内では、共産党がコミンテルン三二年テーゼのもと、党の大衆化、公然化をかかげて、一時的に大きな社会的影響力を獲得した。日本がドイツと防共協定を結んだ主たる理由はここにある（防共協定とは反コミンテルン協定）。日本の指導部トップは、右翼の国家改造運動より、コミンテルンによる国際共産主義革命をはるかに恐れていた。共産主義運動のほうはこのあたりから影響力を失っていく。公然化したことで、党員が多数検挙されるとともに、党内にスパイや不純分子が多数入りこんだことで、大森銀行ギャング事件（一九三二）などの不祥事件が頻発した。そしてついには、中央委員たちが互いに他をスパイ呼ばわりして殺しあうという凄惨な事件（共産党リンチ殺人事件　一九三三。発覚は三四年）が起きる。同じころ、獄中にあった党幹部の相当部分が転向してしまう（佐野・鍋山転向　一九三三）という事件も起きて、共産党は事実上壊滅してしまう。それとともに、戦争反対、天皇制反対を叫ぶ大衆組織はなくなり、日本の社会は国家総動員法（一九三八）のもと、国をあげて戦争体制に突入していく。

こういう時代の大きな変り目を作ったのが、昭和七、八年に起きた諸事件だったのである。

なかんずく大きな影響を与えたのは、五・一五事件だった。それは、現役の海軍青年将校と、陸軍の青年士官候補生が集団で首相官邸を襲って、時の首相犬養毅を暗殺するという衝撃的な事件だった。牧野内大臣官邸、警視庁、政友会本部なども襲われ、爆弾を投げつけられた。事件発生当時は、このような事件を起こした青年将校たちに反感を持つものが多かったが、昭和八年五月から裁判がはじまり、参加青年たちの心情が法廷陳述を通して世に知られるようになると、それに共感する人がドッとふえた。

法廷には、減刑嘆願書が山をなし（前ページ写真参照）、それとともに、世論が変っていった。事件発生当時は、新聞報道も、政治的野心を持つ不逞の軍人たちによってなされた妄動、兇行、虐殺など、軍人を非難する論調一色だったのが、減刑運動を同情的に紹介するなど、微妙に変っていった。

全国から殺到する減刑嘆願

東京日日新聞に寄せられた次の投書は、そのような世論の変化を如実に示している。

「妾は日給八十銭の女工の身で御座いますが、この間中までは、犬養総理大臣を暗殺した軍人方に対して妾共は非常に反感を有つて居りましたが、今回新聞やラジオのニユースで暗殺せねばならなかつた事情とか、皆さんの社会に対する立派な御考、殊に皇室に対する御気持をお伺ひしまして、私共の今迄考へて居つた事がまことに恥かしく感じられました。私共世の中から捨てられた様な貧乏人達の為にどれだけ頼母しいお働きであつたか、私共は新聞を読んだりラジオのニユースを聞く毎に涙ぐましくなりました。殊に東北地方の凶作地への御（心）遣りなぞは、妾の如き凶作地出身の不幸な女にどんなにか嬉しく感じた事でせう。（略）国家の将来の発展のために、私共プロ階級同胞のために身命を御賭し下さいました麗はしい御精神には、ほんとに泣かされるのでございました」（傍点立花。『検察秘録　五・一五事件　匂坂資料』角川書店）

この投書の主は、傍点部分でわかるように（プロ階級はプロレタリア階級）、かつては共産党のシンパだったのだろうが、今度はすっかり右翼テロリストのシンパになってしまったのである。

新聞各社は紙面だけでは足りず、競って法廷陳述を伝えるパンフレットなどを発行したので、被告たちの陳述は相当詳しく世に伝えられた。たとえば、時事新報社が発行した『五・一五事件　陸海軍大公判記』（時事パンフレット第六輯。以下『大公判記』）によると陸軍軍法会議における、後藤映範《えいはん》被告（歩兵第四十五連隊付士官候補生）の陳述はこうだった。

「**問**　『被告が国家の禍根と考へたことは何か』

答　『支配階級の腐敗と堕落です。政治の衝に立つ政党が国士として恥づべき汚職事件等を惹起するは彼等に国士として九千万国民の上に立つてことを行ふ国家信念欠如し私慾を逞うしてゐる証左でありロンドン会議の裏面にも非国家的所業があつたとの事を聞き斯の如くんば国家の将来寒心に堪へないと痛感した』

（略）

問『被告は国家改造が何故直接行動以外にないと信じたか其理由、動機は何処にあるか』

答『（略）それを具体的に申上げれば第一に農村疲弊は心あるもの丶心痛の種であり漁村然り小中商工業者また然りです。殊に一昨年秋は東北地方は不作の為農民は惨苦を極めてゐた。其子弟は満洲事変に出征して居ります。出征兵士に後顧の憂ひあるは国軍に取つて最も重大である、軍隊の中でも農兵は素質がよく東北農兵は皇軍の精髄である。その出征兵士が生死の前に立ちながらその家族が飢に泣く後顧あるは全く危険である。此東北民の救民問題は全く捨て丶顧られない、財閥は巨富を擁して東北窮民を尻目にかけて私慾を逞くしてゐる一方東北窮民のいたいけな小学子弟には朝食も食へず学校に行き、家族は腐つたじやが芋を擦つて食べてゐると云ふ窮状である。之を一日捨て丶置けば一日軍を危険に置くと考へたのである。之が為には徒に看板のみ掲げてゐる政党財閥を打倒する外はないと信じたのである』

東北農民の窮状は、この陳述にある通りだった。この窮状を一日捨てておけば一日軍を危険に置くとはどういうことか。篠原市之助被告（飛行第四連隊付士官候補生）は、こう述べていた。

「東北兵の農民家族を救つてもらひたかつたのもわれ〳〵の行動の一の理由であります、あのま丶推移すれば農民一揆が起ります、一揆が起れば、子弟は兵として父兄に銃を向けることになる、これ畢竟兵農分離であり国体破壊であります」（『五・一五と血盟団』弘文社）

「五・一五事件」が他のクーデタ、テロ事件とちがって、特に国民の共感を集めたのは、この事件が軍人だけによって起されたものではなく、農民決死隊が加わっていたことであり、軍人の参加者たちも、これらの陳述にあるように、その主要な動機として、農民の窮状をあげていたことである。当時の日本人の大半（有業者三千万人のうち千四百万人）は農民であり、とりわけ兵士の圧倒的多数が農村出身者だったから、この主張が強い共感を集めたのである。海軍軍法会議における、弁護側弁論の力点もそこにおかれた。

「証拠調べに入るに先立ち塚崎〔直義〕弁護人から農村の疲弊を物語る統計表を提出するや稲本〔錠之助〕弁護人から

『同僚清瀬〔一郎〕弁護人はこの程赤穂相生町の事件依頼者の訪問をうけ突然「事件はどうなりませうか」と聞かれ、それが依頼の事件でなくて五・一五事件のことだつたのであるが最近五・一五事件が全国民に非常な影響を与へてゐるのに反し政党の地方遊説など薩張り顧みられないさうである。それから最近農村の一少女川島千代子（一三）なる者が弁護人に対して日々涙で綴つた激励の手紙を寄せて来てゐる』

とて内容を読みあげさらに林玉枝といふ内職をしてゐる婦人から弁護士に寄せた減刑嘆願書を読みあげその内容には

私は貧しい女ですが近頃の新聞記事やラジオで五・一五事件を聞いてジツとしてをられなくなりそこで辻々に立つて百四、五十名の減刑嘆願署名を得ました。それに些少ですが二円同封しましたからせめて被告の方々に一杯の麦湯でも差上げて下さい

といふのであつた。稲本弁護人は切々たる口調でそれを読みあげ、『恐らく国民全体は今回の事件で胸が沸騰したでせう』と付け加へると流石の被告も胸を打たれうなだれて涙を拭ふ者もあつた」（『大公判記』）

法廷に山のように寄せられた減刑嘆願書というのは、この例のような自発的署名集めが、日本全国のあちこちではじまった結果なのである。なかには、もっとすごいものを送ってきた人もいた。

陸軍省に届いた九本の小指

「公判開始以来、十一名の被告のため、約七万人からの減刑歎願書が、法廷に提出された。中には全文、血書したのや、あるいは血判したのもあった。同情感が白熱化して、新潟県から九人の青年が各自、小指を根元から切断して歎願書に添付して送って来た。陸軍省では、その熱情に感激して、これをアルコール漬にして保存することにしたが、この小指の瓶詰が法廷に持ち出された時、判士も、検察官も、被告も、弁護人も、はたまた、傍聴人までも泣かないものはなかった。結審後も、滋賀県の某学校教授の小指が届いたそうだ。結局、陸軍五・一五事件の若き被告十一人のため、減刑歎願の熱意の表現として、十本の血染めの小指が軍

法会議の法廷へ齎されたのである。これ以外、歎願書は、判決言渡期日までには十万人を突破するだろうと称せられ、官憲の陰性的弾圧あるにかかわらず、五・一五事件の減刑運動は澎湃《ほうはい》として一箇の国民運動にまで発展した」(角岡知良「非常時の非常時犯」『文藝春秋』昭和八年十月号)

ここでは、判決までに減刑嘆願署名は十万人に及ぶだろうと予測しているが、現実はそれどころでなく、百万を突破した(陸海軍軍法会議、東京地裁あわせて)と伝えられている(同時並行で審理されていた血盟団事件の減刑嘆願署名も三十万人に及んだ。七六二ページ写真参照)。

五・一五事件の首謀者であった古賀中尉は、戦後ずっとたってから書いた「初めて語る五・一五の真相」(『文藝春秋』昭和四十二年六月号)の中で、こう書いている。

「五・一五事件は、犬養首相と一人の警官の死のほかに、いったい何をもたらしたのだろうか。まず、国家改造運動の真意が、公判を通じて国民の前に明らかになった。血盟団の評価も変った。国賊と呼ばれた小沼正や菱沼五郎も、国士と呼ばれるに至った。

この逆転の流れがなければ、二・二六事件は起らなかったのではないか、と私は思っている。私たちの抱いた信念はたしかに歴史の流れに転機をもたらした」

たしかに、この時代に、社会の潮流は逆転したのである。左翼はみるみるうちに退潮し、左翼の闘士は、時代の先駆者から国賊に堕ち、代って、右翼の闘士が国賊から国士になったのである。

この時代の変化を最もシンボリックに示すのが、前に、井上日召の自首のところで説得役として登場した弁護士、天野辰夫の転変である。

天野は、日召を説得する過程で、血盟団のテロは、もともとそれだけで終る計画ではなく、その背後に、もっと大がかりな計画があったことを打ち明けられた。

「この夜井上は天野等に向つて、民間側の一人一殺の後に残した海軍側同志を中心とする第二次計画を打明けた。井上の計画に於ては五・一五事件より遥かに大規模なものであつて、議会襲撃が中心であり期日は臨時議会の予想せられる同年六月頃との事であつた。そして同夜は井上、本間、天野及び頭山秀三が互に別れを惜しみ、井上は本間等に後事を託して翌朝、本間、天野に伴はれて警視庁に出頭したのであつた」（昭和十三年度思想特別研究員検事斎藤三郎報告書「右翼思想犯罪の総合的研究（血盟団事件より二・二六事件まで）」司法省刑事局）

拍子抜けだった警視庁襲撃

天野が井上日召から打ち明けられた計画は、ここにあるように、五・一五事件よりはるかに規模の大きなものであった。

五・一五事件は、犬養首相暗殺という衝撃的内容を含んでいたために、一大事件であるかのごとく認識されているが、首相暗殺の一点をのぞくと、現実に起きた事象そのものとしては、そう大した事件ではない。首相官邸を襲った第一組は、そのあとすぐ警視庁も襲ったが、二階一室のガラス戸を蹴破っただけで引きあげた。あとは日本銀行前で手榴弾を投げて、敷石と石段を若干損傷させただけで、すぐに東京憲兵隊に自首している。靖国神社に集合して出発したのが午後五時頃で、すべてを終って自首したのが、午後六時頃であるから、すべては、アッという間にバタバタと進行して終ってしまったのである。リアルタイムで世に衝撃を与えるような事象は何も起きなかった。牧野内大臣官邸を襲った第二組は、手榴弾二個を玄関前庭で炸裂させた上、巡査に拳銃を発射して重傷を負わせただけだった。その後、警視庁を襲って警官隊と一戦をまじえる予定だったが、そこには待ちかまえる警官隊はなく、玄関先で立ち話している人がいただけだったので、拍子抜けして、手榴弾を二発投げただけだった。第二組を指揮した古賀中尉は、前出の回想記でこう語っている。

「第二段の警視庁襲撃、私達はこれに重点をおいて大いに意気込んでいた。警視庁は権力者の私兵どもの本拠である。そこに最近は、新選組のような特別隊が出来たそうだ。第一段の襲撃を終えてわれわれが警視庁へ押しかけるころには、非常呼集がかけられているだろう。はなばなしい撃ち合いになるにちがいない……。

ところが、タクシーで乗りつけた日曜日の警視庁は森閑と静まりかえっていた。投げつけた手榴弾が破裂しても、窓から首を出してポカンと見ている。手ごたえのないことおびただしい。とにかく玄関の方へ向かうと、巡査が寄って来て『何事ですか』と問いかける始末である。

『この馬鹿野郎!』威嚇のつもりで放った一発が、別の警官に当って倒れるのを後にして、私たちは麴町の憲兵隊へ自首して出た」

政友会本部を襲った第三隊にしても、手榴弾を二発投げ、一発は不発、もう一発はバルコニー付近を破壊しただけで終っている。第三隊もそのあと警視庁に向かった。そこではすでに銃撃戦が展開されていると思っていたのに、あたり一帯平穏無事であったので手榴弾を一発投げたところ、これが路傍の電柱に命中して炸裂しただけで終り、あとは憲兵隊に自首して終っている。

要するに、首相暗殺に成功した以外には、ほとんどどこでも実質的破壊活動に成功しておらず、騒ぎすらひきおこすことができなかったのである。

帝都暗黒化をめざして六変電所を襲った農民決死隊にしても、手榴弾を五カ所で投げ、一部では金槌、手斧で施設破壊を試みたものの、電気系統に実害を与えることは全くできなかった。当初計画では、一連の要人暗殺、破壊活動、帝都暗黒化によって社会不安をひきおこし、当局に戒厳令を出さしめ、その機に乗じて国家改造をはかるということだったが、実際には、そのはるか以前のところで、幾つかの行動がバラバラに行われただけですべて終ってしまった。

一言で言えば、計画がズサンだったのである。というより、もともと血盟団、五・一五グループは捨石主義の立場だったから、自分たちの役割は最初の火点け役と心得、本格的なクーデタ計画をとことん練ってから着手するというような考えはなかったのである。

それに、先行した血盟団のテロ事件が成功したため、同じグループの海軍将校たちにも捜査の手が伸びており、計画が未成熟でも、見切り発車しなければならないところに追いこまれていた。先に述べたように、五・一五の前日、五月十四日には、古賀中尉らのところまで捜査の手が伸びていたのである。古賀中尉は、前掲回想記でこう述べている。

「私自身も身に迫る危険をひしひしと感じた。一日も早く、目的を達しなければならぬ——焦慮の思いが、私の五体を駆けめぐっていた。

事実、後になって法務官から聞かされたことだが、取締りの手は、私のすぐそばまでのびていたのである。いろいろ調査すると、どうも震源地は霞ヶ浦らしい。霞ヶ浦の古賀と中村を調べて見なければならぬ——そういう結論が出たのが、五月十四日のことだった、という。十四日は土曜日だから、どうせ奴らも外出しておらんだろう。月曜の朝行って引っ張って来ることにしよう、ということになっていた。事態はそこまで切迫していたのだ。

その十四日の午後二時半、私と中村はトランクを下げて土浦から電車にのっていたのである。トランクの中にはピストル、弾丸、手榴弾などがしのばせてあった。そのトランクをのせた網棚のすぐ下の座席に、土浦の憲兵隊長が坐っていたことをおぼえている」

つまり、五・一五事件は見切り発車で出発してしまったズサンな計画で、井上日召の当初計画とはかなりズレたものだった。

日召はもともと、不発に終った前年の本格的クーデタ計画（十月事件）にもう一度火をつけるために、この捨石作戦を考えたのである。自分たちの捨石作戦が成功したら、そのあとに十月事件でいっしょにやるはずだった陸軍の青年将校グループ、あるいは民間の大川周明グループが、その志を受け継いで決起することを期待し、それなりの下工作も開始していた。しかし、先に述べたように、陸軍の青年将校グループは非協力的で、ようやく確保できたのが、後藤映範ら士官候補生グループだけだったのである。本格国家改造（クーデタ）のためには、陸軍の本隊を動かす必要があり、それを動かすには革新青年将校グループと組む必要があるのに、それができなかったのである。

こうして、五・一五事件は、いわば不発のクーデタ計画として終ってしまったわけである。天野は、それをもう一度、本格クーデタの線に戻すべく、井上日召の満州浪人時代の盟友、本間憲一郎、前田虎雄らと結んで、新たなクーデタ計画を練りあげた。それが神兵隊事件なのである。陸軍本隊を動かすことはできなかったが、民間行動右翼の総力をあげて、一部軍の力をかりつつクーデタを実現しようとした。

この事件は大変に複雑な事件で、一口に説明するのは難しいが、この事件の重大性にかんがみ、ゆっくり説明していくことにする。この事件がなぜそれほど重大かというと、この事件が発覚し、逮捕、起訴され、裁判をうけるその全過程が、日本の社会が戦争体制に丸ごと呑みこまれていく過程そのものの見事な反映になっているからなのである。

有罪だが刑は免除

どういうことかというと、これはクーデタ未遂事件なので、はじめ一同は、殺人放火予備、爆発物取締規則違反などの罪名で取調べを受けていた。しかし、天野は、自分たちをただの刑法犯として扱わず、国士として扱ってもらいたいと、内乱罪として立件されることを求めたので、事件は大審院に移送された（内乱罪は最初から大審院で審理されることになっている）。

この間、法廷はもめにもめつづけた（内乱罪で裁かれることを求めるかどうか、グループの内部で考えが割れ、一部は分離裁判となった）ので、大審院で公判が最初に開かれたのは、事件の四年後、すなわち昭和十二年になっていた。この間に、天皇機関説問題の決着がつき（昭和十年政府国体明徴声明）、二・二六事件（昭和十一年）も終り、日中戦争（盧溝橋事件）がはじまった四カ月後である。日本の社会は、完全に戦争体制に入っていた。

それからさらに四年に及ぶ審理がつくされ、判決が下ったのは、昭和十六年三月で、日中戦争は四年目に入り、日本はすでに南京、杭州、広東、武漢三鎮など主要都市を占領し、仏印進駐もはじまっていた。パール・ハーバーは目前だった（九カ月前）。

そしてその判決において、天野らは、有罪（内乱予備罪にはあたらないが、殺人予備・放火予備罪にはあたる）だが、刑は免除という驚くべき内容の判決を受けたのである。
有罪だが刑は免除とはどういうことか。判決文によると、
「其の動機原因並に目的に於て憫諒《びんりよう》すべきものあり且又本件発生後に於ける皇国内外の著しき事情の変更其の他諸般の情状に鑑み各被告人に対し孰れも同法第二百一条第百十三条各但書を適用し其の刑を免除するを相当とす」（『日本政治裁判史録』）
ということだった。要するに、犯行にいたる心情において諒とできる部分があるということと、事件発生後の国内外における状況の変化から刑を免除するというのである。これだけでは、具体的にどういうことかわからないだろうが、前者については、判決の別の所で、次のように述べられている。
「被告人等は本件発生当時に於ける国情に鑑み深く皇国の前途を憂慮し此の儘現状を持続するに於ては皇国をして救ふべからざる危局に陥らしむべしと為し之を匡救《きようきゆう》し得べき唯一の方途は皇族を首班とする非常時内閣の出現に依り皇道を基調とする庶政の革新即ち被告人等の所謂昭和皇道維新の実現を念願するの外他に途なきものと思惟し之が実行手段として本件暴動計画に及びたるものにして其の心情諒とすべきものある」（同前）
要するに、神兵隊事件とは、日本の危機的状況を救うためには、もはや、皇族を首班とする非常時内閣を作って、一挙に国家改造を断行し、昭和維新を実現する他ないという考えのもとに企画されたクーデタ未遂事件だったが、その動機は心情的によくわかり同情できるというのである。
つまり、事件摘発当時は、これは犯罪として責められるべき内容をもっていたが、その後の国内外の著しい客観状況の変化によって、罪となるべき事実がその内容を失ってしまったから、もう罰する必要を認めないということである。別のいい方をするなら、「革命無罪の原理」が働いたということである。あらゆる革命はある体制に対する暴力的反逆としてはじまり、それはその体制下では犯罪となる事実を含むが、訴追されて裁判で審理がつづいている間に革命が成功し、体制が逆転してしまったら、革命を起すために犯された犯罪は、罰せられるべきことではなくなり、むしろ賞賛されるなど、価値の逆転が起るということである。

神兵隊事件の訴追から判決にいたる間に起きた日本国内の体制の変化は、ほとんど革命といっていいほどの価値観の逆転をともなっていたということである。それはおいおい述べていくとして、まずは、当初の決起計画の概略を示しておくと次の通りである。

「決行日時　七月七日（後に十一日に変更）午前十一時　閣議開催中
名称　神兵隊
編隊組織　一番隊二百名警視庁襲撃、指揮者前田、鈴木、小池銀次郎
二番隊六十名首相官邸襲撃、指揮者片岡駿、徳田某
三番隊四十名牧野内府邸、鈴木政友会総裁邸若槻民政党総裁邸、山本権兵衛邸　指揮者奥戸足百
襲撃目標人物　斎藤首相以下閣僚全部、牧野内大臣、鈴木、若槻両党首、山本権兵衛、藤沼（庄平）警視総監
動員手配　七月五日より祈願運動の形式にて着手
大日本生産党方面鈴木善一、影山正治、愛国勤労党方面前田虎雄」
（前出『司法省刑事局報告書』）

ここで、部隊となって動く予定になっていたのは、天野、前田らとつながりのある全国十グループの右翼だった。天野・前田の二人はともに右翼の世界で顔が広かったので、これは当時の行動派右翼総動員の形になった。詳述しないが、この部隊の具体的な顔ぶれを見ていくと、戦後の行動派右翼の大半がこの事件に関係した過去を持つことになる。

これらの行動隊の他、海軍航空廠の山口三郎中佐が飛行機と爆弾付で加わることになっていた。

「山口中佐は午前十一時軍用飛行機上より警視庁及首相官邸に重爆弾を投下し、之を合図に地上部隊一斉に行動を開始すること。

山口中佐は右二個所の爆撃後帝都上空を一周、用意の宣伝檄文を撒布し宮城前広場に着陸し、警視庁を占

拠したる神兵隊本部に合流すること。
一番隊は警視庁を襲撃占拠し、同所を神兵隊本部となし、戒厳令の施行に至る迄全員警官隊の反撃に対抗して之を死守し、二番隊、三番隊は各目標を襲撃後之に合流すること」(同前)

実際には、これらの計画が実行に移される前夜に、参加者が集合場所の明治神宮会館に続々と集まってきたところを、何者かの密告によって、一斉検挙されてしまい、計画は全くの不発に終ってしまうのである。しかし、もしうまくいっていたら、総理大臣以下、内閣の閣僚全員と、牧野内大臣、政友会、民政党の党首など、政界巨頭を全員殺す予定だったわけで、とんでもない大事件になるところだった。

その上で、次のようなビラを撒くことになっていた。

「『皇都市民に告ぐ』

親愛なる東京市民各位!

吾等は『神兵隊司令部布告文』によつて見らるる如き趣旨によつてここに万死を期して立ち此の行動に出でた。我等は警視庁を爆撃して之を占領し首相官邸を爆撃して内閣総理大臣以下閣僚をみな殺しにし、君側の巨奸牧野内府以下十数名の亡国的大官を義殺した。

政民両党国民同盟社会大衆党は政治を弄び国民を愚弄せる一聯の亡国階級としてその本部を撃破膺懲した。

国家万悪の根源はいま吾等自ら率先して之を滅ぼしたのである!!

(略)

皇紀二千五百九十三年七月十一日

神兵隊」(同前)

この武装決起が成功したら、皇族を引きだして、皇族内閣を擁立しようと考えられていた。それは勝手な妄想ではなかった。実は、以前東久邇宮のお付きの武官をして気に入られていた安田銕之助陸軍中佐(資金面も担当し、五万円以上の資金を実際に集めていた)が一味に加わっていたのである。安田中佐は、東久邇宮には内々に計画を打ち明け黙示の内諾を得ていたといわれる。そして、もし東久邇宮単独内閣がうまくいかなかったら、閑院宮陸軍参謀総長、伏見宮海軍軍令部長、梨本宮、東久邇宮、朝香宮を全部引き出して、皇族総出の内閣を造ってはどうかとも考え、そのための各宮への建白書、天皇に報告するための上奏趣意書なども用意していたし、一部の皇族には漠然と計画をもらしていたともいわれている。終戦直後の内閣として、東久邇宮内閣が生まれたのはこの発想の延長ともいわれている。そのためか同内閣には児玉誉士夫《よしお》が内閣参与として入るなど、妙な右翼人脈が入っている。

皇族内閣をという発想のもとになったイメージは大化の改新であり、明治維新である。

蘇我氏の専横を倒すために、中大兄皇子をかつぐ皇族首班クーデタが必要であったように、あるいは、徳川幕府を倒すために、天皇をかついでのクーデタ「王政復古」が必要であったように、いままた、既成政党、財閥、特権階級などからなる現代日本の幕府勢力を倒すためには、もう一度皇族をかついでのクーデタが必要だという発想だったのである。

日本の国体は、万世一系の天皇が支配するというところにその本質があるとされるが、日本の歴史には、天皇親政の時代と、天皇と民衆の間に幕府的存在が入って国体が曇ってしまう時代とが代る代る訪れた。その曇りがひどくなったら、幕府的存在を倒して、再び、天皇と民衆の間の距離をちぢめなければならない。いまがそういう時代だというわけだ。

「宮様内閣のことに付て申せば今日の如く国体を忘れ　天皇様を蔑にして居る現代に於て一挙にして国民に国体的信仰を悟入せしめ民族的感激に燃上らしめる即ち本来の日本人たらしむる為には従来の政治の如く所謂私心ある一般国民を持つて来て之に何うぞ大権を以て大命が降下願ひまする様にと云ふ様な行き方ではもう全く役に立たぬ。どうしても宮様に大命が降下して宮様が内閣を組織されると云ふ事にならなければ日本人が一挙に国体観念に目覚めることは到底不可能である。日本の歴史を振返つて見ると常に日本国の内外非常事態は皇族に依て救はれて居る。皇族に依て救はれて居ると云ふ事実は　天皇様自ら陣頭に御立ちになつて御進みになつて居られる。其処で何うぞ一つ宮様に大命が降下して全く私心私慾のない有ゆる情実から超越したる素晴らしい内閣を御造り願ひたいと云ふ事が日頃吾々の念願なり」（判決に引用された犯人グループの考え。前掲『日本政治裁判史録』)

裁判官、検事に詰め寄る被告天野

つまりは、この事件は、日本の国体が歪められているために起きた事件であり(皇族内閣樹立によって国体のゆがみをただす)、それは言葉を換えていえば、国体をゆがめた天皇機関説が起した問題ともいえるのだから、そもそも裁判をしようとする側が、日本の国体をどう考えているか、天皇機関説をどう考えているかを明らかにせよと、天野は法廷で裁判官と検事に対して迫った。

「神兵隊事件は、もし国体が明徴であつたとしたら起こらなかつた事件である。国体が不明徴である現状を打開しようというのが我々の目的であつた。そして、国体不明徴の根源は、煎じつめれば、天皇機関説に帰着する。岡田内閣当時の天皇機関説は国体の本義に悖るとの声明以来、これを主張する論者は表面上はいなくなつたが、肚の中では未だにそれを信奉している知識人が数多く見られる。殊に日本の司法界では天皇機関説の否定に関して何らその実があがつていない。本事件は、天皇機関説が正しいかどうか、国体違反であるかどうかという問題に根源的に切実な関係をもつている故に、之に関する裁判長の信念を伺いたい」(同前)

天皇機関説は、前にもちょっと説明したが、昭和十年二月、貴族院で菊池武夫議員が、美濃部達吉の天皇機関説を国体にもとる学説として論難したところからはじまった。同様の論難はもっと前、大正時代のはじめに、同じ東大法学部の憲法担当教授上杉慎吉から美濃部説に対して浴びせかけられていたが、学界、官界では、上杉の天皇絶対主権説より美濃部の天皇機関説のほうが広く受け入れられており、高文試験も、機関説でないと通らないといわれるほどで、むしろこちらが国家公認の学説といってもよかった。東大でも、美濃部の機関説のほうが定評があるので、法学部では通常、一講座一教授なのに、憲法にかぎって、上杉、美濃部がそれぞれ別に講義を開く競争講座としたことが話題を呼んだ(上杉はこれを生涯最大の屈辱とした。上杉が激しい美濃部攻撃を生涯にわたって続けた原因もおそらくそこにある)。

天皇機関説というのは、天皇を国家統治の主権者として認めないということではなくて、国家を法人とみなしたときに、その最高の機関を天皇と考えるということ(法人企業の最高機関を社長と考えるのと同じ)である。これは高度に抽象的な法学概念がかかわる問題で、あまり一般人の関心をよぶ問題ではなかったのに、浜口内閣時代、ロンドン軍縮条約が結ばれたとき、政府が軍部の反対をおしきってそのような条約を結ぶ権利があるかどうかをめぐって(政府はその権利ありとし、軍部はそういう権利は天皇大権=統帥権に属するから、政府が勝手に結ぶと統帥権干犯になるとした)議論がおきたとき、美濃部が天皇機関説をもとに政府の行動を支持したところから、天皇機関説はにわかに政治的な意味を帯び、ロンドン海軍軍縮条約に反対する軍部や国家主義者たちから激しく攻撃されるようになった。

国会での議論は、次第に天皇機関説は日本の国体(天皇中心主義。天皇絶対主権論)に反するという方向に傾いていき、昭和十年三月国会で、「国体明徴決議」なるものが通り、天皇絶対主権説が日本の本当の国体とされ、天皇機関説は公式に国家異端の学説として排除された(出版も講義も禁止)。これは議会が一つの学説の排除を多数決で決定したはじめてのケースとなった。

このとき、美濃部を不敬罪で起訴すべしの声もあったが、検察当局はこれを起訴猶予とした。その決定をした岩村通世検事が、神兵隊事件を最初に担当した検事であり、天野は天皇機関説問題のとき、美濃部攻撃の急先鋒の一人だったこともあり、岩村を「国家を不明徴にした元兇」として激しく攻撃した。

天野がなぜそれほど激しく美濃部の天皇機関説を攻撃したかというと、天野は美濃部の論敵である上杉慎吉の一番弟子の一人であり、自身、熱烈な天皇中心主義者として、天皇機関説の立場に立つ左翼や自由主義者たちと長年にわたって戦ってきたからである。

ここで、神兵隊事件に関する最良の文献である、堀真清の「神兵隊事件と『北・西田派』の本質的一面」(『西南学院大学法学論集』)によって、天野の人物紹介を少ししておくと、次のようである。

「天野は一八九二(明治二五)年、島根県に生まれた。彼の家庭は非常に厳格で、『米の御飯』をいただいては『天子様』と同じことになると、麦飯を常とし、『三度三度御飯を戴く際其都度臣民たる事の反省』をさせられて幼少期を過した。警察官・郡長を務めた父・千代丸の勤務の関係で、彼は中学校までは広島・神奈川など各地を転々とし、一九一〇（大正九）年、名古屋の第八高等学校に進んだ。この頃より彼は『天皇とは何ぞ、天皇と我との関係如何、吾と国家との関係如何』などの問題につき思索を開始した。しかし、明確な認識を得られず、たまたま三年生の時、天皇の本質にかんする上杉慎吉・美濃部達吉の論争を読み、天皇機関説に驚愕したものの、上杉の天皇主権説には魂を動かされず、懊悩の裡に卒業した。彼は一九一三（大正二）年、東京帝国大学法学部に入学したが、それは、直接、上杉の人格に接し、その憲法論を聴講するためであった。彼は入学後、病気などの事情もあり、上杉の講義を前後三年、聴いたが、期待していた熱情や魂の力を感じとることはできなかった。そこで一日、彼は上杉宅を訪問、『最高学府の中核たる可き憲法講座に於ても魂と魂の相搏つもの無』き有様では将来、国家を負担する人物が養成されようか、と上杉に自重を患わしたが、奇しくもこの時の会見が契機となり、上杉との間に深い師弟関係が生まれたのである」

「政党ノ撲滅ヲ以テ畢生ノ事業ト為サン」

「すなわち、天野の諫言に感激した上杉は声涙ともに下る態度で次のような体験談をしたのである。かつて一九一三年、私（上杉）は桐花学会を組織し、政党の撲滅をもって終生の事業とする旨の宣言をした。すると、ジャーナリズムは私を閥族藩屏の走狗・曲学阿世の徒と罵り、原敬内務大臣は桐花学会に圧迫を加えた。ために、会長の私と入江貫一会員を除く二百数十名の会員（ほとんどが官吏）が脱会し、私には尾行がつき、自宅には政友会の壮士が押しかけるなどの事態が生じた。このとき以来、私のもとには出入する学生もなく、孤城落日の有様となった。私の憲法講義に生気がないと感じられるは、こうした事情に因るのである、と。天野はこの話しを聞き憤慨にたえず、『自分モ亦政党ノ撲滅ヲ以テ畢生ノ事業ト為サン事ヲ其ノ場ニ於テ決意シ相共ニ誓ツタ』。天野はかくてこの邂逅を機に、天皇機関説の撲滅、国体の明徴をめざして国家改造運動に従事するにいたったのである。そして、その第一着手が国体宣揚を目的とする東大の学生団体・木曜会の組織であり、これを母体とする興国同志会の結成（一九一八年）であった」（同前）

木曜会、興国同志会のことは前に述べたが、天野はこのような経緯で、同会のリーダーとなり、上杉門下の東大右翼系学生の大先輩（岸信介の四年先輩、四元義隆の十六年先輩）になった。天野は大学を卒業しても、一貫して右翼的政治活動の現場にいた。

「さて、一九一九年、大学を卒業し弁護士となった彼は（東京第二弁護士会所属）、弁護士竹内賀久治を中心に組織された国本社（一九二〇年）に関係し、一九二四年四月には、上杉とともに護憲三派の運動に反対して政治結社・四月党を結成、清浦内閣支援を試みた。この四月党の結成は、政党政治を要求する護憲三派の運動が国家に害毒を流すものであることを国民に知らせるためで、彼は清浦首相や小橋一太内閣書記官長に、内閣は議会の解散を要請し、国体違反の政党を撲滅せよ、と進言する一方、一九二四年五月の総選挙に五人の候補者（彼自身も浜松市から立候補）をたてて政党政治と対決した。この結果は、全員落選、清浦内閣も惨敗、総辞職となったが、ともかく、それは実践の第一歩を印す運動であった」（同前）

このあとも、全日本興国同志会、愛国勤労党、国民思想研究所、日本国民社会党準備会などの組織を足場に、一貫して右翼活動をつづけたから、この頃には、国家主義者の間では、誰知らぬ人のいない人物になっていた。井上日召に自首を説得するとき、「警視総監はぼくの友だちだから、必ず国士扱いさせる」といったのは、ウソでもハッタリでもなかったのである。

話を神兵隊事件裁判に戻すと、天野は岩村検事に対して、天皇機関説が公式に排されたいま、それをどうおもうかと法廷できびしく迫った。岩村は間もなく担当をはずされたので、天皇機関説に対する態度を明らかにしないですんだが、後任の三橋（市太郎）検事は、この裁判への見解を求められると、

「今ヤ『我ガ国』ハ申ス迄モナク未曾有ノ此重大時局ニ当面致シテ居ルノデアリマス、我国民ト致シマシテハ、協力一致シテ君国ニ対シ尽忠報国ノ誠ヲ尽サナケレバナラナイ秋デアルト思ツテ居ルノデアリマス、法ノ前ニ立場ヲ異ニシテ被告人ノ方々ト相対スルコトニナリマシタガ、共ニ陛下ノ赤子デアリマス、殊ニ被告

人ノアナタ方ハ『忠君愛国ノ念深キ方々』デアリマシテ、私ハ方々ノ人格ヲ尊重シ、私自ラトシテハ、誠心誠意『国家ノ検察官』タル職分ヲ全ウ致シタイト考ヘテ居ルノデアリマス、ドウカ天皇ノ名ニ於テ行ハセラル、此ノ神聖ナル法廷ニ於テ、『我国ノ司法権』ノ円満ナル運用ヲ切ニ希望致シテ居ルノデアリマス」（『政治裁判史録』）

と、天野側のいい分を全面的に認めた上、検事が被告にこんなにへり下っていいのかといいたくなるほどの哀願調のものいいをしている。三橋検事は、さらに、

「私ハ此処ニ『天皇機関説』ヲ信ズルモノデナイトイフコトダケヲ明瞭ニシテ置キマス」（同前）

と述べ、はっきり機関説を放棄した。

それに対し天野は、それなら、この神兵隊事件は国体を明徴にするために企てられた事件なのだから、このような事件に対しては、公訴権を放棄して、不起訴とすべきではないかと迫り、数カ月にわたって、公判を中止せしめたりしている。

裁判長も天皇機関説を批判

宇野（要三郎）裁判長は、検事よりさらにはっきり次のように述べた。

「元来此天皇機関説ト云フヤウナ斯ウ云フ言葉ハ、是ハ外国語ノ、外国ノ言葉ノ飜訳デアル。我ガ日本ノ生ンダ本来ノ言葉デハナイノデアル。外国ノ学者ガ外国ノタメニ作リ上ゲタ是ハ学説ナノデアル。吾々日本民族ノ間ニ生レタ本来ノ思想デハ断ジテナイノデアル、斯様ナ外国ノ異説・外国ノ思想ニ惑ハサレテ、畏レ多クモ皇国日本ノ大御霊デアラセラレ我等日本民族ノ大御親デアラセラレル一天万乗ノ天皇様ニ対シ奉リ、外国ノ元首ト同様ニ考ヘテ、国家ノ一機関デアルナドト云フヤウナ説明ヲスルナドトハ言語道断デアル、又斯ウ云フヤウニ信ズル者ガアツテハ、之ハ日本ノ臣民トシテ恐懼措ク所ヲ知ラナイ不逞ノ者デアルト云ハナケレバナラナイ、斯様ナ説ハ我ガ国体ノ本義ニ悖リ、国民ノ思想ノ根本ヲ危クスルモノデアル、国体違反ノ邪

説デアルト云フコトニ付テハ、先般明確ニ御立会ノ三橋検事ヨリ言明ガアツタ通リ、少シノ疑モ容レナイノデアル、斯様ナ間違ツタ思想ノ下ニ、反国体的ナ行為、行動ガ現ハレタト云フヤウナ際ニ当ツテ、斯様ナ者ニ対シテハ、将来ソレゾレノ立場ニ於テ、法規ニ照シテ厳正ナル処置方法ヲ執ラナケレバナラヌト云フコトハ之ハ当然ノ事デアル」(同前)

裁判長がこんなことを被告からいわされたのだから、どちらがどちらを裁判しているのかわからないような状態で、裁判は進行していったのである。

そして検事の論告は、次のようなもので、被告を責めているのか、罰するなといっているのかわからないようなものだった。

「被告人等ガ至誠以テ君国ニ報ゼントスル心事ニ至ツテハ酌量スベキ情状ト認メテヲルノデアリマス……犯行後七ケ年ヲ経過シ国民ノ皇道意識ハ益々昂揚シ国体愈々明徴トナリ支那事変勃発ニ依リ皇国ノ使命益々重大ナルモノアリ、新体制ヲ確立シ大東亜建設ニ邁進セントシ、日、独、伊三国同盟ハ締結セラレ内外ノ情勢ノ変化ハ本件ノ刑ノ量定上大イニ考慮セラルベキモノト認メラル、モノデアリ……」(同前)

弁護人の最終弁論は、

「いずれも、被告らの行動は国体擁護の行動であり、したがって違法性は阻却され、内乱罪は勿論如何なる刑罰にも該当しないことを強調して無罪の判決を要望していた。たとえば花井忠は、本件は政府転覆ではなく内閣更迭を目的としていたにすぎず、内乱罪の危険を欠くものとし、更に国体擁護行為は日本臣民の最高義務であるとし、『法律ノ上ニ存スル法コソ真ノ法律デアリ、日本ニ於テハ国体擁護コソ之レデアル、自由主義デハ裁判官ハ立法機関ノ奴隷トナツテ居レバ良イ、然シ日本ニ於テハ成文法ヲ超越シ皇国ノ使命ヲ開イテ行カネバナラナイ。……国体擁護行為ヲ犯罪視スルハ国体擁護ヲ敵視スルモノデアリマス。法律ノ上ニ存スル法律、国体、之レコソ万有生命ノ上ニ存スル最高ノ法デアル。而シテ之レガ本件裁判ノ基準トナラナケレバナラナイモノト思フノデアリマス』と主張した」(同前)

国体擁護は法以上の法であり、日本人なら万人が従わなければならない超法規的ノルムだというわけだ。

裁判官も、検事も、弁護士も、こんな調子だったのだから、「有罪でも刑は免除」という奇妙きわまりない判決が出てもなんの不思議もなかったわけだ。

同じ上杉門下生であり、興国同志会以来の天野の友人、中谷武世は、その回想録の中で、神兵隊事件裁判について、次のように述べている。

「昭和十年九月十四日、裁判所は我が国始めての内乱罪を関係者五十四名に適用することを発表し、事件は大審院に廻わされることとなった。従って天野等の公判闘争は大審院法廷に於いて行われたのであり、結果的には大審院の公判法廷は国体明徴運動の思想的宣伝の場であるが如き観を呈したのである。

民間団体による最大の直接行動計画として世人を驚かせた神兵隊事件は、決起行動として当局の内偵と内部分裂によりあえなく挫折したが、彼等の公判闘争は、天野の国体信仰を基礎とした透徹した理論と、巧みな弁舌、加うるに当時偶々国体明徴問題が政界及び各界の重大関心を蒐めつつあった折柄でもあってそれが背景となって非常に効果的に展開し、遂に宇野裁判長をして昭和十三年七月九日の第三十二回公判に於いて『天皇機関説は我が国体の本義に悖り国民の思想を危くするものであり、国体違反の邪説である』という画期的な国体明徴宣言を行わしむるに到ったのである、故に直接行動としては神兵隊事件は完全に失敗であったが、公判を通じての思想闘争は成功であったと見ることも出来る」（『昭和動乱期の回想』）

ついこの間まで、国家公認の学説であった天皇機関説は、かくのごとくアッという間に弊履のごとく捨て去られてしまったのである。その間に起きた価値観の大転換が一種の思想革命を日本社会にもたらし、その結果を利用した「革命無罪」の叫びが、神兵隊事件の事実上の無罪判決をかちとったといえるわけである。

初出「文藝春秋」一九九八年七月号〜二〇〇二年九月号

立花隆

1940年長崎県生まれ。64年東京大学仏文科卒業。
文藝春秋に入社した後、東京大学哲学科に再入学し、
在学中から評論活動に入る。
74年の「田中角栄研究——その金脈と人脈」(「文藝春秋」11月号)は
首相の犯罪をあばいて社会に大きな衝撃を与えた。
社会的問題のほか科学技術など、その活動領域は広い。
著書に『宇宙からの帰還』『脳死』『ぼくはこんな本を読んできた』
『精神と物質』『サル学の現在』『巨悪vs言論』『臨死体験』
『21世紀 知の挑戦』『東大生はバカになったか』『「田中真紀子」研究』
『「言論の自由」vs.「●●●」』
『シベリア鎮魂歌——香月泰男の世界』ほかがある。

天皇と東大 上
大日本帝国の生と死

二〇〇五年十二月十日 第一刷

著者 立《たち》花《ばな》隆《たかし》
発行者 松井清人
発行所 株式会社 文藝春秋
東京都千代田区紀尾井町三—二三
電話 〇三(三二六五)一二一一
郵便番号 一〇二—八〇〇八
印刷所 凸版印刷
製本所 大口製本

定価はカバーに表示してあります
*万一落丁乱丁の場合は送料当社負担でお取替えいたします。小社製作部宛お送りください。

©Takashi Tachibana 2005
Printed in Japan
ISBN4-16-367440-3